Karine

Sous la direction de
Pierre THIBAULT
Maître de conférences à l'université Paris X-Nanterre

LEXIQUE d'histoire et de civilisation romaines

Jean-Luc LAMBOLEY
Ancien élève de l'E.N.S.
Ancien membre de l'E.F.R.
Professeur à l'université de Grenoble II

ellipses

A mes trois enfants, Jean-Laurent,
Guillaume et Aurore, en espérant
qu'ils feuilletteront bientôt ces pages.

ISBN 2-7298-5547-5

Avant-propos

Cet ouvrage s'adresse en priorité à tous les étudiants d'histoire, histoire de l'art et archéologie, et lettres classiques, quel que soit leur niveau d'études. En effet, s'il ne perd pas de vue la préparation aux concours d'enseignement, il est conçu aussi pour que les étudiants de DEUG ou de licence y trouvent facilement de quoi répondre à leurs besoins. Plus généralement il s'adresse à tous ceux qui témoignent quelque intérêt pour l'antiquité romaine, mais n'ont pas le temps ou le courage d'aller en bibliothèque consulter les livres spécialisés.

Il s'agit bien d'un lexique d'histoire et de civilisation : l'ordre de présentation est alphabétique, et les rubriques couvrent les différents domaines historiques et culturels : grandes batailles, institutions, droit, religion, administration, armée, arts et lettres, vie quotidienne (*realia*), sciences, économie, société. Par contre, ce n'est ni un dictionnaire de latin, ni un dictionnaire prosopographique, ni un atlas géographique, ni un recueil de textes, ni un instrument bibliographique, et ses dimensions sont trop modestes pour rivaliser avec les encyclopédies.

L'auteur est tout à fait conscient que la présentation alphabétique est anti-historique, mais il fallait tenir compte de la commodité d'utilisation pour un non-spécialiste, et deux corrections ont été apportées pour pallier cet inconvénient : la dimension chronologique est réintroduite au sein de chaque rubrique qui le demande, et un système de renvois par mots en italique (s'ils sont en latin) ou mots avec astérisque (s'ils sont en français) permet une utilisation transversale de l'ouvrage qui récupère ainsi une dimension thématique. Le lecteur peut donc en faire une utilisation ponctuelle, pour une meilleure compréhension des documents par exemple, ou une utilisation croisée pour l'approche de questions de synthèse.

Restait le problème de la langue : les rubriques devaient-elles être en latin ou en français ? Là encore on a retenu la solution la plus réaliste, qui tient compte par ailleurs de l'usage qui est fait dans les principaux manuels universitaires. Les mots sont en priorité en français, avec leur traduction en latin entre parenthèses, mais ils restent en latin quand il n'existe pas de traduction satisfaisante ou quand l'usage fait qu'ils n'ont pas été traduits. Les *honestiores* et les *humiliores* sont condamnés à la latinité à moins de tomber dans des modernismes coupables. Certains mots sont plus ambigus : ainsi *Imperator* apparaît à la lettre *I* mais renvoie aussi à Empereur ; *Imperium* est également à la lettre *I*, mais ne renvoie pas à Empire. On pourrait discuter à l'envie pour savoir s'il faut donner priorité au roi des sacrifices ou au *rex sacrorum*, à la *provocatio* ou au droit d'appel, à l'*Ara Pacis* ou à l'Autel de la Paix... Dans ces cas, les notions apparaissent sous la forme française et sous la forme latine avec un renvoi.

L'usage de l'italique a été réservé pour les traductions en latin, ou pour signaler que le mot latin fait l'objet d'une rubrique. Le *j* n'a pas été utilisé pour les mots latins ; on a conservé par contre la double graphie *u* (devant consonne) et *v* (devant voyelle). Lorsque les dates ne sont suivies d'aucune indication, elles se situent ap. J.-C. sauf si le contexte indique clairement qu'on se situe avant. Le sigle (?) signifie que la date ou l'interprétation indiquées sont incertaines. Les lecteurs n'ayant pas fait de latin seront peut-être déconcertés par les désinences des mots qui diffèrent selon le mode singulier ou pluriel ; c'est pourquoi on a indiqué les deux formes dès lors que le pluriel était souvent employé.

On attirera aussi l'attention sur l'importance des tableaux, cartes et illustrations qui ne sont pas un simple artifice pédagogique ni de l'apparat critique, mais des compléments indispensables aux rubriques qui y renvoient.

Enfin, l'auteur remercie par avance tous ses collègues qui voudront bien lui faire part de leurs remarques et des corrections à apporter ; il en sera bien sûr tenu compte dans les prochaines éditions.

Cartes, tableaux, arbres généalogiques

1 – PLAN DE ROME (Collines, routes, ponts, portes et quartiers)

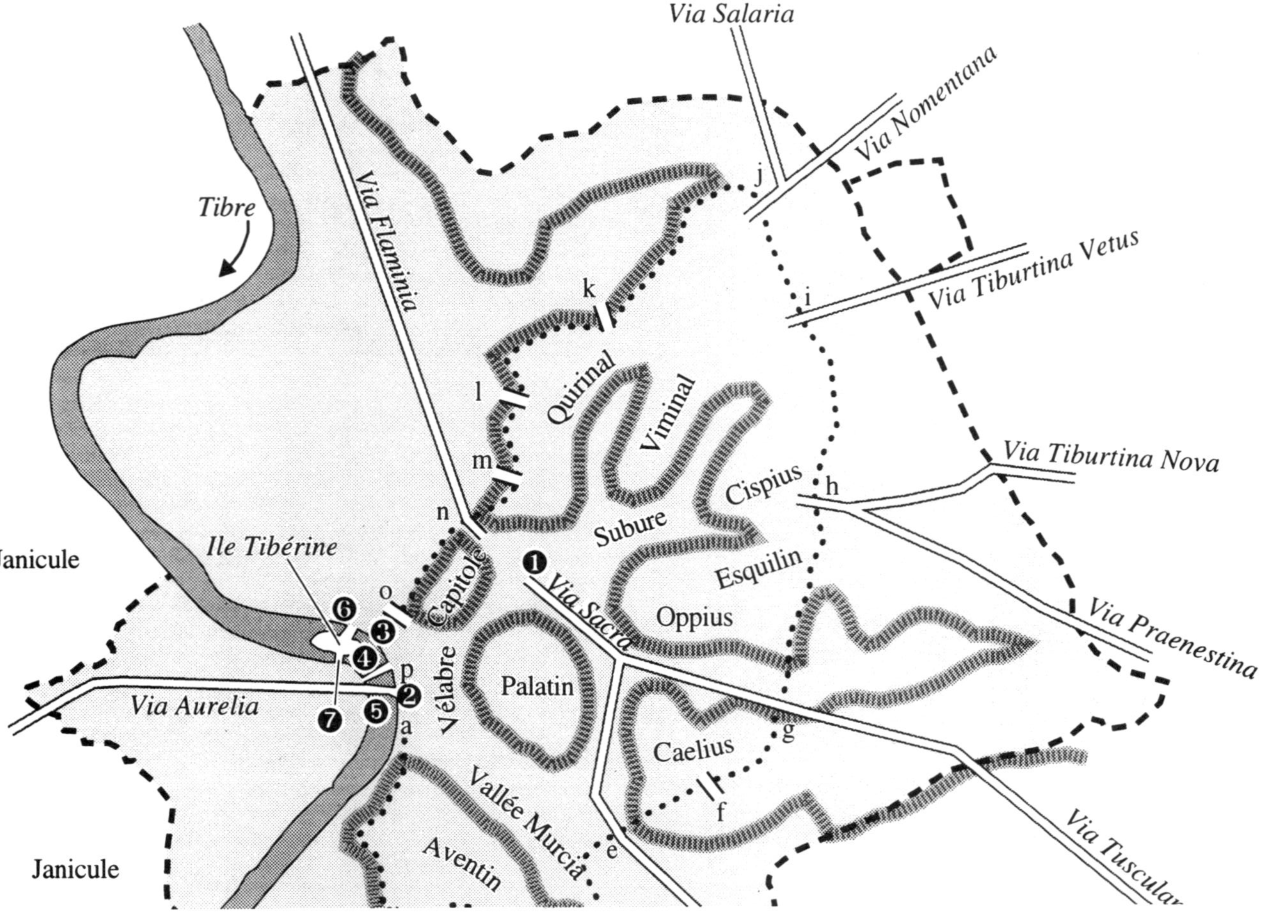

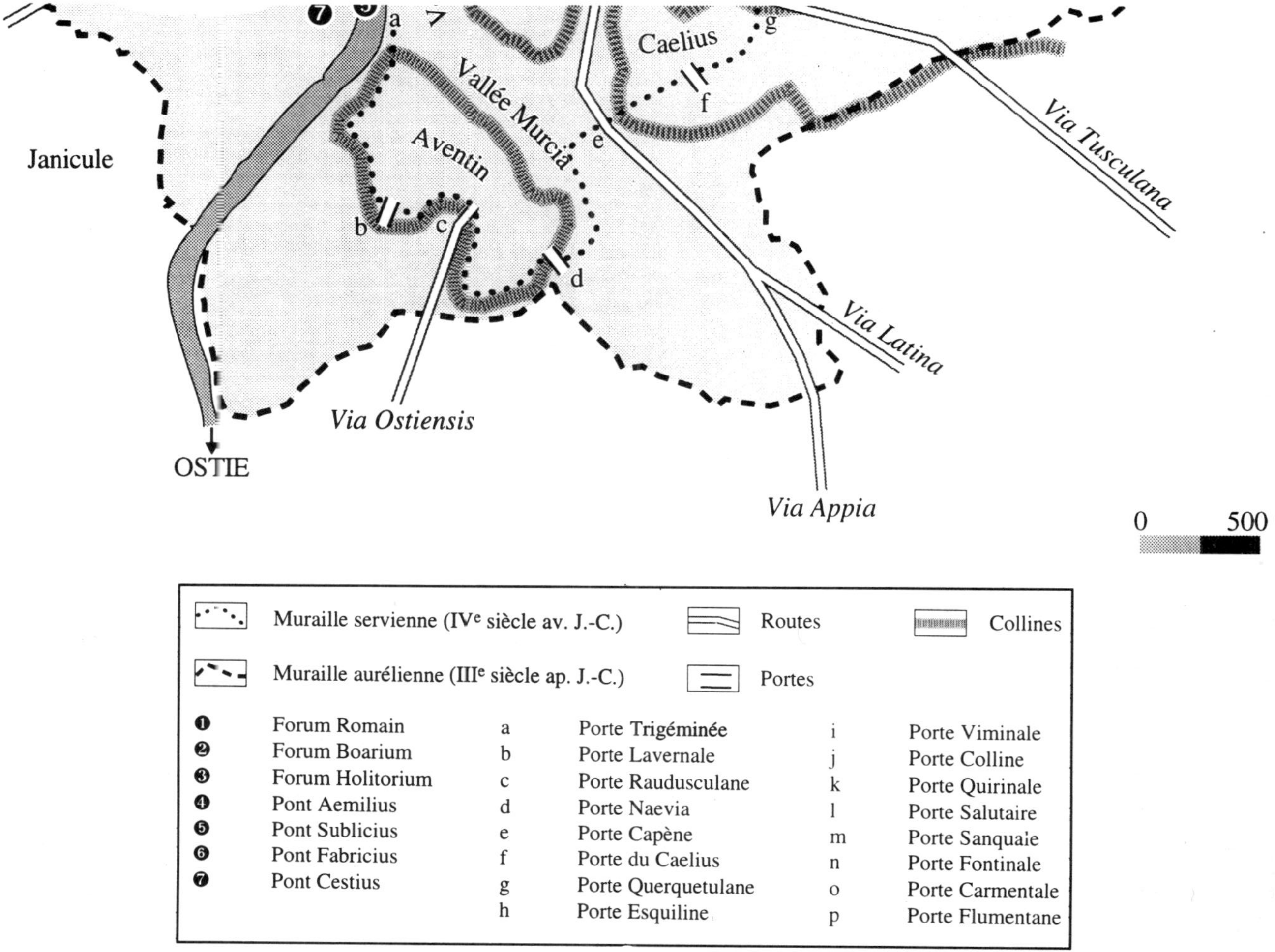
Janicule
OSTIE
Aventin
Vallée Murcia
Caelius
Via Ostiensis
Via Appia
Via Latina
Via Tusculana
0
500 m
a
b
c
d
e
f
g
Muraille servienne (IVe siècle av. J.-C.)
Muraille aurélienne (IIIe siècle ap. J.-C.)
Routes
Portes
Collines
❶ Forum Romain
❷ Forum Boarium
❸ Forum Holitorium
❹ Pont Aemilius
❺ Pont Sublicius
❻ Pont Fabricius
❼ Pont Cestius
a Porte Trigéminée
b Porte Lavernale
c Porte Rauduscolane
d Porte Naevia
e Porte Capène
f Porte du Caelius
g Porte Querquetulane
h Porte Esquiline
i Porte Viminale
j Porte Colline
k Porte Quirinale
l Porte Salutaire
m Porte Sanquale
n Porte Fontinale
o Porte Carmentale
p Porte Flumentane

2 – L'ITALIE A LA FIN DU Ier SIECLE AV. J.-C.

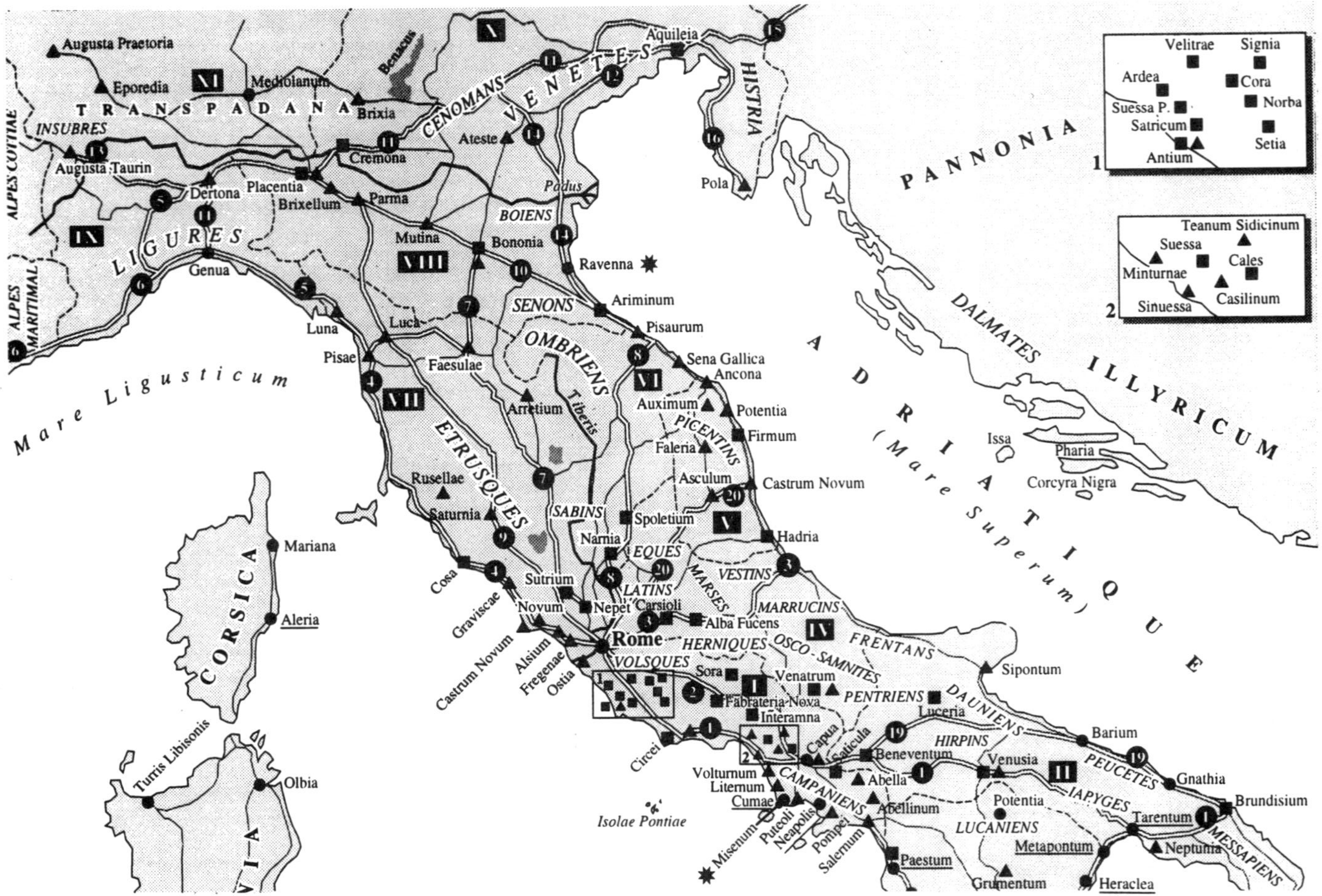

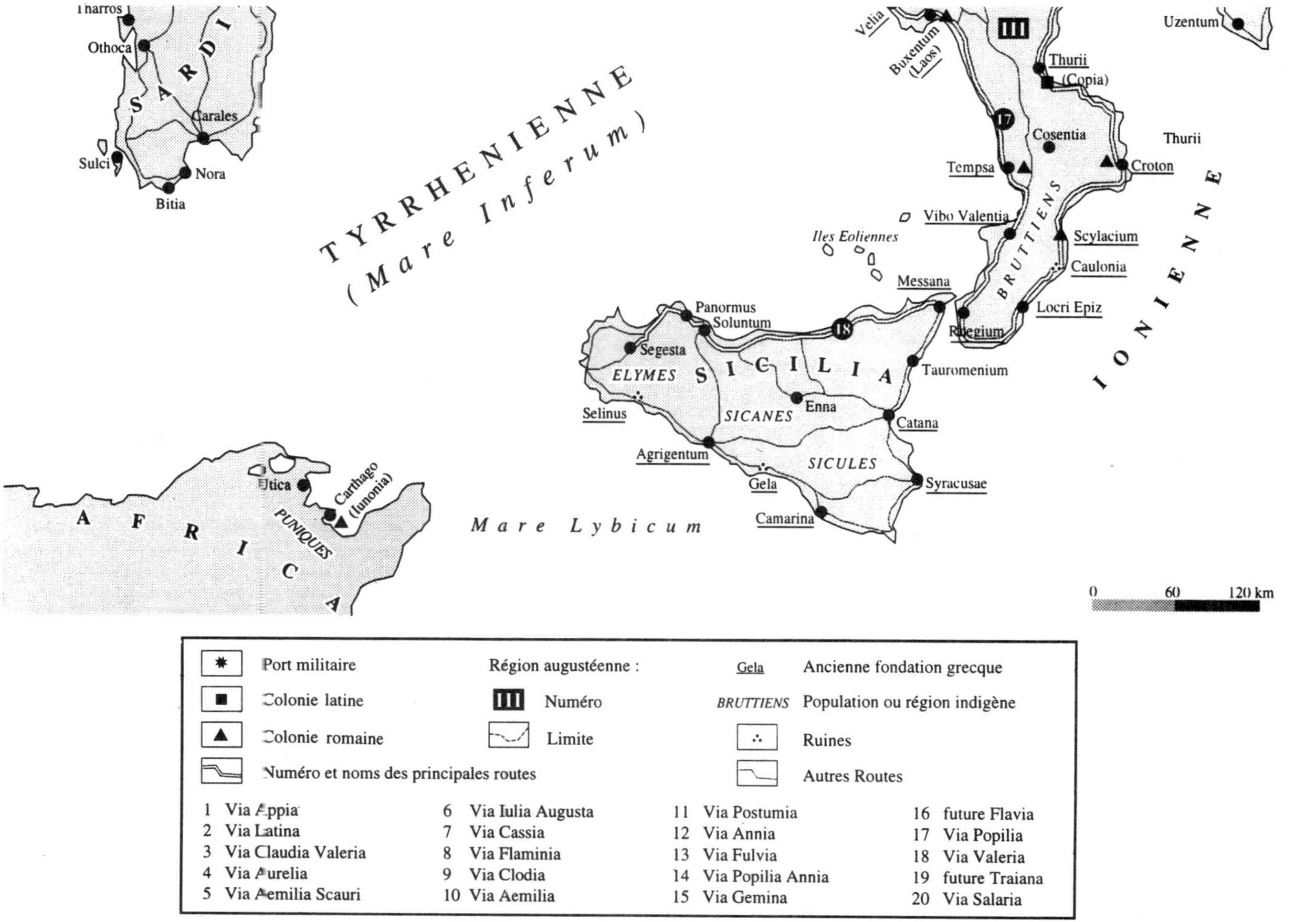

Tharros
Othoca
SARDI
Carales
Sulci
Nora
Bitia
TYRRHENIENNE
(Mare Inferum)
Velia
Buxentum
(Laos)
III
Thurii
(Copia)
Uzentum
17
Cosentia
Thurii
Tempsa
Croton
Vibo Valentia
BRUTTIENS
Scylacium
Iles Eoliennes
Caulonia
Messana
Locri Epiz
Rhegium
IONIENNE
Panormus
Soluntum
18
Segesta
ELYMES
SICILIA
Tauromenium
Selinus
SICANES
Enna
Catana
Agrigentum
SICULES
Utica
Carthago
(Iunonia)
Gela
Syracusae
AFRICA
PUNIQUES
Camarina
Mare Lybicum
0
60
120 km
Port militaire
Colonie latine
Colonie romaine
Numéro et noms des principales routes
Région augustéenne :
III Numéro
Limite
Gela Ancienne fondation grecque
BRUTTIENS Population ou région indigène
Ruines
Autres Routes
1 Via Appia
2 Via Latina
3 Via Claudia Valeria
4 Via Aurelia
5 Via Aemilia Scauri
6 Via Iulia Augusta
7 Via Cassia
8 Via Flaminia
9 Via Clodia
10 Via Aemilia
11 Via Postumia
12 Via Annia
13 Via Fulvia
14 Via Popilia Annia
15 Via Gemina
16 future Flavia
17 Via Popilia
18 Via Valeria
19 future Traiana
20 Via Salaria

3 – LES CONQUETES ROMAINES A LA FIN DE LA REPUBLIQUE

Conquêtes du IIIe siècle av. J.-C.
Conquêtes du IIe siècle av. J.-C.
Conquêtes du Ier siècle av. J.-C.
Danube
Amasra
ILLYRICUM
Salone
45
OME
MACEDOINE
Nicomédie
BYTHINIE-PONT
65
74
229
Thessalonique
146
ASIE
103
PHRYGIE
icile
241
Corinthe
Ephèse
129
CILICIE
Tarse
Euphrate
146
101
Antioche
Syracuse
ACHAIE
SYRIE
Paphos
58
CHYPRE
CRETE
67
Gortyne
64
UE
Cyrène
Alexandrie
Cyrénaïque
74
Egypte
30
Nil

4 – L'EMPIRE ROMAIN SOUS LES SEVERES

Province sénatoriale
Province à procurateur ou préfet équestre
DACIE
Province à légat-propréteur
Port de guerre
Ville importante
Capitale administrative
Camp légionnaire
Limes fortifiées
Vindobona
Carnuntum
Brigetio
Aquincum
Danube
PANONIE SUP.
INF.
Sirmium
MATIE
MOESIE SUP.
Potaissa
Apulum
DACIE INF.
Troesmis
Tomi
MOESIE INF.
Viminiacum
Novae
Durostorum
Naissus
THRACE
Perinthus
Nicomedia
Sinope
Trapezus
MESOPOTAMIE
BITHYNIE-PONT
Satala
CAPPADOCE
Tigre
Thessalonice
MACEDOINE
EPIRE
Nicopolis
Ancyra
Métilène
Singara
Cyzikos
Pergamum
ASIE
Ephesus
GALATIE
Caesarea
Samosate
Rhesanae
Tarsus
CILICIE
Cyrrhus
SYRIE-COELIE
Antioche
Doura Europos
Corinthe
Le Pirée
ACHAIE
Attalea
Palmyre
Euphrate
Emèse
CRETE
Gortyna
Paphos
CHYPRE
SYRIE-PHENICIE
Caparcotna
LYCIE PAMPHYLIE
Bostra
SYRIE-PALESTINE
Aela
Capitolina
Nicopolis
Alexandrie
ARABIE
Cyrène
EGYPTE
Petra
CYRENAIQUE
Nil

Tableau 1 — Les provinces et diocèses vers 300 ap. J.-C.

DIOCESE	PROVINCES
BRETAGNES	Bretagne 1 et 2, *Maxima Caesariensis, Flavia Caesariensis, Valentia.*
GAULES	Belgique 1 et 2, Germanie 1 et 2, Sequanaise, Lyonnaise 1 et 2.
VIENNOISE	Viennoise, Narbonnaise 1 et 2, Novempopulanie, Aquitaine 1 et 2, Alpes maritimes.
ESPAGNES	Bétique, Lusitanie, Carthaginoise, Galice, Tarraconnaise, Maurétanie Tingitane.
AFRIQUE	Proconsulaire, Byzacène, Numidie Cirtéenne, Numidie Militiana, Maurétanie Sitifienne, Maurétanie Césarienne, Tripolitaine.
ITALIE ANNONAIRE	Vénitie-Histrie, Flaminia, Emilie, Alpes Cottiennes, Ligurie, Rhétie 1 et 2.
ITALIE SUBURBICAIRE	Picenum, Toscane-Ombrie, Valérie, Campanie, Samnium, Apulie-Calabre, Lucanie, Corse, Sardaigne.
PANNONIES	Pannonie inférieure et supérieure, Dalmatie, Savie, Valérie, Norique riverain et méditerranéen.
MESIES	Dacie, Mésie supérieure, Dardanie, Macédoine, Thessalie, Prévalitaine, Epire nouveau et ancien, Crète, Achaïe.
THRACE	Europe, Rhodope, Thrace, Haemimont, Scythie, Mésie inférieure.
PONT	Bithynie, Cappadoce, Galatie, Paphlagonie, Diospont, Pont Polémoniaque, Arménie majeure et mineure.
ASIE	Pamphylie, Phrygie 1 et 2, Asie, Lydie, Carie, îles, Pisidie, Hellespont.
ORIENT	Lybie inférieure et supérieure, Thébaïde, Egypte Jovienne et Herculienne, Arabie, Arabie Auguste, Libanaise, Palestine, Phénicie, Coélie-Syrie, Augusta Euphratensis, Cilicie, Isaurie, Chypre, Mésopotamie, Osrhoène.

Tableau 2 — Les diocèses et provinces vers 400 (selon la *Notitia Dignitatum*)
(complète la carte 5 p. 18-19)

PREFECTURE DES GAULES	**PREFECTURE D'ITALIE**	**PREFECTURE D'ILLYRICUM**	**PREFECTURE D'ORIENT**
BRETAGNES 1. Valentia 2. Flavia Caesarensis 3. Bretagne I 4. Bretagne II 5. Maxima Caesarensis	ITALIE ANNONAIRE 1. Etrurie 2. Picenum 3. Valeria 4. Campanie 5. Samnium 6. Apulie 7. Calabre	DACIE 1. Mésie I 2. Dacie riveraine 3. Prévalitane 4. Dardanie 5. Dacie méditerranéenne	THRACES 6 provinces indiquées sur la carte 5
GAULES 1. Germanie I 2. Germanie II 3. Belgique I 4. Belgique II 5. Lyonnaise I 6. Lyonnaise II 7. Lyonnaise III 8. Lyonnaise IV 9. Grande Séquanie 10. Alpes Grées	ITALIE SUBURBICAIRE[1] 1. Rhétie I 2. Rhétie II 3. Ligurie 4. Vénitie 5. Alpes Cottiennes 6. Emilie 7. Flaminie	MACEDOINE 1. Epire nouveau 2. Epire ancien 3. Macédoine 4. Thessalie 5. Achaïe 6. Crète	ASIE 11 provinces indiquées sur la carte 5
SEPT PROVINCES[2] 1. Aquitaine I 2. Aquitaine II 3. Novempopulanie 4. Viennoise 5. Narbonnaise I 6. Narbonnaise II 7. Alpes Mariti	ILLYRICUM 1. Norique riverain 2. Norique méditerranéen 3. Pannonie I 4. Pannonie II 5. Valeria 6. Savie 7. Dalmatie		PONT 10 provinces indiquées sur la carte 5
ESPAGNES 6 provinces indiquées sur la carte 5	AFRIQUE 6 provinces indiquées sur la carte 5		ORIENT 15 provinces indiquées sur la carte 5
			EGYPTE 6 provinces indiquées sur la carte 5

1. Au IVe siècle, les deux Italies, la suburbicaire et l'annonaire, sont en fait réunies.
2. Au IVe siècle, le diocèse des sept provinces s'appelle aussi diocèse de Vennoise. Dans la *Notitia Dignitatum*, le diocèse des sept provinces réunit le diocèse des Gaules et le diocèse de Viennoise.

5 – LES DEUX EMPIRES ROMAINS D'ORIENT ET D'OCCIDENT APRÈS 395
(à lire avec le tableau 2)

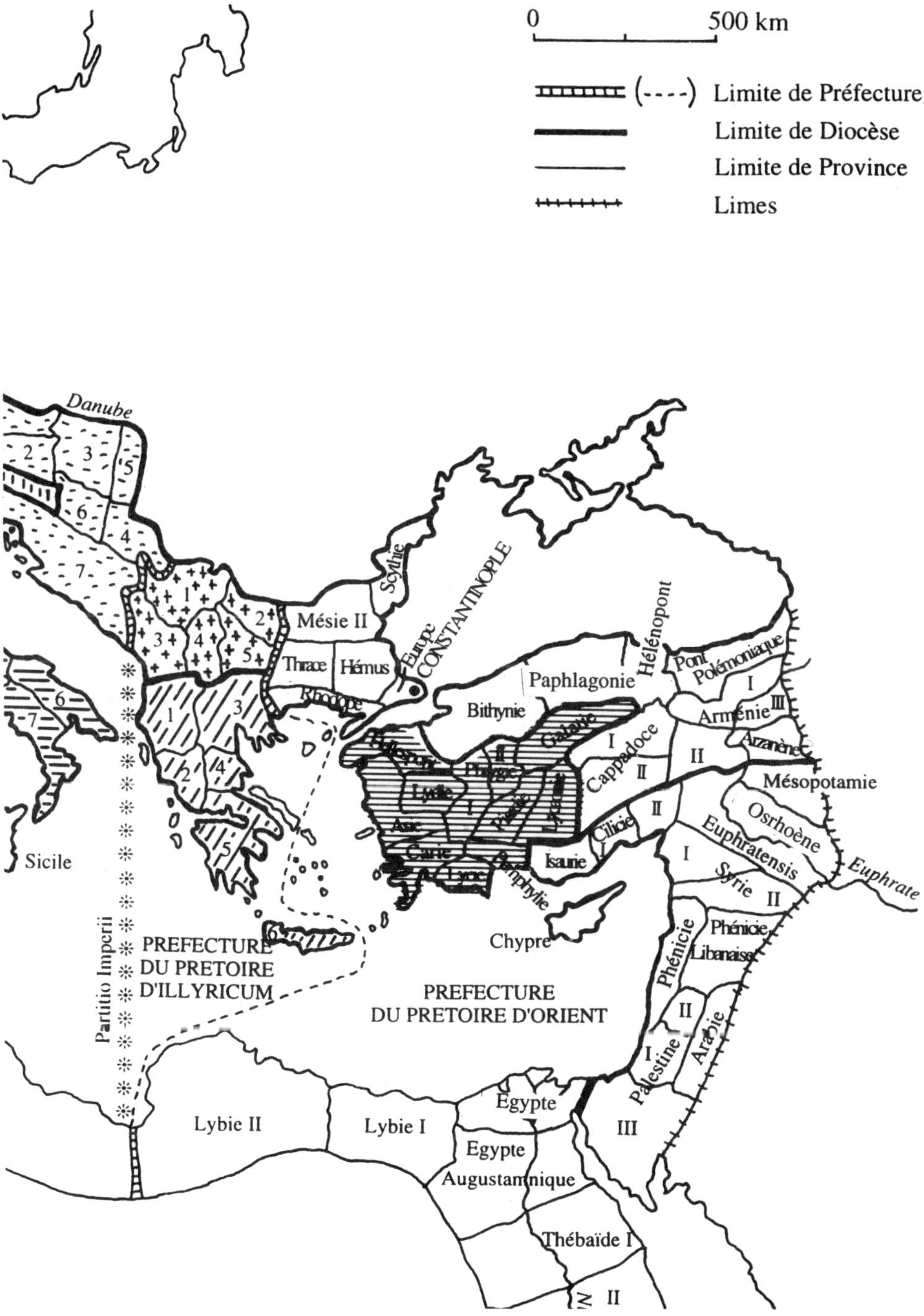
0
500 km
(----) Limite de Préfecture
Limite de Diocèse
Limite de Province
Limes
Danube
Mésie II
Scythie
Europe
CONSTANTINOPLE
Thrace
Hémus
Rhodope
Hélénopont
Paphlagonie
Pont
Polémoniaque
Arménie
Bithynie
Galatie
Cappadoce
Arzanène
Mésopotamie
Osrhoène
Euphratensis
Euphrate
Syrie
Cilicie
Isaurie
Lycie
Pamphylie
Chypre
Phénicie
Phénicie Libanaise
Palestine
Arabie
Sicile
Partitio Imperii
PREFECTURE DU PRETOIRE D'ILLYRICUM
PREFECTURE DU PRETOIRE D'ORIENT
Lybie II
Lybie I
Egypte
Egypte Augustamnique
Thébaïde I

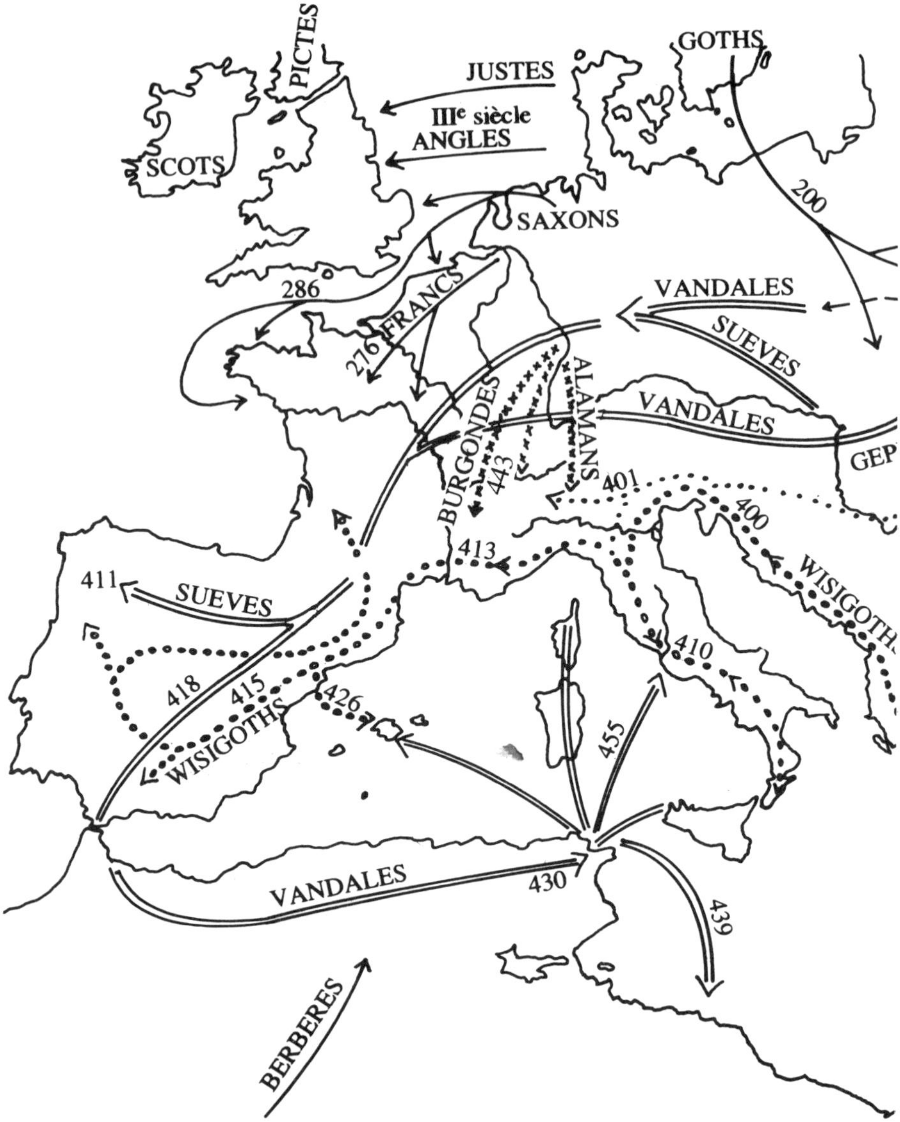

6 – LES ROUTES DES INVASIONS

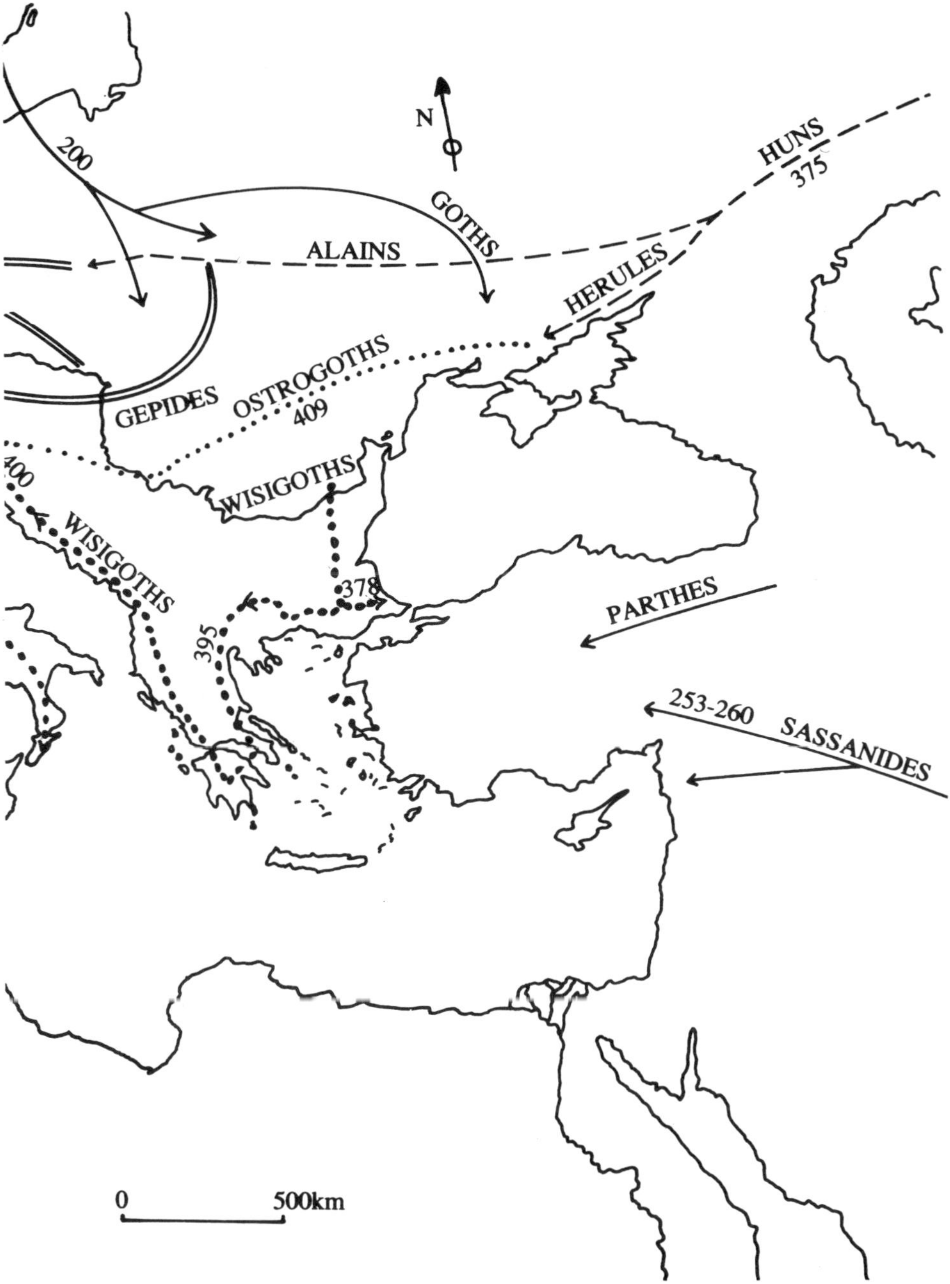
N
HUNS
375
200
GOTHS
ALAINS
HERULES
OSTROGOTHS
409
GEPIDES
400
WISIGOTHS
WISIGOTHS
378
395
PARTHES
253-260
SASSANIDES
0
500km

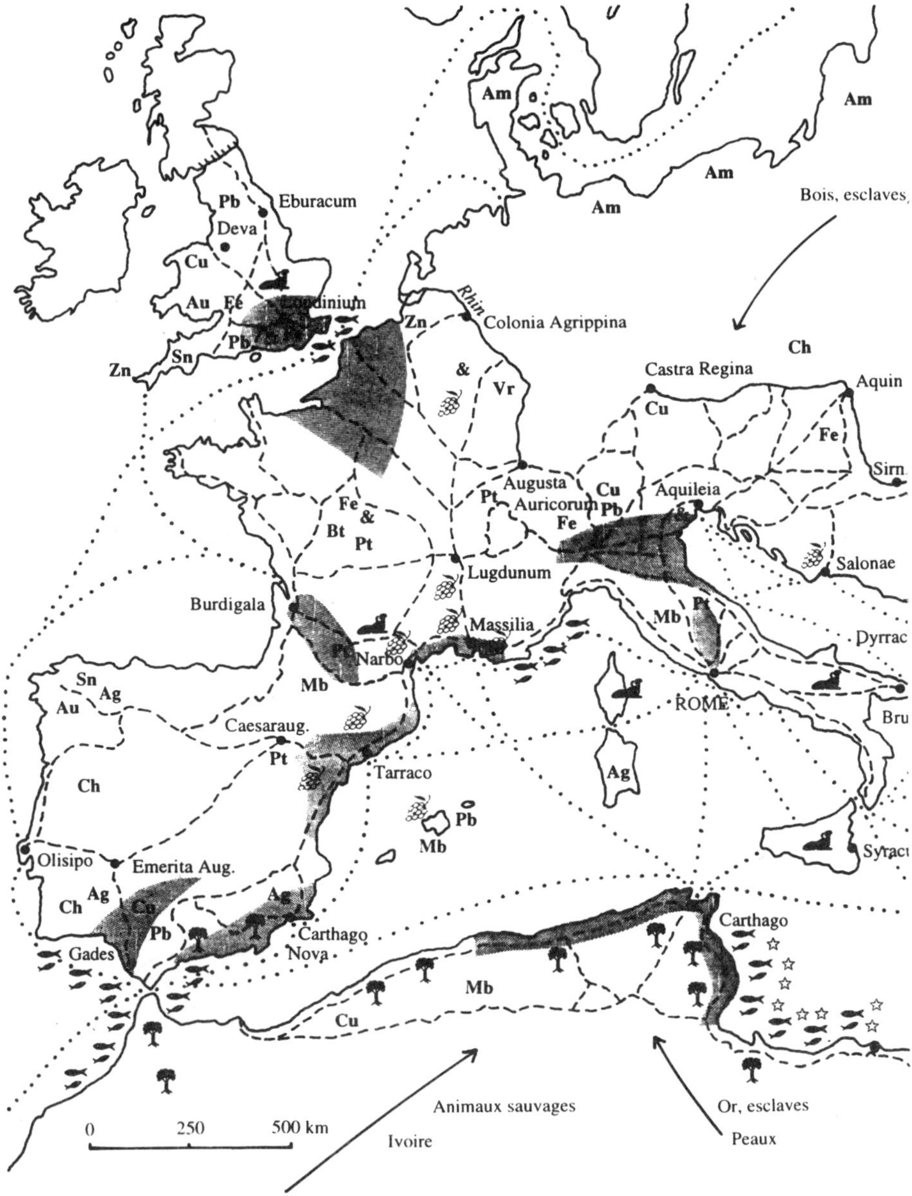

7 – LES RESSOURCES ÉCONOMIQUES DE L'EMPIRE ROMAIN

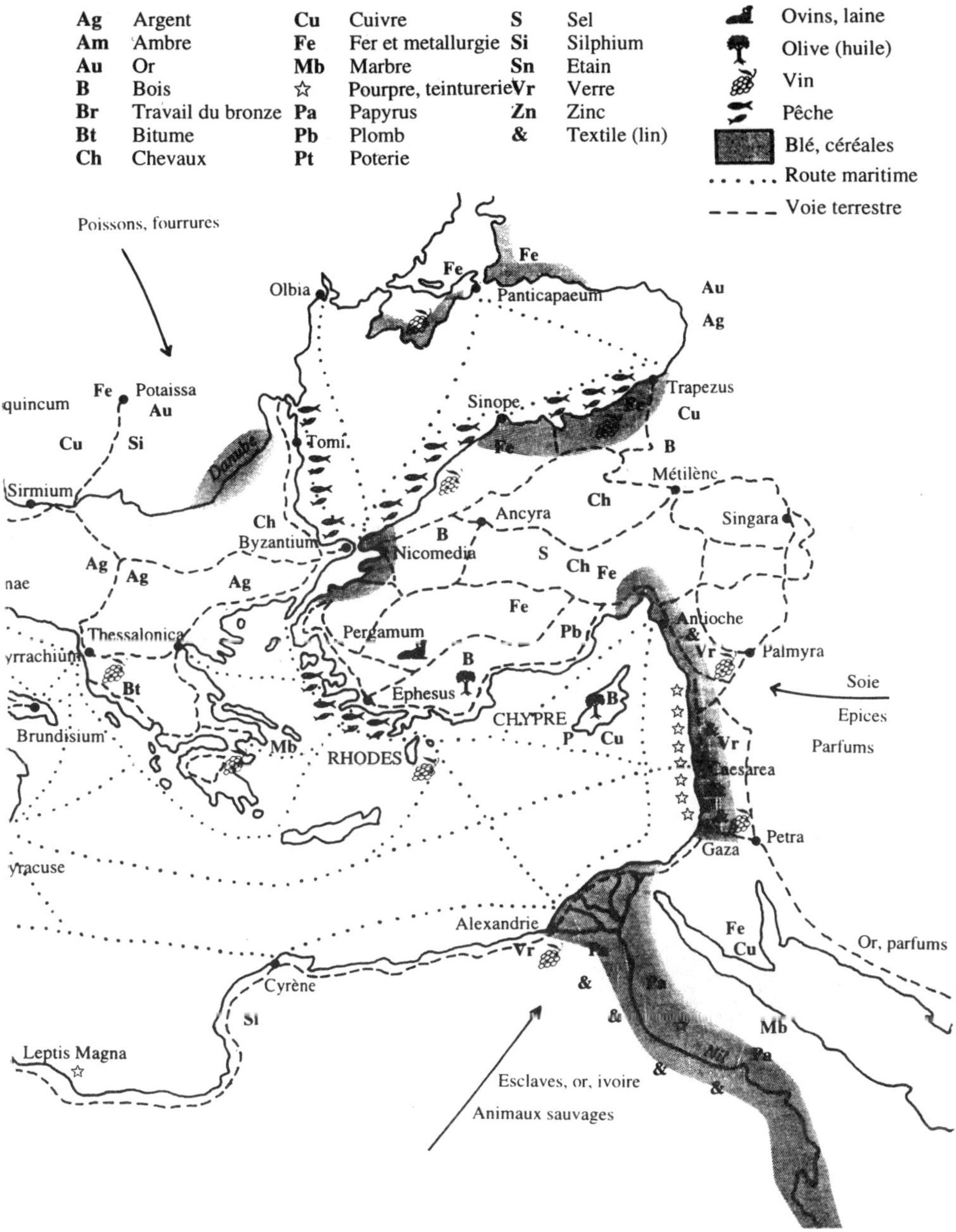
Ag Argent
Am Ambre
Au Or
B Bois
Br Travail du bronze
Bt Bitume
Ch Chevaux
Cu Cuivre
Fe Fer et metallurgie
Mb Marbre
☆ Pourpre, teinturerie
Pa Papyrus
Pb Plomb
Pt Poterie
S Sel
Si Silphium
Sn Etain
Vr Verre
Zn Zinc
& Textile (lin)
Ovins, laine
Olive (huile)
Vin
Pêche
Blé, céréales
Route maritime
Voie terrestre
Poissons, fourrures
Olbia
Panticapaeum
Potaissa
quincum
Danube
Tomi
Sinope
Trapezus
Sirmium
Métilène
Ancyra
Singara
Byzantium
Nicomedia
nae
Thessalonica
yrrachium
Pergamum
Antioche
Palmyra
Soie
Epices
Parfums
Ephesus
CHYPRE
Brundisium
RHODES
Caesarea
Gaza
Petra
yracuse
Alexandrie
Or, parfums
Cyrène
Nil
Leptis Magna
Esclaves, or, ivoire
Animaux sauvages

8 – LES MONUMENTS DE ROME

Légendes pages 24-25

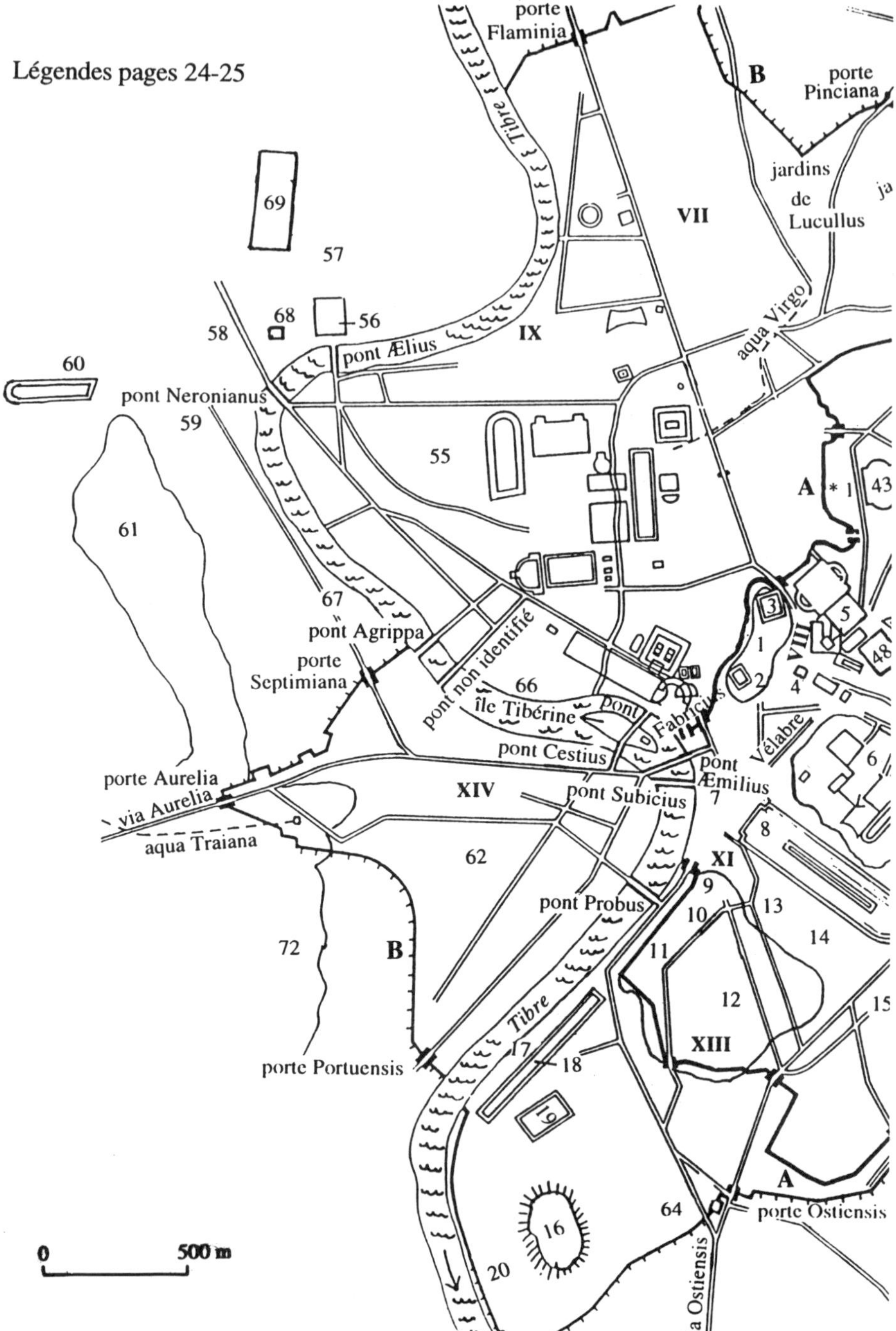

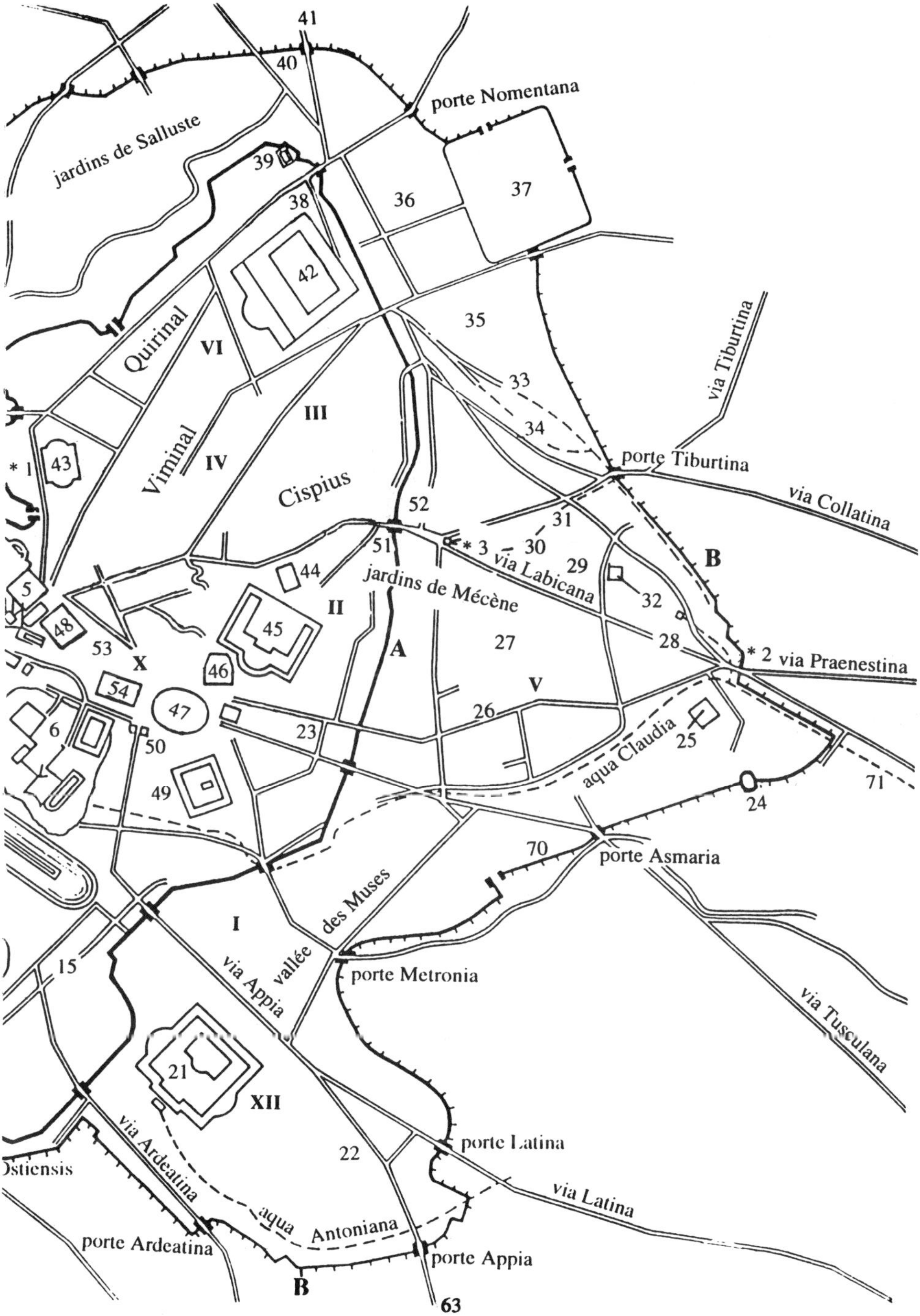
41
40
porte Nomentana
jardins de Salluste
39
37
36
38
42
35
via Tiburtina
Quirinal
VI
33
III
34
porte Tiburtina
Viminal
IV
* 1
43
Cispius
via Collatina
52
31
51
* 3
30
via Labicana
29
B
44
jardins de Mécène
32
5
II
48
45
27
28
53
X
A
* 2
via Praenestina
46
54
V
47
26
6
23
aqua Claudia
25
50
49
71
24
70
porte Asmaria
I
vallée des Muses
15
via Appia
porte Metronia
via Tusculana
21
XII
porte Latina
22
via Ardeatina
Ostiensis
via Latina
aqua Antoniana
porte Ardeatina
porte Appia
B

A Muraille servienne (400-350)
B **Muraille aurélienne** (271-275)

1 Capitole
2 Temple de la Triade Capitoline (VIe siècle av. J.-C.)
3 *Arx* (*auguraculum*)
4 *Forum* romain (détail figure 12)
5 FORUMS IMPERIAUX (détail figure 13)
6 PALATIN (détail figure 19)
7 *Forum Boarium* et *Holitorium* (détail figure 10)
8 Cirque Maxime
9 Temple de Diane
10 Temple de Minerve
11 Temple de Junon Reine (396 av. J.-C.)
12 **Thermes de Decius** (242)
13 MAISON ET THERMES DE SURA (Ier siècle)
14 MITHRAEUM DE S. PRISCA (IIe siècle)
15 Temple de la Bonne Déesse
16 Testaccio
17 Port fluvial (*emporium*)
18 Portique Emilien (193 av. J.-C.)
19 *Horrea* Galbana (108-100)
20 *Horrea* Lolliana (Ier siècle av. J.-C.)
21 THERMES DE CARACALLA (212-217)
22 Tombeau des Scipions (début du IIIe siècle av. J.-C.)
23 MITHRAEUM DE S. CLEMENTE (225-250)
24 AMPHITHEATRE CASTRENSIS (fin de l'époque des Sévères)
25 **Thermes d'Hélène et Sessorium** (époque des Sévères-Constantin)
26 Temple de Minerve médecin (IV-IIIe siècles)
27 JARDINS LAMIANI ET MAIANI
28 JARDINS LICINIANI
29 JARDINS EPAPHRODITIANI
30 JARDINS PALLANTIANI
31 *Aqua Iulia* (33 av. J.-C.)
32 **Nymphée** (IVe siècle)
33 *Aqua Marcia Tepula Iulia* (144-33 av. J.-C.)
34 *Aqua Marcia Iovia* (144 av. J.-C.)
35 Champ du Viminal
36 CHAMP DE LA CASERNE PRETORIENNE
37 CASERNE DES PRETORIENS (21-23)
38 Champ scélérat
39 Temple de la Fortune (IV-IIIe siècles)
40 Temple de Vénus Erycine (215 av. J.-C.)
41 *Via Salaria*
42 **Thermes de Dioclétien** (298-306)
43 **Thermes de Constantin** (306-337)
44 PORTIQUE DE LIVIE (15-7 av. J.-C.)
45 THERMES DE TRAJAN (104-109), sur la *Domus Aurea*
46 THERMES DE TITUS (80)
47 COLISEE (Vespasien-Titus)
48 LUDUS MAGNUS (Domitien)

49 TEMPLE DU DIVIN CLAUDE (54)
50 **Arc de Constantin** (350) et META SUDANS (Domitien)
51 **Arc de Gallien** (260-268)
52 MARCHE DE LIVIE (7 ap. J.-C.)
53 **Basilique de Maxence ou Constantin** (306-337)
54 TEMPLE DE VENUS ET DE ROME (135 ap. J.-C.)
55 Champ de Mars (détail figure 7)
56 MAUSOLEE D'HADRIEN (130-139)
57 JARDINS DE DOMITIA
58 *Via Triomphalis*
59 JARDINS D'AGRIPPINE
60 CIRQUE DE CALIGULA
61 Janicule
62 NAUMACHIE D'AUGUSTE (2 av. J.-C.)
63 *Via Appia*
64 Tombeau de Cestius (20 av. J.-C.)
65 Temple d'Esculape (289 av. J.-C.)
66 Arsenaux
67 VILLA DE LA FARNESINE (30-20 av. J.-C.)
68 META ROMULI
69 NAUMACHIE VATICANE (Trajan)
70 CASERNE DES *EQUITES SINGULARES* (Septime Sévère)
71 CIRQUE VARIANUS (Sévères)
72 SANCTUAIRE DES DIVINITES SYRIAQUES (Ier-IVe siècles ap. J.-C.)
* 1 TEMPLE DE SERAPIS (époque de Caracalla)
* 2 BASILIQUE SOUTERRAINE DE LA PORTE MAJEURE (époque d'Auguste ou Tibère)
* 3 NYMPHEE D'ALEXANDRE SEVERE
I, II, III etc numéro des régions augustéennes

Les monuments en caractère normal sont d'époque républicaine.
LES MONUMENTS EN MAJUSCULES SONT D'EPOQUE IMPERIALE (D'AUGUSTE AUX SEVERES).
Les monuments en gras sont du Bas-Empire.

DYNASTIE DES JULIO-CLAUDIENS

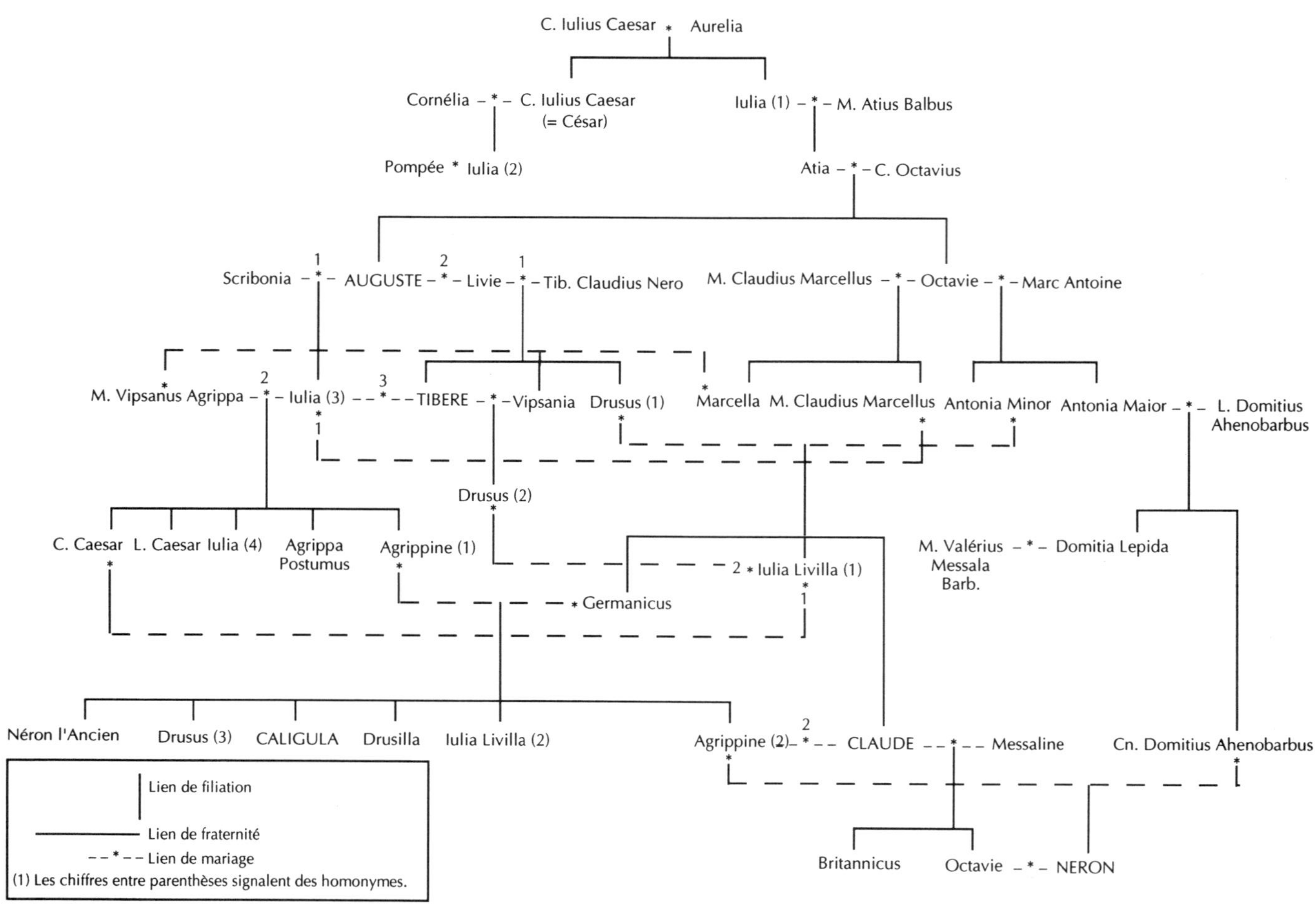

DYNASTIE DES FLAVIENS

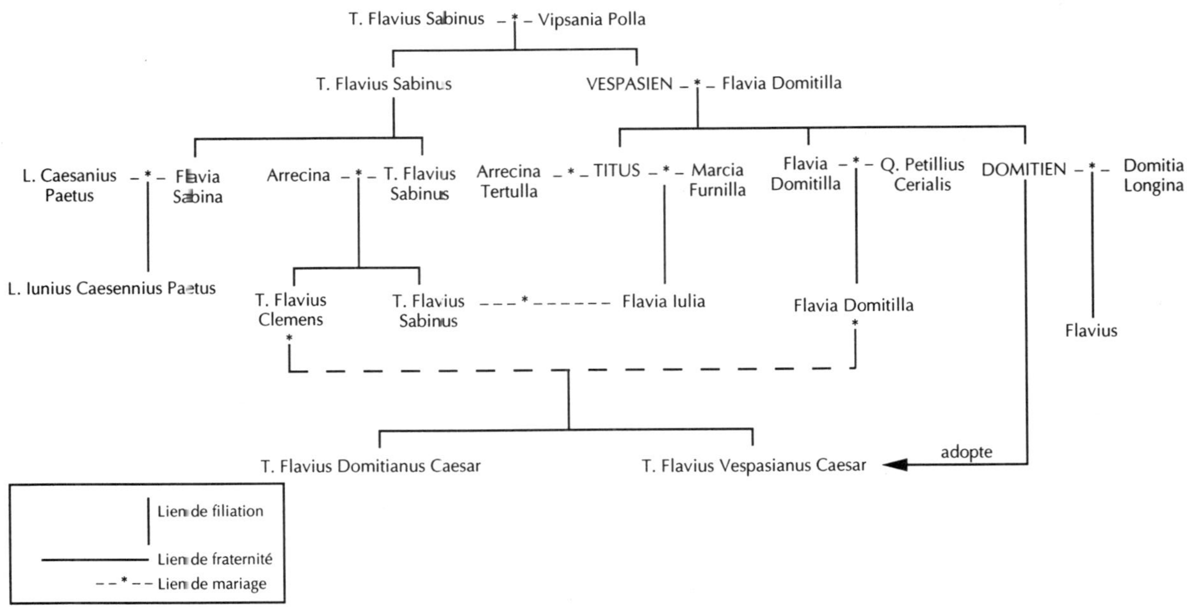

DYNASTIE DES ANTONINS

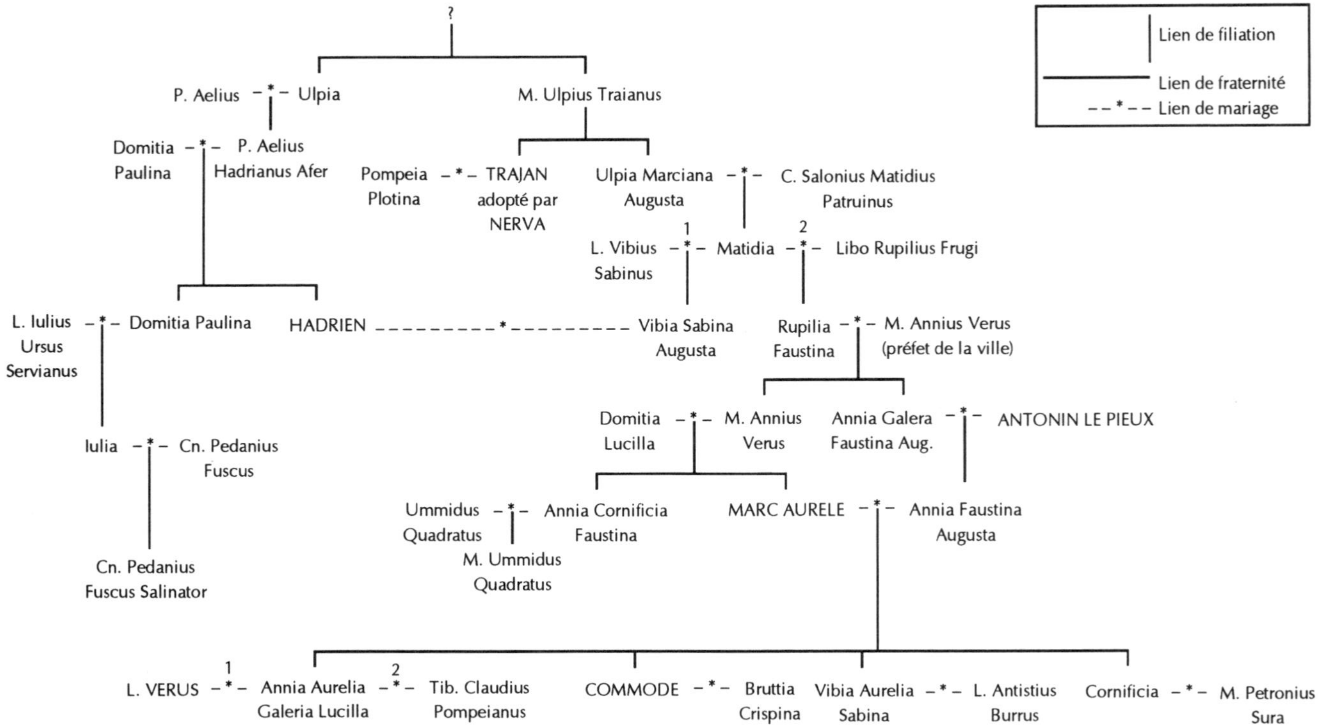

DYNASTIE DES SEVERES

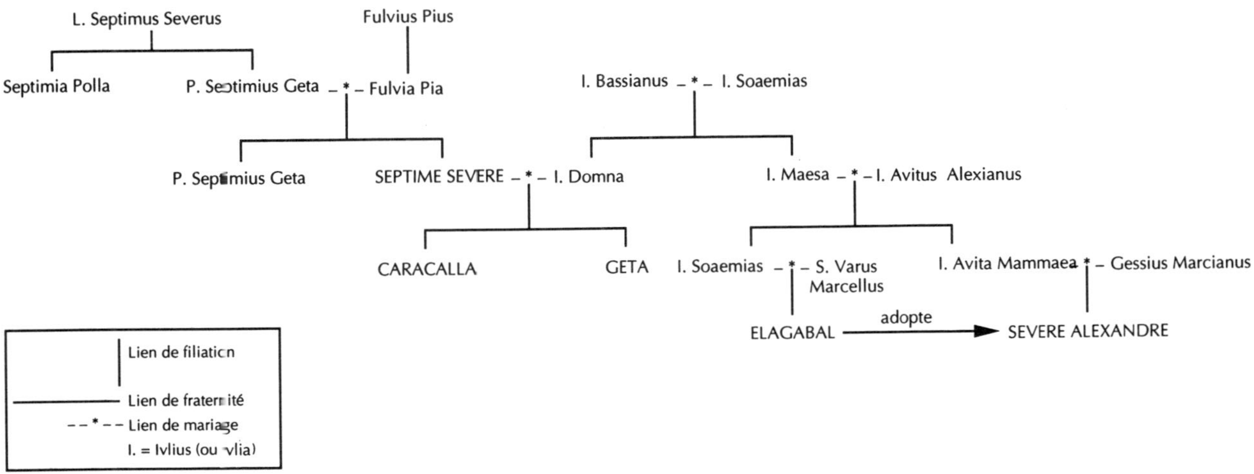

DYNASTIE DES CONSTANTINIENS ET VALENTINIENS

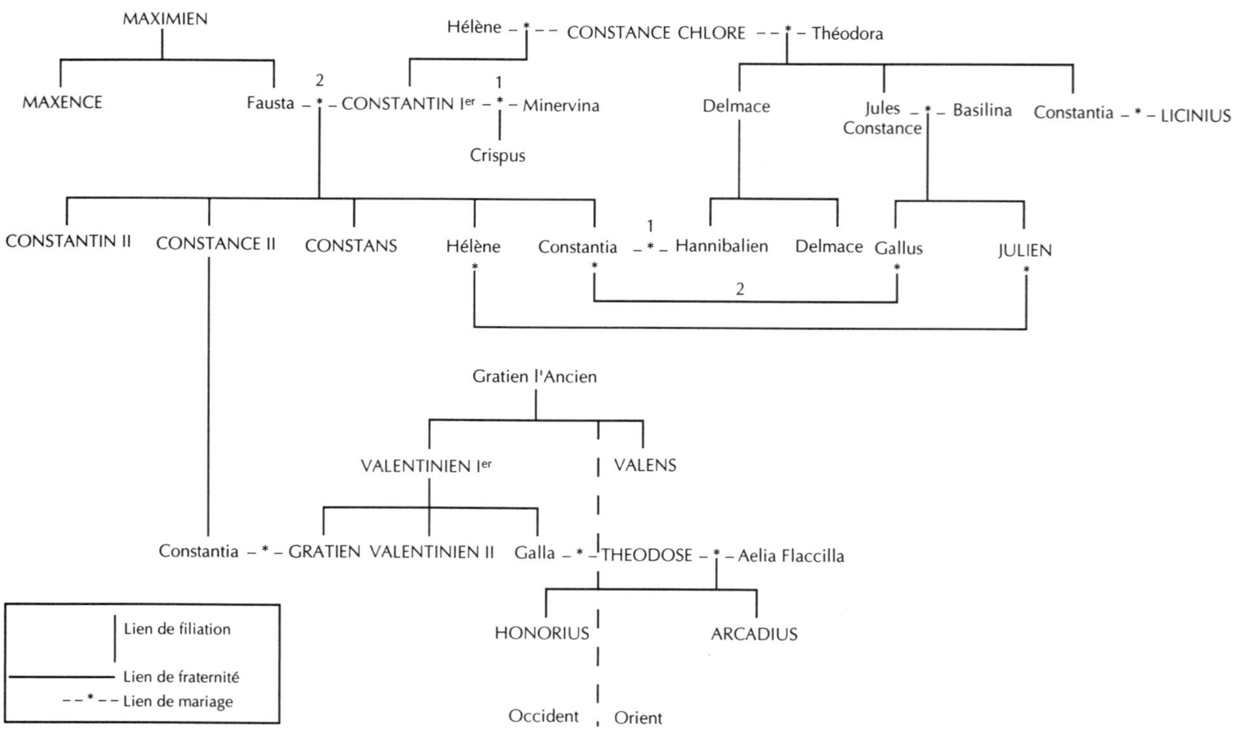

A

***A(b)* + déterminant à l'ablatif :** dans la chancellerie impériale, désigne un cabinet chargé d'une administration spécifique. Pour la liste de ces différents bureaux, cf. *Scrinium*.

***Ab actis senatus* :** depuis Domitien (81-96 ap. J.-C.), titre du questeur*, en général urbain, qui à sa sortie de charge s'occupe des archives du Sénat*.

– *A manu* : esclave* impérial servant de secrétaire particulier pour la correspondance privée de l'Empereur*.

– *A militiis* : titre donné au chevalier* qui a accompli les trois milices équestres*.

– *A quaestionibus* : dans l'armée*, fonctionnaire chargé des problèmes de justice*.

ABDICATION (*abdicatio*) : renoncement volontaire du magistrat* à sa charge. L'abdication est obligatoire pour les dictateurs* et les censeurs* dès qu'ils ont terminé leur mission.

ABROGATION (*abrogatio*) : destitution d'un magistrat* ou abrogation d'une loi par loi spéciale ; à ne pas confondre avec l'*abdicatio*. Les magistrats à *imperium** ne peuvent pas être destitués.

ABSIDE (*absis*) : niche circulaire voûtée en cul-de-four ; on la trouve notamment au fond des basiliques* où elle crée un espace supplémentaire.

***Accensus* :** à l'origine ce terme désigne un membre de la cinquième classe* créée par Servius. Dans l'armée* il s'agit du réserviste chargé de combler les vides dans les légions* (appelé plus tard *supernumerarius*). Dans l'administration il désigne un huissier ou appariteur qui, avec les licteurs*, accompagne tous les magistrats* de rang consulaire ou prétorien. Les proconsuls* disposent d'un *accensus*, souvent un de leurs affranchis, qui leur sert de secrétaire et d'homme de confiance. Dans les cités, les *duomvirs** disposent également d'un huissier. Sous le Bas-Empire*, le nombre des huissiers se multiplie : ils servent comme employés dans les divers bureaux de l'administration* impériale.

***Acceptarius* :** désigne le vétéran* qui à la fin de son service accepte la récompense dont on le gratifie.

***Acceptilatio* :** procédure juridique verbale par laquelle un créancier remet quittance de ses dettes au débiteur.

***Acies* :** l'armée rangée en ordre de bataille.

***Acilia* (*lex*) :** **1**. Loi du consul M. Acilius Glabrio en 191 av. J.-C., confiant aux pontifes* l'intercalation* des jours dans le calendrier*. **2**. Plébiscite* du tribun M. Acilius Glabrio en 123 av. J.-C., fixant l'amende au double de la valeur du dommage causé à la province* ou au particulier dans les procès* pour malversation des magistrats* provinciaux, et accordant la citoyenneté* à l'accusateur s'il était latin*.

***Acilia Calpurnia* (*lex*) :** loi de 67 av. J.-C. proposée par les consuls M. Acilius Glabrio et C. Calpurnius Piso, punissant sévèrement les exactions commises par les candidats* durant leur campagne électorale (inéligibilité, amende, exclusion du Sénat*).

***Acilia Minucia* (*lex*) :** plébiscite* des tribuns M. Acilius Glabrio et Q. Minucius Thermus en 201 av. J.-C., autorisant Scipion à signer la paix avec Carthage.

***Acilia Rubria* (*lex*) :** plébiscite* des tribuns M. Acilius Blabus et C. Rubrius Poblilius en 122 av. J.-C., autorisant des délégations étrangères à participer au culte de Jupiter Capitolin.

***Acta diurna* (événements quotidiens) :** sorte de gazette des événements publiée quotidiennement à partir de 59 av. J.-C., et diffusée à Rome et dans les provinces*.

***Acta judicii* (Actes de procès) :** procès verbal rédigé par la chancellerie du *cognitor*, qui conservait la trace du débat contradictoire lors des procès*.

***Acta Pontificum* (Actes des Pontifes) :** cf. Livres pontificaux.

***Acta principis* (Actes imperiaux) :** dispositions légales, appelées aussi constitutions*, promulguées par l'Empereur* ; elles étaient réunies dans des procès-verbaux, les *commentarii* ; il peut s'agir de jugements qui font jurisprudence (*decreta*), de décisions qui ont valeur contraignante pour tout l'Empire (*edicta principis*), de réponses écrites à des requêtes qui ont valeur normative (*rescripta*), d'instructions à des magistrats (*mandata*). Leur valeur légale est garantie par la loi d'investiture et par le serment *in acta Caesaris* prononcé chaque année par les magistrats et les sénateurs. Au IIe siècle les juristes* reconnaissent à ces constitutions une autorité comparable à celle de la loi ; au IIIe siècle, Ulpien identifie volonté impériale et loi.

***Acta senatus* (Actes du Sénat) :** comptes rendus des séances du Sénat* ; ils sont publiés à partir du consulat* de César (59 av. J.-C.).

ACTES : cf. *Acta*.

ACTEUR (*histrio* ou *ludius*) : les acteurs sont aussi des danseurs et des mimes* ; les premières troupes d'acteurs n'apparaissent à Rome qu'à partir de 240 av. J.-C., date de représentation de la première pièce de Livius Andronicus. Elles comportent, outre les acteurs proprement dits, des musiciens, des machinistes et des figurants, sous la direction d'un chef de troupe, le *dominus gregis*. Les acteurs tragiques étaient chaussés du *soccus*, les acteurs comiques du cothurne*. Les rôles féminins étaient tenus par des hommes ; la couleur des perruques (blanche pour les vieillards, rousse pour les esclaves, brune pour les hommes jeunes) permettait de distinguer les personnages. Les masques de théâtre* sont réservés aux acteurs des attelanes*, les seuls qui ne sont pas frappés d'infamie morale ou juridique. Les compagnies d'acteurs ne se généralisent que dans la seconde moitié du Ier siècle av. J.-C. quand le métier normalement interdit aux citoyens, et souvent assimilé à la prostitution, commence à être moins décrié. Cela n'empêchait pas les acteurs de connaître la gloire ou d'acquérir des protections ; ainsi l'acteur Roscius fut le favori de Lutatius Catullus et de Sulla.

ACTION (*actio*, pl. *actiones*) : terme juridique de droit privé désignant un procès (action en justice) ; l'*actio* est à l'instigation de qui a subi une injustice (le plaignant ou demandeur) ; elle est dirigée contre l'auteur de l'injustice (le défendeur) et doit être proportionnelle au préjudice subi. Les actions sont différentes selon le droit qu'elles sanctionnent. La Loi des Douze Tables* fixait les procédures à suivre, désignées sous le terme de *legis actiones*, actions de la loi*.

ACTION DE LA LOI (*legis actio*) : procédure judiciaire de droit privé, très formaliste et immuable, fixée par la Loi des Douze Tables*. En présence des deux parties, le magistrat (le préteur*) autorise le procès après avoir défini les règles juridiques à appliquer, sanctionné l'accomplissement des rites, et désigné un juge (phase *in iure*) ; cette action du magistrat se résume dans les trois formules rituelles *do, dico, addico* : je donne (une formule de procès et un juge), je déclare (le droit), je confirme (la volonté des parties). Ensuite commence la phase judiciaire proprement dite (*in iudicio* ou *apud iudicem*) : il y a jugement (*iudicium*) si le procès a lieu devant un juge*, ou arbitrage (*arbitrium*) s'il a lieu devant un arbitre*. La séance est publique au Forum* et le juge doit rendre la sentence* le jour même ou quelques jours après. La partie qui a gagné le procès se charge elle-même de son exécution en utilisant l'une des actions de la loi d'exécution. Il y a quatre actions de la loi fondamentales :

– ***legis actio per pignoris capionem*** **(action judiciaire par prise de gage) :** procédure très archaïque qui ne requiert pas la présence d'un magistrat (elle peut donc avoir lieu un jour néfaste), et ne présente pas de caractère contentieux. Il s'agit d'une saisie privée faite par le créancier qui vise à obliger le débiteur à exécuter son obligation. Les publicains* pouvaient avoir recours à cette procédure pour faire payer les contribuables récalcitrants ;

– ***legis actio per manus iniectionem*** **(action judiciaire par saisie de corps) :** la procédure à un pouvoir exécutoire et la sentence est sans appel ; le plaignant assuré de son bon droit obtient, par la décision du magistrat, réparation sur la personne du prévenu qu'il peut rançonner, mettre en prison, tuer ou vendre. A la fin de la République la mise à mort ou la vente en esclavage sont interdites ;

– ***legis actio sacramenti*** **ou** ***per sacramentum*** **(action judiciaire par serment) :** elle a pour fonction d'établir, parmi les plaignants, qui a tort et qui a raison ; elle n'a donc pas de caractère exécutoire, mais seulement déclaratoire. Chacun des plaignants fait le serment (*sacramentum*) de verser une amende au trésor s'il est débouté ou condamné. A l'origine (quand l'argent n'existait pas) le serment devait être un sacrifice d'expiation de l'action injuste. On distingue l'*actio sacramenti in rem* (action réelle) quand il s'agit de défendre des droits absolus, et l'*actio sacramenti in personam* (action personnelle) quand il s'agissait de défendre des droits relatifs à un particulier. Dans le premier cas les deux parties revendiquent chacune leur droit sur l'objet juridique contesté (*vindicatio* et *contra-vidicatio*), et sont renvoyées à un juge privé si elles ne se mettent pas d'accord. Dans le second cas le plaignant affirme son droit sur la personne du prévenu en tant qu'il est son débiteur ; le juge* doit alors décider qui devra verser la somme d'argent. A l'origine il s'agissait de savoir si le sacrifice accompli était juste ou injuste ;

– ***legis actio per iudicis postulationem*** **(action judiciaire par requête d'un juge) :** cette procédure plus rapide que la précédente ne requiert pas un serment ; elle ne s'applique que dans les litiges portant sur des obligations verbales ou sur la division d'une propriété ou d'un patrimoine héréditaire. Le demandeur invite le prévenu à reconnaître sa dette et indique en vertu de quelle cause juridique il intente son action. Si le défendeur ne reconnaît pas sa dette, le plaignant sollicite au magistrat la nomination immédiate d'un juge*.

Vers 200 av. J.-C. les lois *Silia* et *Calpurnia* introduisent une procédure simplifiée, la ***legis actio per condictionem*** (action judiciaire par condition) pour les affaires concernant les dettes ou portant sur des litiges quantifiables (poids, mesures, prix). Le plaignant n'est pas obligé d'indiquer la cause juridique qui justifie son action. Si l'affaire n'était pas réglée devant le magistrat, le demandeur faisait au prévenu une assignation à comparaître (*condictio*) devant le préteur* dans un délai de 30 jours. Ce délai permettait

aux deux parties de trouver un accord au lieu de reparaître une nouvelle fois devant un magistrat*.
Le système judiciaire de la *legis actio*, auquel les étrangers* ne pouvaient avoir recours, fut remplacé au IIe siècle av. J.-C. par l'action formulaire*, puis définitivement aboli par Auguste (cf. *Iulia lex*). Cf. également Justice, Tribunaux.

ACTION FORMULAIRE (*actio per formulas*) : cf. Formule, Justice, Tribunaux.

ACTIUM (bataille d') : bataille navale au large des côtes d'Epire le 2 sept. 31 av. J.-C., à l'issue de laquelle Octave défait Marc Antoine. Cette date marque traditionnellement la fin de la période hellénistique et le début de l'Empire romain même si à cette date Octave n'est encore ni *Princeps* ni Auguste*.

***Actus* :** cf. Cadastration et Poids et Mesures.

***Ad* + nom à l'accusatif :** dans l'armée, désigne la spécialité d'un soldat. Quelques exemples :

***Ad annua* :** soldat chargé de payer les pensions des vétérans*.

***Ad balnea* :** soldat chargé de la surveillance des thermes*.

***Ad camellos* :** vétérinaire de l'armée* chargé des chameaux.

***Ad fiscum* :** soldat chargé de la perception.

***Ad hostias* :** cf. Victimaire.

***Ad ligna* :** soldat chargé de la corvée de bois.

***Ad portam* :** sentinelle.

***Ad praepositum* :** aide de camp.

***Ad signa* :** soldat chargé de la surveillance des enseignes*.

***Adaeratio* :** partie de l'annone* qui pouvait être payée en espèces au profit de l'armée* ou de l'administration*. A la fin du Bas-Empire*, l'*adaeratio* en or atteignait un total de 14 700 *solidi*.

***Adcrescentes* :** recrues qui ne sont pas sur la liste du service actif, mais qui sont appelées pour combler les vides dans le recrutement.

***Addictio* :** décision de justice qui permet au créancier de se saisir (*iniectio manus*) de la personne du débiteur (*addictus*).

Ademptio bonorum* :** confiscation des biens ; ***ademptio civitatis : perte de la citoyenneté ; ***ademptio equi publici*** : perte du statut de chevalier*.

***Adfines* (ou *affines*) :** les parents par alliance ; l'*affinitas* est le rapport juridique qui rattache l'un des époux aux parents de l'autre.

***Adgnati* (ou *agnati*) :** parents du côté paternel, ou enfants nés après le testament ou la mort du père.

ADJUDICATION (*adiudicatio*) : formule permettant à un juge de procéder à des attributions de propriété dans le cas de procès portant sur le partage des patrimoines (*actio familiae herciscundae*) ou sur les rectifications de limites cadastrales (*actio finium regundorum*). Pour le sens moderne du terme, cf. Fermage.

***Adiutor* :** aide, commis ; dans l'armée*, soldat chargé d'aider un gradé dans sa fonction. *Adiutor imperii* : secrétaire personnel et homme de confiance de l'Empereur*, qui l'aide à gérer les affaires de l'Etat ou ses biens personnels. A partir d'Hadrien les *adiutores* sont des fonctionnaires subalternes au côté des *proximi* et des *officiales*.

***Adlectio* :** inscription sur une liste (celle des *gentes*, des *municipes*, des Sénateurs*) qui confère un statut particulier. Sous l'Empire*, procédure (couramment pratiquée à partir des Flaviens) par laquelle l'Empereur* peut

inscrire qui il veut sur la liste des sénateurs*, sans même le faire passer par la questure* (*adlecti* : ceux qui sont entrés au Sénat* selon cette procédure).
***Adlocutio* :** discours officiel de l'Empereur*.
ADMINISTRATION (impériale) : cf. Chancellerie, Curateurs, Fonctionnaires, Gouverneurs, Magistrats, Province, *Scrinia*.
ADOPTION (*adoptio*) : procédure juridique permettant à un père de famille* de faire entrer dans sa famille, en qualité de fils ou de fille, un membre d'une autre famille qui est lui-même sous l'autorité d'un autre père de famille. Cet acte, qui correspond à un transfert de propriété (*mancipium*), a lieu devant le préteur* ou le gouverneur*. Le consentement de l'adopté n'est pas nécessaire, et l'autorité de l'adoptant ne s'étend pas sur les descendants de l'adopté. L'adoption permet d'assurer la perpétuité du culte domestique si le chef de famille n'a pas d'enfant mâle. L'enfant adopté porte les trois noms de l'adoptant plus un second *cognomen* en *-anus* rappelant sa famille d'origine ; exemple : P. Cornelius Scipio Aemilianus. Sous l'Empire* cette procédure permet à l'Empereur* de désigner son successeur de son vivant (dans son testament César avait adopté le futur Auguste). Il faut normalement une différence de 18 ans entre l'adoptant et l'adopté. L'adoption permet à un Latin* de devenir citoyen* romain, ou à un plébéien* de devenir patricien*. On distingue l'adoption pleine (*adoptio plena*) qui fait de l'adopté le fils de l'adoptant, et l'adoption partielle (*adoptio minus plena*) qui laisse l'adopté dans sa famille d'origine, mais lui donne droit de succéder à l'adoptant. Cf. aussi Adrogation.
ADORATION (*adoratio*) : le fait de se prosterner devant l'Empereur* et de baiser le bas de son vêtement quand on se présente devant lui (on dit aussi « baiser la pourpre »). Cet élément du protocole n'apparaît qu'au Bas-Empire*.
ADROGATION (*adrogatio*) : procédure de la compétence des comices curiates* après enquête des pontifes*, qui consiste à faire adopter un individu qui n'est pas sous la puissance paternelle, et ne peut donc faire l'objet d'une adoption. Il s'agit en fait de l'adoption d'un chef de famille* par un autre chef de famille, ce qui signifie la disparition juridique de toute une famille. L'adrogé doit être consentant, et les enfants de l'adrogé tombent sous la *potestas* de l'adrogeant.
***Adscripticii* :** dans le code Justinien (VIe siècle), il s'agit des esclaves attachés à un domaine et cédés avec lui à chaque nouvel acquéreur.
***Adsertor libertatis* :** personne pouvant garantir devant un magistrat* la qualité d'homme libre ou d'esclave d'un tiers ; cf. Affranchissement.
***Adsidui* :** les citoyens* possédant une terre, par opposition aux prolétaires*.
***Adstipulator* :** personne choisie par un créancier pour exercer l'action* judiciaire en son lieu et place en cas d'impossibilité de sa part.
***Adsumptus (in consilium)* :** à partir d'Hadrien (117-138), adjoint au conseil du prince* ; il s'agit d'un juriste*, qui reçoit un traitement de 60 000 sesterces.
***Adtributio* :** système qui place un peuple sous le contrôle d'une cité romaine, municipe* ou colonie* ; cette mesure joua un rôle important dans le processus de romanisation, tout en évitant d'accorder la citoyenneté* romaine aux populations indigènes. Il faut éviter de traduire par « attribution ».
ADULTERE : cf. *Crimen adulterii*.
***Aduslescens* :** désigne le jeune garçon de 16 à 30 ans environ. Cf. Age.
***Adventus* :** visite officielle de l'Empereur* dans une ville.

***Advocatus* :** désigne toute personne qui vient à un procès réconforter de sa présence l'une des deux parties. Il ne faut en aucun traduire par « avocat ».
Aebutia (*lex*) : 1. Plébiscite* (?) de 154 av. J.-C. interdisant d'élire à une magistrature extraordinaire la personne, ou un membre de sa famille, en ayant proposé l'institution. **2.** Loi de 130 av. J.-C. environ qui confère au préteur* urbain des pouvoirs juridiques lui permettant d'adapter aux réalités nouvelles le vieux droit civil* grâce à la rédaction de l'édit perpétuel* ; cette loi serait à l'origine des procès formulaires*.
***Aedes signorum* :** la chapelle des enseignes* située dans les *principia* d'un camp* romain.
***Aedilis* :** cf. Edile.
***Aedituus* :** soldat chargé de veiller sur la chapelle des enseignes* ; plus généralement gardien ou administrateur d'un temple*.
***Aelia* (*lex*) : 1**. Plébiscite* du tribun* Q. Aelius Tubero en 194 av. J.-C. proposant la déduction des colonies* de Copia et Valentia. **2.** Plébiscite de 158 av. J.-C., qui permet aux consuls* d'exercer leur droit d'obnonciation* à l'encontre des comices tributes* et de casser ainsi les propositions (*rogatio*) des tribuns de la plèbe*.
***Aelia Sentia* (*lex*) :** loi des consuls* S. Aelius Catus et C. Sentius Saturninus en 4 ap. J.-C., voulue par Auguste, qui rejetait dans la classe des Latins Juniens* les individus irrégulièrement affranchis. Elle autorisait cependant les magistrats romains (le préteur* à Rome ou le *praeses* en province*) à concéder la citoyenneté* aux Latins Aeliens* s'ils avaient épousé une citoyenne romaine ou latine et obtenu une descendance mâle.
***Aemilia* (*lex*) : 1**. Loi du dictateur* M. Aemilius Mamercinus en 434 av. J.-C., qui aurait fixé la durée de la censure* à 18 mois. **2.** Loi du consul* M. Aemilius Scaurus en 115 av. J.-C. limitant les dépenses somptuaires et le droit de vote des affranchis*. **3.** Loi du consul M. Aemilius Lepidus en 78 av. J.-C. renouvelant les distributions frumentaires. **4.** Loi du préteur* M. Aemilius Lepidus en 49 av. J.-C. attribuant à César une dictature* exceptionnelle.
***Aemiliae* (*leges datae*) :** lois données* de Paul Emile pour la constitution de la province* de Macédoine en 167 av. J.-C.
***Aemilia* (*via*) :** route desservant la plaine du Pô et reliant Ariminum à Plaisance ; construite en 187 av. J.-C. Elle est complétée par la *via Aemilia Scauri* qui traverse la Ligurie et rejoint la *via Aurelia*. (cf. carte 2, n° 5 et 10).
***Aera legum* :** tablettes de bronze exposées au Capitole*, sur lesquelles étaient gravées les lois.
***Aerarii* :** cf. Eraires.
***Aerarium militare* (*trésor militaire*) :** caisse impériale créée par Auguste en 6 ap. J.-C., recueillant le produit de deux impôts* créés en 6 ap. J.-C. (5 % sur les héritages des citoyens romains, et 1 % sur les ventes aux enchères). La caisse sert à l'origine à donner une prime en argent au légionnaire* prenant son congé. Elle est gérée par deux ou trois préfets* de rang prétorien. Cette caisse disparaît au milieu du IIIe siècle à cause de la crise économique qui diminue les ressources.
***Aerarium principis* (*trésor impérial*) :** au Bas-Empire* caisse des Empereurs* alimentée par les revenus des Largesses sacrées*, ceux de la *res privata**, ainsi que par des levées exceptionnelles d'or et d'argent.
***Aerarium sacrum* :** trésor sacré. Autre appellation du fisc impérial* au Bas-Empire.

Aerarium sanctius **:** fonds de réserve spécial de l'*aerarium Saturni* alimenté par les droits perçus sur les actes d'affranchissement*, l'impôt dit du vingtième*, d'où l'appellation de ***aurum vicesimarium*** pour désigner l'or qui y était stocké sous forme de lingots.

Aerarium Senatus* (ou *aerarium populi romani*) :** trésor public qui contient aussi les archives de l'Etat ; il se trouve dans le temple de Saturne au pied du Capitole*, d'où le nom aussi de ***aerarium Saturni. Sous la République*, il est géré par le Sénat* par l'intermédiaire des deux questeurs* urbains (appelés aussi *quaestores aerarii Saturni*). A partir de 23 av. J.-C. il est géré par deux préteurs* de l'année tirés au sort, puis par deux questeurs (en 44), enfin en 56 il est confié à deux préfets* choisis parmi les anciens préteurs par le Sénat mais nommés par l'Empereur*. Il est alimenté par les revenus traditionnels de l'Italie et des provinces sénatoriales*. Sous l'Empire* il devient peu à peu une simple caisse municipale de Rome, le trésor de l'Empire étant constitué par le fisc impérial* et l'*aerarium* militaire.

Aes equestre **:** indemnité versée aux chevaliers* pour l'achat du cheval.

Aes grave **:** cf. As.

Aes hordearium **:** indemnité versée aux chevaliers* pour la nourriture du cheval.

Aes rude **:** lingot de bronze moulé de poids variable. On trouve aussi *aes infectum*.

Aes signatum **:** lingot de bronze estampillé d'une marque par laquelle l'Etat garantit un poids fixe. La marque représente un mouton, un porc ou un taureau ; en effet, avant l'apparition des premières formes de monnaie*, la fortune était évaluée en têtes de bétail.

AFFRANCHI (*libertus*) : esclave libéré par son maître en échange de ses bons services, ou en achetant sa liberté grâce à ses économies (pécule*) ; l'affranchi est un homme libre (depuis la réforme d'Appius Claudius, il peut s'inscrire dans une tribu), mais avec des droits politiques réduits (il ne peut être élu, et jusqu'au Ier siècle av. J.-C. il ne peut servir comme légionnaire). Un fils d'affranchi devient ingénu* et donc citoyen de plein droit. Les esclaves affranchis en dehors des mesures augustéennes constituent la classe inférieure des Latins Juniens*, mais ils finissent peu à peu par obtenir aussi le droit de cité grâce à des dispenses. Les affranchis restent au service de leur ancien maître en qualité de clients* ; ils portent le prénom et le nom de leur patron, leur nom d'esclave servant de surnom ; à leur mort ils peuvent être enterrés dans le tombeau familial, ce qui montre l'étroitesse des liens. Les affranchis impériaux, des Grecs très cultivés en général, jouent un rôle très important dans l'administration, surtout financière (ainsi Pallas, Narcisse et Calliste sous Claude) ; ce sont des personnages riches et puissants qui suscitent la jalousie, mais qui ont du mal à faire oublier leur macule servile. Même lorsqu'ils sont supplantés par les chevaliers* aux postes de responsabilité, ils n'en continuent pas moins à former l'armature de l'administration tant à Rome que dans les provinces*. Dans les colonies* et municipes*, le corps des *Augustales* leur permet d'occuper le second rang. La richesse des affranchis est souvent leur seul moyen d'intégration sociale ; les plus éminents d'entre eux sont amis de sénateurs* et de chevaliers* et peuvent avoir une nombreuse clientèle. Dans les cités, les fils d'affranchis arrivent à être décurions*. Sous l'Empire*, la collation par l'Empereur* de l'anneau d'or à un affranchi qui possède le cens équestre lui permet d'accéder à la dignité de chevalier*. A partir de Commode (180-192) cette procédure permet d'assimiler l'affranchi à un ingénu* (sauf au moment de sa mort), sans le faire nécessairement accéder àl'ordre équestre. La *restitutio natalium*, accordée par l'Empereur avec l'assentiment du patron, fait aussi de l'affranchi un ingénu et entraîne l'extinction de tous les droits du patronat, y compris le droit successoral.

AFFRANCHISSEMENT (*manumissio*) : il se fait de manière officielle devant un magistrat selon trois modes possibles. **1.** Par testament (*manumissio testamento*). **2.** En inscrivant l'affranchi dans une liste du cens selon le montant de ses biens au moment du recensement (*manumissio censu*). **3.** Par un simulacre de procès en touchant l'affranchi avec la baguette de l'*adsertor libertatis*, personne qui pouvait garantir devant le juge* la condition d'homme libre de l'affranchi (*manumissio per vindictam*). Il se fait aussi de manière officieuse par lettre (*manumissio per epistulam*), ou devant témoins (*manumissio inter amicos*), en conviant l'esclave à la table du maître (*manumissio per mensam*), le préteur* garantissant alors la liberté de l'affranchi (on parle ainsi d'affranchissement prétorien, *manumissio praetoria*). Au Bas-Empire* l'affranchissement pouvait aussi avoir lieu à l'occasion des cérémonies religieuses en présence de l'évêque (*manumissio in ecclesia*). Plusieurs lois augustéennes contrôlèrent sévèrement les affranchissements (cf. *lex Fufia, lex Aelia Sentia, lex Iulia Norbana*) : les affranchis prétoriens étaient reconnus légalement mais ils ne jouissaient que du droit latin, et constituaient la classe des Latins Juniens* ; à leur mort leurs biens revenaient à leurs anciens propriétaires, mais grâce à des dispenses ils finissaient par obtenir aussi le droit de cité. L'affranchissement *in ecclesia* confère la pleine citoyenneté*. Le terme de *manumissio* vient de l'expression *manu mittere* « laisser partir », car après avoir proclamé sa liberté devant le magistrat le maître faisait faire un demi-tour à son esclave et le laissait partir.

AFRICANO : brèche de couleur verte ou grise, considérée comme un marbre ; elle provient des carrières de Téos en Asie Mineure, et fut introduite à Rome par Lucullus d'où son autre appellation de marbre de Lucullus.

***Africus* :** cf. Vent.

AFRIQUE (*Africa*) : les troupes romaines prirent pied sur le sol africain après la victoire de Zama en 202 av. J.-C., mais le territoire de Carthage ne devint province* proconsulaire qu'en 146 av. J.-C. à l'issue de la troisième guerre punique et de la destruction de Carthage. Pour surveiller son ennemie, Rome créa l'Etat vassal de Massinissa en Numidie, qui devint province (Africa Nova, puis Numidie) en 46 av. J.-C. En 96 av. J.-C., Rome avait reçu en legs la Cyrénaïque qui est transformée en province proconsulaire en 74 av. J.-C. En 30 av. J.-C. l'Egypte lagide devient propriété personnelle d'Auguste, puis de ses successeurs, et la Maurétanie, Etat-vassal, est annexée sous Caligula, et divisée en 42 en deux provinces à gouverneur* équestre, la Maurétanie césarienne et la Maurétanie tingitane. Malgré son étendue, l'Afrique dans son ensemble est bien pacifiée, et deux légions* seulement y sont cantonnées : une à Lambèse en Numidie, et une autre à Nicopolis en Egypte (cf. cartes 3 et 4). Au Bas-Empire*, l'organisation de l'Afrique est modifiée et se trouve partagée entre les trois préfectures* : la Maurétanie tingitane est rattachée à la préfecture du prétoire des Gaules ; les provinces de Maurétanie césarienne, Maurétanie sitifrienne, Numidie, Afrique, Byzacène et Tripolitaine (créées entre 294 et 305) appartiennent à la préfecture d'Italie ; l'ex-Cyrénaïque divisée en deux provinces Libye I et II, et l'Egypte (divisée entre l'Egypte proprement dite, l'Augustamnique et les deux provinces de Thébaïde) font partie de la préfecture d'Orient (cf. carte 5).

AGAPE (*agape*) : repas fraternel des premiers Chrétiens, au cours duquel avait lieu la consécration du pain et du vin. C'est l'origine de la messe.
***Agonium* :** fête* du calendrier* romain où le *rex sacrorum* immole une victime (le 17 mars et le 11 décembre).
AGE (*aetas*) : l'âge n'est pas compté en années, mais la vie d'un homme est divisée en grandes périodes : jusqu'à 7 ans le jeune romain est *infans* (= qui ne parle pas), puis il est *puer* jusqu'à sa majorité politique (17 ans) qui se marque par le service militaire ; il devient alors *adulescens* jusqu'à 30 ans, puis *juvenis* jusqu'à 45 ans, *senior* jusqu'à 60 ans, et enfin *senex*. Une fille est *infans*, puis *puella* jusqu'à son mariage qui peut avoir lieu à partir de 12 ans ; mariée elle est *uxor* (épouse), puis *mater* (mère) ou *matrona* (matrone) quand elle a des enfants ; la femme âgée est appelée *anus*. L'*aetas perfecta* ou *legitima*, soit 25 ans, est l'âge de la majorité judiciaire.
AGE D'OR : désigne la période mythique où l'humanité connaissait le bonheur parfait, les hommes étant semblables aux dieux. Se succèdent ensuite l'âge d'argent, l'âge de bronze et l'âge de fer, périodes au cours desquelles l'humanité ne cesse de dégénérer et d'augmenter son malheur. Dans la propagande augustéenne, le principat* apparaît comme un retour de l'âge d'or, qu'illustre notamment la *pax romana* après la sombre période des guerres civiles correspondant à l'âge de fer. Ce thème devient un lieu commun de tous les panégyriques des Empereurs*.
***Agentes in rebus* :** agents de la police politique au Bas-Empire* ; organisés en scholes*, ils dépendent du maître des offices*.
***Ager* :** terme le plus utilisé pour désigner un territoire, au sens de territoire national ou territoire d'une cité. Suivi d'un déterminant, le terme revêt une signification plus juridique :
***Ager actuarius* :** espace de 12 pieds réservé entre les lots assignés aux particuliers.
***Ager adsignatus* :** terre de l'*ager publicus* accordée gratuitement à des colons* à titre collectif ou individuel.
***Ager arcifinalis* :** terre en friche prise sur l'ennemi que l'Etat laisse occuper aux particuliers moyennant une redevance en nature.
***Ager colonicus* :** partie de l'*ager publicus* assignée pour la fondation d'une colonie* romaine.
***Ager compascuus* :** partie de l'*ager publicus* mise à la disposition collective des habitants d'une agglomération (en général pour servir de pâture) moyennant un petit loyer.
***Ager decumanus* :** territoire soumis à la dîme* (la Sicile et l'Asie notamment).
***Ager hosticus* :** territoire sur lequel les fétiaux* lancent le javelot en signe de déclaration de guerre*.
***Ager in trientabulis fruendus datus* :** terre concédée aux créanciers de l'Etat moyennant une réduction d'un tiers de leurs créances (on dit aussi *ager trientius tabuliusque*). Cf. *Trientabula*.
***Ager liberatus* ou *effatus* :** territoire consacré en dehors du *pomerium* où l'on pouvait prendre les augures*.
***Ager occupatorius* :** partie de l'*ager publicus* laissée à son premier occupant à titre de *possessio*.
***Ager peregrinus* :** territoire des cités étrangères*.
***Ager privatus* :** terre de l'*ager publicus* qui devenait propriété de plein droit pour son occupant à la suite de la *rogatio Sempronia** de 133 av. J.-C. Il désigne aussi la terre des colons* une fois réalisée la centuriation* ; on parle

alors d'*ager privatus ex iure Quiritum* si la colonie se trouve en Italie, et d'*ager privatus vectigalisque* si la colonie est située en province*.
Ager provincialis : *ager publicus* situé dans les provinces* ; il est occupé par les pérégrins*.
Ager publicus : partie de l'*ager romanus* constituant le domaine public du peuple romain ; il est le produit des conquêtes ou des confiscations faites aux condamnés. Ce patrimoine reste propriété de l'Etat ; seul le Sénat* peut allouer ou assigner des parcelles dont les occupants n'ont que le droit de jouissance (*possessio*).
Ager quaestorius : territoire conquis que le questeur* est chargé de vendre à des particuliers.
Ager romanus : ensemble du territoire sur lequel s'exerce la souveraineté de Rome ; l'appropriation privée y est possible. Il est d'environ 6 400 km^2 en 330, et atteint 27 000 km^2 en 269 av. J.-C.
Ager scriptuarius : cf. *Ager compascuus*.
Ager vectigalis ou ***fructuarius*** : terres de l'*ager publicus* données en bail de 3 ou 100 ans moyennant une redevance.
Ager viasiis vicanis ex senatusconsulto datus : terre en bordure de route concédée aux habitants des agglomérations moyennant l'entretien de la voirie.
***Agnomen* (pl. *agnomina*)** : cf. *Cognomen*.
AGRICULTURE (*agri cultura* ou *res rusticae*) : elle constitue avec l'élevage*, la première source de richesse des Romains. Dans la mentalité romaine, le citoyen* reste avant tout un paysan attaché à son domaine (légende de Cincinnatus), et la propagande augustéenne a beaucoup fait pour renouer avec les valeurs rustiques (cf. les *Géorgiques* de Virgile). Au départ, les propriétés des *gentes* assurent une économie d'auto-subsistance à petite échelle, fondée sur la culture des céréales (épeautre, orge, blé barbu). Ce n'est qu'à partir de la conquête de l'Italie méridionale, avec l'apport des techniques agricoles mises au point par les Carthaginois et les Grecs, que l'agriculture va fournir des surplus pour l'exportation, grâce aux cultures intensives de la vigne, de l'olivier et des arbres fruitiers. En effet, la céréaliculture italienne n'est pas rentable dans la mesure où le blé arrivant de Sicile puis des autres provinces (l'Egypte notamment) coûte moins cher et ne cesse d'affluer à Rome. L'Italie pratique également l'élevage, et à côté des prairies naturelles de la plaine du Pô, de Campanie, des Pouilles, il y a des prairies artificielles de luzerne (*medica*), de vesce (*vicia*) ou de trèfle (*cytisus*). L'outillage agricole n'a connu aucun progrès décisif avec la civilisation romaine : d'après le témoignage de Pline les Romains connaissent les charrues montées sur roues (*currus*) ; il existe aussi des machines de hersage (le *tribulum* et le chariot punique) et une moissonneuse rudimentaire, le *vallus*, utilisées dans les grands domaines d'occident, mais la houe, le fléau, la serpette, la faucille et les pressoirs restent les instruments les plus courants. Les techniques de drainage et d'irrigation sont bien maîtrisées, et les traités d'agronomie nombreux (Caton, Columelle, Varron, Palladius) préconisent l'utilisation d'engrais organiques et minéraux, le recours à l'assolement avec triple rotation, la sélection des semences, une spécialisation et une division organisée du travail, une adaptation des cultures aux terres et aux régions, avec une connaissance précise des qualités et défauts des différentes espèces et des différents moyens pour lutter contre les maladies des plantes et des animaux. Caton conseille une propriété de 60 ha d'olivettes, 25 ha de vignes, avec 100 moutons et 8 bœufs. Les

différences régionales en Italie sont assez nettes, le sud apparaissant plus pauvre et plus voué à l'élevage que le nord ; ainsi les deux seuls grandes foires italiennes ont lieu à Cremone et *Campi Marci* (près de Modène). Contrairement à ce qu'on a pu affirmer, le système des grands domaines (*latifundia*) issus de l'agrandissement de l'*ager publicus* et pratiquant une agriculture extensive avec une main-d'œuvre servile abondante n'est pas le plus répandu, même en Italie. Il semble que le système de la petite ou moyenne propriété, avec faire valoir direct ou indirect (métayage ou fermage), ait été plus rentable ; la fin de la République* connaît cependant une crise agraire avec de nombreux paysans sans terre (problème des vétérans*), alors qu'il y a encore en Italie de vastes terres sans paysans.

Divinités et scènes de récoltes, Tunis, détail d'un relief funéraire

Sous l'Empire*, le métayage et le colonat* parcellaire se généralisent dans les grandes propriétés en même temps que l'extension des terres cultivées et de leur centuriation*. L'Italie souffre de la concurrence des provinces (au IIe siècle l'Afrique produit non seulement du blé, mais aussi du vin et de l'huile), et l'économie rurale a tendance à stagner ou à revenir à un stade autarcique, mais plus que jamais l'agriculture reste la première source de richesse : 90 % de la population vit des produits de la terre ou de l'élevage, les ressources s'évaluent en propriétés foncières, l'Empereur* lui-même est le premier propriétaire, et la vie à la terre, loin des tracas des villes, est toujours un exemple de vie heureuse. Ainsi l'idéal du gentleman-farmer est profondément enraciné dans l'aristocratie romaine, ce qui se vérifie au nombre et à la richesse des *villae rusticae* regroupant autour d'elles les habitats indigènes. L'agriculture intensive y prend le pas sur l'agriculture extensive (la monoculture céréalière régresse) : la polyculture s'y développe autour d'une culture principale et d'une activité d'élevage. Selon les agronomes, un domaine bien exploité pouvait dégager un revenu de 6 % ce qui reste assez faible. En fait chaque exploitation avait deux secteurs complémentaires : l'un tourné vers la commercialisation où intervenait la notion de rentabilité, l'autre consacré à l'autoconsommation sans aucune considération monétaire. Au Bas-Empire, le colonat* a façonné une société rurale et un mode d'exploitation du sol qui seront encore ceux de l'époque médiévale.

***Agrimensor* :** cf. Arpenteur.

AILES (*Alae*) : jusqu'aux guerres sociales*, le terme désigne les deux corps de troupes alliés* qui flanquent une légion* ; ensuite le mot prend le sens restreint de cavalerie*, car après les réformes augustéennes, *alae* désigne les troupes montées des auxiliaires*. En architecture, les ailes désignent les pièces ouvertes sur les côtés aux deux extrémités de l'*atrium* (cf. figure 16).

ALABASTRE (*alabastrum*) : petit vase à parfum de forme oblongue et apode, ordinairement en albâtre. Synonyme : *unguentarium.*

***Albarium* :** crépi intérieur ou extérieur fait de marbre, brique et plâtre pilés.

ALBUM : toute surface blanchie pouvant servir de support à un texte écrit ; par extension, le terme désigne une liste, un registre officiel :

– **Album de centurie (*album centuriae*) :** liste des citoyens* de chaque centurie*.

– **Album des juges (*album judicum*) :** liste des jurés*. Elle est rédigée au début de l'année par le préteur*. C'est à partir de cette liste qu'est constitué le *consilium* des jurés pour chaque procès* criminel.

– **Album pontifical (*album pontificum*) :** registre sur lequel étaient enregistrées les annales*.

– **Album prétorien (*album praetoris*) :** registre portant l'édit annuel* du préteur*.

– **Album sénatorial (*album senatorium*) :** liste sur laquelle les censeurs* tous les cinq ans, puis l'Empereur*, inscrivent les noms des Sénateurs* ; les patriciens* y sont inscrits avant les plébéiens*, les plus vieux avant les plus jeunes, et par ordre de magistrature*.

ALESIA (bataille d') : victoire de César* sur Vercingétorix en pays arverne* en sept. 52 av. J.-C.

ALEXANDRINISME LATIN : courant de la poésie latine marqué par l'influence des poètes grecs de l'école alexandrine des IIIe et IIe siècles av. J.-C. Catulle représente parfaitement cette tendance qui se caractérise par des genres nouveaux comme l'élégie*, l'épigramme*, l'épyllion (petite épopée), et par un style recherché, très personnalisé, avec un goût prononcé pour l'érudition et un certain maniérisme.

Alimenta **:** prêts perpétuels consentis par le fisc* impérial à des propriétaires italiens ; les intérêts, environ 5 %, étaient utilisés par les cités* pour venir en aide aux enfants pauvres. Plus qu'un crédit foncier, il s'agit plutôt d'une œuvre d'assistance publique. Mis en place par Nerva (96-98), ils connaissent une extension sous Trajan (98-117). Les *alimenta* sont gérés par des fonctionnaires* de rang sénatorial, les *praefecti alimentorum*, ou de rang équestre, les *procuratores alimentorum*.

ALLIES (*socii*) : lors de la conquête de l'Italie, les alliés sont constitués par les villes qui, tout en conservant leur autonomie, acceptent l'hégémonie de Rome en reconnaissant avoir mêmes amis et mêmes ennemis que le peuple romain dont ils s'engagent à respecter la majesté. C'est un peu le rapport entre clients* et patron*. Ils doivent contribuer à l'effort militaire de Rome en fournissant des navires (les *socii navales*) et des fantassins (jusqu'à la moitié des effectifs). Un traité (*foedus*) définit les termes de l'alliance (*societas*) que doit garantir la loyauté (*fides*) des deux parties. Le traité peut être fait sur un pied d'apparente égalité (*foedus aequum*) s'il a été négocié, ou être imposé (*foedus iniquum*) en cas de *deditio** par exemple. En 91 av. J.-C. éclate la guerre sociale*, ou guerre des alliés : ceux-ci revendiquent les mêmes droits que les citoyens* romains ; en 89 av. J.-C. ils obtiennent satisfaction avec la *lex Plautia-Papiria* qui leur accorde le droit de cité*.

ALPHABET LATIN : il a 21 lettres, et dérive de l'alphabet grec par l'intermédiaire de celui des Etrusques* ; il ne connaît pas le G avant le IIIe siècle (remplacé par C), le J (fonction assurée par le I), le U (fonction assurée par le V), le Y et le Z ; le X note le son [ks], et le H note une aspiration. Le K qui remplaçait le C devant un A finit par tomber en désuétude. Le Y et le Z furent ajoutés à la fin de l'alphabet pour transcrire des termes grecs.

ALPES : les régions de l'arc alpin, difficilement pénétrables, n'ont été annexées à l'Empire* qu'assez tardivement. Les provinces* des Alpes maritimes, des Alpes Grées et Pennines sont créées après la soumission du roi Cottius (9-6 av. J.-C.) qui conserve une partie de son royaume. L'Etat-vassal* de Cottius est transformé à son tour en province* en 58 ap. J.-C. Ce sont des provinces à gouverneur* équestre. Au IVe siècle des modifications de frontières font que les Alpes Maritimes et les Alpes Grées sont rattachées au diocèse* de Viennoise, les Alpes Pennines étant intégrées à la Grande Séquanie, alors que les Alpes Cottiennes passent dans le diocèse d'Italie annonaire (cf. cartes 4 et 5).

Ambacti **:** désigne chez les Celtes les personnes liées à des grandes familles par un lien de dépendance sociale, comme les clients* vis-à-vis de leurs patrons*.

AMBARVALES (*Ambarvalia*) : fêtes* populaires en l'honneur de Cérès qui avaient lieu au 5e mille sur la *via Campana* au mois de mai. Il s'agissait d'une purification des champs de l'*ager romanus* ; on faisait faire le tour des anciennes frontières de Rome aux animaux sacrificiels (un porc, un mouton et un bœuf).

AMBASSADEUR (*legatus*) : il n'y a pas à Rome de corps diplomatique spécifique. Ce sont les Sénateurs* qui sont envoyés en mission à l'étranger, et pour les déclarations de guerre ou les signatures de paix on fait appel aux Fétiaux*.

Figure 1 — Amphithéâtre

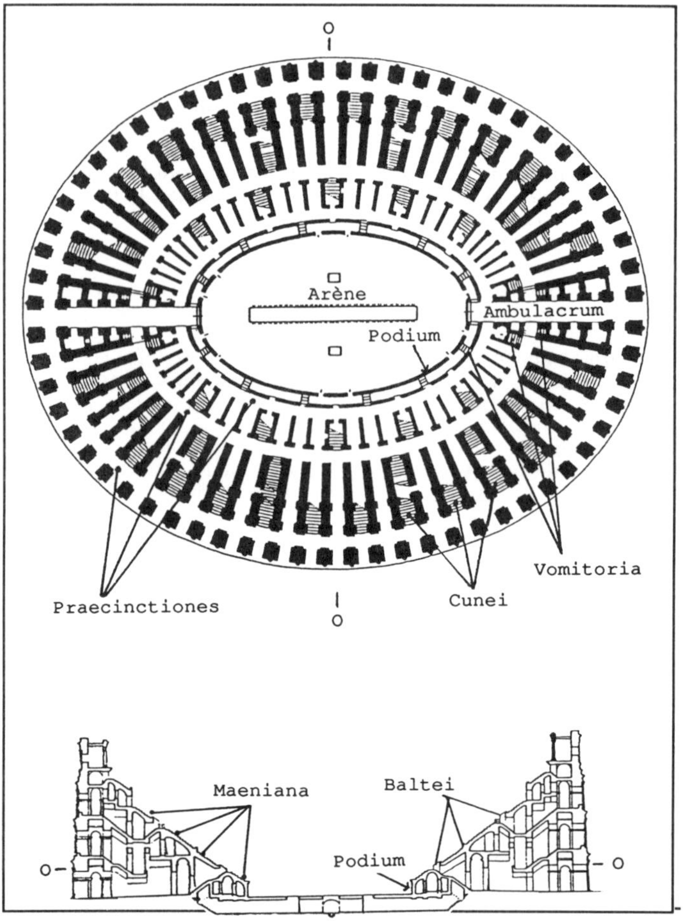

***Ambitio* :** campagne électorale ; le candidat* à une élection, vêtu d'une toge blanche (*toga candida*, d'où l'appellation candidat), faisait le tour de la ville pour obtenir les voix des électeurs. Il était accompagné de toute une escorte (*deductores*) de familiers (*sectatores*) et courtisans (*salutatores*). Cette procédure donnait lieu à des manœuvres illégales, les brigues électorales (*ambitus*) que plusieurs lois s'efforcèrent de combattre sans beaucoup de succès.

AMBULACRE (*ambulacrum*) : couloir voûté situé sous la *cavea* des théâtres* et amphithéâtres*, et accessible depuis l'extérieur du bâtiment par des couloirs radiaux ; ses extrémités débouchent sur les *parodoi* ou *vomitoria*.

AMEBEES (chants ou vers) : forme littéraire de la poésie bucolique* caractérisée par des strophes attribuées alternativement à deux personnages qui se répondent.

AMENDE (*mu(c)lta*) : les magistrats* et le grand-pontife* ont le droit d'infliger des amendes (*multae dictae*) qui ne dépassent pas une certaine somme (cf. *Lex Aternia Tarpeia, Menenia Sextia, Iulia Papiria*). Au-delà de cette somme, seuls les comices* et plus tard les tribunaux*, sont habilités à verbaliser (*multae irrogatae*). Le produit des amendes alimentait le trésor public et était affecté principalement aux dépenses du culte*.

AMEUBLEMENT (*suppelex*) : même dans les riches demeures, l'ameublement reste limité : lit (*lectus*), lits de table (*triclinium*), siège (*sella*), table (*mensa*), armoire (*armarium*), coffre (*arca*), candélabre (*candelabrum*), trépied (*tripus*), tentures et tapis (*peripetasma*) en constituent l'essentiel.

AMIS (*amici*) : désigne à l'origine les populations latines vivant en bon terme avec Rome (par opposition aux ennemis) ; ils pouvaient obtenir le droit de cité (*civitas*) ou le droit de résidence (*ius migrandi*). Sous la République*, les *amici* désignent les amis des gouverneurs* qui les accompagnent dans leur province* et forment une sorte de conseil privé (*cohors* ou *consilium amicorum*). Sous l'Empire*, on parle des « amis du prince » (*amici principis*) pour désigner l'entourage immédiat de l'Empereur*, sa cour privée en quelque sorte ; la hiérarchie distingue les *amici primae admissionis* (amis de premier rang) et les *amici secundae admissionis* (amis de second rang) ; comme les amis des gouverneurs, ils n'exercent pas de fonctions précises, mais certains font partie du Conseil du prince*.

AMPHITHEATRE (*amphitheatrum*) : étymologiquement « double théâtre », à cause du plan évoquant deux théâtres* accolés ; en fait le plan est elliptique. C'est dans ce bâtiment de spectacles* qu'avaient lieu les jeux sanglants (combats de gladiateurs*, chasses*, naumachies*) improprement appelés jeux* du cirque ; le plus célèbre est le Colisée, ou amphithéâtre Flavien, à Rome, datant de 80 ap. J.-C. et pouvant contenir jusqu'à 50 000 spectateurs (cf. photo p. 102). On connaît aussi à Rome l'amphithéâtre Castrense situé sur l'actuelle place Ste Croix de Jérusalem (*regio* V), et l'amphithéâtre de Statilius Taurus sur le champ de Mars, le plus ancien amphithéâtre en pierre de Rome (29 av. J.-C.). L'amphithéâtre est l'un des monuments les plus typiques de l'architecture romaine. Le premier a été construit à Pompéi en 70 av. J.-C.[3] La partie centrale ou arène (*arena*) est réservée aux combattants ; elle est séparée des gradins (*cavea*) par un mur élevé (*podium*) qui servait de protection contre les bêtes féroces. Les gradins étaient divisés en plusieurs galeries concentriques (*maenianum*) par des petits murs semblables au podium, appelés *baltei*, avec couloir de circulation (*praecinctio*). Le *maenianum* inférieur est réservé aux personnalités. On accède aux galeries par des ouvertures aménagées dans les *baltei*, les *vomitoria*, qui communiquent avec les couloirs et escaliers intérieurs. Chaque *maenianum* est divisé dans le sens de la hauteur par des escaliers coupant les gradins, qui permettaient de circuler d'une galerie à l'autre jusqu'à la galerie supérieure

---

3. Villes d'Italie possédant un amphithéâtre à la fin de la République : Ferentum, Sutrium, Teanum Sidicinum, Calès, Telesia, Abella, Cumes, Pompéi, Grumentum, Gioiosa Ionica.

jusqu'à la galerie supérieure couverte et destinée aux femmes. Les espaces en forme de coins délimités par ces escaliers s'appellent *cunei*. A chaque extrémité du grand axe de l'arène s'ouvre une grande porte par où entraient les gladiateurs. Le sous-sol renferme les cages pour les bêtes, les magasins d'accessoires, les loges des gladiateurs. L'arène de certains amphithéâtres pouvait être inondée pour les naumachies*. Une toile (*velum*) pouvait être tendue au-dessus de la *cavea* pour protéger les spectateurs du soleil.

AMPHORE (*amphora*) : vase-container en terre cuite servant au transport maritime ou fluvial des marchandises (vin, huile, fruits, salaisons, etc.) et caractérisé par un col étroit, un pied en forme de pointe, et deux anses verticales qui en permettent la manipulation par deux hommes. L'étude de ces vases est très importante pour dresser un tableau du commerce antique. Toutes les régions agricoles qui exportent leurs produits ont en général des ateliers de fabrication d'amphores. L'Italie* a d'abord produit des amphores étrusques (VIe siècle), puis les Gréco-Italiques (IIIe-IIe siècles en Sicile et Grande-Grèce) ; apparaissent ensuite les productions de Brindes (IIe-Ier siècles), puis à la même époque toutes les séries des Dressel 1, 2-4, 6, 21-22 et Lamboglia 2 (versant tyrrhénien ou adriatique). La Gaule*, l'Espagne*, l'Afrique* ont produit beaucoup de types d'amphores. La Grèce et l'Orient (surtout au Bas-Empire*) ont également leur production propre. Ces vases portent souvent des marques (estampilles, graffiti ou marques peintes) jouant le rôle de nos étiquettes. L'amphore correspond également à une mesure de capacité d'environ 26 litres (cf. Poids et Mesures). Il existe des amphores de capacité plus réduite appelées amphores de table.

Figure 2 — Amphores italiennes

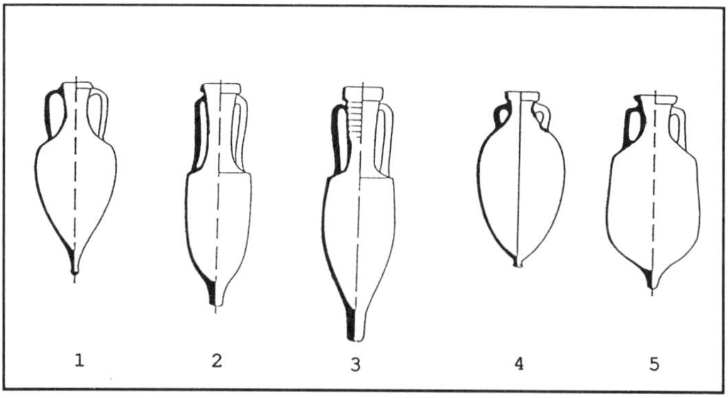

1. Gréco-italique. 2. Dressel 1. 3. Dressel 1B. 4. Amphore de Brindes. 5. Lamboglia 2.

***Ampia Atia* (*lex*) :** plébiscite* des tribuns* T. Ampius Balbus et T. Atius Labienus en 63 av. J.-C. qui accorda les honneurs du triomphe à Pompée.

AMPLIATION (*ampliatio*) : terme juridique désignant le renvoi en différé d'un jugement pour supplément d'enquête.

ANALEMMA (terme grec) : mur de soutènement des deux extrémités de la *cavea* bordant les *parodoi* d'un théâtre*.

ANARCHIE MILITAIRE : on désigne par cette expression les périodes de crise dans les successions dynastiques. La première eut lieu à la mort de Néron en 68-69, la seconde à la mort de Pertinax en 193, et la troisième à la mort d'Alexandre Sévère en 235.

ANCILE (*ancila*) : bouclier sacré en forme de huit, qui serait tombé du ciel sous le règne de Numa, pour indiquer l'emplacement de l'Empire ; le roi en fit construire 11 autres pour qu'il fût impossible de dérober le vrai ; ils étaient conservés dans le temple de Mars sous la surveillance des Saliens*. Tous les ans au mois de mars les boucliers étaient portés en procession autour de la ville, et lorsque la guerre était déclarée les généraux remuaient les boucliers en prononçant la formule : « Mars réveille-toi ».

ANCYRE (monument d') : inscription latine avec traduction grecque gravée sur les murs du temple de Rome et d'Auguste d'Ancyre, en Galatie. Il s'agit d'une copie du document rédigé de la main d'Auguste et lu devant le Sénat* après sa mort, qui donnait la liste de ses exploits et de ses actions (*index rerum a se gestarum*). Des fragments de deux autres copies ont été retrouvés à Antioche et Apollonie en Pisidie. Cf. *Res Gestae.*

ANGUSTICLAVE : tunique* à bande de pourpre étroite (par opposition au laticlave*), insigne de l'ordre équestre*.

ANNALES : archives officielles où à partir de 300 av. J.-C. environ les pontifes* consignaient tous les événements importants de la vie romaine. Elles se présentaient sous forme de tablettes, les *tabulae pontificum.* Ennius s'en inspira pour composer son poème épique sur l'histoire de Rome. C'est la source principale des historiens appelés annalistes*. En 130 av. J.-C. le grand-pontife* Mucius Scaevola termina l'édition des 80 livres des annales qui année par année reconstituaient l'histoire de Rome depuis les temps légendaires.

ANNALISTES : historiens* dont la documentation est celle des Annales*. Les plus connus sont Cassius Hemina et Calpurnius Pison dans la deuxième moitié du IIe siècle av. J.-C., Valerius Antias, Claudius Quadrigarius, Licinius Macer, Aelius Tubero, Tite-Live.

ANNEAU D'OR (*anulus aureus*) : signe distinctif des chevaliers* et des sénateurs*.

***Annia* (*via*) :** route reliant *Aquileia* à *Patavium* (cf. carte 2).

ANNONE (*annona*) : l'approvisionnement en blé de Rome ; à l'origine elle incombait aux sénateurs*, puis à partir de 299 av. J.-C. aux édiles*. A partir d'Auguste, elle relève de l'administration* impériale et est confiée à un des *curatores frumenti* assez vite remplacés par un préfet de rang équestre dépendant directement de l'Empereur*, le préfet de l'annone*. Les provinces productrices de blé, comme la Sicile*, l'Afrique* ou l'Egypte*, sont parfois appelées provinces annonaires.

ANNONE MILITAIRE (*annona militaris*) : impôt* créé sous les Sévères (193-235) ; il s'agit en fait de réquisitions non payées de denrées et de matériel au profit de l'armée* ; cet impôt en nature permettait de satisfaire les besoins immédiats de la troupe et d'échapper aux effets de l'inflation. La gestion en est confiée aux *decemprimi* ou *decaprotoi*, commission de 10 décurions*.

***Antia* (*lex*) :** plébiscite* du tribun* Antius Restius en 71 av. J.-C. limitant les dépenses somptuaires.

***Antistia* (*lex*) :** plébiscite* du tribun* M. Antistius en 319 av. J.-C. privant les habitants de Satricum de leur autonomie à la suite d'une rébellion.

***Antonia* (*lex*) : 1**. Plébiscite* de 71 av. J.-C. du tribun* C. Antonius, accordant l'autonomie à la cité de Termessos. **2.** Plébiscite* de 49 av. J.-C. du tribun Marc Antoine rendant aux fils des proscrits le *ius honorum*. **3.** Série de lois prises par M. Antoine en 44 av. J.-C. : le cinquième mois est appelé *Iulius* en honneur de César, et le cinquième jour des *Ludi Romani* est consacré à sa mémoire ; introduction de la pratique de la *commendatio* ; déduction de colonies* ; publication du testament de César; création d'une décurie* d'anciens centurions* à la place des tribuns éraires* ; interdiction de la dictature* ; obtention pour lui-même de la province* de Gaule Cisalpine et d'une partie de la Transalpine ; distribution de terres aux vétérans* de César* ; instauration du droit d'appel* pour les gens condamnés dans les *quaestiones perpetuae* ; cooptation et non plus élection du grand-pontife* ; gouvernement proconsulaire* quinquennal pour lui-même et Dolabella.

***Antoninianus* :** monnaie d'argent d'un poids de 5,10 gr et d'un titre de 515/1 000 créée par Caracalla (dont le *cognomen* était *Antoninianus*) en remplacement du denier* qui ne contenait plus que 50 % d'argent ; sa valeur théorique est de 2 deniers (en fait 1 denier et demi). Sa frappe fut arrêtée entre 222 et 238. Par la suite il devient la monnaie la plus courante. Cf. Dévaluations, Monnaie.

***Anus* :** désignation de la femme âgée (qui ne peut plus avoir d'enfants).

APAMEE (paix d') : paix qui met fin en 188 av. J.-C. à la guerre entre Antiochos III et Rome au profit de cette dernière.

APICULTURE : les Romains avaient plusieurs traités d'apiculture, et cette activité était assez connue pour que Virgile lui consacrât le quatrième chant des *Géorgiques*. Les ruches mobiles (*apiarium*) étaient en liège ou en osier. Le miel était récolté deux ou trois fois par an après enfumage des abeilles. Il existait plusieurs variétés selon les régions, les saisons, et les plantes butinées ; le miel de Sicile était particulièrement apprécié. Outre le miel consommé comme dessert ou dans les pâtisseries, les Romains utilisaient aussi la cire* d'abeille.

APLUSTRE (*aplustra*) : partie supérieure de la poupe d'un navire qui correspond à la réunion de toutes les lattes du bordé. Il reçoit une décoration en forme de bouclier.

APOCALYPSE : genre littéraire juif (mais empruntant des formes littéraires du monde grec) qui consiste à interpréter et actualiser une prophétie ; cela permet une expression dramatisée des conflits provoqués par la conquête, et des malheurs du temps. Les apocalypses sont des œuvres de scribes et de sages qui veulent « révéler » une vérité ; elles apparaissent comme un instrument efficace de propagande nationaliste et de dénonciation de l'Etat impérialiste et oppresseur. L'apocalypse la plus fameuse est celle de Jean, qui termine le Nouveau Testament, et qui a dû être composée à la fin du règne de Domitien (91-96).

***Apocolocynthose* :** opuscule de Sénèque présentant Néron comme le nouvel Auguste protégé d'Apollon ; le titre signifie « métamorphose de la citrouille ».

***Apodyterium* :** vestiaire (une des salles des thermes* romains).

APOTHEOSE (*consecratio*) : cérémonie, décidée par le Sénat*, au cours de laquelle l'Empereur*, ou un autre membre de sa famille, est divinisé, c'est-à-dire admis au nombre des dieux. Il est alors déclaré *Divus*, et peut recevoir un culte (cf. Culte impérial).

APPAREIL (de construction) : cf. *Opus.*
***Apparitor* :** appariteur ou huissier attaché au service d'un magistrat*, tel le licteur*, le scribe*, le héraut* ; il perçoit de l'Etat un salaire (*merces*).
APPEL (droit d') : cf. suivant.
***Appellatio* (recours, droit d'appel) :** le droit d'appel contre une sentence capitale (mort ou exil) remonte à la *lex Valeria* de 300 av. J.-C. (cf. *Provocatio ad populum*). Sous l'Empire*, il s'agit de la procédure de grâce qu'un condamné pouvait solliciter de l'Empereur* quand la sentence n'avait pas été prononcée directement par lui. L'appel au prince contre une sentence sénatoriale fut interdit par une *oratio* d'Hadrien (117-138).
***Appia* (*via*) :** route reliant Rome au port de Brindisi. Elle fut commencée par Appius Claudius vers 312 av. J.-C. (cf. carte 2).
***Applicatio* :** procédure juridique par laquelle un client* demande son rattachement à une *gens.*
***Appuleia* (*lex*) : 1.** Plébiscite* postérieur à 251 av. J.-C. précisant le régime juridique des garants et garanties personnelles. **2.** Série de plébiscites du tribun* L. Appuleius Saturninus en 103 av. J.-C. : définition d'un *crimen maiestatis* distinct du crime de haute trahison, dénonçant la violation de la souveraineté du peuple romain par un abus de pouvoir de la part d'un magistrat* ; mise en place d'une *quaestio extaordinaria* pour juger Cn. Manlius ; distributions de terres en Afrique aux vétérans* de Marius. **3.** Plébiscites du même tribun en 100 av. J.-C. : assignation aux vétérans de l'*ager gallicus* conquis par Marius ; déductions de colonies* en Sicile* Macédoine et Achaïe ; réduction du prix du blé pour les distributions au peuple. **4.** Loi de 89 av. J.-C. autorisant l'*imperator* ou le magistrat en charge d'accorder la citoyenneté* romaine en récompense de services rendus, dans le domaine militaire notamment. **5.** Plébiscite de date inconnue, mais postérieur à 241 av. J.-C., établissant une solidarité entre les différents débiteurs d'un même créancier.
***Aqua* :** cf. Aqueduc.
AQUEDUC : adduction d'eau permettant l'alimentation des villes en eau potable. La tête de l'aqueduc (*caput aquae*) captait les sources en montagne, puis le canal (*specus, canalis* ou *forma*) traversait les campagnes et amenaient l'eau dans de vastes réservoirs (*castellum*). La conduite en pierre avec revêtement de ciment spécial est le plus possible souterraine avec de nombreux regards (*lumen* ou *spiramen*) à intervalles réguliers qui permettent un nettoyage régulier (fig. 3a-b) ; la pente devant être douce (jamais plus de 2 %) pour éviter des pressions trop fortes, il y a deux systèmes pour franchir les vallées : des substructures de maçonnerie sur arches dont certaines ont donné lieu à des travaux d'art remarquables comme le Pont du Gard (fig. 3a) ou des siphons en plomb ou en terre cuite (fig. 3c). Sous la République* les aqueducs sont construits après décision des censeurs*, et relèvent de l'autorité des édiles* ; sous l'Empire* il existe des curateurs* des eaux assistés d'un nombreux personnel (les *aquarii*). Les eaux étaient propriété publique et alimentaient en priorité les fontaines et les thermes* ; les particuliers pouvaient être desservis par des dérivations secondaires moyennant un abonnement ; sous l'Empire des réservoirs privés furent autorisés, qui alimentaient des citernes dans les villas*.
Rome à l'époque impériale est alimentée par 11 aqueducs : l'*Aqua Appia* (321 av. J.-C., 16 km, 73 000 m^3/jour), l'*Anio vetus* (272 av. J.-C., 64 km, 176 000 m^3), l'*Aqua Marcia* (144 av J.-C., 91 km, 187 600 m^3), l'*Aqua*

Tepula (125 av. J.-C., 17 800 m³), l'*Aqua Julia* (33 av. J.-C., 21,5 km, 48 000 m³), l'*Aqua Virgo* (19 av. J.-C., 100 000 m³), l'*Aqua Alsietina*, 2 av. J.-C., 33 km, 15 700 m³), l'*Aqua Claudia* (52 ap. J.-C., 69 km, 184 000 m³), *Anio Novus* (52 ap. J.-C., 87 km, 190 000 m³), *Aqua Trajana* (109 ap. J.-C., 32,5 km), *Aqua Alexandrina* (226 ap. J.-C.).

***Aquilia* (*lex*) : 1**. Plébiscite* de 286 av. J.-C., condamnant les auteurs de dommages matériels à rembourser les victimes au prix le plus haut sur le marché du bien endommagé. **2.** Lois données* par le consul* M. Aquilius pour la création de la province d'Asie* en 129 av. J.-C.

AQUILON : cf. Vent.

***Ara* :** cf. Autel. *Ara Pacis* : cf. Autel de la Paix.

ARBITRE/ARBITRAGE (*arbitrium*) : l'une des formes de procès (par opposition au jugement) prévu par les actions de la loi*. L'arbitre est plus libre que le juge* : il n'est pas contraint de rendre la sentence sous la forme abrupte de coupable ou non coupable ; il peut trouver des circonstances atténuantes, ne donner raison au demandeur que dans une certaine mesure. Plus que de justice, l'arbitre fait preuve d'équité.

Figure 3a — Aqueduc

Figure 3b — Canal (section)

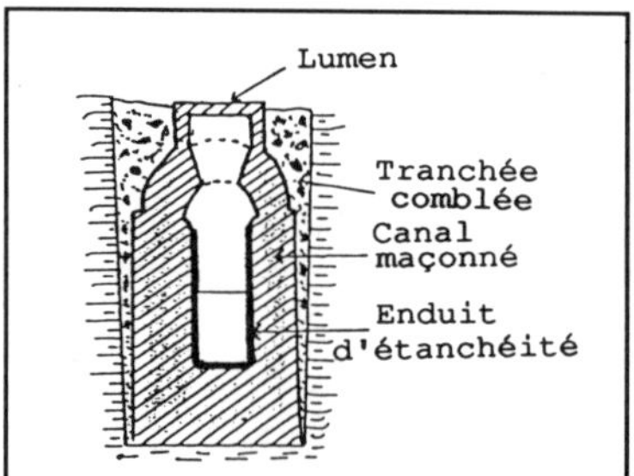

Figure 3c — Schéma d'un siphon

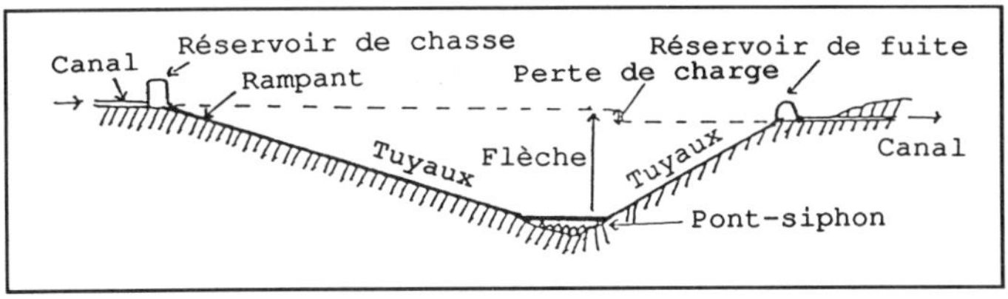

ARC DE TRIOMPHE (*arcus*) : à l'origine c'est une porte monumentale dressée en bois pour accueillir un général victorieux ; par la suite le monument est élevé en pierre, d'abord avec une arcade, puis deux ou trois, et sert à commémorer une grande victoire militaire ou à rendre hommage à un bienfaiteur, auquel cas il peut avoir une valeur funéraire. L'arc est une forme originale de l'architecture romaine, créée à la fin du IIe siècle av. J.-C. Il peut être isolé ou s'intégrer à un rempart dont il constitue une porte. Il est orné de statues et de reliefs évoquant les événements qu'il commémore. Il porte en général au sommet une dédicace précisant la qualité du personnage honoré.

La seule ville de Rome comptait 53 arcs, mais seulement 18 ont été retrouvés : sur le *Forum* romain, l'arc de G. et L. César et les deux arcs d'Auguste* (celui de 29 av. J.-C. célébrant la victoire d'Actium, et celui de 19 av. J.-C., célébrant la récupération des enseignes que les Parthes avaient prises à Crassus) de part et d'autre du temple du Divin Jules. Les arcs de Drusus et Germanicus furent construits sur le *Forum* d'Auguste par Tibère en 19 pour leur victoire en Germanie. L'arc de Claude (à l'emplacement de l'actuelle Piazza Sciarra, *Regio* VII) commémore la conquête de la Bretagne* (51-52). L'arc de Titus fut élevé par Domitien sur la voie sacrée à hauteur du temple de Vénus et de Rome pour commémorer la victoire de son frère en Palestine ; l'arc de Septime Sévère sur la Voie Sacrée* en face du temple de la Concorde commémore sa victoire sur les Parthes. L'arc des changeurs (*Argentarii*) à l'entrée du *Forum Boarium* fut dédié à Septime Sévère par les banquiers et les maquignons (il s'agit plus d'une porte que d'un véritable arc de triomphe). L'*Arcus Novus* commémorant les 20 ans de pouvoir de Dioclétien (284-305) se dresse sur la Via Lata à hauteur de l'église Ste Marie (*Regio VII*). L'arc dit de Portogallo de la 2e moitié du IIe siècle ap. J.-C. se trouve également dans la *Regio VII*. L'arc de Constantin près du Colisée commémore sa victoire sur Maxence en 312. L'*Arcus Divi Constantini* (Arc de Constantin divinisé) sur le *Forum Boarium*, se distingue par ses quatre portes, une sur chaque côté. Les autres arcs correspondent à des portes monumentales : ainsi l'arc de Camillianus percé dans les *Saepta Iulia* à l'est du Panthéon*. L'arc de Gallien (porte Esquiline), l'arc de Dolabella et Silano (porte Caelimontane), l'arc de Lentulus et Crispinus (porte Trigéminée) correspondent à des réfections de la muraille servienne* à l'époque d'Auguste.

Arca **:** caisse du trésor public alimentée par les différents impôts*.

Arca municipalis **:** caisse municipale chargée de régler les dépenses relevant des cultes*, des jeux* et des travaux publics.

Arca praefectoria **:** au Bas-Empire*, caisse des préfets du prétoire* qui alimente, avec la caisse de l'Empereur*, le fisc* impérial. Cette caisse est alimentée par la *capitatio* et la *iugatio*.
Arca provincialis **:** caisse provinciale alimentée par les contributions des cités* ; elle est administrée par le *sacerdos* (président de l'assemblée provinciale), et sert à payer les cultes* et jeux* publics. Par exemple l'*Arca Galliarum* est la caisse provinciale des Gaules qui se trouve à Lyon, capitale des Gaules.
Arcarius **:** caissier ; dans l'administration*, cette charge est souvent tenue par un esclave* ou un affranchi*. Dans l'armée* il s'agit du trésorier qui assiste le questeur*.
ARCHE : baie prenant naissance sur le sol, couverte d'une voûte en berceau, et percée dans toute l'épaisseur d'un édifice. Les Romains l'ont beaucoup utilisée en architecture*.

Figure 4 — Arc funéraire des *Sergi*, Pola (29-28 av. J.-C.)

ARCHITECTURE : l'architecture romaine a emprunté aux Grecs les théâtres*, les temples* et les portiques*, ainsi que les ordres architecturaux* et les éléments décoratifs ; grâce à l'usage du mortier et des moellons (qui remplacent les pierres de taille montées à sec) et avec le développement du système de l'arc, les Romains ont été de grands bâtisseurs et ont su créer une architecture monumentale fonctionnelle qui a donné naissance à des édifices spécifiques : les amphithéâtres*, les arcs de triomphe*, les grands bâtiments à coupoles

(thermes*, basiliques*, Panthéon* d'Agrippa), les ponts* et aqueducs*, les marchés*.
Plusieurs noms d'architectes nous sont parvenus, le plus célèbre étant Vitruve (époque d'Auguste) à cause de son traité d'architecture que l'on a conservé. La liste est néanmoins très décevante, car les monuments portent le nom du magistrat ou de l'Empereur* qui les ont commandités, et non pas celui de l'architecte qui n'est qu'un conseiller.
ARCHIVES : cf. *Tabularium*.
ARETINE : cf. Céramique.
ARGEES : mannequins d'osier de forme humaine que les vestales* portaient en procession et jetaient dans le Tibre depuis le pont Sublicius ; ce rite de purification proche du bouc émissaire, avait lieu les 16 et 17 mars.
***Argenteus* :** monnaie d'argent en métal pur créée par Dioclétien (284-305) destinée à remplacer l'*Antoninianus*. Cf. Dévaluations et Monnaie.
ARGILETE (*Argiletum*) : nom donné à la grande voie qui descend de l'Esquilin* et dessert le quartier de Subure* à Rome avant d'entrer sur le *Forum* romain. C'est aussi le nom du quartier commerçant traversé par cette voie avec de nombreuses boutiques* de libraires et de cordonniers (cf. carte 1 et fig. 12).
ARIANISME : doctrine d'Arius qui niait la nature divine du Christ ; jugée hérétique, notamment par les partisans d'Athanase, cette doctrine fut condamnée par l'Eglise aux conciles de Nicée (325) puis de Constantinople (381). On distingue les Ariens stricts appelés homéens pour qui le Fils, quoique homme, est subordonné au Père, et les Ariens extrémistes appelés anhoméens pour qui le Père et le Fils sont totalement différents.
ARICIE (bataille d') : ville du Latium au sud de Rome où en 504 av. J.-C. le roi Porsenna est battu par les Latins alliés aux Cumains.
ARISTOCRATIE : cf. *Nobilitas*, Patricien.
***Armamentarium* :** arsenal, magasin des armes ; on les trouve dans les *principia* d'un camp* romain, ainsi que dans les différentes casernes ; près du Colisée*, il existait aussi l'*armamentarium* pour les armes des gladiateurs*.
ARMEE DE TERRE (*exercitus*) : à l'origine les effectifs militaires sont limités aux *gentes* patriciennes et à leur clientèle, chaque curie* fournissant 100 fantassins (*milites*) et 10 cavaliers (*celeres*). Ensuite la plèbe* entre dans l'armée (VIe siècle), et Servius Tullius crée la légion* de 4 000 hommes dans laquelle servent tous les possédants ; la hiérarchie censitaire est à la base de l'organisation militaire : les plus riches fournissent les 18 centuries* de la cavalerie, les trois premières classes fournissent l'infanterie lourde, et les deux dernières l'infanterie légère (*velites*).
L'armée est ensuite entièrement réorganisée par Camille au IVe siècle av. J.-C. : la légion articulée en 30 manipules* de 2 centuries* chacun, et la cavalerie légionnaire divisée en 10 turmes* de 3 décuries*, sont formées des citoyens* à l'exception des prolétaires* ; la légion compte alors 4 200 h. Les alliés* fournissent des fantassins supplémentaires et une partie de la cavalerie, tandis que les populations extra-italiques constituent les troupes auxiliaires* ; l'armée romaine comprend alors normalement 4 légions levées chaque année, mais pour l'année 211 av. J.-C., Tite-Live en dénombre 23.
Avec Marius (157-86) les prolétaires peuvent entrer dans l'armée, l'infanterie légère est supprimée, et l'unité tactique devient la cohorte* formée de 3 manipules de 2 centuries chacun (les *hastati*, *principes* et *triarii*) ; une légion comprend 10 cohortes, soit 6 000 hommes. L'armée devient cepen-

dant une armée de métier permanente, car les riches arrivent à se faire exempter, tandis que les pauvres en se rengageant régulièrement et en touchant une solde font du service militaire un métier.
Avec l'Empire* l'armée évolue peu depuis la réorganisation faite par Auguste*. La première cohorte ne comprend plus que 5 centuries à effectifs doubles. Les auxiliaires se composent des ailes* de cavalerie, des cohortes* de 500 ou 1 000 h (fantassins), des cohortes mixtes (3/4 fantassins et 1/4 cavaliers) et des *numeri*. Une légion comprend normalement 5 000 hommes et 120 cavaliers. Les effectifs légionnaires sont fixés à 150 000 h, et la durée du service étant de 20 ans dans la légion (25 ans dans les auxiliaires), il suffit de lever chaque année un contingent de 6 000 h. La solde est portée à 225 deniers* sous Auguste. A la mort d'Auguste, l'armée romaine compte 25 légions.
Au Bas-Empire*, ce sont les corps auxiliaires* formés de barbares* qui sont les plus nombreux, ainsi que les détachements (vexillations*) ; les fonctions deviennent héréditaires ce qui renforce encore le caractère d'armée de métier. On distingue l'armée de l'intérieur (comitat*) et l'armée des frontières (*limitanei* ou *riparenses*). La première est formée des légions palatines et des légions ordinaires avec les vexillations* correspondantes ; le commandement depuis Constantin (306-337) en est confié à un *magister peditum* pour l'infanterie, et un *magister equitum* pour la cavalerie. La seconde est formée des légions *pseudo-comitatenses* près des frontières, et les légions *ripariensés* sur les confins avec des auxiliaires. Au Ve siècle l'armée de l'intérieur compte 95 légions et l'armée des frontières 80, soit un total de 175 légions ; elles n'étaient encore que de 60 sous Dioclétien (284-305). La cavalerie est définitivement séparée de l'infanterie et ne comprend plus que trois corps.
La **hiérarchie militaire** évolue avec les périodes. A la base on trouve la troupe avec les conscrits (*probati*) qui reçoivent 4 mois de formation avant de devenir soldats de 2e classe (*munifices*), puis de première classe (*immunes*). Ensuite les *principales* constituent le corps des sous-officiers. Les officiers subalternes sont les centurions* avec une hiérarchie conduisant au poste de primipile*. L'encadrement supérieur, sous la République*, est formé de 6 tribuns militaires* (officiers supérieurs) par légion, qui dépendent du général, le consul* ou le préteur*, qui peut déléguer ses pouvoirs à des légats*. A partir d'Auguste*, l'Empereur* est généralissime ; assisté d'un Etat Major où sont présents les préfets du prétoire*, il a sous ses ordres les généraux des armées de province* : le légat impérial propréteur* de rang consulaire si des légions sont cantonnées dans la province, ou le procurateur équestre* s'il n'y a pas de légions ; au-dessous chaque légion est commandée par un légat impérial propréteur* de rang prétorien, assisté d'un tribun laticlave* et d'un préfet de camp* ; le corps des officiers supérieurs est complété par 5 tribuns angusticlaves* et un *sexmentris* ou tribun de six mois[4]. La hiérarchie chez les centurions et la troupe ne subit pas de modifications. A partir de Gallien (253-268) qui supprime la fonction de légat et de tribun laticlave, le préfet de camp devient le commandant de légion et prend le titre de préfet de légion* ; dans le même temps les gouverneurs de provinces sénatoriales sont remplacés par des *praesides* de rang équestre. Dans les cohortes les centurions dépendent d'un *princeps* dépendant lui-même d'un tribun dans les unités

---

4. En Egypte et dans les trois légions parthiques de Septime Sévère, il n'y a pas de légat de légion ni de tribun laticlave ; ils sont remplacés par un préfet de légion de rang équestre.

milliaires et les corps de citoyens, ou d'un préfet dans les unités quingénaires, assisté d'un sous-préfet* au début de l'Empire. Un décurion* de cohorte mixte est subordonné à un décurion d'aile* lui-même inférieur à un centurion. Les vexillations* dépendent d'un *praepositus* qui dépend lui-même d'un *dux* dans le cas de détachements plus importants. Cf. également : Armement, Camp, Flotte.

ARMEMENT : il est très varié selon les époques et les corps d'armée. Ce n'est qu'au IIIe siècle que l'Etat fournit l'équipement des soldats, en effectuant toutefois une retenue sur la solde.

Les fantassins légionnaires sont dès l'origine les mieux équipés ; leurs armes défensives sont le casque de type gaulois (*galea* ou *cassis*), la cuirasse (*lorica*) qui est le plus souvent une cotte de mailles (*lorica hamata*), le bouclier rectangulaire plat ou creux emprunté aux Samnites qui remplace le bouclier rond hoplitique (*clipeus*) et évolue ensuite vers une forme ovale (*scutum*), les jambières (*ocrea*). Les armes offensives sont la lance (*hasta*) et le javelot (*pilum*) pour le combat à distance, le glaive d'origine espagnole (*gladius*) et le poignard (*pugio*) accrochés au ceinturon (*cingulum*) pour le combat rapproché. A la fin du IIe siècle le glaive est remplacé par une épée plus longue, la *spatha* qui nécessite un baudrier passé sur l'épaule (*balteus*)[5]. Les officiers se distinguent par la cuirasse de type grec, dite musclée ou anatomique parce qu'elle reproduit le relief des muscles pectoraux, et par une courte épée portée à la ceinture (*parazonium*) ; les centurions portent sur le casque un panache transversal (*crista transversa*) qui va d'une oreille à l'autre.

Les troupes auxiliaires ont longtemps été mal protégées : elles n'avaient qu'un casque en cuir et se contentaient d'un petit bouclier rond (*parma*). A partir de Trajan (98-117), elles portent un casque en fer, un grand bouclier plat et étroit, et des cottes de mailles ou des tuniques de cuir garnies de bandes de métal. Leurs armes offensives sont la lance (*hasta*) et l'épée (*spatha*). Les corps spécialisés ont des armes spécifiques : à côté des frondeurs (*funditores*) et des archers (*sagittarii* ou *arcites*), on voit apparaître les *contarii* armés d'une lourde lance, et les gésates* ; les masses d'armes et les massues font également leur apparition. Ces corps spécialisés connaissent un grand développement au cours du IIIe siècle ; une partie des archers constitue même un escadron de cavalerie légère.

Les cavaliers sous la République sont armés à la légère pour plus de mobilité ; ils portent une lance légère parfois utilisée comme un javelot, et un bouclier rond (*parma*). A partir du Ier siècle, l'armement est plus lourd : casque de fer, cuirasse, écu long et ovale ; ils combattent avec les mêmes armes que les fantassins. A l'époque d'Antonin le Pieux (138-161), leur épée

---

5. A l'origine la *galea* est en cuir, le *cassis* en fer ; les casques évoluent rapidement avec des protections renforcées : le protège-nuque et les protège-joues. Le *scutum*, en bois, a été emprunté aux Samnites ; il existe aussi à l'origine le *clipeus*, bouclier rond en bronze réservé aux plus riches. Les cuirasses sont de plusieurs types ; la *lorica squamata* est formée d'écailles métalliques superposées sur une tunique de cuir, et semble réservée aux gradés ; il existe aussi des cuirasses à lambrequins ; la cuirasse anatomique de type grec est au départ réservée aux officiers supérieurs, mais ils l'abandonnent pour une cuirasse plus courte et moins lourde ; la troupe porte la cotte de mailles, *lorica hamata*, ou la *lorica segmentata* faite de lames de métal articulées. La *lorica plumata* est un mélange de cotte de mailles et de cotte à écailles. La lance était réservée aux vétérans* jusqu'à Marius. Chaque légionnaire portait normalement deux javelots.

devient plus large et ils portent plusieurs javelines. Il existe aussi dès Hadrien un escadron de cavalerie fortement cuirassé : les cataphractaires*. Le Bas-Empire* voit se développer les corps de cavalerie conçus comme des unités mobiles d'intervention rapide : *promoti, scutarii, stablesiani.*

Armilla **:** bracelet utilisé comme décoration militaire réservée aux non gradés.

Armilustrium **:** rite de purification des armes souillées à la fin des campagnes ; la fête avait lieu le 19 octobre.

ARPENTEUR (*agrimensor*) : formé dans des écoles spécialisées, les arpenteurs jouent un rôle important dans les opérations de cadastration* et de centuriation*. En effet le découpage du sol est une opération à caractère technique, mais aussi religieux.

Arrhae sponsaliciae **:** arrhes de fiançailles ; dépôt d'argent versé par les deux familles pour garantir la célébration du mariage ; si celui-ci n'avait pas lieu, le parti lésé récupérait les arrhes versées.

ART ROMAIN : cf. Architecture, Gemme, Mosaïque, Peinture, Sculpture, Urbanisme, Verre.

Une présentation générale de l'art romain est impossible en quelques lignes, en raison de l'évolution chronologique (de l'art étrusque à l'art byzantin) et des diversités régionales que couvre l'Empire* (la Gaule* et l'Asie* Mineure sont aussi distantes géographiquement que culturellement, de même que l'Egypte et les régions danubiennes). S'il a été révélé à lui-même par les modèles étrusques et surtout grecs, l'art romain a dû assumer à son tour les synthèses de ces emprunts étrangers pour trouver à partir de la fin de la République* sa propre signification. Les notions d'*auctoritas* et de *potestas*, de *fides* et de *disciplina*, constitutives de la mentalité romaine trouvent un moyen d'expression dans les œuvres d'art, ce qui justifie la notion unitaire d'art romain, au moins pour l'art officiel à partir de l'Empire. Ainsi, dans le domaine de l'urbanisme et de l'architecture, une ville romaine présente des caractéristiques communes d'un bout à l'autre de la Méditerranée, tout en sachant préserver et intégrer les particularismes locaux. L'architecture* monumentale, les portraits* officiels, et l'art décoratif (fresques et mosaïques*) restent les réalisations les plus typiques de l'art romain.

ARTS LIBERAUX (*artes liberales*) : les sept disciplines entrant dans l'éducation de toute personne instruite : la grammaire (littérature), la rhétorique, la dialectique (philosophie), l'arithmétique, la musique, la géométrie, et l'astronomie. Cf. Education, *Quadrivium, Trivium.*

ARTISAN (*faber*) : très tôt les artisans sont regroupés en corporations* ou collèges* où ils rendent un culte à leur divinité* protectrice qui est souvent Minerve. Ceux qui jouent un rôle important dans la vie économique sont soumis à un étroit contrôle de l'Etat (boulangers, naviculaires* notamment). L'artisanat se développe surtout dans les quartiers populaires et commerçants des villes où les boutiques des *tabernarii* s'alignent le long des rues. On ne connaît pas toujours la condition des artisans ; beaucoup sont des esclaves* qui ont été achetés en raison précisément de leur savoir faire, et les ateliers appartiennent à des familles aisées qui en tirent un revenu (les familles sénatoriales et les Empereurs* possèdent notamment de vastes briqueteries), d'autres sont des affranchis*, ou des hommes libres, qui avec les commerçants constituent ce qu'on pourrait appeler les petites classes plébéiennes, ou prolétariat libre, de la société romaine ; il est difficile de savoir s'ils sont propriétaires de leur atelier, ou s'ils sont des salariés. Les deux centuries* d'artisans qui constituent le génie dans l'armée servienne — fondeurs/forgerons (*fabri aerarii*) et menuisiers/charpentiers (*fabri tignarii*) — montrent en tous cas qu'il existe des artisans citoyens, mais qu'ils n'appartiennent pas aux classes censitaires. On sait que les travaux manuels étaient dépréciés dans les sociétés antiques, ce qui n'a pas favorisé le progrès technique (sauf en matière d'armement), ni la promotion sociale des artisans. Certains d'entre eux semblent dépendre de l'Etat : les ouvriers des mines et carrières publiques, les employés des ateliers monétaires, les ouvriers des arsenaux (*fabri navales*) et les professions rattachées au service des armées* qui devaient être autonomes. Chaque camp* romain avait au moins un atelier pour la fabrication et la réparation des armes et pour la production de tuiles et de briques (*fabrica*) ; les artisans étaient donc des soldats producteurs, mais les armées avaient aussi des civils qui travaillaient pour elles. Il est indéniable que les camps légionnaires fixes ont créé des pôles de développement des activités artisanales. L'artisanat existe aussi dans les campagnes, soit à proximité des matières premières à transformer (mines*, carrières, céramique*, verrerie*, salaisons), soit dans les grands domaines (fabrications textiles ou entretien de l'outillage). Ce n'est qu'à partir du Bas-Empire* que les artisans sont presque tous des hommes libres ; jusqu'alors les *villae rusticae*, les ateliers de fabrication d'amphores* ou de céramique*, et les établissements industriels utilisent une main-d'œuvre servile ; les chefs d'atelier et les contre-maîtres eux-mêmes sont souvent de condition servile ; s'ils arrivent à être affranchis, ils peuvent à leur tour ouvrir un atelier. Le personnel des entreprises artisanales est rarement nombreux : les plus grands ateliers de métallurgie ou de céramique de la Gaule n'utilisent que quelques dizaines d'ouvriers. Artisanat urbain, artisanat domestique, et artisanat industriel sont les trois volets de ces activités de transformation dont certaines sont communes (tissage de la laine et du lin, teinturerie, cordonnerie et tannerie, ameublement, professions du bâtiment, alimentation) et d'autres plus spécialisées (coton, soie, parfums, ébénisterie, orfèvrerie, verrerie, papyrus et parchemins, métallurgie, céramique, conserverie).

ARVALES (ou Frères Arvales) : confrérie de 12 frères constituée selon la tradition par les douze fils du berger Faustulus. Elle tire son nom des sacrifices* publics qu'offraient les prêtres pour la fertilité des champs labourés (*arva*). Ils célèbrent en effet tous les ans au mois de mai, dans un bois sacré à la sortie de Rome sur la route d'Ostie (*Via Campania*), à 8 km de Rome, une fête en l'honneur de *Dea Dia*, divinité* agraire assimilée à Cérès, et doivent rédiger leurs Actes car ils participent aux principaux événements de la vie romaine. Le chant des frères arvales, qui nous est conservé dans une inscription de 218 ap. J.-C., est le plus ancien témoignage de poésie* latine. Les prêtres* sont issus de la plus haute aristocratie sénatoriale, et il semble que l'Empereur* lui-même fait partie du collège.

ARVERNES : tribu gauloise qui combattit longtemps les Eduens pour le contrôle de la Gaule ; en 52 av. J.-C. leur chef Vercingétorix prit la tête de la résistance contre Jules César*.

***Arx* :** citadelle de Rome sur le sommet nord-est du Capitole* consacrée à Junon, où se trouve l'*auguraculum*.

***As* :** unité monétaire pesant une livre romaine, soit 324 g. L'as *libralis* fut la première monnaie de bronze frappée par Rome en 289 av. J.-C. avec les figures de Janus et Minerve, et au revers une proue de navire à partir de 235 av. J.-C. Sa frappe est confiée aux *Tres viri monetales*. Il est divisé en

12 onces (système duodécimal). On distingue en fonction des dévaluations successives l'*as libralis* (= 1 livre, mais le poids réel n'est que de 10 onces), l'*as trientalis* (= 1/3 de livre), l'*as uncialis* (= 1/12 de livre) et l'*as semiuncialis* (= 1/24 de livre). Les sous-unités de l'as sont les *semis* (1/2), *triens* (1/3), *quadrans* (1/4), *sextans* (1/6), *uncia* ou once (1/12) et *semuncia* ou demi-once (1/24). Cf. Dévaluations et Monnaies.

ASCOLI (bronze d') : inscription sur table de bronze retrouvée dans la ville, où l'on voit Cn. Pompeius Strabo accorder la citoyenneté* à l'escadron *Salluitana* formé de cavaliers espagnols (datée de novembre 89 av. J.-C.).

ASIE (Mineure) : les Romains mirent pied en Asie Mineure à l'occasion de la guerre contre Antiochos III (192-188), mais ils se contentèrent de donner à Pergame et à Rhodes les territoires pris à Antiochos, créant ainsi des liens de vassalité. Lorsque le roi de Pergame Attale III leur légua son Royaume en 133 av. J.-C., et qu'Aristonikos fomenta une révolte, le Sénat* créa alors la province* d'Asie qui fut pacifiée en 129 av. J.-C. par M. Aquilius, et eut Éphèse pour capitale. En 102 av. J.-C., à la suite d'une expédition menée contre les pirates, fut constituée la province de Cilicie. En 67 av. J.-C. la *lex Manilia* donna à Pompée un *imperium* illimité pour mener une grande expédition contre Mithridate qui s'était emparé de la province d'Asie, et que les expéditions de Sulla et de Lucullus entre 88 et 70 n'avaient pu réduire ; en 61 Pompée avait éliminé Mithridate, vaincu 14 nations, réorganisé les provinces d'Anatolie et créé deux provinces supplémentaires, le Pont-Bithynie (la Bithynie avait été créée en 74 après l'expédition de Lucullus) et la Syrie, avec des États-clients* à l'Est pour les protéger des Parthes : Arménie, Galatie, Cappadoce, Commagène, Judée[6]. En 58 av. J.-C. l'île de Chypre était sous domination romaine. Auguste réduisit la Judée et la Galatie en provinces à cause de la défaillance de leurs dynastes. Par la suite, les autres États-clients furent peu à peu transformés en provinces : la Cappadoce sous Tibère, la Lycie-Pamphylie sous Claude, la Commagène fut rattachée à la Syrie sous Vespasien. Trajan annexa l'Arabie nabatéenne en 106, et après son offensive contre les Parthes, il créa en 115 les provinces d'Arménie, d'Assyrie et de Mésopotamie (vite reconquises par les Parthes). En 198 Septime Sévère organisa au-delà de l'Euphrate une nouvelle province de Mésopotamie, transforma en province le petit royaume d'Osrohène, et réorganisa en trois provinces les régions palestiniennes : la Syrie-Coélé, la Syrie-Phénicie, et la Syrie-Palestine. Au Bas-Empire*, l'Asie Mineure est répartie entre les diocèses* d'Asie, du Pont et d'Orient (cf. cartes 3, 4, 5).

***Asinia Antistia* (*lex*) :** loi de 24 ap. J.-C. supprimant l'obligation du mariage par confarréation* pour le flamine* de Jupiter.

ASSIGNATION AGRAIRE : distribution d'une partie de l'*ager publicus* à des citoyens en général pauvres. Elle est collective dans le cadre de la fondation d'une colonie* ou individuelle et on parle alors d'assignation viritane. Ce fut l'un des points forts de la politique sociale des Gracques, et à la fin de la République*, les généraux utilisèrent aussi ce procédé pour placer les vétérans* qui les avaient servis. Ainsi en 232 av. J.-C. un plébiscite décida de l'assignation viritane du territoire gaulois et picente. La loi d'assignation fixe la superficie des lots à attribuer ; ainsi les vétérans de Scipion l'Africain

---

6. On trouvera de bonnes cartes montrant la situation de l'Asie Mineure au début de l'Empire dans F. JACQUES, J. SCHEID, *Rome et l'intégration de l'Empire*, PUF, Paris, 1990, p. 201-202.

reçurent 2 jugères* par année de service en Espagne et en Afrique. En 173 av. J.-C. le territoire ligure et gaulois est divisé à raison de 10 jugères par citoyen, et 3 jugères aux alliés de droit latin*.

ASTROLOGIE : cette discipline, qui prédit le destin des individus à partir de l'étude des corps célestes, est originaire de Babylone et arriva à Rome au IIe siècle av. J.-C. où elle fut largement diffusée grâce à la publication de manuels très en vogue, sans doute parce que la période de crise favorisait les superstitions. Auguste lui-même publia son horoscope, et l'astrologue de Tibère, Thrasyllus, fut particulièrement fameux. Les astrologues avaient pourtant été chassés de Rome en 139 et en 33 av. J.-C., puis en 16 et en 52 ap. J.-C., mais ce n'est qu'à partir des Empereurs* chrétiens que la pratique astrologique fut officiellement interdite. Ne pas confondre l'astrologie et l'astronomie qui est une véritable science.

ASTRONOMIE : les Romains n'ont rien apporté à cette science ; la forme canonique que lui a donnée Ptolémée dans son *Almagest* reste inchangée pendant toute l'Antiquité et jusqu'à Copernic!

ASSEMBLEE : cf. Comices et Concile.

***Asylum* :** temple fondé par Romulus dans la dépression du Capitole* comprise entre l'*arx* et le temple de Jupiter ; il servait de lieu de refuge (d'où le droit d'asile), ce qui aurait permis le peuplement de la *Roma quadrata*.

ATELIERS (impériaux) : ils sont répandus à travers tout l'Empire*. Chacun d'eux est dirigé par un *patronus* ou *praepositus* et ils dépendent du procurateur* équestre chargé de la gestion du patrimoine* impérial. Au Bas-Empire* les ateliers d'armurerie dépendent du Maître des Offices*, et les autres du Comte des largesses sacrées*. Les ouvriers sont regroupés en collèges* ; leur condition est difficile : mépris pour les travaux manuels, rémunérations basses, fiscalité lourde. Bien qu'il s'agisse de citoyens libres (au moins sous le Bas-Empire), ces ouvriers sont réduits à un état de quasi-servitude, car, leur recrutement étant difficile, leur profession devient héréditaire et il leur est interdit de quitter leur poste (ils sont marqués au fer rouge pour qu'on les reconnaisse). Ces ateliers emploient souvent des condamnés.

ATELLANES (*Atellanae fabulae*) : petites comédies populaires à caractère bouffon, souvent grossier, avec des personnages de convention comme Maccus et Bucco (le maigre et le gros). Ces farces sont devenues populaires à Rome au IIIe siècle av. J.-C. et étaient jouées à l'origine par des amateurs. Au Ier siècle av. J.-C., des auteurs, tels Pomponius de Bononia et Novius, leur donnèrent une forme plus littéraire (parodies de tragédies), et elles furent jouées par des comédiens professionnels jusqu'au Ier siècle de notre ère. Cf. Théâtre.

***Aternia Tarpeia* (*lex*) :** loi des consuls* A. Aternius Varus et Sp. Tarpeius Montanus en 454 av. J.-C., autorisant tous les magistrats* à infliger des amendes*.

ATHANASISME : doctrine affirmant la nature divine du Christ, défendue par Athanase le patriarche d'Alexandrie contre l'arianisme*.

***Athenaeum* :** édifice construit à Rome sous Hadrien (117-138), où les écrivains pouvaient donner lecture publique de leurs œuvres.

***Atia* (*lex*) :** plébiscite* de T. Atius Labienus en 63 av. J.-C. rétablissant le système de la *lex Domitia* pour l'élection des sacerdoces.

***Atilia* (*lex*) :** **1.** Plébiscite* de L. Atilius en 210 av. J.-C. autorisant la punition des Campaniens rebelles. **2.** Loi de 186 av. J.-C., autorisant le préteur* en accord avec les tribuns de la plèbe*, à désigner un tuteur aux enfants impubères dépourvus de tuteurs testamentaires ou légitimes.

***Atilia-Marcia* (*lex*) :** plébiscite* des tribuns* L. Atilius et C. Marcius en 311 av. J.-C. décidant que 16 des 24 tribuns devaient être élus par le peuple.

***Atinia* (*lex*) : 1.** Plébiscite* du tribun C. Atinius en 197 av. J.-C. ordonnant la déduction des colonies* de Vulturnum, Liternum, Puteoli, Salerne et Buxentum. **2.** Loi de 149 av. J.-C., interdisant le droit de propriété par usucapion* sur des biens volés. **3.** Plébiscite* de 103 av. J.-C. établissant le droit des tribuns* d'émettre un avis au Sénat*.

ATRIUM : partie principale de l'ancienne maison italique ; c'est une grande cour carrée avec un bassin à ciel ouvert au centre, l'*impluvium*, qui recueille les eaux de pluie tombant du toit à pente intérieure qui entoure les quatre côtés de la cour ; les différentes pièces s'ouvrent sur cette cour. A l'origine l'*atrium* contient aussi le foyer et l'autel des dieux domestiques. Dans les villas* romaines l'*atrium* devient la salle d'entrée et de réception dont le plafond est souvent ouvert au centre comme dans l'*atrium* primitif. On appelle aussi *atrium* certains édifices publics dont la forme simple correspond à ce type de plan. Cf. Maison.

ATRIUM DE LA LIBERTE (*Atrium libertatis*) : siège des archives des censeurs* ; le bâtiment reconstruit par Asinius Pollion à l'époque d'Auguste se trouvait entre le Capitole* et le Quirinal* ; il fut détruit au moment de la construction du *Forum* de Trajan et replacé dans l'abside sud de la basilique ulpienne (fig. 13). A l'époque de Cicéron c'est là qu'on procédait à l'interrogatoire et à la torture des esclaves*, ou qu'on les affranchissait.

ATRIUM DES VESTALES (*Atrium Vestae*) : résidence des vestales* à l'est du *Forum* romain (fig. 11 et 12).

ATTIQUE : couronnement horizontal placé au-dessus d'un entablement, formé d'un corps rectangulaire plus large que haut, d'une base et d'une corniche.

***Auctoritas* :** l'autorité, le poids (le mot dérive de *augere*, augmenter) que confèrent le prestige et l'excellence ; c'est donc ce qui légitime l'exercice d'un pouvoir et oblige au respect et à l'obéissance (celle des enfants vis-à-vis du père, celle des citoyens* vis-à-vis des magistrats* ou des prêtres*, et finalement celle des sujets vis-à-vis de l'Empereur*). Ainsi Auguste affirmait l'emporter sur les autres, non pas par la nature de son pouvoir, mais par l'*auctoritas* que lui conféraient sa généalogie, ses vertus publiques, ses succès, ses fonctions. L'*auctoritas* est donc au fondement même du pouvoir impérial ; c'est elle qui confère la qualité d'auguste* à l'Empereur.

***Auctoritas patrum* :** l'autorité des Sénateurs* ; cette expression désigne la confirmation et la validation par le Sénat* des décisions prises par les comices*.

AUDIENCE EPISCOPALE (*episcopalis audientia*) : procédure judiciaire dépendant de l'évêque qui se substitue dans le courant du IVe siècle ap. J.-C. à la juridiction impériale en matière de droit civil ; les litiges entre clercs ou entre clercs et laïcs étaient tranchés par l'évêque et non plus par les juges impériaux. Cette institution marque un pas important dans le processus d'émancipation de l'Eglise vis-à-vis du pouvoir impérial, et de promotion du personnel ecclésiastique qui entre dans la catégorie des *potentiores*.

***Auditorium* :** salle d'un palais impérial destinée à accueillir le conseil du prince*, ou salle d'audience en général. *Auditorium* de Mécène : il s'agit en fait d'un nymphée* appartenant à la grande *villa* que Mécène fit construire sur l'Esquilin* ; il est orné de peintures murales du troisième style* qui montrent une réfection au moment où la *villa* devient propriété impériale.

***Aufeia* (*lex*) :** proposition du préteur* Aufeius en 123 av. J.-C. en contre projet à la *lex Sempronia* sur la province d'Asie*.

***Aufidia* (*lex*) : 1**. Plébiscite* du tribun* Cn. Aufidius en 103 av. J.-C., autorisant l'importation en provenance d'Afrique* de bêtes sauvages pour les jeux du cirque*. **2.** Proposition du tribun M. Aufidius Lurco en 61 av. J.-C., pour punir d'une amende* le candidat* qui achetait ses voix.

***Auguraculum* :** ancien nom donné à la citadelle de Rome (*arx*), car c'était de là que les augures* observaient le vol des oiseaux à partir d'un espace consacré.

***Augaratorium* :** lieu du camp militaire*, près de la tente du général, où se prenaient les auspices*.

AUGURES : collège de 3, 6, 15 puis 16 prêtres chargés d'interpréter la volonté des dieux lors de la prise des auspices* par les magistrats*. A l'origine, l'opération augurale (*inauguratio*) consistait à toucher la tête du roi avec sa main droite pour le consacrer ; avec l'*auspicatio* (prise des auspices) elle est le rite qui confère au roi son *imperium* (pouvoir) de nature sacrée. Avec leur bâton recourbé (*lituus*) les augures tracent l'espace sacré (*templum*) à l'intérieur duquel sont observés les signes. Par la formule consacrée *alio die* « à un autre jour », ils peuvent interrompre toute discussion ou décision. Ils assistent toujours les consuls* puis l'Empereur* en campagne. Ils sont également chargés des inaugurations* en s'assurant que les dieux sont favorables. Leurs archives tombèrent dans le domaine public vers le Ier siècle av. J.-C.

***Augustalia* :** jeux donnés en l'honneur d'Auguste*.

***Augustales* :** d'une manière générale, nom de plusieurs prêtrises consacrées au culte de la famille impériale, et choisies dans l'ordre sénatorial. A Rome, Auguste en créa quatre par région* pour présider au culte* des Lares* Augustes, c'est-à-dire les Lares de Carrefour associés au génie* d'Auguste. Cf. également Sévirs augustaux et *Sodales Augustales*.

AUGUSTE (*Augustus*) : surnom pris par Octave le 16 janvier 28, et qui entre désormais dans la titulature de tous les Empereurs* (sauf Vespasien). Le terme signifie saint, vénérable (littéralement « doté du plein de force sacrée ») ; il souligne donc le caractère sacré de l'Empereur, mais il est à rapprocher de *auctoritas* et de augure*. Le titre d'Auguste fut légué par Auguste à sa femme Livie, et plusieurs princesses impériales eurent droit à ce titre (*Augusta*). Dans le système de la tétrarchie*, les deux Augustes sont assistés de deux Césars*.

***Aula Isiaca* :** maison* républicaine décorée vers 30-25 av. J.-C. de peintures du deuxième style* avancé ; elle a été retrouvée sur le Palatin* sous la *Domus Flavia*.

***Aula Regia* :** grande salle carrée de la *Domus Flavia* sur le Palatin*, où l'Empereur* donnait ses audiences. L'expression désigne aussi la partie médiane de la scène d'un théâtre* représentant généralement un palais.

***Aurelia* (*via*) :** route côtière reliant Rome à la Ligurie inaugurée en 241 av. J.-C. (cf. carte 2). Plus tard elle est relayée en direction de la Gaule* par la *via Aemilia Scauri* puis la *via Iulia Augusta*.

***Aurelia* (*lex*) : 1**. Loi du consul* C. Aurelius Cotta en 75 av. J.-C. abrogeant les dispositions prises par Sulla contre les tribuns de la plèbe* ; la même année il fit passer une loi démocratique sur les juges* privés, mais elle fut abrogée l'année suivante par son frère. **2.** Loi judiciaire de 70 av. J.-C. du préteur* L. Aurelius Cotta qui donne aux chevaliers* la majorité parmi les jurés* en introduisant une décurie* de tribuns éraires* ; elle fut votée grâce à l'active propagande de Cicéron dénonçant dans ses *Verrines* les exactions sénatoriales. Une autre loi de ce préteur, la même année, portait sur les règlements des campagnes électorales.

***Aureus* :** pièce d'or valant 25 deniers (1/40 de livre) frappée régulièrement sous l'Empire* à l'effigie de l'Empereur*. Des dévaluations successives portent son poids à 1/50 de livre sous Caracalla (cf. Dévaluations, Monnaies). Le premier atelier fut ouvert à Lyon par Auguste en 15 av. J.-C., mais Sulla, Pompée et César avaient déjà fait frapper occasionnellement des *aurei*. L'*aureus* est divisé en deux quinaires, et quatre quaternions. Il existe aussi des multiples : les binions (2 *aurei*) et ternions (3 *aurei*).

AURIGE (*auriga*) : conducteur de char. Aux jeux du cirque*, ils étaient regroupés en écuries (*factiones*) qui se distinguaient par leur couleur (rouge, bleu, vert et blanc). Les auriges vainqueurs jouissaient d'une grande popularité.

***Aurum* :** cf. Or

AUSCULUM (bataille d') : deuxième victoire de Pyrrhus sur les troupes romaines en 279 av. J.-C.

AUSONES : nom poétique pour désigner les habitants primitifs de l'Italie*.

AUSPICES (*auspicia*) : signes de la volonté divine observés dans un espace sacré, le *templum*, délimité par le bâton de l'augure*. Il y a cinq catégories d'auspices : le vol des oiseaux (*auspicia ex avibus*), les phénomènes célestes (*auspicia ex coelo*), le comportement des poulets sacrés (*auspicia ex tripudiis* ou *pullaria*), le comportement étrange de tout quadrupède (*auspicia ex quadrupedibus*), tout présage* menaçant (*auspicia ex diris*). Sous la royauté*, la prise des auspices (*auspicatio*) et l'opération augurale (*auguratio*) conféraient au roi* son *imperium*. Les auspices pris par les censeurs*, consuls* dictateurs* et prêteurs* sont dits *maiora* (majeurs) car ils prévalent sur les auspices pris par les autres magistrats patriciens* (ils peuvent notamment êtres pris hors du *pomerium*). Les auspices peuvent être pris de façon contradictoire par les différents magistrats, et leur consultation est un moyen de régulation du pouvoir politique sous la République*. Sous l'Empire*, seul l'Empereur* a le droit de faire prendre les auspices. A côté des auspices publics (*auspicia populi romani*), il existe des auspices privés, car tout individu a le droit de consulter les dieux pour son compte. La science augurale a pour rivale l'haruspiscine*.

AUSTER : cf. Vent*

AUTEL : table (*ara*) ou construction monumentale (*altare*) sur laquelle on déposait des offrandes et où se pratiquaient les sacrifices* ; les autels publics se situent le plus souvent en face des temples*, et servent de lieu de refuge pour les suppliants qui viennent se placer sous la protection de la divinité* de l'autel. Dans les églises chrétiennes, l'autel est la table où l'on célèbre la messe.

GRAND AUTEL (*Ara Maxima*) : autel d'Hercule commémorant la victoire du héros* sur le géant Cacus ; il est situé sur le *Forum Boarium* ; il aurait été dédié par Evandre.

AUTEL DE LYON : sanctuaire fondé par Drusus, le beau-fils d'Auguste, en 12 av. J.-C. à Lyon, qui servit de modèle officiel du culte* provincial de Rome et d'Auguste. Tous les ans les principaux personnages de la province* s'y réunissaient et proclamaient leur fidélité à l'Empire*. Le sanctuaire était géré par un prêtre* issu de la plus haute aristocratie provinciale.

AUTEL DE MARS (*Ara Martis*) : autel consacré au dieu de la guerre sur le champ de Mars* à Rome. Il se situait près de la Porte Fontinalis et formait un tout avec les *Saepta* et la *Villa Publica*.

AUTEL DE LA PAIX (*Ara Pacis*) : monument érigé par Auguste sur le Champ de Mars* près de la *via Flaminia*, et consacré le 30 janvier de l'an 9 av. J.-C. (11,65 x 10,62 m). Œuvre de propagande à la gloire de la famille impériale, il symbolise la fameuse paix romaine* qu'Auguste, descendant d'Enée, avait établie dans tout l'Empire*.

AUTEL DE LA PIETE AUGUSTE (*Ara Pietatis Augustae*) : autel monumental de Rome érigé par un décret du Sénat* en 22 sous Tibère, et consacré par Claude en 43. Il n'en reste que des fragments conservés à la Villa Médicis à Rome.

Ara Pacis (Rome), côté oriental, 13-9 av. J.-C. — Tellus entourée des vents

AUXILIAIRES (*auxilia*) : troupes d'infanterie légère et ailes* de cavalerie servant de renfort à l'armée* régulière des légionaires. Sous la République*, elles sont fournies par les populations extra-italiques et constituent des corps spéciaux comme les frondeurs des Baléares ou les archers crétois. Sous l'Empire*, les *auxilia* comprennent les ailes de cavalerie divisées en 16 ou 24 turmes* selon qu'elles sont quingénaires (512 h) ou milliaires (1 000 h), les cohortes* de fantassins divisées en 6 ou 10 centuries* selon qu'elles sont

quingénaires ou milliaires, les cohortes mixtes de 6 ou 10 centuries et 3 ou 6 turmes selon qu'elles sont quingénaires ou milliairies, et les *numeri* composés de soldats non romains qui gardent leurs caractères ethniques. Ces *numeri* finissent par jouer vis-à-vis des auxiliaires de l'Empire le rôle que jouaient les auxiliaires vis-à-vis des légions républicaines. En effet, à partir du IIIe siècle, les auxiliaires sont utilisés en grandes masses indépendamment des légions ; ils comptent des corps spécialisés comme les archers Osrhoéniens sous Septime Sévère, les cavaliers cuirassés dits catapharactaires (*clibanarii*) sous Sévère Alexandre, la réserve montée de Dalmates et Maures sous Aurélien. A partir de ce dernier Empereur les gouverneurs* de provinces disposent d'auxiliaires propres qui servent de groupes d'intervention rapide : les *equites stablesiani*, les *promoti*, les *scutarii*. Au Bas-Empire*, les auxiliaires formés de barbares deviennent de plus en plus nombreux et la fonction héréditaire ; quelques *auxilia* sont même élevés à la dignité de légion*.
Dans chaque corps l'encadrement est assuré à la base par les centurions* (infanterie) ou décurions* (cavalerie) dépendant eux-mêmes d'un *princeps* qui obéit à un tribun* ou un préfet*, assisté au début de l'Empire par un sous-préfet* qui disparaît par la suite. Les tribuns et préfets dépendent à leur tour du commandement de la légion ou du gouverneur* de province.
***Auxilium* (secours) :** le *ius auxilii* est le droit du tribun de la plèbe* de pouvoir porter secours à tout citoyen* menacé par une décision de justice. Ce droit permettait notamment de défendre les plébéiens* contre l'arbitraire de la justice* des patriciens*. C'est un droit que s'arroge Auguste* en vertu de sa puissance tribunicienne*, et qu'il exerce sur tout l'Empire*.
AVENTIN : l'une des collines de Rome (cf. carte 1) divisée entre les régions* XII et XIII. A l'origine elle s'appelait *Mons Murcius*, du nom de Murcia une ancienne divinité* identifiée ensuite avec Vénus et la Fortune Virile. Elle resta en dehors du *pomoerium* jusqu'en 49 ap. J.-C. Sur ses pentes se trouvait la caverne de Cacus et sur le sommet s'élevaient les temples de Diane et de Minerve protectrice des écrivains et acteurs. D'autres sanctuaires sont connus : celui de Cérès, celui de Liber et Libera qui servait de siège aux édiles plébéiens*, celui de Junon Regina fondé par Camille en 396 av. J.-C. après la destruction de Véies, celui de Voltumnus fondé par M. Fulvius Flaccus après la conquête de Volsinie, celui de Jupiter Liber et de la Liberté, de la Lune, de la Bona Dea Subsaxana, et plus tard le *Dolocenum* fondé par Antonin le Pieux, et le *Mithreum* dit de Santa Prisca. Toutes ces divinités confirment le caractère populaire de l'Aventin. A l'époque impériale ce quartier perd son caractère commercial et plébéien pour devenir zone résidentielle. De nombreuses villas* s'y construisent (celles de Vitellius, de L. Licinius Sura l'ami de Trajan et d'Hadrien, de L. Fabius Cilon préfet de la Ville sous Septime Sévère) et plusieurs thermes* viennent s'y implanter : ceux de Licinius Sura, ceux de l'Empereur Décius, sans oublier les thermes publics de Caracalla qui s'installent au pied oriental du petit Aventin. Au pied occidental s'étendaient la zone portuaire de Rome avec le grand portique Aemilia et les entrepôts (cf. *Emporium*) et le fameux Testaccio*, colline artificielle formée par les décharges d'amphores* provenant du port.
***Avesta* :** livre sacré du mazdéisme, enseignant une religion exclusive et intolérante.
AVOCAT (*patronus*) : c'est une des professions les plus en vue à Rome sous la République*. Grâce à la maîtrise de l'éloquence* qu'elle suppose, elle permet de faire une belle carrière politique (cf. Caton, C. Gracchus, Hortensius,

Cicéron). Les avocats n'étaient pas rémunérés, mais ils pouvaient recevoir des legs ou des donations ; au Bas-Empire*, ils constituent une corporation et leurs honoraires sont tarifés. L'avocat ne se charge pas de l'aspect juridique du procès, ce n'est pas un conseiller judiciaire (tâche qui incombe au jurisconsulte*) ; il se contente de défendre son client en lui prêtant l'appui de ses talents d'orateur*.
AVOCAT DU FISC (*advocatus fisci*) : fonctionnaire* impérial de niveau centénaire, chargé des contentieux en matière fiscale ; il recouvre devant les tribunaux* les créances et droits de l'Etat. Cette charge fut créée par Hadrien (117-138) et les chevaliers* pouvaient la remplir à la place des milices équestres*.

B

BACCHANALES (affaire des) : en 186 av. J.-C., le Sénat* ordonne la répression et l'interdiction à Rome et en Italie des sectes bachiques (les Bacchanales) que l'on accusait de scandales et de subversion sociale. Cette mesure exceptionnelle vis-à-vis d'une religion étrangère, permit à Rome de tenir sous son contrôle l'ensemble de l'Italie*.
***Baebia* (*lex*) : 1.** Loi de 181 av. J.-C. (?) qui fixe une alternance annuelle du nombre des préteurs* (4 et 6) ; elle fut abrogée trois ans plus tard. **2.** Plébiscite* de M. Baebius Tamphilus ordonnant la déduction de la colonie* de *Sipontum* en 194 av. J.-C.
BAGAUDES : paysans révoltés de Gaule* ; sous la conduite d'Aelius et Amandus ravagent le pays entre 284 et 286.
BAINS (*balnea*) : cf. Thermes.
***Balisca* :** cépage épirote à l'origine de la *biturica* et de la *coculobis*. Cf. Vin.
BALISTE (*ballista*) : machine de guerre* à torsion, type catapulte, lançant des projectiles pouvant atteindre 27 kg sur une distance de près de 500m.
***Ballistarius* :** soldat chargé de la manœuvre des balistes ; on peut traduire par « artilleur ». Il est commandé par le *magister ballistarum*, assisté d'ingénieurs militaires ou experts, les *doctores ballistarum*.
***Balnea* :** cf. Thermes.
***Balnearii* :** vigiles* chargés de la surveillance des thermes*.
***Balteus* :** baudrier passé sur l'épaule à la différence du *cingulum* attaché à la taille ; il supporte la *spatha*. Le terme désigne aussi les murs qui séparent les différentes galeries d'un théâtre* ou amphithéâtre*, et divisent ainsi l'édifice en secteurs indépendants (cf. fig. 1).
BANASA (table de) : inscription reproduisant deux lettres impériales de 168 et 177 qui accordent le droit de cité* à la famille des Zegrenses en Mauritanie tingitane.
BANQUE (*mensa*)/BANQUIER (*argentarius*) : il n'existe pas dans le monde romain de grandes banques centrales. Il y a cependant quelques banques publiques gérées par des concessionnaires qui ont le monopole du change dans certaines villes orientales comme Pergame ; à Mylasa (en Carie) le change est affermé par la cité. Les banques sont donc privées et les banquiers sont des financiers locaux de statut souvent inférieur et de richesse moyenne, voire médiocre. Leur manque de fonds explique qu'ils se bornent à des opé-

rations locales ou à faible distance qui n'engagent pas des sommes considérables. Leur tâche consiste surtout à contrôler et changer les monnaies, à s'occuper des dépôts et placements de fonds, à tirer des lettres de change (*perscriptiones*), et à consentir des avances à court terme. La profession est réglementée par l'Etat : les pièces comptables (*codex*), les livres de compte (*editio rationis*) et les échéanciers (*calendarium*) sont soumis à un rigoureux contrôle. Le procédé de lettres de change permettait d'acquitter des dettes à Rome ou en province par un système d'écriture sans qu'il y ait effectivement transfert d'argent. On a identifié à tort les banquiers avec les membres de l'ordre équestre*, mais en confondant les simples changeurs avec les hommes d'affaires qui réalisaient de gros contrats.

BAPTISTERE (*baptisterium*) : grande piscine pour les bains froids des thermes* ; pièce d'une basilique* paléochrétienne où avaient lieu les baptêmes par immersion.

BARBARES : les populations qui vivent au-delà des frontières de l'Empire (cf. carte 6). A partir de 161 ils menacent l'Empire*, et les Empereurs* devront sans cesse mener des campagnes contre eux pour garantir la sécurité du *limes*. A noter cependant que tous les barbares ne sont pas des ennemis ; beaucoup d'entre eux se sont intégrés à l'Empire par le biais notamment des armées* romaines où ils s'enrôlent. Liste des principaux peuples barbares que les Empereurs ont dû combattre :

– les Parthes au nord-est de l'Iran, avec la dynastie des Arsacides ;
– les Perses en Mésopotamie avec la dynastie des Sassanides ;
– les Nobades et les Blemmyes au sud d'Assouan en Egypte ;
– les Maures et les Garamantes en Afrique ;
– les Calédoniens en Ecosse (Scots et Pictes) ;
– les Francs, Saxons et Langobards en Germanie septentrionale et Pannonie ;
– les Marcomans, Quades, Suèves en Germanie occidentale ;
– les Alamans et les Chattes en Rhétie et Germanie supérieure ;
– les Burgondes, Vandales, Semnons, Alains en Germanie centrale et orientale ;
– les Goths, Carpes, Sarmates, Iazyges au nord du Danube et de la Dacie ;
– les Gépides en Germanie scandinave ;
– les Costoboques dans la région du Pont ;

Les Barbares intégrés à l'Empire vivent sous le régime du colonat*, mais se différencient sur le plan juridique ; on distingue :

– les déditices* qui paient la capitation*, effectuent un service militaire* et vivent sur des domaines* impériaux ou privés ;
– les fédérés qui ont obtenu de Rome un traité (*foedus*) et ont reçu le droit de propriété* ;
– les lètes (comme les Francs) qui fournissent des recrues en échange de terres ;
– les *gentiles* (comme les Sarmates) nouveaux venus qui jouissent du même statut que les lètes ; ils fournissent un apport de main-d'œuvre mais ne s'assimilent plus.

***Barbaricarii* :** artisans brodeurs d'or et doreurs.

BARBE (*barba*) : la mode de porter la barbe s'introduit à Rome vers le début du IIIe siècle av. J.-C., sans doute sous l'influence grecque. Cette mode se perd ensuite (on ne la portait que comme signe de deuil), pour réapparaître sous Hadrien (117-138) jusqu'à l'époque de Constantin (306-337). La première barbe des garçons est consacrée aux dieux Lares lorsqu'ils revêtent la toge virile*. Le port d'une petite barbe (*barbula*) est toujours resté admis, et certaines catégories, comme les philosophes*, se distinguent par le port de la barbe.

***Barcarius* :** soldat de marine appartenant à des flotilles de petites unités chargées de protéger les estuaires et de dégager les voies d'eau lacustres.

BARLETTA (colosse de) : statue en bronze de l'Empereur* Valentinien I ou Honorius ramenée de Constantinople par les Vénitiens au XIIIe siècle ; à la suite d'un naufrage la statue s'échoua sur la plage de Barletta ville côtière des Pouilles.

BAS-EMPIRE : période de l'histoire romaine allant de la dynastie des Sévères (193-235) jusqu'à la chute de Rome en 476. La tendance actuelle est plutôt de situer la coupure après les Sévères, et d'éviter l'expression Bas-Empire. Cf. Empire et Dominat.

BASILIQUE : édifice public à plan allongé, divisé en trois nefs dont la centrale est plus haute et se termine en abside. Il servait pour le marché, l'administration de la justice, ou les affaires en général, et se situait normalement sur le *forum*. On distingue le type grec qui a l'entrée sur l'un des petits côtés face à l'abside, et le type oriental avec l'entrée sur l'un des grands côtés et deux absides sur les petits côtés ; plusieurs variantes sont possibles. Au IIe siècle av. J.-C. il y a quatre basiliques sur le *Forum* romain : l'*Aemilia* (179), l'*Opimia* (121), la *Porcia* (184), et la *Sempronia* (170) qui sera recouverte en 54 par la *Julia*. On connaît aussi la basilique *Argentaria* au pied du Capitole sur le *Forum* de Trajan fermé à l'ouest par l'imposante basilique *Ulpia* (170 x 62 m), la basilique du consul Junius Bassus construite en 331 ap. J.-C. près de Ste Marie Majeure (*Regio* IV), la basilique de Maxence ou de Constantin au nord du *Forum* romain (100 x 65 m) un des plus grands édifices de Rome, la basilique de Neptune derrière le Panthéon* (construite par Agrippa et refaite par Trajan), la basilique *Hilariana* fondée par un marchand de perles Manius Publicius Hilarus près de l'actuelle place de la Navicella (*regio II*).

Les Chrétiens feront de ces édifices leurs premières églises : on parle alors de basilique paléochrétienne. Les plus anciennes de Rome fondées par Constantin sont la *Vaticana* (St. Pierre au Vatican), l'*Ostiensis* (St. Paul hors les Murs), la *Memoria Apostolorum* (Saints-Apôtres), la *Sancta Sanctorum* (St. Jean de Latran), le *Sessorium* (Ste. Croix de Jérusalem), la *Basilica in Agro Verano* (St. Laurent hors les Murs).

BASILIQUE D'ENTRAÎNEMENT (*basilica exercitatoria*) : bâtiment militaire servant de salle d'entraînement et de manège. On en connaît en Bretagne à Inchtuthill, Netherby, Lanchester et à Turda en Dacie.

BASILIQUE PYTHAGORICIENNE : édifice souterrain retrouvé en 1917 à Rome près de la Porte Majeure. Le plan absidial à 3 nefs est typique des basiliques civiles ; l'édifice date des premières années de l'Empire* ; d'après la décoration pariétale, il pouvait servir de lieu de culte* pour les sectes néo-pythagoriciennes.

BATAVES : cf. Germains gardes du corps.

Bedriacum (bataille de) : site en Gaule Cisalpine qui vit en 69 le double affrontement des forces d'Othon battues par celles de Vitellius, qui fut lui-même battu quelques mois plus tard par Vespasien.

***Bellum* :** cf. Guerre.

BENEFICIAIRE (*beneficiarius*) : soldat promu grâce à la faveur d'un tribun* ou d'un préfet* qui en fait son assistant ; il sert alors comme surveillant de prison, de relais de poste, comme *metator* ou comme aide de camp.

Figure 5 — Basiliques civiles

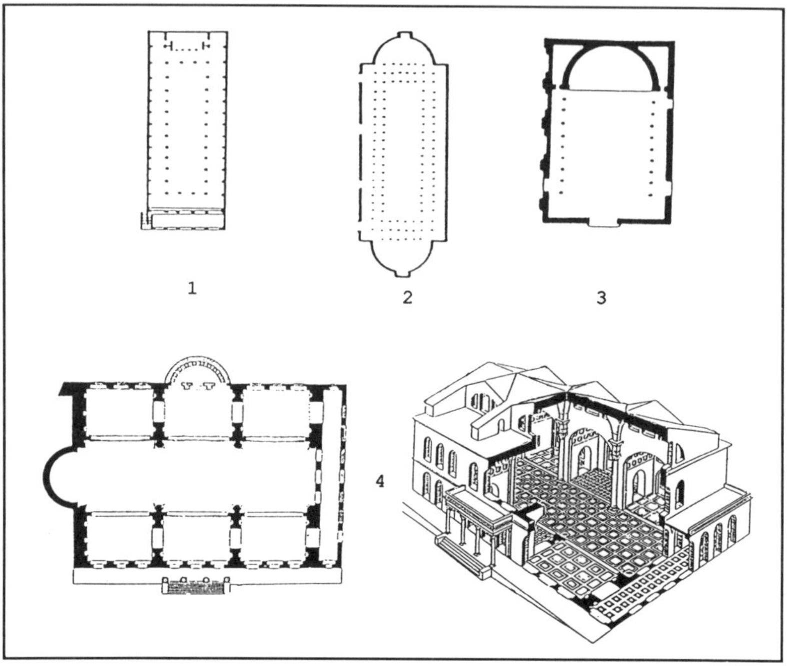

1. Basilique de Pompéi (fin du IIe siècle av. J.-C.). 2. Basilique ulpienne (113 ap. J.-C.).
3. Basilique de la *Domus Flavia* sur le Palatin (fin du Ier siècle).
4. Basilique de Maxence (IVe siècle).

BENEVENT (bataille de) : en 275 av. J.-C. victoire des troupes romaines sur les armées de Pyrrhus dans le Samnium.

BERITO (école de) : école impériale de jurisprudence* en Orient ; célébrée comme la « mère du droit » aux IVe-Ve siècles, elle forma des juristes* renommés comme Cyrille l'Ancien, Patrice, Donnin, Démosthène, Amblique, Eudoxios, Leontius.

BESTIAIRE (*bestiarius*) : gladiateur* combattant des bêtes féroces lors des *venationes*.

BIBLIOTHEQUE (*bibliotheca*) : à Rome les premières bibliothèques furent privées et se constituèrent à partir du pillage des bibliothèques grecques en Orient (bibliothèques de Paul Emile, Sulla, Lucullus). Cicéron et son ami Atticus eurent aussi des collections de livres considérables. La première bibliothèque publique à Rome aurait été décidée par César qui voulait y placer Varron à sa tête ; il semble en fait que le projet n'ait été réalisé que par C. Asinius Pollion sous Auguste. La bibliothèque se trouvait dans l'*Atrium* de la

Liberté*. Auguste fonda deux autres bibliothèques, l'Octavienne sur le Champ de Mars*, et une autre sur le Palatin. Trajan (117-138) fonda sur son *Forum* la bibliothèque Ulpienne qui fut la plus célèbre de toutes. A la fin de l'Empire*, Rome compte 29 bibliothèques qui constituent souvent l'annexe d'un temple* ou de thermes*. Dans les provinces*, le don d'une bibliothèque était une marque de grand évergétisme. Ne pas confondre avec *bibliopola* qui désigne le libraire et copieur de manuscrits.
***Bidental* :** monument religieux élevé sur un lieu frappé par la foudre et où on sacrifie une brebis.
BIENS CADUCS (*bona caduca*) : biens qui ne peuvent être récupérés par les héritiers en raison de leur situation juridique (ainsi la *lex Iulia* et la *lex Papia Poppaea* privaient d'héritage les célibataires ou les gens mariés sans enfant) ; ces biens sont alors récupérés par l'Etat et versés à l'*aerarium* jusqu'à Caracalla (212-217), au trésor impérial ensuite.
BIENS MILITAIRES (*bona castrensia*) : les biens personnels possédés par un légionnaire ou prétorien.
BIENS VACANTS (*bona vacantia*) : les biens restés sans héritier ; ils sont récupérés par l'Etat.
***Bigatus* :** pièce de monnaie (en argent) où est représenté un bige*.
BIGE (*biga*) : char à deux chevaux.
BIJOUX : les femmes romaines, peut-être sous l'influence grecque, ont aimé se parer de bijoux au point qu'une loi fut votée en 215 av. J.-C. pour tenter de refréner le luxe (*lex Oppia*). Les principaux bijoux sont la broche ou fibule (*fibula*), le collier (*monile*), le bracelet (*armilla*), la bague (*anulus*), le *dextrale* (porté à l'avant-bras droit) les boucles d'oreilles (*inaures*), les pendentifs, les anneaux aux chevilles (*periscelis*), l'épingle à cheveux (*crinale*), les diadèmes et couronnes pour les princesses impériales. Les hommes plus discrets se contentaient des bagues qui leur servaient de sceaux. Les bijoux sont en or, en argent, en électrum, avec des pierres précieuses pour les plus riches, en ambre, en os, en bronze, en pâte de verre, pour les plus modestes.
***Bisellium* :** siège double, sans dossier, réservé aux décurions* et Augustales* des municipes*.
***Bisomum* :** sarcophage pour deux corps.
***Biturica* :** cépage bordelais d'origine épirote. Cf. Vin.
BOIS SACRÉ (*lucus*) : sanctuaire planté d'arbres, caractéristique du naturalisme de la religion romaine. Les divinités* auxquelles ces bois sont consacrés, mais avec lesquelles ils ne se confondent pas, sont les plus anciennes que connaissent les paysans romains avec les Lares* des champs. A Rome les deux bois sacrés les plus anciens sont celui d'Anna Perenna au premier mille de la *Via Appia*, et celui de *Dea Dia* sur la rive droite du Tibre. On connaît aussi le bois sacré des Camènes sur le Caelius où Numa s'entretenait avec la nymphe Egérie, celui dédié à Furrina dans la région Transtévérine, le figuier Ruminal où se déroulaient les Lupercales*, le bois de Vesta près de la *Regia* au bas du Palatin. Sur l'Esquilin* on connaît par Varron le bois de Méfitis et celui de Junon Lucine. Le *Lucus Esquilinus* couvrait à l'origine les pentes orientales de l'Oppius* et se poursuivait avec la forêt du Fagutal* ; le *Lucus Libitinae* devait se trouver aussi sur l'Esquilin*. On connaît par ailleurs l'*Asylum* sur le Capitole*, le *Loretum* sur l'Aventin*, l'*Aesculetum* sur le Champ de Mars*. En dehors de Rome, le bois sacré de Diane à Némi est le sanctuaire le plus fréquenté du Latium. Ces espaces verts servaient de parcs publics pour les Romains. De nouveaux bois sacrés furent créés sous l'Empire* autour des

herôons (tradition du *cenotaphium*) : le parc des Césars (*nemus Caesarum*) planté par Auguste autour de la Naumachie* après la mort de ses deux petits-fils, et le jardin qui entoure le Mausolée d'Auguste* sur le Champ de Mars*.
BOISSON : les Romains ne boivent normalement que de l'eau ; le vin*, coupé avec de l'eau et sucré avec le miel, est réservé aux fêtes ou aux gens aisés, de même que l'hydromel. Le lait, dont les Romains connaissaient les vertus thérapeutiques, et la bière obtenue à partir du blé, de l'orge, de l'avoine ou du millet, sont des boissons populaires.
***Bona* :** cf. Biens.
BONNET PHRYGIEN (*pileus*) : bonnet de forme conique qui est le symbole de la liberté ; il est porté par les affranchis* ; sur les représentations (reliefs, monnaies) il est associé à la corne d'abondance.
BOREE : cf. Vent.
BORNE : cf. Cadastration, Cirque, Milliaire.
BOUCLIER : cf. Ancile (bouclier sacré) et Armement (*clipeus, scutum, parma*).
BOULE : désigne dans les cités grecques le conseil municipal.
BOURGEOISIES MUNICIPALES : notables des municipes* et des colonies* qui gèrent l'administration locale de leur cité (*munera*) ; ils ont accès aux honneurs municipaux : duomvirat* ou quattuorvirat*, puis décurionat*. Cela leur permet d'avoir accès à l'ordre équestre* et au Sénat* romain. A la base, on trouve le corps des Augustales* en attente des honneurs municipaux. Cette bourgeoisie en général cultivée et aisée, joue un rôle important dans l'unification culturelle de l'Empire*. L'expression est un peu anachronique ; il vaut mieux parler d'élite municipale, ou de notables locaux.
BOUSTROPHEDON : disposition des lignes dans les inscriptions archaïques où le graveur ne revient pas à la ligne, mais continue son texte en repartant dans l'autre sens, telle la démarche du bœuf qui laboure un champ. La plus vieille inscription latine, celle de la *Lapis Niger* sur le *Forum* romain*, datée au VIe siècle av. J.-C. est en boustrophédon.
BOUTIQUE (*taberna*) : les boutiques d'artisan ou de commerçant étaient à l'origine de simples baraques en planches élevées sur le *Forum* romain ou appuyées aux maisons. Sur le *Forum* on distinguait les boutiques anciennes (*tabernae veteres*), situées au sud et remontant à l'époque étrusque, et les boutiques neuves (*tabernae novae*) construites plus tard au nord du *Forum* ; les commerçants se transférèrent alors dans les boutiques neuves, laissant les vieilles boutiques aux changeurs. A partir de Domitien (81-96), les boutiques doivent être intégrées au rez-de-chaussée des immeubles ou des édifices publics. Elles pouvaient être regroupées autour des places sous les portiques*, ou dans les marchés* Dans les campagnes des boutiques étaient installées sur les bords des routes où l'on servait le vin récolté par les propriétaires du lieu (d'où le sens moderne de taverne).
***Bracatus* :** qui porte des braies (*braca*), d'où le soldat gaulois ; la *Gallia Bracata* désigne la Narbonnaise.
BRETAGNE (*Britannia*) : l'actuelle Grande-Bretagne fut conquise par Claude à partir de 43, et devint une province* impériale à légat propréteur*. Toute l'île ne fut pas contrôlée et Hadrien (117-138) fit construire un grand mur à la limite de l'Ecosse, qui marqua la limite la plus septentrionale du *limes*. La Bretagne, intéressante à cause de ses richesses minières, mobilisa la présence de trois légions cantonnées à Eburacum, Deva et Isca. Au Bas-Empire*, le

diocèse* des Bretagnes est divisé en 5 provinces : la Valentia, la Flavia césarienne, la Maxima Césarienne, et les Britannia I et II (cf. cartes 4 et 5).

BREVIAIRE D'ALARIC II : abrégé de droit romain* faisant office de loi générale assurant la coexistence pacifique entre Goths et Romains (*Lex romana Visigothorum*) ; ce manuel de droit continua à être utilisé après 508 pour les sujets gallo-romains de Clovis.

BRIGETIO (table de) : cf. Table.

BRINDES (paix de) : paix signée en octobre 40 av. J.-C. entre Octave et Marc Antoine grâce à l'entremise de Mécène et de Pollion ; elle délimite les zones d'influence : l'Orient pour M. Antoine, l'Occident pour Octave, l'Afrique pour Lépide.

BUCCHERO : classe de vases tournés entièrement recouverts d'un beau vernis noir luisant, produits dans les ateliers étrusques dès le milieu du VIIe siècle av. J.-C.

BUCCIN : trompette courte et légèrement recourbée utilisée dans l'armée*. Le trompette s'appelle *bucinator.*

BUCOLIQUES (du grec *boukolos,* bouvier) : poème pastoral racontant la vie des bergers, tel les *Idylles* de Théocrite, les *Bucoliques* de Virgile et celles de Calpurnius Siculus. Genre conventionnel, la poésie bucolique par le biais de l'allégorie, devient le moyen d'une propagande politique.

BULLE (*bulla*) : médaillon rempli d'amulettes que l'on passe au cou de l'enfant légitimé par son père ; la bulle est d'or pour les hommes libres ou de cuir pour les fils d'affranchis* ou les pauvres ; elles est consacrée aux dieux Lares*, avec la toge prétexte*, lorsque le garçon entre dans la vie adulte vers 17 ans ; la fille dépose sa bulle lorsqu'elle se marie. Le terme est aussi utilisé pour désigner tout ornement de forme circulaire servant à décorer les portes, les meubles, les baudriers, etc.

BUREAUX palatins ou impériaux : cf. *Scrinia*.

***Bustuarius* :** gladiateur* combattant près du *bustum* lors des jeux funèbres des grands personnages.

***Bustum* :** procédé de crémation consistant à creuser une fosse dans laquelle s'effondrait peu à peu le bûcher avec les cendres du mort ; il n'y avait plus ensuite qu'à récupérer les ossements et à fermer la fosse.

BUTIN (*praeda*) : richesses prises après la chute d'une ville assiégée ; la tradition veut qu'il ne revienne qu'aux officiers si la ville s'est rendue (les officiers deviennent propriétaires des biens des personnes qui se sont remises en leur pouvoir), à l'ensemble des soldats s'il y a eu assaut et sac de la ville. Le rôle du butin dans la vie économique romaine est considérable ; il suffit de songer qu'en 167 av. J.-C. le butin pris en Macédoine par Paul Emile permit de supprimer le tribut* des citoyens* romains. L'argent retiré de la vente d'objets du butin constitue les *manubiae.*

C

CADASTRATION : parcellisation de l'*ager publicus* au moment de la fondation d'une colonie* ou de l'assignation viritane*. Les premiers cadastres (connus à la fin du IVe siècle av. J.-C.) ont des formes dites en lanières (*lacineae*) : les lots sont disposés perpendiculairement (*strigae*) ou parallèle-

ment (*scamnae*) aux chemins qui sont tous orientés dans la même direction. Ce système est ensuite abandonné au profit des centuries* : à partir de deux axes perpendiculaires déterminés à l'aide d'une équerre à quatre branches (*groma*), le *cardo* (nord-sud) et le *decumanus* (est-ouest), les géomètres (*agrimensores*) matérialisent avec des bornes ou des menhirs (*termini*) le parcellaire orthogonal, l'unité de base étant la centurie de 705 à 710 m de côté (20 x 20 *actus*, soit environ 50 ha). Dans la réalité les centuries ont des dimensions variables, et peuvent être rectangulaires, mais la mesure de base est toujours un multiple de l'*actus*. Les limites des parcelles (*limites*) peuvent être matérialisées par des murets en pierre sèche, les *maceriae*. Les lots sont numérotés en fonction de leur position par rapport au *decumanus*, à gauche (*sinistra*) ou à droite (*dextra*), et au *cardo*, en deçà (*citra*) ou au-delà (*ultra*) ; les numéros sont reportés sur les bornes avec le nom des triumvirs* qui ont procédé à l'assignation[7]. Il est à noter que la cadastration ne concerne pas seulement les territoires voués à la colonisation : ainsi toute la Tunisie a été systématiquement cadastrée dès la fin de la République*, y compris les territoires des tribus ou les terres sans vocation agricole. Ce remembrement systématique a sans doute un but fiscal, mais aussi politique : la cadastration, par son organisation de l'espace selon un modèle universel, est la marque de la *pax romana*. A chaque nouvelle fondation de colonie ou redistribution des terres, on pratique une nouvelle centuriation selon une orientation différente ; c'est ainsi qu'à Ensérune près de Béziers on a identifié six réseaux différents.
La cadastration romaine nous est assez bien connue grâce aux apports de la photographie aérienne et aux sources antiques comme le *Liber Coloniarium* 1 et 2 (*Le Livre des Colonies*) et les *Gromatici Veteres* (les *Arpenteurs anciens*) tels Aggenius Urbicus, Boethius, Frontin, Hygin, Latinus, Mysrontius, Siculus Flacus.
CADASTRE : document officiel où est enregistré le découpage du territoire de l'Empire* ; établi à partir de César* et surtout d'Auguste*, puis constamment remis à jour, il fixe le statut des terres avec le droit des personnes et des communautés, leur superficie, et identifie les propriétaires en vue de l'établissement de l'impôt* foncier (*tributum soli*). Gravés sur bronze ou sur pierre, les cadastres sont affichés. On connaît par exemple celui d'Orange.
***Caecilia* (*lex*) : 1.** Loi de 154 av. J.-C. (?) instituant la *quaestio extraordinaria* qui aurait condamné le consul* L. Cornelius Lentulus. **2.** Loi du préteur* Q. Caecilius Metellius en 60 av. J.-C., supprimant les taxes douanières en Italie* **3.** Proposition du préteur L. Caecilius Rufus demandant le rappel d'exil de Cicéron en 58-57 av. J.-C. **4.** Loi de 52 av. J.-C. du consul Q. Caecilius Metellus Pius Scipio abrogeant la *lex Clodia* sur la censure*. **5.** Loi de 45 av. J.-C. proposant de dévier le cours du Tibre pour augmenter la surface urbaine. **6.** Lois municipales données à la Crète en 67 av. J.-C. par le préteur Q. Caecilius Metellus.
***Caecilia Didia* (*lex*) :** loi des consuls* Q. Caecilius Metellus Nepos et T. Didius en 98 av. J.-C. prévoyant que la convocation des comices* et des conciles de la plèbe* devait se faire 24 jours avant la date de réunion par un édit* du magistrat* habilité à les présider. La même loi interdit les *rogationes per saturam*.

---

7. Par exemple la borne portant l'inscription KK III SD I signifie que la parcelle est la troisième en-deçà de l'intersection du *cardo* et du *decumanus*, et la première à gauche du *decumanus*.

***Caelia* (*lex*) : 1**. Plébiscite* du tribun* C. Caelius Caldus voté en 107 av. J.-C. qui rendit secret le vote dans les procès pour crime de haute trahison (elle fait partie des lois tabellaires*). **2.** Propositions du préteur* M. Caelius Rufus en 48 av. J.-C. visant à la réduction ou à la remise des dettes.
***Caelius* :** une des collines de Rome, correspondant à la *regio II* dite *Caelimontium*, appelée primitivement *Mons Querquetulanus* (colline des chênes). Il s'y trouvait plusieurs temples de divinités* importées : le temple de Minerve prisonnière (introduite en 241 av. J.-C. après la destruction de *Falerii*), un temple de Diane, le temple d'Hercule vainqueur érigé par Lucius Mummius entre 146 et 142. Etant située en dehors du *pomoerium*, c'était aussi une zone de nécropole. Dès la fin de la République*, elle devient une zone résidentielle, avec notamment la riche maison de Marmurra le *praefectus fabrum* de César. Sous l'Empire* on y construisit plusieurs casernes (*Castra peregrina*, caserne de la garde montée de l'Empereur), un grand marché* et plusieurs villas* dont une villa impériale (le futur *Sessorium*) sous les Sévères.
***Caesar* :** cf. César.
CAISSE : cf. Arca, Trésor.
***Calceus* :** bottines portées par les officiers. *Calcei patricii* : chaussures en cuir rouge avec croissant de lune distinguant les sénateurs* ayant rempli une magistrature curule* (on les appelle aussi *mullei*) ; *calcei senatorii* : chaussures en cuir noir distinctives des sénateurs qui n'ont pas accompli une magistrature curule. Les femmes de la bonne société portent le *calceolus* qui peut être de couleurs variées.
***Caldarium* :** salle des bains chauds dans les thermes*. On y trouve plusieurs pièces : le *laconicum* destinée aux ablutions, le *sudatorium* ou étuve, et les baignoires d'eau chaude (*alvei*).
***Calendarium* :** livre de compte où étaient portés les avoirs, créances et dettes d'un particulier ou d'une collectivité, avec le jour des échéances. Des curateurs* impériaux sont chargés de vérifier les livres de compte des cités ou des associations.
CALENDES (*Kalendae*) : le premier jour de chaque mois. Abréviation en latin : Kal.
CALENDRIER (*fasti*) : il est rédigé chaque année par le grand-pontife* et indique les jours fastes* (où l'on pouvait rendre la justice), et les jours néfastes* (jours de fête* où les procès étaient interdits). Sous la République*, le calendrier compte 109 jours néfastes et 235 fastes dont 192 dits « comitiaux » parce qu'ils pouvaient être réservés aux affaires publiques. Avant César*, l'année de 355 jours, dite de Numa, est divisée en douze mois lunaires ; tous les deux ans le grand-pontife* ajoute un mois intercalaire (*mensis intercalaris*, ou *mercedonius*) pour rattraper le retard sur l'année solaire. César, après avoir consulté l'astronome alexandrin Sosigène, en 46 av. J.-C. met en place le calendrier dit Julien avec une année de 365 jours et un jour supplémentaire tous les quatre ans intercalé entre le 24 et le 25 février. Ce système légèrement modifié par le pape Grégoire XIII au XVIe siècle, est encore le nôtre aujourd'hui.
Les douze mois de l'année sont *Mars* (en l'honneur du dieu de la guerre), *Aprilis* (origine discutée), *Maius* (dieu de la croissance), *Junius* (en l'honneur de Junon), *Quintilis* (le cinquième mois, nommé *Julius* en 44 av. J.-C. en l'honneur de César), *Sextilis* (le sixième mois, nommé *Augustus* en 8 av. J.-C. en l'honneur d'Auguste*), *September*, *October*, *November*, *Dicember* (les 7e, 8e, 9e et 10e mois), *Januarius* (en l'honneur de Janus), *Februarius* (mois des

purifications, *februare*). Ce n'est qu'en 153 av. J.-C. que janvier devient le premier mois de l'année. Les mois ont le même nombre de jours qu'aujourd'hui.

Le calendrier romain

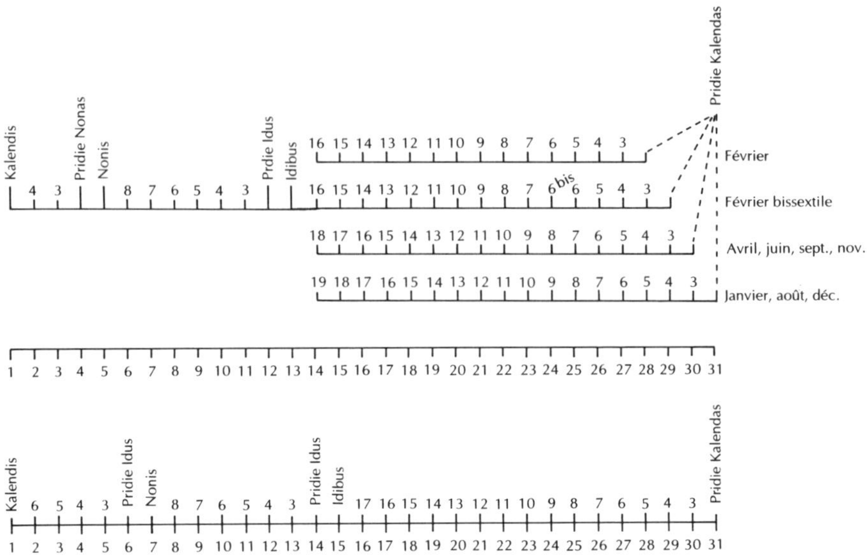

Mois de mars, mai, juillet et octobre

Chaque mois est divisé en trois périodes inégales : du lendemain des Calendes* aux Nones*, du lendemain des Nones aux Ides*, et du lendemain des Ides à la fin du mois qui correspond donc à la veille des Calendes du mois suivant. Les Nones tombent le 7e jour pour les mois de mars, mai, juillet et octobre, et le 5e jour pour les autres mois. Les Ides tombent le 15e jour pour les mois de mars, mai, juillet et octobre, et le 13e jour pour les autres mois. Il y a donc dans tous les cas huit jours d'Ides, alors qu'il y a 6 ou 4 jours de Nones selon les mois. Les années bissextiles, il y a un sixième jour bis (*bis sextum*) avant les Calendes de mars. Le quantième du mois se calcule à reculons à partir du terme de la période en cours. Ainsi le 2 mai se dit le 6e jour avant les Nones de mai (*a.d. VI Non. Maias*) ; le 31 mai se dit la veille des Calendes d'avril (*Pridie Kal. Apr.*) ; le 6 mars se dit la veille des Nones de mars (*Pridie Non. Mar.*), mais le 6 avril se dit le 8e jour avant les Ides d'avril (*a.d. VIII Id. Apr.*). Le jour qui sert de point de départ compte dans le calcul rétrograde ; c'est pourquoi on ne dit jamais le deuxième jour avant les Calendes, les Nones ou les Ides, mais la veille des Calendes, Nones ou Ides.

Tous les neuf jours, les Romains ont une journée de repos (*nundinae*) ; c'est le jour du marché et aussi des invitations entre parents et amis ; la semaine romaine (*nundinum*) est donc de huit jours pleins. Au Bas-Empire*, sous l'influence du christianisme*, est instauré le repos obligatoire chaque septième jour, d'abord appelé jour du soleil (*dies solis*), puis jour du Seigneur (*dies Domini* qui a donné dimanche).

Les **années** sont désignées en général par le nom des consuls* en charge ; l'Etat tenait donc soigneusement la liste annuelle des consuls, les Fastes consulaires*, rédigés par le collège des pontifes*. On pouvait dater aussi à partir de la fondation de Rome, *A*(*b*) *U*(*rbe*) *C*(*ondita*), la date traditionnelle étant 753 av. J.-C., ou à partir de l'expulsion des rois*, *P*(*ost*) *E*(*xactos*) *R*(*eges*) datée en 509 av. J.-C.

La **journée** se divise en 12 heures de jour et 12 heures de nuit. La durée des heures varie avec les saisons (sauf aux équinoxes), car on compte du lever au coucher du soleil. La septième heure du jour correspond à midi, et la septième heure de nuit à minuit ; la première heure varie donc entre 5 h 42 et 8 h 17 (7 h aux équinoxes), et la douzième heure varie entre 16 h 27 et 19 h 33 h (18 h aux équinoxes). Pour les soldats la nuit est divisée en quatre veilles (*vigilia*), les « quarts », de 3 heures chacune.

Il existe de nombreux calendriers adaptés à chaque ville et à chaque corps de métier en fonction de leurs fêtes spécifiques. Ainsi on a retrouvé à Doura Europos le calendrier militaire de la XXe cohorte des Palmyréniens, rédigé entre 224 et 235.

***Calida* (*lex*) :** plébiscite* du tribun* Q. Calidius en 99 av. J.-C. obtenant le rappel d'exil de Q. Caecilius Metellus Numidicus.

***Calpurnia* (*lex*) : 1.** Loi de 200 av. J.-C. introduisant une procédure judiciaire simplifiée, la *legis actio per condictionem*. (cf. Action de la loi). **2.** Plébiscite* de L. Calpurnius Piso qui institua en 149 des tribunaux* permanents pour punir les exactions commises par les magistrats* sur les alliés* et les provinciaux. **3.** Plébiscite* de L. Calpurnius Piso en 89 av. J.-C. autorisant les généraux à concéder la citoyenneté* romaine aux alliés*

CAMEE : pierre fine gravée d'images en relief qui tirent parti de la polychromie des couches composant la pierre. L'art romain a produit des camées célèbres comme la *Gemma Augustea* conservée au Kunsthistorisches Museum de Vienne, ou le grand camée de France conservé à la Bibliothèque Nationale de Paris.

CAMILLE (*Camillus*) : enfant de famille libre, ayant encore son père et sa mère, qui aidait les prêtres* dans les sacrifices* célébrés selon le rite romain*. Il succédait en général au prêtre qu'il avait servi.

CAMP MILITAIRE (*castra*, toujours au pluriel en latin**) :** c'est d'abord un bivouac fortifié temporaire qui est installé chaque soir à l'étape dans le cas des camps de marche (*castra aestiva*) ; pour les cantonnements d'hiver où les garnisons fixes on construit des camps permanents (*castra hiberna*, ou *castra stativa*). Leur emplacement est soigneusement choisi par les officiers et le *metator* (geomètre) : terrain plutôt en pente pour l'écoulement des eaux, position défendable, ravitaillement en eau. L'augure* délimite ensuite l'enceinte correspondant au *templum* céleste. Un camp abritant deux légions* occupe une superficie de 35 à 50 ha (550 x 800 m environ). Les soldats commencent par égaliser le sol, puis creusent le fossé (*fossa*) ; la terre enlevée est accumulée à l'arrière pour former une plate forme (*agger*) servant

de chemin de ronde que l'on fortifie avec une palissade de bois (*vallum*) ou un muret de pierres flanqué le cas échéant de tours et de bastions pour installer les pièces d'artillerie. En avant des fossés on creuse des trous (les *cervoli*) au fond desquels on place des troncs d'arbre avec leurs branches afin de briser l'élan d'un assaut. Un espace vide est laissé à l'arrière de l'*agger* (*intervallum*) où viennent mourir les armes de trait lancées par les assaillants. Le plan est de type carré ou rectangulaire, avec quatre portes (cf. figure 6a) : la porte prétorienne en face de la porte décumane, et dans l'axe du *cardo* les portes principales droite et gauche. Les portes sont fortifiées par un petit mur placé parallèlement en arrière (*titulum*), ou bien elles s'ouvrent en biais dans le prolongement en arc de cercle des deux murs (*clavicula*). A l'intérieur, la voie quintane (*via quintana*, 15,50 m de large) et la voie principale (*via principalis*, 30,50 m de large) divisent le camp en trois tiers ; au IIe siècle av. J.-C. le secteur situé au-delà de la voie principale regroupe le *forum*, lieu de rassemblement, le *praetorium* (tente du général), et le *quaestorium* (tente du questeur) ; les deux autres secteurs sont recoupés en deux par la voie décumane (15,50 m de large), et les arpenteurs à l'aide de la *groma* y tracent les rues secondaires qui délimitent des espaces rectangulaires (*strigae*) où l'on installe les tentes. Un peu plus tard, le camp prend une forme rectangulaire ; on retrouve la division en trois tiers qui délimite la prétenture (*praetentura*) au-delà de la voie principale, les côtés du prétoire (*latera praetorii*) entre la voie principale et la voie quintane, et la retenture (*retentura*) en deçà de la voie quintane. Seule la prétenture est divisée en deux par la voie décumane qui prend le nom de voie prétorienne car elle conduit au centre du camp au *praetorium*, le *quaestorium* étant situé au centre de la rétenture (cf. figure 6a). Près du *praetorium* se trouvent le *forum* et la tribune d'où le général haranguait ses troupes, et l'*auguratorium*, espace sacré où l'on prenait les augures*. Un camp comprenait aussi des ateliers*, des magasins, une infirmerie.
Sous l'Empire*, le cantonnement des légions pour la surveillance du *limes* entraîna la construction de camps permanents, véritables villes fortifiées. Le plan de base reste le même, avec des dimensions plus grandes. Les remparts sont évidemment plus développés, avec des doubles ou triples fossés, des murs de brique ou de pierre surmontés de créneaux et merlons (*propugnacula*), et renforcés par de nombreuses tours et bastions, notamment aux angles. La partie centrale est toujours occupée par le *praetorium*, logement du chef de poste (le légat impérial propréteur* si le camp abrite une légion*), mais aussi par les *principia*, centre administratif du camp organisé autour de deux cours. Les *principia* comprennent une basilique* (à partir du IIIe siècle), la chapelle aux enseignes*, les scholes*, les armureries, les différents bureaux, une chambre forte, le *forum* avec la tribune. Les officiers ont de véritables maisons situées le long de la voie principale de l'autre côté des *principia*. Des quartiers sont aussi prévus pour les quelques auxiliaires* admis dans le camp et pour la domesticité. On trouve dans ces camps des thermes*, des latrines, des magasins, des greniers, un atelier où l'on fabrique des briques et des armes, un hôpital, et même un bâtiment de soins pour les animaux (cf. figure 6b).
Sous le Haut-Empire on connaît 20 camps légionnaires (cf. carte 4) : Haltern, Oberaden et Mayence sous Auguste ; Xanten et Neuss sous les Julio-Claudiens ; Altenburg et Windisch sous Tibère ; Bonn et Lincoln sous Claude ; Chester, Caerleon, Nimègue et Leon sous Vespasien ; Inchtuthil sous Domi-

tien ; Strasbourg et Budapest sous Trajan ; Lambèse sous Trajan-Hadrien ; Regensburg en 179 ; Lorch vers 190 ; Albano sous Septime Sévère.
Les *castra* servent aussi au cantonnement des troupes navales. Des restes de camps pour la marine ont été découverts à Douvres, à Boulogne, à Alteburg. Les sources parlent des camps de Ravenne, de Misène, de Séleucie.
***Campus* :** terrain de manœuvre pour l'armée* confié à un gradé portant le titre de *campidoctor* et assisté par un *doctor cohortis* et un *optio campi* ; il est placé sous la protection de dieux dits *campestres*, tels Mars, Némésis, la Victoire Auguste, Jupiter, et le Génie du *campus*. Un *magister campi* et un *exercitator* dirigent les exercices de cavalerie.

Figure 6a — Schéma d'un camp romain d'époque républicaine

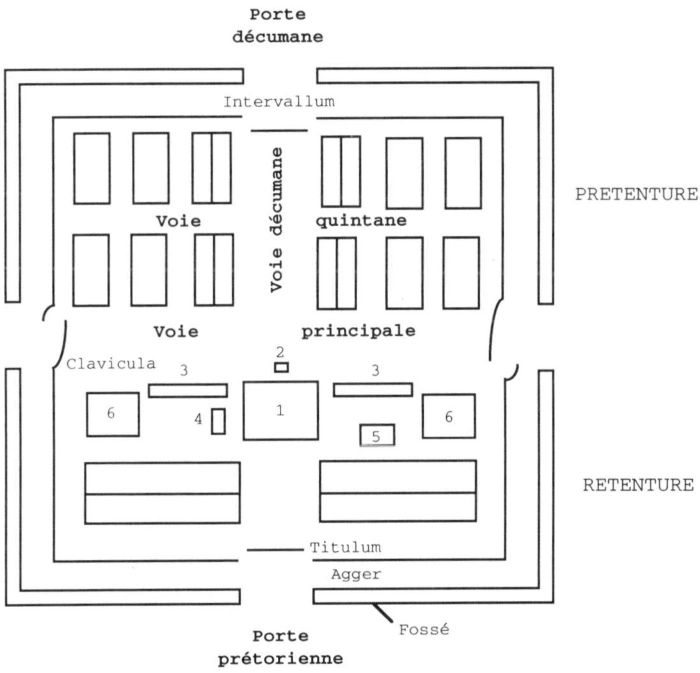

1. *Praetorium*. 2. Autel et *auguratorium*. 3. Casernement des tribuns. 4. *Forum* et tribune
5. *Quaestorium*. 6. Atelier, réserves.

***Canabae* :** petites agglomérations se créant spontanément aux abords des camps* permanents et vivant en symbiose avec l'armée* ; leurs habitants ne peuvent être que des résidents sans statut spécifique. Souvent elles ne portent pas de nom (par exemple à Apulum en Dacie on connaît les *canabae* de la XIIIe légion *gemina*).

CANAL (*fossa*) : on connaît le canal Auguste construit vers 20 av. J.-C., qui reliait le Pô à Ravenne en évitant le delta ; le canal de Drusus reliant *Fectio* (Vechten) à la mer du Nord en évitant les bouches du Rhin ; le canal de Corbulon construit sous Néron (54-68) qui reliait *Matilo* (Leiden-Roomburg) à *Forum Hadriani* (Arentsburg-Vooburg).

Figure 6b — Le camp romain d'Inchuthil (83 ap. J.-C.)

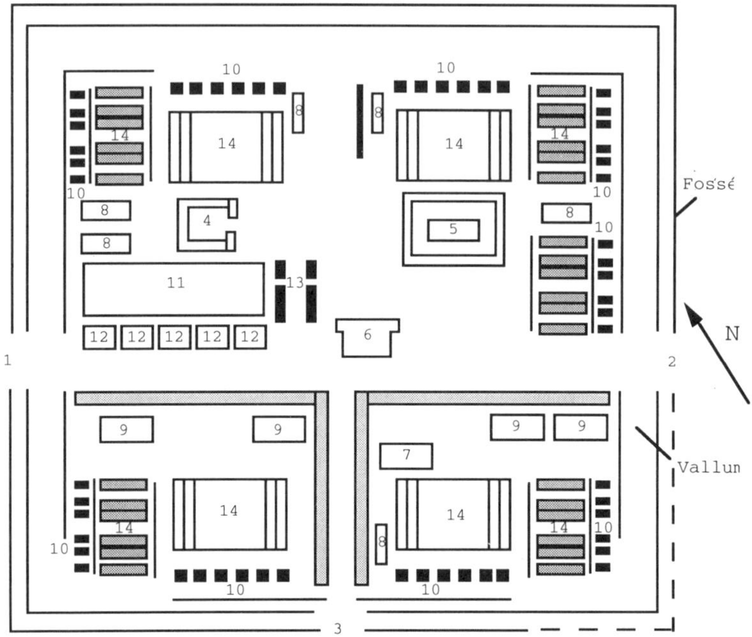

1. Porte principale gauche. 2. Porte principale droite. 3. Porte prétorienne. 4. Ateliers. 5. Hôpital. 6. *Principia*. 7. Schole de la première cohorte. 8. Greniers. 9. Quartier des officiers. 10. Logements des centurions. 11. Casernements de la première cohorte. 12. Centurions de la première cohorte. 13. Logements des *immunes*. 14. Casernements de la troupe.

CANDIDAT (*candidus*) : dans l'armée* il désigne le soldat choisi par un officier pour occuper un poste quelconque. Dans le civil, il désigne simplement le candidat à une élection ; après s'être fait inscrire sur la liste des candidats (*professio nominis*), vêtu de la toge blanche (*toga candida*, d'où son nom), il fait le tour de la ville (*ambitio*) pour mener sa campagne. Dès la proclamation des résultats le candidat élu est investi de la *potestas* inhérente à sa fonction. Pour les magistratures* patriciennes le candidat devenait obtenir l'*auctoritas patrum* (*lex Maenia* de 338 av. J.-C.).

***Caninia* (*lex*) :** proposition du tribun* L. Caninius Gallus en 56 av. J.-C. demandant à Pompée de rétablir sur le trône Ptolémée Aulète.

CANNES (bataille de) : lourde défaite des consuls L. Aemilius Paullus et Varron face à Hannibal en 216 av. J.-C. près de Canosa, sur les bords de l'Ofanto au nord des Pouilles.

CANTIQUE (*cantica*) : dans la comédie* romaine, il s'agit des parties chantées ou des récitatifs avec accompagnement musical.

***Canuleia* (*lex*) :** plébiscite* du tribun* C. Canuleius en 445 av. J.-C., autorisant les mariages* entre plébéiens* et patriciens*.

CAPITALE (*caput*) : Jusqu'au partage de 395, Rome reste théoriquement la seule capitale de l'Empire* entendue comme centre du pouvoir où réside l'Empereur. Toutefois, Dioclétien avait attribué des villes de résidence aux Augustes* et Césars* de la Tétrarchie* : Nicomédie, Milan, Antioche et Trèves. Aquilée en Occident, Sirmium, Thessalonique et Serdica en Orient deviennent également résidences impariales. Après 395 il y a la capitale de l'Empire d'Orient, Constantinople, alors qu'en Occident les Empereurs* délaissent Rome pour d'autres capitales comme Trèves, Milan, Ravenne.

CAPITATION (*capitatio*) : impôt* foncier calculé sur une base personnelle en tenant compte du nombre de personnes travaillant sur le domaine. On distingue la *capitatio plebeia* qui est un impôt* sur les personnes, et la *capitatio terrena, humana et animalium* qui est un impôt foncier. Avec la *jugatio,* il constitue la base du système fiscal italien mis en place par Dioclétien (284-305). Le nom vient de *caput* qui désigne après Dioclétien l'unité territoriale imposable.

***Capite censi* :** cf. Prolétaires.

***Capitis deminutio* :** perte de la qualité de citoyen*. Elle est totale (*maxima*) par condamnation pénale (interdiction de l'eau et du feu* sous la République*, déportation* dans les îles sous l'Empire*), ruine du citoyen débiteur (vente du citoyen *trans Tiberim*) ou capture par l'ennemi. Elle est partielle (*media*) en cas de changement de citoyenneté car le droit romain* n'admet pas la double nationalité. Elle est minimale (*minima*) s'il s'agit d'un changement du statut familial.

CAPITOLE (*Capitolium*) : principale colline de Rome où se trouvent la citadelle (*arx*), l'*asylum*, et le temple* de Jupiter-Junon-Minerve (la triade capitoline). Par métonymie le terme désigne le temple lui-même, puis tous les temples du monde romain où était honorée la triade capitoline. A Rome, le Capitole s'appelait primitivement Mons Tarpeius, d'où le nom de la Roche Tarpéienne* située sur le versant oriental. Les autres monuments présents sur le Capitole sont le *Tabularium*, l'*auguraculum*, le temple de Veiove, le temple de Junon Moneta, le temple de *Fides*, le temple d'*Ops*, le *Tensarium*, les sanctuaires de *Caelestis*, de Mithra et d'Isis. On accédait au Capitole par le *clivus Capitolinus*, prolongement de la voie sacrée* qui traversait le *Forum* romain, ou par des escaliers, les *Scalae Gemoniae* prolongés par les *Gradus Monetae* du côté de l'*arx* et du temple de Junon Moneta, et les *Centum gradus* (les cent marches) du côté méridional.

CAPITULE (*capitulum*) : au Bas-Empire*, circonscription fiscale regroupant plusieurs unités fiscales (*capita*), qui devait fournir soit un soldat (*tiro*), soit l'or tironien*. L'impôt devient ainsi un mode de recrutement.

CAPPELLACCIO : tuf granuleux, friable, de couleur grisâtre, provenant du sous-sol de Rome et employé dans les constructions d'époque archaïque.
***Cardo maximus* :** dans l'urbanisme* étrusco-italique, les camps* militaires ou les centuriations*, il s'agit de la grande rue principale orientée nord-sud. Cf. également *Decumanus*.
CARENES (*Carinae*) : nom donné aux pentes occidentales du Fagutal* à Rome ; c'est de ce quartier que partait la Voie Sacrée* (fig. 11).
***Caristia* :** repas de fête familial qui avait lieu lors des *Parentalia*.
***Carmen* (chant sacré) :** formule incantatoire, en général versifiée, à valeur religieuse ou magique.
CARROBALISTE : cf. Machines de guerre.
CARRIERE DES HONNEURS (*cursus honorum*) : hiérarchie des magistratures* qui règle la carrière politique des Romains ; elle se met progressivement en place dans le courant du IIIe siècle av. J.-C. (interdiction du maintien, limitation du renouvellement, intervalle minimum entre deux postes), puis elle est fixée au début du IIe siècle notamment avec la *Lex Villia annalis* de 180 av. J.-C., avant d'être révisée par Sulla. L'ordre désormais immuable (*certus ordo*) est le suivant avec un intervalle de deux ans entre chaque poste :
1. La questure* (âge minima 28 ans, soit 10 ans de service dans l'armée).
2. L'édilité* ou le **tribunat de la plèbe*** (non obligatoire).
3. La préture*.
4. Le consulat* (à 34 ou 36 ans).
5. La censure* (l'intervalle de deux ans n'est pas nécessaire).
Pour la préture et le consulat existe la prorogation* qui maintient le magistrat dans sa charge, mais hors de Rome (cf. Propréteur et Proconsul). La prorogation n'est pas limitée dans le temps, et il arrive d'être promagistrat* avant même d'avoir été préteur ou consul (ainsi Scipion l'Africain fut proconsul de 211 à 205, consul en 205, et à nouveau proconsul de 204 à 201).
Il existe des magistratures exceptionnelles (dictateur*, maître de cavalerie*, interroi*), mais elles ne font pas partie du cursus.

A partir d'Auguste*, la **carrière des sénateurs** diffère dans son déroulement du *cursus honorum* de l'époque républicaine :
1. Tribunat militaire laticlave* (stage d'un an dans l'Etat-Major d'une légion*).
2. Vigintivirat* à choisir parmi (ordre hiérarchique décroissant) :
– *triumvir auro argento aere flando feriendo* (chargé de la frappe des monnaies) ;
– *decemvir stilitibus judicandis* (chargé de juger les litiges) ;
– *quattuorvir viarum curandorum* (entretien de la voirie) ;
– *triumvir capitalis* (chargé des exécutions capitales).
N.B. : A partir des Flaviens l'ordre des deux premières fonctions est inversé.
3. Questure* : 20 postes, âge minimal 25 ans, à Rome ou chargé des finances dans une province sénatoriale*.
4. Fonction questorienne : légation d'un proconsul* dans une province sénatoriale.
5. Tribunat de la plèbe* (10 postes) ou **édilité"** (6 postes). Les patriciens* en sont exemptés.
6. Préture* : 10 à 18 postes, âge minimum 30 ans.

7. Fonctions prétoriennes :
– légation de légion* ;
– proconsulat* de province sénatoriale* prétorienne ;
– légation d'une province impériale* prétorienne ;
– curatèles* italiennes ou provinciales et juridicats.
8. Consulat* : âge minimum 33 ans ; le premier consulat est souvent suffect*, le second ordinaire.
9. Fonctions consulaires :
– curatèles romaines (aqueducs, Tibre, travaux publics, édifices sacrés, etc.) ;
– légation de province impériale consulaire (5 faisceaux) ;
– proconsulat de province sénatoriale proconsulaire (Asie ou Afrique, 12 faisceaux) ;
– préfecture de la ville* (en général après un deuxième consulat).
La **carrière des chevaliers*** se fixe peu à peu de façon empirique. Les postes sont classés selon une hiérarchie stricte qui se reflète dans les salaires puis plus tard dans les titres de dignité (*vir egregius, vir perfectissimus, vir eminentissimus*). Ils occupent d'abord des postes militaires, les **3 milices équestres***, à raison d'un an dans chaque fonction à partir de 25 ans :
– tribun ou préfet de cohorte* ;
– tribun angusticlave de légion* ;
– préfet d'aile* (parfois deux fois).
Ensuite ils occupent des fonctions civiles et/ou militaires selon leur origine, avec quatre échelons de traitement : **charges sexagénaires** (responsabilités subalternes dans l'administration* centrale, comme avocat du fisc*), **centénaires et ducénaires** (procurateurs* financiers dans les provinces, gouverneur* de province procuratorienne, chef d'un grand service public comme la poste* ou le fisc*) et enfin **tricénaires** avec la direction des bureaux* palatins, la procuratèle *a rationibus**, commandement de légion en Egypte, et les grandes préfectures* qui donnent droit au titre de perfectissime* :
– préfecture des flottes* métropolitaines ;
– préfecture des vigiles* (1 poste créé en 6 ap. J.-C.) ;
– préfecture de l'annone* (1 poste créé en 8 ap. J.-C.) ;
– préfecture d'Egypte* (1 poste créé en 30 av. J.-C.) ;
– préfecture du prétoire* (2 postes créés en 2 av. J.-C., donne droit au titre d'éminentissime).
Avant d'aborder les milices équestres les notables locaux qui avaient obtenu le brevet de chevalier occupaient des fonctions civiles : prêtre* du peuple romain, curateur* de cité, juge des 3 décuries* équestres, préfet des ouvriers*. Les primipiles* prétoriens et légionnaires qui obtenaient leur brevet de chevalier étaient dispensés des milices équestres s'ils étaient légionnaires, et n'accomplissaient que le tribunat de cohorte s'ils étaient prétoriens.
A noter qu'un chevalier peut toujours espérer accéder à l'ordre sénatorial grâce à la pratique de l'*adlectio* qui récompensait les plus méritants.
CARTES (géographiques) : sous la République*, les Romains ont utilisé les cartes dressées par les géographes grecs. Les traceurs de routes romains complétèrent peu à peu ces cartes, et sous Auguste, Agrippa réalisa une carte de l'Empire* qui fut exposée sous le portique Vipsania. Ptolémée établit une carte du monde avec latitudes et longitudes. On a conservé aussi un plan des rues de Rome, et plusieurs itinéraires* routiers, dont la Table de Peutinger*.
***Carvilia* (*lex*) :** plébiscite* des tribuns* Sp. et L. Carvilius en 212 av. J.-C. pour condamner à l'exil M. Postumius.

CASQUE (*cassis*) : cf. Armement.
***Cassia* (*lex*) : 1.** Première loi agraire proposée en 486 av. J.-C. par le consul* Sp. Cassius Viscellinus proposant l'assignation du territoire des Herniciens. **2.** Loi de 137 rendant secret le vote lors des procès. **3.** Plébiscite* du tribun* L. Cassius Longinus interdisant l'accès au Sénat* pour les magistrats condamnés. **4.** Plébiscite* de 45 av. J.-C. qui autorisa César* à faire accéder un plébéien* au patriciat* par *adlectio*.
***Cassia* (*via*) :** route construite au IIIe siècle av. J.-C., reliant Rome à Luca et Faventia à travers l'Etrurie (cf. carte 2).
***Castellum* :** petite communauté qui n'a pas le statut de municipe* ou de colonie* ; à l'époque sévérienne le terme désigne l'agglomération du *pagus*, puis par métonymie désigne le *pagus* lui-même. On peut traduire par bourg. Synonyme : *pagus*, *vicus*. En langage militaire, le terme désigne un petit camp*. Le terme désigne aussi le château d'eau où aboutit un aqueduc*.
***Castra* :** cf. Camp militaire.
***Castra Misenatium* :** casernement des marins de la flotte* de Misène chargés d'installer la toile sur les gradins du Colisée*. Il se situe tout à côté du Colisée.
***Castra peregrina* :** casernement des soldats des armées provinciales envoyés à Rome pour des fonctions spécifiques (police, poste, intendance, etc.). Il se situe sur le *Caelius*.
***Castra praetoria* :** casernement des cohortes prétoriennes* construit sous Tibère vers 21-23 sur le plateau des Esquilies. Il mesure 440 x 380 m.
***Castra principis* :** au Bas-Empire*, désigne le palais* impérial.
***Castra urbana* :** casernement des cohortes urbaines* construit sur le Champ de Mars* par Aurélien en 270.
***Castrensis sacri palati* :** chef des officiers civils du palais impérial* au Bas-Empire*. Il s'occupe notamment du service de table. Il est de rang proconsulaire, et commande des *ministeriales*, des pages (*paedagogiani*) et un corps de trente silentiaires*.
CATACOMBE : galerie souterraine creusée dans le tuf pour la sépulture à inhumation des Chrétiens. Durant les persécutions, ils y célébraient également leur culte. Le nom provient d'une localité située sur la *via Appia* à 5 km au sud de Rome, où s'étendait le vaste cimetière chrétien de l'église Saint Sébastien. Les catacombes se trouvaient souvent dans des propriétés privées ; ensuite les Chrétiens se groupèrent en collèges* funéraires et acquirent des domaines funéraires qui eurent une existence légale jusqu'à la fin du IIIe siècle. Ensuite elles servirent de lieux de refuge.
CATAPHRACTAIRES (*clibanarii*) : corps de cuirassiers créé sous Hadrien (117-138), et très utilisé à l'époque des Sévères (193-235).
CATAPULTE : jusqu'au IVe siècle, machine d'artillerie qui lance des flèches par opposition à la baliste qui lance des pierres ; ensuite la signification des termes est inversée. Au Ier siècle il y a une catapulte et une baliste par centurie*. Cf. Machines de guerre.
CAUSES LIBERALES (*causae liberales*) : procès* où il s'agit de prouver ou de défendre sa condition d'homme libre. Dans les provinces*, ils ont lieu devant le gouverneur*, à Rome devant les cemtumvirs*. En cas de doute, le verdict doit être au bénéfice de la liberté (*favor libertatis*) depuis la *Lex Iunia Petronia* de 19 ap. J.-C.
CAUTION (*cautio*) : dans l'action formulaire*, promesse ou garantie qu'un préteur* peut exiger d'une personne par stipulation*, pour qu'il s'engage

envers un particulier qui n'est pas protégé par le droit de l'ordre juridique existant. La *cautio* intervient pour protéger les biens d'un pupille (*cautio rem pupilli salvam fore*), garantir la propriété contre un dommage éventuel (*cautio damni infecti*), assurer la délivrance du leg (*cautio legatorum*), garantir la restitution des biens donnés en usufruit (*cautio usufructaria*), prémunir contre les dangers de la représentation judiciaire (*cautio iudicatum solvi*), promettre la ratification des actes du procurateur (*cautio de rato*).

CAVALERIE (*equites*) : A l'origine elle est constituée par les 18 centuries* les plus riches. Avec les réformes de Camille au début du IVe siècle av. J.-C., chaque légion* dispose d'un corps de cavalerie légionnaire (*alae equitum*) composé de 10 escadrons (turmes*) de 3 décuries* sous les ordres chacune d'un décurion*, mais la plus grande partie de la cavalerie est fournie par les alliés* italiens et non plus par les centuries équestres. Au Ier siècle av. J.-C., la cavalerie légionnaire n'est plus levée : on se contente de la cavalerie fournie par les troupes auxiliaires* (cavaliers numides, espagnols, gaulois, germains ou thraces). Auguste réorganise la cavalerie en 4 corps différents :

1. la **cavalerie légionnaire** : un temps supprimée sous Trajan (98-117), elle compte 120 hommes ; elle obéit à des centurions* et non pas des décurions* ; le commandant est sans doute le tribun *sexmentris* ;

2. la **cavalerie des ailes** répartie en 16 escadrons ou turmes quand elles sont quingénaires (512 h), et 24 turmes quand elles sont milliaires. Chaque turme est commandée par un décurion ; les décurions obéissent au décurion *princeps* (équivalent du primipile*) qui dépend d'un sous-préfet* lui-même sous les ordres d'un préfet* (aile quingénaire) ou d'un tribun* (aile milliaire) de rang équestre ;

3. la **cavalerie des cohortes mixtes** dites *equitatae* ; il y a 4 turmes avec la première cohorte*, et 2 turmes pour chacune des neuf autres cohortes ;

4. la **cavalerie des *numeri***, corps d'indigènes qui sont des forces d'appoint non permanentes venant en renfort des corps précédents. Des corps spécifiques apparaissent comme les cuirassiers (cf. Cataphractaires). Il existe aussi des cavaliers dans les cohortes prétoriennes* (environ 1/5 des effectifs), et quelques corps spécifiques comme les Bataves ou « Germains gardes du corps »*, la cavalerie personnelle de l'Empereur*. Au Bas-Empire*, la cavalerie se détache complètement de l'infanterie, et joue un rôle de plus en plus important ; ainsi Gallien (253-268) porte à 726 le nombre des cavaliers légionnaires et crée une réserve mobile stationnée à l'arrière des frontières (cavalerie lourde composée de Maures et de Dalmates) ; Aurélien (270-275) met à la disposition de chaque gouverneur* un groupe d'intervention rapide, les *equites stablesani*. On remarquera que le soldat romain est avant tout un fantassin ; les cavaliers se recrutent essentiellement parmi les populations périphériques de l'Empire* ; les cavaliers les plus fameux viennent d'Afrique, d'Espagne, de Germanie, de Thrace, de Dalmatie. Cf. également Armée, Armement.

CAVALERIE PERSONNELLE (*equites singulares*) : corps de cavalerie* attaché aux légats de légions* et aux gouverneurs*.

CAVALERIE PERSONNELLE DE L'EMPEREUR (*equites singulares Augusti*) : corps spécial créé par Trajan (98-117) ou par les Flaviens (69-96), assurant la sécurité rapprochée de l'Empereur*. Au nombre de 1 000 ils sont encadrés par des décurions*, un décurion *princeps*, un puis deux tribuns* eux-mêmes subordonnés au préfet du prétoire*. Leur casernement se trouvait près du Latran.

Cavea **:** cavité elliptique ou demi-circulaire formée par les gradins d'un théâtre* ou d'un amphithéâtre*.
Celeres **:** corps de 300 cavaliers d'élite qui formaient la garde personnelle des rois ; il aurait été institué par Romulus. Il disparaît avec la royauté*.
Cella **:** pièce centrale du temple* abritant la statue du dieu ; elle est normalement interdite aux fidèles. La *cella* peut être subdivisée en plusieurs pièces si le temple est consacré à plusieurs divinités* ; ainsi le temple étrusco-italique a souvent une triple *cella* (temple étrusque d'Orvieto, temple de la triade capitoline à Rome). La *cella* est souvent précédée d'un porche appelé *pronaos*.
Cena **:** le repas* pris en milieu d'après-midi (entre la 9e et la 10e heure), après les activités. La *cena* comprend normalement des hors-d'œuvre (*gustatio*), la *cena* proprement dite avec un ou plusieurs services selon l'importance du repas, puis le dessert (*secundae mensae*) ; lors des banquets la *cena* se prolonge par la *commissatio*. Lorsque le mot est traduit par la Cène, il désigne le dernier repas que Jésus-Christ prit avec ses disciples, au cours duquel il institua l'eucharistie.
CENOTAPHE (*cenotaphium*) : monument funéraire* élevé à la mémoire d'un défunt qui n'est pas présent dans le monument, soit que son corps n'ait pu être récupéré, soit qu'il soit enterré ailleurs.
CENS (*census*) : recensement quinquennal de toutes les personnes libres résidant sur le territoire romain, qui permet d'établir les ressources humaines et matérielles de l'Etat ; le mot désigne aussi le montant de la fortune de chaque citoyen* recensé. Il rend ainsi possible le classement des citoyens selon leur fortune, ce qui détermine leurs droits et leurs devoirs militaires, politiques, fiscaux (cf. Classe censitaire). A partir de 435 av. J.-C., les censeurs* sont les magistrats chargés d'effectuer le *census* (avant cette tache incombait aux consuls*). Le recensement se faisait dans un bâtiment dressé à cet effet sur le Champ de Mars* ; les censeurs disposaient de l'aide de scribes, d'experts assermentés (*iuratores*), et de fonctionnaires (*curatores tribuum*) ; une purification générale, le *lustrum*, clôturait le recensement au terme duquel les censeurs devaient abdiquer. Dès la fin de la République*, le recensement des citoyens d'Italie* fut décentralisé ; les magistrats locaux transmettaient les résultats des colonies* et municipes* à Rome, et la périodicité de cinq ans fut maintenue. Au début de l'Empire*, l'Italie comptait environ 7 500 000 habitants. Pour les provinces*, les recensements qui permettent l'établissement de l'impôt* personnel et de l'impôt foncier, sont plus irréguliers ; Auguste* en fit faire un pour toutes les provinces ; en Egypte il eut lieu ensuite tous les 14 ans. Normalement les cités, même pérégrines, faisaient un cens quinquennal, et les cens provinciaux n'avaient donc de raison d'être qu'en cas de relâchement des cités, ou pour des remises à jour après des guerres. Ces opérations demandaient un personnel nombreux et compétent (*censitores*, *legati* et *adiutores ad censum*). A partir de Septime Sévère (193-211), les recensements semblent plus systématiques, tous les 15 ou 30 ans. Sous l'Empire, lorsqu'un recensement est nécessaire, la censure est attribuée à l'Empereur* et les autres tâches sont confiées à des curateurs*. A partir de Domitien (81-96), les Empereurs sont « censeurs perpétuels ». Dans les provinces l'opération est confiée au gouverneur* qui se fait aider de magistrats judiciaires de rang équestre. Une exception est connue pour les Gaules où le recensement est exécuté par un *censitor* (agent du recensement) consulaire,

de rang donc supérieur au gouverneur prétorien. Les officiers aidaient très souvent les magistrats dans cette tâche.

CENSEUR : magistrat chargé tous les cinq ans de faire le recensement (cf. Cens) des citoyens* et de leurs biens pour le calcul de l'impôt* et l'évaluation des forces militaires, de dresser la liste des sénateurs* et des chevaliers*, celle des recettes* et dépenses* de l'Etat, et de veiller au maintien des bonnes mœurs. Les censeurs créés en 443 av. J.-C., au nombre de deux sous la République*, sont désignés par les comices centuriates*, restent en fonction 18 mois et n'ont pas d'*imperium*. Ils disposent du *ius edicendi*, du *ius contionis* et du *ius coercitionis*. Ils mettent aussi en adjudication les travaux publics, et exercent une juridiction morale sur les citoyens qu'ils peuvent « noter » d'infamie*. La censure est une magistrature curule et bénéficie des auspices* majeurs. Elle est prête à disparaître vers la fin de la République. Deux censeurs furent particulièrement célèbres : Appius Claudius Caecus (censeur en 312 av. J.-C.) et Caton dit le Censeur (234-149).

CENTENAIRE (*Centenarium*) : camp militaire* en forme de petite forteresse bâtie sur le *limes* à partir du début du IVe siècle ap. J.-C. (cf. *centenarium* d'Aqua Viva dans le sud algérien). *Centenarius* : au Bas-Empire*, équivalent du centurion* ; il peut s'agir aussi de l'officier commandant un *centenarium*.

***Centesima rerum venalium* (centième des ventes) :** impôt* d'un centième prélevé sur les ventes aux enchères.

***Centesima usura* :** taux légal de l'usure*, soit 12 % par an sous l'Empire*.

CENTIEME : cf. *Centesima*.

CENTUMVIRS (*centumviri*) : cour de 105 magistrats* statuant sur les successions et les litiges de propriété et d'intérêt commun ; ils sont présidés par le *praetor hastarius*. Sous la République*, ils sont choisis dans les 35 tribus* par le préteur* urbain ; sous le Principat*, ils furent tirés au sort. Trajan (98-117) porta leur nombre à 180 en y adjoignant les decemvirs* *stilitibus iudicandis*. Ce tribunal*, organisé au IIe siècle en quatre chambres, siège en public et est attesté jusque sous les Sévères (193-235).

CENTURIATE (loi) : cf. Loi centuriate.

CENTURIATION (*centuratio*) : cf. Cadastration.

CENTURIE (*centuria*) : groupe de 100 hommes au sein des classes* serviennes ; la moitié des centuries servait dans l'armée* active (les *iuniores* de 17 à 46 ans), l'autre moitié servait dans la réserve (les *seniores* de 47 à 60 ans).

La centurie est donc une unité de combat, commandée par un centurion*, mais aussi une unité de vote dans le cadre des comices centuriates*, où on appelle centurie prérogative* celle qui vote en premier (cf. Elections). La première classe détient ainsi à elle seule la majorité absolue (9 800 voix sur 19 300), ce qui rend inutile le vote des autres centuries. En 179 av. J.-C. chaque centurie est subdivisée en 35 unités correspondant aux tribus* afin de pondérer le poids des citoyens* de la seule Rome. Le nombre des centuries de première classe est ramené à 70 pour les fantassins, afin qu'elles n'aient plus à elles seules la majorité absolue.

A l'époque de Camille (début du IVe siècle av. J.-C.), les centuries ne comportent plus que 60 ou 30 hommes : par légion* on compte 20 centuries de 30 h pour les *triarii*, 20 centuries de 60 h pour les *principes* et pour les *hastati* ; chaque centurie comprenait en outre 20 vélites (ce qui fait un total de 4 200 h par légion).

CLASSE	CENTURIE	COMPOSITION	EFFECTIF
1 (100 000 HS)	80	Fantassins	8 000 hommes
	18	Cavaliers	1 800
2 (75 000 HS)	20	Fantassins	2 000
3 (50 000 HS)	20	Fantassins	2 000
4 (25 000 HS)	20	Fantassins	2 000
	2	Génie	200
	2	Musiciens	200
5 (10 000 HS)	30	Vélites	3 000
Hors Classe	1	Prolétaires	100
TOTAL	190		19 300

Avec les réformes de Marius (157-86), les effectifs des centuries repassent à 100 hommes, mais sans distinction de cens*, et deux centuries sont réunies pour former un manipule*. Sous Auguste*, 6 centuries composent une cohorte* (sauf la première cohorte qui ne comprend que 5 centuries à effectif double).

Le terme désigne aussi l'unité de base de la centuriation*.

CENTURION : officier subalterne commandant une centurie*. Il y a 59 centurions dans une légion* à l'époque d'Auguste*, assistés chacun d'un *optio**. Le plus gradé est le primipile* de la première cohorte* ; au sein des 9 autres cohortes les 54 centurions sont égaux et se classent en fonction de leur ancienneté ; par contre l'accès à la première cohorte (qui ne comprend que 5 centuries) est une promotion, et chaque poste à l'intérieur de la cohorte représente une promotion : *hastatus posterior*, puis *princeps posterior*, *hastatus prior*, *princeps prior* et enfin primipile. De simples soldats peuvent arriver au grade de centurion par promotion interne ; le centurion en chef (*centurio princeps*) commande une cohorte. Les chevaliers* ou les fils de notables municipaux arrivent directement à ce grade depuis la vie civile, l'avancement se faisant en fonction de la charge initiale. Le centurionat permet d'accéder à l'ordre équestre* et d'avoir une promotion au sein de l'armée*. Ils sont nommés par le tribun militaire*, et leur insigne est le cep de vigne.

CENTURION NAVAL (*centurio classicus*) : grade attribué aux navarques* et aux triérarques*, qui leur permettait d'intégrer ensuite l'armée de terre au niveau de centurion de légion*.

CERAMIQUE : on désigne par ce terme les productions de récipients en terre cuite. Le matériel céramique que l'on retrouve abondamment lors des fouilles archéologiques, souvent à l'état fragmentaire de tessons, est un élément de datation, mais surtout un moyen d'identifier les échanges commerciaux et les zones artisanales de production. La céramique produite pendant toute la durée de la civilisation romaine est très variée en fonction des régions et des époques (les premières céramiques fines de tradition italique trouvées à Rome sont les vases en bucchero* étrusque). C'est au début du IIe siècle av. J.-C. après la deuxième guerre punique, que l'on commence à trouver des céramiques italiennes à l'extérieur : les céramiques à vernis noir de tradition grecque produites en Campanie (Campanienne A) ou en Toscane (Campanienne B), les lampes à huiles à vernis noir dites de l'Esquilin. Apparaissent ensuite les céramiques à vernis rouge : l'arétine produite dans la région d'Arezzo, les vases à parois fines, et la sigillée* italique (caractéristique par ses marques d'estampillage) se développent jusqu'à l'époque augustéenne (80 ateliers identifiés dans la seule ville d'Arezzo), pour disparaître dans le courant du Ier siècle ap. J.-C. ; en effet ce sont désormais les productions provinciales qui prennent le relais : sigillées claires africaines, et sigillées de Gaule : les ateliers gaulois se situent d'abord dans le sud (La Graufesenque avec plus de 400 ateliers identifiés entre 0 et 150 ap. J.-C., Montans, Banassac), puis d'autres officines s'ouvrent dans le centre (Lezoux), et enfin dans l'est (Mittelbronn, la Madeleine, Rheinzabern). Certaines productions locales réussissent parfois à se maintenir (Campanienne C en Sicile, céramique à pâte grise en Italie du sud) voire à s'imposer comme en Espagne où les sigillées de Tritium Magallum éliminent les sigillées gauloises dès la fin du Ier siècle ap. J.-C.

Cerialia **:** fêtes* en l'honneur de Cérès le 19 avril. Elles donnent lieu à des jeux* publics organisés par les édiles* *cereales*.

CERITES : les habitants de la ville étrusque de Caeré ; le terme désigne aussi les citoyens* incomplets (*cives sine suffragio*) car Caeré avait obtenu le droit d'hospitalité publique (*hospitium publicum*) qui fut la forme originelle de la *civitas sine suffragio*. Les Tables Cérites sont les registres où les censeurs* inscrivaient le nom des citoyens* romains déchus de leurs droits civiques.

CERCLES LITTERAIRES : le premier connu est celui des Scipions ; il s'est formé au milieu du IIe siècle av. J.-C. autour de Cornelia, la mère des Gracques. Il regroupait des intellectuels grecs ou ouverts à la culture grecque comme Laelius, Térence, Lucilius, Pacuvius, Polybe, Panetius, qui ont tous contribué largement à la pénétration de la culture grecque à Rome. Dans le courant du Ier siècle av. J.-C., plusieurs poètes formèrent un « cénacle » tourné vers l'alexandrinisme*, dénigré par Cicéron qui les surnomme les panégyristes d'Euphrorion, du nom du poète grec qui leur servait de modèle ; de ce cénacle on n'a conservé que les œuvres de Catulle ; les autres poètes étaient Helvius Cinna auteur d'un épyllion (*Zmyrna*), Licinius Calvus auteur d'épigrammes et d'un épyllion (*Io*), Valerius Caton et Cornificius. A l'époque augustéenne, on connaît trois cercles : celui d'Asinius Pollion, ou cercle des Arcadiens, qui lança la mode des lectures publiques et ouvrit la première bibliothèque publique à Rome, avec Virgile et Cornelius Gallus ; celui de Messala avec Tibulle, Lygdamus, Cornelius Severus, Sulpicia ; enfin le plus célèbre, celui de Mécène très proche de l'idéologie augustéenne avec Virgile (après la disgrâce de Pollion), Horace, et Properce. Il a existé sans doute d'autres cercles sous l'Empire*, mais on ne les connaît pas.

CESAR (*Caesar*) : nom de famille dans la *gens Julia*. Il fut notamment porté par Caius Iulius, le conquérant des Gaules, membre du premier triumvirat*, assassiné en 44 av. J.-C. alors qu'il s'était fait nommer dictateur* et consul* à vie, et devenu *Divus* (Divin) après sa mort. Son petit-neveu Octavien qu'il avait adopté, pouvait légitimement s'appeler César Octavien, avant de prendre le titre d'*Imperator* et de se faire appeler *Imperator Caesar, Divi filius* (Empereur César fils du Divin). Si Tibère, adopté par Auguste pouvait revendiquer la même titulature, Claude qui ne pouvait invoquer une filiation directe avec Auguste ou Tibère, légitima son pouvoir en prenant *Caesar* pour surnom*. A partir de Vespasien (69-79), *Caesar* devient le gentilice de la maison impériale, tout comme *Imperator* devient le prénom*, et *Augustus* le surnom*.

CESSION DES BIENS (*cessio bonorum*) : procédure qui permet au débiteur d'échapper à la contrainte par corps en cédant son patrimoine au créancier.

CESSION EN DROIT (*cessio in iure*) : procédure de vente simulant un procès ; elle se passe devant un magistrat, et permet le transfert de propriété tout comme la mancipation* ou la tradition*. Elle ne suppose pas de paiement car aux yeux du magistrat l'acquéreur ne devient pas propriétaire, mais est reconnu déjà comme tel.

CESTIUS (pont de) : pont reliant l'île Tibérine à la rive droite du Tibre, construit vraisemblablement en même temps que le pont Fabricius sur l'autre rive au Ier siècle av. J.-C. (cf. carte 8).

CESTIUS (pyramide de) : monument funéraire* en forme de pyramide construit vers 20 av. J.-C. sur le bord de la *via Ostiensis*. Le monument fut ensuite englobé dans la muraille* aurélienne. Il est caractéristique de la mode égyptienne durant les années qui ont suivi la bataille d'Actium*.

***Chalcidicum* :** bâtiment secondaire en annexe à un bâtiment principal.

***Chalcochiton* :** nom donné à la cuirasse anatomique richement ciselée, avec des appliques métalliques que portaient les généraux ou les Empereurs*.

CHALDEENS : non générique des mages et des charlatans.

CHAMBRE SACREE (*sacrum cubiculum*) : avec le palais* elle forme sous le Bas-Empire* la Maison impériale* ; elle est dirigée par un primicier*.

CHAMP DE MARS (*Campus Martis*) : territoire de Rome correspondant à la plaine délimitée par la boucle du Tibre à l'ouest, le Capitole* au sud, le Quirinal* et le Pincio à l'est et au nord. Il est traversé par le premier tronçon de la *Via Flaminia*, appelé *Via Lata*. (cf. fig. 7 à laquelle renvoient les numéros et lettres cités dans le texte). Situé hors de la muraille servienne*, il servait de lieu de rassemblement pour les troupes au moment du départ en campagne, ainsi que pour la réunion des comices centuriates*. Il tient son nom de l'autel* de Mars qui y était dressé (signalé par un ? sur la carte car sa localisation n'est pas établie). Il est recoupé par les régions* augustéennes* VII et IX. Du point de vue de l'urbanisme on peut distinguer trois secteurs : au sud la zone du Cirque* Flaminius (1), du théâtre* de Marcellus (2), des temples d'Apollon Sosianos et de Bellone (3 et 4), des portiques* de Philippe (5) et d'Octavie (6) ; au centre l'aire sacrée du Largo Argentina (plan détaillé avec la fig. 7a) et du temple de la via delle Botteghe Oscure (7), les théâtres et portiques de Balbus (8) et de Pompée (9), le Panthéon* (10), les *Saepta Iulia** (11), le portique des Argonautes (12), les Thermes d'Agrippa (13), les temples de Matidia et d'Hadrien (a), le temple d'Isis et de Sérapis (b), le *Divorum* (c), les thermes* de Néron (d), le stade (e) et l'Odéon (f) de Domitien, et l'*Arcus Novus* de Dioclétien ; au nord, l'amphithéâtre de Statilius Taurus (non localisé), l'autel de la Paix* (14), l'horloge* solaire (15) et le Mausolée* (16) d'Auguste, le Champ d'Agrippa avec le portique Vipsania (17), la colonne d'Antonin le Pieux et l'*ustrinum* de Marc Aurèle (g), la colonne de Marc Aurèle (h), le temple du soleil (i), l'arc de Portogallo (j). A l'ouest, dans la boucle du Tibre, ont été localisés, le *Tarentum* (18) le *Trigarium* (19), et l'*ustrinum* d'Hadrien (k)[8].

---

8. Les monuments signalés par une lettre sont postérieurs à l'époque augustéenne.

Figure 7 — Le Champ de Mars

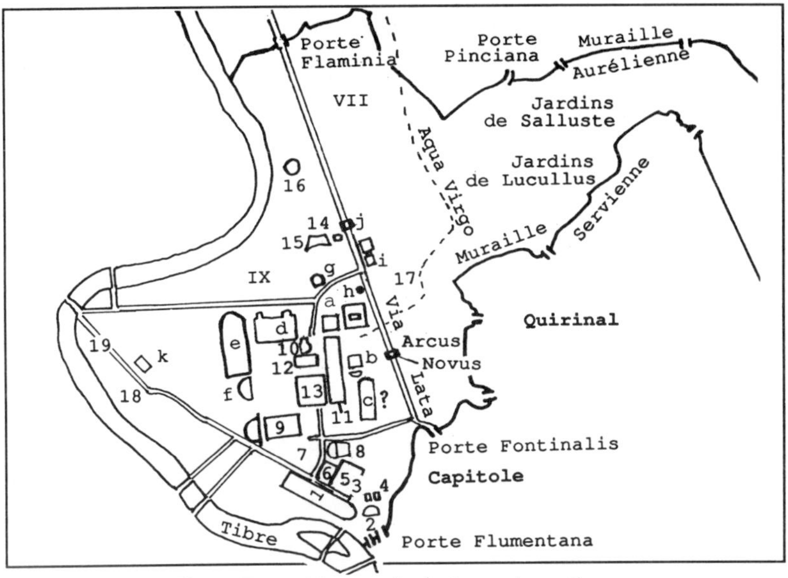

Figure 7a — Aire sacrée du Largo Argentina

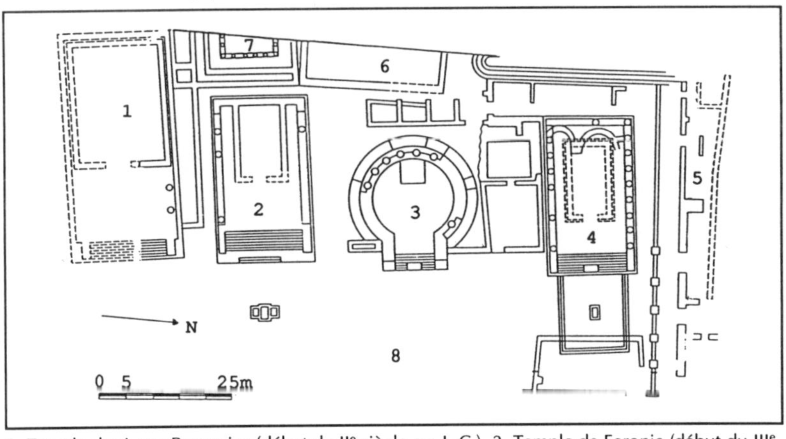

1. Temple des Lares Permarins (début du IIe siècle av. J.-C.). 2. Temple de Feronia (début du IIIe siècle av. J.-C.). 3. Temple de la Fortune du jour présent (fondé par Q. Lutatius Catulus en 101 av. J.-C.). 4. Temple de Juturne (fondé en 241 av. J.-C. par Q. Lutatius Catulus). 5. Portique dit des cent colonnes (*Hecatonstylum*). 6. Curie de Pompée. 7. Latrines d'époque impériale. 8. Portique Minucia Frumentaria.

CHAMP D'AGRIPPA (*Campus Agrippae*) : esplanade à portique* aménagée par Agrippa à droite de la *Via Lata* sur le Champ de Mars*.
CHAMPS DECUMATES (*Campi Decumati*) : zone militaire* comprise entre les frontières du Haut Rhin et du Haut Danube ; elle fut occupée pour la première fois par les Flaviens entre 74 et 90, et évacuée par Valérien (253-260).

La chasse aux bêtes sauvages (détail), Djemila

CHANCELLERIE IMPERIALE : c'est l'administration centrale de l'Empire* mise en place par Claude (41-54) ; elle est composée de bureaux (*scrinia*) avec à leur tête un *magister* assisté de fonctionnaires* et de jurisconsultes*. A l'origine les postes étaient occupés par des affranchis* et esclaves* impériaux, mais à partir d'Hadrien (117-138) ils sont tenus par des chevaliers*.

CHANT SECULAIRE (*carmen saeculare*) : hymne en vers saphiques écrit par Horace en 17 pour les jeux séculiers* ; il s'agit d'une prière adressée à Apollon et Diane, qui célèbre l'œuvre d'Auguste*.
CHARGE (publique) : cf. *Munus.*
CHASSE (*venatio*) : elle ne se généralise à Rome qu'à partir du IIe siècle av. J.-C. ; il y a deux types de chasse, l'activité sportive et le spectacle*. La première est pratiquée par les élites ; on distingue la chasse aux oiseaux (*aucupium*) et la chasse au gibier (*venatio*). Les bêtes étaient levées, puis rabattues par les chiens vers des filets. Les grandes chasses d'Hadrien en Mysie, en Egypte et en Grèce sont restées célèbres, mais la chasse des bêtes sauvages (lion, ours) reste exceptionnelle. Les chasses spectacles (*venationes*) se pratiquent dans les amphithéâtres* transformés pour l'occasion en véritables parcs de chasse : cf. *Venationes.* La première chasse fut donnée en 186 av. J.-C. par M. Fulvius Nobilior pour célébrer sa victoire sur les Etoliens. On fait combattre des fauves entre eux, ou bien des hommes contre des fauves ; les Empereurs* ne dédaignaient pas descendre dans l'arène pour montrer leur *virtus.* La chasse a toujours gardé une valeur religieuse : c'est un sacrifice sanglant (*mactatio*) qui apaise les divinités* chthoniennes, et se substitue aux sacrifices* humains.
CHAUSSURES : cf. Vêtements.
CHEVAL D'OCTOBRE : cf. *October Equus.*
CHEVALIER (*eques,* pl. *equites*) : à l'origine les chevaliers sont les citoyens les plus riches de la première classe* qui devaient le service militaire à cheval, la monture étant fournie par l'Etat (*equites equo publico*) ; ils portaient comme signes distinctifs l'anneau d'or et la tunique rayée de pourpre, et étaient groupés en 18 centuries*. Ils sont enrôlés par les censeurs* parmi les non-sénateurs qui possèdent une fortune d'au moins 400 000 sesterces. Ils ont la même origine sociale que les sénateurs*. Leur nombre étant insuffisant, ils sont remplacés dans leurs obligations militaires par des soldats recrutés en dehors des 18 centuries (*equites equo privato*). En 225 on compte 23 000 cavaliers mais seulement entre 1 800 et 2 400 *equites equo publico.* Il ne faut donc pas confondre cavaliers et chevaliers. Selon Cl. Nicolet, les chevaliers ne constituent que les cadres de la cavalerie légionnaire. Ils forment une riche aristocratie dont la provenance est diverse : il peut s'agir de sénateurs, mais aussi de riches propriétaires d'Italie* qui constituent les élites municipales ou coloniales. Une partie d'entre eux embrasse la carrière politique (on les appelle hommes nouveaux*, et ils deviennent sénateurs après 10 ans de service et la gestion d'une magistrature curule*) et renforce la *nobilitas* sénatoriale, tandis qu'une autre partie préfère se tourner vers les affaires (le grand commerce, les travaux publics, la ferme des impôts). C'est à ces hommes d'affaires que fut réservé dès la fin du IIIe siècle le terme de chevaliers. Mais tous les publicains* et marchands, même riches, ne sont pas des chevaliers, et tous les chevaliers ne sont pas des hommes d'affaire! L'opposition de fonctions entre l'aristocratie d'affaires et l'aristocratie politique, confirmée par le plébiscite* Claudien de 218 av. J.-C. qui interdit le grand commerce maritime et les adjudications à la noblesse sénatoriale, fait que se constitue un ordre équestre, l'*ordo equester* (le terme date de 123 av. J.-C.) qui joue un rôle fondamental dans la vie économique. Au IIe siècle le clivage est important, car conscients de leur poids économique, les chevaliers, qui jouent aussi un rôle lors des élections dans les comices centuriates*, voudraient avoir plus de place dans les tribunaux* qui sont entre les mains

des sénateurs. Cela est fait avec les réformes de Caius Gracchus (cf. *Lex Sempronia*) qui crée des tribunaux permanents avec des jurés* tous issus des *equites equo publico*. Désormais l'ordre des chevaliers s'identifie avec celui des juges*.

Sous Auguste*, l'ordre équestre est restructuré sur la même base censitaire, et se distingue de l'ordre sénatorial. L'origine militaire n'est pas oubliée puisqu'aux Ides* de juillet les chevaliers doivent défiler avec leur monture (*transvectio equitum*). Le brevet de chevalier est décerné par l'Empereur qui fait fonction de censeur* ; il n'est pas héréditaire : on ne naît donc pas chevalier (sauf pour les fils de sénateurs qui portent le laticlave*), on le devient grâce à ses mérites. Ils portent toujours l'anneau d'or et la tunique angusticlave. C'est dans cet ordre rénové que l'Empereur peut forger une élite de fonctionnaires dynamiques et fidèles au nouveau régime car dépendants directement du prince (cf. Carrière). On estime entre 10 000 et 15 000 le nombre des chevaliers sous Auguste. Sous l'Empire*, l'ordre équestre ne cesse d'augmenter son rôle politique au détriment de l'ordre sénatorial. Les chevaliers de haut rang peuvent être admis dans l'ordre sénatorial par le biais de l'*adlectio* ; au bas de l'échelle les centurions* et les notables municipaux peuvent avoir accès à l'ordre équestre qui constitue donc un important élément de mobilité sociale. Au Bas-Empire*, l'ordre équestre a pratiquement disparu ; il n'en reste que le titre de perfectissime* décerné par Constantin aux vicaires*, aux chefs des bureaux* palatins, aux *praesides* et aux *duces*.

CHIFFRES ROMAINS :

I	1
II	2
III	3
IV	4
V	5
VI	6
VII	7
VIII	8
IX	9
X	10
L	50
C	100
D	500
M, $\overline{I}$ ou CIƆ	1 000
$\overline{V}$ ou IƆƆ	5 000
$\overline{X}$ ou CCIƆƆ	10 000
$\overline{L}$ ou LM	50 000
$\overline{C}$ ou CM	100 000
$\boxed{X}$	1 000 000
$\boxed{L}$	5 000 000
$\boxed{M}$	100 000 000

Les nombres intermédiaires se forment en répétant le même signe pour les multiples simples : 30 = XXX, 200 = CC, etc. ; à noter que 40 s'écrit XL plutôt que XXXX, 90 XC plutôt que LXXXX, 900 CM plutôt que DCCCC. Pour les autres nombres on décompose en unités, dizaines, centaines, etc. : 1 789 = 1 000 + 500 + 100 + 100 + 50 + 10 + 10 + 10 + 9 soit MDCCLXXXIX : Le zéro n'existe pas, ce qui rend difficile les calculs.

CHIRURGIEN (*chirurgus*) : malgré l'absence d'asepsie et d'anesthésie les chirurgiens romains étaient capables d'opérations délicates : amputation, trépanation, trachéotomie. Les découvertes archéologiques et les représentations figurées montrent un nombre important d'instruments : scalpels, sondes, érines, ventouses, forceps, agrafes métalliques, aiguilles. Quelques noms de grands praticiens sont connus : Philoxène et Ammonius à la fin de la République*, Rufus, Soranos d'Ephèse, Antyllos sous l'Empire*.

CHRISTIANISME : religion révélée de tradition juive fondée par Jésus de Nazareth appelé aussi Jésus-Christ qui prêcha en Galilée et fut crucifié à Jérusalem sous le gouverneur* Ponce Pilate vers 30 ap. J.-C., sous l'accusation d'avoir voulu être le roi des Juifs*. Ses disciples et apôtres après la Pentecôte partent dans le monde entier porter la Bonne Nouvelle (Evangile) de Jésus-Christ fils de Dieu fait homme, mort et ressucité pour le salut de tous les hommes, et fonder les différentes églises dont l'unique loi est l'amour du prochain. Les apôtres Pierre et Paul sont les premiers à venir convertir les païens à Rome. Le christianisme, qui pour les Romains ne se distingue pas, au départ, du judaïsme, fait l'objet de longues persécutions* (la première sous Néron en 64, la dernière sous Dioclétien en 303) avant de devenir religion officielle de l'Empire* en 380 avec l'édit* de Théodose. Entre temps, l'édit de Milan en 313 sous Constantin avait proclamé la liberté de culte. Le Dieu des Chrétiens se révèle directement aux hommes à travers un livre saint, la Bible, qui rassemble les livres dits canoniques. L'interprétation et la fixation de la doctrine est d'abord le fait des Pères* et Docteurs* de l'Eglise qui doivent lutter contre différentes hérésies* condamnées à l'occasion des conciles* oecuméniques.

CHRYSARGYRE : impôt* de « l'or et l'argent » que devaient payer les négociants et commerçants. Il fut créé par Licinius entre 314 et 318, puis aboli en 498 par Anastase. Il alimentait la caisse des Largesses Sacrées*.

***Cicereia* (*lex*) :** loi de 81 av. J.-C. qui précise le régime juridique des garanties personnelles des obligations.

CIMETIERE : la mort étant considérée comme une souillure, les sépultures* ne peuvent se faire à l'intérieur d'une ville ; ainsi à Rome les tombes sont regroupées hors du *pomerium*. Dans tout l'Empire*, elles se pressent le long des voies d'accès à l'entrée des villes. Seules les vestales* et des personnages exceptionnels pouvaient avoir leur tombe *intra muros*. Cf. également Catacombes, Columbarium, Funérailles, Monument funéraire, Sépulture.

***Cincia* (*lex*) :** plébiscite* de 204 av. J.-C. qui limite le montant des dons (*dona*) et interdit les donations (*munera*) faites à titre de rémunération pour les défenses dans les procès*.

CIPOLIN : marbre micacé à structure feuilletée de teinte verte, provenant des carrières de Carystos au sud-est de l'Eubée. Il est utilisé dans les riches constructions romaines.

CIPPE : pilier de pierre servant de borne ou utilisé comme stèle* funéraire ; il contient l'urne* cinéraire ou indique l'emplacement de la tombe.

***Circenses* :** jeux* et spectacles* qui se déroulaient dans le cirque*. L'expression « panem et circenses » (Juvénal, *Satires* X, 81), du pain et des jeux, souligne la décadence du peuple romain.

CIRCONCELLIONS : étymologiquement « rôdeurs de celliers » ; le mot désigne en Afrique* des journaliers agricoles misérables qui pour survivre se livrent au pillage (équivalent des Bagaudes* en Gaule*) ; ils forment des bandes de révoltés nationalistes et adeptes du donatisme*, que l'Empire* doit combattre militairement, notamment en 372 et 397.

***Circumscriptio adulescentium* :** délit consistant à abuser de l'inexpérience des jeunes gens pour conclure des affaires à leur détriment. Ce délit est sanctionné par la *Lex Plaetoria*.

CIRE : produit naturel des abeilles qui est utilisé comme vernis, et surtout comme enduit pour les tablettes sur lesquelles les Romains écrivaient au stylet. Elle sert aussi en pharmacie, en sculpture, et pour la fabrication des bougies. Cire punique : cire d'abeille blanche préparée avec de l'eau de mer et du bicarbonate, puis teintée pour la peinture à l'encaustique. Cf. Apiculture.

CIRQUE (*circus*) : édifice sportif où avaient lieu les courses de chevaux et de chars, des manœuvres militaires, des courses à pied, des pugilats et duels, et parfois des naumachies*. L'architecture du cirque se caractérise par un plan rectangulaire avec une extrémité circulaire ; le centre de la piste est occupée par la *spina* terminé aux deux extrémistes par une borne (*meta*) autour de laquelle les chars devaient faire leurs sept tours ; elle est décorée de statues, de bas-reliefs, d'obélisques* et d'autels*. Au départ de la piste (côté rectiligne) se trouvaient les *carceres*, sortes de remises où se rangeaient les six attelages pour le départ. Les gradins se trouvent sur les longs côtés ainsi que sur l'extrémité circulaire. Au-dessus des *carceres* s'élevaient des bâtiments de service (l'*oppidum*). A chaque extrémité du cirque s'ouvre une porte : l'une du côté des *carceres* donnait entrée au cortège (*porta pompae*), l'autre était la *porta triumphalis* par laquelle sortait le vainqueur.

A Rome le Cirque Maxime (*Circus Maximus*) situé entre les pentes du Palatin* et de l'Aventin* est le plus grand édifice de spectacles* de tous les temps ; il aurait été commencé par Tarquin l'Ancien et terminé seulement dans les années 330 av. J.-C. Sous Auguste il mesurait 621 x 118 m et pouvait contenir 150 000 spectateurs. Selon Pline, sous Néron il accueillait 250 000 spectateurs. Les courses les plus importantes y avaient lieu à l'occasion des *Ludi Romani* ou *Ludi Magni* du 4 au 18 septembre. Au IVe siècle les quatre écuries d'auriges (*factiones*), *Albata, Russata, Prasina, Veneta*, caractérisées par leur couleur (respectivement blanc, rouge, vert et azur) finissent par constituer de véritables partis. Un autre cirque fut construit à l'est du *Forum Boarium* en 221 av. J.-C. par C. Flaminius Nepos qui lui donna son nom (300 x 120 m) ; les conciles* de la plèbe y avaient lieu et il servait surtout aux jeux* en l'honneur d'Apollon. On connaît aussi à Rome le cirque de Galigula situé sous l'actuelle place Saint-Pierre au Vatican, le cirque dit Varianus situé près de l'église Sainte-Croix de Jérusalem (*regio V*), et le cirque de Maxence, le mieux conservé, inauguré en 309 le long de la *Via Appia* au sortir de Rome.

Figure 8 — Le cirque romain

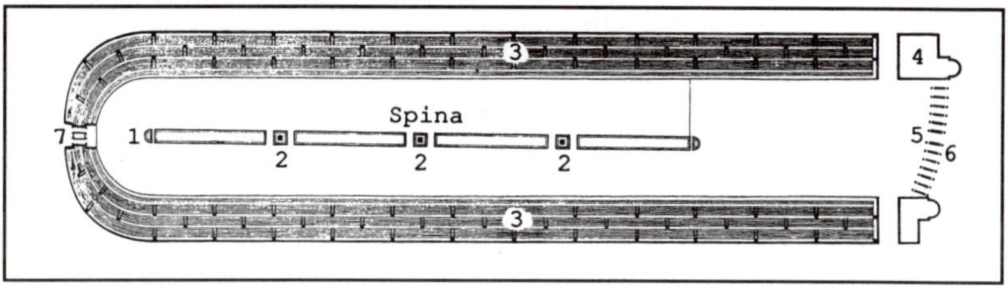

1. *Meta* (borne). 2. Obélisques. 3. Gradins. 4. *Oppidum*. 5. *Carceres*. 6. *Porta pompae*. 7. *Porta triumphalis*.

***Cispius* :** cf. Esquilin.
CISTES PRENESTINES : récipients circulaires en cuivre ou en bronze avec couvercle et pieds ornés de figurines et à la surface ornée de gravures ; ils datent des IVe-IIIe siècles av. J.-C. et ont été retrouvés pour la plupart à Préneste en Etrurie d'où leur nom. La plus célèbre est la ciste dite Ficoroni conservée au musée de la Villa Giulia à Rome.
CISTOPHORE : pièce d'argent, multiple du denier*, frappé en 188 par le roi de Pergame pour s'aligner sur le système romain. Son nom vient de la ciste* qui est représentée sur une face, allusion au culte dionysiaque.
CITE (*civitas*) : communauté libre de citoyens* au sein du monde romain. La vie en cité caractérise l'homme civilisé par rapport au barbare* qui vit en tribus ou en peuplades. Les cités peuvent être latines ou italiques en Italie*, ou pérégrines dans les provinces*, selon le droit* qui régit leur rapport avec Rome ; à la fin de la République*, il n'y a plus de cités de droit italique car elles ont toutes obtenu la citoyenneté romaine. On distingue trois types de cités :
– Les cités pérégrines (la majorité des cités provinciales) qui conservent leur propre droit et leurs institutions municipales, même si des groupes de citoyens romains peuvent y habiter. Elles sont réparties en trois catégories : les cités stipendiaires qui paient un tribut* à Rome (le *stipendium*) ; les cités libres qui sont autonomes, et ne dépendent pas des provinces du point de vue juridique ; elles sont parfois exemptées du tribut (*immunes*) ; les cités libres fédérées (*civitates foederatae*) qui ont passé un traité avec Rome sur un pied d'égalité. Jusqu'à la guerre sociale il existe aussi en Italie la catégorie des villes alliées : c'est le cas notamment des cités de Grande-Grèce qui conservent leur autonomie, ne paient pas de tribut, mais ne sont plus libres de leur politique extérieure et doivent contribuer à l'effort militaire de Rome (cf. Alliés). Après la guerre sociale* elles se transforment en municipes* ou en colonies*.
– Les municipes* : ce sont des cités pérégrines à qui Rome a accordé le droit romain ou le droit latin.
– Les colonies* de droit latin ou romain.
Les cités sont parfois subdivisées en circonscriptions (cf. *Pagus*, *Vicus*, *Castellum*, *Oppidum*), ou peuvent être au contraire regroupées en circonscriptions judiciaires stables, les *conventus*. Elles peuvent avoir à leur tête un curateur*,

mais jusqu'aux Antonins (96-192), le recours aux curateurs paraît exceptionnel : ils sont attestés surtout en Italie et dans les provinces sénatoriales*, et ne se généralisent qu'avec le règne de Dioclétien (284-305). Ils ont pour charge de surveiller la gestion financière des cités et d'éviter les exactions ou malversations ; ils ne représentent pas un nouveau pouvoir se substituant aux autorités locales, mais plutôt un tutorat validant les décisions prises par la cité. Tout « honnête homme » pouvait être désigné curateur quel que fût son rang, mais ils étaient rarement choisis parmi les fonctionnaires* équestres ; on y trouve des sénateurs*, la curatèle s'insérant dans le cursus* après la préture*, mais aussi des notables locaux qui n'ont exercé que le duumvirat*.
Au Bas-Empire*, la cité reste toujours la cellule de base avec à sa tête un curateur représentant de l'autorité impériale, qui devient alors une sorte de maire avec un pouvoir judiciaire. Les curateurs sont nommés pour un an parmi les anciens magistrats de la cité, et la curatèle devient le sommet d'une carrière locale. Deux cités occupent une place particulière, Rome et Constantinople* ; les autres entrent dans une catégorie unique, celle de la *civitas,* qui se caractérise par l'autonomie et une gamme complète d'institutions : l'assemblée des citoyens (*populus*), le conseil municipal (ordre des curiales*), et une série de magistrats dont le plus important est le curateur assisté du duumvir*, l'édile* et le questeur* ne jouant qu'un rôle secondaire. L'Etat instaure aussi des défenseurs* de cités, et à partir de 368 des défenseurs de la plèbe, pour lutter notamment contre les abus des percepteurs. Les cités élisent toujours les flamines*, pontifes* et augures* concurrencés par le clergé chrétien.
CITE (droit de) : cf. Citoyenneté.
CITOYEN (*civis*) : le citoyen romain s'oppose au Latin*, au pérégrin* ou au barbare*. Il sert dans la légion* en tant que *miles* (soldat), et peut participer à la vie politique romaine. Il dispose de sept droits fondamentaux qui le qualifient en tant que citoyen romain :
– droit de propriété (*ius commercii*) ;
– droit de mariage (*ius conubii*) ;
– droit d'intenter une action en justice (*ius legis actionis*) ;
– droit de vote (*ius suffragii*) ;
– droit d'être élu (*ius honorum*) ;
– droit d'appel au peuple dans les procès criminels (*ius provocationis*) ;
– droit de participer aux sacerdoces (*ius sacrorum*).
A côté de ces avantages juridiques et politiques, le citoyen jouit d'un statut socio-culturel qui le met en position de supériorité. Les citoyens romains s'appellent aussi Quirites*, ce sont eux qui forment le *Populus Romanus*. Les citoyens sont inscrits sur le registre du cens* et sur les listes des tribus*. Ils ne sont pas vraiment égaux, car on distingue les *honestiores* et les *humiliores,* des privilèges juridiques étant attachés aux premiers. Sous la République*, on distingue le citoyen de plein droit (*civis optimo jure*) et le citoyen de droit inférieur (*civis imminuto iure* ou *minimo iure*) ; les citoyens de droit inférieur sont les citoyennes romaines, les affranchis qui ne disposent pas du *ius honorum,* les citoyens des cités *sine suffragio,* et les éraires*.
CITOYENNETE (*civitas*) : la citoyenneté romaine (*civitas romana*) se marque par le rattachement à l'une des 35 tribus*, l'inscription sur le registre du cens*, et par les *tria nomina.* Naissent citoyens les enfants issus d'un mariage* légitime si les parents sont déjà citoyens ou si le père jouit du *conubium.* Un enfant naturel d'une citoyenne romaine est romain, par contre

un fils de romaine et de pérégrin* ou de Latin* prend la nationalité du père. Un esclave* affranchi par un citoyen devient citoyen incomplet, mais son fils a la citoyenneté pleine (toutefois la législation augustéenne rend difficile l'accès à la pleine citoyenneté hors de Rome). En 89 av. J.-C., la *lex Plautia-Papiria* accorde le droit de cité à toutes les cité alliées qui en feraient la demande ; dès lors Rome cesse d'être une Cité-Etat hégémonique pour devenir une capitale. En 49 av. J.-C., les Transpadans obtiennent aussi le droit de cité, et ainsi tous les Italiens (à l'exception de Naples) deviennent citoyens romains. On distingue sous la République* la *civitas optimo iure* (citoyenneté de plein droit) qui confère les droits civils (mariage, capacité judiciaire) et les droits politiques (droit de vote, droit d'appel, droit d'être élu), et la *civitas sine suffragio* qui ne confère pas les droits politiques ; ce type de citoyenneté incomplète n'est plus attribué après 268 av. J.-C. En 70-69, le dernier recensement sous la République donne 3 185 000 citoyens environ ; au recensement de 14 ap. J.-C., on en compte 4 937 000.
Sous l'Empire*, un étranger obtient automatiquement la citoyenneté en servant dans les auxiliaires* (la légion* n'est ouverte qu'aux citoyens), ou en exerçant une magistrature* dans une cité de droit latin*. Il peut aussi l'obtenir personnellement de l'Empereur* (concession viritane*). **En 212, Caracalla accorde la citoyenneté à tous les habitants libres de l'Empire ; Rome devient ainsi capitale universelle.**
Le droit romain ne reconnaît pas la notion de double citoyenneté ; pourtant à la fin de la République, une grande majorité d'Italiens qui sont devenus citoyens romains continuent à vivre dans des communautés autonomes où ils conservent un droit de cité local ; de même, dans les provinces, des pérégrins peuvent obtenir la citoyenneté romaine sans pour autant venir vivre à Rome. Cela posait des problèmes juridiques et fiscaux, car un citoyen romain était exempté des impôts romains et relevait de la juridiction romaine. Auguste résolut le problème en distinguant la citoyenneté romaine de l'exemption des charges et devoirs dans la communauté d'origine ; ainsi l'exemption fiscale devenait une procédure à part, et les nouveaux citoyens romains continuaient à vivre dans le cadre législatif de leur cité d'origine (cf. Table de Banasa).
***Clarigatio* :** sommation solennelle faite par le *Pater Patratus* à l'ennemi pour lui réclamer la restitution dans un délai de 33 jours des biens ou des hommes enlevés ; si l'ennemi n'obtempérait pas, la guerre était déclarée.
CLARISSIME (*clarissimus*) : sous l'Empire*, titre de noblesse des sénateurs* et de leur famille. A partir de Valentinien III et Odoacre (Ve siècle), une hiérachie est établie : les *clarissimi* à la base, les *spectabiles* au niveau intermédiaire et les *illustres* au sommet.
CLASSES SOCIALES : d'une manière générale le droit romain reconnaît quatre catégories d'individus : les esclaves*, les affranchis*, les étrangers* ou pérégrins*, et les hommes libres ou ingénus*. Mais plusieurs classes ou ordres* existent à l'intérieur de ces groupes. Cf. Classes censitaires, Ordre, Société.
CLASSES CENSITAIRES : Les premières classes censitaires sont établies par Servius Tullius. Cf. Centuries.
***Classis* :** cf. Flotte.
***Claudia (lex)* : 1.** Loi de 177 av. J.-C. du consul* C. Claudius Pulcher limitant le *ius migrandi* des Latins*. **2.** Lois données* du même consul pour l'entrée au Sénat* des citoyens d'Halesa (Sicile). **3.** Série de lois de l'Empereur Claude : en 42 pour imposer aux gouverneurs* de se rendre immédiatement

dans leur province* sans aller faire leurs remerciements au Sénat, entre 44-49 pour supprimer la tutelle perpétuelle sur les femmes, en 47 pour punir les personnes qui consentaient des prêts à des fils de famille.
***Claudia Valeria* (*via*) :** route reliant Rome à Alba Fucens et Aternum (cf. carte 2).
***Claudia Augusta* (*via*) :** route reliant Aquileia aux régions alpines (cf. carte 2).
CLEMENCE (*clementia*) : attitude normale du vainqueur vis-à-vis du vaincu. C'est aussi une des vertus cardinales qui contribuent à l'*auctoritas* de l'Empereur*. *Clementia nostra* : formule de la chancellerie* impériale au Bas-Empire* pour désigner l'Empereur.
CLERGE : cf. Prêtre.
***Clibanarii* :** cf. cataphractaires.
CLIENTELE (*clientela/clientes*) : à l'origine le terme désigne les étrangers* rattachés aux *gentes* par un lien juridique. Sous la République* et l'Empire*, les clients, de plus en plus nombreux, sont constitués par les classes moyennes de petits propriétaires en difficulté à cause des guerres ou de la concurrence des pays conquis ; ils recherchent alors un patron* qui leur vient en aide moyennant divers services. Les clients fournissent notamment les hommes de main qui aident la carrière* politique de leur patron au moment des élections. Ils peuvent être des parasites qui viennent chaque matin saluer leur patron (*salutatio matutina*) pour recevoir leur sportule*, mais ils sont aussi des personnes très honorables car on peut toujours être le client d'un personnage plus puissant ; ainsi un notable provincial est souvent le client du gouverneur*. L'influence d'un citoyen puissant se mesure au nombre de clients qui viennent le saluer dans son *atrium*. Un affranchi* devient normalement le client de son ancien maître. Les clients peuvent être des individus mais aussi des collectivités : sous l'Empire, les cités* multiplient les contrats de patronage ; par exemple en 223 av. J.-C., la cité de Canusium a 39 patrons (31 sénateurs* et 8 chevaliers*). Le clientélisme joue un rôle fondamental dans les relations sociales et la vie politique, car les promotions et les carrières, l'évergétisme, voire l'issue des procès (*patronus* signifie aussi avocat), n'échappent pas à ce cadre. Sous l'Empire, les prolétaires* inscrits sur les registres de l'annone* (environ 150 000 personnes) sont les clients personnels de l'Empereur* ; ils reçoivent leur vie durant des vivres mensuels.
CLEPSIDRE : cf. Horloge.
***Clipeus virtutis* :** bouclier que le Sénat* fit exposer dans la Curie* le 16 janvier 27 à côté de la statue et de l'autel de la Victoire. Il énumère les vertus cardinales d'Auguste* : valeur (*virtus*), clémence* (*clementia*), justice* (*iustitia*) et piété* (*pietas*).
***Clivus* :** nom donné à Rome aux rues en pente qui descendent des collines (*clivus Capitolinus* sur le Capitole, *clivus Suburanus* et *clivus Patricius* sur l'Esquilin, *Clivus Scauri* sur le Caelius, etc.).
***Cloaca Maxima* :** fossé de drainage qui assainit la zone du *Forum* romain en évacuant dans le Tibre les eaux de l'Esquilin, du Viminal* et du Quirinal* ; commencé à l'époque des rois*, il ne fut voûté qu'au IIIe siècle av. J.-C., et la plus grande partie du collecteur actuel fut construite par Agrippa sous Auguste*. *Cloacaria* : taxe sur les aqueducs* et les égouts.
***Clodia* (*lex*) : 1.** Plébiscite* de M. Clodius Metellus vers 104 av. J.-C. introduisant les quinaires* avec l'effigie de la Victoire. **2.** Série de plébiscites* du tribun* P. Clodius Pulchro en 58 av. J.-C. : demande d'exil pour les magistrats* ayant exécuté sans procès un citoyen*, puis nommément pour Cicé-

ron ; renouvellement des collèges* supprimés en 64 ; attribution des provinces* de Macédoine* et d'Achaïe aux consuls* L. Calpurnius Pison et A. Gabinius à qui il substitua par la suite la province de Syrie ; permission de tenir les comices* tous les jours fastes* avec suppression de tous les obstacles pour leur réunion ; plébiscite* en faveur de Menula pour l'affranchir des dispositions de la *lex Cornelia* sur les dommages ; confiscation des biens de Ptolémée sur l'île de Chypre et réduction de l'île en colonie* ; suppression de la charge de prêtre pour le roi Déjotarus ; interdiction faite aux scribes des questeurs* d'avoir des activités commerciales ; distributions frumentaires* sans limite de nombre ; interdiction faite aux censeurs* de retirer de l'album* sénatorial des sénateurs* qui n'auraient pas été reconnus coupables à l'unanimité. **3.** Promesse de loi du préteur* P. Clodius prévoyant d'accorder la *civitas cum suffragio* aux esclaves* affranchis selon la procédure privée.

***Cocceia* (*lex*) : 1.** Lois de Nerva en 96 interdisant les eunuques* et les mariages entre oncles et nièces. **2.** Loi agraire de Nerva assignant des terrains aux pauvres.

***Cochlea* :** en architecture, désigne un escalier en colimaçon.

CODE (*codex*) : recueil des constitutions* ou lois impériales consignées sur des feuilles de parchemins regroupées en livres, à partir de la fin du IIIe siècle. Les premiers codes sont privés et ont été composés en Orient : il s'agit du Code de Grégoire (*Codex Gregorianus*) compilé entre 291 et 292, du Code d'Hermogène (*Codex Hermogeninus*) édité en 295, tous deux reconnus par l'Empereur Théodose en 429, et des Constitutions de Sirmond (*Constitutiones Sirmondi*). Le premier code officiel est celui de Théodose qui sera remplacé par le Code de Justinien (cf. suivants). On distingue les recueils de lois (codes proprement dits), les recueils de droits (digestes*) et les recueils mixtes.

CODE D'EURICUS (*Codex Eurici*) : recueil de lois romano-barbares publié vers 475 ap. J.-C. par le roi Wisigoth Euricus, fils de Theodoric II.

CODE JUSTINIEN (*Codex Iustinianus*) : compilation en 12 livres des lois impériales, dont les plus anciennes remontent à Hadrien (117-138). Il fut commandé par Justinien et publiée le 7 avril 529 en remplacement du code Théodosien, et fut remis à jour dès 534 avec le *Codex repetitae pralectionis*. Il est l'œuvre des juristes Johannes, Tribonianus, Leontius, Foca, Basilis, Thomas, Constantin, Théophile, Dioscure et Presentinus. Cf. également *Corpus iuris civilis*.

CODE THEODOSIEN (*Codex Theodosianus*) : compilation en 16 livres faite entre 435 et 438, de toutes les lois impériales promulguées depuis le temps de Constantin, à l'initiative de l'Empereur Théodose. Le recueil est publié en Orient le 15 février 438. Il est complété périodiquement par les *Novelles Théodosiennes* (*Novellae Theodosiani*) et reste en vigueur en Orient jusqu'à son remplacement par le Code Justinien*. En Occident il survécut jusqu'au XIIe siècle.

***Codex accepti et expensi* :** livre de comptes qui sert de pièce officielle pour l'établissement du cens*, et de preuve devant la justice* pour la récupération de créances.

CODICILLE (*Codicillus*) : diplôme de nomination d'un fonctionnaire*, ou diplôme par lequel l'Empereur* accorde un privilège.

COEMPTION (*Coemptio*) : terme de jurisprudence définissant une procédure du mariage* *cum manu* par achat et vente réciproques fictifs entre époux, symbolisés par l'échange d'une petite pièce de monnaie. Au Bas-Empire*, le terme désigne aussi un impôt* imposé aux *negotatiores* et aux *possessores*, sous forme d'une vente forcée de vivres.

COERCITION (*coercitio*) : pouvoir de contrainte. La *coercitio* est *maior* pour les magistrats à *imperium*, et les tribuns qui peuvent faire emprisonner les gens par l'intermédiaire des licteurs*. Elle est *minor* pour les magistrats sans *imperium* qui peuvent infliger des amendes* ou saisir des gages.

***Cognitio* (*extra ordinem*) :** inquisition, instruction d'un procès*. Elle reste normalement le fait de la justice privée contrôlée par les magistrats (préteurs* gouverneurs*, etc.), mais avec la centralisation de l'Empire*, la justice devient une justice d'Etat entre les mains de juges* fonctionnaires ; ainsi se met en place une procédure qui permet aux gouverneurs et aux *iuridici* d'ajouter à leurs compétences administratives, une compétence juridictionnelle distincte de la procédure ordinaire (*ordo*) ; c'est pourquoi on parle de *cognitio extra ordinem* (inquisition extraordinaire). Dans cette procédure, le magistrat, éventuellement aidé par des jurisconsultes*, mène entièrement le procès sans accusateur ni juge privé, et l'accusé ne peut se défendre que si le magistrat l'y autorise. Cette procédure d'exception, auquel l'Empereur* lui-même (ainsi que par délégation le préfet de la ville* et le préfet des vigiles*) peut toujours recourir en vertu de son *imperium* proconsulaire (en province) et de sa puissance tribunicienne* (à Rome), a largement contribué au développement du droit romain*. C'est Hadrien (117-138) qui organisa de façon unitaire dans l'Empire la procédure de la *cognitio extra ordinem*. A noter toutefois que dans les provinces sénatoriales*, à Rome et en Italie*, elle ne supplanta pas complètement les tribunaux* ni la procédure par formules* ; mais avec le temps et le processus de centralisation, c'est la *cognitio* impériale, avec la multiplication des tribunaux impériaux, qui s'impose en matière de répression criminelle.

***Cognitor* :** représentant judiciaire, du demandeur comme du défendeur. Il apparaît vers la fin de la République* pour représenter les malades ou les personnes de plus de 60 ans. Synonyme : *procurator*.

***Cognomen* :** le surnom ; il fait partie avec le *praenomen* et le *nomen* des *tria nomina* désignant un citoyen* romain. Cicéron, César, sont des *cognomina* (cf. Marcus Tullius Cicero, Caius Iulius Caesar). A l'origine il désigne une particularité de l'individu, mais il finit par se transmettre aux descendants et désigne ainsi une des branches de la famille. Plusieurs surnoms peuvent s'ajouter les uns aux autres (on les appelle alors des *agnomina*), et sous l'Empire*, les surnoms multiples deviennent une mode, certains étant de véritables sobriquets. Signification de quelques *cognomina* : Balbus = bègue, Brutus = idiot, Caecus = aveugle, Cicero = pois chiche, Cunctator = temporisateur, Maximus = très grand, Naso = gros nez, Pictor = peintre, Rufus = roux, Scipio = bâton.

COHORTE (*cohors*) : division de fantassins dans la légion* ou les troupes auxiliaires*. La cohorte voit le jour avec Marius (157-86) qui en fait l'unité tactique : la cohorte de 600 hommes regroupe trois manipules*, un de *hastati*, un de *principes* et un de *triarii*, et 10 cohortes forment la légion. Auguste organise également l'infanterie des troupes auxiliaires en cohortes de 500 ou 1 000 hommes divisées en 6 ou 10 centuries*. Ces cohortes sont commandées par un préfet* ou un tribun* de rang équestre. Dans la légion augustéenne, la première cohorte ne compte plus que 5 centuries à effectif double. La cohorte est sous le commandement d'un centurion *princeps**, puis sous l'Empire*, sous le commandement d'un préfet de cohorte* ou d'un *praepositus.*

COHORTE DE MARINE (*cohors classica*) : corps d'infanterie de marine*. Ces cohortes sont créées pour la première fois par Auguste* pour la conquête des Cantabres. La conquête de la Germanie et de la Bretagne utilisa aussi ce genre de troupes qu'il est cependant difficile de distinguer des troupes embarquées.

COHORTES PRETORIENNES : à l'origine il s'agit du petit nombre d'hommes qui entouraient les préteurs* quand ils partaient en campagne. A partir d'Auguste, en 27 ou 26 av. J.-C., elles désignent le prétoire* ou garde impériale, corps d'élite par excellence, constituée de 9 cohortes de 500 hommes (4/5 de fantassins, 1/5 de cavaliers). Elles sont sous les ordres des deux préfets du prétoire* (parfois un seul), et chacune d'elle est encadrée par un tribun* et six centurions*. Elles sont cantonnées aux portes de Rome jusqu'à ce que Tibère (14-37) leur construise les *castra pretoria* au nord-est de Rome. Leur nombre passe à 12, puis à 16 sous Vitellius (69) qui augmente leur effectif à 1 000 h par cohorte. La durée de service est normalement de 16 ans, et la solde de 500 deniers* par ans sous Auguste. Remplacées par des unités milliaires sous Septime Sévère (193-211), elles sont dissoutes par Constantin (306-337) pour avoir pris le parti de Maxence.

COHORTES URBAINES : corps de fantassins créé par Auguste* pour assurer la police de Rome ; au départ elles sont au nombre de 3, numérotées à la suite des cohortes prétoriennes*. Elles sont sous les ordres du préfet de la ville*, puis du préfet du prétoire* à partir du IIe siècle. Deux autres cohortes seront créées, une à Lyon, l'autre à Carthage. Logées d'abord avec les prétoriens, à partir d'Aurélien (270) elles disposent des *castra urbana* sur le Champ de Mars*. Leur nombre et leur effectif (normalement 500 par cohorte) à varié au cours des siècles ; après 312, elles perdent leur rôle militaire, et ne servent plus que d'aide à l'administration*. Ces soldats s'appellent les *urbaniciani*, et chaque cohorte est encadrée par un tribun* et six centurions*. Le service est de 20 ans, et la solde annuelle de 250 deniers sous Auguste*.

COHORTES DES VIGILES : au nombre de sept, elles constituent le corps des sapeurs-pompiers de Rome chargé aussi de la police nocturne ; elles furent créées par Auguste en 6 ap. J.-C. et furent réparties sur les quatorze régions* urbaines ; Claude (41-54) créa deux cohortes supplémentaires pour surveiller Ostie et Pouzzoles. Leur organisation est militaire : chaque cohorte dépend de sept centurions*, d'un *princeps* et d'un tribun*, et à leur tête se trouve le préfet des Vigiles*, assisté à partir de Trajan (97-118) d'un sous-préfet*. Le recrutement se fait parmi les couches les plus basses de la société, mais avec Tibère (14-37), après 6 ans de service un vigile obtient la citoyenneté* romaine (délai ramené plus tard à 3 ans). Les effectifs de chaque cohorte sont de 500 ou 1 000 h.

COLISEE : cf. Amphithéâtre.

***Collatio glebalis* :** cf. Glèbe.

Le Colisée

Collatio lustralis **:** impôt* sur les métiers levé tous les cinq ans.
Collatio legum Mosaicarum et Romanorum **:** compilation de lois et de droits réalisée en Occident entre 380 et 438, mettant en parallèle les lois de Moïse et celles de Rome.
COLLATION DE L'ANNEAU D'OR (*collatio aurei anuli*) : cf. Affranchi.
COLLATION DU LATICLAVE (*collatio laticlavi*) : cf. Sénateur.
COLLEGE (*collegium*) : désigne toute association ; il y a des collèges sacerdotaux (collège des augures*, des féciaux*, des dendrophores*, confréries funéraires — *collegia funeralia* — qui permettent aux plus pauvres de recevoir une sépulture), des collèges de magistrats* (presque toutes les

magistratures sont collégiales), des collèges de militaires (qui ont doit à un local, la *schola*, dans les camps), des collèges d'esclaves* et affranchis* (5 collèges d'affranchis impériaux à Ephèse, collège des domestiques dans la *domus* de Sergia Paullina), et surtout, car les plus nombreux, les collèges de corps de métiers ou corporations*. Les collèges politiques (*collegia sodalicia*) furent interdits sous l'Empire*.

Le Colisée vu du Forum

Collina **:** nom d'une des quatre tribus* urbaines. Nom également d'une porte au nord-est de Rome près de laquelle en 82 av. J.-C. Sulla battit les forces de Marius.

Collis Hortulorum **:** cf. Esquilin.

COLONAT/COLONS : régime auquel sont soumis les colons (*coloni*), c'est-à-dire les exploitants agricoles (et non pas, dans ce sens, les habitants d'une colonie) de condition libre, payant une redevance partiaire. Leur condition est variable : les colons locataires des tenures peuvent être de petits exploitants, mais aussi de riches personnages appelés *conductores* (= fermiers), qui utilisaient des esclaves pour l'exploitation du sol ou sous-louaient à de petits agriculteurs. Sous l'Empire*, il semble que des esclaves* ou affranchis* se soient installés de plus en plus nombreux sur des tenures autonomes. Le fermage* était normalement de 5 ans, mais le bail devait être renouvelé ; les redevances étaient de types différents (fermages fixes en espèces ou en nature, redevances à part de fruits). Les domaines* impériaux comme les grands domaines privés ont recours à ce système qui impose aussi les corvées six jours par an. Il semblerait que le statut de colon n'ait pas été très enviable, car tous les témoignages confirment la pénurie de main-d'œuvre agricole. Sous le Bas-Empire*, le colonat est le mode d'exploitation de la terre en vertu duquel un colon et sa famille sont attachés à perpétuité à la terre (privée ou impériale) qu'ils cultivent (constitution* de Constantin en 332, puis de Théodose). Bien que de condition libre, les colons sont ainsi devenus des esclaves de la terre sur laquelle ils vivent et leur condition apparaît plutôt misérable. Le colonat a été un moyen d'intégration des Barbares* à l'Empire.

COLONIE (*colonia*) : ville fondée par l'envoi de colons (*deductio*) sur un territoire pris à l'ennemi. L'implantation des colonies suit ainsi la voie des conquêtes, et il s'agit de colonies de peuplement. Ostie est la première colonie romaine fondée peu après 350 av. J.-C., suivie d'Antium (338) et de Terracine (239).

La colonie est de droit romain* (*colonia civium Romanorum*) si elle repose sur l'envoi de citoyens* romains (elles sont douze en 218 av. J.-C.), ou de droit latin* (à partir de 338 après la dissolution de la Ligue Latine) si elle est fondée par des Italiens et des Romains ayant renoncé à leur citoyenneté (*colonia latina*). La colonie de droit latin permet à la ville de conserver sa monnaie, ses institutions et ses coutumes locales ; un colon latin peut toutefois voter à Rome et retrouver sa citoyenneté s'il s'y installe. Les colonies romaines sont plutôt installées sur les côtes, les colonies latines se situant d'ordinaire à l'intérieur des terres (cf. carte 2). Une colonie de droit romain a un statut supérieur à celui du municipe* ou de la colonie de droit latin puisque ses habitants sont citoyens romains ; mais la distinction devient désuète en Italie* où à la fin de la République* tous les citoyens des communautés locales sont devenus citoyens romains.

Sous l'Empire*, les colonies adoptent l'intégralité du droit civil* romain, sauf en Narbonnaise où les colonies sont de droit latin et la majorité des habitants constituée de prérégrins* comme dans les municipes latins. Toutefois le droit latin est accordé à certaines régions de l'Empire (Espagne notamment) comme une étape vers la citoyenneté complète. Si elles reçoivent le privilège du droit italique, les colonies provinciales sont assimilées à une portion du sol italien ; les colons sont exemptés de l'impôt* sur le sol, et autonomes vis-à-vis des gouverneurs* de province. On parle de colonie honoraire (*colonia honoraria*) quand il s'agit de la promotion d'une communauté en colonie sans envoi de colons ; cette promotion est décidée par l'Empereur*.

La fondation d'une colonie est décidée par le Sénat* sous la République, puis par l'Empereur ensuite ; elle est préparée par une commission de trois membres (*tresviri coloniae deducendae agroque dividundo*). Sous l'Empire, la déduction est à la charge d'un curateur* ou d'un légat*. Elle suppose la consultation des augures*, la cadastration* du territoire, la mise en place des institutions, la consécration*. Le corps civique (*populus*) réparti en curies* se définit comme une *res publica* qui se réunit en comices* pour élire ses magistrats* ; les charges* sont annuelles ; il y a 6 postes : 2 questeurs* pour la gestion financière, deux édiles* pour le ravitaillement, la voirie, le marché, les bâtiments, etc., et deux duumvirs* pour la justice et le recensement. Les magistrats sont aidés par un Sénat* local composé par les anciens magistrats et les notables locaux qui peuvent accéder à l'ordre équestre* ; ces sénateurs s'appellent décurions* ; ils sont collectivement responsables de la rentrée des impôts*, de l'organisation des spectacles, des nouvelles constructions, de l'élection du flamine* du culte impérial*. Les colonies ont aussi leurs pontifes* leurs augures*, les sévirs augustaux*, et les prêtres* chargés du culte des dieux particuliers à la cité. Une colonie agrège autour d'elle des villages indigènes qui peuvent être soumis, fédérés ou assimilés à la colonie ; elle joue un rôle très important dans la romanisation et l'unité de l'Empire. Elle est aussi un moyen de maintenir et de gérer les surplus démographiques ; ainsi à partir de Marius (157-86) et jusqu'à César (101-44), beaucoup de vétérans* furent installés dans des colonies.

COLONNE TRIOMPHALE (*columna triomphalis*) : colonne ornée de bas-reliefs commémorant une victoire militaire et supportant la statue du général vainqueur. A Rome on connaît sur le *Forum* romain la colonne aux rostres de Duilius (victoire navale sur les Puniques en 260 av. J.-C.) et la colonne honorifique de Foca (l'inscription date de 608 mais la colonne remonte au IIe siècle ap. J.-C.), sur le *Forum* de Trajan la colonne Trajane (érigée en 113 pour commémorer la victoire sur les Daces), et sur le Champ de Mars* la colonne Antonine (élevée par Marc Aurèle en l'honneur d'Antonin) et la colonne de Marc Aurèle (161-169) pour commémorer sa victoire sur les Germains.

COLUMBARIUM : bâtiment pourvu de niches où sont placées les urnes* cinéraires ; à Rome on connaît trois *columbaria* : celui de Vigna Codini, de Pomponius Hylas le long de la *via Appia*, et celui de Tiberius Claudius Vitale sur le *Coelius*. Le terme désigne aussi la caisse de rames sur les navires.

***Columnarium* :** impôt* sur les colonnes, particulièrement fructueux dans les provinces grecques.

COMEDIE (*comoedia*) : genre théâtral remontant à Rome au IIIe siècle av. J.-C. qui dérive des différentes formes du théâtre primitif : la satire (*satura*), les farces attelanes*, les danses mimiques étrusques, les mimes*, les phlyaques*. En 240 av. J.-C., Livius Andronicus introduit la nouvelle comédie grecque en la traduisant en latin. Le véritable premier auteur comique semble être Naevius, suivi de Plaute, de Caecilius Status et de Térence qui imitent et adaptent la comédie nouvelle. Leurs pièces sont connues sous le nom de *fabulae palliatae* (pièces en costumes grecques), mais dès le milieu du IIe siècle on compose des comédies en costumes romains, les *fabulae togatae*, dont on n'a conservé que quelques fragments attribués à L. Afrianus. A la fin de la République*, la comédie a complètement disparu pour laisser la place au mime. Comme en Grèce, les représentations avaient lieu lors des jeux* publics, mais aussi à l'occasion des funérailles* de citoyens importants.

***Comes* (pl. *comites*) :** compagnon, conseiller ; personne qui fait partie de l'entourage de l'Empereur* et compose son conseil* privé ; il semblerait que le compagnon soit moins intime que l'ami (*amicus*) et soit choisi en fonction de ses compétences. Au Bas-Empire*, le terme désigne un haut dignitaire de l'Etat : cf. Comte.

COMICES (*comitia*) : assemblée du peuple souverain des Quirites* (entre 200 et 250 000 hommes à la fin du IVe siècle av. J.-C.). Les Comices ne peuvent se réunir que les jours prévus dans le calendrier* (184 *dies comitiales* par an). Leur réunion est annoncée par voie d'affiches 24 jours à l'avance, et seuls des motifs religieux ou l'exercice du droit d'intercession* peuvent en empêcher la réunion. On distingue :

– **les comices curiates** : souvenir de l'époque royale ; le peuple se réunissait sur le *comitium* par curies* pour élire le roi* choisi par le Sénat*, pour décider de la paix et de la guerre*, et pour jouer un rôle délibératif sur tous les problèmes importants. Les curies sont par la suite remplacées par trente licteurs*, ce qui montre combien cette institution perd de son importance : elle ne sert plus qu'à voter la *lex curiata de imperio* pour conférer l'*imperium*

aux magistrats*, à inaugurer les flamines* majeurs, le *rex sacrorum*, à autoriser l'adrogation* et à approuver une vieille forme de testament* ;
– les **comices centuriates** : assemblée des 193 centuries* ; on y vote par centurie et la première classe (la plus riche) avec ses 98 centuries y détient la majorité absolue ; ils élisent les magistrats supérieurs (consuls*, préteurs*, censeurs*), votent les lois constitutionnelles, rendent la justice* pour les accusations capitales. Leur présidence est assurée par le consul ou le préteur. Ils se tiennent sur le Champ de Mars*, car les centuries représentent le peuple en arme qui ne peut entrer dans le *pomerium* ;
– les **comices tributes** (réformés en 312 av. J.-C. par Appius Claudius) : assemblée des 35 tribus réunissant les patriciens* et plébéiens*, chargée de l'élection des édiles curules*, tribuns* et questeurs*, du vote des plébiscites* et, à partir de la *Lex Hortensia* de 287 av. J.-C., du vote de la plupart des lois que le Sénat* n'a plus qu'à ratifier, des jugements pour les affaires liées à un crime public dont la peine se limite à une amende*. On y vote par tribu* sous la présidence d'un magistrat avec *imperium*. En formation restreinte d'où sont exclus les patriciens*, il s'agit sans doute du concile de la plèbe* qui élit tribuns et édiles de la plèbe, sous la présidence d'un tribun de la plèbe*. Ils désignent aussi les sacerdoces* majeurs : le grand-pontife* depuis 212 av. J.-C., le *curio maximus* depuis 209 av. J.-C., et depuis la *Lex Domitia* de 103 av. J.-C., les pontifes, les augures*, les épulons* et les *viri sacris faciundis* ; on parle alors des comices religieux (*comitia religiosa*). Ils se tiennent à l'origine dans le *Comitium*, puis à partir de 145 av. J.-C. sur le *Forum* ;
– les **comices calates** constituaient peut-être à l'origine l'assemblée du peuple qui écoute l'annonce du calendrier* des fêtes*.
Sous l'Empire*, le rôle législatif et électoral des Comices est purement formel, et leur compétence judiciaire est supprimée.
Lors des Comices le peuple est appelé à délibérer et à voter ; il existe un autre type d'assemblée (*contio*, pl. *contiones*) où le peuple ne fait qu'écouter et observer (= réunion d'information).

Comissatio : collation servie durant la nuit à l'occasion de fêtes avant le départ des invités.

COMITAT (*comitatus*) : la suite de l'Empereur* dans ses déplacements ; elle est composée de civils et de militaires. A partir de Constantin (306-337), le mot désigne l'armée* de l'intérieur, par opposition à l'armée des frontières ; à l'intérieur du comitat on distingue les unités palatines et les unités ordinaires, toutes deux composées de légions* et de vexillations*. Le comitat est commandé par deux maîtres de la milice* (un pour la cavalerie et un pour l'infanterie).

Comitiatus maximus : dans la Loi des Douze Tables*, cette expression désigne l'assemblée des citoyens* ; il s'agit sans doute des comices centuriates*.

Comitium : lieu de rassemblement des citoyens* romains dans la Rome républicaine ; il s'agit d'une place dallée d'environ 75 m^2 située au nord-est du *Forum* romain près de la curie* et des rostres*. C'était un *templum*, c'est-à-dire un espace sacré inauguré.

Commendatio : recommandation de l'Empereur* pour une candidature, ce qui équivaut à une élection.

Commentarius* ou *commentarium : registre ou archive ; désigne notamment les registres des pontifes*, les archives du Sénat* ou le registre d'Etat Civil où sont enregistrées les personnes ayant obtenu la citoyenneté* romaine.

***Commentariensis* (ou *a commentariis*) :** fonctionnaire* chargé de la gestion des archives militaires ; il est aux ordres d'un curateur* en chef.

COMMERCE (*commercium*) : à l'époque royale il désigne le droit de propriété. Peu à peu il devient le droit d'agir en tant que citoyen*, c'est-à-dire acheter, vendre, posséder, faire un testament*, aller en justice*. Le *jus commercii* est un droit fondamental du citoyen romain ; toutefois il y a des aménagements pour les Latins* et les étrangers*.

Le commerce, au sens moderne du terme, est réglementé par l'Etat par le biais des taxes (le *portuorium*) et des prohibitions ; sous la République*, le commerce public est sous le contrôle des édiles* ; sous l'Empire*, c'est le préfet de l'annone* qui est responsable de l'approvisionnent de Rome. A partir de 218 av. J.-C., la *lex Claudia* interdit le commerce maritime aux sénateurs*, pour le réserver aux chevaliers*. L'essor du commerce romain est le fruit des conquêtes et de l'agrandissement de l'Empire qui ont fait confluer vers Rome des masses énormes de capitaux et une main-d'œuvre servile abondante. La construction des axes routiers (voie Appia notamment) et la fondation des ports (Brindisi en 246 av. J.-C.) répondent à des objectifs stratégiques mais aussi commerciaux, et l'un des principaux moteurs de la conquête est l'appétit grandissant des *negotiatores*. C'est en effet au IIe siècle av. J.-C. que se fait l'évolution vers une économie d'échange : la concentration des propriétés au profit des bénéficiaires de la guerre et la diversification des cultures contribuent au développement d'une activité commerciale rurale (apparition de marchés). En 67 av. J.-C., Pompée réussit à détruire la piraterie en Méditerranée qui était le dernier obstacle au grand commerce maritime.

Ce commerce constitue la deuxième source de richesse de l'Empire, et il a pleinement bénéficié de la *pax romana*. Le commerce intérieur intéresse le bassin méditerranéen ; on distingue un commerce de détail local et régional, un commerce inter-régional à partir des grands ports (Carthage, Narbonne, Alexandrie, Antioche) et des villes situées à des nœuds de communication (Lyon notamment), et un commerce centralisé qui alimente l'annone à partir d'Alexandrie, Carthage, la péninsule ibérique et la Gaule méridionale. Au IIe siècle se met en place un circuit nouveau qui suit le Rhin et le Danube et met en relation la Bretagne et la Mer Noire. Les produits transportés proviennent du surplus des provinces et des importations ; on estime à 200 000 tonnes la quantité annuelle de blé amenée à Rome. Le commerce extérieur prend 4 directions différentes (cf. carte 7) : le nord de l'Europe avec le grand poste frontière de Carnuntum sur le Danube (ambre, esclaves, peaux, fourrures, poisson séché) ; le nord de la Mer Noire avec les villes d'Olbia et Tanaïs (chevaux, esclaves, bijoux) ; les pays d'Afrique Noire par la Nubie et la vallée du Nil, mais aussi par Leptis Magna et les voies caravanières du désert vers le Fezzan (or, pierres précieuses, bois, bêtes sauvages pour les jeux) ; l'Arabie et l'Extrême Orient à partir d'Alexandrie et Antioche et des cités caravanières comme Petra ou Palmyre (soie, épices, encens, pierres précieuses, peaux). Ce commerce extérieur est déficitaire : Rome paie en or, et n'exporte que quelques produits finis (poterie, verrerie, toreutique) dérisoires par rapport à la masse des produits importés. Dès le Ier siècle, le petit et le grand commerce échappent aux Italiens et se retrouvent surtout entre les mains des orientaux, les Syriens en particulier. Malgré la prospérité du commerce, il semble que les professionnels du négoce et de la banque sont le plus souvent de statut inférieur et de richesse médiocre ; on y rencontre souvent des affranchis* et même des esclaves*, et la fréquente association des armateurs et des commerçants est plutôt l'indice de la difficulté de ces professions. Le mépris pour la richesse mobilière, l'extrême mobilité, et donc la marginalisation, des commerçants, y sont sans doute pour quelque chose. Cela dit il existe une élite commerciale qui joue un rôle dans la vie locale des places de commerce, et dont le niveau de vie est comparable à celui des notables municipaux. Le père de Vespasien fut négociant chez les Helvètes ; C. Sentius Regulianus, distributeur d'huile en Bétique, marchand de vin et naute de la Saône atteignit l'ordre équestre. Malgré tout, la plupart des marchands et commerçants dépendent de hauts personnages, véritables hommes d'affaires et investisseurs, les *negotiatores.*

***Commilito* :** compagnon d'arme. Au Bas-Empire*, le terme, utilisé au pluriel, désigne l'Empereur* dans les discours militaires (*commilitones nostri*, ou *sancti commilitones*).

***Commoda* :** la récompense (argent ou terrain) accordée au bon soldat au moment de son congé*.

COMMODAT (*commodatum*) : contrat de prêt en usage au terme duquel l'objet doit être restitué en état.

COMPAGNON : cf. *Comes.*

***Compascua* :** terres communales collectives, normalement inaliénables, servant à la vaine pâture.

***Comperendinatio* :** date à laquelle siège le juge* pour la comparution, c'est-à-dire deux jours après sa nomination par le magistrat. Un jour plein sépare donc l'audience *in iure* de l'audience *ad iudicem.* Cf. Justice.

***Compitalia* :** fêtes des Lares* des carrefours (*compita*) dont a la charge le collège* sacerdotal des Compitales ; elles se déroulent début janvier à une date fixée par le préteur urbain*. Ce sont des rites agraires à caractère populaire (les esclaves* y participent) qui marquent la fin de l'année agricole. Selon la tradition elles auraient été instituées par Servius Tullius. On y honorait aussi *Mania* l'ancêtre commun des Manes*.

COMPOSITE (ordre) : ordre architectural* typiquement romain combinant l'ordre ionique et corinthien. Ainsi les chapiteaux composites présentent les volutes ioniques au-dessus de la touffe d'acanthe (cf. figure 18).

COMTE (*comes*, pl. *comites*) : haut fonctionnaire des finances créé par Constantin (306-337) ; il y a le comte des biens privés (*comes rei privatae*) qui gère les biens personnels de l'Empereur*, le comte des largesses sacrées (*comes sacrarum largitionum*) qui gère l'*aerarium sacrum,* les deux comtes des domestiques (*comites domesticorum*) affectés l'un à la cavalerie*, l'autre à l'infanterie. Les autres comtes occupent des tâches administratives diverses dans les bureaux* palatins ou des fonctions militaires en province*, tels les comtes des affaires militaires d'Afrique, de Tingitane, d'Espagne, de Bretagne, de Strasbourg, d'Italie et d'Illyrie, d'Orient, généraux chargés de la sécurité des frontières au côté des maîtres des milices*. On connaît aussi à Abydos un comte des détroits chargé de la surveillance de l'Hellespont. Les *comites commerciorum* s'occupent du commerce* extérieur ; le *comes patrimonii* gère le patrimoine* impérial ; le *comes sacrae vestis* s'occupe de la garde-robe impériale ; le *comes et castrensis sacri palatii* est le comte et officier du palais* impérial.

CONCESSION VIRITANE : procédure par laquelle l'Empereur* confère le droit de cité* à un individu sur recommandation (*suffragium*) d'un haut fonctionnaire ou ami* de l'Empereur. Cette pratique se prêtait à la corruption, le droit de cité* se vendant plutôt cher... L'individu naturalisé devait normalement être déjà citoyen d'une cité.

CONCILE (*concilium*) : assemblée officielle. Utilisé seul, ce mot désigne l'assemblée régulière d'évêques et de théologiens qui décident des questions de doctrine ou de discipline de l'Eglise. Les premiers conciles dits oecuméniques sont les suivants :

- 325 concile de Nicée, condamnation de l'arianisme* ;
- 360 concile de Constantinople I, acceptation de l'arianisme ;
- 381 concile de Constantinople II, condamnation définitive de l'arianisme ;
- 431 concile d'Ephèse, condamnation du nestorisme* ;
- 451 concile de Chalcédoine, condamnation du monophysisme*.

CONCILE DE LA PLEBE (*concilium plebis*) : assemblée composée uniquement de plébéiens*, convoquée et présidée par les tribuns* ou les édiles* de la plèbe. Elle vote les plébiscites* et élit les magistrats* plébéiens. Lorsque les patriciens* sont admis dans cette assemblée, elle se transforme en comices tributes*.

CONCILE DE PROVINCE (*concilium provinciae*) : on parle plutôt d'assemblée provinciale. Il s'agit de l'assemblée formée par les députés (*legati*) de toutes les cités* de la province* ou de plusieurs provinces. Il a un droit de regard sur la gestion des légats* ou des proconsuls* à leur sortie de charge ; ce conseil a un rôle seulement délibératif, mais il peut engager des poursuites, le Sénat* puis l'Empereur* restant seul juge pour leur donner suite ou non. Il gère la caisse provinciale*, et décide de l'érection des statues ou de la construction des bâtiments publics. Les assemblées provinciales se réunissent chaque année pour célébrer le culte* de Rome et d'Auguste (à Lyon par exemple pour l'assemblée des Gaules). Elles sont présidées par le *sacerdos* ou flamine* de province, élu annuellement pour assurer le culte des Empereurs défunts. L'Egypte* et l'Italie* n'ont pas d'assemblée provinciale.

CONCILE DU PEUPLE (*concilium populi*) : cf. Comices.

***Conciliabulum* :** lieu de réunion pour les habitants de plusieurs cantons ou pour un *populus*. Il forme une petite agglomération dépendant d'un municipe*, et possède son propre conseil de décurions* avec des magistrats*.

CONCLAMATION (*conclamatio*) : rite funéraire qui veut que le défunt soit appelé à plusieurs reprises par tous les présents. Ces lamentations funèbres sont le dernier adieu des vivants au mort.

CONCORDE DES ORDRES (*concordia ordinum*) : la coalition des chevaliers* et des sénateurs* en vue de défendre le pouvoir civil contre la puissance militaire des *imperatores*. Cette idée politique de Cicéron, inspirée de l'*homonoia* grecque, se veut le rassemblement de tous les gens de bien pour sauvegarder la République* ; elle écarte les aventuriers du parti populaire aussi bien que les oligarques extrémistes du Sénat. L'opposition entre chevaliers et sénateurs ne permit pas la réalisation de cet idéal politique.

CONDAMNATION 1 (*poenae*) : les condamnations sont proportionnelles au délit commis, mais il n'existe par un véritable code pénal en droit romain*. Les petits délits sont punis d'une simple amende* fixée par le magistrat* en vertu de son pouvoir de coercition*, sans autre formalité que la constatation du flagrant délit. Les délits qui relèvent des tribunaux* civils (vols, dommages, escroqueries, etc.) sont punis d'une amende qui s'ajoute aux dommages et intérêts réclamés par la victime. Dans les procès formulaires* il ne peut y avoir que des condamnations pécuniaires. Pour les crimes de droit commun et les crimes politiques qui relèvent des tribunaux criminels, il y a deux catégories de peines : les peines capitales (mort civile ou mort physique) accompagnées de la confiscation des biens et de l'interdiction de l'eau et du feu* ; les peines non capitales, amendes, infamie*, emprisonnement, déportation* ou relégation*. Il existe des amnisties (*indulgentia*) pour ces peines. Si l'égalité devant la loi était prévue par la Loi des Douze Tables*, dans la réalité les peines sont différentes selon le statut social du condamné : les esclaves* sont fouettés et suppliciés ; les *honestiores* encourent des peines moins lourdes que les *humiliores*.

CONDAMNATION 2 (*condemnatio*) : partie de la formule* par laquelle le magistrat* invite le juge* à condamner ou à acquitter le défendeur. La seule condamnation que le juge ait le droit de prononcer est le paiement d'une somme d'argent ; selon qu'elle est décidée par le magistrat ou laissée à l'appréciation du juge la *condemnatio* est *certae pecuniae* ou *incertae pecuniae*.

CONDICTION (*condictio*) : assignation à paraître devant un juge* : cf. Justice.

***Conductor* :** locataire qui reçoit d'un bailleur l'usufruit d'un bien, à charge d'en payer le loyer. Le terme désigne notamment la personne qui prend à ferme* de l'Etat la collection des impôts* ou l'exécution de travaux publics.

CONFARREATION (*confarreatio*) : une des formes les plus solennelles du mariage* *cum manu* réservé aux patriciens* : les époux mangent un gâteau d'épeautre (*panis farreus*) en présence du *Flamen dialis* et du grand-pontife* qui consacrent le mariage.

***Confessio in iure* :** aveu du défendeur qui lui évite une condamnation* à un multiple de la valeur du litige. Jusqu'aux réformes de Dioclétien (284-305) la personne qui a avoué est considérée jugée, mais pas condamnée.

CONGE : cf. *Missio*.

***Congiarium* :** distribution gratuite ou à bas prix de denrées de première nécessité. Le nom vient du récipient, le conge, qui contenait les denrées.

CONJURATION (*coniuratio*) : mode de recrutement utilisé dans les cas urgents ; les soldats réunis après l'appel aux armes prêtent un serment collectif et non pas individuel. Le sens plus général est celui d'une association d'individus se liant par un serment, en général dans un but politique.

CONQUETES : c'est grâce aux conquêtes militaires que les Romains ont constitué progressivement leur Empire*. Le premier grand conflit est celui des trois guerres samnites (de 343 à 290), qui, après la dissolution de la Ligue Latine (338) et la bataille de Sentinum (295) livrent toute l'Italie centrale à Rome. Vient ensuite la guerre contre Pyrrhus (282-272) qui, après la chute de Tarente, donne à Rome l'hégémonie sur l'Italie méridionale devenue territoire de villes alliées. Suit la première guerre punique (265-241) qui fait de la Sicile* la première province* romaine, avec quelques années plus tard, la Sardaigne (238) et la Corse (227). Au nord, la conquête de l'Etrurie s'est faite en plusieurs étapes car les invasions gauloises de 390-386 ont ralenti la progression romaine : elle a commencé par la destruction de Véies en 395 selon la tradition, puis Tarquinia et Caeré tombèrent après 357, le consul M. Curius Dentatus occupa la Sabine en 290, l'*ager Gallicus* fut conquis en 283 après la défaite des Gaulois au lac Vadimon et l'occupation du territoire des Sénons entre Ariminum et Ancone ; enfin en 265 la chute de Volsinies livre toute l'Etrurie. Entre 225 et 218 sous l'impulsion du tribun* C. Flaminius, c'est au tour de la Gaule Cisalpine à être soumise après la défaite des Celtes au Cap Télamon, et la victoire de Claudius Marcellus à Clastidium. Entre temps, les Romains ont envoyé deux expéditions navales sur les côtes dalmates en 229 puis en 219, établissant des protectorats sur les villes d'Illyrie et d'Epire, ce qui prélude à la conquête de la péninsule balkanique, et explique en partie l'alliance de Philippe V de Macédoine avec Hannibal pendant la deuxième guerre punique (218-201). Cette guerre n'apporte pas vraiment de nouveaux territoires, mais établit, grâce à Scipion l'Africain, la présence romaine en Espagne* et en Afrique* (avec la création d'un Etat-Vassal* en Numidie confié à Massinissa), confirme la puissance maritime de Rome et entraîne de nombreuses confiscations de territoires en Italie méridionale où plusieurs villes alliées avaient fait défection.

Au IIe siècle av. J.-C., Rome se lance à la conquête de l'Orient : après les deux guerres contre la Macédoine (200-196 et 171-168), la guerre contre Antiochos III (192-188), et la troisième guerre punique (148-146), l'année 146 voit naître les provinces de Macédoine et d'Achaïe, et la province d'Afrique avec la destruction la même année de Carthage et Corinthe. En 133, Attale III lègue le royaume de Pergame à Rome qui peut alors intervenir en Asie Mineure avec M. Aquillius, et créer la province d'Asie en 128. En Occident, les premières provinces espagnoles sur la côte sont créées en 197 (Espagne Citérieure et Ultérieure) ; en 121 la fondation de *Narbo Martius* (Narbonne) accompagne la naissance de la province de Gaule Transalpine conquise après les expéditions de M. Fulvius Flaccus et C. Sextius Calvinus en 125-124, puis celles de Cn. Domitius Ahenobarbus et Q. Fabius Maximus en 122-121.

Le Ier siècle av. J.-C. voit se parachever la conquête ; en Orient la répression de la piraterie amène à la création de la province de Cilicie en 101, tandis qu'en 96 Rome reçoit la Cyrénaïque organisée en province en 74. La Crète est annexée en 67, et les guerres contre Mithritade (88-62) avec les expéditions de Sulla, Lucullus et Pompée aboutissent à la reconquête de la province d'Asie et à la formation des provinces de Bythinie (74), et de Syrie (63). Les dernières grandes conquêtes de la République sont celles des Gaules avec César (59-51), et les annexions de Chypre en 58, de la Numidie (*Africa Nova*) en 46, et de l'Egypte en 30.

Auguste* dut terminer la conquête de l'Espagne entre 29 et 19 (Cantabres et Astures) ; il crée en Maurétanie un Etat vassal* avec le roi Juba, tandis que Drusus conquit la Germanie, et Tibère les régions danubiennes à partir de l'Illyrie (création des provinces de Dalmatie, Rhétie, Mésie, Norique et Pannonie). L'arc alpin fut définitivement soumis (le trophée de la Turbie est élevé en 6 av. J.-C.) et le royaume de Judée transformé en province. De Tibère à Trajan (14-98), les principales conquêtes furent la Bretagne*, les champs Décumates*, l'Arabie ; il y eut également des annexions d'Etats-Vassaux (Mauritanie, Cappadoce, Commagène, Arménie, Thrace). C'est sous Trajan (98-117) que l'Empire connaît sa plus grande extension avec la conquête de la Dacie et des régions parthiques.

CONSECRATION (*consecratio*) : acte religieux par lequel les pontifes* rendent une chose profane sacrée, c'est-à-dire propriété des dieux. Les villes, les édifices religieux, les bois sacrés* sont en général consacrés après avoir été inaugurés. On appelle *fanum* l'emplacement consacré par les pontifes. Des personnes peuvent aussi faire l'objet d'une consécration :

***Consecratio capitis et bonorum* :** condamnation religieuse vouant aux dieux infernaux l'infracteur d'une loi, et entraînant la confiscation de ses biens.

***Consecratio principis* :** cf. Apothéose. Cf. également *Devotio*.

CONSEIL DU PRINCE (*consilium Principis*) : c'est le conseil impérial formé par Auguste en 27 av. J.-C. ; il regroupe les consuls* en exercice, un magistrat* de chaque grade, des sénateurs* tirés au sort et les amis* du prince. Le renouvellement est annuel (sauf pour les sénateurs qui ne restent que 6 mois). En 13 ap. J.-C. il est réorganisé dans un sens plus autocratique, les 20 membres ordinaires étant nommés par Auguste pour un an. Sous Tibère (14-37) le Conseil disparaît pour laisser place à un cercle de compagnons (*amici* et *comites*) ou conseil d'amis (structure informelle et privée). Sous Hadrien (117-138) le Conseil est restructuré et devient un rouage essentiel du pouvoir : il comprend des sénateurs, des chevaliers et des juristes (la liste de Banasa nous a conservé le nom des membres du Conseil de Marc Aurèle pour l'année 117). En l'absence de l'Empereur* il est présidé par le préfet du prétoire*. A partir de 337 le conseil du prince prend le nom de consistoire*. Il remplace quasiment le Sénat en devenant l'élément essentiel du gouvernement et de l'administration*.
CONSEIL DU ROI (*consilium regis* ou *regium*) : à l'époque royale, il s'agit du Sénat* formé par les *patres familiarium* patriciens*. Le Sénat est encore désigné à l'époque républicaine par l'expression *consilium regium* à côté de celle, plus républicaine, de *consilium publicum*.
***Consiliarius* :** à partir d'Hadrien (117-138), juriste* recruté pour faire partie du conseil du prince*. Il reçoit un traitement de 100 000 sesterces*.
***Consilium* (à ne pas confondre avec *concilium* l'assemblée) :** ce terme désigne l'avis émis par le Sénat* aux magistrats*, qui a en fait valeur d'ordre. En 339 av. J.-C. (cf. *Lex Publilia Philonis*) le *consilium* en tant qu'autorisation préalable remplace l'*auctoritas* qui ratifiait les lois. Le Sénat est le *publicum consilium populi Romani*, c'est-à-dire un Conseil de la République. On désigne aussi sous le terme de *consilium* le groupe de conseillers privés, en général des jurisconsultes*, qui aident les magistrats (préteurs*, proconsuls*, gouverneurs*...) dans leurs fonctions ; le terme désigne aussi le groupe des jurés* choisis dans l'album* des juges pour constituer le jury d'un tribunal*.
CONSILIUM 2 : cf. Conseil
CONSISTOIRE SACRE (*consistorium sacrum*) : appellation du Conseil du Prince* après 337 ; les gens qui y participaient devaient rester debout en présence de l'Empereur*, d'où son appellation. Il est présidé par l'Empereur assisté du questeur du palais*, du maître des offices* et des deux comtes* préposés aux finances. On pouvait y convoquer les différents fonctionnaires* de l'administration* centrale, comtes, huissiers, notaires.
CONSOLIDATION (*consolidatio*) : terme juridique qui désigne la réunion en une seule personne du propriétaire et de l'usufruitier.
***Consors imperii* :** personne de la famille royale que l'Empereur* associe au pouvoir. Il dispose de l'*imperium* proconsulaire et de la puissance tribunicienne*, a le titre d'*imperator*, mais n'est pas Auguste*, et ne dispose pas de l'*auctoritas*. Avec la Tétrarchie*, il a association de deux Augustes dotés théoriquement des mêmes droits ; les deux Césars peuvent alors apparaître comme des *consortes imperii*.
***Consortium* :** indivis ; terme juridique désignant la communauté de biens maintenue entre les fils après la mort du père (*consortium ercto non cito*), ou la communauté de biens établie entre différents pères de familles (*consortium ad exemplum fratrum suorum*).
***Consortium curiale* :** sous le Bas-Empire*, corporation solidaire regroupant les décurions* municipaux désignés désormais sous le terme de curiales* ; les

biens particuliers de chacun des curiales y sont bloqués afin de faire face à la responsabilité collective en matière de fiscalité. On affecte d'autorité au *consortium* tout résident possédant un domaine de l'ordre de 25 jugères (6, 25 ha) à moins qu'il ne fasse partie du clarissimat*, de l'armée*, de l'administration* impériale ou d'une corporation* marchande. La charge est héréditaire, permet d'être exempté de la capitation* et d'accéder au clarissimat*.

Figure 9 — Constantinople

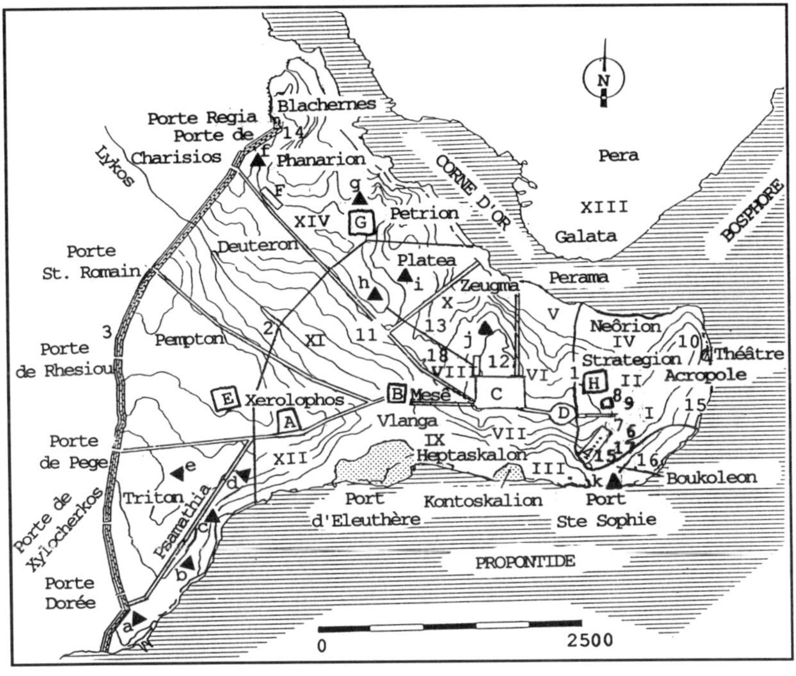

A. *Forum* et colonne d'Arcadius. **B**. *Forum* du Bœuf. **C**. *Forum* du Taureau et arc de Théodose. **D**. *Forum* et colonne de Constantin. **E**. Citerne de Mocius. **F**. Citerne d'Aetius. **G**. Citerne d'Aspar. **H**. Citerne de Théodose. **a**. St. Diomède. **b**. St. Jean de Stoudion. **c**. Sts. Carpe et Papyle. **d**. Ste Marie Périblepte. **e**. St. André in Cristi. **f**. St. Sauveur in Chora. **g**. Pammakaristos. **h**. Eglise des Sts. Apôtres. **i**. Eglise du Pantokrator. **j**. Ste Theotokos. **k**. Sts. Serge et Bacchus. **I, II..., XIV** : régions. **1**. Mur de Septime Sévère. **2**. Mur de Constantin. **3**. Mur de Théodose II **4**. Hippodrome. **5**. Palais impérial. **6**. Sénat. **7**. *Augusteon*. **8**. Sainte Sophie. **9**. Sainte Irène. **10**. Colonne de Claude II. **11**. Colonne de Marcien. **12**. Capitole. **13**. Aqueduc de Valens. **14**. Palais de Constantin Porphyrogénète. **15**. Palais des Manganes. **16**. Palais de Justinien. **17**. Thermes de Zuxippe. **18**. *Amastrianon*.

CONSTANTINOPLE : la deuxième capitale de l'Empire romain fut fondée sur l'emplacement de Byzance par Constantin le 11 mai 330. Elle se voulait une imitation de Rome : elle occupait 7 collines, était divisée en 14 régions, possédait un *Forum*, un Capitole*, un Sénat*, une université*, et la plèbe* y avait les mêmes avantages qu'à Rome. Comme elle n'était que la seconde ville de l'Empire, elle eut à sa tête un proconsul* et non pas un préfet de la Ville*. Son essor urbanistique date de Constance II (337-361). Après la partage de l'Empire en 395, elle devint la capitale de l'Empire romain d'Orient et le centre de la civilisation byzantine. Sa chute n'eut lieu qu'en 1453.
CONSTITUTION (*constitutio*) : cf. *Acta Principis*.
CONSTITUTION ANTONINE (*constitutio Antoniniana*) : cf. Edit de Caracalla.
***Consualia* :** fêtes* en l'honneur de Consus, divinité* obscure qui avait un autel* souterrain au milieu du Cirque Maxime* ; on déterrait cet autel et on organisait des jeux* (les *ludi consuales*) avec des courses de chevaux. C'est au cours des premières *Consualia* qu'eut lieu l'enlèvement des Sabines. Les fêtes ont lieu le 21 août et en décembre. Il est possible que Consus soit le dieu protecteur des silos et des greniers. Les Romains l'associaient au cheval et l'ont parfois identifié avec le dieu grec Poséidon, d'où les courses de chars pendant les jeux.
CONSUL(AT) : sous la République*, c'est la plus haute magistrature curule* qui fait du consul le véritable chef de l'Etat. Appelés à l'origine préteurs*, les consuls ont hérité de l'autorité militaire et judiciaire des rois*. Le consulat est une magistrature annuelle, éponyme, et collégiale, mais les deux consuls peuvent agir individuellement ; ils sont élus par les comices centuriates*, et donnent leur nom à l'année. Ils disposent de l'*auspicium maius*, de l'*imperium militiae* — qui leur permet de lever les troupes, de commander l'armée*, d'avoir droit de vie et de mort sur les hommes, et d'être acclamé comme *imperator* en cas de victoire — et de l'*imperium domi* qui leur permet de convoquer le Sénat* et les comices*, d'émettre des sentences judiciaires, et de faire arrêter des suspects. Seuls les tribuns de la plèbe* peuvent s'opposer à eux, mais ils doivent normalement agir avec l'accord du Sénat. Ils sont précédés de 12 licteurs*. A sa sortie de charge, le consul occupe une fonction proconsulaire* hors de Rome pour lui permettre notamment de poursuivre son commandement militaire.
Sous l'Empire*, la charge est surtout honorifique puisque l'*imperium* consulaire appartient à l'Empereur* ; il y a deux consuls ordinaires éponymes, et deux consuls suffects[9]. Les consuls ordinaires entrent en fonction le 1er janvier et sont relayés quelques mois plus tard par les consuls suffects. Ce roulement a pour effet de rendre le consulat semestriel et d'augmenter le nombre des suffects ; il y a jusqu'à 25 consuls en 190 ; leur nombre se stabilise autour de 12 sous les Sévères (193-235) Le consulat ordinaire était réservé aux plus hauts personnages de l'Etat (princes, patriciens*, fils de consulaires*, consuls pour la deuxième ou troisième fois). Beaucoup de sénateurs n'accèdent jamais au consulat. Dès les Flaviens (69-96) les consuls entrent en fonction alors qu'ils gèrent une province* (consulat *in abstentia*) ; ils doivent mettre sur pied à Rome un secrétariat (*officium*) capable de préparer les dossiers. Leur rôle est encore important en matière judiciaire : ils

---

9. Les consuls suffects existaient aussi sous la République : ils remplaçaient un consul dans l'incapacité d'achever son mandat.

jugent les chevaliers* et sénateurs coupables d'infractions politiques et de fautes professionnelles, font exécuter par leurs licteurs les sentences capitales. Ils sont aussi responsables de l'ordre public, de la gestion du trésor et des biens publics ; ils accomplissent enfin au nom du peuple tous les actes religieux qui ne relèvent pas des prêtres* et des autres magistrats.

CONSULAIRE (*consularis*) : désigne la qualité d'un ancien consul* et qualifie la dignité attachée à sa charge proconsulaire. Sous la République*, les proconsuls* n'ont plus que l'*imperium militaire* : ils commandent les armées* hors d'Italie* ou sont gouverneurs* des provinces dites consulaires* (Afrique, Asie, Syrie...). Sous l'Empire*, le prince* peut nommer consulaires des personnes qui n'ont pas accompli le consulat. C'est donc un titre honorifique qui permet d'entrer au Sénat*, mais il existe toujours des fonctions consulaires : à Rome les curatèles*, la préfecture de la Ville*, et la préfecture des *alimenta* à partir de Marc Aurèle (161-180) ; sous Hadrien (117-138) quatre consulaires sont désignés pour administrer l'Italie dans le cadre de quatre régions*. Ils sont supprimés par Antonin (138-161), mais Marc Aurèle les remplace par quatre *juridici* de rang prétorien seulement, et il ne reste comme fonctions consulaires que les curateurs* de cités ; en province, il y a les légats d'Auguste propréteurs*, et les proconsuls* d'Afrique et d'Asie (fin de carrière). Au Bas-Empire*, les proconsuls portent le titre de *Spectabiles* qui est supérieur à celui de clarissime* que portent les consulaires gouverneurs de province (*consulares*). Il y a à la fin du IVe siècle 24 consulaires pour 31 *praesides* équestres dans l'Empire romain d'occident.

***Contestatio litis* :** dans les actions de la loi*, procédure qui a pour effet de fixer définitivement les positions des parties. Elle se situe à la fin de la phase *in iure* lorsque le magistrat* a nommé le juge* et a pris les assistants à témoin de la régularité des formalités accomplies par la formule *testes estote* (soyez témoins). De même, dans les actions formulaires* la *litis contestatio* clôt la phase d'organisation du procès et fixe la mission du juge ; elle a un double effet : elle éteint pour le demandeur le droit qu'il vient de déduire en justice (il ne peut donc plus intenter un nouveau procès), mais elle lui donne un droit nouveau, celui d'obtenir une condamnation pécuniaire si sa prétention est reconnue fondée par le juge.

***Contio* (pl. *contiones*) :** assemblée d'information populaire au cours de laquelle le peuple n'est pas amené à délibérer ou à voter à la différence des comices*. Elle se tenait à Rome les jours fastes* près des rostres*, sous la présidence d'un magistrat*, et les étrangers* y étaient tolérés.

***Contorniates* :** médaillons de bronze offerts au nouvel an par les grands seigneurs romains du Bas-Empire*.

***Contributio* :** association à égalité de deux ou plusieurs communautés en une cité unique concentrant les fonctions administratives et judiciaires. On parle ainsi de colonies « contribuées » pour Cirta en Numidie qui fut partagée par Trajan (98-117) en quatre colonies fonctionnant selon cette association.

CONTROVERSES (*controversiae*) : exercice de rhétorique* sur l'éloquence judiciaire.

***Con(n)ubium* :** cf. Mariage.

***Contubernium* :** **1**. Mariage* des esclaves* entre eux ou avec un homme libre. **2.** Groupe de soldats dormant sous la même tente (en général 10 hommes sous le commandement d'un décurion*).

***Conventio pignoris* :** cf. Hypothèque.

***Conventus* : 1.** Assises judiciaires qu'un gouverneur* est amené à tenir dans les localités de sa province* ; ce système aboutit à la définition de circonscriptions officielles appelées *conventus* ou diocèses*. **2.** Association officielle des citoyens* romains dans les agglomérations n'ayant pas statut de municipe* ou de colonie*.
COOPTATION (*cooptatio*) : procédure par laquelle un collège* choisit lui-même ses propres membres ; c'est le cas notamment pour les collèges sacerdotaux ; *cooptatio gentium* : procédure par laquelle, dans la Rome archaïque, les *patres* admettaient de nouvelles *gentes* aux comices curiates*.
CORINTHIEN (ordre) : ordre architectural*, dérivant de l'ordre ionique, et caractérisé par les chapiteaux à feuilles d'acanthe (cf. figure 18).
***Cornelia* (*lex*) : 1.** Loi du consul* L. Cornelius Sulla demandant l'exil des partisans de Marius ; l'année suivante le même consul fit voter une loi demandant leur rappel d'exil. **2.** Série de lois prises par Sulla en 82 av. J.-C. : liste des proscriptions ; élection au tribunat de la plèbe* réservée aux sénateurs*, et limitation de la puissance tribunicienne* ; rétablissement de l'intervalle de 10 ans pour la réitération d'une magistrature ; abrogation de la *lex Domitia* sur les sacerdoces* ; charge de juré* réservé aux sénateurs. **3.** Série de lois prises par Sulla en 81 av. J.-C. : instauration des Jeux de la Victoire ; perte de l'autonomie pour Volterra et Arezzo ; augmentation à 8 du nombre des préteurs*, et à 20 du nombre des questeurs* ; assignation des terres confisquées en faveur des vétérans* ; exercice de l'*imperium* proconsulaire et proprétorien réservé à la deuxième année ; abolition des distributions alimentaires ; limitation des dépenses somptuaires ; sanction des délits de faux et usages de faux, de coups et blessures, viol, et violations de domicile ; punition des homicides ou tentatives d'homicides (y compris l'avortement), du commerce de poisons et des pratiques magiques, des magistrats ou juges ayant fait condamner un innocent sur un faux témoignage ; validité du testament d'un prisonnier mort en prison si le testament était rédigé avant son incarcération ; répression de l'adultère et des actes impudiques ; instauration d'une *quaestio perpetua* pour les crimes de lèse majesté et le péculat* ; réorganisation de la justice en matière de *de repetundis* ; répression des fraudes électorales ; interdiction des cautions pour les prêts supérieurs à 20 000 sesterces ; réglementation des paris. **4.** Loi de Sulla en 80 demandant le retour d'Afrique de Pompée pour célébrer son triomphe. **5.** Plébiscites* du tribun* C. Cornelius en 67 av. J.-C., demandant aux préteurs* de rendre la justice en tenant compte des édits perpétuels* existants, aggravant les peines pour fraudes électorales, limitant le pouvoir du Sénat de se dispenser des lois. **6.** Proposition en 47 av. J.-C. du tribun P. Cornelius Dolabella reprenant la *rogatio Coelia* de l'année précédente. **7.** Lois du consul P. Cornelius Lentulus instituant les Ides* de mars fête nationale en mémoire de la mort de César, et s'attribuant la province de Syrie pour une guerre contre les Parthes. **8.** Séries de lois données* : en 204 av. J.-C. par Scipion l'Africain pour réglementer la composition du Sénat d'Agrigente ; en 81 av. J.-C. pour le municipe* de Petelia ; en 78 av. J.-C. pour la colonie de Puteoli ; en 56 av. J.-C. pour le municipe de Chypre.
***Cornelia Baebia* (*lex*) :** loi de 181 av. J.-C. punissant les abus des campagnes électorales.
***Cornelia Caecilia* (*lex*) :** lois votées en 57 pour faire revenir Cicéron d'exil, et pour confier à Pompée le service de l'annone* pendant 5 ans.
***Cornelia Fulvia* (*lex*) :** loi de 179 av. J.-C. complétant la *Lex Cornelia Baebia*.

***Cornelia Pompeia* (*lex*) :** lois de 88 av. J.-C. redonnant le droit de vote aux comices centuriates* (Sulla le leur avait retiré), et remettant le dixième des dettes ou réduisant le taux d'usure à 10 %.
***Cornelia Sulla* (*lex*) :** cf. *Cornelia* (*lex*) n° 2 et 3.
***Cornicen* (pl. *cornicines*) :** soldat jouant du cor (*cornu*) ; il y en a 36 par légion*. Dans la bataille il sonne pour les porteurs d'enseignes. Dans le civil il annonce les convocations ou les différents moments d'une cérémonie.
CORNICULAIRE (*Cornicularius*) : dans l'armée*, titre honorifique ; il désigne un soldat qui préside l'Etat-Major particulier d'un officier ; cette distinction est marquée par deux petites cornes qui pendent du couvre-chef.
CORPORATION (*collegium*, d'où la traduction possible par collège) : association de professionnels, commerçants, transporteurs, artisans ou ouvriers ; ces associations, qui ne regroupent normalement que des *humiliores*, constituent une structure sociale qui encadre la vie économique. A partir de Constantin (306-337) elles deviennent obligatoires et héréditaires. Dans la mesure où elles peuvent devenir des foyers d'agitation politique, elles sont soumises à des règlements et sont surveillées par les autorités municipales, notamment les transporteurs de blé (*naviculari*), les bouchers (*suarii*) et les boulangers (*pistores*). En 59 les collèges de Pompéi sont dissouts à la suite de rixes meurtrières avec les Nucériens. Cette structure sociale remonte à Numa qui aurait créé 9 corporations : celle des flûtistes, des orfèvres, des teinturiers, des cordonniers, des tanneurs, des forgerons, des potiers, des métiers du bâtiment, et une neuvième réunissant tous les autres métiers. Par la suite elles se multiplient. Leur rôle est aussi religieux (culte de la divinité protectrice, fondations funéraires), et social (assistance, secours, retraites).
***Corporis Custodes* :** cf. Germains gardes du corps.
***Corps auxiliaires* :** cf. Auxiliaires.
***Corpus Juris Civilis* :** ensemble de l'œuvre juridique commandée par Justinien (527-565) ; elle comprend le Code Justinien*, le Digeste* ou Pandecte, et les Institutes*. Cette œuvre marque l'aboutissement d'une longue évolution commencée à l'époque impériale, et apparaît comme une fixation du droit romain*, d'où son importance.
CORRECTEUR de cités (*corrector civitatium* ou *rei publicae*) : A partir de Trajan (98-117) titre de certains administrateurs des cités libres désignés directement par l'Empereur* ce qui leur donne des pouvoirs que le proconsul* et ses légats* n'avaient pas. Ce sont des sénateurs* de rang prétorien ou consulaire envoyés dans les provinces* orientales. Ils ont une compétence judiciaire que n'ont pas les curateurs*. Dans les provinces sénatoriales, ils doublent les représentants du Sénat. Dans la mesure où ils interviennent à titre exceptionnel, leur autorité ne remet pas en cause le statut privilégié des cités libres. Après Dioclétien (284-305), les *correctores* sont des gouverneurs* de province intermédiaires entre les consulaires* et les *praesides*.
Au IIIe siècle, on nomme un correcteur d'Italie à la tête de chacune des régions* augustéennes, puis avec Dioclétien l'Italie est divisée en plusieurs provinces confiées à un correcteur qui dépend du Vicaire de Rome ou du Vicaire d'Italie*.
CORRUPTION : cf. *Crimen*.
***Corus* :** cf. Vent.
COSTUME : il est la marque extérieure de la hiérarchie sociale et des fonctions. La toge*, portée au-dessus de la tunique, caractérise le citoyen* romain ; les jeunes filles la portent encore à la fin de la République*, mais les

matrones* portent la *stola,* longue robe à manches, retenue à la taille par une ceinture. Les esclaves* ne portent qu'une tunique ou un manteau sans manches (*paenula*). Les affranchis* portent un bonnet conique le *pileus.* Les sénateurs* portent le laticlave*, la toge prétexte* lors des cérémonies, les *calcei patricii* ou *senatorii.* Les chevaliers* portent l'anneau* d'or et l'angusticlave*. La *trabea* est un manteau court porté par les chevaliers, les consuls*, et par certains collèges sacerdotaux* lors des occasions solennelles. L'Empereur* porte la couronne* de laurier et en public la toge prétexte ou le *paludamentum* qui est le manteau de pourpre des généraux ; lors des cérémonies il porte le costume d'apparat, la toge triomphale (*vestis triumphalis*) blanche brodée d'or, et la couronne d'or. Les décurions* municipaux ont droit à la toge prétexte. Au Bas-Empire*, les diacres* chrétiens portent la dalmatique*, ample tunique à manches longues descendant jusqu'aux pieds.

COUPOLE : voûte circulaire à section en arc de cercle, couvrant un espace vide. C'est une création originale de l'architecture romaine ; la plus célèbre est la coupole du Panthéon* à Rome, dont le diamètre et la hauteur sont de 43 m.

COURONNE (*corona*) : 1. Décoration militaire réservée aux gradés (à partir de centurion*) ; on distingue la couronne civique (*corona civica*) pour qui a sauvé la vie d'un citoyen romain*, la couronne navale (*corona classica*) pour un succès en mer, la couronne murale (*corona muralis*) pour qui a atteint le premier le rempart ennemi, la couronne vallaire (*corona vallaris* ou *castrensis*) pour qui est entré le premier dans le camp ennemi, la couronne obsidionale (*corona obsidionalis* ou *graminea*) pour avoir fait lever un siège, la couronne d'or (*corona aurea*) pour le général triomphateur. La couronne d'olivier (*corona oleagina*) est donnée en souvenir d'une bataille aux soldats ou aux chefs qui ont contribué à la victoire. La couronne d'ovation (*corona ovalis*) est une guirlande de myrte portée par le général qui a reçu l'ovation*. La couronne triomphale (*corona triumphalis*) est portée par les généraux lors de la cérémonie du triomphe*, et on distingue la couronne de laurier (*laurea insignis*), la couronne d'or tenue au-dessus de leur tête, et la couronne provinciale (*corona provincialis*) qui était un présent honorifique des provinces*. La couronne radiée (*corona radiata*) d'abord réservée aux dieux ou aux héros*, est ensuite portée par les Empereurs*. **2.** Les couronnes sont aussi utilisées en dehors d'un contexte militaire : dans les banquets (*corona convivialis*), lors des funérailles* (*corona funebris*), lors des cérémonies religieuses et des fêtes*.

COURSES DE CHAR : cf. Cirque.

COUTUME (*mos,* pl. *mores*) : elle a joué un grand rôle dans la formation du droit romain* qui jusqu'à la codification de la Loi des Douze Tables* n'est qu'un droit coutumier (non écrit). L'organisation sociale de Rome, fondée sur les *gentes* et les familles, et les rapports entre individus sont réglés par elle. Les jurisconsultes* se sont toujours référés aux coutumes pour interpréter et adapter le droit aux situations concrètes, à tel point qu'au Bas-Empire*, les *mores* sont inclus nommément dans la liste des sources du droit. L'expression *mos maiorum* désigne l'usage des ancêtres, la tradition ancestrale, c'est-à-dire toutes les valeurs qui font la grandeur de Rome (piété, *virtus,* discipline). Les coutumes constituent donc un point de référence constant, voire un idéal, qui touche toutes les activités des Romains.

***Crater delicatus* (cratère délicat) :** expression poétique et précieuse désignant le golfe de Naples.

Creatio **:** à l'époque des Rois, nomination du roi* par l'*interrex*, après qu'il a été désigné (*designatio*) par les signes divins lors de l'*auspicatio*. Sous la République*, désignation ou nomination d'un magistrat* par son prédécesseur, qui doit être ensuite ratifiée par l'élection. Par métonymie, le terme peut aussi désigner l'élection*.
Crepereia (lex) **:** loi d'auteur et de date inconnus, réduisant de 500 as à 125 sesterces* le montant de la *sponsio praeiudicalis* devant les centumvirs*.
Crepido **:** terme d'architecture désignant le soubassement d'un édifice.
Crimen **:** délit public (il faut éviter la traduction par crime) portant atteinte à la sécurité de la société, qui relève de la juridiction criminelle. Parmi les délits les plus répandus on retiendra :
– ***crimen abigeatus*** **:** vol de bête dans les troupeaux ;
– ***crimen adulterii*** **:** adultère ;
– ***crimen ambitus*** **:** fraude électorale, ou exercice illicite de magistrature ;
– ***crimen annonae*** **:** stockage des denrées pour en faire monter les prix ;
– ***crimen calumniae*** **:** diffamation et fausses accusations ;
– ***crimen concussionis*** **:** corruption ;
– ***crimen effractionis*** **:** évasion de la prison préventive ;
– ***crimen iniuriae*** **:** voies de fait, coups et blessures, effractions ;
– ***crimen falsi*** **:** faux et usage de faux, fraudes sur les poids et mesures ;
– ***crimen homicidii*** **:** homicide ;
– ***crimen maiestatis*** **:** lèse-majesté contre le peuple romain* ou l'Empereur* ; le délit va de l'insubordination ou de l'abus de pouvoir jusqu'au crime de haute trahison ;
– ***crimen peculatus*** **:** péculat (détournement de fonds) ;
– ***crimen plagii*** **:** réduction en esclavage d'un citoyen romain*, d'un affranchi* latin ou étranger*, ou appropriation d'un esclave* d'autrui ; mauvais traitement d'esclave ;
– ***crimen receptatorum*** **:** recel et complicité ;
– ***crimen repetundorum*** **:** malversation des fonctionnaires* publics ;
– ***crimen sacrilegii*** **:** vol d'objets sacrés ;
– ***crimen sodaliciorum*** **:** associations illégales bloquant le déroulement des votes ;
– ***crimen stellionatus*** **:** escroquerie et manigances ;
– ***crimen termini moti*** **:** destruction ou déplacement des bornes cadastrales ;
– ***crimen violatae religionis*** **:** pratiques cultuelles païennes ou hérétiques (au Bas-Empire*) ;
– ***crimen vis*** **:** usage de la violence pour empêcher le fonctionnement normal des institutions.
Sont aussi considérés comme délits publics, la violation de sépulture (*sepulchrum violatum*) et le détournement d'héritage (*expilata hereditas*).
Ces délits relèvent sous la République* des *quaestiones perpetuae* ; sous l'Empire* ils finissent par relever tous de la *cognitio extra ordinem*.
CRYPTOPORTIQUE : galeries souterraines qui offrent un espace de fraîcheur pendant la chaleur du jour. Elles ont normalement en liaison avec un édifice extérieur.
CUIRASSE (*loriaca*) : cf. Armement.
CULTES : on peut distinguer par commodité les cultes privés et les cultes publics. Parmi les cultes privés, les cultes domestiques sont les mieux connus, mais chaque association professionnelle a ses propres dieux et ses propres cultes que l'on ne saisit pas toujours. Les cultes publics sont ceux

qu'accomplit l'individu en tant que citoyen* (citoyen romain, mais aussi citoyen de chaque cité autonome de l'Empire), parmi lesquels le culte impérial à partir d'Auguste occupe une place à part.

CULTES DOMESTIQUES : à l'origine ils sont pratiqués uniquement par les patriciens*. Il y a d'abord le culte du premier ancêtre fondateur de la *gens*. Ce fondateur peut être un simple mortel héroïsé ou un dieu (ainsi Vénus à l'origine de la *gens* Iulia). Le culte du Foyer est le culte familial par excellence : il se fait au *lararium* ou *sacrarium*, chapelle domestique placée dans l'*atrium*, devant laquelle se trouve un autel où brûle en permanence le feu sacré (*focus patrius*) symbole du foyer familial ; le laraire renferme aussi les statues du Lare familial, dieu du foyer, des deux Pénates*, et l'image (en général un serpent) du Génie* du propriétaire de la maison. Le culte des morts relève enfin des cultes familiaux ; il s'agit essentiellement d'apaiser les âmes des défunts afin qu'elles ne viennent pas troubler le monde des vivants. Ces âmes sont honorées sous le nom de Mânes* ; au jour anniversaire de la naissance des êtres qu'elles représentent, on leur offre des fleurs et des aliments. Plusieurs fêtes* publiques sont également consacrées aux Mânes : les *Feralia* et les *Lemuria*. Il n'y a pas de rituel commun à tous les cultes domestiques : chaque famille sacrifie selon ses propres rites, et le *pater familias* est le seul ministre du culte ; il transmet les rites et les prières à son fils, et s'il n'a pas de descendance, il doit adopter un enfant mâle pour assurer la perpétuité du culte domestique. Le grand-pontife* doit s'assurer cependant de la bonne observation des rites familiaux afin que l'ordre public ne soit pas troublé par les lémures*.

L'Etat a lui aussi ses cultes domestiques : le Foyer se trouve sur le *Forum* avec les vestales* chargées de veiller sur le feu sacré, il existe des Pénates publics qui veillent sur l'approvisionnement de Rome, et les dieux Lares de Rome sont Rémus et Romulus. Par contre il n'existe pas de Mânes publics.

CULTES POPULAIRES : ce sont surtout des cultes agraires liés à la fertilité et à la fécondité des femmes et des troupeaux. A l'origine ils sont le fait des plébéiens* qui n'ont pas de cultes domestiques (réservés au patriciens), et qui sont mal intégrés à la vie religieuse publique. Ces cultes très anciens se perpétuent dans les fêtes de quartier ou sont intégrés dans le calendrier officiel des fêtes publiques ; il est donc difficile de les classer parmi les cultes privés ou publics ; les principaux sont les cultes en l'honneur de Cérès avec la fête des *Cerealia*, en l'honneur de Palès avec les *Palilia*, et en l'honneur des Lares des carrefours avec les *Compitalia*.

CULTES PUBLICS : ils sont très nombreux et variés en fonction des cités*. Ils sont soigneusement répertoriés dans les calendriers* et gérés par des prêtres* ou des magistrats*. Les rites auxquels ils donnent lieu sont le sacrifice* sur l'autel* (précédé de vœux et prières) et les jeux* publics ou votifs.

CULTE IMPERIAL : de son vivant Auguste* avait refusé que le Panthéon* lui fût dédié ; par contre il accepta que l'on sacrifiât à son Génie* ou à son *Numen* ; le caractère exceptionnel de ce Génie ou de ce *Numen*, traduit par l'épithète augustus*, ne fait pas de l'Empereur* un dieu mais un homme au statut exceptionnel, inférieur au dieu, mais supérieur au commun des mortels. Le culte d'Auguste est également associé à celui de Rome mais dans les provinces* seulement, avec des différences entre l'Occident et l'Orient. Le premier autel d'Auguste est élevé en Espagne* à Tarragone en 26 av. J.-C. suivi par trois autels à Noega en 19 et un à Merida en 15 ; en 10 Drusus consacre à Lyon l'autel de Rome et d'Auguste ; d'autres autels sont dédiés au

numen de l'Empereur ou à sa famille (les Ubiens sur le Rhin en 9 av. J.-C., sur l'Elbe en 2 ap. J.-C., à Narbonne, à Carthage ; en 15 Tarragone lui consacre un temple). En Orient, dès 30 av. J.-C. il est Pharaon en Egypte, et les Grecs vouent un culte à Auguste et à Rome (Pergame, Nicomédie, Ephèse, Nicée) tandis que les citoyens* romains se contentent d'un culte à Rome et à César divinisé. En 26 à Mytilène un temple lui est consacré et Samos en 19 élève un monument à Rome et à Auguste ; à partir de 3 av. J.-C. la distinction entre Grecs et Romains s'estompe et un peu partout on signale en Orient des temples et des autels dédiés à Auguste, le calendrier commençant le jour de la naissance de l'Empereur. A Rome et en Italie l'évolution est moins rapide et plus discrète : dès 30 av. J.-C. le nom d'Auguste est invoqué dans les chants des Saliens* et on fait des libations à son Génie lors des banquets ; on place sa statue dans le portique* du temple d'Apollon sur le Palatin* ; en 19 on élève l'autel de la *Fortuna Redux* pour fêter son retour ; en 9 il dédie l'Autel de la paix* d'Auguste ; en 8 le mois *sextilis* est remplacé par *Augustus* et on fête l'anniversaire de sa naissance ; le Génie d'Auguste est associé aux Lares Compitales* et reçoit des sacrifices par le biais des Lares Augustes ; en 2 ap. J.-C. est dédié le *Forum* d'Auguste consacré à Mars Ultor, et à partir de cette date sont attestés en Italie des temples d'Auguste et de Rome (Rome, Pola, Terracine), des temples de son Génie (à Pompéi), tandis que se développent ses flamines* et les Augustales* dans diverses cités ; en 9 ap. J.-C. est dédié à Rome le premier autel public au *Numen* d'Auguste. On voit donc comment la mise en place et le développement du culte impérial dépend d'initiatives diverses souvent privées, avec des formules différentes selon les régions. Il est clair que les manifestations sont d'autant plus importantes et rapides que la région est moins romanisée, et l'Orient qui connaissait le culte des souverains hellénistiques a pu servir de catalyseur. Il est toutefois impossible de parler d'une religion d'État du vivant d'Auguste.
En effet le véritable culte impérial ne commence qu'après sa mort et son apothéose* en 14 ap. J.-C. ; il est fondé sur la divinisation de l'Empereur défunt ; Jules César fut le premier à recevoir cet honneur du Sénat*, comme le rappelle le *Divi Filius* (Fils du Divin) des titulatures* impériales à partir d'Auguste. Un temple est voué au Divin Auguste en 14 et dédicacé sur le *forum* en 37 seulement, et des prêtres lui sont voués (un *Flamen Augustalis* et les *Sodales Augustales*) ; la maison de Nola où il est mort est transformée en temple, et Bovillae, lieu d'origine de la *gens Augusta*, devient un sanctuaire. Un culte domestique est institué par Livie et est imité par les grandes familles. Parmi les Julio-Claudiens, seul Claude (41-54) recevra les honneurs de l'apothéose ; le culte de l'Empereur vivant dépend surtout de la personnalité des souverains : seuls Caligula et Néron semblent avoir voulu être assimilés à des dieux sans pour autant imposer une conception théocratique du pouvoir impérial.
Le culte impérial connaît une réelle extension au IIe siècle. On assiste à l'assimilation de l'Empereur avec *Juppiter Optimus Maximus*. : Trajan (98-117) est acclamé *Juppiter Imperator* ; la *Providentia* prête la foudre de Juppiter à Antonin (138-161) ; Jupiter lui-même aurait aidé Marc Aurèle (161-180) dans sa lutte contre les Barbares. La divinisation des Empereurs morts se généralise (en 183 sur les 16 *Divi*, 12 sont de la dynastie des Antonins) ainsi que celle des sœurs et épouses, des temples leur sont élevés (Temple d'Hadrien et Matidia, d'Antonin et Faustine), et les cultes provinciaux et municipaux connaissent un grand succès qui donne à ce culte un caractère

populaire et universel. Hadrien (117-138) n'hésite pas à placer sa statue à côté de celle de Zeus dans l'Olympeion d'Athènes. Avec les Sévères (193-235) l'évolution se fait dans un sens de plus en plus absolutiste : la famille impériale s'appelle officiellement *domus divina* ou *domus sacra*, l'Empereur se fait appeler officiellement *dominus*, officieusement *deus* (on a parlé du passage du principat* au dominat*), le culte des Empereurs vivants est de plus en plus solidaire du culte des Empereurs morts. Ainsi, dans l'*Augusteum* d'Ostie Septime Sévère (193-211) place sa statue à côté de celle de ses prédécesseurs divinisés, et dans le *Septizonium* il se fait représenter sous la forme du dieu Soleil ; Elagabal s'assimile (218-222) au Baal d'Emèse et à la déesse Tanit.
Ce caractère absolutiste persiste au Bas-Empire*, surtout en Orient où Constance II (337-361) instaure une véritable théocratie ; toutefois c'est la fonction impériale plus que la personne de l'Empereur qui est sacrée : en 291 on exige l'adoration* de la pourpre, et tout acte officiel fait l'objet d'une véritable cérémonie. Une différence doit être faite entre les Empereurs païens qui acceptent, sans l'imposer, que leur personne soit adorée, et les Empereurs chrétiens qui ne se considèrent que comme des vicaires* de Dieu, ce qui n'enlève rien à l'absolutisme du pouvoir.
CURATELLE (*curatela*) : 1. Tutelle dans l'intérêt des familles. Lorsqu'un individu n'est pas responsable des ses actes, on nomme un *curator*, pris dans sa *gens* ou parmi ses agnats*, pour gérer ses intérêts. C'est le cas pour le fou (*furiosus*) ou le prodigue (*prodigus*). Au IIe siècle av. J.-C., les hommes pubères de moins de 25 ans devaient avoir un curateur pour pourvoir traiter des affaires. **2.** Plus généralement, charge exercée par un curateur*.
CURATEUR (*curator*) : dans l'armée*, le terme désigne tout chef investi d'une mission (*cura*) ; ainsi le curateur des vétérans* (*curator veteranorum*) sous Auguste est le chef du détachement de vétérans qui accompagne chaque légion* ; le grand curateur (*summus curator*) dirige le service des archives militaires ; le *fisci curator* gère les sommes versées aux cohortes*. Dans le domaine de la justice*, on connaît un *curator bonorum*, huissier désigné par le préteur* et chargé de la vente des biens d'un particulier condamné pour dettes afin de régler ses créanciers. Sous la République*, les curateurs sont des magistrats exceptionnels élus par les comices tributes* et regroupés en commissions ; ils s'occupent des fondations de colonies*, de l'assignation de l'*ager publicus*, de l'approvisionnement de Rome, de l'entretien des routes, de l'Etat Civil (registres des tribus), de la perception de l'impôt* direct ; il existe aussi un *curator actorum senatus*, servant de secrétaire au Sénat*. Le terme est surtout employé à partir d'Auguste pour désigner une catégorie de fonctionnaires* nommés par l'Empereur* pour accomplir des tâches précises qui étaient déjà le fait des curateurs d'époque républicaine. Sous Auguste, les grandes curatèles à Rome sont confiées à des commissions de sénateurs ; lui même fut curateur de l'annone (*curator annonae*), et curateur des lois et des mœurs (*curator legum et morum*) pour réformer les institutions morales et politiques. Les curatèles secondaires (en province) sont confiées à des notables locaux souvent de rang équestre. Liste des principales curatèles :
***Curator aedium publicarum et operum publicorum* :** curateur chargé des bâtiments et des travaux publics.
***Curator annonae* :** curateur chargé de l'approvisionnement de Rome. Le poste est ensuite confié au préfet de l'annone*.

Curator aquarum publicarum (créé sous Auguste) **:** curateur chargé des aqueducs de Rome.
Curator calendarii **:** à partir d'Hadrien (117-138), curateur chargé du contrôle des registres et livres de comptes des collectivités.
Curator civitatis **:** à partir de Domitien (81-96) ou Trajan (98-117), curateur de cité (cf. Cité).
Curator riparum et alvei Tiberis **:** curateur chargé de contrôler les crues du Tibre, créé sous Tibère (14-37).
Curator rei publicae **:** à partir de Trajan (98-117), curateur chargé de contrôler les travaux publics et la gestion financière d'un municipe (il est choisi parmi les décurions* ou les Augustales* d'un municipe* voisin).
Curator viarum **(créé sous Auguste) :** curateur chargé de l'entretien des routes ; il s'occupe aussi parfois des *alimenta*.
CURIALE (*curalis*) : 1. Prêtre du culte d'Hercule. **2.** Notable membre d'une curie* municipale. **3.** Au IVe siècle membre de la classe des décurions*.
Curiata (lex) de imperio **:** loi promulguée par le Sénat* qui permet de conférer l'*imperium*. La plus célèbre est la *lex de imperio Vespasiani*.
Curiata (lex) de bello dicendo **:** loi promulguée par le Sénat* qui permet de déclarer la guerre*.
CURIE (*curia*) : à l'origine subdivision des trois tribus* primitives ; il y avait 30 curies, 10 par tribu*, qui se réunissaient lors des comices curiates* ; chaque curie avait un président, le *curio*, qui était un patricien* âgé assisté d'un flamine* et d'un licteur* ; un *curio maximus* coordonnait la vie religieuse des 30 curies, et présidait notamment la fête des *Fornacalia* ; chaque curie honore une divinité* particulière, mais toutes ensemble honorent *Juno Curitis* ou *Quiritis* (d'où l'appellation Quirites) ; on connaît le nom de quelques curies : *Acculeia, Faucia, Foriensis, Rapta, Tifata, Titia, Velitia, Veliensis.*
La curie est aussi une division électorale pour des villes de droit latin* ou romain*. Sous l'Empire*, ces curies se rencontrent surtout en Afrique* où elles sont constituées en collèges* funéraires.
A partir de l'époque républicaine, la curie désigne le lieu de réunion habituel du Sénat* sur le *Forum* (Curia Hostilia, puis Curia Julia), et le Sénat lui-même. Il y avait aussi une curie au théâtre* de Pompée sur le Champ de Mars*.
Dans les colonies* et les municipes*, la curie désigne le lieu de réunion des décurions* en général sur le *forum*, et le Sénat municipal*. Par extension le terme désigne le lieu de réunion d'une assemblée : *Curia Saliorum*, le temple où se réunissent les Saliens* ; *Curia Martis*, l'Aréopage.
CURIE DES ATHLETES : association d'athlètes grecs connue à Rome.
CURION (*curio*) : prêtre de curie* ; *curio maximus*, grand curion : le chef des curions.
Cursus Honorum **:** cf. Carrière des honneurs.
Cursus publicus **:** cf. Poste impériale.
CURULE (*curulis*) : qualifie le siège pliant en forme de X réservé aux sénateurs*, et les magistratures* donnant droit à ce siège honorifique (édile curule*, préteur*, consul*, censeur*, dictateur*, maître de cavalerie*). Le Flamine* de Jupiter a droit également à la chaise curule.
Custos **(pl. *custodes*) :** sentinelle fixe chargée de la surveillance d'une porte ou d'un bâtiment. D'une manière générale le terme désigne tout surveillant ; ainsi les *custodes cistarum* sont chargés de surveiller le bon déroulement des scrutins.

Cyathus **:** tasse de l'échanson ou du roi du festin ; mesure de capacité correspondant à 1/6 d'hémine, soit un peu moins d'un demi-litre (cf. Poids et Mesures).
CYNOCEPHALES (bataille de) : ville de Thessalie où eut lieu en 197 av. J.-C. la bataille au cours de laquelle Flamininus battit Philippe V de Macédoine.
CYRENE (édits de) : édits* d'Auguste datant de 7 av. J.-C. découverts à Cyrène ; ils règlent notamment les problèmes juridiques ; ils attestent la présence dans la ville de 215 citoyens romains* ayant déclaré un cens* supérieur à 10 000 sesterces*.

D

DALMATIE : province créée sous Auguste* après la révolte de l'Illyrie en 6 ap. J.-C. ; elle correspond aux régions illyriennes qui depuis le triomphe de L. Anicius étaient passées sous protectorat romain avant de devenir la province d'*Illyricum*. A la mort de César*, cette province avait été quasiment perdue, et c'est Octave qui en refit la conquête dès 35 av. J.-C. La Dalmatie est aussi appelée *Illyricum superius* par opposition à la Pannonie qui était l'*Illyricum inferius* (cf. cartes 3,4,5).
DALMATIQUE : cf. Costume.
Damnatio **:** condamnation. *Damnatio ad bestias* : condamnation à la mort dans les arènes. *Damnatio ad metalla* : condamnation aux travaux forcés (dans les mines). *Damnatio memoriae* : damnation de mémoire ; elle est prononcée contre toute personne convaincue de crime de lèse-majesté ; il était interdit aux descendants de porter le prénom du condamné, ses portraits étaient détruits, et son nom était effacé des inscriptions publiques. Le Sénat* pouvait prononcer une *damnatio memoriae* contre un Empereur* au moment de sa mort : Néron, Vitellius, Domitien furent damnés de mémoire.
Damnum iniuria datum **:** préjudice causé à un animal, un esclave ou un bien du patrimoine d'autrui. La loi *Aquilia* établissait un dédommagement correspondant à la plus haute valeur du bien endommagé.
DANSE (*saltatio*) : elle n'a jamais connu beaucoup de succès à Rome en tant que divertissement mondain, même s'il était de bon goût de faire venir des danseurs à l'occasion des banquets. Un citoyen romain digne de ce nom devait s'abstenir de danser. Il existe toutefois des danses rituelles, telles que la danse des Saliens* autour de l'autel de Mars*, et la *bellicrepa saltatio*, danse militaire qui commémorait l'enlèvement des Sabines.
DARDANOS (paix de) : paix conclue entre Sulla et Mithridate en 85 av. J.-C.
Datio **:** terme juridique désignant le droit de faire abandon de ses biens. *Datio actionis* ou *iudicii* : autorisation de poursuite de l'action judiciaire à l'issue de la phase *in iure* d'un procès formulaire* ; si au contraire le magistrat ne donne pas suite à l'affaire, il y a *denegatio actionis*. *Datio dotis* : constitution d'une dot par transfert réel des biens de la dot dans la famille de l'époux. *Datio in solutum* : paiement d'une dette en nature par un bien différent de celui faisant l'objet de la dette. *Datio pignoris* : concession d'un bien à un créancier à titre de garantie.
Decanus **:** commandant d'une escadre de 10 navires ou sous-officier responsable d'un quartier de 10 hommes.

***Decemprimi* (ou *dekaprotoi* en Orient) :** commission de 10 membres chargée de la perception des impôts* dans les cités*.
***Decem stipendia* :** 10 années de service militaire ; cela correspond à 27 ans, âge minimal fixé par la *Lex Villia* de 180 av. J.-C. pour accéder à la questure*.
DECEMVIRS (*decemviri*) : commission de 10 magistrats.
– *decemviri agris dividundis* : magistrats chargés de l'assignation de l'*ager publicus* ;
– *decemviri legibus scribundis* : commission de 10 législateurs dotés de l'*imperium* qui remplacèrent les consuls* entre 451 et 450 av. J.-C. durant la lutte entre patriciens* et plébéiens*, et rédigèrent la Loi des Douze Tables* ;
– *decemviri sacris faciundis* : collège* sacerdotal chargé des Livres Sybillins*. A partir de 80 av. J.-C. ils deviennent 15 (*quindécemvirs*) ;
– *decemviri stilitibus iudicandis* : juges* chargés des questions de liberté et de droit de cité*. A partir d'Auguste*, ils sont présidés par le *praetor hastarius* et statuent sur les procès de succession.
***Decennalia* :** jeux décennaux fêtant les dix ans au pouvoir d'un Empereur*.
***Decia* (*lex*) :** **1.** Plébiscite* en 311 av. J.-C. de M. Decius instaurant les duumvirs* commandants de la flotte consulaire. **2.** Loi du consul* P. Decius Mus cherchant à obtenir le commandement de la guerre en Etrurie qui avait été attribué à Q. Fabius Maximus.
DECLAMATION (*declamatio*) : exercice de rhétorique* qui consiste à parler sur un thème fictif, parfois saugrenu ; on distingue les déclamations judiciaires (*controversiae*) et délibératives (*suasoriae*).
DECRET (*decretum*) : décision officielle ayant force de loi, ou décision de justice ayant force exécutoire ; à l'origine les décrets émanent des *gentes* (*decreta gentilicia*) et tous les *patres familiarium* doivent y obéir ; sous la République*, seuls les sénateurs*, les magistrats* et les collèges sacerdotaux* sont habilités à formuler des décrets, et sous l'Empire*, c'est le privilège du Prince*. Les *decreta principis* (décrets du Prince) sont aussi appelés constitutions* principales (*constitutiones principales*) et ont valeur de loi ; il s'agit également des décisions de justice prises par l'Empereur dans le cadre des procédures *extra ordinem* et faisant jurisprudence, mais elles sont peu à peu remplacées par les sentences* des fonctionnaires de justice*.
DECRETALE : décision papale émise sous forme de lettre et faisant jurisprudence*.
***Decuma* :** cf. Dîme. C'est aussi le nom de l'une des Parques, qui préside au dixième jour de la naissance.
***Decumanus* :** dans l'urbanisme* étrusco-italique, les camps* romains ou les centuriations*, axe principal est-ouest (par opposition au *cardo*, axe nord-sud). Le terme peut aussi désigner le fermier* chargé du recouvrement de la dîme*.
DECURIE : 1. Groupe de 10 cavaliers* fourni par chaque curie* ; la cavalerie légionnaire est ainsi formée de 10 turmes* de 3 décuries chacune. **2.** Le terme désigne aussi les jurys* des tribunaux permanents* chargés des affaires criminelles, et composés uniquement de sénateurs* à l'origine. En 122 av. J.-C., C. Gracchus y introduisit les chevaliers*. En 70 av. J.-C. la *lex Aurelia* institua trois listes de jurys de 300 personnes chacune, une de sénateurs, la deuxième de chevaliers, et la troisième de tribuns éraires*. A partir de la *lex Iulia* d'Auguste*, il y eut une décurie de sénateurs, deux décuries de chevaliers et une décurie de propriétaires possédant un cens* de 200 000 sesterces ; en 40 Caligula ajoute une cinquième décurie ; chaque

décurie comptait alors 1 000 membres. Les membres des décuries étaient enregistrés sur l'album* des juges. **3.** Enfin le terme désigne toute division de dix personnes à l'intérieur d'un collège* ou d'une assemblée*.

DECURION : à l'origine, les décurions représentent le 1/10 des citoyens* d'une colonie* ; le terme désigne les membres des conseils municipaux (appelés aussi curiales*), le commandant d'une turme de cavaliers*, ou le chef de personnel du palais* impérial.

***Decursio* :** défilé militaire, ou simulacre de combat entre deux détachements de fantassins à l'occasion des funérailles* impériales. *Albata decursio* : tenue blanche auquel avaient droit les centurions* depuis Septime Sévère (193-211), puis tous les soldats à partir de Gallien (253-268), lors des parades militaires. Dans un défilé viennent en tête les légionnaires suivis des ailes de cavalerie*, puis les cohortes d'auxiliaires*.

***Decussis* :** pièce de 10 as*, portant la marque X pour désigner sa valeur. C'est aussi le centre délimité par l'intersection d'un *cardo* et d'un *decumanus*.

DEDICACE (*dedicatio*) : acte civil solidaire de la consécration* qui elle est un acte religieux. Le magistrat* cède aux dieux ce qui appartenait aux hommes, et le pontife* peut alors consacrer la dédicace. Les temples font l'objet des dédicaces les plus importantes ; la dédicace relève du consul*, préteur* ou censeur* ou des duomvirs *aedi dedicandae**. Elle s'accompagne de jeux* et de réjouissances.

***Deditio* :** acte délibéré par lequel une ville se place sous la protection et l'autorité de Rome, comme Capoue en 343 av. J.-C.(ne pas confondre avec la reddition qui suppose une défaite militaire) ; la formule rituelle de la *deditio* est *venire in fidem*, se mettre sous le patronage, un peu comme un client* envers son patron*. La *deditio* préludait en général à la formation d'une province*. *Deditio per patrum patratum* (*deditio* par le père des Féciaux*) : procédure par laquelle un citoyen* coupable vis-à-vis d'un peuple étranger perdait son droit de cité*.

DEDITICES (*dediticii*) : personnes relevant d'une *deditio* ; le terme désigne en général les vaincus qui sont privés de tout droit ou les hommes libres de statut juridique inférieur ne pouvant devenir citoyens*. Après l'édit de Caracalla*, les *dediticii* représentent tous ceux qui ne sont pas citoyens romains ; il s'agit des affranchis Sentiens et Juniens*, des barbares* installés sur les domaines impériaux* ou privés de l'Empire*, et de tout étranger* qui n'était rattaché à aucune cité*. Dans la société romaine le déditice est au bas de l'échelle juste au-dessus de l'esclave* ; il est moins que le pérégrin* qui peut lui obtenir le droit de cité*. Ils doivent un tribut* annuel et assurent un service militaire*. Le seul droit qui les protège est le droit des peuples*.

DEDUCTION (*deductio*) : fondation d'une colonie* par l'envoi de citoyens* romains ou de Latins. Elle est décidée par un senatusconsulte* qui fixe le nombre de colons et la superficie à assigner. Une commission de trois membres est chargée de sa mise en place.

***Deductio in vincula* :** mise aux fers (moyen de la *coercitio*).

***Deductio muliebris* :** conduite de l'épouse chez son futur mari qui lui offre l'eau et le feu.

***Deductio servitutis* :** mise en servitude d'un bien.

***Deductio usufructus* :** mise en usufruit d'un bien.

DEESSE MERE : divinité* féminine protectrice, liée aux cycles de la vie et de la mort ; dans le monde romain la déesse mère par excellence est Cybèle appelée précisément Grande Mère (*Magna Mater*).

DEFENSEUR (*defensor*) : au Bas-Empire*, magistrat chargé de la défense d'une institution ou d'individus. Le *defensor civitatis,* défenseur de cité, protège les citoyens* contre les abus de pouvoir ; le *defensor plebis* (défenseur de la plèbe) créé en 368 est l'avocat des pauvres de Rome ; le *defensor senatus* (défenseur du Sénat) est créé par Valentinien I (364-375) pour plaire au Sénat*.

***Defixio* :** pratique de magie* qui consiste à inscrire un nom sur une lamelle percée d'un trou, en indiquant la malédiction souhaitée ; la lamelle était ensuite enfouie dans le sol pour que les dieux infernaux puissent accomplir la malédiction.

***Dei consentes* :** dieux conseillers ; cf. Divinités.

DELATION (*delatio*) : plainte déposée devant le préteur* ; à l'origine elle est orale, mais à partir du IIe siècle av. J.-C. elle est accompagnée d'une requête signée (le *libellus inscriptionis*). Il n'existe pas en effet à Rome de ministère public ; aussi le rôle de l'accusation est tenu par un particulier, le *delator,* qui doit remplir un certain nombre de conditions et être agréé par un magistrat*. En effet la délation pouvait conduire à des abus, car le dénonciateur recevait le quart des biens du condamné.

DELEGATION (*delegatio*) : acte par lequel un débiteur charge une autre personne d'acquitter son obligation. Cela équivaut à un transfert de dette.

DELIT (*delictum* ou *crimen*) : fait illicite portant atteinte au droit d'un particulier. Il y a quatre délits privés : le vol (*furtum*), la rapine (*rapina*), le *damnum inuria datum* et l'atteinte à la dignité d'une personne (*iniuria*). Ces délits furent punis par la *vindicta,* puis par une amende (*poena*). Lorsque le délit est public, il s'agit d'un *crimen.*

***Demonstratio* :** en droit, le terme désigne une clause éventuelle qui compose une partie du *iudicium* ; elle précise l'objet du procès* en rappelant brièvement les faits pour justifier l'*intentio.*

***Deminutio capitis* :** perte ou altération du droit de cité* ; elle est *minima* (modification du statut familial), *media* (perte des qualités de citoyen* pour le condamné à mort, l'exilé, ou toute personne ayant pris une autre nationalité) ou *maxima* (perte du statut d'homme libre pour les prisonniers de guerre ou pour les deditices* per *patrem patratum*).

***Denegatio actionis* :** *Datio actionis.*

DENIER (*denarium*) : pièce d'argent ; les premiers deniers furent émis vers 212 av. J.-C., à l'effigie de Rome et des Dioscures. Le denier pèse à l'origine 4,5 gr environ et vaut 4 sesterces* (ou *nummi*), soit 10 as* à l'origine. Sous Auguste*, il ne pèse plus que 3,41 gr mais vaut toujours 4 sesterces, soit 16 as à cause de la dévaluation* de cette monnaie*. Sous l'Empire* il va subir des dévaluations successives et est remplacé par l'*argenteus* et le *follis* de Dioclétien.

***Denuntatio litis* :** dans les procédures *extra ordinem,* citation écrite à comparaître que le magistrat* adresse au nom du demandeur au défendeur. Le défendeur y répond par un *libellus contradictorius.*

DEPENSES PUBLIQUES : cf. Finances.

DEPORTATION : cf. Exil.

DEPOT (*depositum*) : terme juridique désignant la consignation d'un bien à un dépositaire qui doit en assurer la garde, la bonne conservation et la restitution. Il s'agit par exemple des dépôts d'argent effectués par les soldats dans la chapelle des enseignes, sorte de caisse d'épargne, sous la surveillance des *signiferi*. Ces dépôts ne produisent pas d'intérêts. Certains sont obligatoires (avec un plafond de 250 deniers*), d'autres volontaires.

DEPOUILLES OPIMES (*spolia opima*) : dépouilles prises par un général romain disposant de l'*imperium* complet, sur le corps d'un général ou chef ennemi qu'il a tué de ses propres mains. Selon la tradition, trois généraux seulement prirent les dépouilles opimes : Romulus sur Acron après l'enlèvement des Sabines, Aulus Cornelius Cossus en 437 lorsqu'il tua le roi étrusque Tolumnius, et M. Claudius Metellus qui tua le Gaulois Viridomarus en 222 av. J.-C. Les dépouilles étaient consacrées à Jupiter Férétrien.

***De repetundis* :** cf. *Quaestio perpetua de repetundis*.

***Derelictio* :** terme juridique désignant la renonciation à un bien.

***Derogatio* :** terme juridique indiquant l'abrogation partielle d'une loi précédente par une loi successive.

DES : jeu* populaire chez les Romains ; on distingue les *tali* qui ont 4 faces portant un numéro (1, 3, 4, 6) et deux faces arrondies (ce sont en fait des osselets), et les *tesserae* dés cubiques numérotés sur chaque face. Pour jouer on utilise 4 osselets ou 3 dés ; le meilleur coup, dit coup de Vénus, consiste à sortir un numéro différent sur chaque dé ; le plus mauvais, dit coup du chien, fait sortir un as sur chaque dé.

***Designatio* :** désignation du futur roi* par les signes divins lors de la consultation des auspices*. Sous l'Empire*, désignation des candidats aux élections par le Sénat* ou l'Empereur*. *Designatus* : désigne le magistrat entre le moment de son élection* et celui de son entrée en charge.

DESTIN : le latin dispose de deux mots pour désigner le destin : *fatum*, qui signifie « ce qui est dit », et *fortuna* qui signifie le « hasard » bon ou mauvais. Le *fatum* est donc une sorte de prédestination ; dans la philosophie stoïcienne c'est une force divine et cosmique qui concourt à l'ordre universel et n'est donc pas tragique. La Fortune, correspondant à la *Tychè* des Grecs, est la véritable divinité* du Destin.

***Destinatio* :** pratique utilisée par l'Empereur* dans l'élection* des candidats : une assemblée composée de sénateurs* et chevaliers* répartis en 10 puis 15 centuries*, décharge l'Empereur du choix des candidats à nommer aux comices* pour l'élection des préteurs* et consuls*. Cette assemblée tient évidemment compte des *commendationes*. Les 10 centuries étaient dédiées à la mémoire de C. et L. César. Tibère ajouta 10 autres centuries, dédiées à Germanicus et Drusus, mais les 20 centuries ne comprennent plus que des sénateurs.

***Destrictarium* :** salle des thermes* où on se frottait la peau après le bain.

***DESULTOR* (pl. desultores) :** cavalier voltigeur. Il apparaît dans les courses de chevaux organisées lors des jeux* en l'honneur de Mars ; montant deux chevaux au galop à la fois, il saute de l'un à l'autre et exécute des acrobaties. Cf. Jeux tarentins.

***Detestatio sacrorum* :** acte par lequel une *gens* devant les comices calates* abjure solennellement ses propres cultes.

***Deus noster* :** cf. *Dominus noster*.

DEVALUATIONS : Les dévaluations se marquent par des réductions pondérales (on frappe plus de pièces avec le même poids de métal) et/ou par une altération du titre (on diminue la quantité de métal précieux pur dans l'alliage). Sous la République*, on assiste à la réduction pondérale de l'as* en plusieurs étapes : l'*as libralis* à son origine pèse 10 onces soit 272 gr ; à la fin du IIIe siècle ou dans les premières années du IIe, l'as *trientalis* ne pèse plus qu'1/3 de livres (109 gr), puis dans les années 150 av. J.-C., on passe à l'*as uncialis* qui pèse une once, soit 1/12 de livre (27,2 gr), et enfin en 91 av. J.-C. l'*as semiuncialis* ne pèse plus qu'une demi-once et n'est plus frappé de Sulla jusqu'à Auguste*. La dévaluation atteint aussi le sesterce* puisqu'en 43 av. J.-C. le sesterce d'argent valant 4 as est remplacé par le sesterce de bronze de même valeur ! Le denier* d'argent lui ne subit pas de dévaluation par rapport aux autres monnaies, mais il perd de son poids (4,5 gr à l'origine, 3,41 gr sous Auguste) et pendant les troubles de l'époque de Marius et Sulla le Sénat émet en abondance des deniers en fer argenté qui sont retirés de la circulation par Gratidianus. Les monnaies d'argent se faisant rare, on assiste avec Sulla et Pompée (Ier siècle av. J.-C.) aux premières émissions d'*aurei*. Pendant le principat*, on maintient le système de la fin de la République : 16 as de bronze = 4 sesterces de bronze = 1 denier d'argent ; 1 *aureus* = 25 deniers. Sous Néron (54-68) on émet 96 deniers au lieu de 84 avec une livre d'argent et l'*aureus* passe de 1/40 à 1/45 à la livre. Sous Marc Aurèle (161-180) le denier passe de 1/96 à plus de 1/100, et son titre (qui était jusqu'alors de 900 pour mille) n'est plus que de 750 pour mille, puis 700 pour mille sous Commode (180-192). En 194 Septime Sévère procède à une dévaluation draconienne du denier : sa teneur d'argent est abaissée en deux étapes pour atteindre 450 pour mille ; la monnaie d'or est dévaluée de 17 % et vaut 50 deniers contre 25 dans le système augustéen. La création de l'*Antoninianus* par Caracalla en 215 équivaut aussi à une dévaluation du denier puisque la nouvelle pièce a une valeur nominale de deux deniers pour une valeur intrinsèque de 1,5 deniers (il pèse 5,1 gr et titre 515 pour mille) ; après une chute de poids et de titre (5 %) il disparaît de 222 à 238. Au IIIe siècle, les dévaluations atteignent des sommets : l'*antoninianus* ne pèse plus que 3 gr et ne contient plus que 1 % d'argent, le reste étant de cuivre mêlé de métaux vils comme le plomb, le zinc ou l'étain ; c'est ce qu'on appelle des espèces de billon. Le titre de l'*aureus* est préservé, mais il s'allège à vue d'œil : il pèse 7,25 g. au IIe siècle, 6,6 g. sous Caracalla (211-222), 6,35 g. sous Elagabal (218-222), 4,85 g. sous Gordien III (238-244), et 3,40 g. sous Emilien (253). L'assainissement intervient avec Dioclétien (284-305) qui fait frapper en 294-295 un *argenteus* de métal pur (920 pour mille) qui remplace définitivement l'*antoninianus*, et un *aureus* à peine plus léger que celui des Sévères (60 à la livre) ; il maintient toutefois des espèces de billon argenté (le *nummus* ou *follis*) comme monnaie courante garantie par l'*argenteus* ; au début du règne de Dioclétien, la livre d'or vaut 60 000 deniers alors qu'à l'époque des Sévères (193-235) comme sous Néron elle valait 1 125 deniers. Sous Constantin (306-337), l'*aureus* est remplacé par le *solidus* de 72 à la livre ce qui correspond à une nouvelle dévaluation non négligeable qui va aller en s'accentuant puisque sous Théodose (393-395) l'économie monétaire est proche du chaos : le troc réapparaît localement et l'Etat lève l'impôt* et paie son personnel en nature. Le *solidus* avec ses multiples et sous-multiples reste alors la seule monnaie de référence même si circulent toujours des pièces d'argent et de bronze qui n'ont plus aucune valeur.

DEVOTION (***devotio***). Cérémonie au cours de laquelle, pour obtenir l'anéantissement de l'ennemi, un général s'offre lui et son armée en même temps que l'ennemi aux dieux Mânes et à la Terre en prononçant des formules sacrées dictées par le grand-pontife. *Devotio iberica* : rite ibère par lequel un individu se dévoue corps et âme à la personne d'un chef. Le

16 janvier 27 av. J.-C. un tribun de la plèbe* se dévoua à Auguste* selon ce rite.

***Dextrarum iunctio* (poignée de mains) :** signe rituel engageant une parole donnée et fondant une association ; il se pratique à l'occasion d'un mariage*, d'une conjuration*, etc.

***DIAETA* :** cf. Maison.

DIALOGUE : genre littéraire d'origine grecque où un interlocuteur principal expose ses opinions face à d'autres personnages qui ne servent que de faire valoir. On rencontre les dialogues dans les traités politiques, rhétoriques et philosophiques de Cicéron, dans l'œuvre philosophique de Sénèque ; célèbre également le *Dialogue des Orateurs* de Tacite ; l'œuvre érudite d'Aulu-Gelle, les *Nuits attiques*, utilise aussi ce procédé.

DIASPORA : dispersion des Juifs* hors de Palestine, et ensemble des communautés juives (synagogues) résidant hors de Palestine ; la diaspora commença au VIe siècle av. J.-C. après la déportation des Juifs à Babylone.

DICTATEUR (*dictator*) : magistrat pourvu des pleins pouvoirs pour une durée limitée (moins de 6 mois) et une tâche précise ; la dictature est une magistrature exceptionnelle qui est décidée par le Sénat* en cas de grave danger pour la République* ; c'est un des consuls* qui choisit le dictateur. Il est assisté d'un maître de cavalerie*. Il dispose de l'*imperium*, du droit d'auspices* majeurs et de 24 licteurs*. Après 202 av. J.-C. il n'y a plus de dictateurs « ordinaires » ; en effet Sulla, César et les triumvirs* furent nommés dictateurs mais pour une période indéterminée (*dictatura rei publicae constituendae*), ce qui était contraire à la constitution. Cette magistrature fut officiellement abolie par Antoine en 44 av. J.-C. Certaines villes italiennes étaient dirigées par un dictateur annuel.

DICTATEUR LATIN (*dictator Latinus*) : expression connue par la dédicace du bois sacré de Diane à Némi que rapporte Caton (*Origines*, II, 21). Elle désigne le chef de la ligue latine.

DIDACTIQUE (poésie) : Ennius fut le premier à introduire ce genre en traduisant du grec un poème sur la nature. La première grande poésie didactique est le poème philosophique de Lucrèce (98-55 av. J.-C.), le *De natura rerum*, d'inspiration épicurienne. A sa suite, Virgile (70-19 av. J.-C.) écrit les *Géorgiques* dans la tradition des *Travaux et des jours* d'Hésiode, pour encourager les Romains à retourner au travail de la terre. Horace (65-8 av. J.-C.), dans ses *Epîtres*, condense toute l'expérience d'une vie dont il veut transmettre les enseignements à la postérité en se recommandant des préceptes épicuriens. Au siècle suivant, la poésie didactique est illustrée par les *Fastes* d'Ovide (calendrier des fêtes païennes), les *Astronomiques* de M. Manilius, le dixième livre du *De rustica* de Columelle, rédigé vers 60-65 ap. J.-C., et une œuvre anonyme, les *Aetna*. Au Bas-Empire*, la poésie chrétienne à tendance apologétique prend le relais du genre didactique.

***Didia (lex)* :** loi somptuaire* de 143 av. J.-C., étendant à toute l'Italie* et aux invités eux-mêmes les sanctions prévues par la *lex Fannia*.

***Dies comitiales* :** jours fastes* de l'année (192 par an sous la République*) durant lesquels les comices* peuvent se réunir.

***Dies fasti/nefasti* :** jours fastes (235 par an) et jours néfastes (109 par an) ; cf. Calendrier.

***Dies fissi* ou *intercisi* :** jours mixtes (11 par ans), qui sont fastes une partie seulement de la journée.

***Dies imperii* :** jour anniversaire de la prise de pouvoir d'un Empereur*.

***Dies natalis* :** jour anniversaire de la naissance.
DIEUX : cf. Divinités.
***Diffareatio* :** cf. Divorce.
DIGESTE ou PANDECTES (*Digesta seu Pandectae*) : compilation en 50 livres de textes juridiques commandée par Justinien à une commission de 17 juristes (sous la direction de Tribonianus), et publiée le 16 décembre 533 ; l'œuvre réunit d'importants fragments de la jurisprudence* classique pris à une quarantaine de juristes différents s'échelonnant entre le IIe siècle av. et le IIIe siècle ap. J.-C. (1 625 livres furent dépouillés pour l'occasion).
***Dignitas* :** prédisposition aux magistratures* et qualité conférée par ces magistratures qui permet alors de briguer une charge supérieure ; la *dignitas* est garantie par la *libertas* ; ainsi la *dignitas cum libertate* traduit le caractère hiérarchique de la société romaine.
***Dilectator* :** cf. suivant.
***Dilectus* :** la levée des hommes mobilisables pour constituer les légions* ; sous la République*, elle se fait sur décision du Sénat*, et est confiée aux consuls*. Sous l'Empire*, elle est de la responsabilité des gouverneurs* de province ou, pour l'Italie*, d'un *dilectator* (officier recruteur). En cas de levées exceptionnelles, on faisait appel à des chargés de mission : les *missi ad dilectum* en Italie, les *legati ad dilectum* dans les provinces sénatoriales, des *dilectatores* ou *inquisitores* dans les provinces relevant de l'autorité de l'Empereur*.
DIME (*decuma*) : impôt* d'un dixième en nature imposé par C. Gracchus à la province d'Asie*, mais adjugée à Rome au profit des sociétés publicaines. Cette dîme existait également en Sicile*. César la remplaça par un impôt en argent à cause des exactions auxquelles se livraient les publicains*.
DIOCESE : division administrative du Bas-Empire* créée par Dioclétien (284-305) : les 104 provinces* de l'Empire sont réparties en 12 diocèses (cf. tableau 1 p. 14). A la ma mort de Théodose il y a 13 diocèses pour 120 provinces, regroupés en 4 préfectures du prétoire (cf. tableau 2 p. 15 et carte 5). Les Diocèses ont à leur tête un vicaire*.
Le diocèse désigne aussi une circonscription judiciaire (cf. *Conventus*). Marc Aurèle avait ainsi créé le diocèse de Rome soumis à la juridiction du préfet de la ville* pour les affaires criminelles, aux préteurs* pour les affaires de droit civil traitées en première instance. Dans les provinces, la charte d'annexion fixait le partage en diocèses.
Le diocèse dit ecclésiastique est une division de l'Eglise* : il correspond à une cité, et a à sa tête un évêque*.
DIPLOMATIE : l'antiquité romaine ne connaît pas de corps diplomatiques spécifiques ; sous la République*, c'est le Sénat* qui est chargé des relations avec l'étranger. On appelle « légats » (*legati*) les sénateurs envoyés en délégation à l'extérieur ; ils disposent de fétiaux* et doivent respecter une procédure très formaliste, celle du *ius fetiale* qui subsiste encore au début de l'Empire*. Plusieurs notions entrent en compte : celle de guerre juste (*bellum iustum*) qui implique une demande de réparation officielle avant tout acte belliqueux, et celle de traité (*foedus*) qui suppose une *deditio* du vaincu et la foi jurée (*fides*). Par la *fides*, le vaincu reconnaît la domination (*imperium*) et la supériorité (*maiestas*) de Rome qui en retour s'engage à user de clémence et à assurer la protection. La diplomatie vise ainsi à instaurer des rapports d'alliance (*societas*). Vers la fin de la République les pratiques diplomatiques laissent apparaître moins de garanties judiciaires et religieuses : les guerres

deviennent préventives, voire impérialistes, et les territoires des vaincus sont annexés. Sous l'Empire, la diplomatie relève du Prince* qui se substitue au Sénat ; il est aidé dans sa tâche par le bureau *ab epistulis.**

DIPLOME MILITAIRE (*diploma militare*) : document remis aux militaires non légionnaires, qui atteste les privilèges que leur accorde l'Empereur*. Il s'agit de deux tablettes de bronze reliées par un fil portant les cachets de sept témoins ; le même texte se trouve sur la face visible et cachée des tablettes, et on peut vérifier la conformité des deux textes en brisant les sceaux. La composition stéréotypée présente les éléments suivants : le nom de l'Empereur, la liste des unités concernées, la localisation de la province de garnison pour les auxiliaires*, le nom du commandant de l'unité, l'affirmation des mérites, la nature des privilèges accordés, la date, le(s) nom(s) du (des) bénéficiaire(s), le lieu d'affichage du document original, la liste des sept témoins. Le diplôme est remis au moment du congé*, ou pendant l'activité si le service dure trop longtemps. Les privilèges accordés sont le droit de cité* et/ou le droit au mariage*. Les originaux étaient publiés sur le Capitole* jusqu'en 88, puis derrière le nouveau temple d'Auguste divinisé à partir de 90. Ces diplômes semblent avoir été créés pour les prétoriens* au moment des troubles de 68-69, et pour les auxiliaires au moment des difficultés de recrutement.

DIPTYQUE (*diptycha*) : double tablette d'ivoire sculpté qu'au Bas-Empire* l'Empereur*, les consuls* et les hauts fonctionnaires* offraient à leurs amis pour le nouvel an ; ces tablettes reproduisaient leur portrait avec leur nom. Le célèbre diptyque de Monza représente Stilicon, son épouse Serena et Eucher l'un de leurs enfants. A l'origine, les diptyques dits codicillaires étaient les tablettes où étaient gravés les décrets* impériaux.

***Discessio* :** mode de vote utilisé par les sénateurs* qui viennent se ranger derrière le collègue auquel ils se rallient.

DISCIPLINE (*disciplina*) : dans l'armée*, autant que l'obéissance aveugle aux ordres, le terme désigne l'exercice, l'entraînement. Obéir aux ordres n'est qu'une des conséquences d'un exercice bien fait. Chez les Romains, nul doute que la discipline fait la force des armées, mais en ce sens qu'il faut s'exercer et apprendre pour vaincre. La discipline est importante au point d'être divinisée et d'apparaître sur les monnaies ou d'avoir un autel dans les camps au côté de celui de la Fortune, car discipline et chance étaient les deux conditions essentielles de la victoire.

DISCIPLINE ETRUSQUE : science des conjurations contenue dans trois séries de livres* sacrés : les livres haruspicins, fulguraux et rituels.

***Distractio bonorum* :** procédure moins rigoureuse que la *venditio bonorum* ; elle est introduite au cours de l'Empire* par des sénatus-consultes* en faveur de certaines personnes dignes de ménagement (infirmes, *illustres*). Elle consiste à faire vendre seulement en partie les biens du débiteur pour désintéresser les créanciers, et elle n'entraîne pas l'infamie*.

DISTRIBUTION FRUMENTAIRE (*frumentatio*) : distribution de blé aux pauvres, gratuite ou à prix réduit ; la première loi frumentaire fut celle de C. Sempronius Gracchus en 123 av. J.-C. Cette politique fut reprise par les tribuns* Saturninus et Galucia entre 104 et 100, M. Livius Drusus, puis par Lépide consul en 78 ; la *lex Terentia Cassia* de 73 rétablit les distributions gratuites pour les plus indigents, et à partir de 58, sous la pression des *populares* et avec la politique démagogique du tribun Clodius, elles deviennent régulières. César* ramena le nombre des bénéficiaires de 320 000 à 150 000, chargeant les édiles* cériales de ne pas dépasser le plafond.

Auguste* en 28 av. J.-C. organisa des distributions exceptionnelles de blé, liées aux cultes d'Ops et de Cérès, et à partir de cette date l'une des tâches impérieuses du Prince fut de fournir leur ration de blé (44 litres par mois) aux 200 000 citoyens de la plèbe frumentaire (*plebs frumentaria*).

***Diverbium* :** nom donné au dialogue, par opposition aux *cantica*, dans les comédies* romaines.

***Divi fratres* (Frères divins) :** Marc Aurèle et son frère adoptif L. Verus. Cf. Empereurs.

***Divinatio* :** au sens judiciaire, audience préliminaire où l'on sollicitait du magistrat* l'autorisation d'évoquer une affaire devant le tribunal* en établissant qui serait l'accusateur.

DIVINATION (*divinatio*) : art de connaître la pensée des dieux. Elle nous est bien connue grâce au traité de Cicéron *De la divination*. On distingue la divination naturelle (interprétation des songes, délire, prophétie) et la divination artificielle fondée sur l'observation de phénomènes divers : augures*, haruspiscine*, présages*, observation de l'eau, du feu. Les livres des pontifes* tenaient la liste de tous les phénomènes météorologiques qui pouvaient avoir un sens. L'astrologie* devint en grande faveur également, et les Chaldéens* entrèrent en conflit avec le Sénat* responsable de la divination officielle et traditionnelle. Si les Epicuriens étaient hostiles à cette pratique, les Stoïciens en revanche, Panetius excepté, défendirent la plupart des types de divination, et les Empereurs* avaient souvent un astrologue privé à leur service. Cette pratique fut interdite, en même temps que tous les cultes païens, par l'édit de Théodose en 391 ap. J.-C. Pour les auteurs chrétiens la divination était en effet l'œuvre du diable.

DIVINITES : elles sont quasiment innombrables dans la religion* romaine, car à chaque activité correspond une volonté divine (*numen* ou *virtus*). Les prêtres* sont tenus de dresser les listes interminables (*indigitamenta*) de ces puissances divines. Pour plus de clarté on distinguera les douze dieux officiels de la religion publique (qui ne sont autres que les douze dieux grecs du panthéon olympien), les divinités indigènes qui sont les *numina* propres aux croyances romaines, et enfin les divinités étrangères accueillies à Rome.

1. Les douze Dieux « conseillers »

Ces douze divinités avaient leurs statues dorées sur le *Forum* romain audessus du temple* de Saturne, dans le Portique* dit des dieux conseillers (*dei consentes*) cf. figure 12 n° 8.

JUP(P)ITER : roi des dieux, il représente la toute puissance ; il est le dieu du ciel et des phénomènes célestes, symbolisé par l'aigle, la foudre et le sceptre (= Zeus). Il est honoré sur le Capitole* avec Héra et Minerve, mais un sanctuaire plus ancien de la même Triade* existait sur le Quirinal*. Deux grandes fêtes* lui sont consacrées : les *Ludi Romani* (ou *Ludi Magni*) en septembre, institués par Tarquin l'Ancien, et les *Ludi Capitolini* qui ont lieu lors de circonstances exceptionnelles (par exemple après la retraite des Gaulois en 389 av. J.-C.). Plusieurs épiclèses : Jupiter Custos, Feretrius, Stator, Vincitor, Pistor.

JUNON (*Iuno*) : épouse de Juppiter ; personnification du cycle lunaire, elle devient ensuite la déesse des femmes et du mariage (= Héra). Ses attributs sont le paon et la grenade. Elle est associée à Jupiter dans la Triade Capitoline*, et la citadelle de Rome (*arx*) lui est consacrée. Elle est honorée sous plusieurs épiclèses correspondant à ses fonctions : *Juno Moneta* (Junon qui avertit), *Juno Regina* (Junon Reine), *Juno Sospita* (Junon libératrice ou protectrice), *Juno Lucina* (Junon Lucine, déesse des accouchements). Junon désigne aussi le génie* propre à chaque femme. On la célébrait lors des *Matronalia* le 1er mars.

MINERVE (*Minerva*) : déesse de l'intelligence qui préside aux activités intellectuelles et artistiques (= Athéna) ; ses attributs sont la chouette et l'olivier, et elle compose avec Juppiter et Junon la Triade Capitoline*. Elle a un temple propre sur l'Aventin*, à proximité de celui de Diane. A l'époque de Domitien (81-96), une petite *tholos* avait été dédiée à *Minerva Chalcidica* près du Panthéon*. On connaît aussi un temple de *Minerva Medica*, daté au IVe siècle av. J.-C. sur l'Esquilin*.

APOLLON (*Apollo*) : il n'a pas changé de nom en entrant dans le panthéon romain, et il garde les mêmes fonctions (dieu solaire et dieu des arts) et attributs (l'arc et la lyre) A Rome, le temple dédié en 431 à *Apollo Medicus*, se trouve près du théâtre* de Marcellus (temple dit d'Apollon Sosianos). Auguste* en fit son dieu protecteur personnel et lui consacra un second temple sur le Palatin*. Ses fêtes*, les *Ludi Apollinares*, ont lieu du 6 au 13 juillet.

DIANE (*Diana*) : vierge farouche, déesse de la lune, de la chasse et de la chasteté (= Artémis) ; ses attributs sont le croissant, l'arc et la biche. Elle a un temple sur l'Aventin* à proximité de celui de Minerve, sur le Quirinal* (temple de Diana Planciana construit vers 55 av. J.-C. par Cn. Plancius), et sur l'Esquilin*.

MERCURE (*Mercurius*) : dieu du commerce, messager de Juppiter (= Hermès) ; il est symbolisé par le caducée et les sandales ailées ; son sanctuaire se trouve en direction du port et en dehors de l'enceinte sacrée sur l'Aventin*.

VULCAIN (*Vulcanus*) : dieu du feu domestiqué, symbolisé par l'enclume et le marteau (= Hephaïstos) ; son premier sanctuaire aurait été bâti par Titus Tatius et son autel* se trouvait sur le *Forum* romain près de la tombe de Romulus. Il a son temple à côté de celui de Mars près du cirque* Flaminius. Ses fêtes*, les Vulcanales*, qui sont aussi les fêtes de la moisson, ont lieu le 23 août. Il passe pour le père de Cacus, de Caeculus, et même de Servius Tullius.

VESTA : déesse du foyer symbolisée par la flamme (= Hestia) ; son temple circulaire et ses prêtresses chargées d'entretenir la flamme sacrée, les vestales*, se trouvent sur le *Forum*. Auguste lui fit construire un autre temple sur le Palatin*, qui devait servir de foyer sacré du palais* impérial.

MARS : à l'origine dieu du printemps et de la jeunesse, puis dieu de la guerre* symbolisé par le casque et les armes (= Arès). A Rome il a son autel* sur le Champ dit précisément de Mars*, et un temple construit en 132 av. J.-C. par Brutus Callaicus. Le temple de Mars Ultor (= Mars Vengeur) associé à Vénus ferme l'extrémité nord du *Forum* d'Auguste. Les fêtes* de la purification des chevaux le 15 mars, les *Equirria*, lui étaient consacrées. Un autre temple lui fut dédié en 388 av. J.-C. sur la *Via Appia* au-delà des murailles auréliennes*.

VENUS : déesse de l'Amour et de la beauté, symbolisée par la colombe (= Aphrodite).

CERES : déesse des fruits de la terre et de la fécondité, symbolisée par la gerbe et la faucille (= Déméter). Ses fêtes, les *Ludi Ceriales*, ont lieu du 12 au 19 avril ; son temple se trouve dans la *regio XI* à l'extrémité nord-ouest du

Cirque Maxime*. C'est une divinité très honorée par la plèbe* en même temps que Liber et Libera.

NEPTUNE (*Neptunus*) : dieu de la mer, symbolisé par le trident et le cheval ; son sanctuaire se trouvait entre l'Aventin* et le Palatin* ; il a un autre temple entre le théâtre* de Pompée et le Cirque* Flaminius, sans doute construit au IIIe siècle av. J.-C. Ses fêtes*, les *Neptunalia*, ont lieu le 23 juillet.

2. Divinités indigètes[10]

BELLONE : femme de Mars, déesse de la guerre*, représentée un glaive à la main sur un char qu'elle conduit. A Rome son temple, construit par Appius Claudius Caecus à partir de 296 av. J.-C. est situé à côté de celui d'Apollon Sosianos ; elle a aussi un sanctuaire sur l'île Tibérine avec l'épiclèse de *Insulensis*.

CARMENTA : mère ou femme d'Evandre, le héros fondateur de Pallantée sur le Palatin*. C'est d'abord une nymphe des sources, fille du fleuve Ladon. Elle devient ensuite une déesse de la génération : on l'invoque sous le nom de *Prorsa* ou *Postversa* selon la position de l'enfant à l'accouchement ; elle est aussi une divinité de la prédiction car elle prédit à Hercule son destin (*carmen* signifie le chant magique). Ses fêtes, les *Carmentalia*, ont lieu en janvier. Une porte de Rome située près de sa sépulture porte son nom.

CONCORDIA : la Concorde (Homonoia en grec) ; elle a son temple au pied du Capitole* sur le *Forum* romain, à côté du temple de Vespasien et Titus (fig. 12 n° 6). Son temple fut construit en 367 av. J.-C. par Camille pour célébrer la réconciliation entre patriciens* et plébéiens*.

CONSUS : divinité obscure qui avait un autel* souterrain au milieu du Cirque Maxime* ; on déterrait cet autel à l'occasion des *Consualia* et des courses de chevaux. C'est au cours des premières *Consualia* qu'eut lieu l'enlèvement des Sabines. Il est possible que Consus soit le dieu protecteur des silos.

FATUM : divinité du destin ; sous l'influence grecque il désigne ensuite les divinités féminines du destin comme les Moires, les Parques et même les Sybilles* puisque sur le *Forum* romain, à côté des Rostres*, il y avait trois statues des Sibylles appelées *Fata*.

FAUNUS : dieu bienfaisant du bétail et des bergers, identifié à Pan avant d'être considéré comme l'un des premiers rois du Latium ; il a un sanctuaire sur le Palatin*, puis sur l'île Tibérine*. Sa personnalité divine s'est maintenue en se multipliant : les Faunes, mi-hommes mi chèvres, sont les compagnons des bergers, comme les Satyres grecs. Il est honoré lors des Lupercales*. Cf. également *Fauna* et *Bona Dea*.

FERONIA : divinité des eaux, protectrice des affranchis* ; le temple C du Largo Argentina*, dédié par Q. Lutatius Cerco en 241 av. J.-C. après sa victoire sur Phalères, lui est attribué. Son culte est très répandu en Italie centrale : mont Soracte, Terracine, Furfo, Pisauro, Etrurie. C'est dans son temple de Terracine que l'on affranchissait les esclaves*.

FIDES : la Bonne Foi, divinité de la parole donnée garante des traités* et des rapports diplomatiques ; elle est représentée sous les traits d'une femme âgée aux cheveux blancs. Son temple se trouve sur le Capitole* et remonte peut-être à l'époque du roi Numa.

FORS FORTUNA : personnification de la bonne chance composée de Fors, le hasard, principe masculin, et de Fortuna, la chance, principe féminin ; son

---

10. N'ont été retenues ici que les divinités les plus importantes.

temple se trouve dans la région transtibérine et sa fête est aussi celle des plébéiens* et des esclaves*.

FORTUNA : la Fortune (= *Tychè* en grec). Son temple se trouve associé à celui de *Mater Matuta* dans le Vélabre* ; c'est l'un des plus anciens de Rome puisqu'il remonte à la période des rois* étrusques. Elle est honorée aussi sous plusieurs épiclèses :

Fors Fortuna : cf. le précédent ;

***Fortuna Virgo* (Fortune Vierge) :** son temple fut bâti par Servius Tullus dans la partie occidentale de l'Esquilin*.

***Fortuna Muliebris* (Fortune des femmes) :** elle est représentée par un couple de déesses ; son culte fut fondé en 488-486 ; son sanctuaire, gardien du *pomerium* suburbain, se trouve sur la *Via Latina* et ses fêtes* ont lieu le 6 juillet et le 1er décembre.

***Fortuna Huiusce diei* (Fortune de ce jour présent) :** son temple est fondé en 101 av. J.-C. par Marius et Q. Lutatius Catulus après leur victoire sur les Cimbres (temple B du Largo Argentina*).

***Fortuna Virilis* (Fortune Virile) :** son temple est confondu avec celui de Portunus.

***Fortuna Barbata* (Fortune Barbue) :** elle représente le culte ancien de la Fortune Virile, fêtée en avril. Les jeunes gens devaient lui offrir leur première barbe. Les cultes de la Fortune Virile et de la Fortune Barbue correspondent à des rites de passages masculins qui ont leur pendant féminin avec la *Fortuna Virgo* et la *Fortuna Muliebris.*

***Fortuna Viscata* (Fortune du gui ou Fortune de la glu) :** son culte est peu connu, et semble lié à une divinité des oiseaux ou à des pratiques magico-médicinales.

Elle a aussi un grand sanctuaire à Palestrina (temple de *Fortuna Primigenia*), à Préneste où elle revêt un caractère oraculaire et courotrophe, et à Antium ou elle est dédoublée entre une Fortune de la paix et une Fortune de la guerre. Chaque Empereur* a également sa propre *Fortuna.* En tant que divinité guerrière, elle est associée à *Disciplina* et à *Virtus.* Peu à peu elle est assimilée à Isis.

GENIE (*genius*) : puissance de création d'une divinité et principe de vie assurant la perpétuité de la descendance (le Génie joue un rôle dans la procréation et préside aux noces). Il est senti comme une entité immanente attachée à chaque être, dont elle constitue la personnalité, à chaque lieu, à chaque institution ou personne morale. Ainsi chaque homme a son propre Génie, comme chaque femme a sa *Iuno.* Il est représenté sous la forme d'un serpent, d'un homme en toge portant une corne d'abondance (*cornacupia*) et une patère et figure dans le Laraire* où il reçoit des offrandes de gâteaux, vins et fleurs. Le Génie des grands hommes est proche de celui des dieux ; ainsi le génie d'Auguste*, associé aux Lares des Carrefours*, est honoré lors des *Campitalia* : ce fut la première manifestation du culte impérial. Au sommet de la hiérarchie on trouve le Génie de Rome (*Genius urbis Romae*), et le Génie du peuple romain (*Genius Populi Romani*) qui apparaissent en effigie sur des monnaies. Avec le temps, le Génie fut identifié aux Manes et considéré comme la partie spirituelle et immortelle de l'homme, un peu comme le fameux *daimon* de Socrate.

HONOS et VIRTUS : personnifications de la Valeur et du Courage. Leur temple se trouve au début de la *Via Appia* au sortir de la Porte Capène. Le

sanctuaire d'*Honos* dédié par Q. Fabius Maximus est connu dès 234 av. J.-C., et celui de *Virtus* a été ajouté en 208 av. J.-C. par M. Claudius Marcellus.
JANUS : dieu de la lumière à double face, qui ouvre les portes ; son temple, construit par C. Duilius pendant la première guerre punique à l'entrée du *Forum holitorium*, reste ouvert en temps de guerre.
JUTURNE : nymphe de la fontaine qui coule au pied du Palatin* entre le temple de Vesta et celui des Dioscures (fig. 12 n° 21). Elle est la sœur du roi Turnus, et ses eaux ont un effet curatif. Les Dioscures venaient y faire boire leurs chevaux. Le temple A du Largo Argentina*, édifié par la *gens Lutatia* (sans doute Q. Lutatius Catulus après son triomphe sur les Carthaginois en 241 av. J.-C.) pourrait lui être attribué.
LARES : les Lares représentent l'ensemble des divinités tutélaires chargées de veiller sur les carrefours (*Lares compitales*), sur les routes (*Lares viales*), sur les champs et les jardins (*Lares agrestes*) et sur les maisons (*Lares familiares*) ; il ont pour attribut la corne d'abondance, et sont représentés vêtus d'habits courts pour symboliser leur agilité. Les *Lares Permarini* (qui protègent les marins) ont leur temple sur le Champ de Mars* (temple D du Largo Argentina*), dédié en 179 av. J.-C. L'Etat a aussi ses dieux Lares (*Lares praestites*) représentés par Romus et Romulus et les Dioscures, dont le temple se trouve au départ de la *Via Sacra*. Il y a également les Lares Augustes (*Lares Augusti*) vénérés aux carrefours avec le Génie* d'Auguste. A l'origine les Lares sont des divinités agricoles protégeant les récoltes, et la fête des *Compitalia** perpétue cette tradition. Ils furent ensuite assimilés aux esprits divinisés des ancêtres défunts qui protègent la famille ; ils sont donc honorés sur le foyer domestique aux Calendes*, aux Nones* et aux Ides* de chaque mois, ainsi que pour les naissances, mariages et décès.
LEMURES : plus que des divinités, ce sont les fantômes des morts que l'on exorcise lors des fêtes nocturnes des *Lemuria*, les 9, 11 et 13 mai.
LIBER : dieu de la vigne honoré lors des *Liberalia* le 17 mars (= Dionysos) ; c'est le dieu qui libère, tout comme Dionysos Lyaeos est le dieu qui délie.
LIBERA : parèdre du précédent ; elle est assimilée tantôt à Cérès, tantôt à Diane.
LUPERCUS : dieu loup-cervier, symbole de la fécondité ; ses fêtes, les Lupercales*, ont lieu le 15 février.
MANES : les âmes des morts ; elles sont favorables aux vivants dans la mesure où elles font l'objet d'un culte* domestique accompli devant le laraire* et le foyer*, et trois fêtes* leur sont consacrées : les *Rosaria* ou *Violaria* (on fleurit les tombes avec des roses ou des violettes), les *Parentelia*, célébrées du 18 au 21 février et les *Feralia* (dernier jour des *Parentelia*). Les Manes ont un ancêtre commun, *Mania*, que l'on honorait lors des *Compitalia*.
MATER MATUTA : divinité de l'aurore, associée à *Fortuna* ; leur sanctuaire, fondé par Servius Tullius, se trouve au pied du Capitole* dans le Vélabre* près de l'actuelle église de S. Omobono. Sa fête, les *Matralia*, a lieu le 11 juin ; n'y sont admises une seule fois pour initiation que les citoyennes romaines dont le mari est vivant.
OPS : la Terre dispensatrice de richesses, parèdre de Saturne ; cette divinité est identifiée avec Cybèle ; son temple se trouve sur le Capitole* à côté de celui de *Fides*. Elle est fêtée lors des *Opalia* et des *Opiconsivia* les 19 et 25 août, ainsi qu'en décembre en même temps que les Saturnales*.

PALES : dieu puis déesse des pâturages et des bergers ; une des plus vieilles divinités latines ; elle protège le Palatin*, et des fêtes, les *Palilia* lui sont consacrées le jour anniversaire de la fondation de Rome (21 avril).

PARQUES (les) : divinités du destin assimilées aux Moires grecques ; au nombre de trois représentées sous forme de fileuses, la première préside à la naissance, la seconde au mariage, la troisième à la mort.

PAX : personnification de la paix à qui Auguste* dédia un autel (cf. *Ara pacis*) ; son temple réalisé entre 71 et 75 par Vespasien se trouve à l'est de la place monumentale qui portait le nom de Temple de la Paix, puis *Forum* de la Paix à l'extrémité orientale des *forums* impériaux.

PENATES : divinités associées à Vesta qui protègent le foyer de la maison. Les Pénates de l'Etat romain (*Penates publici*) ont été apportés par Enée ; ils sont représentés par des statues de deux jeunes gens assis, conservées dans un temple sur la Velia à Rome, et veillent à l'approvisionnement de la ville.

PIETAS : personnification de la piété ; elle a son temple à Rome près du Cirque Flaminius*, dédié en 181 av. J.-C. par M. Acilius Glabrio. Très souvent représentée sur les monnaies, elle symbolise à partir de l'Empire*, les vertus de l'Empereur*.

PORTUNUS : dieu des passages et divinité tutélaire du port fluvial de Rome ; son temple bien conservé est situé près du *Forum Boarium* (il est identifié à tort comme le temple de la Fortune Virile) ; il possède un flamine* et est célébré lors des *Portunalia* le 17 août. Assimilé au dieu grec Polaemon, il passe pour le fils de *Mater Matuta*.

PRIAPE : fils de Dionysos et d'Aphrodite, il est le dieu des jardins et des vignobles ; il symbolise la virilité féconde, d'où sa représentation ithyphallique ; il détourne aussi du mauvais œil et protège les récoltes.

QUIRINUS : il est le protecteur des agriculteurs avant d'être confondu avec Mars ; la colline du Quirinal* lui est consacrée. C'est le nom que prit Romulus après sa mort ; ce serait aussi un surnom de Janus.

SALUS : divinité de la santé ; son temple se trouve près de la porte Salutaire ; il a été construit entre 306 et 303 par C. Iunius Bubulcus à la suite d'une victoire pendant la deuxième guerre samnite, avec des peintures signées de Fabius Pictor.

SATURNE : dieu italique des semailles et de la culture, identifié par la suite avec Cronos ; il est honoré lors des Saturnales*, fêtes de fin d'année (27 décembre), et son temple est le plus ancien de Rome après le Capitole* ; inauguré sans doute en 498 av. J.-C., et entièrement reconstruit par Munatius Plancus en 72 av. J.-C., il se situe sur le *Forum* romain au pied du Capitole* (cf. n° 9 figure 12). Ce dieu connaît un grand succès en Afrique où il est assimilé au dieu carthaginois Baal-Ammon.

SEMO SANCUS (Dius Fidius) : dieu d'origine sabine ; son temple sur le Quirinal fut édifié sous Tarquin le Superbe et dédié en 466 av. J.-C. ; il a également un sanctuaire sur l'île Tibérine* ; il serait à l'origine du peuple Sabin.

SILVAIN (Silvanus) : divinité des bocages, qui s'identifie assez vite avec Pan d'où une certaine confusion avec Faunus. Son culte est lié à celui d'Hercule et des Lares domestiques. Il serait intervenu de nuit lors d'un conflit opposant Etrusques et Romains annonçant la victoire de ces derniers parce qu'ils avaient un mort de moins, ce qui découragea les Etrusques qui s'en allèrent.

SOL : le Soleil ; son culte fut introduit avec celui de la Lune par Titus Tatius ; il est l'ancêtre de la gens *Aurelia*. On connaît un temple de *Sol* construit par Aurélien dans la *Regio VII*, entre l'actuelle Piazza S. Silvestro et la via del

Corso ; il s'agit sous l'Empire* d'une divinité solaire orientale originaire d'Emèse.

SPES : divinité de l'Espérance qui a plusieurs temples à Rome ; le plus ancien se trouve sur le Quirinal* le long du *Vicus Lungus* ; un autre construit par A. Atilius Calatinus pendant la première guerre punique, se situe à côté du temple de Junon Sospita sur le *Forum Holitorium* (fig. 10 n° 7).

TELLUS : personnification de la terre nourricière, célébrée sous le nom de Terra Mater et associée à Gaia puis à Cérès. A l'origine elle forme un couple avec son parède *Tellumo*. Son temple fondé en 268 av. J.-C., se trouve sur l'Esquilin* ; il était décoré d'une carte représentant l'Italie*.

VOLTURNUS : vieille divinité romaine ; il est le père de la nymphe Juturne ; il est fêté lors des *Volturnalia* le 27 août, et un flamine* lui est attaché. Il représente aussi un vent* du sud-ouest.

3. Divinités étrangères

ATARGATIS ou DEA SYRIA : elle est attestée dès la fin du IIe siècle en Sicile*, et au Ier siècle av. J.-C. en Italie*. Elle est associée à Hadad et Simios dans le temple des divinités syriaques sur le Janicule*.

ASTARTE : déesse syrio-phénicienne assimilée à Vénus.

ATTIS : amant de Cybèle ; son culte n'est fréquent qu'à partir du IIe siècle ap. J.-C. ; il est honoré lors des *Hilaria* instituées par Antonin (138-161).

CAELESTIS : assimilation romaine de la divinité punique Tanit ; son sanctuaire se trouve sur l'Esquilin*.

CYBELE : la Grande Mère, entrée à Rome dès 204 av. J.-C. ; son culte connaît un grand développement sous Claude (41-54). Elle est associée à Attis et ses rites sanglants exigent le sacrifice d'un taureau. Son idole est la pierre de bétyle noir que le roi de Pergame avait envoyée de Pessinonte à Rome à la demande du Sénat* en 204 av. J.-C. Ses fêtes, les *ludi Megalenses* ont lieu du 4 au 10 avril. Elle a son temple sur le Palatin*, commencé en 204 et dédié le 11 avril 191 av. J.-C.

ESCULAPE : introduit en 293 av. J.-C. à la suite d'une peste ; il a son sanctuaire sur l'île Tibérine* où il détrône Apollon Medicus ; en 180 av. J.-C. il est rejoint par sa parède Hygie.

DIOSCURES (Castor et Pollux) : premier temple érigé en 484 av. J.-C. par Aulus Postumius Albinus sur le *Forum* romain à côté de celui de Saturne (cf. figure 12 n° 20) ; un autre petit temple fut construit au Ier siècle av. J.-C. sur le cirque Flaminius*. Ces dieux protecteurs des cavaliers, provenant sans doute de Tarente, étaient présents à Lavinium dès le VIe siècle av. J.-C. Leur introduction à Rome est le fait du patriciat* qui détient les chevaux. Ils auraient apporté la victoire aux troupes romaines lors de la bataille du lac Regillus (499 av. J.-C.) qui opposait les Romains à Tarquin le Superbe.

HADAD : cf. Jupiter Héliopolitain.

HERCULE : Commode (180-192) s'identifie à lui pour devenir dieu de son vivant ; son culte connaît aussi un grand succès sous les Sévères (193-235) et pendant la Tétrarchie* avec Maximien Hercule (286-305).

ISIS : Elle est attestée à Pouzzoles dès 105 av. J.-C. ; son culte connaît un essor à Rome sous Caligula (37-41) et surtout sous les Flaviens (69-96). Elle est associée à Sérapis dans le temple de l'Esquilin* fondé par Metellus Scipion vers le milieu du Ier siècle av. J.-C. La navigation d'Isis est fêtée dans tout le monde méditerranéen au début mars au moment où reprennent les navigations. A Rome son temple se trouve à l'est du Panthéon*, et fut

construit en 43 av. J.-C. Un autre temple, le *Phrygianum*, se trouvait dans la zone du Vatican.
JUPITER DOLICHENUS : originaire de Dolichè en Turquie ; ce Baal qui fait son apparition en Occident sous Hadrien (117-138), a un sanctuaire à Rome au milieu du IIe siècle, le *Dolichenum* sur l'Aventin*.
JUPITER HELIOPOLITAIN : son culte se développe à partir d'Auguste* en Orient après la fondation de la colonie de Héliopolis-Baabek au Liban ; il connaît un essor en Occident à partir du IIe siècle ap. J.-C. A Rome son temple se trouve sur le Janicule*.
MAGNA MATER : cf. Cybèle.
MITHRA : divinité d'origine iranienne qui fait son apparition dans les inscriptions sous les Flaviens (69-96). Son culte connaît un grand succès parmi les soldats. A Rome on connaît quatre grands *Mithreum* : celui dit Barberini, celui du Cirque Maxime*, de Ste Prisca, et de St. Clément sur l'Esquilin*.
SERAPIS (ou SARAPIS) : divinité égyptienne associée à Isis ; son temple construit par Caracalla (211-217) se trouve sur le Quirinal* près de la porte Salutaire. Il est représenté comme un Zeus barbu et passe pour dispenser la fertilité et les guérisons.
SIMIOS : divinité syriaque identifiée à Mercure et associée à Hadad et Dea Syria dans le sanctuaire syriaque du Janicule* à Rome.

DIVORCE (*divortium*) : à l'origine il est l'apanage des hommes, et reste exceptionnel au début de la République* ; il se fait à travers des rites qui défont ceux par lequel s'est fait le mariage* : *remancipatio, diffareatio, emancipatio* ou *repudium*. La répudiation (*repudium*) est la procédure la plus simple, avec la formule consacrée « *tuas res tibi habeto* » (prends tes affaires… et pars!). A la fin de la République les femmes peuvent divorcer à condition de s'être mariées *sine manu* et de se remarier immédiatement. Il semble que sous l'Empire* les femmes ne se privent pas de ce droit : selon Sénèque elles ne comptent plus les années par le nom des consuls, mais par celui de leurs maris ! Pourtant Auguste et Domitien cherchèrent à limiter le divorce par des lois restrictives (*leges novae*) : il ne pouvait être prononcé que par consentement mutuel (*divortium ex mutuo consensu*), en cas de grave faute de l'un des conjoints, adultère de la femme ou proxénétisme du mari (*divortium ex iusta causa*), ou en cas d'impossibilité de vie en couple (*divortium bona gratia*) si le mari est prisonnier de guerre ou si la femme passe à la vie cloîtrée.
***Divus* :** titre des Empereurs* divinisés après leur mort ; Jules César fut le premier *Divus*. On peut traduire par « Divin » ou même par « Dieu ».
DOLE (*dolus*) : manœuvre pour tromper une personne et lui faire donner son consentement à un acte ; elle n'est pas punie par le droit civil*, et le droit prétorien* ne la condamne que si elle est entachée de fraude* (*malus dolus*). L'*exceptio doli* permet au contractant abusé, avant l'exécution de son engagement, d'intenter un procès pour se dispenser de cette exécution, et l'*actio de dolo*, pendant un an après l'exécution de l'engagement, permet d'intenter un procès pour obtenir indemnité du préjudice causé.
***Dolium* :** gros récipient en terre cuite servant à contenir les denrées. Il était en général enterré dans le sol pour une meilleure conservation des denrées.
***Dolocenum* :** sanctuaire de Juppiter Dolichenus sur l'Aventin*. Le premier bâtiment à ciel ouvert date de l'époque d'Antonin le Pieux (138-161).
DOMAINE : cf. *Dominium*.

DOMAINES IMPERIAUX : propriétés relevant du patrimoine impérial ou des biens de la couronne (cf. *Dominium principis*) ; il s'agit de palais et maisons de campagnes, domaines agricoles, mines, carrières, forêts, salines, briqueteries. Ces propriétés sont acquises par la conquête*, les héritages* (les biens des anciens monarques notamment) ou les confiscations, et se transmettent d'un Empereur* à l'autre par héritage. Ces domaines peuvent se trouver en dehors des territoires des cités*, mais aussi sur leur territoire ce qui pose parfois des problèmes car les paysans font valoir leur statut de colon* impérial pour ne pas participer aux charges des cités ; par leur étendue, ils peuvent aussi former une véritable principauté (la Chersonnèse de Thrace par exemple). La répartition des possessions impériales est très inégale : elles représentent 40 % dans la région du Fayoum mais sont inexistantes en Haute-Egypte ; en Italie elles sont concentrées dans le sud (Bruttium et Apulie) ; en Asie* elles se situent surtout à l'intérieur des terres dans les régions de carrières de marbre (Lydie et Phrygie) ; elles sont très importantes en Numidie. La gestion de ces propriétés est directe (système du colonat) ou se fait par l'intermédiaire de fermiers* généraux (*conductores*). Les régions minières sont gérées par un procurateur* responsable de la gestion des mines, mais aussi de toute la vie de la communauté. Les grands domaines sont souvent regroupés en circonscriptions régionales dirigées par des procurateurs ou des affranchis* impériaux qui dépendent toutefois des gouverneurs* de province ; plusieurs termes sont utilisés pour désigner ces unités : région (*regio*), province (*provincia*), zone (*tractus*), domaine (*saltus*). Le maintien ou la création de structures locales autonomes sont encouragés et une certaine personnalité juridique est reconnue aux habitants (la population de Chersonnèse de Thrace est qualifiée d'*ethnos*, les villages d'Asie Mineure sont reconnus comme *koinon* ou *demos*). Les domaines impériaux évoluent souvent en cités autonomes, et les centres administratifs deviennent des municipes* ; cela permettait de soulager l'administration* impériale sans pour autant renoncer aux revenus. La gestion directe de ces domaines répondait donc à une exigence de gestion efficace au moment de leur mise en place, mais laissait place dès qu'elle le pouvait à un système garantissant l'autonomie relative des populations des domaines.

***Domestici* :** corps d'officiers de la garde impériale créé par Constantin (304-337) ; il est commandé par le comte* des *domestici*.

DOMINAT : certains auteurs appellent ainsi, par opposition au principat*, la nouvelle forme que prend le pouvoir impérial à partir des Sévères (191-235). L'expression se justifie par le fait que l'Empereur* se fait alors appeler officiellement *dominus et deus* (maître et dieu) et que le régime impérial évolue vers l'absolutisme avec un renforcement du culte impérial* et de l'administration* centralisée. A l'opposition Haut-Empire*/Bas-Empire*, certains auteurs préfèrent ainsi l'opposition principat/dominat.

***Dominium* (droit de propriété) :** pouvoir juridique absolu dont dispose le *pater familias* sur l'ensemble des biens de nature économique, mobiliers et immobiliers (esclaves* et animaux domestiques compris) constituant les ressources économiques de sa famille. C'est la seule forme de droit de propriété reconnue par le droit romain* primitif. On distingue dans ces biens les *res mancipi* et les *res nec mancipi*. L'expression complète est *dominium ex iure Quiritium* (droit de propriété individuelle selon le droit des Quirites). Le *dominus* (maître) est la personne disposant du *dominium*. Pouvaient être *domini* les seuls citoyens* romains et les étrangers* disposant du *ius*

commercii. La vente d'un bien ne signifie pas forcément le transfert de propriété : l'acheteur ne possède que la *possessio* du bien acquis ; il n'en possède le *dominium* qu'au bout d'un certain temps (cf. *Usucapio*).
Par extension le terme *dominium* désigne ces biens eux-mêmes, c'est-à-dire le patrimoine familial, les propriétés. L'*ager publicus* relève du domaine de l'Etat.
Sous l'Empire*, le ***dominium principis*** (domaine impérial) est constitué par le *patrimonium principis* (le patrimoine impérial), la *res privata principis* (les biens de la couronne) et les *res publicae* (les biens de l'Etat), mais il faut distinguer *dominium* et *dominatus*, ce dernier terme désignant les hommes libres et les biens de propriété privée situés à l'intérieur de l'Empire sur lesquels le pouvoir de l'Empereur est plus limité. Les Empereurs sont cependant les seuls maîtres (*domini*) de l'Empire conçu comme un état patrimonial. Cf. également Domaines impériaux.
***Dominus noster* (notre maître) :** appellation officielle de l'Empereur* imposée par les Sévères (193-235), caractéristique de la dérive théocratique. L'appellation officieuse était même *Deus noster* (notre Dieu).
***Domitia* (*lex*) :** loi* de 103 av. J.-C. confiant aux comices tributes* la désignation des augures*, des pontifes*, des épulons* et des *viri sacris faciundis*.
***Domitia* (*via*) :** route aménagée vers 121 av. J.-C., reliant la frontière italienne à l'Espagne en passant par le sud de la Gaule (cf. carte 7).
***Domus* :** cf. Maison.
***Domus Aurea* (Maison Dorée) :** palais de Néron (54-68) construit sur les pentes de l'Oppius* à Rome.
***Domus Augusta* :** la famille impériale ; elle est aussi désignée par l'expression *domus divina* (famille divine), surtout à partir des Flaviens (69-96). Ne pas confondre avec le suivant.
***Domus August(i)ana* :** demeure privée de l'Empereur* au sein de l'immense palais que constitue la *Domus Flavia* sur le Palatin* (cf. fig. 19 n° 9).
***Domus Cilonis* :** maison de L. Fabius Cilon, préfet de la Ville* en 203, dont on a retrouvé les restes au pied du versant nord de l'Aventin*.
***Domus Divina* :** désigne la famille impériale.
***Domus Faustae* :** palais de Fausta, sœur de Maxence et femme de Constantin, situé sur le Coelius*.
***Domus Flavia* :** troisième palais impérial construit sous les Flaviens (69-96) qui couvre toute la partie centrale du Palatin* (cf. fig. 19 n° 9).
***Domus Publica* :** la demeure du grand-pontife à Rome.
***Domus Sacra* :** désigne la famille impériale ; synonyme de *domus divina*.
***Domus Severiana* :** palais impérial des Sévères (193-235) ; en fait il s'agit d'une aile nouvelle construite sur les côtés sud et est de la *Domus Flavia* (cf. fig. 16 n° 12).
***Domus Praeconum* (maison des hérauts) :** édifice situé au pied du Palatin* en face du Cirque Maxime* (cf. fig. 19 n° 20) ; on y a retrouvé de riches mosaïques (dont l'une représentant des hérauts) et décors muraux. Il peut s'agir du siège des *nuntii*.
***Domus Tiberiana* :** palais impérial construit par Tibère (14-37) à l'extrémité nord-ouest du Palatin* (cf. fig. 19 n° 5).
***Domus Transitoria* :** palais que Néron (54-68) a fait construire entre le Palatin* (cf. fig. 19 n° 7) et les jardins de Mécène sur l'Esquilin*.
DONATION (*donatio*) : le droit civil romain* distingue deux donations : la donation entre personnes vivantes, qui est irrévocable sauf dans les cas pré-

vus par la loi *Cincia*, et la donation pour cause de mort qui n'est irrévocable qu'après la mort du donateur. Le transfert des biens se fait par mancipation* ou tradition*.

DONATISME : mouvement schismatique de l'évêque de Carthage Donat (270-355), qui entretint en Afrique* des révoltes populaires et des mouvements nationalistes ; il fut condamné comme schisme par le synode d'Arles en 314, et le mouvement fut dissout en 411 grâce à saint Augustin. Les Donatistes refusaient l'indulgence aux Chrétiens qui avaient renié leur foi (les traditeurs*) sous la persécution de Dioclétien.

***Donativum* (pl. *donativa*) :** récompenses en argent décernées par le général victorieux à ses troupes. C'est une pratique largement utilisée par les Empereurs* pour s'attirer l'attachement des soldats au moment de leur avènement (ainsi Claude promit un *donativum* de 15 000 sesterces aux prétoriens* au moment de son accession au pouvoir en 41). Les testaments* d'Auguste et Tibère prévoyaient des *donativa* de 250 deniers* pour les mêmes prétoriens.

DOT (*dos*) : cf. Mariage.

DOUANES (*portoria*) : elles consistent en des taxes prélevées sur les produits entrant et sortant des ports (*portoria maritima*), des droits d'octroi aux frontières et des péages de toute sorte (*portoria terrestria*). A l'époque augustéenne, aux frontières de l'Empire* la taxe est de 25 % de la valeur du produit et de 2,5 % aux frontières provinciales. Trajan (98-117) met fin à la ferme du *portorium* par les publicains* pour la confier à des *conductores* municipaux qui conservent un pourcentage ou une somme fixe. De grandes circonscriptions* douanières apparaissent sous Tibère (14-37), tel le vaste district gaulois comprenant les trois Gaules, la Narbonnaise et les provinces alpines, servant de base au quarantième des Gaules*.

DOUZE TABLES (lois des) (*leges XII tabularum*) : il s'agit du premier code* juridique romain rédigé par une commission de 10 personnes, les *decemviri legibus scribendis*, entre 451 à 450. Il n'est connu qu'à travers des citations et des références, alors qu'à l'époque de Cicéron tous les jeunes écoliers les apprenaient par cœur. Ces lois embrassent tous les domaines du droit, privé, public, criminel et sacré ; elles ne furent jamais abolies même lorsqu'elles devinrent totalement désuettes. Cette laïcisation précoce du droit sur la base du droit coutumier des *gentes* (*ius Quiritium*) reste donc à la source du droit civil* romain. Elles règlent les problèmes consécutifs à la disparition du chef de famille, introduisent la notion d'obligation (les contrats), mettent en place la procédure de l'action de la loi*, et jettent les premières bases d'un code pénal en matière de vol et sévices corporels.

DROIT (*jus*) : un des grands apports de la civilisation romaine à l'Occident a été son œuvre juridique que l'on a pu qualifier de « raison écrite ». Pour plus de clarté on distinguera le droit des gens (*ius gentium*), sorte de droit universel ou naturel gérant les rapports entre les citoyens* de toute nationalité, le droit italique gérant les relations entre Rome et les cités d'Italie ne jouissant pas du droit latin, le droit latin qui gère les relations entre Rome et les cités latines, et enfin le droit romain en tant qu'il gère les relations entre les citoyens romains. Mais il est clair que ces différents droits sont issus de la même pensée juridique romaine qui a dû s'adapter aux situations variées issues des conquêtes. Il faut souligner que les Romains furent un peuple de droit bien plus qu'un peuple de la loi, et qu'ils surent réaliser une rapide et complète laïcisation du droit, en prenant surtout en considération les situations concrètes toujours liées à la pratique judiciaire, ce qui donne au droit romain ses deux caractéristiques principales : la plasticité et l'efficacité. Ainsi la pratique juridique a précédé la théorie du droit, la justice, qui à l'origine était exclusivement privée, fonctionnant sans codes constitués. Cela s'explique par le fait que les personnes chargées de faire fonctionner la justice (magistrats* et juges*) n'étaient pas formés en matière de droit ; ce sont en fait les jurisconsultes*, véritables experts et conseillers judiciaires des préteurs* puis de l'Empereur*, qui par le biais de la jurisprudence*, ont largement contribué dès la fin de la République* au développement de la théorie du droit. Si on voulait résumer dans une devise l'esprit de ce droit, on pourrait songer aux trois maximes d'Ulpien : « vivre en honnête homme, ne pas causer de tort à autrui, donner à chacun son dû. » A noter que le droit ne fit pas l'objet d'un enseignement organisé par l'Etat avant le Bas-Empire*. Jusqu'alors les étudiants doivent se former à Rome auprès des juristes* ; cela explique que dans les provinces le droit était mal connu. Durant le Bas-Empire, l'Etat ouvre plusieurs écoles de droit dont les plus célèbres sont celles de Rome, de Beyrouth et de Constantinople.

1. DROIT DES GENS (*ius gentium*, parfois appelé aussi *ius naturale*, droit naturel) : il s'agit, selon le jurisconsulte Gaius, du droit suggéré par la raison naturelle et par là-même commun à tous les peuples civilisés. Il est déjà présent dans la praxis juridictionnelle des préteurs* pérégrins chargés de régler les relations entre Rome et les différentes cités étrangères issues de la conquête*, et il finit par assimiler la sphère du droit civil nouveau des Romains (cf. Droit romain). Le droit des gens est la seule forme de droit commercial (loi des contrats) et international connu dans l'antiquité. Après l'Edit de Caracalla* en 212 qui accorde la citoyenneté romaine à toutes les villes de l'Empire, il n'y a plus de différence effective entre le droit des gens et le droit civil romain.

2. DROIT NATUREL (*ius naturale*) : ensemble des préceptes dictés par la raison et dont la validité est universelle ; dans la pratique ce droit s'est confondu avec le droit des gens (cf. précédent). L'institution de l'esclavage* a conduit les Romains à faire une différence entre le droit naturel en vertu duquel tous les hommes naissent libres, et le droit universel au nom duquel certains hommes peuvent être réduits en esclavage.

3. DROIT ITALIQUE (*ius italicum*) : droits gérant les relations entre Rome et les « Italiques » (habitants de l'Italie* autres que les Romains et les Latins*). Il ne confère ni le droit de commerce*, ni le droit de mariage*, ni le droit de vote même limité, par contre il accorde un statut supérieur à celui des pérégrins*. Il est difficile aux Italiques d'obtenir directement la citoyenneté* romaine, mais ils peuvent y parvenir en s'intégrant à un municipe* ou à une colonie* de droit latin*. En 88 av. J.-C. ils obtiennent la citoyenneté romaine, et le *ius italicum* n'a plus de raison d'être en Italie. Par contre il subsiste dans les provinces* sous l'Empire*, car les Princes* peuvent accorder ce droit aux cités pérégrines*, ce qui leur permet théoriquement de ne pas dépendre de l'autorité des gouverneurs. Il ne disparaît totalement, comme le droit latin, qu'avec l'Edit de Caracalla* de 212.

4. DROIT LATIN (*ius Latii*) : droits gérant les relations entre Rome et les cités de la Ligue latine qui s'accordent mutuellement le *ius commercium* (ce qui suppose la *patria potestas*), et le *ius conubium* jusqu'en 268 av. J.-C. En 212 av. J.-C. ils obtiennent également le droit d'appel (*ius provocationis*). Les Latins* peuvent aussi participer aux comices tributes* s'ils résident à Rome (dans ce cas ils votent tous dans une unique tribu* tirée au sort). Ils peuvent obtenir la citoyenneté* romaine dans trois cas : exercice d'une magistrature* annuelle dans une cité latine, renonciation à leur propre citoyenneté et résidence à Rome, succès dans un procès* contre un magistrat romain pour délit de concussion*. Après la dissolution de la Ligue latine, ce droit demeura pour quelques cités non réduites en municipes* (les *Latini prisci*) et pour les colonies* dites de droit latin fondées hors du territoire romain (*Latini coloniarii*). En 89 av. J.-C. la *Lex Pompeia* accorde le droit latin à la Gaule Cisalpine ; il n'y a donc plus de lien entre ce droit et l'appartenance à une communauté latine. Dans la hiérarchie sociale de l'époque augustéenne, les Latins se situent juste au-dessous des citoyens Romains, et au-dessus des Latins Juniens*. Sous l'Empire*, il est difficile d'établir si le droit latin définit un statut personnel indépendant des communautés, ou s'il reste un droit collectif. Sa caractéristique essentielle reste l'obtention de la citoyenneté pour les magistrats sortis de charge. Hadrien (117-138) crée même le droit latin majeur (*ius Latii maius*) qui étend la concession de la citoyenneté à tous les décurions* de certaines cités. Les affranchis Juniens*, selon le jurisconsulte Gaius, sont assimilés aux Latins des colonies, et sous les Flaviens (69-96) les marins égyptiens arrivant à Rome reçoivent un nom romain et jouissent d'un statut latin spécifique. Le droit latin est accordé par les Empereurs* à des pays entiers (les Alpes maritimes sous Néron, l'Espagne sous Vespasien), ce qui n'entraîne pas pour autant la transformation des villes en municipes* ou colonies* ; alors qu'en Italie les colonies de droit latin disparaissent peu à peu, en Gaule se multiplient les fondations de ce type. D'une manière générale, le droit latin est une transition vers le régime de la *civitas romana* car il anticipe la transformation des municipes provinciaux et colonies de droit latin en colonies de droit romain. Il a donc joué un rôle important dans la romanisation de l'Empire.

5. DROIT ROMAIN : il est contenu dans les Lois des Douze Tables* (451-450) qui codifie une partie du droit coutumier, dans les lois votées (*leges rogatae*) par les comices*, y compris les plébiscites*, dans les senatus-consultes*, les différents édits* des magistrats judiciaires et notamment l'édit annuel* du préteur*, et dans les réponses* des jurisconsultes*. Sous l'Empire*, la loi s'identifie à la volonté impériale, et au IVᵉ siècle les constitutions* impériales deviennent la seule source créatrice de droit sur lesquels travaillent les plus illustres jurisconsultes*. L'ensemble ainsi formé donne lieu au Bas-Empire* à de grands recueils ou codes* juridiques dont les plus importants sont les codes de Théodose en 438, de Justinien en 529, et le *Digeste* en 533. Le droit romain a donc une histoire.

A l'époque archaïque, il commence par le **droit des Quirites*** (*ius Quiritium*) qui n'est que l'ensemble des usages et coutumes communs aux grandes familles patriciennes, plus ou moins ordonné au moment de la formation de Rome dans le courant du VIᵉ siècle. Lui fait suite le **droit légitime ancien** (*ius legitimum vetus*) né de la lutte entre plébéiens* et patriciens*, et dont les Lois des Douze Tables est une première tentative de vulgarisation. Ces lois ne constituent pas un code, car elles ne règlent que quelques problèmes, sans doute ceux qui apparaissaient alors les plus importants ou les plus litigieux, mais elles mettent en forme les usages antiques et apportent quelques règles nouvelles. C'est à travers elles qu'on peut avoir une idée de ce qu'on appelle le *ius Quiritium*.

Avec le développement de la République* (période du droit romain pré-classique), on en arrive à la distinction entre le **droit civil** qui règle les rapports privés entre citoyens romains (*ius civile*), et le **droit public** (*ius publicum*) constitué par l'ensemble des lois publiques votées par les comices et des sénatus-consultes (on peut de ce point de vue considérer le *ius publicum* comme un droit légitime nouveau par opposition au droit légitime ancien de la Loi des Douze tables). Si le droit civil, considéré comme immuable dans ses principes, s'inscrit dans la droite ligne du droit des Quirites et du droit légitime ancien, en revanche le droit public qui règle l'organisation et le fonctionnement de la vie politique est une sorte de droit institutionnel qui n'interfère que très peu avec le droit civil. L'adaptation du droit ancien aux réalités nouvelles fut le fait des magistratures judiciaires. Ainsi l'institution des préteurs* pérégrins (loi de 242 av. J.-C.) permit une rénovation et un élargissement du droit civil parce qu'il fallait désormais tenir compte de l'existence des peuples étrangers, et certains spécialistes font intervenir ici la notion de **droit civil nouveau** (*ius civile novum*) qui interfère avec le droit des peuples* ; il consiste principalement en deux institutions : la *stipulatio iuris gentium* et les *obligationes consensu contractae*. Parallèlement le préteur urbain avec son édit annuel, et les différents édits des magistrats judiciaires (édile* à Rome, gouverneurs* en province) donnèrent naissance au **droit prétorien** ou **droit honoraire** (*ius honorarium*) : il ne s'agit en aucun cas d'un droit nouveau au sens où le droit civil ancien aurait été abrogé ou abandonné, mais de son interprétation et de son adaptation en le complétant avec des règles nouvelles (au risque parfois de contradictions). Les magistrats créent ainsi des procédures juridiques nouvelles comme les procès formulaires* qui remplacent les vieilles actions de la loi, et les promesses d'action (cf. Edit). C'est à cette époque qu'apparaissent les premières écoles de jurisprudence qui enlèvent aux pontifes* le monopole de l'interprétation du droit. Finalement le droit civil, tant ancien que nouveau, le droit public, le droit prétorien et la jurisprudence correspondante sont les composantes principales de ce qu'on appelle le *ius vetus* (droit ancien), par opposition au *ius novum* (droit nouveau) qui s'élabore progressivement sous l'Empire (époque du droit romain dit classique).

Ce **droit nouveau**, appelé aussi *ius extraordinarium*, n'est pas un nouveau système juridique venu s'ajouter à l'ancien ; il concerne seulement les institutions juridiques et non pas le droit lui-même, et là encore il s'agit d'adapter les procédures judiciaires aux nouvelles réalités de l'Empire. Il se caractérise par le rôle déterminant de la volonté du Prince* en matière de norme et d'institutions, et par la généralisation de la *cognitio extra ordinem* tant en matière de justice criminelle qu'en matière de justice privée. Cette évolution est marquée par plusieurs phénomènes : les constitutions* impériales remplacent les lois publiques, les senatus-consultes* ne sont plus que l'entérinement des rescrits* impériaux, l'instance suprême de la *cognitio extra ordinem* est la volonté impériale, le droit de réponse public tombe en désuétude, et les juristes travaillent au sein du conseil du Prince*. Le droit romain d'époque postclassique, qui commence avec la Tétrarchie* (284), est à replacer dans le cadre d'un pouvoir impérial de plus en plus absolu et du développement du christianisme. Le droit ancien (*ius vetus*) n'est plus appliqué qu'à travers la *cognitio extra ordinem* impériale, ce qui entraîne son intégration totale dans le *ius novum*. Les constitutions impériales deviennent alors des lois nouvelles*, *leges novae*, par opposition au patrimoine juridique classique ou *vetera iura* (droits anciens), et le rapport entre lois nouvelles et droits anciens est le même que celui qu'il y avait sous la République entre le droit civil

ancien et les lois publiques. Désormais ces deux sources du droit étant toutes consignées par écrit, elles constituent ce qu'on appelle le droit écrit (*ius scriptum*) qui inclut également les *responsa prudentium*. La jurisprudence de l'époque classique distinguait en effet les normes juridiques dérivant de sources écrites, *ius ex scripto* (lois, décrets, senatus-consultes) et celles dérivant de la tradition orale (*ius sine scripto*), coutumes ou *responsa prudentium*.
La jurisprudence au Bas-Empire joue enfin un rôle déterminant. Il ne s'agit plus d'une réflexion théorique sur le droit, mais de casuistique, conseils pratiques que les juristes dispensent moyennant paiement dans les différents services de l'administration* impériale, jouant ainsi le rôle de conseillers juridiques, dans les tribunaux (avocats), ou dans les écoles de droit (en Orient notamment). La première publication officielle des lois nouvelles fut le Code de Théodose* remplacé par le Code de Justinien* en 529.
DROIT FECIAL (*ius fetiale*) : ensemble des rites et procédures très archaïques utilisées par les Féciaux* (ou Fétiaux) sous la présidence du *Pater Patratus* pour régler les problèmes de guerre et de paix*.
DROIT PRETORIEN (OU HONORAIRE) : cf. ci-dessus Droit romain.
DROIT PUBLIC ET DROIT PRIVE : les juristes, tel Ulpien, ont distingué un droit public (*ius publicum*) et un droit privé (*ius privatum*), mais il ne s'agit pas de deux codes ou de deux systèmes différents. La différence tient au protagoniste : le droit privé regarde la *pater familias* et son *patrimonium*, et il vaut mieux alors parler de ses droits civils ; le droit public regarde le *Populus Romanus Quiritium* et la *Res Publica*, et il vaut mieux alors parler de ses droits religieux et politiques. En aucun cas il ne faut confondre cette acception du terme « droit public » avec le *ius publicum* tel qu'il a été défini plus haut (c'est-à-dire le droit issu des lois publiques, par opposition au droit issu d'un acte privé). Une autre confusion peut venir aussi du fait qu'on appelle quelquefois « droit public » le droit qui ne peut pas être modifié par des arrangements privés, non seulement dans le domaine public, mais aussi dans le domaine privé dès lors qu'il y va de l'intérêt de l'Etat.
Il est bien sûr impossible de recenser ici tous les droits dont jouissaient les citoyens* romains ; les plus importants d'entre eux ont été répertoriés par ordre alphabétique à la rubrique *Ius*.
DROIT DE CITE : cf. *Civitas*.
DRUIDE (*druida*) : prêtre celte en Gaule et en Bretagne ; il transmet oralement la tradition. Claude (41-54) s'opposa aux druides en leur interdisant la pratique des sacrifices* humains ; en contrepartie il permit aux notables gaulois d'entrer au Sénat* mais cela n'empêcha pas les révoltes.
DUC (*dux*) : au Bas-Empire*, il s'agit du commandant des *limitanei*, de rang équestre avec titre de perfectissime*. Il y a 12 ducs dans l'Empire d'Occident selon la *Notitia Dignitatum* : en Maurétanie césarienne, en Tripolitaine, en Pannonie première, en Pannonie seconde, en Valérie ripuaire, en Rétie première et seconde, en Séquanaise, en Armorique et Nervicanie, en Belgique, en Germanie première, en Bretagne, à Mayence. Le mot latin *dux* signifie « chef » au sens de « conducteur », celui qui conduit un groupe ; ce peut être tout aussi bien un gardien de troupeau ou un général d'armée ; le terme est aussi utilisé pour désigner le commandant d'une vexillation*.
DUCENAIRE (*ducenarius*) : personne d'un cens de 200 000 sesterces* ; fonctionnaire* dont le traitement annuel est de 200 000 sesterces. A partir de la *lex Iulia*, une des quatre décuries* de juges* était formée de ducénaires. Le

terme désigne également un officier supérieur dans l'armée* du Bas-Empire* ; il est au-dessus du *centenarius*, et au-dessous du *senator*.

***Duilia* (*lex*) :** plébiscites* du tribun* M. Duilius en 449 av. J.-C. pour le rétablissement du consulat*, et pour punir de mort quiconque laisserait la plèbe* sans tribun ou créerait des magistrats échappant au droit d'appel*.

***Duilia Menenia* (*lex*) :** plébiscites* de tribuns* M. Duilius et M. Menenius en 357 av. J.-C., limitant le taux de l'usure.

DUOMVIR (*duumvir*) : magistrat* appartenant à un collège* de deux personnes. Au pluriel (*duoviri*), le collège dans son ensemble (duumvirat).

– *Duoviri aedi dedicandae* : magistrats* créés en 215 av. J.-C. chargés de la dédicace* des temples*.

– *Duoviri aediles* : magistrats municipaux équivalant aux édiles* de la République* ;

– *Duoviri iure dicendo* : magistrats locaux issus des décurions*, chargés dans les colonies* d'instruire les affaires et de désigner les juges* parmi la liste qu'ils dressent chaque année. Tous les cinq ans ils reçoivent la *potestas* des censeurs* pour opérer le recensement : ce sont les duumvirs quinquennaux (*duoviri quinquinnales*) ;

– *Duoviri navales* : les deux amiraux créés en 311 av. J.-C. pour s'occuper de la flotte* romaine ;

– *Duoviri perduellionis* : magistrats nommés par les comices curiates* pour juger les crimes contre l'Etat sous la Rome royale ;

– *Duoviri praetores* : sous la République, magistrats dirigeant les colonies* de droit romain* ;

– *Duoviri sacris faciundis* : dans la Rome archaïque, collège* sacerdotal chargé de la garde et de l'interprétation des Livres Sybillins* (leur nombre passa à 10 puis à 15) ;

– *Duoviri viis extra urbem purgandis* : sous la République, magistrats dépendant des édiles, chargés de l'entretien des routes en dehors de Rome.

***Dupondius* :** somme de deux as* ou mesure de deux pieds. Le terme désigne aussi les bizuts dans les écoles impériales d'Orient.

***Duronia* (*lex*) :** plébiscite* du tribun* M. Duronius en 98 av. J.-C., abrogeant la *lex Licinia*.

DYNASTIES (impériales) : cf. tableaux p. 26 sq.

E

ECCLESIA : dans les villes grecques, désigne l'assemblée des citoyens ; c'est l'équivalent des comices* à Rome.

ECLAIRAGE : les Romains disposent de quatre moyens d'éclairage ; les torches (*fasces*) faites de bois résineux ou d'étoupe trempée dans de la résine, de la graisse ou de la cire* ; les chandelles (*candelae*) faites d'une mèche de papyrus* ou d'étoupe enduite de suif ou de poix, plus rarement de cire ; les lampes à huile (*lucernae*) que l'on pouvait suspendre à un lampadaire (*lycnuchus*) ; les lanternes (*lanternae*) qui servent pour se déplacer la nuit (les parois translucides sont d'abord en corne ou en vessie, le verre n'apparaissant que pus tard). Il n'y avait pas d'éclairage public dans les villes ; les spectacles nocturnes sont éclairés par des torches et des grands lampadaires.

ECLAIREURS : cf. *Speculatores.*
ECNOME (bataille d') : victoire navale des Romains sur les Carthaginois en 256 av. J.-C. sur la côte sud de la Sicile.
ECONOMIE : l'économie romaine, comme les économies antiques repose sur un système esclavagiste. Il faut toutefois relever que la main-d'œuvre servile ne constitue pas la seule force de productions, car il existe un grand nombre de travailleurs salariés ou indépendants de condition libre. Elle repose essentiellement sur l'agriculture*, et sur le commerce*. La notion d'économie au sens moderne du terme est à la limite de l'anachronisme ; en effet il n'y a pas de ministère de l'économie à Rome et les activités économiques relèvent des simples particuliers et de la pratique de l'évergétisme*, si l'on fait exception de la fiscalité, de la monnaie*, et de l'approvisionnement de Rome et de l'armée (annone*). Le problème est cependant rendu complexe sous l'Empire* dans la mesure où l'Empereur* est le premier propriétaire, tant dans le domaine agricole qu'industriel. Les actions dirigistes du pouvoir restent limitées aux périodes de crises et d'agitation sociale, et ne semblent avoir eu que des effets incitatifs. Dans les villes, il n'y a pas non plus de secteur public en matière économique, mais les cités ont toujours veillé à avoir des biens municipaux importants et à intervenir dès qu'il y avait des problèmes de ravitaillement. Il n'y a donc pas de doctrine économique bien établie, et de ce point de vue les notions de libre-échange, de capitalisme, d'économie de marché sont anachroniques. D'un autre côté, il serait erroné d'avoir une vision trop primitiviste de l'économie romaine : si la possession de la terre reste la source principale de richesse, si l'économie domestique semble dominante, si seuls les produits de luxe circulent dans un marché restreint, il n'empêche qu'une partie au moins des ressources économiques faisait l'objet d'une économie mercantiliste orientée vers le commerce et le profit. En effet, des produits variés circulent d'un bout à l'autre de l'Empire : il s'agit souvent de produits de luxe réservés aux élites locales, mais aussi de produits standardisés ou bon marché qui pouvaient voyager et rester concurrentiels à cause du faible coût de production (les céramiques sigillées, le vin italien, l'huile africaine, le blé et les légumes secs égyptiens par exemple).
Par l'étendue de ses conquêtes* tout autour du bassin méditerranéen, l'Empire romain dispose de grosses ressources économiques qu'il a su exploiter grâce à un bon réseau routier et une vaste mer intérieure (cf. carte 7). L'arrêt des conquêtes a sans doute ralenti l'expansion économique, et il est d'usage de parler de la crise du IIIe siècle avec la faillite des notables locaux et l'abandon des terres, ce qui pose de graves problèmes fiscaux. Mais le ralentissement inévitable après une longue période dynamique ne signifie pas le déclin. Il fallait surtout s'adapter à la situation nouvelle, ce qui est fait au IVe siècle. Le développement des villes et de leur architecture monumentale dans tout l'Empire témoigne d'une richesse sans doute inégalement distribuée et répartie, mais certaine. La faiblesse du pouvoir d'achat de la plus grande partie de la population fait que globalement l'accroissement de la production est resté limité ainsi que le volume des échanges, mais la situation économique de l'Empire romain est très variable en fonction des époques et des régions ; il est donc inutile de tenter une synthèse, car il faudrait disposer d'études monographiques régionales qui n'ont pas encore été faites pour toutes les régions, faute d'ailleurs de données quantitatives suffisantes.

ECRITURE : l'écriture la plus ancienne nous est connue par les inscriptions : il s'agit des lettres capitales carrées (*lettera quadrata*) ; vers le milieu du IIe siècle av. J.-C., apparaissent des empattements, les jambages se terminant par des petits traits perpendiculaires. Au début du Ier siècle ap. J.-C. les Romains utilisent la capitale rustique, plus fluide que la précédente, dans les livres comme dans les inscriptions. Au cours du IIIe siècle apparaît un nouveau type d'écriture cursive, la minuscule primitive d'où dérivent deux grands types : l'onciale (écriture d'apparat) et la semi-onciale plus modeste. La capitale rustique reste cependant l'écriture des lettrés. Sur les inscriptions et les livres, les mots sont en général séparés par des signes (points, cercles, etc.) ; ce n'est qu'à partir de la fin du IIIe siècle ap. J.-C. que se répand la *scriptio continua* qui ne sépare plus les mots, et ce jusqu'à l'époque gothique.

***Edictales* :** nom donné aux étudiants de deuxième année dans les écoles impériales de droit en Orient.

EDILE (*aedilis*) : magistrat plébéien* (édile plébéien) ou patricien* (édile curule) chargé de l'approvisionnement de Rome (*cura annonae*), de la police de Rome (*cura Urbis*), et des jeux publics* pour l'édile curule (*cura ludorum*) ; ils peuvent aussi intervenir comme juges* pour les litiges intervenant sur les marchés (leurs édits* ont fini par former un code de commerce). Cette deuxième magistrature du *cursus honorum* est collégiale et annuelle. Les édiles ne disposent pas de l'*imperium* ni du droit d'auspice*. Les édiles curules sont élus par les comices centuriates*, puis tributes*, et les édiles plébéiens par le concile de la plèbe* ; jusqu'en 366 av. J.-C., il n'y avait que les deux édiles plébéiens. Ils gèrent une caisse spéciale alimentée par les amendes* qu'ils peuvent infliger. La *lex Iulia* porta à 4 leur nombre, en ajoutant deux *aediles ceriales* chargés de l'approvisionnement en céréales et de l'organisation des *ludi ceriales*. Sous l'Empire*, cette magistrature connut un fort déclin, les différentes préfectures* de Rome absorbant les fonctions des édiles. Les colonies* et les municipes* élisent également deux édiles.

EDIT (*edictum*) : ordonnance rendue par les magistrats*. Plus spécialement il s'agit de la déclaration publiée chaque année par le préteur* entrant en charge, dans laquelle il précise les domaines dans lesquels il exercera la justice*, et les règles générales selon lesquelles il statuera. Ces édits ont constitué le droit civil prétorien*. Les nouveaux préteurs se bornaient en général à remettre à jour et à améliorer l'édit précédent ; on distingue ainsi les édits perpétuels (*edicta perpetua*) qui couvrent toute l'année, et les édits ponctuels (*edicta repentina*) qui viennent préciser ou modifier l'édit annuel. On appelle édit pérégrin (*edictum peregrinum*) l'édit du préteur* pérégrin, et édit prétorien (*edictum praetorium*) l'édit du préteur urbain.

Vers le début du IIe siècle l'édit du préteur reste figé, en partie d'ailleurs à cause de la concurrence de la législation sénatoriale et impériale. Hadrien (117-138) chargea alors le juriste Salvius Julianus de donner une forme définitive à l'édit prétorien qui garda le nom d'édit perpétuel (*edictum perpetuum*) et servit de code* au droit honoraire*. Tout comme le préteur à Rome, dans les provinces* le gouverneur* à son arrivée proclamait l'édit provincial (*edictum provinciale*) où il énonçait le droit qu'il suivrait et les normes générales de l'administration ; là aussi, le gouverneur suivant se contentait en général de démarquer l'édit de son prédécesseur. Il est probable qu'Hadrien ait fait codifier l'édit provincial comme il l'a fait pour l'édit prétorien. Les édiles* disposent aussi du *ius edicendi* (droit d'émettre des décrets) dans leur domaine propre (*edictum aedilium curulium*), et l'ensemble des édits des magistrats à fonction judiciaire forment le droit honoraire (*ius honorarium*). Enfin l'Empereur* a lui aussi le droit d'émettre ses propres décrets ; il s'agit d'un énoncé verbal (sous la forme « l'Empereur César dit que... ») ayant valeur de loi ; il est affiché dans la résidence de l'Empereur et marqué de son sceau ; sa diffusion prend souvent du temps.

EDIT DE CARACALLA : édit pris par Caracalla en 212 ap. J.-C. et accordant la citoyenneté romaine à tous les pérégrins* à l'exception des déditices*. Le papyrus de Giessen étant lacunaire, de nombreux problèmes subsistent quant aux restrictions possibles et au sens à donner à « déditices ». Synonyme : constitution antonine.

EDIT DE MILAN : édit pris par Constantin en 313 après sa victoire sur Maxence, et établissant la liberté des cultes.

EDIT SUR LES PRIX (*edictum de pretiis rerum venalium*) : édit de l'Empereur Dioclétien en 301 ap. J.-C. qui fixe le prix maximal des principales marchandises et prestations de service. C'est l'un des plus beaux monuments épigraphiques de la civilisation romaine.

EDIT DE THEODORIQUE (*edictum Theodorici*) : recueil de lois romano-barbares publié vers 500 ap. J.-C. par Théodoric le Grand.

EDIT DE THESSALONIQUE : édit pris par Théodose en 380 ap. J.-C., faisant du christianisme la religion officielle de l'Empire.

***Editio actionis* :** dans les procès formulaires*, exposé du demandeur qui indique quel type d'action* il veut intenter.

***Editio rescripti* :** dans les procès* extra *ordinem*, lorsque le demandeur saisit directement l'Empereur*, la chancellerie* instruit l'affaire et en réponse envoie un rescrit* ; ce rescrit doit être notifié au défendeur pour engager la procédure. Cette notification s'appelle *editio rescripti*.

EDUCATION : c'est normalement le père de famille* qui apprend à ses fils à lire, à écrire, à nager, chasser et combattre. Les fils accompagnent leur père dans toutes les cérémonies religieuses et les réunions politiques (les sénateurs* peuvent même amener leur fils aux séances du Sénat) puis à 17 ans ils suivent les campagnes militaires. Toutefois, dès la fin du IIIe siècle, sous l'influence du modèle grec, les parents riches confient l'éducation de leurs enfants à un esclave pédagogue*, très souvent d'origine grecque. Il n'y a pas d'enseignement public à Rome avant Vespasien (69-79) ; l'éducation des jeunes reste privée. Vers 223 s'ouvrent à Rome pour les enfants pauvres de 7 à 11 ans des écoles où ils apprennent à lire et à écrire sous la férule d'un *litterator* ou *magister*. Les plus riches continuent leurs études en grec et en latin avec le *grammaticus* (de 12 à 16 ans) qui enseigne surtout la grammaire et la littérature grecques et latines, puis de 16 à 18 ans le rhéteur (*rhetor*) qui enseigne la rhétorique* et la dialectique grecques. La rhétorique romaine fut cependant enseignée dès le Ier siècle, et il y avait donc deux systèmes parallèles d'enseignement de l'éloquence*. Les études supérieures ne se font que dans les villes grecques (Athènes, Rhodes, Mitylène, Apollonia, Alexandrie, Pergame, Antioche, Smyrne et plus tard Carthage). Il n'y a pas de cursus spécialisé pour l'enseignement de culture générale : tous les étudiant suivent un programme identique qui comprend les sciences de la nature, l'arithmétique et la géométrie, la musique, la philosophie. Le sport* tient aussi une place importante dans l'éducation des jeunes romains, mais moins qu'en Grèce : l'éphébie en Orient et les collèges* de jeunes (*collega iuvenum*) en Occident sont à la fois des écoles supérieures et des clubs sportifs. Certaines disciplines demandent au contraire un cursus spécialisé : la médecine, l'architecture, et surtout le droit que l'on apprenait auprès des jurisconsultes*. Sous l'Empire*, tant l'Empereur* que les autorités municipales encouragent l'ouverture d'écoles qui participent à la romanisation, puis plus tard à la défense de la culture classique païenne. Vespasien créa même à Rome deux chaires d'Etat en rhétorique latine et en rhétorique grecque, et accorda des exemptions fiscales pour attirer les enseignants ; au Bas-Empire*, des écoles impériales de droit de grand renom s'ouvrent en Orient. Le bilinguisme gréco-latin fut un grand facteur d'unification de l'Empire.

EGATES (bataille des îles Egates) : bataille navale entre Rome et les Carthaginois sur la côte est de la Sicile, remportée par C. Lutatius Catulus en mars 241 av. J.-C. lors de la première guerre punique*.

EGLISE (vient du grec *ekklesia*) : communauté chrétienne. Le terme finit par désigner le bâtiment dans lequel se déroule le culte. Les premières églises ne furent souvent que de simples maisons privées. Les églises « publiques » furent bâties sur le même plan que celui des basiliques*, d'où l'appellation de basilique paléochrétienne pour les désigner. Les relations officielles de l'Eglise et du pouvoir impérial ont été définies dans la doctrine ecclésiastique du pouvoir élaborée par les Pères de l'Eglise (saint Ambroise et saint Augustin surtout) et les autorités politico-religieuses (le pape Gélase et l'Empereur Justinien). Le principe de base est la séparation du pouvoir politique et religieux (opposition temporel/spirituel). Toutefois l'Etat doit aider l'Eglise par ses générosités, sa législation et sa police, et l'Eglise doit assister l'Etat par ses prières et en prêchant l'obéissance au pouvoir établi. Le pouvoir spirituel l'emporte sur le pouvoir temporel par la finalité plus haute de sa mission, mais cette supériorité ne s'exerce que dans le domaine religieux et ne doit pas aboutir à une théocratie ; inversement le pouvoir politique est incompétent en matière religieuse et ne doit pas intervenir dans les affaires religieuses de l'Eglise (césaropapisme).

EGLOGUE : poème de circonstance, ou morceau choisi dans un recueil ou une œuvre ; au pluriel le mot désigne un ensemble de petits poèmes. On donna ensuite ce titre à des poèmes pastoraux, parce que Virgile dans ses *Bucoliques* avait réuni précisément des petits poèmes d'inspiration pastorale.

***Egnatia* (*via*) :** route construite au IIe siècle av. J.-C., reliant Durazzo à Byzance (cf. carte 7).

***Egregius vir* :** « homme distingué » ; titre accordé aux chevaliers* qui n'avaient pas exercé une grande préfecture*.

EGYPTE : l'Egypte fut conquise par Octave au lendemain de la bataille d'Actium en 31 av. J.-C. Elle eut tout de suite un statut spécial par rapport aux autres provinces*, car elle devint propriété privée des Empereurs*. En effet, l'importance économique de l'Egypte est énorme : elle est le grenier à blé de Rome, elle détient le monopole du papyrus, elle est aussi le point d'arrivée du commerce africain et du commerce indien. Elle est commandée par un préfet* de rang équestre directement nommé par l'Empereur, faisant office de gouverneur et de commandant en chef des légions ou troupes de garnison qui y séjournent (à Nicopolis notamment). Le schéma administratif des Ptolémées n'est pas modifié : la circonscription de base reste le nome subdivisé en toparchies avec des fonctionnaires grecs ou égyptiens ; les nomes sont regroupés en trois grands districts dépendant d'un épistratège de rang équestre. Les services administratifs sont centralisés à Alexandrie qui est en population la deuxième ville de l'Empire après Rome, mais sans doute la première ville d'un point de vue culturel. Les métropoles des nomes se transformèrent progressivement en véritables cités avec des institutions poliades, Alexandrie retrouvant même sa Boulè (Conseil) qu'avaient supprimée les Lagides. Si les révoltes furent peu fréquentes (de 162 à 166 seulement), les natifs de souche grecque ou égyptienne résistèrent à la romanisation ; ce n'est qu'au IIIe siècle ap. J.-C. que des Egyptiens entrèrent pour la première fois au Sénat* de Rome. Le culte d'Isis se répandit par contre dans tout l'Empire.

***Elaeothesium* :** pièce des thermes* où les baigneurs se font oindre d'huile et de parfums.

ELECTIONS (*creatio, suffragium*) : sous la République*, les élections aux divers postes de magistrature* se font à Rome dans le cadre des comices tributes et centuriates*. En vertu du *ius honorum* tout citoyen* peut être éligible, mais il y a des limites d'âge et des règles interdisant la réitération d'une charge, le cumul, ou un *cursus honorum* trop rapide. Les candidats doivent se faire connaître sur le *forum* (*professio nominis*) auprès du magistrat présidant les comices concernés, qui accepte ou non sa candidature (*nominatio*). Dans le cas des magistratures patriciennes, il faut l'aval du Sénat* (*auctoritas patrum*). Entre la déclaration de candidature et le jour des élections, les candidats disposent d'un laps de temps suffisant (27 jours) pour faire leur campagne (*ambitus*). Le vote à l'origine est oral, mais à la fin du IIe siècle av. J.-C. il est écrit et secret (cf. Lois tabellaires). Les citoyens votent un par un sur une sorte de pont (*pons suffragiorum*) où est déposée l'urne. Le vote est à deux degrés : chaque citoyen vote par tête (*viritim*) dans le groupe auquel il appartient, et le vote est acquis à la majorité relative. Ensuite chaque groupe prend la valeur d'une unité de vote, et on vote par groupe (*tributim*) à la majorité absolue. Dans les comices centuriates, les centuries* de la première classe, majoritaires si elles se mettent d'accord, votent en premier, et le vote de la première centurie qui passe pour inspiré des dieux, influe fortement sur les votes suivants ; comme on arrête le vote dès que la majorité est acquise, les centuries des pauvres ne votent jamais. A partir de 220 av. J.-C., on tire au sort la centurie de première classe qui votera la première (*centuria praerogativa*), et ce sont les deux premières classes qui ainsi détiennent la majorité. Dans les comices tributes, le nombre prédominant des tribus rurales donne la majorité aux propriétaires terriens ; les *populares* s'efforceront de faire entrer dans ces tribus des non-propriétaires résidants à Rome pour enlever la majorité aux paysans. Les élections des magistrats à *imperium* doivent être ratifiées par les comices curiates, mais ce n'est qu'une simple formalité.
Sous l'Empire*, les élections ont moins d'importance dans la mesure où les magistratures éligibles n'ont plus guère qu'une fonction de prestige, les postes de responsabilités étant attribués par le Prince* (*nominatio*) ; dans tous les cas, la pratique de la *commendatio* fausse les règles du jeu. Depuis Tibère (14-37) le Sénat joue un rôle prédominant dans les élections des magistrats et des prêtres* publics : l'Empereur dresse la liste des postes vacants et des candidats possibles, et le Sénat, après avoir tenu compte des recommandations impériales et auditionné les candidats le jour des comices, vote en bloc. L'élection par les comices n'est alors plus qu'une pure formalité. Pour les magistratures nouvelles créées depuis le principat* (les curatèles notamment) seul le Sénat intervient sans recourir aux comices ; la procédure est souvent le tirage au sort, ou la constitution d'une liste soumise ensuite au Prince. Les comices sacerdotaux se réunissent encore au Ier siècle ap. J.-C., mais ils se prononcent sur une liste établie par le Sénat.

ELECTRUM : alliage naturel ou artificiel d'or et d'argent.
ELEGIE : poème composé en dystiques dits élégiaques (hexamètres et pentamètres), et exprimant des sentiments personnels. L'élégie est introduite à Rome au Ier siècle av. J.-C. et connaît son apogée avec des poètes comme Catulle, Tibulle, Properce et Ovide.
ELEVAGE : la tradition qui fait de Romulus un berger, la légende d'Hercule et des bœufs d'Evandre, montrent l'importance de l'élevage dans la vie des premiers Romains. Le mot désignant l'argent, la fortune (*pecunia*) dérive de *pecus*, le troupeau, ce qui montre que la richesse était d'abord évaluée en fonction des têtes de bétail. L'Italie* est d'ailleurs toujours restée une terre d'élevage à cause de ses montagnes et de la pratique de la transhumance. L'élevage est surtout le propre des grands propriétaires terriens qui emploient une main-d'œuvre servile importante. Les bergers d'Italie méridionale, nombreux à la fin de la République*, ont représenté un danger social avec plusieurs révoltes serviles. Les animaux d'élevage étaient les bovins (pour le lait, le cuir, et les travaux agricoles), les chevaux (pour l'armée, les transports, les voyages), les ânes et mulets (pour le portage) et les ovins (pour le lait et la laine). Seul le porc était élevé pour la boucherie. La pisciculture et l'ostréiculture, réservées aux grands propriétaires, ne font leur apparition qu'au IIe siècle av. J.-C. Cf. également Agriculture, Apiculture.
ELOGE (*laudatio*) : discours d'apparat en l'honneur d'un personnage important. Les éloges sont prononcés à l'occasion des funérailles* (*laudatio funebris*), ou au cours des jeux* publics. Ainsi en 12 av. J.-C. Auguste prononça l'éloge funèbre d'Agrippa (*laudatio Agrippae*) dont un fragment de traduction en grec a été retrouvé sur un papyrus provenant du Fayoum (actuellement au musée de Cologne).
ELOQUENCE : « don naturel de l'homme cultivé » selon Cicéron, elle joue un rôle très important dans l'éducation* des jeunes Romains qui veulent se lancer dans les carrières politiques ; elle est aussi à la source du droit romain*. Elle est enseignée par les rhéteurs* qui doivent inculquer l'art de persuader. A l'époque de Cicéron, qui est un de ses plus célèbres représentants, il y a deux écoles concurrentes : l'école néo-attique avec Calvus (inspirée de l'orateur grec Lysias) et l'école asiatique avec Hortensius. L'éloquence peut être politique, judiciaire, ou épidictique (éloges ou blâmes). Ses règles ont été codifiées dans l'œuvre de Quintilien, l'*Institution oratoire* (Ier siècle ap. J.-C.). Tout discours oratoire a un triple objectif : plaire (*placere*), prouver (*docere* ou *probare*), émouvoir (*movere*) et passe par cinq étapes : l'invention (recherche des idées et argumentation), la disposition (le plan), l'élocution (le style, le ton), la mémoire (mémorisation intégrale du texte) et l'action (l'allocution, les effets oratoires). Les chaires d'éloquence sont parmi les plus enviées dans une carrière professorale. Cf. Oratoire (art), Rhétorique.
EMANCIPATION (*emancipatio*) : acte juridique par lequel le chef de famille soustrait un membre de sa famille à son autorité (*potestas patria*). L'émancipation se fait en deux temps : substitution du *mancipium* d'un tiers à la *patria potestas*, puis élimination du *mancipium* par la procédure d'affranchissement* ; celui qui affranchit est appelé à la succession de l'émancipé à défaut d'héritiers.
EMINENTISSIME (*eminentissimus vir*) : titre donné aux chevaliers* ayant exercé la préfecture du prétoire*.
EMPEREUR (*imperator*) : à l'origine, *imperator* désigne celui qui muni de l'*imperium* militaire peut conduire les légions*. Il devient ensuite un titre

décerné aux généraux victorieux (le premier à le porter fut Scipion l'Africain). En 40, Auguste* transforme ce titre acquis en 43 av. J.-C. en un véritable prénom*. Dès lors il apparaît toujours en premier dans les titulatures* impériales, et on appelle communément « Empereurs » les chefs d'Etat à la tête de l'Empire* romain depuis Auguste. Ils disposent de tous les pouvoirs, car ils cumulent l'*imperium* (militaire et civil), la puissance tribunicienne*, l'*auctoritas* suprême, la dignité religieuse du grand-pontife* et le prestige du Père de la Patrie*. Synonyme dans l'usage courant : Prince* (*Princeps*).

Liste des Empereurs romains par dynasties[11]

LES JULIO-CLAUDIENS (23 av. J.-C.-68 ap. J.-C.)		
23-14	AUGUSTE	(Caius Octavius)
14-37	TIBERE	(Tib. Claudius Nero)
37-41	CALIGULA	(C. Iulius Caesar Germanicus) **Germanicus**
41-54	CLAUDE	(Tib. Claudius Germanicus) **Germanicus Britannicus**
54-68	NERON	(L. Domitius Ahenobarbus, puis Claudius Nero)
CRISE DE 68-69		
68-69	GALBA	(Servius Sulpicius Galba)
	OTHON	(M. Salvius Otho)
	VITELLIUS	(Aulus Vitellius) **Germanicus**
LES FLAVIENS (69-96)		
68-79	VESPASIEN	(T. Flavius Vespasianus)
79-81	TITUS	(T. Flavius Vespasianus)
81-96	DOMINITIEN	(T. Flavius Dominitianus) **Germanicus**
LES ANTONINS (96-192)		
Dynastie espagnole		
96-98	NERVA	(M. Cocceius Nerva) **Germanicus**
98-117	TRAJAN	(M. Ulpius Traianus) **Germanicus Dacius Parthicus**
117-138	HADRIEN	(Publius Aelius Hadrianus)

11. Les dates indiquées sont celles des règnes. En période de crise, plusieurs empereurs peuvent donc apparaître en même temps. Le nom en majuscule d'imprimerie est le nom usuel tel que l'usage l'a conservé ; le nom latin complet est indiqué entre parenthèses. En gras apparaissent les titres pris à la suite des victoires militaires.

Dynastie narbonnaise		
138-161	ANTONIN le pieux	(T. Aurelius Fulvius Boionus Antoninus Arrius) **Germanicus Dacicus**
161-169	MARC-AURELE et VERUS	(M. Annius Verus) **Armeniacus Parthicus maximus Medicus Germanicus Sarmaticus** (L. Verus Aurelius Commodus) **Armeniacus Medicus Parthicus maximus**
169-180	MARC-AURELE seul	
180-192	COMMODE	(L. Aurelius Commodus Antoninus) **Germanicus, Sarmaticus Britannicus**
CRISE DE 192-193		
192-193	PERTINAX	(P. Helvius Pertinax)
	M. Didius Iulanius, acheté par les prétoriens* après l'assassinat de Pertinax. C. Pescennius Niger, auto-proclamé à Antioche. D. Clodius Albinus, nommé César* par Septime Sévère.	
LES SEVERES (193-235)		
193-211	SEPTIME SEVERE	(L. Septimius Severus) **Arabicus Adiabenicus Parthicus maximus Britannicus maximus.**
211-212	CARACALLA	Septimius Bassianus, puis M. Aurelius Antoninus) **Parthicus Britannicus max. Germanicus Arabicus Adiabenicus**
212	GETA	(L. Septimus Geta) **Britannicus**
212-217	CARACALLA seul	
217-218	MACRIN	(M. Opellius Macrinus), usurpateur.
218-222	ELAGABAL ou HELIOGABALE	(Varius Avitus Bassianus)
222-235	SEVERE ALEXANDRE	(C. Iulius Gessius Alexianus Bassianus)
LA PERIODE DE CRISE (235-284)		
235-238	MAXIMIN le Thrace	(C. Iulius Verus Maximinus) **Germanicus maximus Sarmaticus maximus Dacicus maximus**
238	GORDIEN I, GORDIEN II, PUPIEN, BALBIN	
238-244	GORDIEN III	(M. Antonius Gordianus)
244-249	PHILIPPE l'Arabe	(M. Iulius Philippus) **Parthicus maximus Persicus maximus Carpicus maximus Germanicus**
249-251	DECE	(C. Messius Quintus Decius) **Dacicus maximus**

251-253	TREBONIEN GALLE associé à VOLUSIEN	
253	EMILIEN	
253-260	VALERIEN	(P. Licinus Valerianus) **Germanicus**
260-268	GALLIEN	(P. Licinius Egnatius Gallienus) **Germanicus maximus Dacius maximus Parthicus maximus Persicus maximus**
268	AUREOLUS	
268-270	CLAUDE II le Gothique	(M. Aurelius Claudius) **Germanicus maximus Gothicus maximus Parthicus maximus**
270-275	AURELIEN	(L. Domitus Aurelianus) **Germanicus, Gothicus Parthicus Carpicus Dacicus Britannicus, Sarmaticus maximus**
275-276	TACITE	(Claudius Tacitus) **Gothicus maximus**
276	FLORIANUS	
276-282	PROBUS	(M. Aurelius Probus) **Germanicus maximus Gothicus maximus**
283-284	CARIN	**Persicus maximus Germanicus maximus Britannicus maximus.**
	LES TETRARCHIES (284-324)	
	Premier groupe	
284-305	DIOCLETIEN	(Caius Aurelius Valerius Diocletianus). Auguste* jupitérien en Orient.
286-305	MAXIMIEN	(M. Aurelius Valerius Maximinanus). Auguste herculéen en Occident.
293-306	CONSTANCE Ier CHLORE	(M. Flavius Valerius. Constantius), César* en Occident, puis Auguste en 305.
293-311	GALERE	César en Orient, puis Auguste en 305.
	Deuxième groupe	
305-307	SEVERE	Auguste en 306, remplace Maximien.
305-313	MAXIMIN DAIA	(Galerius Valerius Maximinus), Auguste en 310, remplace Dioclétien.
306-337	CONSTANTIN I	Auguste en 307 : remplace Constance Ier.
306-312	MAXENCE	(M. Aurelius Valerius Maxentius), Auguste en 307, en conflit avec Constantin.
308-324	LICINIUS	Remplace Sévère.

On remarquera qu'en 308 il n'y a pas moins de six Empereurs ! Galère et Maximin Daia pour l'Orient, Constantin et Licinius en Occident en but aux prétentions de Maximien (qui avait pourtant abdiqué) et Maxence ; il faudrait en rajouter un septième, Domitius Alexander qui a des prétentions en Afrique. L'unité de l'Empire n'est rétablie par Constantin qu'en 324, après l'élimination de Maxence (bataille des Roches Rouges) et de Licinius (bataille d'Andrinople).

LA DYNASTIE CONSTANTINIENNE (306-363)		
306-337	CONSTANTIN I	(Flavius Valerius Constantinus)
337-361	CONSTANTIN II	Meurt en 340.
	CONSTANT	(Flavius Iulius Constans), meurt en 350.
	CONSTANCE II	(Flavius Iulius Constantius)
361-363	JULIEN dit l'Apostat	(Flavius Claudius Iulianus)
363-364	JOVIEN	N'appartient pas à la dynastie.
364	Premier partage de l'Empire entre l'Orient et l'Occident.	

LA DYNASTIE VALENTINIENNE ET THEODOSE (364-395)			
Occident		Orient	
364-375	VALENTINIEN I	364-378	VALENS
375-392	VALENTINIEN II	379-395	THEODOSE
375-383	GRATIEN (tué par Maxime)		
383-388	MAXIME*		
392-393	EUGENE*		
393-395	THEODOSE		
395	Deuxième partage de l'Empire entre l'orient et l'occident.		
Occident		Orient	
395-423	HONORIUS	395-408	ARCADIUS
425-455	VALENTINIEN III	408-450	THEODOSE II
457-472	RICIMER	450-471	ASPAR
472-475	NEPOS		
475-476	ROMULUS AUGUSTULE		
476	Fin de l'Empire romain d'Occident.		

***Emphyteusis* :** droit d'utiliser un domaine moyennant un petit loyer.
EMPIRE (romain) : désigne l'Etat Romain à partir d'Auguste*. L'Empire succède à la République*, et les historiens distinguent traditionnellement le Haut-Empire* ou principat* (de 31 av. J.-C. à 135 av. J.-C.) et le Bas-Empire* ou dominat* (de 135 à 476 pour l'occident). En 364 puis en 395 l'unité de l'Empire éclate, puisqu'à la mort de Théodose un partage officiel (*partitio imperii*) se fait entre l'Empire romain d'Orient (capitale Constantinople*) et l'Empire romain d'Occident. L'Empire se caractérise par le fait qu'un seul homme, le *Princeps*, sous le titre de *Imperator Caesar Augustus* détient le pouvoir (le Sénat* et les comices* ne jouant plus qu'un rôle secondaire), et par le fait que l'Etat romain connaît alors sa plus grande extension territoriale. Le terme d'Empire recouvre donc une réalité territoriale (délimitée par le *limes*), chronologique (cinq siècles), et institutionnelle.
***Emporium* :** désigne toute zone où se pratique le commerce* au long cours et en tout genre : port, marché, place de commerce, entrepôts, etc. A Rome, l'*emporium* se situe sur la rive gauche du Tibre au pied de l'Aventin*. Le terme implique la notion de traversée par eau, même si parfois un *emporium* peut se trouver à quelque distance du lieu où aboutit la voie d'eau. La notion

de commerce qu'il exprime comprend plus les transactions que les produits importés ou exportés.

Emptor bonorum : personne qui au terme de la *venditio bonorum* se substitue au débiteur pour régler ses créances. Il doit reconstituer l'actif du débiteur, puis régler sa dette.

ENNEMI : à l'origine, le même terme, *hostis*, désigne l'ennemi et l'étranger*, mais il n'est pas péjoratif car l'étranger, qu'il soit privé ou public, bénéficie des droits de l'hospitalité (*hospitium*). Par la suite apparaît la notion juridique de pérégrin* qui protège tout homme libre qui n'est pas romain ou latin. Dès lors *hostis* désigne officiellement l'ennemi public, par opposition à *inimicus*, l'ennemi privé.

ENSEIGNE MILITAIRE (*signum*) : emblème d'un corps d'armée*. Marius (157-86) limita à une seule l'enseigne des légions* : il s'agit d'un aigle de bronze (*aquila*) aux ailes déployées tenant la foudre entre les serres, perché au sommet d'une hampe. L'enseigne stricto sensu (*signum*) est l'emblème du manipule* : il se présente sous la forme d'une hampe décorée d'attributs divers (notamment les distinctions militaires obtenues par le manipule), et surmontée d'une couronne de feuillage ou d'une main. Les détachements et formations temporaires disposent aussi d'une enseigne, le *vexillum*, étendard suspendu à une barre horizontale au sommet d'une hampe. L'étendard est aussi l'emblème des corps de cavalerie*. Toutes les enseignes font l'objet d'un culte ; dans les camps* romains il y a toujours une chapelle aux enseignes.

ENSEIGNEMENT : cf. Education.

ENTREPOT (*Horreum*) : construction typique de l'*emporium* où l'on stocke les denrées déchargées des navires ou des convois. On connaît à Rome plusieurs grands entrepôts : les *horrea Agrippiana*, entrepôts construits par Agrippa (63-12 av. J.-C.) dans la région commerçante du Velabre* ; les *horrea Galbana* (ou *Sulpicia*), entrepôt le plus ancien construit vers 100 av. J.-C. par le consul* Sulpicius Galba dans la zone du port fluvial de Rome où se trouvent d'autres entrepôts (*horrea Sempronia, Lollina, Seiana, Aniciana*) ; les *horrea piperataria*, magasins du poivre et des épices à l'emplacement de la basilique* de Maxence. Les camps* fixes romains ont aussi leurs *horrea*. Certaines constructions, tels les greniers à blé, posent des problèmes d'architecture à cause de la pression exercée sur les parois par les grains : les murs sont très épais et soutenus par d'épais contreforts ; il faut aussi un système de drainage pour assécher les pièces afin que les denrées ne périssent pas.

Enuptio gentis : exogamie ; passage des filles d'une *gens* à l'autre, voire d'une famille à l'autre, à des fins matrimoniales.

Ephebeum : salle de sport.

EPICURISME : doctrine philosophique fondée par Epicure (341-270) ; elle prône la recherche du bonheur individuel en soustrayant l'homme et l'univers à l'action des dieux, avec un idéal, l'ataraxie, qui consiste à s'affranchir de tout trouble passionnel pour pouvoir atteindre le bonheur ; cette doctrine fut condamnée à Rome (Alkios et Philiskos, deux épicuriens, en furent chassés en 173 av. J.-C.), mais elle trouva cependant des adeptes, notamment chez les poètes (Lucrèce, Virgile et Horace) et la haute société romaine (Mécène). L'épicurisme compris comme la seule jouissance matérielle, le fameux *carpe diem* (profite du jour présent), est déjà une déviation. Il est mieux accepté sous l'Empire* car il reconnaît, comme le stoïcisme*, le bien fondé d'un pouvoir fort de type monarchique.

EPIDICTIQUE (discours) : discours d'apparat prononcé lors de la distribution des prix dans les jeux* ou à l'occasion des oraisons funèbres. Cf. Eloge. Il s'oppose au discours délibératif, judiciaire ou politique.

EPIGRAMME : inscription en vers gravée sur les tombes ou les monuments* ; le terme désigne aussi un petit poème à caractère satirique, se terminant par un trait d'esprit ou cultivant un paradoxe. A Rome, les premières épigrammes littéraires datent de la fin du IIe siècle av. J.-C. ; elles sont d'inspiration grecque et sur le thème de l'amour ; Catulle excella dans le genre, ainsi que Martial.

EPIGRAPHIE : étude des inscriptions gravées et des graffiti, tant du point de vue de leur forme (y compris celui de leur support) que de leur contenu. Les inscriptions latines antérieures au IIIe siècle av. J.-C. sont rares ; la plus ancienne, en boustrophédon*, est celle de la *Lapis Niger* sur le *Forum*, qui est datée au VIe siècle av. J.-C. Une des plus belles inscriptions latines est celle du monument d'Ancyre*. L'épigraphie est une des sources principales de l'histoire romaine, surtout pour la période de l'Empire*, car elle rapporte des documents officiels que l'on peut dater avec précision, et permet des études onomastiques et prosopographiques. Les inscriptions sont, plus que tout autre témoignage, le reflet précis d'une société, de ses mentalités et de ses institutions. Les nombreuses abréviations qu'elles comportent peuvent rebuter le non-spécialiste, mais elles sont répertoriées dans les manuels d'épigraphie ; en règle générale, les inscriptions officielles, lorsque leur support est complet et bien conservé, ne posent aucun problème de déchiffrage car la gravure et l'écriture sont bien codifiées et de qualité. Les inscriptions latines connues sont réunies par région dans un vaste corpus, le *CIL* (*Corpus Inscriptionum Latinarum*), tandis que l'*Année épigraphique* (*AE*) recense annuellement les nouvelles inscriptions. Il existe aussi un recueil plus modeste, où les inscriptions les plus importantes sont classées par thème : H. DESSAU, *Inscriptiones Latinae selectae*, 5 vol., 3e édition, Berlin, 1962 (abrégé en *ILS*). Dans toute la partie orientale de l'Empire, les inscriptions sont aussi en langue grecque ; elles ne sont pas non plus commodément regroupées. On dispose du recueil de R. CAGNAT, *Inscriptiones graecae ad res romanas pertinentes*, 3 vol., Paris 1901-1927 (abrégé en *IGR*), qu'il faut compléter avec le *Supplementum Epigraphicum Graecum* (*SEG*) et le *Bulletin Epigraphique* publié par la *Revue des Etudes Grecques* (*REG*). Bibliographie : F. BERARD *et alii*, *Guide de l'épigraphiste*, Paris, 1986.

***Epistula* :** toute espèce de message écrit. Plus spécifiquement, message de l'Empereur* au Sénat*, ou réponse séparée de l'Empereur à une supplication*.

EPONYMIE : fonction des magistrats* éponymes qui donnent leur nom à l'année, et durée de leur fonction ; à Rome les consuls sont éponymes. Il existe aussi une éponymie divine pour les noms de ville (Herculanum, Apollonia, etc.)

EPOPEE (littérature épique) : le genre épique fut introduit à Rome par Livius Andronicus (IIIe siècle av. J.-C.) qui traduisit en latin l'*Odyssée* d'Homère. A la même époque Naevius composa une épopée sur la première guerre punique (*Poenicum Bellum*), puis Ennius (239-169 av. J.-C.) ses *Annales*, premier poème en hexamètres dactyliques qui raconte les origines de Rome. L'influence de la poésie alexandrine se reflète dans l'épopée mythologique de Catulle (82-52), son épithalame de *Thétis et Pelée*. Mais la plus grande épopée de la littérature latine est l'*Enéide* de Virgile (70-19 av. J.-C.), qui en

12 chants raconte les aventures du Troyen Enée venu fonder Rome après sa fuite de Troie. Après lui Lucain (39-65) composa la *Pharsale*, en 10 chants, qui retrace la lutte entre César et Pompée. Moins fameuses sont les *Punica* (épopée sur la deuxième guerre punique) en 17 chants de Silius Italicus (25-101), les *Argonautica* (histoire de Jason et de la conquête de la Toison d'Or) de Valerius Flaccus (mort en 90), la *Thébaïde* (combat de Polynice contre Etéocle pour la conquête de Thèbes), et l'*Achilléide* (la vie d'Achille) de Stace (40-96).

EPULONS : collège* de 3, 7 puis 10 prêtres d'origine plébéienne chargés de seconder les pontifes* dans l'organisation des banquets sacrés (*epula*) offerts à Jupiter Capitolin ; le collège fut créé en 196 av. J.-C. Sous l'Empire*, les épulons organisent aussi les repas publics offerts par l'Empereur*.

EPYLLION : nom donné à une petite épopée.

***Eques* (pl. *equites*) :** cf. Cavalerie, Chevaliers.

EQUESTRE (ordre) : cf. Chevaliers.

EQUIPAGES (DE LA FLOTTE) : cf. Flotte, Marine.

EQUIR(R)IES (*Equir(r)ia*) : fêtes* militaires marquées par des courses de chevaux en l'honneur de Mars ; elles auraient été instituées par Romulus.

***Equites singulares* :** cf. Cavalerie personnelle.

***Equus Domitiani* :** statue équestre en bronze de l'Empereur* Domitien érigée en 91 ap. J.-C. sur le *Forum* romain*.

***Equus October* (Cheval d'octobre) :** fête* militaire très ancienne au cours de laquelle était sacrifié un cheval à l'issue d'une course de chars opposant les habitants de la Voie sacrée* (*Sacravienses*) à ceux de Subure* (*Suburani*). La course avait lieu au Champ de Mars* sur le *Trigarium* à côté du *Tarentum*.

ERAIRES (*aerarii*) : Romains qui ne sont plus inscrits dans les tribus* parce qu'ils ont été déchus de leurs droits civiques. Tribuns éraires : cf. Tribun.

ERGASTULE (*ergastulum*) : logement misérable où étaient enfermés les groupes d'esclaves* employés dans les grandes propriétés ; c'est aussi le local servant aux troupes de gladiateurs* ; plus généralement le terme désigne un cachot, une prison souterraine.

ESCLAVE (*servus*)/ESCLAVAGE : individu qui n'a pas la condition d'homme libre ; les esclaves constituent la classe inférieure de toutes les sociétés antiques. Ils sont comme une marchandise vivante : ils s'achètent et se vendent sur les marchés spécialisés (le plus important se trouve sur l'île de Délos), et font partie du patrimoine* du maître ; la loi les définit comme un outil parlant (*instrumentum vocale*). On est esclave si ses parents sont esclaves (on appelle *verna* l'esclave né dans la maison de son maître), ou on le devient lorsqu'on a perdu sa citoyenneté* à la suite d'une guerre (ainsi la prise de Carthage fit 50 000 prisonniers de guerre), d'un acte de piraterie, ou par déchéance civique. Les enfants abandonnés devenaient aussi propriété de ceux qui les recueillaient. Les esclaves ont la possibilité d'être affranchis* par leur maître. Ils ne sont pas tous employés comme main-d'œuvre agricole dans les domaines, ou comme ouvriers dans les mines, les travaux publics, les carrières ; ils affluent aussi dans les villes où ils modifient la vie familiale, et certains jouent un rôle important dans la vie culturelle comme médecins, scribes ou pédagogues* : c'est le cas pour les Grecs déportés à Rome à la suite de la conquête de la Grèce (l'historien Polybe est l'exemple le plus fameux). Les esclaves publics (*servi publici*) sont employés dans les travaux publics ou dans l'administration* ; leur condition est un peu supérieure à celle des esclaves privés dans la mesure où ils reçoivent un traitement qui leur permet ensuite d'acheter leur liberté. La conquête romaine a alimenté abondamment l'esclavage dès la fin du IIIe siècle, ce qui a causé de graves déséquilibres sociaux, car cette main-d'œuvre gratuite a conduit au chômage un bon nombre de petits travailleurs. Il y aurait eu entre 2 et 3 millions d'esclaves en Italie au début de l'Empire* ; César* à lui seul ramena un million d'esclaves de Gaule*. L'esclavage est tellement ancré dans la réalité sociale que le christianisme* ne l'a pas condamné, mais recommanda seulement aux maîtres de pratiquer à leur égard la charité, ce qui pouvait améliorer leur sort. Au Bas-Empire*, il semble moins important, car il a été relayé par le système du colonat*. L'esclave est donc une force de travail (au point qu'on a parlé de société esclavagiste pour définir le système économique des sociétés antiques), mais il est aussi un moyen d'afficher son standing : la réussite d'une famille peut se mesurer à son nombre d'esclaves ; on sait par exemple qu'en 61 ap. J.-C. la maison du romain Pedanius Secundus comptait 400 esclaves ; un affranchi d'Italie laissa à sa mort en 8 av. J.-C., 4 116 esclaves à côté de 250 000 têtes de bétail et d'un capital de 60 000 sesterces. Le prix d'un esclave variait énormément en fonction des époques, des endroits, et de sa qualification. Le prix moyen semble se situer autour de 2 000 sesterces*, et l'entretien d'un esclave est d'environ 300 sesterces par an ; si on songe que le revenu annuel de la plus grande partie de la population est inférieure à 1 000 sesterces, et qu'une famille aisée ne dispose que de 100 000 sesterces par an, on s'aperçoit que seules les très grandes fortunes pouvaient se permettre d'acquérir plusieurs esclaves. En fait, seuls les esclaves capables de fonctions qualifiées justifiaient un tel investissement.

Les sources littéraires insistent souvent sur la condition difficile des esclaves livrés au bon vouloir de leur maître puisqu'aucune législation sociale ne les protégeait jusqu'à l'époque d'Hadrien (117-138) ; les châtiments sont nombreux et variés (fouet, chaînes, cachot, supplice du poteau, du carcan ou de la fourche), et peuvent aller jusqu'à la crucifixion. Les esclaves travaillent tous les jours, sauf au moment de la fête des Saturnales* qui leur est réservée au mois de décembre, et des *Compitalia* (début janvier). Vers 60 av. J.-C., un esclave à Rome reçoit mensuellement 20 sesterces et 5 boisseaux de blé pour sa nourriture. A la fin de la République*, il y a plusieurs révoltes* serviles (en Sicile* en 139-132, puis 104-100, et en Italie* en 73-71 avec Spartacus). Ces révoltes correspondent au moment où les esclaves, souvent des bergers, sont les plus nombreux, et donc les moins chers, ce qui pouvait effectivement encourager les mauvais traitements et les exécutions, surtout dans les établissements industriels ou les *latifundia*. Ils ne pouvaient espérer être affranchis, et ils étaient revendus ou éliminés dès qu'ils n'étaient plus rentables. Leur condition juridique s'est quand même améliorée vers la fin de la République : la *patria potestas* des maîtres a été un peu limitée, et les esclaves reçoivent une certaine capacité juridique (ils peuvent représenter leur maître et se constituer un pécule*). Sous l'Empire*, leur condition s'améliore encore d'une part parce qu'ils sont moins nombreux, et d'autre part à cause de l'influence stoïcienne ; des hommes libres et des esclaves se côtoient dans les collèges* funéraires, et à partir d'Hadrien une protection sociale de l'esclave se met progressivement en place ; Antonin (138-161) assimile à un homicide le meurtre de l'esclave. A la fin de l'Empire, il n'y a plus guère de différence économique et sociale entre les esclaves et les hommes libres à qualification égale.

Les esclaves impériaux constituent une catégorie un peu à part ; ils font partie de la famille de César (*familia Caesaris*), et occupent souvent des fonctions administratives. Ils sont formés dans une école spéciale (*paedagogium*) ; Hadrien ouvrit une seconde école qui comptait 24 enseignants. Jusqu'à Néron (54-68) ils étaient rapidement affranchis et pouvaient accéder ainsi à de hautes fonctions. Par la suite les postes de responsabilité furent confiés aux chevaliers*, mais le développement du secteur administratif entraîna une augmentation du personnel administratif servile. Un esclave impérial touchait un salaire, recevait des gratifications et pouvait profiter de sa fonction pour s'enrichir plus ou moins honnêtement ; cela lui permettait donc d'acheter sa liberté, si son mérite n'était pas suffisant. On voit ainsi sous Néron un esclave verser 1 million de sesterces à un sénateur pour obtenir un poste de trésorier, et un trésorier acheter 13 millions de sesterce sa liberté ! Proches du pouvoir, les esclaves impériaux étaient ainsi redoutés et adulés, et paradoxalement l'origine servile devenait un titre de gloire car le service impérial était un élément de supériorité reconnu comme tel par les ingénus*. Mais même après l'affranchissement, la macule servile était indélébile, et l'intégration dans la société des affranchis restait d'autant plus difficile que les jalousies étaient fortes. Au Bas-Empire*, il n'y a plus d'esclaves dans les bureaux* impériaux car même les tâches les plus subalternes sont confiées à des hommes libres ; les esclaves impériaux servent uniquement dans les domaines*.

ESPAGNE (*Hispania*) : une partie de l'Espagne fut conquise pour la première fois par Scipion l'Africain en 210 av. J.-C. En 197 av. J.-C. deux provinces* furent créées : l'Espagne Citérieure (la côte orientale), et l'Espagne Ultérieure (l'Andalousie). En 154 des soulèvements entraînèrent une révolte qui dura 9 ans et la guerre d'Espagne ne prit fin qu'après la prise de Numance par Scipion Emilien en 133 av. J.-C. Des vétérans* y furent installés, et les richesses minières de même que la fertilité des plaines fluviales attirèrent des hommes d'affaires ; des municipalités romaines et latines, mais aussi indigènes y furent organisées. César* y fonda deux colonies, Hispalis (Séville) et Tarraco (Tarragone), et Auguste* acheva entre 26 et 19 la pacification de toute la péninsule ibérique en soumettant les Cantabres et Astures du nord-ouest. Sous l'Empire*, l'Espagne est divisée en trois provinces : l'Espagne Citérieure ou Tarraconaise, la Bétique, et la Lusitanie. Au Bas-Empire le diocèse des Espagnes comprend la Tarraconaise, la Galice, la Lusitanie, la Carthaginoise et la Bétique (cf. cartes 3, 4, 5).

ESQUILIN (*Esquilinus*) : une des collines de Rome qui présente trois sommets : l'Oppius au sud, le Cispius au nord, et le Fatugal à l'ouest (cf. carte 1). Sous Auguste*, elle est divisée entre les régions* III, IV et V. De l'Esquilin descend l'Argilète* qui mène au quartier très populaire de Subure*. Les monuments publics n'y sont pas très nombreux et sont surtout concentrés dans la partie occidentale de la colline : les temples de Diane et de la Fortune Vierge érigés par Servius Tullius, le temple de Tellus (la Terre) fondé en 268 av. J.-C. ; sur le Cispius se trouvaient le temple du Junon Lucina (protectrice de l'accouchement) construit en 375 av. J.-C., le temple de Minerve Médecin, le sanctuaire de Melfitis. Le caractère populaire de ces sanctuaires explique que les cultes d'origine orientale s'y soient implantés : celui de Caelestis, de Bellone, d'Isis et de Sérapis, de Mithra. A l'époque augustéenne, on y installe l'atelier monétaire pour les frappes d'or et d'argent, le grand marché* et le portique* de Livie, la préfecture urbaine*, et quelques casernes (celles de la troisième cohorte des vigiles* et de la garde montée personnelle de l'Empereur). Par la suite on y construit la *Domus Aurea* de Néron, puis les thermes* de Titus et de Trajan. Toute la partie nord et orientale est à l'origine une zone de nécropole* qui à partir de Mécène est aménagée en grands parcs pour former la colline des jardins* (*collis hortulorum*) ; cette zone résidentielle était occupée par des villas* somptueuses, avec piscines et jardins qui à l'époque impériale furent intégrées dans le patrimoine* impérial : on a pu identifier les jardins de Mécène, de Lamianus et Maianus, de Licinianus, d'Epaphrodite (l'affranchi* de Néron), de Pallas (l'affranchi de Claude), de Calyclanus, de Taurianus, de Lollianus.

ETAT CIVIL : un citoyen* romain se désigne par les *tria nomina* (trois noms) : le prénom (*praenomen*), le nom de famille ou gentilice (*nomen*), le surnom (*cognomen*) ; au début de l'Empire*, il n'est pas rare de prendre plusieurs surnoms. La nomenclature officielle complète intègre la filiation (fils de...) et la tribu* électorale. Pour les affranchis*, la filiation est indiquée par le nom de leur patron* ; les personnes qui ne sont pas rattachées à une tribu ou qui ignorent à quelle tribu elles ont été rattachées se fabriquent de fausses tribus formées d'après un gentilice impérial : *Iulia, Ulpia, Aelia,* etc. Sous la République*, les citoyens sont inscrits sur les listes des tribus révisées lors des recensements. A partir du Ier siècle av. J.-C. les cités italiennes tiennent leurs propres registres. Auguste* fit prendre des mesures pour contrôler la transmission héréditaire de la citoyenneté (*Lex Poppia* et *Aelia Sentia*) : les enfants légitimes devaient être enregistrés à leur naissance et recevaient un certificat de citoyenneté. Il institua aussi un registre pour tous les naturalisés (promotions viritanes). La création de ces *commentarii,* et le développement des archives dans tout l'Empire correspond à la mise en place d'un véritable service d'Etat-Civil.

ETAT-MAJOR : cf. Armée (paragraphe sur la hiérarchie militaire).

ETATS-CLIENTS ou ETATS-VASSAUX : sous la République* ou l'Empire*, il s'agit des Etats satellites qui, sans être intégrés à une province*, dépendaient néanmoins de Rome. Ainsi la Grèce* devient un Etat-Client au lendemain de la deuxième guerre* de Macédoine et le reste jusqu'à la prise de Corinthe en 146 av. J.-C. De même, le Royaume de Pergame devient un protectorat de Rome en 188 et le reste jusqu'en 128 av. J.-C. Tibère (14-37) utilisa ce système pour stabiliser les frontières tout le long du Danube. En Orient, il n'y a plus d'Etats-Clients après la création de la grande Cappadoce sous les Flaviens (69-96). En l'absence de statut juridique précis, il est difficile de définir la nature de leur dépendance, ou, à l'inverse, l'étendue de leur liberté d'action. La notion moderne de protectorat est sans doute assez proche de la réalité. S'ils conservent leur autonomie interne, les Etas-Vassaux paient un tribut, fournissent des contingents militaires pour les campagnes, et des garnisons romaines peuvent y stationner. Les dynastes de ces Etats, qui sont très souvent citoyens* romains et parfaitement romanisés, ne restent au pouvoir qu'aussi longtemps que le veut bien l'autorité romaine, ce qui les contraint à la fidélité. Leur rôle est d'assurer l'administration de populations hermétiques au système romain, d'éliminer les poches de résistance, tout en amorçant les processus de romanisation par la construction de villes notamment. En Orient, les principaux Etats-Vassaux sont la Cappadoce, la Judée, la Galatie, la Paphlagonie, l'Arménie, la Lycie, la Commagène, les différents royaumes du Pont. Dans la province de Syrie, il y avait également des petites villes-principautés comme Arca, Emèse, Chalcis, Abila.

ETENDARD : cf. Enseigne militaire et *Vexillum*.
***Etera* :** désigne* les clients dans la société étrusque (synonyme : *lautneteri*).
ETRANGERS (*peregrinus*) : d'une manière générale, il s'agit de tous les habitants de l'Italie*, puis de l'Empire* qui ne sont pas citoyens* romains. Ils servent dans les corps auxiliaires* ou dans la flotte*, et peuvent obtenir la citoyenneté à la fin de leur service. L'exercice d'une magistrature* permet aussi aux Latins* de devenir citoyens romains ; jusqu'à la constitution antoninienne de 212, la naturalisation des pérégrins demande la concession viritane* de la part de l'Empereur*. Les promotions coloniales se multiplient à partir d'Hadrien (117-138). Les étrangers ne le sont bien sûr que par rapport à Rome ; ils sont eux-mêmes citoyens de leur propre cité*, ou vivent en tribus. A l'origine, la pratique de l'hospitalité* règle les rapports entre étrangers et Romains ; en 241 av. J.-C. fut institué le préteur* pérégrin chargé de régler les différends (souvent commerciaux) entre pérégrins et entre pérégrins et citoyens romains. Leur protection juridique relève du droit des peuples* et du droit latin*.
Les pérégrins déditices* sont constitués par les peuples vaincus ; sous l'Empire, ils constituent la dernière classe de la société avec les esclaves* depuis la loi *Aelia Sentia*. Ils sont frappés d'une incapacité juridique totale, et ne peuvent pas devenir citoyens romains. Tous les historiens ne sont pas d'accord pour admettre que l'édit de Caracalla de 212 accordait aussi la citoyenneté aux pérégrins déditices. Il est certain en tout cas qu'il subsiste encore après la constitution antoninienne des communautés pérégrines qui ne sont pas des déditices.
ETRENNES (*strena*) : présents qu'échangent les Romains aux Calendes* de janvier, mais aussi les jours de fête* en signe de bon présage*.
ETRUSQUES (*Etrusci* ou *Tyrrheni*) : populations préromaines de l'Italie centrale ; la civilisation étrusque issue de la culture villanovienne de l'âge du fer en Italie*, prend corps vers 700 av. J.-C., et connaît son apogée au VIe siècle av. J.-C. L'origine des Etrusques est encore mystérieuse (même si une composante orientale est indéniable), de même que leur langue qui n'est toujours pas déchiffrée. Organisés en cités qui pouvaient se regrouper en confédérations (la dodécapole étrusque), avec une société patricienne et féodale, ils ont dominé un territoire qui allait de la plaine du Pô au nord, jusqu'à la Campanie au sud. Ils se partageaient avec les Phéniciens le contrôle de la mer Tyrrhénienne, et la piraterie étrusque en Adriatique est connue de toutes les sources. Ils forment une société matériellement avancée : science de l'hydraulique (drainage et irrigation), maîtrise des techniques de forge qui leur permit d'utiliser leurs gisements de fer et d'étain pour produire des objets de qualité ensuite exportés (armes, miroirs, cistes), céramique de qualité (impasto*, bucchéro*, vases d'imitation grecque), orfèvrerie, chantiers navals. Ils furent aussi de remarquables artistes, qui surent intégrer les apports grecs depuis l'époque orientalisante jusqu'à l'époque classique : la peinture étrusque est mieux connue que la peinture grecque grâce aux fresques des tombes funéraires ; les terres-cuites architectoniques, la sculpture en ronde-bosse (l'Apollon de Véies), les reliefs mythologiques des sarcophages et urnes cinéraires, tout montre la diffusion de l'hellénisme jusqu'en Italie centrale. Rome a subi la domination étrusque à l'époque royale (VIe siècle av. J.-C.). L'expulsion des Tarquins de Rome marque le début de la régression étrusque, consacrée par leur défaite à la bataille d'Aricie vers 504 ; au nord ils furent repoussés par les Celtes, et au sud ils furent battus en 474 av. J.-C.

par une coalition des Grecs de Cumes et de Syracuse. A la fin du IIIe siècle av. J.-C., les Romains sont maîtres de l'ensemble de l'Etrurie.

Leur apport à la civilisation romaine est considérable puisque c'est sous leur domination que Rome devient l'*Urbs*, une cité : ils ont transmis leur alphabet emprunté aux Grecs ; les premiers grands monuments et travaux publics de Rome sont étrusques : la muraille servienne*, le temple de la Triade capitoline*, le temple de Fortuna, de Saturne, de Cérès, de Liber et Libera, l'assainissement du *Forum* (*cloaca maxima*) ; la louve du Capitole*, le grand acrotère du temple de Jupiter sont des produits de l'artisanat étrusque. La société romaine archaïque avec les patriciens* et leur clientèle* plébéienne rappelle celle des Etrusques, et la première organisation militaire, politique et sociale de Rome a été mise en place par Servius Tullius à l'époque des rois étrusques. Les camps* romains et l'urbanisme* des colonies* romaines rappellent le schéma urbanistique des villes étrusques (*cardo, decumanus* et découpage régulier). Dans le domaine de la religion* enfin, l'apport est appréciable : l'organisation des cultes publics* ordonnés autour de la fécondité, de la victoire et de la mort ; l'haruspiscine* ; la Triade capitoline Juppiter, Junon, Minerve correspond à la Triade étrusque Tinia, Uni, Menvra ; beaucoup des dieux indigètes romains sont des divinités* étrusques (Vertumnus notamment) et l'assimilation des dieux grecs s'est sans doute faite par l'intermédiaire des divinités étrusques correspondantes. D'une manière plus générale, la discipline étrusque*, c'est-à-dire le code de pratiques religieuses qui réglait leur vie publique et privée, a marqué la mentalité romaine archaïque.

EUNUQUE : en Orient, homme castré en signe de consécration à l'Empereur ou à une divinité. On lui confiait des charges administratives importantes ; ainsi, la cour de Constance II était peuplée d'eunuques, dont le grand chambellan Eusèbe.

EVEQUE (*episcopus*) : prêtre chrétien à la tête d'une communauté locale ; il est en charge d'un diocèse* ecclésiastique. Il célèbre le culte, instruit les Chrétiens, gère le patrimoine du diocèse et règle les différends.

EVERGETISME : pratique sociale des riches particuliers qui participent de leurs deniers à l'embellissement de leur cité ou prennent en charge une partie de ses obligations financières, distribuent de l'argent à leurs concitoyens, organisent des jeux* ou spectacles*, des banquets publics, des distributions* d'huile et de blé à l'occasion des dédicaces monumentales, laissent des fondations* de type alimentaire ou autre. C'est un moyen de se faire élire aux magistratures municipales. C'est aussi le devoir d'un patron* vis-à-vis de la cité qu'il protège. Le bienfait doit être proportionnel au rang et à la fortune de l'évergète, à l'importance de la cité, ou à l'éclat de la fonction recherchée. L'évergétisme est le plus souvent le fait des élites, mais il y a également de riches affranchis* ou plébéiens* qui se comportent en bienfaiteurs pour leur quartier ou leur collège*. Le droit romain* distingue deux types d'engagements : les promesses *ob honorem*, et les libéralités. Dans le premier cas il s'agit de promesses faites en vue d'obtenir une charge*, et si l'heureux élu oublie de s'exécuter, il est poursuivi par la loi. Les libéralités* sont les dons et services promis hors contexte électoral. Les évergésies sont aussi prévues dans les testaments*, et les héritiers ont le devoir de les exécuter. Ce phénomène d'origine hellénique lié au système de la cité, s'est surtout développé sous l'Empire* ; au carrefour du politique, du social et de l'économique, il a joué un rôle très important dans la vie des communautés, car, en dépit des excès démagogiques qu'il a pu engendrer, il fut un des facteurs de la cohésion sociale.

EVHEMERISME : doctrine d'Evhémère de Messène (vers 300 av. J.-C.), auteur d'un roman de voyage fantastique, *Ecriture sacrée*, où il montre que les dieux et les mythes ne sont que des inventions humaines transcrivant les histoires de grands personnages. Ennius traduisit ce roman en latin et y récusa la majesté de Jupiter. Plus tard les écrivains chrétiens (Lactance notamment) utilisèrent cette doctrine pour combattre le paganisme*.

EVICTION (*evictio*) : terme du droit civil* nouveau : il y a éviction lorsqu'un tiers vient revendiquer son droit de recouvrement sur un bien qui a fait l'objet d'une vente ; l'acheteur doit alors renoncer au bien qu'il vient d'acquérir.

EVOCAT (*evocatus*) : militaire qui, à cause de sa spécialité, poursuit son service au-delà de la durée légale. *Evocatus Augusti* : comme le précédent, mais désigne un militaire venant du prétoire*.

***Evocatio* : 1.** Cérémonie religieuse destinée à forcer une divinité à abandonner la cité adverse pour s'installer à Rome ; ce rite guerrier n'est plus guère attesté sous l'Empire* à la différence de la *devotio*. **2.** Recrutement exceptionnel de soldats sur place, par des délégués du consul* ; après Marius (147-86), le terme désigne aussi un recrutement local, mais de volontaires, le plus souvent des vétérans*.

EXARQUE (*exarchus*) : au Bas-Empire*, le terme désigne un gouverneur de région.

***Exauguratio* :** rituel inverse de la consécration*, par lequel l'objet ou l'espace consacré redevient profane.

EXCEPTION (*exceptio*) : clause restrictive dans un jugement de procès formulaire*, équivalant à une fin de non recevoir. Elle permet au défendeur de faire valoir ses moyens de défense, sans pour autant constituer une dénégation. On distingue les exceptions absolutoires qui tendent à écarter toute condamnation, les exceptions minutoires qui tendent à réduire la condamnation, les exceptions dilatoires qui tendent à repousser le délai de la condamnation, les exceptions péremptoires qui paralysent le droit du demandeur, les exceptions *in rem* opposables à toute personne, les exceptions *in personam* opposables à certaines personnes seulement. Lorsqu'un procès a été jugé, il constitue une *exceptio* pour une deuxième instance réclamée par le perdant (*exceptio rei iudicatae*).

***Excubitorium* :** corps de garde, caserne ; à Rome les fouilles ont dégagé l'*excubitorium* de la septième cohorte des vigiles* chargée de surveiller les régions IX et XIV. *Excubitor*, ou *excubiae* désigne la sentinelle ou garde de jour.

EXEDRE (*exedra*) : parloir ou salle de réunion souvent construit en forme d'abside*. On la trouve dans les riches demeures ou dans les thermes*. Par extension, structure architecturale saillante de plan curviligne ou polygonal.

EXEGESE : commentaire visant à l'interprétation des rites ou des textes sacrés. Cet examen rationnel fut peu important pour les religions païennes, car les exégèses, n'émanant pas d'une autorité officielle, se valaient toutes et n'étaient pas imposées. Il s'agit surtout de la réflexion des philosophes, poètes et rhéteurs*. Il y avait aussi quelques indications données par les calendriers* officiels ; quant aux interprétations des Livres Sybillins* dont était chargé le collège des quindécemvirs*, elles étaient ponctuelles et n'ont donné lieu à aucune littérature exégétique. Par contre l'établissement du dogme et de la doctrine officielle chrétienne donna lieu à de nombreuses exégèses des textes bibliques qui furent l'œuvre notamment des différents Pères de l'Eglise*.

EXEMPTION (*immunitas*) : privilège qui permet d'échapper à une charge* ou à un impôt* ; les exemptions sont nombreuses et variées car elles dépendent du statut social (les citoyens* romains sont exemptés du tribut* depuis 167 av. J.-C.), ou des services rendus. Par exemple à Rome les pompiers, médecins et professeurs bénéficient d'exonérations fiscales, de même que les naviculaires* au service de l'annone* ; les vétérans* sont exemptés des charges locales ; le soldat de première classe est dit *immunis*, c'est-à-dire exempté de corvée ; les malades, les vieillards, les veuves, les mineurs bénéficient d'exemptions ; l'Empereur* peut aussi accorder à des colonies* des exemptions fiscales (exemption du tribut personnel ou immunité du sol).

EXHEREDATION (*exheredatio*) : procédure testamentaire consistant à écarter les héritiers de l'héritage*.

EXIL (*ex(s)ilium*) : punition infligée pour des délits criminels tels que les crimes de lèse-majesté ou d'atteinte à la sécurité de l'Etat. Un prévenu risquant la peine capitale peut choisir l'exil avant que le jugement ne soit prononcé. Au cours du dernier siècle de la République*, l'exil devient de plus en plus une substitution à la peine de mort (*ius exilii*). Sous l'Empire*, il faut distinguer la relégation* (éloignement temporaire volontaire), et la déportation*, exil définitif avec confiscation des biens et perte de la citoyenneté*.

EXPOSITION (*expositio*) : 1. Pratique qui consiste à abandonner un enfant nouveau-né que le père de famille* ne veut pas reconnaître ; l'enfant exposé (*alumnus*) pouvait être accueilli par une autre famille (notamment les familles pauvres qui voulaient se procurer un esclave), sinon il mourrait. Il est difficile d'établir si l'exposition a été un moyen de régulation des naissances. Ce n'est que sous Valentinien (364-375) qu'une loi interdit cette pratique qui relevait de la seule autorité du chef de famille, sans aucun contrôle des pouvoirs publics. **2.** Moment du rituel funéraire où le mort est exposé (cf. Funérailles).

***Exrogatio* :** abrogation partielle d'une loi* par une loi successive.

EXECUTEUR (*exsecutor*) : en droit, désigne à l'origine un huissier de justice chargé notamment de contraindre un prévenu à se présenter à une audience ; dans le Code Justinien*, le terme désigne tout magistrat* chargé d'exécuter des poursuites.

EXTASPICINE : examen des entrailles des victimes pour connaître les intentions divines.

***Extraordinarii* :** dans l'armée* républicaine, corps d'élite composé d'alliés* et utilisé comme réserve.

EX VOTO : mot d'origine latine désignant une offrande faite à une divinité à la suite d'un vœu qui a été exaucé (guérison, victoire militaire, etc.). On les trouve dans les sanctuaires ; ces offrandes vont de la pièce de monnaie et de la petite statuette en terre cuite jusqu'au monument votif. Ainsi, il était d'usage dans l'antiquité de prélever un dixième du butin pris à l'ennemi, pour dédier un monument commémoratif au dieu qui avait accordé la victoire (à ne pas confondre toutefois avec le trophée*).

F

***Fabia* (*lex*) : 1.** Loi* du Ier siècle av. J.-C. punissant d'une amende* les plagiaires (cf. *Crimen plagii*). **2.** Loi, ou plébiscite, proposée entre 67 et 63 av. J.-C., peut-être par le tribun* M. Fabius Hadrianus, qui limite le nombre des accompagnateurs lors des campagnes électorales.
***Fabia Ogulnia* (*lex*) :** loi* de 269 av. J.-C. introduisant la monnaie* d'argent. Il semblerait pourtant que cette initiative soit due au Sénat*.
***Fabri navales* :** ouvriers des arsenaux. On connaît plusieurs spécialités : le calfat (*naupegus aupicarius*), le maçon (*caementarius*), l'architecte (*architectus*), le maître de hache (*dolabrarius*), le contremaître (*ergodota*).
***Fabricia* (*lex*) :** proposition du tribun* Q. Fabricius en 57 av. J.-C. demandant le retour d'exil de Cicéron.
***Fabula* :** pièce de théâtre* ; on distingue la *fabula atellana* (cf. Atellanes), la *fabula crepidata* (tragédie* adaptée d'un modèle grec), la *fabula palliata* (adaptation d'une comédie* grecque), la *fabula togata* (comédie romaine à caractère populaire), la *fabula praetexta* (tragédie sur un sujet historique romain). Cf. Théâtre.
FABULISTE : auteur de fables. Les fabulistes latins s'inspirent des fables d'Esope ; la plus ancienne collection en latin fut celle de Phèdre (Ier siècle ap. J.-C.).
FACTION (*factio*) : ce terme désigne tout regroupement de personnes unies par des mêmes intérêts, et peut de ce fait avoir un sens proche de « parti politique ». A la fin de la République*, des conflits violents opposent les différentes factions, celles de Cinna et Sulla, de César et Pompée. Les factions sont composées essentiellement par les clientèles* attachées à leur patron*. Le terme désigne aussi les écuries de cochers (auriges et magistrats qui les font courir) qui rivalisaient dans les courses de chars : les blancs (*factio albata*), les rouges (*factio russata*), les verts (*factio prasina*) et les bleus (*factio veneta*). A Constantinople*, tous les amateurs qui contribuaient aux dépenses des jeux* entraient dans ces *factiones* qui devenaient de véritables gangs ; en 532 leur rivalité dégénéra en émeute où il y eut 30 000 tués.
***Factio testamenti* :** droit du citoyen romain* de faire un testament* ou d'être couché sur un testament.
FAGUTAL : colline de Rome faisant partie des hauteurs de l'Esquilin* en face de la Velia* (cf. carte 1).
FAISCEAUX (*fasces*) : verges liées ensembles par des courroies rouges, et portées par les licteurs* sur l'épaule gauche, comme symbole de la *potestas* des magistrats à *imperium*. Sous les rois étrusques, les faisceaux dissimulaient une hache ce qui signifiait que le roi avait le droit de fouetter et de mettre à mort ses sujets. Sous la République*, la hache désigne l'*imperium* militaire, et n'est présente dans les faisceaux que hors du *pomerium* pour les préteurs* et consuls* à la tête d'une armée ; seuls les faisceaux des dictateurs* contiennent une hache dans Rome même. Les licteurs dans les municipes* portent aussi des « faisceaux » plus modestes appelés *bacillum*. Les faisceaux des généraux vainqueurs étaient ornés de feuilles de laurier ; dans les cérémonies funèbres, les licteurs renversaient les faisceaux en signe de deuil. Les dictateurs avaient droit à 24 faisceaux, les consuls et proconsuls à 12, les préteurs ou magistrats à pouvoir prétorien à 6 en province, et 2 seulement à Rome ; le *Flamen Dialis* et les vestales* ont droit à un faisceau.

Falcidia (lex) **:** loi* de 40 av. J.-C. qui réserve aux héritiers au moins un quart du patrimoine héréditaire net, ce qui avait pour but de réduire les legs excessifs.

FAMILLE (*familia*) : entreprise domestique placée sous l'autorité d'un *paterfamilias* (chef de famille) ; elle se compose des *adgnati* (les descendants masculins par filiation directe), des *adrogati* (les pères de familles librement assujettis par *adrogatio* à l'autorité d'un *paterfamilias*), des *adgnatae* (les descendants féminins par filiation directe), des *uxores in manu* (les femmes du *paterfamilias* et de ses fils), des *liberi* (enfants acquis auprès d'autres familles), des *servi* (esclaves), de la *domus* (la maison), de l'*heredium* (le terrain attenant), des animaux domestiques, du matériel agricole. Les familles étaient regroupées en *gentes* dont elles constituaient les branches que l'on distingue par le surnom (*cognomen*) ; ainsi la *gens Cornelia* regroupe les familles des Scipions, des Balbi, des Lentuli, etc.

Familia Caesaris **:** l'expression désigne la domesticité attachée aux palais* et aux résidences de l'Empereur*, ainsi que l'ensemble du personnel de l'administration* impériale travaillant sur le Palatin* ou dans les préfectures* (placé sous l'autorité des préfets du prétoire* au moins au IIIe siècle) ; ce personnel impérial se compose pour une large part d'esclaves* et d'affranchis*. Il faut éviter de traduire par « famille impériale », car le mot famille a de nos jours un autre sens.

Fannia cibaria (lex) **:** loi somptuaire* de 161 av. J.-C. du consul* C. Fannius limitant les dépenses et les nombre d'invités pour les banquets.

FANTASSIN : cf. Infanterie.

Fas **:** notion religieuse et juridique qui désigne ce qui est conforme aux lois divines ou naturelles. Il a un contraire, *nefas*, qui désigne toute action sacrilège. Il est assez proche de la notion de *ius divinum*, le droit divin. La différence tient au fait que *ius* désigne un acte accompli selon les rites et les lois, alors que *fas* évoque l'approbation des dieux, la consécration qu'ils apportent aux actes conformes à l'ordre normal des choses qui n'ont pas besoin de lois particulières pour être reconnus comme tels. Le *fas* est donc le fondement religieux du droit : il est avec la coutume (*mos*) la seule limite de l'autorité royale dans la Rome des rois, et la consultation des augures* est un moyen de s'assurer que le *fas* n'est pas transgressé. La laïcisation du droit amena progressivement une émancipation du *ius* par rapport au *fas*.

FASTES (*fasti*) : cf. Calendrier. Le terme désigne aussi des listes officielles comme celles des consuls (*fasti consulares*) ou des triomphes (*fasti triumphales*).

Favor libertatis **:** mesure judiciaire de la *Lex Petronia* qui prévoit que dans les causes libérales* la condition d'homme libre doit être reconnue au bénéfice du doute.

Februalia **:** fêtes* en l'honneur de *Februus*, éponyme du mois correspondant ; elles ont lieu bien sûr en février qui est le mois des purifications : on purifiait la cité et les champs, et on apaisait les morts. Elles comprennent les Lupercales*, les *Feralia* et les *Terminalia*.

FECIAUX : cf. Fétiaux.

FEDERES (*foederati*) : peuples et cités liées à Rome par un traité (*foedus*). Sous la République*, c'est le cas notamment des colonies grecques jusqu'à la deuxième guerre punique. Le statut de fédéré permet à la cité de garder son autonomie interne ; ainsi Naples, fédérée en 326 av. J.-C., conserve sa constitution grecque jusque sous l'Empire*. Plus que des fédérés, à cette époque on parle plutôt des alliés (*socii*). Sous l'Empire, les fédérés désignent aussi les Barbares* qui ont obtenu de Rome un traité leur garantissant le droit de propriété et de mariage ; en échange les fédérés doivent servir dans des corps spéciaux de l'armée (les *numeri*).

***Felicitas* :** vertu, qui avec la piété*, la fortune* et la victoire*, témoigne de l'assistance divine. Sulla fut le premier à se proclamer *Felix*, que l'on peut traduire par heureux. La *Felicitas* d'un Empereur* rejaillit aussi sur le peuple, et assure sa divinisation.

FEMME (*mulier*) : la femme, comme les autres membres de la famille, est placée sous l'autorité absolue du chef de famille (*paterfamilias*), son père, puis son mari. Deux fêtes sont consacrées aux femmes : les *Matronalia* le 1er mars et les *Matralia* le 11 juin. Seuls le mariage et les enfants lui donnent un véritable statut social, celui de matrone*. Le droit romain* finit par lui accorder cependant certains droits, comme celui du divorce*, et à la fin de la République, avec la formule du mariage* *sine manu*, la femme qui reste attachée à sa *gens* d'origine, n'est plus entièrement sous l'autorité de son mari, à condition qu'elle ait un tuteur* pour gérer ses affaires ; elle récupère sa dot* en cas de divorce*. A partir d'Auguste*, lorsqu'elle est mère de trois enfants, elle devient indépendante (*jus trium liberorum*). A la différence de la femme grecque, la femme romaine ne vit pas recluse dans la maison ; elle peut aller au marché*, au théâtre*, aux tribunaux*, vêtue de la *stola matronalis* qui est le signe de sa citoyenneté*. Dans les milieux aisés, elle peut jouer un rôle important au sein de la famille* en animant des cercles* littéraires (ainsi Cornélia la mère des Gracques ou Clodia la maîtresse de Catulle) ou en prenant part aux discussions politiques lors des banquets (Fulvia la femme de Marc Antoine). Gardienne du foyer, la femme incarne également des valeurs qui contribuent à la *virtus* romaine (fidélité, dévouement) et plusieurs d'entre elles sont restées célèbres dans la tradition (la mère et la femme de Coriolan, Livie l'épouse d'Auguste). Sous l'Empire*, comme dans toutes les cours, les femmes de la famille impériale sont appelées à jouer un rôle de premier plan, et certaines portent le titre d'*Augusta*. Sous les Sévères (193-215), l'hérédité semi-matriarcale des princesses syriennes renforce encore leur influence. Selon certaines sources littéraires (Juvénal par exemple), il y aurait eu sous l'Empire une dégradation des valeurs morales, avec notamment une dépréciation du mariage, les femmes apparaissant comme des coquettes, sources d'ennuis perpétuels et de ruine pour les maris successifs qu'elles épousent pour leur fortune ; les veuves et les divorcées sont recherchées par les prétendants à cause de leur fortune et des nombreuses relations dont elles disposent. Si l'évolution du droit a en effet permis une réelle émancipation de la femme, il faut se garder de ces lieux communs, et d'autres témoignages comme ceux de Sénèque, de Pline le Jeune ou la *Laudatio Turiae* (éloge de Turia) montrent des couples heureux et des femmes respectueuses des valeurs traditionnelles.

***Feralia* (Féralies) :** fêtes* de la commémoration des morts, célébrées le 21 février, dernier jour des *Parentalia*. On portait de la nourriture sur les tombes. Elles font partie des *Februalia*.

FERME (exploitation agricole) : cf. *Villa rustica*.

FERME (affermage) : cf. *Conductor*, Impôt, Publicains.

FESCENNINS (vers) : une des plus anciennes formes de la poésie latine ; il s'agit de vers obscènes ou grossiers plus ou moins improvisés, chantés lors des fêtes, des mariages, ou prononcés par les soldats à l'occasion du triomphe* des généraux. Ils ont une valeur apotropaïque en éloignant les sortilèges et le mauvais sort, *fascinum*, d'où dériverait leur nom.

FETES religieuses (*feriae*) : on distingue les fêtes à date fixe (*feriae stativae*) et les fêtes mobiles (*feriae conceptivae*, *indictivae* ou *imperatae*) ; les premières sont indiquées sur le calendrier*, les secondes sont proclamées par les prêtres* et les magistrats*. Les fêtes publiques correspondent toujours à des jours néfastes*, c'est-à-dire fériés ; elles donnent lieu à des processions et des sacrifices*, et certaines sont l'occasion de jeux.*

1- Les fêtes fixes sont :

Toutes les Ides* consacrées à Jupiter.

Janvier

11-15 les *Carmentalia* en l'honneur de la nymphe Carmenta.

Février

15 les *Lupercales*, purification du territoire et fête de la fécondité.
13-22 les *Parentalia*, jours des morts.
23 les *Terminalia*, révision et purification des bornes cadastrales.
24 le *Regifugium*, ou fuite du roi, célébrée par le *Rex sacrorum*.

Mars

1er les *Matronalia*, en l'honneur des mères.
14 les *Mamoralia* en l'honneur de Mamorius (cf. Héros)
15 les *Equir(r)ia*, fêtes équestres en l'honneur de Mars.
17 les *Liberalia*, fêtes du printemps en l'honneur de Liber.
19-23 le *Quinquatrus*, purification de l'armée avant le départ en campagne.
23 le *Tubilustrium*, purification des trompettes militaires (dernier jour des quinquatries).

Avril

4-10 les *Ludi Megalenses*, en l'honneur de Cybèle (à partir de 214 av. J.-C.).
12-19 les *Ludi Ceralies*, fêtes en l'honneur de Cérès.
15 les *Fordicidia*, sacrifice d'une vache sur le Capitole* par les 30 curies*.
21 les *Palilia* ou *Parilia*, fêtes des bergers en l'honneur de Palès et de la fondation de Rome.
23 les *Vinalia priora*, où l'on offrait le vin nouveau à Jupiter.
25 les *Robigalia*, fêtes solaires où l'on sacrifie des chiens roux.
28 avril-3 mai les *Ludi Florales*, institué en 173 av. J.-C. en l'honneur de Flore.

Mai

9-14 les *Lemuria*, fêtes pour chasser les revenants et pacifier les morts.

Juin

9 les *Vestalia* en l'honneur des vestales, des meuniers et des boulangers.
11 les *Matralia* en l'honneur de Mater Matuta, fête des matrones.
24 fête populaire de *Fortuna* devant son autel près du Tibre.

Juillet

6-13 les *Ludi Apollinares* en l'honneur d'Apollon.
7 les Nones Caprotines avec un sacrifice de chèvre.
19, 21 les *Lucaria*, fêtes des bois pour protéger les bûcherons.
23 les *Neptunalia* en l'honneur de Neptune.
25 les *Furrinalia* en l'honneur de Furrina.

Août

9-10 les *Vinalia rustica*, où l'on inaugure la vendange.
17 les *Portunalia* en l'honneur de Portunus protecteur du port fluvial de Rome.

19 les *Opalia* en l'honneur d'Ops.
21 les *Ludi Consuales* 1 en l'honneur de Consus.
23 les *Volcanalia* en honneur de Vulcain ; fêtes des moissons.
25 les *Opiconsivia* en l'honneur d'Ops.

Octobre

11 les *Meditrinalia*, fêtes des vendanges.
15 l'*October Equus*, sacrifice d'un cheval marquant la fin des campagnes militaires.
19 l'*Armilustrium*, purification des armes ; les *Fontinalia*, fête des sources.

Novembre

7-17 les *Ludi Plebeii*, jeux plébéiens en l'honneur de la plèbe.
11 le *Septimontium*, fête des *Montani*.

Décembre

15 les *Ludi Consuales* 2.
27 les *Saturnalia* en l'honneur de Saturne ; fêtes du solstice d'hiver.

2- Les fêtes mobiles sont :

Début janvier : les *Compitalia*, fêtes des Lares des Carrefours.
Début février : les *Fornacalia*, fêtes des fours.
Fin avril : les fêtes latines* (*feriae latinae*).
En septembre : les *Ludi Romani* ou *Magni* en l'honneur de Jupiter.
Date non fixée : les *Paganalia*, fêtes de semailles dans les hameaux.
Date inconnue : les *Hilaria* en l'honneur d'Attis (sous les Antonins).
Cf. également Jeux.

FETES DENICALES (*feriae denicales*) : ensemble des cérémonies expiatoires à l'issue desquelles la famille d'un défunt cesse d'être impure.

FETES LATINES (*feriae latinae*) : célébration conjointe des Romains et des Latins* en l'honneur de Jupiter Latiaris, dieu de la Ligue Latine*. Elle avait lieu tous les ans sur le mont Alban vers la fin d'avril sous la présidence de Rome ; on y sacrifiait une génisse blanche, en souvenir du temps où Albe était la principale ville du Latium. La fête continua à être célébrée même après la dissolution de la Ligue.

FETIAUX (*fetiales*) : collège de 20 prêtres recrutés par cooptation* parmi les patriciens* et les plébéiens* et nommés à vie. Leur origine remonterait au roi Numa. Les fétiaux (ou féciaux) sont les prêtres du droit international : ils accompagnent les missions diplomatiques à l'étranger, concluent les traités*, et la paix ou la guerre* ne peut se faire sans leur accord ni leur participation en raison des rites très spécifiques du droit fécial (*ius fetiale*). Celui qui dirige une délégation de fétiaux porte le titre de *pater patratus*. Sous l'Empire*, leur rôle va en diminuant.

FIANÇAILLES (*sponsalia*) : les fiançailles donnent lieu à une fête de famille au cours de laquelle les pères* prennent l'engagement (*sponsum*) d'unir leurs enfants. Le fiancé fait une donation à la fiancée en gage de bonne foi, et l'un et l'autre échangent un anneau. Les fiançailles peuvent avoir lieu alors que les enfants sont encore jeunes ; normalement le garçon ne peut pas se marier avant 14 ans et la fille avant 12 ans. Les fiançailles peuvent être rompues par consentement mutuel des deux familles*.

FIDEICOMMIS (*fideicommissum*) : disposition par laquelle une personne gratifie d'un bien une autre personne, instituée héritier fiduciaire (*heres fiduciarius*) pour qu'elle le remette à un tiers (le fidéicommissaire). Un préteur* était spécialement chargé de veiller à la tutelle des fidéicommissaires.

Fides **:** notion religieuse, juridique et politique très importante dans la vie des Romains. Elle signifie la bonne foi, la loyauté, la fidélité à la parole donnée, la confiance réciproque entre deux contractants, et qualifie ainsi une conduite respectueuse des engagements pris. Manifestation de la *pietas* dans les rapports entre individus, la *bona fides* (bonne foi) intervient dans les problèmes de droit commercial entre Romains et pérégrins*, et dans les traités* entre Rome et ses alliés. Très tôt les Romains élevèrent sur le Capitole* un temple à la *Fides* divinisée qui apparaît aussi sur une monnaie de Locres, au moment où cette cité à la fin du IIIe siècle av. J.-C. entre en *societas* avec Rome.

Fiducia **:** dans les procédures d'aliénation judiciaire, pacte en vertu duquel l'acquéreur s'engage à restituer le dépôt ou le gage à l'aliénateur.

Figlina **:** tuilerie, briqueterie, ou fabrique de céramique vulgaire (*figulus* désigne le potier).

FILS DE FAMILLE (*filii familiarum*) : tous les *adgnati* nés postérieurement au *pater familias*.

FINANCES PUBLIQUES : les **recettes** de l'Etat proviennent d'abord des revenus des domaines* publics : loyers payés pour l'utilisation des terres et pâturages de l'*ager publicus*, et redevances versées par les particuliers pour l'usage de services publics comme les marchés, les ponts, les aqueducs, les égouts, etc. La deuxième rentrée provient des impôts* directs et indirects. Il y a aussi les monopoles et droits régaliens : production du sel*, produit des mines*, fabrication des monnaies*, récupération des biens tombés en déshérence, perception des amendes*. Il y a enfin les revenus exceptionnels : les biens confisqués (*bona damnatorum*), les butins* de guerre en nature (*praeda*) ou en argent (*manubiae*), les dons et legs des particuliers ou des provinces*, comme l'or coronaire* versé par les provinces au moment de l'avènement d'un nouvel Empereur*. Sous l'Empire*, il faut aussi considérer comme recettes les revenus personnels de l'Empereur* (*patrimonium* et *res privata*), dans la mesure où par le biais de l'évergétisme impérial, ils sont largement utilisés pour subvenir aux besoins de l'Etat ; ainsi il devient difficile de distinguer les finances privées du Prince et l'argent qu'il gère au nom de l'Etat.

Les **dépenses** concernent en premier lieu l'entretien de l'armée qui représente 40 à 70 % du budget de l'Etat soit, sous l'Empire, 140 à 150 millions de deniers* par an. Viennent ensuite les travaux publics : construction et entretien des routes, des ponts et aqueducs, des bâtiments publics ; à partir de l'Empire, le trésor public ne prend plus en charge que les travaux exécutés à Rome. Les cultes publics sont également financés par l'Etat ; à côté des fêtes* et des jeux*, il y a le traitement des vestales* et des flamines*, du personnel subalterne, la construction et l'entretien des temples* et des autels*. L'approvisionnement de Rome et l'assistance publique avec les distributions frumentaires* les *congiaria*, les *donativa* pour les soldats et les *alimenta* pour les familles pauvres, absorbent une autre part du budget. Au Bas-Empire*, les services de l'annone* (y compris l'annone militaire) semblent drainer l'essentiel des ressources publiques. Enfin il y a le budget de fonctionnement de l'Etat. Sous la République*, il est assez limité puisque les magistrats* ne reçoivent pas de salaire, et que les municipes* et colonies* s'administrent de façon autonome ; par contre les gouverneurs* de provinces reçoivent des indemnités, et les esclaves* publics touchent un petit salaire. Sous l'Empire, les charges augmentent rapidement, puisque tous les fonctionnaires* impériaux, qui ne cessent d'augmenter, reçoivent un traitement. Selon Vespasien

(69-79), au début de son règne, l'Empire avait besoin d'un budget de 40 milliards de sesterces*.
La **gestion** des finances publiques sous la République* est fort simple : seul le Sénat* contrôle les entrées et les sorties avec l'aide des deux questeurs*. Toutes les recettes alimentent le trésor public, *aerarium Saturni*, qui est géré par les questeurs. Tous les cinq ans les censeurs* supervisent la rentrée des impôts en affermant le droit de collecte aux sociétés publicaines, et ce sont eux qui sont chargés de gérer les dépenses relatives aux cultes et aux travaux publics. Il ne semble pas qu'il y a eu un véritable budget de l'Etat, et le contrôle exercé sur les comptes des magistrats est de pure forme. C'est à Auguste* qu'il revient d'avoir mis en place une véritable administration des finances. La gestion du trésor passa à des hommes de rang prétorien choisis pour leur compétence et d'autres caisses furent créées à côté de l'*aerarium* : le fisc* impérial et l'*aerarium militare*. La décision en matière financière passa du Sénat au Prince* qui s'entoura d'une administration compétente (cf. *Scrinia*). Au cours de l'Empire, le système de collecte par affermage fut peu à peu supprimé ; les impôts sont collectés par les magistrats locaux ; pour les impôts indirects, les sociétés publicaines laissèrent la place à des *conductores* qui ne touchent plus qu'un pourcentage ou une somme fixe. Lorsqu'il y a déficit des caisses publiques, l'Empereur intervient avec ses fonds privés (patrimoine* et *res privata*).
FISCALITE : cf. Impôts.
FISC IMPERIAL (*fiscus Caesaris*) : trésor impérial, créé par Auguste* à côté du trésor public ; il s'agissait en fait de plusieurs caisses alimentées par les impôts* perçus dans les provinces impériales*, par les monopoles et les confiscations. Le trésor, à l'origine constitué de caisses diverses, est géré par des procurateurs* équestres ou des affranchis* de l'Empereur*. Au Bas-Empire*, le système est centralisé et s'appelle aussi *aerarium sacrum* ; il est alimenté par les caisses* des Empereurs (*aerarium principis*) et les caisses des préfets du prétoire*. Il sert à l'entretien de l'armée*, de la poste impériale*, aux grands travaux, au paiement des fonctionnaires*.
***Fiscus Alexandrinus, Asiaticus, Iudaicus, etc.* :** caisses provinciales d'Egypte, d'Asie, de Judée, etc., servant à alimenter le trésor* impérial.
***Flamen Dialis* :** flamine de Jupiter ; cf. suivant.
FLAMINES : il s'agit des 15 prêtres* publics du peuple romain, attachés chacun au culte d'une divinité* et chargés des sacrifices* ; il y a 3 flamines majeurs d'origine patricienne pour Jupiter, Mars et Quirinus, et 12 flamines mineurs d'origine plébéienne pour Carmenta, Cérès, Falacer, Flora, Furrina, Palès, Pomona, Portunus, Vulcain, Vulturne, et deux autres que l'on ne connaît pas. Le flamine suprême est celui de Jupiter (*flamen Dialis*) qui porte toujours un manteau (*laena*) tissé par sa femme car il est censé être toujours prêt à sacrifier ; c'est lui aussi qui préside aux mariages par *confarreatio*. Tous les flamines portent un bonnet de cuir blanc conique, le *galerus*, terminé par une pointe (*apex*). Ils sont élus à vie par le peuple, mais dépendent du Grand-Pontife*, puis de l'Empereur*. Ils doivent s'être mariés par *confarreatio* ; quand un flamine perd son épouse, il doit se démettre de ses fonctions.
En Italie* et dans les villes de province, les flamines rendent le culte* des Empereurs divinisés ; le plus haut en dignité est le flamine d'Auguste. Les femmes des flamines (*flamnicae*) desservent le culte des *Divae* (femmes de la famille impériale divinisées).

***Flaminia (lex)* : 1.** Plébiscite* de 228 av. J.-C. proposé par le tribun* C. Flaminius, assignant les territoires picéniens et gaulois aux citoyens* les plus pauvres. **2.** Loi* de 217 av. J.-C. dévaluant l'as*, attribuée au même C. Flaminius, alors consul*, mais cette attribution reste incertaine.
***Flaminia (via)* :** route construite en 220 av. J.-C. (par le censeur C. Flaminius), qui relie Rome à Pisaurum sur l'Adriatique en remontant le cours du Tibre (cf. carte 2).
***Flavia (lex)* : 1.** Proposition du tribun* M. Flavius en 323 av. J.-C., pour punir les habitants de Tusculum qui avaient fomenté une rébellion. **2.** Proposition du tribun L. Flavius en 60 av. J.-C. pour des assignations agraires aux vétérans* de Pompée. **3.** Loi de 70 ap. J.-C. proposée par Domitien alors préteur*, destituant les consuls* désignés par Vitellius. **4.** Loi municipale de Malaga et Salpensa donnée par Domitien entre 81 et 84.
FLOTTE (*classis*) : c'est en 311 av. J.-C. que Rome nomme pour la première fois des duumvirs navals* pour le commandement d'une vingtaine de vaisseaux. En fait ils n'ont pas eu de véritable flotte de guerre avant la première guerre punique*, et ce sont les cités alliées de Grande-Grèce (*socii navales*) qui leur ont fourni les navires et le savoir faire. Par la suite, ils n'ont pas entretenu leur flotte de façon permanente, mais ils ont toujours été capables d'armer rapidement un nombre suffisant de navires pour l'acheminement des troupes ou pour les opérations maritimes qui se multiplient vers la fin de la République* (guerres de Pompée contre les pirates Ciliciens, guerre des pompéiens contre César, d'Octave contre Sextus Pompée, et finalement d'Antoine contre Octave). Ce manque d'intérêt pour une politique d'armement naval s'explique par l'absence de véritable danger une fois Carthage vaincue, et par le fait que les conquêtes sont territoriales ; la flotte ne sert donc qu'à l'acheminement des troupes. Par contre, la persistance de la piraterie* montre bien l'absence d'une surveillance militaire des mers. La situation va changer à partir d'Auguste*, car désormais la surveillance de l'Empire nécessite non seulement de bonnes routes, mais aussi une flotte de guerre permanente au service de la *Pax Augusta*.
C'est Agrippa qui mit sur pied dans le *Portus Iulius*, sur les bords des lacs Lucrin et Averne la flotte de guerre d'Auguste pour affronter Antoine qui disposait des flottes grecques d'Orient. Elle est à l'origine des deux premières flottes permanentes créées par Auguste avec pour port de rattachement Misène sur la Tyrrhénienne et Ravenne sur l'Adriatique. A côté de ces deux flottes subsistent des unités navales précédentes : l'escadre de Fréjus (constituée par les navires pris à *Actium*), la flotte lagide d'Alexandrie devenue *Classis Augusta* (flotte impériale), la flotte fluviale de Germanie basée à Cologne, et les flottes des alliés (*sociae triremes*) : flotte de Judée, du Pont, de Thrace (Périnthe), de Rhodes, et même flotte de Sicile. On a donc d'un côté le maintien des flottes locales en Orient, et de l'autre la constitution d'une flotte proprement romaine qui sert aux opérations en Occident. D'autres escadres furent créées par la suite : la flotte de Bretagne sous Claude (41-54) basée à Boulogne et à Richborough, et la flotte Pontique créée en 69 sous Néron avec pour port d'attache Trébizonde. Sous les Flaviens (69-96) sont créées la flotte de Syrie basée à Séleucie (certains auteurs pensent qu'elle n'a été créée que sous Trajan), et les flotilles fluviales de Pannonie et de Moesie avec les ports d'attache de Taurunium et Carnuntum. C'est Vespasien (69-79) qui accorde le titre de prétorienne aux deux flottes de Misène et Ravenne, ce qui entraîne une séparation entre les deux flottes italiennes chargées de pro-

téger les approches maritimes de la métropole, et le reste des flottes provinciales. Sous Marc Aurèle (161-180) ou Commode (180-192) est créée la flotte autonome de Libye.
Au Bas-Empire*, la situation a sensiblement évolué avec les réorganisations opérées par Dioclétien (284-305) et Constantin (306-337). Les effectifs de la marine atteignent sous Dioclétien plus de 45 000 hommes (pour 390 000 hommes dans l'armée de terre). Il n'y a plus de flotte prétorienne depuis la disparition du prétoire en tant que garde impériale, mais les bases de Ravenne et de Misène sont conservées, et on a ajouté une escadre à Aquilée (*classis Venetum*). Ce sont surtout les flottes fluviales en Gaule* et dans les régions danubiennes qui sont développées. La *Notitia Dignitatum* indique une flotte sur l'estuaire de la Somme (*classis Samarica* plutôt que *Sambrica*), une flotille sur la Seine basée à Anderidos près de Paris, des flottes fluviales sur la Saône (*classis Ararica*) à Châlon, sur le Rhône (*classis fluminis Rhodani*) à Vienne et Arles, une *classis musculorum Graecorum* à Marseille, des flotilles lacustres (*barcarii*) sur le lac de Constance, sur le lac de Neuchâtel et sur le lac de Come. Les régions danubiennes sont très bien défendues : la flotte danubienne (*classis Histrica*) avec les bases de Carnuntum, Vindobona, Florentia, Mursa, Aegeta et Viminacium, les deux flottes de Pannonie (*classis Pannonica* I et II) à Servitium, Siscia et Aegeta, les deux flottes flaviennes (*classis Flavia* I et II) à Sirmium et Graio, la flotte scythe (*classis musculorum Scythorum*) à Inplateypegis, une flotille fluviale (*naves amnicae*) à Transmarica, auxquelles il faut ajouter des brigades fluviales dans les villes d'Arlape, Commagenae, Lauriacum, Margum et Ratiaria. Cf. également Marine, Navires.
***Foedus* :** cf. Traité.
FOLIE (*furor*) : c'est une notion à la fois juridique et littéraire ; elle désigne l'état de tout homme qui ne se conduit plus de façon humaine, et n'est donc plus responsable de ses actes. Au théâtre* la *furor* est le propre du héros tragique qui est amené à accomplir un crime irréparable, le *scelus nefas* (Médée tuant ses enfants par exemple).
***Follis* :** monnaie* d'argent frappée à partir d'Aurélien (270-275), à l'effigie du *Genius Populi Romani* (Génie du peuple romain) ; elle devient la pièce la plus courante et prend son nom de la bourse de cuir où l'on serrait les monnaies. Synonyme : *nummus*. Le terme désigne aussi la glèbe*.
FONCTIONNAIRES (impériaux) : les fonctionnaires n'apparaissent qu'avec l'administration impériale mise en place par Auguste*. Ils sont nommés et révoqués par l'Empereur* et ils n'ont de pouvoir que par délégation de l'Empereur. Ils touchent un traitement (*salarium*), et un système d'avancement détermine leur carrière ; en ce sens ils n'ont rien à voir avec les magistrats* de l'époque républicaine. Leur recrutement est très ouvert et varié : il va des esclaves* et affranchis* qui occupent les postes d'exécution, à l'ordre équestre et sénatorial* pour les postes de commandement. Les affranchis occupent au départ des fonctions importantes à Rome où ils dirigent les bureaux* palatins (*scrinia*), comme en province* où ils secondent les gouverneurs*, mais à partir du IIe siècle ils sont remplacés par des chevaliers* et n'occupent plus que les postes d'exécution qu'ils perdront au profit des soldats à partir des Sévères (191-235). Les sénateurs occupent les postes de préfet de la ville*, légats*, *iuridici* d'Italie, curateurs*, questeurs*, membres du conseil impérial* ; ils sont peu nombreux par rapport aux chevaliers qui constituent l'essentiel des fonctionnaires impériaux : au IIIe siècle 182 postes

étaient occupés par des chevaliers avec une grille de salaires à quatre échelons :
Postes sexagénaires (60 000 sesterces) : procurateurs* des petites provinces ; commandants des flottes* secondaires ; commandants en second des deux grandes flottes de Misène et Ravenne ; perception des impôts* indirects ; direction des subdivisions du fisc impérial*, du patrimoine* de l'Empereur, de la poste*, des travaux publics. A Rome : direction des sous-divisions administratives : annone* d'Ostie, distributions alimentaires*, gestion des *alimenta* en Italie, bibliothèque Ulpienne, caserne des gladiateurs*, travaux publics, impôts sur les héritages.
Postes centénaires (100 000 sesterces) : directeur de la monnaie, membre du conseil du Prince, avocat du fisc*, préposé aux archives de la préfecture du prétoire*, direction du bureau *a studiis*. En province : gouverneurs équestres* d'Epire, des trois Alpes, d'Osrhoène ; procurateurs financiers* de Dacie, Macédoine, Arménie, Galatie, Cilicie et Chypre ; direction de la taxe du 40e des Gaules* ; préfecture de la flotte* de Bretagne, de Germanie et du Pont ; en Egypte, administrateur du diocèse* d'Alexandrie, de Néapolis et du Mausolée d'Alexandre.
Postes ducénaires (200 000 sesterces) : commandants des flottes de Ravenne et Misène ; procurateurs financiers des grandes provinces impériales ; hauts fonctionnaires d'Egypte (idiologue, diocète, grand prêtre d'Alexandrie et de toute l'Egypte, *iuridicus* d'Alexandrie) ; procurateurs des intérêts impériaux dans les provinces sénatoriales*. A Rome : commandant de la grande caserne des gladiateurs, sous-chef des finances impériales, directeur du patrimoine du Prince, préposé aux recensements, préposé aux héritages du Prince, intendant des loisirs du Prince, conservateur en chef des bibliothèques, chef de service du 20e sur les héritages*, de la correspondance grecque.
Postes tricénaires (300 000 sesterces) : chef des bureaux centraux (cf. *Scrinia*) ; directeur de la *ratio privata*, le *rationalis* d'Egypte à partir de Philippe l'Arabe (244-249). La fin de carrière permet d'accéder aux grandes préfectures* : les vigiles, l'annone, l'Egypte et le prétoire.
Ainsi, en dehors des grandes préfectures, les fonctionnaires équestres assument des fonctions procuratoriennes à la tête d'un bureau romain ou provincial. Ils sont assistés d'un personnel d'exécution plus ou moins nombreux, constitué jusqu'au Bas-Empire* d'affranchis et d'esclaves groupés par décuries*. Tout service comprend le cabinet du procurateur avec son adjoint et un archiviste, une unité comptable (*ratio*), le bureau (*officium* ou *scrinium*), et des locaux à Rome ou dans les provinces. Entre le cabinet du procurateur et le bureau se situent les chefs de service (*adiutores* ou *proximi*) qui servent de courroie de transmission et touchent 40 000 sesterces. Les bureaux sont dirigés par un préposé (*praepositus*) avec sous ses ordres les *officiales* qui disposent eux-mêmes du petit personnel des secrétaires (*notarii* ou *librarii*), archivistes (*a commentariis*), courriers (*tabellarii*). Tout au bas de l'échelle pour les basses besognes se trouvent les vicaires (*vicarii*), esclaves dépendants d'esclaves.
Les fonctionnaires sont recrutés à Rome, en Italie et dans toutes les parties de l'Empire. Leur nombre, la hiérarchie et la bureaucratie vont en s'accentuant, surtout après les réformes de Dioclétien et de Constantin : au Bas-Empire, le proconsul d'Asie dispose de 400 employés, et le comte du trésor d'Occident a sous ses ordres 546 titulaires et 300 auxiliaires.

FONDATIONS : attributions de fonds affectés à un usage précis ; elles relèvent de l'évergétisme* ou de la solidarité des associations ; il y a essentiellement les fondations alimentaires qui subviennent aux besoins des enfants pauvres, et les fondations funéraires qui permettent d'assurer une sépulture aux démunis. Cf. également *Alimenta*.

FONTAINE (*fons*) : il y a à Rome au Ier siècle ap. J.-C. près de 600 fontaines publiques alimentées par les différents aqueducs ou des sources captées. Certaines sont de simples cuves au bord des rues, où l'eau tombe d'une goulette, mais il y a aussi de grands bassins à mosaïques (*lacus*) avec des jets d'eau (*salientes*) au milieu de jardins, ou de grands monuments richement décorés : les nymphées*. Ces fontaines monumentales sont un élément du décor urbain comme dans la Rome d'aujourd'hui. On connaît sur le *Forum* romain la fontaine de Juturne, d'époque républicaine, et près du Colisée* une grande fontaine appelée la *meta sudans* de l'époque de Domitien (81-96).

***Fordicidia* :** fête religieuse* célébrée le 15 avril à l'occasion de laquelle on sacrifie une vache pleine dans chacune des trente curies* de Rome. Les veaux à naître sont retirés et brûlés, et leurs cendres servent dans les rites purificateurs des *Palilia*.

***Forma censualis* :** cadastre* de chaque commune servant à fixer l'assiette de l'impôt*.

***Forma* (ou *formula*) *provinciae* :** règlement provincial. Il est dressé lors de l'annexion et tenu à jour ; il contient les divers renseignements sur les communautés (statuts, droits et devoirs, données statistiques), et les textes législatifs se rapportant à la création de la province*.

***Forma Urbis Romae* :** plan sur marbre de la ville de Rome réalisé sous Vespasien (69-79), puis sous Septime Sévère (193-211). Il était placé près du temple de la Paix (cf. figure 13 n° 7).

***Formula censendi* :** proclamation du censeur* à son entrée en charge, dans laquelle il indique comment il va établir le cens.

***Formula coloniae/municipii* :** charte concédée à une colonie* ou un municipe*.

***Formula togatorum* :** document établissant les contingents que doivent fournir les villes alliées.

FORMULE D'ACTION JUDICIAIRE (*formula*) : document rédigé par le préteur* pour le juge*, dans lequel il fixe l'objet du litige et indique comment doit être instruit le procès*. C'est donc la formule d'action qui fixe le droit, et il y a autant de formules qu'il y a de droits. Les formules comportent des parties obligatoires (*intentio* et *condemnatio*), des éléments accessoires (*praescriptio, exceptio*), et des éléments propres à certaines catégories d'action (*demonstratio, adiudicatio*). Les juges sont tenus de respecter les formules. A l'origine ce type de procès était réservé pour les litiges opposant les Romains à des étrangers*. La loi *Aebutia* et les lois *Iuliae* étendirent cette procédure aux procès entre citoyens.

Figure 10 — *Forum Boarium* et *Holitorium*

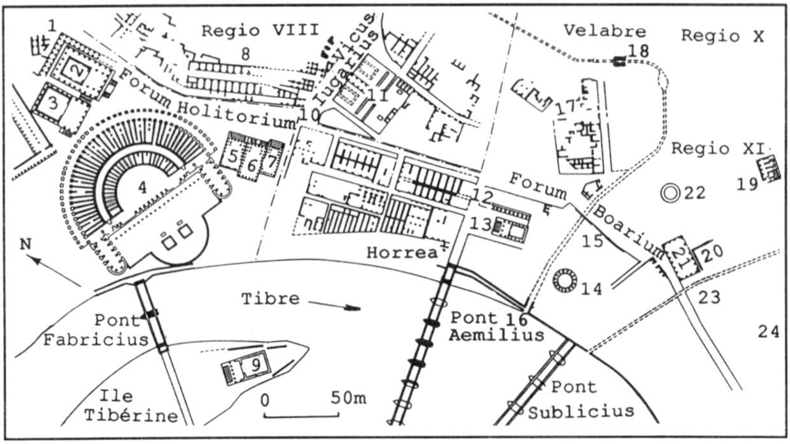

1. Portique d'Octavie. 2. Temple de Bellone. 3. Temple d'Apollon. 4. Théâtre de Marcellus. 5. Temple de Janus. 6. Temple de Junon Sospita. 7. Temple de Spes. 8. Porte Catulaire (?). 9. Temple d'Esculape. 10. Portique Triomphale. 11. Temples de la Fortune et Mater Matuta. 12. Porte Flumentane et Aemilienne. 13. Temple de Portunus. 14. Temple d'Hercule Olivarius. 15. Enceinte républicaine. 16. *Cloaca Maxima*. 17. Maisons d'époque impériale. 18. Arc des Argentaires. 19. *Mithraeum*. 20. *Ara Maxima*. 21. *Sacellum Consaeptum* (?). 22. *Aedes Aemiliana Herculis*. 23. Porte Trigéminée. 24. Zone du Temple de Cérès, Liber et Liberia.

Fornacalia **:** fête* des fours qui a lieu début février dans chacune des curies* romaines ; il s'agit de rendre propices les fours qui séchaient les céréales.

FORTIFICATIONS (*munimenta*) : à côté des fortifications de villes et de camps*, il existe des fortifications dites linéaires dans les zones militaires* aux marches de l'Empire*. Ce sont de longs murs destinés autant à marquer la limite juridique et culturelle de la romanité qu'à empêcher les infiltrations barbares. Les plus connues sont le mur d'Hadrien et d'Antonin en Ecosse, les fortifications de Germanie Supérieure, de Maurétanie Tingitane, et de Seguia bent el-Krass au sud de l'Aurès. Elles comprennent un fossé, une levée de terre surmontée d'un rempart. Des routes courent le long de ces fortifications, aussi bien devant que derrière le rempart, et devant et/ou derrière le fossé. Des tours et des fortins renforcent le dispositif, ainsi que des camps qui sont intégrés au rempart, ou situés à proximité. La défense d'un territoire est également assurée par des fortins ou autres ouvrages de défenses ponctuelles : le *castellum* est un petit camp romain ; le *burgus speculatorius* est un petit poste chargé de la police des routes et du maintien de l'ordre dans les campagnes. Le *centenarium* correspond à un camp sous le Haut-Empire* et à un *castellum* sous le Bas-Empire* ; il s'agit d'un fortin qui abrite peut-être à l'origine un détachement d'une centaine de soldats. Les fortifications les plus réduites sont constituées par les simples tours de guet (*turris*).

FORTUNE (*Fortuna*) : cf. Divinités indigètes.

FORUM : à l'origine place de marché, mais très vite le terme désigne la place publique constituant le centre des affaires publiques et privées, comme l'agora chez les Grecs. Il se situe en général à l'intersection du *cardo* et du *decumanus* si le terrain le permet. Il est entouré de bâtiments caractéristiques : Capitole* et temples poliades, curie*, basilique*, *tabularium*, portiques*, monuments honorifiques, boutiques*, marché*, thermes*. Le nom que porte certaines villes rappelle qu'elles étaient à l'origine des lieux de marchés et de foire : *Forum Iulium* (Fréjus), *Forum Gallorum* en Emilie, etc.
***Forum boarium* :** la place du foirail à Rome, à l'extrémité orientale du Champ de Mars*, entre le Palatin* et le Tibre (cf. fig. 10).
***Forum holitorium* :** la place du marché aux légumes à Rome, situé à côté du précédent (cf. figure 10). Il existait aussi dans la même zone un marché aux poissons (*forum piscarium*).

Figure 11 — Le *Forum* romain vers la fin du IIIe siècle av. J.-C.

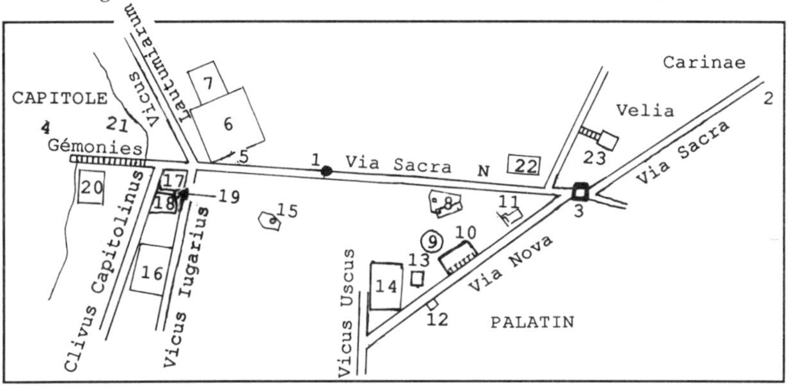

FORUM ROMAIN[12] **:** premier *forum* de Rome, appelé aussi *Forum* républicain, aménagé dès le VIIe siècle av. J.-C. dans la dépression comprise entre le Capitole* et le Palatin* où s'étendait la nécropole des villages primitifs, nécropole dont des restes sont visibles grâce aux fouilles (N sur le plan). La zone fut asséchée avec la construction de la *Cloaca Maxima* ; un sanctuaire consacré à l'ancienne divinité *Cloacina*, identifiée ensuite à Vénus, marque l'entrée de l'égout dans le forum (**1**). Il est traversé par la Voie Sacrée* (*Via Sacra*) qui part de la région des Carènes* où se dresse la chapelle de *Strenia* (**2**), passe par la Porte Mugonia (**3**), et se termine avec l'escalier des Gémonies* qui monte jusqu'à l'*auguraculum* (**4**) de la citadelle*. On y trouve les monuments les plus anciens de Rome : le Vulcanal* avec la *Lapis Niger* du VIe siècle av. J.-C. (**5**) englobé ensuite dans le *comitium* (**6**) sur lequel s'ouvre la Curie* (**7**), la *Regia* (**8**), le temple de Vesta (**9**) et la maison des vestales (**10**), la maison du roi des sacrifices* (**11**). A l'angle de la Voie Neuve

12. Les chiffres en gras entre parenthèses renvoient à la fig. 11.

(*Via Nova*) et de la rue des Etrusques (*Vicus Tuscus*), on trouve le sanctuaire et la fontaine de Juturne (**12** et **13**) ainsi que le temple des Dioscures bâti en 484 av. J.-C. (**14**). Au centre se trouve la dépression humide du Lac de Curtius* (**15**), tandis qu'à l'ouest entre le *vicus Iugarius* et le *clivus Capitolinus* se dressent le temple de Saturne (**16**) bâti en 497 av. J.-C., et plus au nord, au départ des Gémonies, le *senaculum* (**17**), lieu de réunion du Sénat* avant la construction de la Curie, l'autel de Saturne (**18**), et le *mundus* (**19**) En 336 av. J.-C. on bâtit le temple de la Concorde (**20**) au pied du Capitole*. En face du *comitium*, dans les flancs de la colline, est creusée la prison d'Etat, le *Tullianum* (**21**). Plus à l'est, on trouve enfin le temple de Jupiter Stator (**22**) et le sanctuaire des Pénates* (**23**).

Figure 12 — Etat actuel du *Forum* Romain

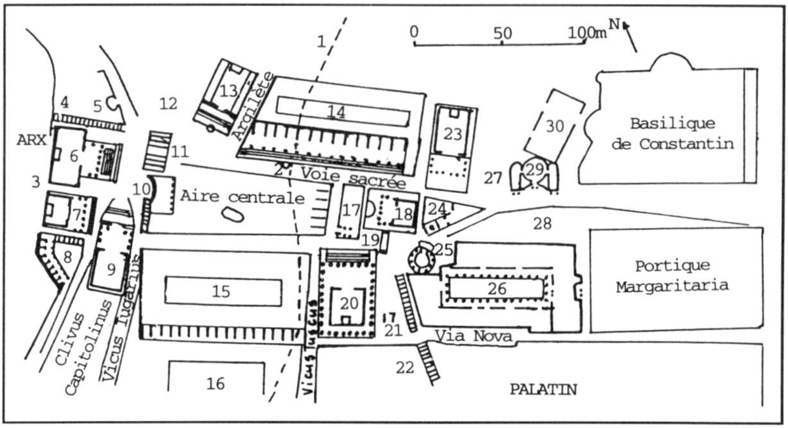

1. Parcours de la *cloaca maxima*. 2. Sacellum de Cloacina. 3. *Tabularium*. 4. Escalier des Gémonies. 5. *Tullianum*. 6. Temple de la Concorde. 7. Temple de Vespasien et Titus. 8. Portique des douze dieux. 9. Temple de Saturne. 10. Rostres. 11. Arc de Septime Sévère. 12. *Comitium*. 13. Curie. 14. Basilique Emilienne. 15. Basilique Julienne. 16. Temple du Divin Auguste. 17. Tribunal. 18. Temple du Divin Jules. 19. Arc d'Auguste. 20. Temple des Dioscures. 21. Fontaine de Juturne. 22. Vestibule de Domitien. 23. Temple d'Antonin et Faustine. 24. *Regia*. 25. Temple de Vesta. 26. Maison des vestales. 27. Nécropole archaïque. 28. Maisons républicaines. 29. Temple dit de Romulus. 30. Bibliothèque.

A la fin de la République*, la physionomie du *Forum* romain a beaucoup changé par suite des nombreuses constructions (basiliques* Julienne et Emilienne, tribunal, etc.) ou réaménagements (la zone du *comitium* notamment). Le Principat* et l'Empire* ajoutent encore quelques édifices qui viennent recouvrir les structures plus anciennes (cf. figure 12).

Figure 13 — Les *Forums* impériaux

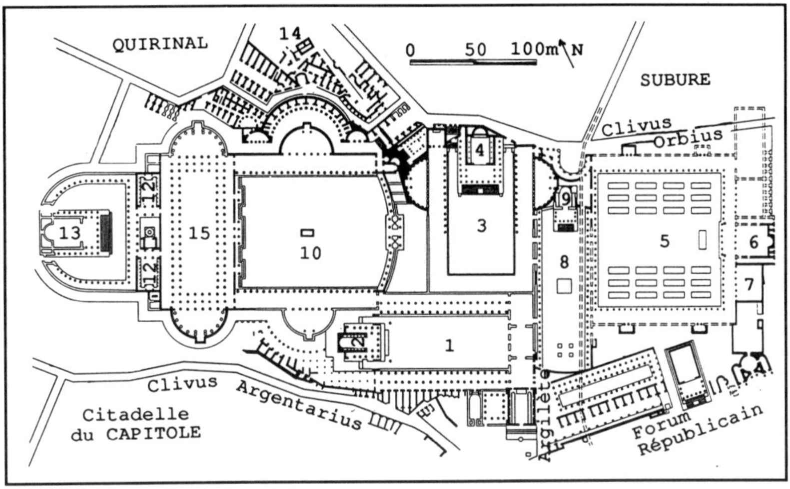

FORUMS IMPERIAUX[13] **:** forums construits par César, Auguste, Vespasien, Nerva et Trajan au nord du *Forum* romain. A la différence de ce dernier il s'agit de places fermées disposées en fonction d'un temple*.

– *Forum* de César* ou *Forum* Julien (**1**) : inauguré en 46 av. J.-C. ; on y trouve le temple de Vénus Génitrix (**2**) à qui César avait fait un vœu avant la bataille de Pharsale*, et la fontaine Appiadès.

– *Forum* d'Auguste* (**3**) : enceinte (110 x 83 m) du temple de Mars Ultor (**4**) à qui Octave avait fait un vœu pendant la bataille de Philippes* en 42 av. J.-C. ; le *forum* est inauguré en 2 av. J.-C. Auguste y fit placer les statues de bronze de tous les généraux vainqueurs.

– *Forum* de Vespasien (**5**) ; l'Empereur fit construire entre 71 et 75, pour commémorer sa victoire sur les Juifs*, un grand temple de la Paix (**6**) précédé d'une esplanade monumentale qui plus tard prit le nom de *Forum* de la Paix. On y trouve également la *Forma Urbis* (**7**).

– *Forum* de Nerva ou *Forum transitorium* (**8**) : commencé par Domitien, il fut inauguré par Nerva en 97 ap. J.-C. Il permet la communication entre le *Forum* d'Auguste et le Temple de la Paix. Il se termine par le temple de Minerve (**9**).

– *Forum* de Trajan ou *Forum Ulpium* (**10**) : construit en 113 ap. J.-C., c'est le dernier et le plus beau des forums impériaux ; il contient la basilique (**15**) et la bibliothèque (**11**) ulpiennes avec l'*Atrium* de la Liberté* dans l'abside* méridionale, la colonne de Trajan (**12**) commémorant sa victoire sur les Daces, et la statue équestre de l'Empereur ; après sa mort, son successeur Hadrien y fit construire le temple du Divin Trajan (**13**). Au nord, le *forum* est

13. Les chiffres en gras entre parenthèses renvoient à la fig. 13.

dominé par le vaste marché* de Trajan (**14**) qui s'appuie sur les pentes du Quirinal*.
Fossa **:** cf. Canal.
FOYER (*focus*) : à l'origine il sert à la fois d'autel et de brasier, et est situé dans l'*atrium*. Par la suite il se déplace à l'intérieur de la maison ; il symbolise la vie religieuse de la famille et personnifie Vesta, la divinité du feu domestique. L'État a lui aussi son foyer sur le *Forum* : le temple de Vesta.
FOURCHES CAUDINES (*Furculae Caudinae*) : défaite des Romains dans un défilé près de Caudum en 321 av. J.-C. lors de la deuxième guerre samnite*. En signe d'humiliation, les vainqueurs firent passer les soldats romains sous le joug.
Fossa **:** cf. Canal.
FRACTIONS : le système fractionnaire romain est un peu déroutant car il suit un système duodécimal, l'unité de base, l'as*, étant divisée en 12 onces* :

AS	ONCES	DENOMINATION	SIGNE NUMERIQUE
1	12	as	I
11/12	11	deunx	S==-
5/6	10	decunx ou dextans	S==
3/4	9	dodrans	S=-
2/3	8	bes	S=
7/12	7	septunx	S-
1/2	6	semis	S
5/12	5	quincunx	==-
1/3	4	triens	==
1/4	3	quadrans	=-
1/6	2	sextans	= ou z
1/8	1,5	sescuns	Σ ou £-
1/12	1	uncia (once)	-
1/24	1/2	semuncia	Σ ou £ ou ε
1/48	1/4	silicus	O
1/72	1/6	sextula	
1/144	1/12	dimidia sextula	
1/288	1/24	scripulum	

FRAUDE (*fraus*) : opération par laquelle le débiteur diminue son patrimoine pour augmenter ainsi son insolvabilité vis-à-vis de ses créanciers. Plus généralement, toute manœuvre frauduleuse visant à payer moins que ce qui est dû.
FRERES ARVALES : cf. Arvales.
FRESQUE : cf. Peinture.
Frigidarium **:** salle des bains froids dans les thermes*.

FRONT DE SCENE (*frons scenae*) : façade faisant face à la *cavea* d'un théâtre* et qui sert de fond à la scène.

FRONTIERES : il n'y a pas de frontières politiques à l'Empire*. La seule frontière véritable est à Rome le *pomerium* qui marque la limite entre les zones d'exercice des pouvoirs militaires et civils. Les frontières de l'Empire ne sont pas marquées : il y a une zone tampon entre les provinces et les terres barbares, le *limes*, qui peut être une ligne défensive, naturelle ou construite, mais qui n'est pas à proprement parler une frontière politique.

***FRUMENTARII* (fourragers) :** corps de police spécial, composant un *numerus* de 90 à 100 hommes, créé par Trajan (98-117) ou Hadrien (117-138), cantonné sur le Coelius* à Rome. Ils faisaient fonction de courriers, et passaient pour des espions de l'Empereur, chargés notamment d'éliminer discrètement les indésirables.

***Frumentatio* :** cf. Distribution.

***Fufia* (*lex*) : 1.** Loi* de 158 av. J.-C. complétant la *lex Aelia* sur l'*obnuntatio* en établissant une action pénale pour les contrevenants. **2.** Plébiscite* du tribun* Q. Fufius Calenus en 61 av. J.-C., pour instruire un procès contre Clodius qui avait assisté clandestinement aux fêtes* de la *Bona Dea* réservées aux femmes. **3.** Loi judiciaire du préteur* Q. Fufius Calenus en 58 av. J.-C. stipulant que les trois ordres de juges* votent séparément.

***Fufia-Caninia* (*lex*) :** loi* des consuls* L. Caninius Gallus et C. Fufius Geminus en 2 ap. J.-C. limitant les affranchissements par testament*.

***Fulvia* (*lex*) :** loi* du consul* M. Fulvius Flaccus pour accorder la citoyenneté* à des alliés*, ou le droit d'appel* pour ceux qui auraient refusé cette citoyenneté.

***Fulvia* (*via*) :** route reliant Turin (*Augusta Taurinorum*) à *Placentia*-Plaisance (cf. carte 2).

***Fundi Factio* :** procédure d'acceptation qui permet à une cité alliée ou latine d'adopter une loi romaine.

FUNERAILLES : elles font l'objet d'un rituel très précis, qui est pris en charge par les *libitinari*, l'équivalent de nos Pompes Funèbres. Dès que la mort est constatée, on appelle le défunt par son nom (*conclamatio*), puis on déclare le décès au temple de Vénus Libitina. Ensuite, on fait la toilette du mort et on l'expose sur le lit funéraire (*lectus funebris*) orné de fleurs dans l'*atrium* ou au cimetière. Jusqu'à la Loi des Douze Tables*, un petit autel (*acerra*) sur lequel on brûle des parfums est placé près du lit. L'exposition peut durer plusieurs jours, et des joueuses de flûtes jouent des musiques funèbres. Le jour de l'ensevelissement, le cortège à la lumière de torches accompagne le cadavre au cimetière, toujours hors de la ville, et de nuit à l'origine. Le mort doit être porté à bras sur son lit. Les hauts dignitaires sont portés par des magistrats*, les gens riches par leurs clients* ou leurs héritiers*. Le cortège est dirigé par un *dissignator* qui, assisté d'un *accensus*, conduit les licteurs* vêtus de noir. Pour les plus pauvres, on a recours à des croque-morts (*vespillones*) qui placent le cadavre sur un simple brancard (*sandapila*). En tête viennent les clients ou des acteurs* qui ont mis les masques de cire des ancêtres si le défunt appartient à la *nobilitas*, puis les joueuses de flûtes et les pleureuses qui chantent les nénies* ; vient ensuite le lit funèbre avec les parents et amis en vêtements de deuils (couleur pour les hommes, tête voilée pour les fils, tenue sobre et cheveux défaits pour les femmes). Si le défunt est un personnage important, le cortège s'arrête au *Forum* où l'on prononce son éloge* funèbre. Le cadavre est ensuite mis dans un cercueil et inhumé dans une fosse, ou incinéré sur un bûcher (*rogus*) ; les cendres sont recueillies dans une urne* (*loculus*) placée ensuite dans un tombeau ou un *columbarium*. Des libations et des prières ont lieu, et un repas termine la cérémonie sur le lieu même de l'ensevelissement. Au jour anniversaire de la mort, on porte des fleurs, des aliments et des boissons sur le tombeau, et chaque année la « semaine » du 13 au 21 février est consacrée aux parents défunts (*Parentalia*). Dans le cas de grands personnages des jeux funèbres* sont organisés. L'incinération est la règle pour les gens riches jusqu'à l'époque des Antonins (96-192). Pour supporter le prix élevé des funérailles, les pauvres se regroupent en collèges* funéraires ; les corporations prennent aussi en charge une partie des frais. Les Chrétiens reçurent l'autorisation d'enterrer leurs morts dans des cimetières souterrains qui prirent plus tard le nom de catacombes*. Alors que les Romains prient leurs morts, les Chrétiens prient pour leurs morts, et cette vénération des défunts resta incompréhensible pour les païens.

***Furia* (lex) :** **1.** Loi* du dictateur* M. Furius Camillus instaurant en 367 av. J.-C. les deux édiles curules*. **2.** Plébiscite* du tribun* C. Furius, entre 204 et 109, limitant le montant des legs par testament*. **3.** Plébiscite de date inconnue obligeant les créditeurs à diviser leur action judiciaire contre les garants d'un seul et même débiteur. **4.** Lois données* à Capoue par le préteur* L. Furius en 318 av. J.-C.

***Furia Atilia* (lex) :** loi* des consuls* P. Furius Philus et S. Atilius Serranus en 136 av. J.-C., pour casser le traité que C. Hostilius Mancinus avait signé avec Numance.

***Fur(r)inalia* :** fêtes* en l'honneur de Fur(r)ina, déesse assimilée aux Furies, le 25 juillet. On ignore la nature précise de cette divinité à qui est attaché un flamine*.

***Furtum* (vol) :** délit* prévu par la Loi des Douze Tables* et le droit civil*. La loi distingue le flagrant délit (*furtum manifestum*), le vol (*furtum nec manifestum*), le recel dans la maison du voleur (*furtum conceptum*) et le recel dans une autre maison (*furtum oblatum*), le vol aggravé (*furtum prohibitum*) quand le présumé voleur refusait la perquisition, le vol avec violence sur la personne volée (*rapina*). Tuer le voleur n'est admis qu'en cas de flagrant délit de nuit, ou de vol à main armée. Pour les autres cas n'est autorisée que la prise de corps (*manus iniectio*). Les peines encourues sont pécuniaires.

***Fustarium* :** bastonnade. Supplice infligé au soldat déserteur ou coupable d'une faute grave ; s'il en réchappe, il a le droit de s'enfuir mais ne peut plus revenir chez lui.

G

***Gabinia* (lex) :** **1.** Plébiscite* du tribun* Gabinius en 139 av. J.-C. introduisant le vote à bulletin secret dans les comices*. **2.** Plébiscite du même tribun punissant de la peine capitale les rassemblements clandestins à Rome. **3.** Série de plébiscites du tribun A. Gabinius en 67 av. J.-C. favorables à Pompée : il s'agit d'accorder à Pompée une autorité militaire sur toute la Méditerranée et sur ses côtes jusqu'à une profondeur de 50 milles, afin de lutter contre les pirates ; de déposer le tribun L. Trebellius qui avait mis son veto à la proposition précédente ; de déposer le consul* C. Calpurnius Pison hostile à Pompée ; de faire prendre à Pompée la succession de Lucullus dans la guerre contre Mithridate. Gabinius proposa aussi que le Sénat* consacre une audience aux ambassadeurs étrangers chaque jour du mois de février, et qu'il soit interdit de faire des prêts aux provinciaux.

Gabinus cinctus **:** cf. Toge.

GALERE : bâtiment de guerre. Cf. Navire.

GESATE (*Gaesatus*) : soldat des armées auxiliaires* armé d'un épieu, recruté dans les régions celtiques.

GALLES : prêtres eunuques* de Cybèle. Ils ont à leur tête un grand-prêtre : l'*Archigallus.* Leur nom viendrait du Gallus, un fleuve de Galatie. L'acte de castration imite le geste d'Attis, le partenaire cultuel de Cybèle.

GARDE PRETORIENNE : cf. Cohortes prétoriennes.

GARNISONS (de Rome) : Rome possède plusieurs garnisons ; les cohortes prétoriennes* (10 000 h sous les Sévères), les cohortes urbaines* (6 000 h), les cohortes de vigiles* (7 000 h), auxquelles il faut ajouter la garde montée (*equites singulares*) de l'Empereur* (1 000 cavaliers), et la *Legio II Parthica* installée à Albano dans la banlieue de Rome par Septime Sévère (193-211), soit un total de 30 000 h. Le chiffre peut paraître exorbitant s'il s'agissait d'assurer la seule sécurité de Rome, voire même de l'Italie*, mais il semble que ces garnisons ont constitué une réserve d'hommes prêts à être envoyés en renfort dans les différentes unités du *limes.*

GARUM : saumure faite d'un mélange de sang, d'abats, d'œufs et de poissons de mer, qui fait un condiment très utilisé dans la cuisine romaine.

GASTRONOMIE : c'est avec la conquête de la Grèce et de l'Orient que les Romains découvrirent la gastronomie. Celle-ci est réservée aux classes les plus riches avec pour illustre représentant Lucullus qui ramena de ses campagnes en Asie Mineure non seulement le cerisier, mais aussi une cuisine raffinée. Le Romain moyen est toujours resté frugal, tant par tradition que par nécessité, d'autant que les philosophes comme les médecins préconisaient un régime alimentaire simple. Les plats les plus courants sont la *patina* ou *patella* purée de légumes et de poissons mêlée d'œufs, le *minutal,* hachis de poisson ou de viande avec des fruits, les *ofellae* boulettes de viande. D'une manière générale les Romains préfèrent les plats bouillis aux plats rôtis, et aiment les viandes et poissons accompagnées de sauces compliquées, fortement relevées, et sucrées salées. Les coquillages et fruits de mer sont aussi très appréciés dans les banquets, de même que les pâtisseries. A la fin de la République*, paraissent plusieurs livres de cuisine (*de re coquinaria*), comme celui de C. Matius l'ami de César*, ou d'Apicius qui vécut sous Auguste*. Dans les grandes maisons, il y a un chef cuisinier (*archimagirus*) qui dirige une équipe de marmitons (*coqui*), et le banquet de Trimalcion dans le *Satiricon* de Pétrone peut donner une idée, en dépit de la caricature, de la magnificence des grands banquets. On aura un aperçu des deux facettes de la gastronomie romaine en comparant une recette quotidienne avec un menu de banquet :

Faire décanter une livre de farine, puis mélanger avec 3 livres de fromage frais ; faire cuire le tout jusqu'à consistance épaisse dans une marmite en terre neuve (d'après Caton).

Hors-d'œuvre : huîtres, palourdes et mauviettes ; poularde aux asperges ; moules en sauce ; tulipes de mer.

Premier service : fruits de mer, bec-figues rôtis, côtelettes de chevreuil et de sanglier, pâtés de poulets, bec-figues en sauce, fruits de mer.
Deuxième service : tétines de truie au naturel et en ragoût ; hure de sanglier ; poitrine et cols de canards rôtis ; canards sauvages fricassés ; rôtis de lièvre et de poulets de Phrygie.
Desserts : crème de farine ; gâteau de Vicence (d'après Macrobe).

GAULE (*Gallia*) : les Romains appellent Gaulois* les envahisseurs celtiques qui étaient arrivés jusqu'à Rome en 390 av. J.-C. Jusqu'aux conquêtes de César*, les Romains distinguent la Gaule cisalpine située au sud des Alpes, et la Gaule transalpine située sur l'autre versant. La **Gaule cisalpine** fut annexée après les campagnes de 224-222 mais perdue après la venue d'Hannibal. Elle fut reconquise dans les années 190 av. J.-C. ; les Romains s'y installèrent en grand nombre à tel point qu'on l'appela aussi Gallia Togata (La Gaule des toges). Elle devint province* romaine sous Sulla en 82 av. J.-C. avec le Rubicon comme frontière avec l'Italie*. En 42 av. J.-C. elle fut englobée dans l'Italie, et sous Auguste*, après la conquête des tribus des piémonts alpins, les Alpes devinrent la frontière entre l'Italie et la Gaule. L'intérêt de Rome pour la **Gaule transalpine** vint de son besoin de communications avec son alliée espagnole Sagonte, et lorsque Marseille leur alliée fut attaquée par les Allobroges et les Arvernes, les Romains durent intervenir. En 211 av. J.-C., le territoire compris entre les Alpes et le Rhône jusqu'à Genève fut annexé et devint la Provence (*Provincia*) ; en 118 il fut étendu vers l'ouest avec la fondation de la colonie de Narbonne, et prit le nom de Gallia Narbonensis. Avec Marseille (restée indépendante) et Narbonne les Romains contrôlaient la route de l'Espagne. Les incursions celtiques venant du nord (Cimbres et Teutons) à la fin du IIe siècle amenèrent l'intervention de Marius en 101 av. J.-C. En 58 av. J.-C., les menaces recommencèrent avec les Germains d'Arioviste et les Helvètes ; César proconsul* des deux Gaules réussit à pacifier le pays (victoire d'Alésia en 52 av. J.-C.) et en 51 il lui donna le statut de province en la divisant en trois régions : l'Aquitaine, la Celtique et la Belgique. Le règlement définitif de la Gaule fut l'œuvre d'Auguste entre 27 et 13 av. J.-C. : la Gaule Narbonnaise devint province sénatoriale*, et les trois autres régions, appelées aussi Gaule chevelue (Gallia Comata), devinrent provinces impériales*, avec trois régions l'Aquitaine, la Belgique, et la Lyonnaise. La romanisation de la Gaule fut très rapide et donna naissance à la civilisation dite gallo-romaine. Au Bas-Empire*, la préfecture du Prétoire* des Gaules comprend les diocèses de Bretagne, des Gaules, des 7 provinces, des Espagnes (cf. cartes 3, 4, 5).

***Gellia Cornelia* (*lex*) :** loi* des consuls* L. Gellius Poplicola et Cn. Cornelius Lentulus Clodianus en 72 av. J.-C., accordant comme récompense la citoyenneté* romaine à des particuliers.

***Gemina* (*via*) :** route reliant Aquileia à la Pannonie (cf. carte 2).

GEMME (*gemma*) : pierre précieuse gravée que l'on utilise comme sceau (synonyme : intaille). Les tailleurs de gemme étaient des artistes de provenance grecque ou orientale ; sous Auguste*, le plus célèbre s'appelait Discorides.

GEMONIES : escalier menant du *Forum** au Capitole*, sur lequel on traînait les corps des prisonniers exécutés dans la prison voisine avant de les jeter dans le Tibre (cf. fig. 11).

GENIE (*Genius*) : cf. Divinités indigètes.

***Gens* (pl. *gentes*) :** groupe de tous ceux qui se rattachent à un ancêtre commun ; cette communauté de sang s'appelle par le nom de cet ancêtre commun, le gentilice* ; ainsi la *gens Iulia* prétend descendre de Iule le fils d'Enée. La *gens* regroupe non seulement les parents de sang, mais aussi les clients*. Les *gentes* sont réparties en tribus* ; parmi les *gentes*, certaines se détachent des autres en monopolisant des droits politiques et religieux, et constituent progressivement une aristocratie, le patriciat*, qui est déjà constituée au moment de la monarchie. Les différentes branches d'une *gens* se distinguent par le *cognomen*. La plèbe* ne connaît pas à l'origine l'organisation gentilice, mais dès le Ve siècle av. J.-C. il se crée des *gentes* plébéiennes qui par le biais des alliances se mêlent aux *gentes* patriciennes.

***Gentiles* :** à partir du IIIe siècle, troupes d'appoint fournies par les peuples barbares*, venant en renfort de l'infanterie auxiliaire*. Le même terme sert à désigner d'une manière plus générale les barbares ; dans la littérature chrétienne il désigne les païens (les Gentils).

GENTILICE : nom (généralement en *-ius*) porté par tous les membres d'une même *gens*. Le mot sert aussi d'adjectif pour qualifier ce qui se rapporte à une *gens* : culte gentilice.

***Genucia* (*lex*) :** plébiscite* du tribun* L. Genucius en 342 av. J.-C., qui aurait interdit le prêt à intérêt.

GERMAINS GARDES DU CORPS (*corporis custodes*) : milice privée servant de garde personnelle de l'Empereur* ; recrutée par Auguste, elle fut dissoute après le désastre de Varus (9), reconstituée en 14, et définitivement militarisée par Caligula (37-41). Une nouvelle fois dissoute par Galba, elle existe de nouveau sous Trajan (98-117). Les effectifs sont de 100 ou 500 cavaliers organisés en turmes* commandées par un décurion* et un tribun*. Considérés comme unité irrégulière, ils formaient un *numerus*. Synonyme : les Bataves.

GERMANIE (*Germania*) : cette région située au nord du Danube et à l'est du Rhin fut peu connue des Romains jusqu'à l'expédition de Drusus et la description qu'en fit Tacite. Peuplée de tribus, elle correspond à l'Allemagne actuelle, mais recouvre aussi les régions scandinaves. Les tribus celtiques qui la composent, parmi lesquelles les Germains, les Suèves, les Cimbres et les Teutons, envahirent vers 120 av. J.-C. le sud de la Gaule* amenant l'intervention de Marius. En 58 av. J.-C., César* réussit à leur faire repasser le Rhin, et à partir de 12 av. J.-C., Drusus l'Aîné et son frère Tibère menèrent des campagnes victorieuses entre le Rhin et l'Elbe, mais le chef Arminius tailla en pièce les légions de Varus en 9 ap. J.-C. et Auguste renonça à s'établir au-delà du Rhin. Germanicus ne put mener à terme la conquête des régions du nord-ouest ; vers 90 furent créées les deux provinces* de Germanie supérieure et inférieure. Marc Aurèle (169-180) et son fils Commode (180-193) durent aussi mener des campagnes difficiles contre les Marcomans et les Germains. Pendant les siècles suivants plusieurs tribus ne cessèrent de mener des raids contre la Gaule, notamment les Francs et les Alamans, et finirent par conquérir la Gaule, l'Italie et l'Espagne entraînant la chute de Rome. La phrase célèbre de Tacite « la Germanie a fourni plus de triomphes à Rome que de victoires » reflète assez bien les relations difficiles entre ces tribus guerrières au fort potentiel démographique et Rome soucieuse de la sécurité des frontières naturelles que représentaient le Danube et le Rhin (cf. cartes 4, 5, 6).

GIALLO ANTICO (*marmor numidicum*) : nom donné à un marbre de teinte jaune et à veines rouge sombre. Il provient des carrières de Chemtou en Tunisie.

GLADIATEUR (*gladiator*) : combattant des amphithéâtres* ; prisonnier, condamné, ou professionnel il s'entraîne dans des écoles spécialisées (les *ludi gladiatorii* dirigés par les lanistes) qui deviennent impériales à partir de Domitien (81-96). On distingue les Samnites lourdement armés (casque, jambières, bouclier, épée) qui à partir d'Auguste* se divisent eux-mêmes en *secutores* (opposés aux rétiaires*) et *oplomachi* (opposés aux Thraces*), les rétiaires armés seulement du trident et du filet (opposés aux *secutores* ou aux mirmillons*), les Thraces armés d'un petit bouclier rond (on les appelle aussi les *parmalarii*) et d'un sabre court recourbé, les Gaulois ou Mirmillons* armés seulement d'un casque, d'une épée et d'un petit bouclier. Les premiers combats publics eurent lieu à Rome en 264 av. J.-C. ; ils se tenaient sur le *Forum* jusqu'à la construction en 29 av. J.-C. du premier amphithéâtre sur le Champ de Mars*. L'origine remonte aux Etrusques* qui dans les jeux funèbres substituèrent ces combats aux sacrifices* humains. Ils ne furent supprimés qu'au début du Ve siècle ap. J.-C. tant leur popularité était grande. Pour célébrer sa victoire sur les Daces, Trajan organisa en 107 des jeux qui opposèrent 5 000 paires de gladiateurs. Déjà à l'époque de Cicéron une ville comme Capoue disposait de 5 000 gladiateurs. Les victoires permettaient aux esclaves ou aux condamnés de gagner leur liberté. Lorsqu'un gladiateur avait remporté plusieurs victoires, il recevait du peuple la faveur d'une épée de bois (*rudis*) symbole de sa relaxe du service. On appelle *tiro* l'apprenti gladiateur qui apprend son métier dans les écoles sous la conduite d'entraîneurs (*doctores*) ; il est soumis à un régime spécial (*sagina*) destiné à augmenter sa force musculaire. L'*auctoratus* est l'homme libre qui choisit le métier de gladiateur (souvent pour des raisons financières). L'*andabata* est un gladiateur qui combat à l'aveugle, la tête prise dans un casque à visière sans trous. Le *dimachaerus* est un gladiateur qui combat à pied ou à cheval. Le *crupellarius* est un gladiateur gaulois revêtu d'une lourde armure. Le *laqueator* est un rétiaire armé d'un lasso à la place du filet. Le *provocator* est mal connu ; il semble lourdement armé et s'opposer aux Samnites. Le *meridianus* est un gladiateur qui combat vers midi, la matinée étant réservée aux bestiaires*. Le *bustuarius* représente un cas à part : il s'agit du gladiateur qui combat à l'occasion de jeux funèbres près de la tombe du défunt. Avant les combats, les gladiateurs défilent dans l'arène et prononcent devant la loge impériale la fameuse formule : *Ave, Caesar, morituri te salutant* (Salut César, ceux qui vont mourir te saluent). Une période d'échauffement avec des armes émoussées (*prolusio*) leur est accordée, et le combat véritable commence après la formule du président des jeux : *ponite iam gladios hebetes, pugnatur iam acutis* (laissez maintenant les armes émoussées, à présent on combat pour de bon). Lorsqu'un gladiateur tombe à terre, la foule demande sa grâce en pressant le pouce contre l'index (*premere policem*) ou sa mise à mort en renversant le pouce (*vertere pollicem*).

GLAIVE (*gladius*) : les Romains utilisèrent d'abord l'épée longue, sans pointe et à un seul tranchant, des Gaulois ; après la bataille de Cannes* (216 av. J.-C.) ils utilisèrent l'épée espagnole courte, pointue et à double tranchant. Le glaive se porte suspendu au baudrier, sur le côté gauche pour le glaive gaulois, sur le côté droit pour le glaive espagnol.

GLÈBE (*gleba*) : impôt créé par Constantin vers 315 et supprimé par Marcien en 450-455 ; il était dû par les clarissimes*. Il était proportionnel à la richesse foncière, mais le montant était forfétaire : 18, 36 ou 72 *solidi*. Seuls les médecins et fonctionnaires* palatins en étaient dispensés. Synonyme : *follis*.

***Glitia* (*lex*) :** loi* de la fin de la République* ou du début de l'Empire* portant sur les plaintes à propos des testaments inofficieux (qui ne respectent pas les droits des héritiers).

GNOMON : pointe de métal fixé sur le cadran solaire, dont l'ombre projetée indiquait l'heure.

GNOMON DE L'IDIOLOGUE : papyrus du IIe siècle ap. J.-C. ; on y trouve le code fiscal qui guidait la tâche de l'idiologue* en Egypte.

GNOSE : mouvement religieux basé sur le mythe de la rédemption ; il prend de l'importance au IIe siècle ap. J.-C. et revêt des formes païennes autant que chrétiennes. La Gnose croit en la révélation intérieure permettant à ses adeptes d'accéder à la connaissance du divin et au salut. Cette révélation pouvait être apportée par un rédempteur, le Christ ou un autre rédempteur à venir.

GOUVERNAIL (*gubernaculum*) : les Romains connaissaient le gouvernail formé de deux avirons placés latéralement à l'arrière des navires ; les deux rames pouvaient être manœuvrées simultanément grâce aux estropes qui liaient les deux barres franches (*clavi*).

GOUVERNEUR : représentant de l'autorité romaine à la tête des provinces*. Sous la République*, il s'agit d'un magistrat à *imperium* militaire, consul* et proconsul* ou préteur* et propréteur*. Au moment de leur désignation, ces magistrats reçoivent du Sénat* l'*ornatio provinciae*, dotation en troupes, navires, argent et fonctionnaires. Ils sont aidés dans leur tâche par un légat* de rang sénatorial et un questeur* pour les questions financières. En 81 av. J.-C., une loi* de Sulla décida que les 8 préteurs après leur année de charge sont immédiatement appelés au gouvernement des provinces avec titre de proconsul, et il n'y eut donc plus de propréteurs. En 52 av. J.-C., la *lex Pompeia* rétablit la distinction entre provinces proconsulaires et prétoriennes, mais César* revient à l'organisation de Sulla. Les gouverneurs, dont les pouvoirs sont énormes puisque leur compétence est militaire, financière et juridique, peuvent être poursuivis pour concussion ; les plaintes sont adressées au Sénat*, et un tribun* traîne alors le gouverneur accusé devant l'assemblée du peuple ou un jury* de récupérateurs*. En 149 av. J.-C., la *Lex Calpurnia* crée une juridiction spéciale pour juger les abus des gouverneurs (*quaestio perpetua de repetundis*). Ces abus semblent avoir été nombreux (le cas le plus célèbre est celui de Verres en Sicile), mais tant que les juges* ne furent que des sénateurs, les condamnations furent rares ou molles…

Sous l'Empire*, il faut distinguer les provinces sénatoriales* et les provinces impériales*. Les premières ont à leur tête un sénateur ayant titre de proconsul de rang consulaire ou prétorien : il est choisi parmi les anciens consuls pour les provinces d'Afrique et d'Asie, et parmi les anciens préteurs pour les autres ; il est assisté par un ou plusieurs légats propréteurs* issus du Sénat. Les secondes sont gouvernées par un légat d'Auguste propréteur* (ancien consul ou ancien préteur selon qu'il y avait ou non plus d'une légion* dans la province), accompagné d'un procurateur* de rang équestre pour la gestion financière. Les provinces récentes qui n'ont pas de légion sont gouvernées par un préfet* ou procurateur de rang équestre. L'Egypte a un statut spécial, avec à sa tête un préfet d'Egypte* de rang équestre (appelé *Praefectus Augus-*

talis au Bas-Empire*). Au IIIe siècle, on désigne un gouverneur sous le terme de *praeses* (pl. *praesides*) qu'il soit chevalier ou sénateur. Sous Septime Sévère (193-211), des chevaliers peuvent devenir gouverneurs de provinces où stationnent des légions avec le titre de prolégat (par exemple la province de Mésopotamie), et à partir de Gallien (260-268), non seulement les provinces impériales prétoriennes et consulaires, mais même les provinces sénatoriales prétoriennes reçoivent des *praesides* de rang équestre. Au Bas-Empire, les gouverneurs ont perdu tout pouvoir militaire, et ne jouent plus qu'un rôle judiciaire ; on distingue les proconsuls (en Afrique, en Achaïe et en Asie), les *consulares*, les correcteurs* de rang sénatorial et les *praesides* de rang sénatorial (clarissimes*) ou équestre (perfectissimes*) ; ils sont sous l'autorité du vicaire* responsable du diocèse* (sauf les proconsuls qui dépendent directement de l'Empereur).
GRADES MILITAIRES : cf. Armée.
***Gradus decurionum* :** espace réservé aux magistrats, qui se trouve entre l'orchestre et les gradins inférieurs de la *cavea* d'un théâtre*.
GRAMMAIRIENS : les auteurs latins se sont souvent préoccupés des questions grammaticales, surtout à l'époque de Cicéron. César lui-même dédia à Cicéron vers 53-52 av. J.-C. un traité *Sur l'Analogie*. Varron (116-27 av. J.-C.) composa un *De lingua Latina* traitant des origines des déclinaisons et de la syntaxe du latin. Nigidius Frigulus, un érudit mort vers 45 av. J.-C. s'était aussi intéressé à cette matière. A l'époque Claudienne, Q. Remmius Palaemo écrivit une grammaire qui resta longtemps célèbre. Les érudits de la période antonine apportèrent aussi leur contribution avec l'*Ars grammatica* et le *De orthographia* de Q. Terentius Scaurus, et les *Artes grammaticae* de Plotius Sacerdos. Au IVe siècle on connaît les noms de Aelius Donatus, Charisius et Diomède.
GRAND-PONTIFE (*Pontifex Maximus*) : prêtre magistrat de Rome chef du collège des pontifes* ; il loge dans la *Regia* sur le *Forum* romain*, car il est considéré comme le successeur des rois* auprès du foyer* de la cité. Il nomme et dirige les quinze flamines*, le *rex sacrorum*, les vestales*, et surveille les associations religieuses. Il intervient dans certaines cérémonies privées comme le mariage par *confarreatio*, et tout problème concernant les cultes* privés (*sacra*). Il est chargé du culte des Pénates* de Rome, préside l'antique cérémonie des Argées*, et joue un rôle prépondérant dans le culte de Jupiter Capitolin. A partir d'Auguste*, c'est l'Empereur* qui a droit au titre de grand-pontife ; il se fait suppléer dans ces tâches par un *promagister*.
GRANDE-BRETAGNE : cf. Bretagne.
GRANDE-GRECE : partie méridionale de la péninsule italienne à partir de Cumes et Naples. Ses côtes tyrrhéniennes et ioniennes étaient occupées par des colonies grecques qui développèrent une brillante civilisation connaissant son apogée aux IVe-IIIe siècles av. J.-C. Certains auteur incluent aussi la Sicile* dans la Grande-Grèce. La chute de Tarente en 272 av. J.-C. marqua la fin de l'autonomie politique des cités de Grande-Grèce et le début de son déclin. Seule Naples réussit à conserver intact son patrimoine culturel, et c'est par la Grande-Grèce que l'hellénisme commença à se diffuser à Rome. Le sac de Syracuse et de Tarente à l'issue de la deuxième guerre punique amena notamment à Rome de nombreuses œuvres d'art qui ornèrent les temples ou les riches maisons des Romains.
GRANIT GRIS : granit égyptien provenant du Mont Claudien.

GRANIT DES OBELISQUES : granit égyptien de couleur rouge ou rose provenant de la région d'Assouan.

GRECE (balkanique) : c'est au cours des guerres* d'Illyrie que les Romains entrent en contact avec les fondations grecques de la côte épirote qu'ils libèrent de la menace illyrienne. A l'issue de la seconde guerre de Macédoine, le consul* Flamininus philhellène, proclame la liberté des cités grecques aux jeux isthmiques de 197 av. J.-C. Les relations se détériorent en 147, quand la Ligue Achéenne insulte un envoyé du Sénat* ; Metellus bat en Locride l'armée du stratège fédéral Critolaos, puis L. Mummius en 146 met à sac Corinthe. Dès lors la Grèce balkanique est divisée en deux provinces* : au nord la Macédoine, au sud l'Achaïe (cf. carte 3). En 67 av. J.-C., Metellus annexe la Crète qui est rattachée à la Cyrénaïque. Sous l'Empire*, les deux provinces de Macédoine et d'Achaïe sont sénatoriales ; Claude en 46 fait de la Thrace une province procuratorienne qui devient sous Trajan (98-117) province à légat propréteur* ; l'Epire est détaché de l'Achaïe par Hadrien au profit d'un procurateur* (cf. carte 4). Au Bas-Empire*, le diocèse* de Macédoine regroupe la Macédoine, l'Epire nouveau et ancien, la Thessalie, l'Achaïe et la Crète ; en 395 ce diocèse passe à l'Orient et dépend de la préfecture d'Illyricum (cf. carte 5). Cf. également Asie Mineure.

***Gr(a)ecostasis* ou *Graecostadium* :** il s'agit d'une plate-forme entourée d'une balustrade située sur le *comitium* du *Forum* romain* ; les ambassadeurs étrangers y attendaient les décisions du Sénat*.

***Gromatici* :** auteurs des traités d'arpentage ; le nom vient de *groma*, sorte d'alidade employé par les arpenteurs.

GUERRE (*bellum*) : la guerre est pour les Romains une véritable institution ; outre les aspects militaires et politiques, c'est un acte qui met en œuvre un rituel très complexe de la compétence des fétiaux* afin que toute guerre soit une guerre juste (*bellum iustum*) qui n'entraîne pas le courroux des dieux. Ses motifs doivent donc être justes : expulsion d'un ennemi, vengeance pour une injustice subie, revendication d'un droit légitime. Le premier acte est la *clarigatio* : le *pater patratus* conduit une délégation de fétiaux en apportant une motte de gazon prise au Capitole* et une pierre symbolisant Jupiter, et réclame réparation aux ennemis dans un délai de 30 jours. Une fois ce délai passé, c'est la déclaration de guerre (*indictio belli*) sur vote des comices centuriates* : le *pater patratus* envoie une lance ensanglantée sur le territoire ennemi qui fut par la suite symbolisé par une borne dressée devant le temple de Bellone à Rome. Avant de partir en campagne, les soldats doivent prêter sur le Champ de Mars* un serment qui font d'eux des initiés capables d'assurer un service sacré (*sacra militia*). Toute opération militaire est précédée de la prise des auspices*, et le calendrier* religieux prévoit plusieurs fêtes avec rites de purification ou rites initiatiques (*Equirria, October Equus, Armilustrium*) au début et à la fin de l'année militaire (de mars à octobre). Pendant toute la durée d'une guerre les portes du temple de Janus à Rome restent ouvertes. La victoire fait aussi l'objet de tout un rituel : supplications en l'honneur des dieux, élévation d'un trophée*, triomphe* du général, introduction à Rome des dieux de l'ennemi. Le rituel fétial intervient encore au moment du traité de paix : le *pater patratus* frappe d'un silex le porc choisi comme victime pour le sacrifice.

A partir du IIe siècle av. J.-C., les Romains semblent moins soucieux du concept de guerre juste, et le mécanisme de la conquête les conduit à des guerres de plus en plus offensives. Ainsi, jusqu'à l'instauration de la paix romaine par Auguste*, l'histoire de Rome est une suite presque ininterrompue de conflits qui marquent à la fois la constitution progressive de l'Empire*, et les diverses crises politiques et sociales de Rome.

Liste des principales guerres que dut affronter Rome (par ordre alphabétique) :
GUERRE D'AFRIQUE (47-46) : épisode de la guerre civile* opposant César aux partisans de Pompée ; elle se termine par la victoire de César à Thapsos le 6 avril 46. Le récit en est fait dans un bref journal attribué à Hirtius.
GUERRE D'ALEXANDRIE (48-47) : épisode de la guerre civile* opposant César et Pompée. César s'installe en Egypte et rend son trône à Cléopâtre. Elle se termine par la victoire de César à Zéla en août 47. Le récit en est fait par Aulus Hirtius un des lieutenants de César.
GUERRES CIVILES : guerres opposant les différentes factions à la fin de la République*. Le premier conflit voit l'affrontement de Marius et Sulla entre 88 et 82 ; Sulla réussit à s'imposer dictateur* et se débarrasse de ses ennemis par des proscriptions* sanglantes. Suit le conflit entre Pompée et César qui commence en 52 et se termine par la victoire de César à Pharsale en 48, puis en Afrique et en Espagne les deux années suivantes ; le récit en est fait par César dans son *Bellum Civile*, et inspire à Lucain une épopée, *La Pharsale*. Enfin la République* s'achève avec le conflit entre Marc Antoine et Octave qui, vainqueur à la bataille d'*Actium* en 31 av. J.-C., réussit à s'imposer comme le seul maître de Rome et de son Empire.
GUERRE D'ESPAGNE (45) : épisode de la guerre civile* opposant César aux fils de Pompée et à Labienus ; elle se termine par la victoire de César à Munda le 17 mars 45. Auguste mena également une campagne pour achever la pacification de l'Espagne entre 26 et 19 av. J.-C.
GUERRE ETOLO-SYRIENNE (192-188) : guerre opposant le roi séleucide Antiochos III à Rome. Appelé à l'aide par les Etoliens, Antiochos avait envahi la Grèce alliée de Rome. En 188 les Etoliens capitulèrent à Ambracie, et la même année Antiochos vaincu à Magnésie du Sipyle dut signer la paix d'Apamée.
GUERRE DES GAULES (58-51) : le récit en est fait par César lui-même dans les 8 livres de son *Bellum Gallicum*. Elle commence par l'insurrection du chef Germain Arioviste en 58, se poursuit avec la révolte d'Ambiorix en 54, et s'achève en 52 avec la victoire de César sur Vercingétorix retranché à Alésia. L'arc alpin ne fut pacifié et annexé qu'après les campagnes d'Auguste (trophée de la Turbie en 6 av. J.-C.).
GUERRES D'ILLYRIE : c'est la première guerre de Rome hors d'Italie ; elle a lieu en 229 av. J.-C. à la suite des offensives illyriennes de la reine Teuta sur les fondations épirotes, les intérêts économiques de Rome étant devenus importants dans cette région depuis la fondation de Brindes en 244. En 228, la reine doit traiter, et les Romains établissent des Etats satellites* confiés à Démétrios de Pharos et à Pinnès. La politique offensive de Démétrios de Pharos qui intègre la Ligue hellénique et s'associe au dynaste illlyrien Skerdilaïdas conduit à un deuxième conflit en 219 à l'issue duquel les Romains s'emparent de Pharos et obligent Démétrios à se réfugier auprès de Philippe V. Occupée par la deuxième guerre punique, Rome ne profite pas de cette victoire et se contente de rétablir la situation de 228. Les opérations contre l'Illyrie reprennent sous César, qui crée la province d'Illyrie, et Octave (35-33 av. J.-C.).

GUERRE DE JUGURTHA (112-105) : le récit en est fait par l'historien Salluste. Elle oppose Rome à Jugurtha, roi de la Mumidie qui était un Etat satellite de Rome. Elle est déclenchée par le massacre des *negotiatores* romains à Cirta et se termine par la prise de la ville en 106 par Marius, et la capture de Jugurtha en 105.
GUERRES LATINES : une première guerre se conclut en 496 av. J.-C. avec la victoire romaine au lac Régille et aboutit à un traité d'alliance entre Rome et la Ligue Latine* ; un deuxième conflit éclate entre 340 et 338 opposant les Romains alliés aux Samnites contre les Latins, les Campaniens et les Sidicins, et se termine par la dissolution de la Ligue latine.
GUERRES DE MACEDOINE : c'est au cours de la deuxième guerre punique*, par suite de l'alliance en 215 av. J.-C. entre Philippe V et Hannibal, que les Romains entrent en guerre contre la Macédoine ; il n'y a pas d'affrontement direct, les Romains se contentant de contrôler l'Adriatique pour empêcher un débarquement des troupes macédoniennes ; en 205, après l'alliance de Rome avec les Etoliens et Pergame, Philippe V isolé accepte de traiter. La deuxième guerre de Macédoine (200-197) lancée à l'instigation de Rome, se termine par la victoire de T. Quinctius Flamininus sur Philippe V à Cynocéphales* ; les cités grecques sont alors libérées du joug macédonien. La guerre reprend en 171, et en 168 L. Aemilius Paulus bat Persée à la bataille de Pydna*, et le Royaume de Macédoine est dépecé en quatre régions soumises au tribut avant de devenir une province.
GUERRES DE MITHRIDATE (88-65) : guerres menées par Sulla, puis Lucullus et enfin Pompée contre Mithridate VI Eupator, roi du Pont, qui avait étendu son empire sur toute l'Asie Mineure*.
GUERRE DES PIRATES : elle est mentionnée par la *lex Gabinia* de 67 av. J.-C. qui confère un *imperium* de trois ans à Pompée sur terre et sur mer pour mener la guerre contre les pirates.
GUERRES PUNIQUES : guerres opposant Rome à Carthage. La première guerre (264-241) a pour théâtre d'opération la Sicile qui après la victoire romaine aux îles Aegates, devient la première province romaine. La seconde guerre (218-201) voit la venue d'Hannibal et ses victoires en Italie (Trasimène et Cannes), mais la victoire de Scipion à Zama en 201 marque la fin de la puissance carthaginoise. La troisième (150-146) se termine par la destruction de Carthage et la création de la province d'Afrique. Ce conflit inspira deux épopées, le *Bellum Punicum* de Naevius (270-190), et les *Punica* de Silius Italicus (26-101).
GUERRES PYRRHIQUES (280-272) : elles opposent Rome à Pyrrhus roi d'Epire appelé à l'aide par Tarente. Le roi remporte des victoires à Héracléa (280) et Ausculum (279), mais vaincu à la bataille de Bénévent en 275 il doit quitter l'Italie. En 272 Tarente reconnaît l'hégémonie de Rome qui s'étend jusqu'au détroit de Messine.
GUERRES SAMNITES (343-290) : la première guerre éclate en 343 ou 341 à la suite de la *deditio* de Capoue attaquée par les Samnites que Rome réussit à repousser. La deuxième guerre samnite est longue (326-304) et difficile pour Rome ; vaincue aux Fourches Caudines* en 321 elle doit ensuite affronter une coalition étrusco-samnite, et au prix de lourds efforts réussit à traiter avec les Samnites en 304. Le répit est de courte durée, et durant la dernière guerre samnite (298-290) Rome trouve face à elle une vaste coalition regroupant Samnites, Etrusques, Gaulois et Ombriens. La victoire de Decius Mus à Sentinum en 295 permet de refouler les Gaulois, et en 290 les cités étrusques

d'Arezzo, Pérouse et Volsinies acceptent de signer la paix. A l'issue de cette guerre Rome a conquis toute l'Italie centrale.

GUERRE SERVILE (73-71) : conflit opposant Rome à Spartacus. Crassus finit par vaincre en Apulie, et les dernières bandes sont anéanties par Pompée à son retour d'Espagne.

GUERRE SOCIALE (91-88) : conflit opposant Rome aux cités alliées d'Italie coalisées en une confédération marsico-samnite. Sulla réussit à y mettre fin en leur accordant le droit de cité.

Avec la *pax Augusta*, les guerres deviennent moins importantes ; toutefois l'Empire* connaît quelques conflits qui ont revêtu une importance particulière : ainsi la guerre des Juifs sous Vespasien dura de 66 à 73 et se termina, après la destruction de Jérusalem le 30 août 70, par la prise de Massada, dernier bastion des insurgés, le 2 mai 73 (le récit des événements est fait par Flavius Josèphe dans son *Bellum Iudaicum*). Trajan mène de grandes campagnes contre les Daces (101-102, puis 105-107), les Nabatéens (106) et les Parthes (114-117). Après lui Marc Aurèle entreprend une guerre contre les Parthes entre 161 et 166, puis contre les barbares des régions danubiennes de 166 à 175, et de nouveau de 177 à 180. Enfin Septime Sévère (193-211) au terme d'une campagne contre les Arsacides crée en 198 la province de Mésopotamie. A la fin du IIe siècle Rome a atteint le sommet de sa puissance, et désormais les guerres se limitent à des expéditions sur les frontières quand elles sont menacées par les incursions barbares, ou à des luttes pour l'accès au pouvoir lors des périodes d'anarchie militaire.

Cf. également Conquête et Révolte.

***Guttus* :** vase à col très étroit qui permet de distiller le liquide goutte à goutte.

GYMNASE (*gymnasium*) : édifice consacré aux exercices physiques et servant aussi de lieu de réunion. Les Romains conservent l'architecture des gymnases grecs. L'édifice s'organise autour d'une vaste cour (péristyle) entourée de quatre portiques (trois simples et un double) sur lesquels s'ouvrent des exèdres servant de salles de repos. Le portique double communique avec la palestre*, ensemble de bâtiments comprenant la salle de sport (*ephebeum*), la salle du jeu de balle (*coryceum*), la salle des lutteurs (*conisterium*), une salle d'eau (*frigida lavatio*), une salle pour les onctions d'huile et de parfums (*elaeothesium*) et parfois tout un complexe thermal. Attenant à la palestre, on trouve de grands jardins avec des allées servant de promenade (*ambulationes*), et le stade* pour l'entraînement à la course. Sur les longs côtés de la promenade et du stade deux longs portiques (*porticus stadiatae*) un peu surélevés permettent aux spectateurs de suivre l'évolution des sportifs. Les jeux gymniques font partie des spectacles publics offerts aux citoyens de Rome et des villes d'Italie ou de province.

H

HABITATION : il faut distinguer la *villa* qui est une maison* de campagne ou une exploitation agricole, la *domus* qui est une maison privée individuelle, et l'*insula* qui est un immeuble de rapport divisé en appartements (*cenacula*). A Rome on compte environ 46 000 *insulae* pour 2 000 *domus* à l'époque de Constantin (306-337). Les *domus* se trouvent dans les quartiers résidentiels sur les hauteurs (Quirinal, Esquilin Caelius, Aventin, Pincio), les *insulae* dans les quartiers populaires près du Tibre (Vélabre, Argilète, Transtévère, *Forum Boarium*).

HARUSPICES/HARUSPICINE : prêtres d'origine étrusque spécialistes de l'art de la divination (la discipline étrusque*) : ils examinent les entrailles des victimes (*exta*), et s'occupent de la procuration et de l'explication des prodiges* (*monstra*) et des coups de foudre (*fulgura*). Ils ne sont pas très bien vus du Sénat* romain qui consulte plutôt les Augures*. Sous l'Empire*, ils constituent un collège* qui reste distinct des autres collèges de prêtres.

***Hasta pura* (lance pure) :** décoration militaire réservée aux primipiles* et aux officiers.

***Hastati* :** à l'origine, soldats de deuxième ligne armés d'une grande lance (*hasta*). Après la réforme de Camille (IVe siècle av. J.-C.), ils passent en première ligne et ne sont armés que du *pilum*. Ce sont les soldats les plus jeunes du manipule*.

***Hastiferi* :** dévots de la déesse Bellone.

***Hecatostylum* :** portique de cent colonnes qui délimite le côté nord de l'aire sacrée du Largo Argentina*. Il fut construit au Ier siècle av. J.-C. par les consuls Lentuli.

HELEPOLE (*helepolis*) : machine de siège ; tour montée sur roue et bardée de fer qui permet d'approcher des créneaux de la ville assiégée pour donner l'assaut. Cf. Machines de guerre.

***Helvia* (*lex*) :** plébiscite* du tribun* C. Helvius Cinna en 44 av. J.-C., destituant deux tribuns qui avaient fait incarcérer des citoyens* pour avoir acclamé César* roi. Le même tribun avait préparé un autre plébiscite permettant à César d'épouser Cléopâtre.

HEMINE (*hemina*) : cf. Poids et Mesures.

***HERACLEA* (*via*) :** route légendaire que suivit Héraclès pour se rendre en Occident jusqu'aux colonnes dites d'Hercule ; elle suit les côtes méditerranéennes jusqu'à Gadès. Cf. *Augusta* (*via*).

HERAUT (*praeco*) : annonceur public au service de l'Etat ou d'un particulier. A l'époque impériale, les hérauts ont leur siège au bas du Palatin* (fig. 19 n° 20).

HEREDITE (dynastique) : l'assise juridique du pouvoir d'Octave était le testament* de César* et l'adoption qu'il contenait ; lui-même, en adoptant ses deux petits fils Caius et Lucius, prépara le principe de la succession dynastique, et la dynastie julio-claudienne s'établit grâce à la pratique de l'adoption au sein de la famille d'Auguste. Sous les Flaviens (69-96), c'est la stricte hérédité qui prévaut, et au cours du premier siècle apparaît la notion de *domus augusta* ou *domus divina* qui entérine le principe de l'hérédité dynastique. La filiation, naturelle ou adoptive ne dispense pas cependant le successeur d'être régulièrement investi par le peuple ou le Sénat*. Le système de la tétrarchie* instaure une solution originale mais qui ne dura pas. Finalement le principe dynastique fortifié par l'association assura la stabilité de l'Empire malgré les crises militaires ou les intrigues de cour.

***Heredium* :** mesure agraire d'environ 50 ares. Dans la Loi des Douze Tables* ce mot désigne le jardin situé dans l'enclos privé (*hortus*) ; c'est la parcelle de terre qui suit l'héritier, tout comme le foyer et le toit qui l'abrite.

***Herennia* (*lex*) :** plébiscite* du tribun* C. Herennius en 60 av. J.-C., demandant le passage au statut de plébéien* de P. Clodius Pulcher qui aspirait au tribunat.

HERITIER/HERITAGE (*heres*) : l'héritier perpétue le culte* familial (*sacra*) et recueille la succession du patrimoine*. La Loi des Douze Tables* établit la liberté du testament et les règles de la succession ab intestat. Dans ce cas, les premiers à recueillir la succession sont les *heredes sui*, c'est-à-dire les personnes qui au moment du décès sont sous l'autorité du défunt (femmes *in manu* et descendants de la première génération) ; ces héritiers ont des droits égaux sur le patrimoine et ne peuvent refuser l'héritage (*heredes necessari*). A défaut d'*heredes sui*, c'est l'agnat* le plus proche en degré de parenté qui hérite seul ; à défaut d'agnat, le patrimoine revient aux *gentiles*. Le droit prétorien* développe un régime successorial nouveau : il confère une simple *possessio* (droit de jouissance mais pas de propriété) aux héritiers testamentaires institués par un testament non légal, ou aux successeurs ab intestat non prévus par la loi (enfants, *agnati* et *gentiles*, époux survivant). Hadrien (117-138) et Marc Aurèle (169-180) durcissent la législation en tenant plus compte encore des liens du sang. Les jurisconsultes* Tertullien et Ophitien admettent les mères à la succession des enfants, et des enfants à la succession des mères, non plus à titre de *cognati*, mais d'*agnati*. Lorsqu'un père nommait comme successeur un enfant impubère (qui n'avait pas la possibilité de tester), il pouvait désigner un héritier au second degré (*heres secundus*) pour cet enfant au cas où il mourrait.
***HERMAEUM* :** nom donné à la *diaeta* de Caligula sur le Palatin*.
Hérôon : mot grec désignant un sanctuaire consacré à un héros ; par métonymie, il désigne aussi le monument funéraire ou cultuel, en forme de petit temple, qui est élevé sur ce sanctuaire. Les *hérôons* sont les seuls monuments funéraires qui peuvent se situer à l'intérieur d'une ville, en général sur le *forum*, comme la *Lapis Niger* à Rome marquant le tombeau du héros fondateur Romulus.
HERESIE : en théologie, doctrine en rupture par rapport à la doctrine officielle. Au IVe siècle l'Eglise connut trois hérésies : l'arianisme*, le monophysisme* et le nestorianisme*. Ces hérésies ont fait l'objet de condamnations successives lors des conciles* oecuméniques. Les hérétiques sont eux aussi poursuivis par le pouvoir politique : exil, confiscation des biens, interdiction des réunions cultuelles, saisie des églises. L'Empereur Honorius ira même jusqu'à la peine de mort.
HESPERIE : terre d'Occident. Pour les Grecs, elle désigne l'Italie ; pour les Romains elle désigne l'Espagne.
HEURE (*ora*) : cf. Calendrier.
HIERARCHIE : cf. Fonctionnaires, Titres.
HIERARCHIE ECCLESIASTIQUE : très tôt les autorités religieuses chrétiennes ont distingué les laïcs qui constituent la masse des fidèles, et les clercs qui fournissent les pasteurs. Au sein des clercs, on distingue les ordres mineurs, regroupant les acolytes, les exorcistes, les lecteurs, les portiers et les sous-diacres, et les ordres majeurs avec les diacres, les prêtres et les évêques* à la tête des circonscriptions épiscopales. Les circonscriptions plus étendues ont à leur tête un métropolitain, en général l'évêque de la capitale de province*. Le concile* de Constantinople en 381 créa pour l'Orient cinq grandes circonscriptions ecclésiastiques : l'Egypte autour d'Alexandrie, l'Orient autour d'Antioche, le Pont autour de Césarée, l'Asie autour d'Ephèse, la Thrace autour de Constantinople. L'évêque de Rome, successeur de Pierre, finit par s'imposer à la tête de l'Eglise dans le courant du Ve siècle grâce à l'action de

plusieurs papes comme Innocent I (401-417), Léon le Grand (440-451) et Gélase (492-496).
HIERARCHIE MILITAIRE : cf. Armée.
***Hilaria* :** fêtes instituées par Antonin en l'honneur de Cybèle et Attis.
HIPPODROME : les courses de chevaux dans le monde romain ont lieu dans les cirques*. L'hippodrome n'existe que dans le monde grec.
***Hirpi Sorani* :** les « Loups du Soracte ». Il s'agit d'une confrérie de prêtres qui célèbrent sur le mont Soracte au nord de Rome, consacré à Apollon, des cérémonies au cours desquelles ils dansent pieds nus sur des charbons ardents. On a rapproché ces rites de ceux des Lupercales*.
***Hirtia (lex)* :** plébiscite* du tribun* A. Hirtius en 46 av. J.-C., limitant le *ius honorum* pour les partisans de Pompée.
HISTOIRE : les premiers historiens romains remontent au début du IIe siècle av. J.-C., et se situent dans la tradition historiographique hellénistique. Il s'agit pour eux de glorifier la fondation de Rome et de justifier la place grandissante qu'elle prend dans le monde méditerranéen. L'œuvre de Polybe, historien d'origine et de langue grecques (200-120), répond à cet objectif. La première tendance est celle des Annalistes*. Il s'agit pour eux de compiler dans les calendriers*, les *commentarii* et les livres pontificaux* tout ce qu'on sait du passé de Rome, sans trop distinguer les événements historiques des légendes. La publication après 130 av. J.-C. des Annales* en 80 livres fournit une documentation où puisent les historiens postérieurs du Ier siècle av. J.-C. En suivant l'ordre chronologique des événements, ils introduisent un ton moralisant et un style rhétorique caractéristiques de la pensée historique romaine. Il y a aussi des historiens qui font de l'histoire pour servir leur propre cause : l'exemple le plus illustre est César*, historien de lui-même. Salluste (86-35) est lui aussi partisan, mais il est très influencé par la rigueur de Thucydide. Dans ses œuvres sur l'histoire de la philosophie et de l'art oratoire, Cicéron s'en tient au modèle d'Isocrate, et selon lui la rédaction de l'histoire relève du talent des orateurs. Contre ce courant oratoire, des auteurs « puristes » comme Salluste, César ou Cornélius Népos représentent au contraire la tendance du néo-atticisme. Tite-Live (59 av.-17 ap. J.-C.) est le premier grand historien à tenter une synthèse en mettant tout son art au service d'un bilan glorieux de l'histoire romaine qui atteint son apogée sous le siècle d'Auguste. Tacite (55-120), suivant le modèle de Salluste, est sans doute, par la puissance de son œuvre, l'un des plus grands historiens latins ; son œuvre est poursuivie et imitée par Ammien Marcellin au IVe siècle ap. J.-C. Le genre de la biographie, qui remonte aussi à l'époque hellénistique, inspire la *Vie des Douze Césars* de Suétone (Ier siècle ap. J.-C.), mais dégénère avec l'*Histoire Auguste*. L'œuvre de Flavius Josèphe, écrite en grec, occupe une place à part (37-100). Au IVe siècle apparaît la mode des résumés et des vastes chroniques chrétiennes.
HISTOIRE AUGUSTE : nom donné à une collection de biographies d'Empereurs* romains ou de prétendants à l'Empire*, depuis Hadrien jusqu'à Numerianus. Ces biographies sont attribuées à six auteurs : Aelius Spartianus, Iulius Capitolinus, Volcatius Gallicanus, Trebellius Pollio et Lavius Voscipus. Certains spécialistes pensent qu'en fait il s'agit de l'œuvre d'un seul auteur du IVe siècle ap. J.-C. qui aurait compilé des faux. Il est clair en tous cas que les documents cités dans l'*Histoire Auguste* sont des faux et que la valeur historique de cette œuvre est douteuse.
HISTRIO (*histrio*) : cf. Acteur.

HOMICIDE (*crimen homicidii*) : délit prévu par les lois* publiques et relevant des *quaestiones perpetuae* (y compris les parricides qui a priori auraient pu relever du délit privé). La *lex Cornelia* de 81 av. J.-C. punit de l'interdiction* de l'eau et du feu plusieurs types d'homicides, y compris les seules tentatives. La *lex Pompeia* de 55 av. J.-C. soumet à la même condamnation les meurtriers de proches parents. Auguste* rétablit contre les parricides la *poena cullei* d'époque archaïque (le meurtrier est enfermé dans un sac de cuir et jeté à l'eau). Un sénatus-consulte* de Claude (41-54) renforce la législation de Sulla (*S.C. de sicariis*), et d'autres autorisent la torture des esclaves pour démasquer les coupables (*S.C. Silanianum de servis, S.C. Aemilianum, S.C. Pisonianum*). La législation est un peu tempérée par l'*oratio de serviis* de Marc Aurèle (161-180). Relèvent de l'homicide l'exécution ou la castration des esclaves et des enfants, l'avortement, le fait pour un juge de recevoir de l'argent pour condamner quelqu'un à mort, la circoncision pour les non juifs, les pratiques magiques, l'exposition des nouveau-nés.

HOMMES D'AFFAIRES (*negotiatores* ou *Rômaioi*) : ils font partie du monde de la haute finance, et ce sont eux qui traitent toutes les affaires commerciales à l'échelon méditerranéen (import-export). Ils appartiennent souvent à l'ordre équestre*, et constituent les plus grandes fortunes du monde romain, fortunes au demeurant autant immobilières que mobilières. Ils sont installés dans toutes les grandes places commerciales de la Méditerranée, et notamment à Délos, devenu port franc depuis 166 av. J.-C., et plaque tournante du trafic entre l'Orient et l'Occident. Dans le courant du IIe siècle av. J.-C., ils se regroupent en sociétés puissantes qui pèsent sur les milieux dirigeants de Rome. Ces hommes d'affaires sont indéniablement l'un des moteurs de l'impérialisme* romain, la politique mercantile ayant besoin de l'appui des légions* : l'intervention en Illyrie en 229 av. J.-C. est due aux intérêts commerciaux romains dans l'Adriatique ; le massacre des *negotiatores* de Cirta en 113 av. J.-C., déclencha le long conflit connu sous le nom de guerre de Jugurtha. Ces hommes d'affaire apparaissent également dans les villes d'Italie où ils ont acheté des terres et pratiquent l'évergétisme* au sein des aristocraties locales. Les énormes besoins alimentaires de Rome ou des grandes villes de l'Empire* sont une source de profits intarissable pour ces grands marchands.

HOMME NOUVEAU (*homo novus*) : l'expression désigne sous la République* tout individu qui accomplit une carrière* politique sans avoir dans sa famille un ancêtre qui ait obtenu une magistrature curule*. Il s'agit finalement d'un magistrat* non patricien qui atteint le consulat*. La carrière des hommes nouveaux est difficile, car ils manquent d'appuis, et bien peu arrivent au consulat : 11 % seulement de consuls sont d'origine non noble, et sur ces 11 %, 10 % sont issus de familles prétoriennes ou sénatoriales (un fils de sénateur n'est pas forcément noble) ; il n'y a donc que 1 % de véritable renouvellement social, ce qui prouve combien était sévère le contrôle des vieilles familles patriciennes. Quelques hommes nouveaux cependant ont réussi à percer et sont même devenus célèbres, tels Caton, Marius, Cicéron.

***Honestiores* :** citoyens* appartenant à l'ordre sénatorial ou équestre (ainsi que leurs femmes et leurs *adgnatae*), par opposition aux *humiliores*. Les *honestiores* sont patriciens* ou plébéiens*. Les notables municipaux font aussi partie de cette classe sociale. En droit* public, ils bénéficient d'une juridiction spéciale qui leur est favorable.

HONNEURS (*honores*)/HONORABILITE (*dignitas*) : les *honores* désignent toute magistrature* non rétribuée. L'exercice de ces charges confère une respectabilité (*dignitas*) proportionnelle au prestige de la magistrature. Sous l'Empire*, la *dignitas* est hiérarchisée avec toute une série de titres* honorifiques (clarissime, perfectissime, etc.). Cf. également Carrière des honneurs.
HOPITAL (*valetudinarium*) : les hôpitaux publics ne font leur apparition qu'assez tard à Rome, pas avant la fin du IVe siècle ap. J.-C., mais les médecins ont la possibilité de garder leurs patients chez eux. Les camps* romains possèdent par contre une infirmerie, de même que les grandes *villae rusticae*. Les hôpitaux militaires des camps fixes sont construits sur un plan carré ou rectangulaire, avec les chambres disposées sur les trois ailes autour d'une cour centrale.
***Horatia* (*lex*) :** loi* de 449 av. J.-C. récompensant la vestale* Taracia pour avoir donné au peuple romain les territoires compris dans la boucle du Tibre.
HORLOGE : pour mesurer le temps les Romains disposent d'horloges à eau ou de cadrans solaires (*solaria*). Les horloges à eau sont de deux types : la clepsydre (*clepsydra*) comparable au sablier, qui indique une certaine durée, et les horloges à eau proprement dites (*horologia ex aqua*), récipients gradués à débit régulier ou à alimentation régulière, qui permettent de savoir l'heure en lisant la graduation correspondante. Les cadrans solaires projettent l'ombre du gnomon* sur une surface divisée en secteurs horaires. Le plus ancien cadran solaire public fut amené à Rome en 263 av. J.-C. ; il avait été pris en Sicile et se dressait sur le *Forum* romain* derrière les rostres*. Le plus célèbre est celui qu'Auguste* fit construire sur le Champ de Mars* avec un obélisque ramené d'Egypte ; le soir du 23 septembre, jour anniversaire d'Auguste, l'ombre du gnomon s'alignait avec l'axe d'entrée de l'Autel de la Paix* ; le cadran (360 x170 m environ) indiquait non seulement l'heure, mais aussi les saisons, les solstices et les signes du zodiaque. Ces instruments n'étaient pas très précis, car ils exigeaient des corrections saisonnières et dépendaient de la latitude. On cite à leur propos la boutade de Sénèque selon laquelle il était plus facile d'accorder entre eux des philosophes que des horloges. Toutefois, les Romains n'avaient pas besoin d'une connaissance très précise de l'heure ; seule l'administration* impériale tenait compte des horaires dans les règlements concernant les services publics. Les camps* romains utilisaient les clepsydres pour mesurer la durée des quatre gardes qui divisaient la nuit.
***Horreum* :** cf. Entrepôts.
***Hortensia* (*lex*) :** loi* proposée en 286 par le dictateur* Q. Hortensius, instituant les plébiscites* et autorisant les préteurs* à exercer le jour des *nundinae* jusqu'alors néfastes.
***Hortus* :** cf. Jardin.
HOSPITALITE (*hospitium*) : le droit d'hospitalité remonte aux coutumes ancestrales et règle les rapports avec les étrangers* ; c'est la première forme de droit international qui établit une relation réciproque d'amitié entre les deux familles, à la suite d'un traité privé garanti par les dieux et scellé par le sacrifice* d'un bélier. Non seulement l'hôte assure le gîte, mais il sert aussi d'interprète, de courtier, de garant et de représentant judiciaire, puisque les étrangers ne disposent à Rome d'aucun droit. Si l'étranger s'installe de façon durable, l'hospitalité se transforme en lien de clientèle*. De la même façon, il existe une hospitalité publique qui résulte d'un traité* passé sur un pied d'égalité entre Rome et une cité*. Les droits accordés varient selon le traité ;

en général l'étranger obtient le *conubium*, le *commercium* et la *reciperatio*. Le développement de l'Empire* rendit insuffisante la pratique de l'hospitalité, et le droit prétorien* dut chercher des solutions mieux adaptées aux nouvelles réalités. L'hospitalité privée reste cependant une valeur traditionnelle comme du reste dans la plupart des pays méditerranéens. Au Bas-Empire*, l'*hospitium* devient une obligation pour les particuliers qui doivent loger les soldats et fonctionnaires* impériaux : cf. *Munus hospitalitatis*.
Hostia **:** cf. Victime.
Hostilia (lex) **:** loi* d'époque inconnue autorisant la représentation juridique pour les prisonniers de guerre, et les personnes absentes pour raison d'Etat, ainsi que pour leurs pupilles.
Hostis **:** cf. Ennemi.
HS : abréviation pour sesterce*.
Humiliores **:** ensemble des citoyens* qui ne sont ni chevaliers* ni sénateurs* ; synonyme : *tenuiores* ; antonyme : *honestiores*.
HYPARCHES (*hyparchoi*) : titre donné à certains gouverneurs* de provinces en Orient sous le Bas-Empire*.
HYPOCAUSTE (*hypocaustum*) : système de chauffage à air chaud inventé à Rome vers 100 av. J.-C. Les planchers reposent sur des piliers, et l'air chauffé dans un four et conduit par des tuyaux circule en dessous. L'hypocauste sert à alimenter les bains de vapeur dans les thermes*, mais il est aussi employé comme moyen de chauffage dans les demeures privées.
Hyposcenium **:** partie située sous le plancher ou dallage de la scène d'un théâtre*.
HYPOTHEQUE (*conventio pignoris*) : cette pratique mise au point par le droit prétorien* repose sur une convention délibérée des contractants. Le droit civil ne prévoyait pas en effet ce type de transaction, où la *possessio* d'un bien, mobilier et immobilier, sert de garantie à une créance.

I

IBERIE : cf. Espagne.
Icilia (lex) **: 1.** Plébiscite* du tribun* Sp. Icilius en 492, considérant comme atteinte à la *sacrosanctitas** du tribun toute tentative visant à l'empêcher de s'entretenir avec la plèbe*. **2.** Plébiscite du tribun L. Icilius Ruga en 456 av. J.-C., attribuant le sol de l'Aventin* aux citoyens* les plus pauvres. **3.** Plébiscites de 449 av. J.-C. du tribun L. Icilius accordant l'amnistie pour les plébéiens qui avaient fait sécession, et le triomphe* (malgré le refus du Sénat) pour les consuls* L. Valerius Potius et M. Horatius Barbatus. **4.** Plébiscite du tribun L. Icilius vers 412 relatif à des assignations agraires*.
IDES : cf. Calendrier.
IDIOLOGUE : fonctionnaire* des finances dans la province* d'Egypte.
IGNOMINIE (*ignominia*) : note infamante (*nota censoria*) infligée par le censeur*. Le citoyen marqué d'ignominie perd le droit de vote.
ILE TIBERINE : île servant de tête de pont à Rome. Deux ponts la relient à la ville : le pont Fabricius sur la rive gauche, et le pont Cestius sur la rive droite (cf. carte 8). L'édifice le plus ancien est le temple d'Esculape inauguré en 289 av. J.-C. à la suite d'une peste. On y trouve aussi les sanctuaires de

Faunus et de Veiovis, dédiés en 194 av. J.-C., de Semo Sancus, de Bellone, et de Jupiter Iurarius (garant des serments). Une seule rue traversait l'île, le *vicus Censorii.*

ILOT : cf. *Insula.*

***Illustres* :** au Bas-Empire*, titre accordé aux préfets de la Ville et du prétoire*, ainsi qu'aux maîtres de la milice*.

IMAGES (*imagines*) : masques de cire moulés sur la face des morts, qui sont conservés dans l'*atrium* des maisons, rangés dans des armoires ou dans des niches avec sous chacun d'eux les noms, titres et exploits accomplis (*titulus* ou *elogium*). Ils composent ainsi la généalogie des familles de *nobiles.* Lors des funérailles*, ces masques sont portés en tête de cortège (*ius imaginum*). Par la suite les *imagines* sont remplacées par de simples médaillons de métal (*clipeatae imagines*). Le terme désigne aussi les médaillons impériaux accrochés aux enseignes*, et par métonymie les enseignes elles-mêmes. Ces *imagines* ont joué un rôle important dans l'histoire de l'art romain en développant l'art du portrait réaliste.

***Imbrex* (pl. *imbrices*) :** tuile à section semi-circulaire en forme de manchon, qui recouvre les tuiles plates (*tegulae*).

IMMOLATION (*immolatio*) : moment du sacrifice* où on répand sur la tête de la victime la *mola salsa*, mélange de sel et de farine, et une coupe de vin, avant de la tuer.

IMMUNITE (*immunitas*) : état du soldat exempt de corvée, ou exemption de l'impôt*, limitée à la contribution personnelle ou étendue à la contribution foncière. Les bénéficiaires de ces exemptions sont des individus (les vétérans* et leur famille surtout) ou des cités*. L'exemption de la capitation* est très répandue, car cet impôt était considéré comme dégradant.

Impedimenta : l'ensemble du matériel et des bagages qui suivent une armée.

***Imperator* :** sous la République*, titre accordé par acclamation des soldats au consul* ou au préteur* victorieux ; il désigne aussi le chef d'Etat grâce auquel les Romains ont obtenu un succès, ou tout souverain. C'est pourquoi, à partir d'Auguste*, il est le premier titre désignant le *princeps* qui apparaît à la fois comme le chef de l'armée et le chef de l'Etat, d'où le sens d'Empereur.

IMPERIALISME : on désigne ainsi la politique menée par la *nobilitas* à partir du IIIe siècle av. J.-C., qui aboutit à la constitution de l'Empire* romain. Cet impérialisme a une forte coloration militaire, car les légions* en sont l'outil essentiel, et les triomphes* des consuls* étaient un moyen de consolider leur position et d'assurer à leur famille un prestige qui contribuait aux carrières politiques*. Il ne faut pas cependant négliger les intérêts économiques : le rôle des *negotiatores* est déterminant, car leur poids politique est très important au Sénat* ; chaque nouvelle conquête est un élan supplémentaire donné au commerce et ouvre de nouveaux marchés. La conquête est aussi un moyen d'enrichissement grâce aux terres conquises (distribuées aux pauvres pour calmer l'agitation sociale) et au butin* (qui permit notamment la suppression de l'impôt* direct pour les Italiens).

***Imperium* :** pouvoir souverain de nature sacrée donnant le droit de commandement tant civil (*imperium domi*) que militaire (*imperium militiae*) ; sous la République*, seuls en disposent les dictateurs*, consuls* et préteurs* ; à partir d'Auguste* seul l'Empereur* le détient, mais il peut le déléguer. L'*imperium* est supérieur à la *potestas.* Les magistrats* perdent leur *imperium* militaire quand ils franchissent le *pomoerium.* L'*imperium* permet de convoquer le peuple et le Sénat*, de commander l'armée*, de prendre les auspices* à

Rome ou hors de Rome, de rendre la justice (sans appel possible dans les armées) ; il donne aussi le droit de coercition*. L'*imperium* est conféré par une loi* curiate (*lex curiata de imperio*), même à l'Empereur ; ses seules limites sont le droit d'appel au peuple (*provocatio*) et le droit d'intercession* des tribuns*.

IMPIETE (*impietas*) : offense volontaire commise à l'encontre des dieux ; aucune expiation ne permet à l'*impius* d'être purifié de cette souillure.

***Impluvium* :** bassin carré à ciel ouvert dans les cours intérieures des maisons*, recueillant les eaux de pluie.

IMPOTS : 1. Impôts fonciers directs : les citoyens* payaient un impôt sur les terres et les biens proportionnel à leur fortune, le *tributum ex censu*, uniquement pour couvrir les dépenses de guerre en cas de besoin ; après la conquête de la Macédoine, le trésor fut assez riche pour supprimer définitivement le *tributum* sur les terres italiennes en 167 av. J.-C. Les provinces* par contre y sont assujetties sauf exemptions particulières. On peut aussi considérer comme impôts directs les différentes redevances ou fermages de l'*ager publicus* que perçoit l'Etat. A partir de Dioclétien (284-305), tout l'Empire* sans exception est assujetti à l'impôt foncier (*capitatio terrena*) et le Bas-Empire* voit apparaître des impôts nouveaux en espèces comme la *collatio glebalis* pour les terres sénatoriales et le chrysargyre* des marchands.

2. Impôts indirects : ce sont les droits de douane, d'octroi et de péage (*portorium* ou *quadragesima* car la taxe correspond au 1/40 de la valeur des marchandises) ; les impôts de pacage (*scriptura*) levés par tête de bétail sur les troupeaux qui utilisaient les pâturages publics. A partir d'Auguste* de nouvelles taxes (*vectigalia*) sont imposées sur les ventes et les mutations : la *centesima rerum venalium*, 1 % sur les ventes aux enchères des objets meubles ou immeubles, la *vicesima libertatis et hereditatium*, 5 % sur les affranchissements et les successions pour les citoyens romains (10 % à partir de Septime Sévère) ; les célibataires doivent aussi payer un impôt spécial (*aes uxorium*). Caligula (37-41) établit une taxe sur les procès, la *quadragesima litium*, mais elle disparaît après lui. Vespasien (69-79) s'est rendu fameux par sa taxe sur les latrines publiques de Rome.

3. Impôts des provinces : la dîme (*decuma*), impôt en nature, fut imposée à la Sicile et à l'Asie jusqu'à César*, avant d'être remplacée par le *stipendium*, ou *tributum ex censu*, impôt foncier en argent, fixé globalement pour chaque province en fonction des besoins du moment. Cet impôt porte sur les personnes autant que sur les biens et est réparti en fonction du cadastre (*forma censualis*). Le *columnarium* est un impôt sur les colonnes. La capitation* est un impôt sur les têtes, considéré comme dégradant ; c'est pourquoi beaucoup de provinces n'y sont pas assujetties. Après Dioclétien, la capitation désigne l'impôt foncier. Des caisses* fiscales particulières sont créées pour certaines provinces. Les villes prélèvent également des taxes municipales pour alimenter leur propre trésor.

4. Impôts spéciaux : l'*aurum coronarium* est une contribution volontaire des villes et des provinciaux ; en cas de nécessité l'Etat pouvait en exiger le versement ; l'*aurum tironicum* est le montant versé pour le recrutement des armées ; l'annone* militaire est un impôt en nature pour le ravitaillement des armées, de même que l'indiction*.

5. Corvées : les habitants des provinces sont tenus de participer à des travaux publics comme la construction de routes, de ponts, ou à supporter des charges financières (frais d'hospitalité, spectacles, etc.). Cf. également Finances, Publicains.

INAUGURATION (*inauguratio*) : cérémonie avec prise d'auspices* en présence des augures* pour savoir si les dieux sont favorables. Elle a lieu pour les personnes (à l'occasion de l'entrée en fonction du roi* ou des prêtres), ou pour les villes et les bâtiments publics au moment de leur fondation.

***Incensus* :** citoyen* qui ne s'est pas fait porter sur les registres du cens* ; il risque d'être vendu comme esclave par l'État.

***Incola(tus)* :** personne vivant à un autre endroit que son lieu de naissance, mais qui conserve le droit de cité* dans sa ville d'origine. Ce changement de résidence permet d'échapper aux charges jugées trop lourdes dans sa ville d'origine. Constantin (306-337), pour limiter cette pratique, décida qu'un *incolatus* est grevé des charges du décurionat* dans les deux cités.

***Indefensio* :** dans les procès, refus de défendre, ce qui équivaut à un aveu.

INDICTION (*indictio*) : sous l'Empire*, le mot désigne l'achat obligatoire de nourriture ou d'autres biens pour l'armée* et la cour, puis l'assiette annuelle de tous les impôts* en nature. Le terme désigne en même temps la déclaration de revenus qu'est tenu de faire chaque propriétaire terrien pour servir de base au calcul de la capitation*. A partir de 287 les indictions ont lieu tous les 5 ans, puis à partir de Constantin (306-337) par cycles de 15 ans ; ainsi le terme finit par désigner une période de 15 ans.

INDIGETES : cf. Divinités.

***Indigitamenta* :** recueils de formules permettant d'invoquer les divinités indigètes* avec les rites et prières appropriés.

INDULGENCE (*indulgentia*) : droit de grâce exercé par l'Empereur* ; il peut arrêter les poursuites (*abolitio publica*) ou remettre la peine (*restitutio*).

***Indutiae* :** paix provisoire conclue sans traité* (sorte de cessez-le-feu) ; après cette trêve, la guerre peut à nouveau être déclarée. Si elle est violée, les fétiaux* procèdent à une *clarigatio*, et exigent la livraison du coupable.

INFAMIE (*infamia*) : perte des droits politiques et de certains droits privés ; elle est irrémédiable, et s'applique à certaines professions, comme les acteurs, ou à certaines condamnations.

***Infans* :** l'enfant à bas âge qui ne sait pas encore parler ; il n'a pas la capacité judiciaire, même avec l'*auctoritas* de son tuteur ; l'enfance se termine à 7 ans.

INFANTERIE : cf. Armée, Légion.

***Infitiatio* :** négation d'une dette ou d'un dépôt ; la personne qui est condamnée malgré sa dénégation doit payer le double du montant de la dette ou du dépôt.

INGENU (*ingenuus*) : désigne la condition juridique de l'homme né et resté libre, par opposition à l'esclave* ou à l'affranchi*. La captivité à l'étranger n'enlève pas l'ingénuité grâce à la fiction du *postliminium*.

***Iniectio manus* (prise de corps) :** dans le système judiciaire des actions de la loi*, c'est la procédure la plus ordinaire d'exécution des jugements. Si au bout de 30 jours le condamné ne s'est pas libéré de ses obligations, il est appelé devant le magistrat par le créancier qui « met la main sur lui » et prend ainsi possession de ses biens.

***Iniuria* :** au sens large, tout acte contraire au droit*. Dans un sens plus restreint, toute atteinte portée à la dignité d'un homme libre, par paroles (injures) ou par actes (violences). La loi des Douze Tables* prévoyait la *vindicta* (vengeance privée) avec application du talion en cas de sévices corporels. Le droit prétorien* supprima la vindicte, et établit des systèmes d'indemnités en fonction des torts subis ; l'auteur d'une *iniuria* était frappé d'infamie*. La *lex Cornelia* prise par Sulla en fit un délit public (*crimen*).

Iniuria iudicis **:** procédure permettant à un tiers d'intenter un recours contre une sentence injuste en cas d'erreur de droit ou de fait.

INQUISITION : cf. *Cognitio*.

INSIGNES (*insignia*) : cf. Ornements.

Instauratio **:** répétition d'une cérémonie permettant l'effacement d'une faute religieuse commise lors de cette cérémonie.

Institor **:** commis voyageur qui vend des marchandises pour le compte d'un autre, en prélevant une commission ; le mot semble désigner aussi un gérant qui dirige un commerce ou un atelier pour le compte d'un propriétaire.

INSTITUTES : bref manuel d'enseignement du droit*. Les plus célèbres sont ceux de Gaius (IIe siècle ap. J.-C.) et de Justinien (533).

Instrumentum **:** le mot désigne normalement l'outillage ; en droit, il désigne le document où les deux parties ont consigné les termes d'un contrat pour servir de preuve en cas de contentieux, et plus généralement tout document officiel.

INTENTION (*intentio*) : dans les procès formulaires*, il s'agit de la partie de la formule dans laquelle le demandeur indique son droit ; elle est dite *in ius concepta* si elle se fonde sur une donnée du droit civil, public ou honoraire* ; elle est dite *in factum concepta* si elle repose sur une situation de fait qui puisse justifier la condamnation.

INTERCESSION (*intercessio*) : en droit* privé, c'est l'acte par lequel un tiers se rend solidaire de la dette du débiteur, cautionne sa solvabilité, ou s'oblige en son lieu et place ce qui, dans ce cas uniquement, a pour effet de libérer le débiteur de sa créance. En droit public, c'est l'opposition signifiée par un magistrat* à un autre magistrat ; elle s'exerce dans trois cas : contre les sénatus-consultes*, contre les propositions soumises aux comices*, et contre les décrets des magistrats. Les tribuns de la plèbe* peuvent exercer ce droit contre tout magistrat. Seules la nomination d'un dictateur*, la prise des auspices* et les sentences des jurys* ne peuvent être bloquées par l'*intercessio*. Sous l'Empire*, seul l'Empereur* pourvu de la puissance tribunicienne*, peut exercer ce droit.

INTERDICTION DE L'EAU ET DU FEU (*interdictio aquae et ignis*) : condamnation à l'exil qui entraîne la mort civique et la confiscation des biens ; elle peut être abrogée par une loi* centuriate.

INTERDIT (*interdictum*) : décret rendu par le préteur* pour mettre terme à une contestation entre deux parties ; si la partie qui reçoit l'instruction obéit, le litige est clos ; sinon les deux parties sont renvoyées devant un juge qui décide si le refus est légitime ou non. Les interdits des préteurs finirent par devenir des dispositions générales que le préteur faisait connaître dans son édit annuel*. Les interdits étaient de plusieurs types : l'*interdictum restitutorium* demande de restituer le bien, l'*interdictum exhibitorium* demande de produire un objet tenu secret (un document par exemple), l'*interdictum prohibitorium* demande de s'abstenir d'un certain comportement, l'*interdictum possessorium* établit le droit de propriété.

INTERPRETATION du droit : cf. Jurisprudence.

Interpretatio romana **:** pratique qui consistait à latiniser le nom des divinités indigènes.

INTERROGATION (*interrogatio*) : dans la *cognitio extra ordinem*, le juge peut poser des questions aux deux parties pour faire apparaître la vérité, de même que dans les procès formulaires* le magistrat peut, avant de délivrer l'action, poser au défendeur les questions qui lui paraissaient nécessaires pour l'éclairer sur le litige (*interrogatio in iure*).

INTERROI (*interrex*) : lorsque le titulaire d'une haute magistrature (roi*, ou consul* sous la République) meurt en cours de fonction, le Sénat* recueille le droit de prendre les auspices* qu'il transmet à un interroi choisi en son sein ; tous les 5 jours l'interroi choisit son successeur jusqu'à ce que le nouveau magistrat soit régulièrement désigné. L'interroi est toujours choisi parmi les sénateurs patriciens*. Les magistratures plébéiennes ne sont donc pas susceptibles d'interrègne. On trouve aussi des interrois dans les municipes*.

INVASIONS BARBARES : dès la fin du IIe siècle ap. J.-C., Rome doit faire face à la pression des barbares* notamment sur son *limes* rhéno-danubien, mais il ne s'agit que de simples infiltrations sans attaques vraiment massives, et les légions* romaines peuvent encore assurer la protection de l'Empire*. Au IVe siècle, les pressions se font déjà beaucoup plus fortes, et en 376 se produit la première grande vague d'invasions qui va ébranler l'Empire romain. Ce sont les Huns qui en se jetant sur l'Etat gothique d'Ukraine déclenchent le mouvement qui se termine en Occident par la chute de Rome. Sous la pression des Huns, les Germains envahissent l'Italie ; les Wisigoths sont arrêtés en 401 à Aquilée, et les Ostrogoths en 406 à Fiesole, mais la même année, le 31 décembre, Vandales, Alins et Suèves traversent le Rhin en masse et rien ne peut plus les arrêter. En 410 Rome est pillée par les Wisigoths d'Alaric. En 452, les Huns commandés par Attila, passent en Italie mais épargnent Rome. Divers royaumes barbares s'installent alors dans l'Empire : les Wisigoths en Espagne où ils chassent une partie des Suèves qui les avaient précédés, les Francs et les Burgondes dans le nord de la Gaule*, les Vandales en Afrique* (en 439 Genséric entre à Carthage). De 457 à 472 c'est un Suève qui devient maître de la milice* et impose un protectorat en Occident. Finalement en 476, Odoacre chef des Hérules bat le dernier Empereur Romain, Romulus Augustule, et renvoie à Constantinople les insignes* du pouvoir impérial. A la fin du Ve siècle c'est l'Ostrogoth Théodoric qui est maître de Rome et de l'Italie. Désormais l'Occident romain est devenu l'Occident barbare (cf. carte 6).

INVIOLABILITE : cf. *Sacrosanctitas*.

IRENARQUE : magistrat municipal équivalent de nos gardiens de la paix.

IRNI (charte d'Irni, *lex Irnitana*) : loi* municipale dont on a retrouvé les trois-quarts du texte ; elle constitue la charte type des municipes de Bétique sous les Flaviens (69-96).

***ISEUM* (ou *Isium*) :** temple d'Isis. L'un des plus anciens à Rome fut construit sur le Capitole* près de la citadelle ; il existait déjà en 58 av. J.-C. L'*Iseum* le plus important de Rome est construit en 43 av. J.-C. à l'est du Panthéon* ; un autre *Iseum*, appelé *Phrygianum*, s'élevait près de l'actuelle Basilique Saint-Pierre au Vatican. Le culte d'Isis s'est répandu très rapidement dans tout l'Empire*.

ITALIE (*Italia*) : l'Italie doit son unification à Rome. A l'origine elle est peuplée par environ une douzaine de peuples (cf. carte 2), avec deux grandes entités culturelles, l'Etrurie qui s'étend de la plaine du Pô jusqu'en Campanie, et la Grande-Grèce avec ses cités coloniales sur les rivages thyrrhéniens et ioniens. Seuls la région du Bruttium et le littoral ionien s'appellent alors Italie.

Au début du IIe siècle av. J.-C., l'Italie s'étend du Bruttium jusqu'à la frontière de la Gaule Cisalpine* (marquée par la Macra en Ligurie, et l'Aesis puis le Rubicon sur l'Adriatique) ; en 42 av. J.-C. la Gaule Cisalpine est à son tour intégrée à l'Italie qui s'étend ainsi du détroit de Messine jusqu'à l'arc alpin et la région de Pola en Istrie. Le statut juridique de l'Italie est assez complexe : une grande partie des territoires conquis compose l'*ager publicus* où Rome fonde des colonies latines puis romaines*, des municipes* ou des préfectures*. Le reste du territoire entre dans un système de confédération, grâce à des traités* égaux ou inégaux, passés entre Rome et les différentes cités*. Ainsi la population de l'Italie se répartit entre les citoyens romains (394 000 en 124 av. J.-C.), les Latins* et les alliés* (*socii*). En 90 av. J.-C. ces alliés se révoltent pour obtenir les mêmes droits que les Romains : c'est la guerre dite sociale qui voit se créer une confédération italique autour d'une capitale, *Corfinium* rebaptisée *Italica*, battant une monnaie à la légende d'*Italia* ou *Vitalia*. Après ce conflit que l'on a pu comparer à une guerre de sécession, la confédération italique disparaît dans la mesure où les alliés obtiennent la citoyenneté romaine (*lex Iulia* de 90 av. J.-C. et *lex Plautia Papiria* l'année suivante) : commence alors le processus de municipalisation qui assure l'unité administrative et culturelle de la péninsule. Tout en maintenant le cadre des tribus*, Auguste organise l'Italie en 11 régions ; chaque région a son propre cadastre et doit gérer son recensement et la poste publique*, mais elle ne constitue pas une province administrative, les municipes ou les colonies restant les cellules de base. Hadrien (117-138) puis Marc Aurèle (169-180) découpent ensuite l'Italie en 4 districts (Transpadane, Etrurie et Ligurie, Ombrie, Italie du Sud) avec à leur tête un *juridicus* dont les attributions semblent plus judiciaires qu'administratives. Au début du IIIe siècle, on voit apparaître un correcteur* qui dispose d'un *imperium* ; exceptionnel au départ, il devient ensuite permanent (sous Aurélien) et gère l'Italie comme une province, ce que confirme le fait que désormais les Italiens sont assujettis à l'impôt foncier dont ils étaient exemptés jusqu'alors. Sous Dioclétien (284-305), l'Italie, augmentée de la Corse, de la Sardaigne et de la Sicile, devient le diocèse d'Italie suburbicaire (cf. carte 5). Ce n'est que très lentement que les Romains sont passés de la notion de Cité à celle d'un Etat italien ; Rome n'est en aucun cas la capitale de l'Italie ; elle est d'abord une Cité-Etat hégémonique, puis la tête (*caput*) d'un empire dont l'Italie ne constitue qu'un cas particulier.

ITINERAIRES (*itineraria*) : listes indiquant les étapes et les distances sur les routes romaines, ainsi que des indications utiles pour les voyageurs. Ils sont courants sous l'Empire romain. Le plus important est l'*Itinéraire antonin* de la fin du IIIe siècle qui comprend un itinéraire maritime et un itinéraire des provinces. L'*Itinéraire de Bordeaux*, ou de Jérusalem, date du IVe siècle et constitue un guide de la route pour le pèlerin qui voulait se rendre en terre sainte. La *Table de Peutinger* est une reproduction cartographique de tous les « itinéraires » de l'Empire* sur une bande de 30 cm de large et 6 m de long.

***Iudex* (pl. *iudices*) :** cf. Juge. Les *iudices* désignent également les gouverneurs* dans les provinces romaines d'Occident sous le Bas-Empire*.

***Iudicatus* :** le défendeur une fois condamné par la sentence du juge ; s'il n'exécute pas la sentence, il est passible de l'*iniectio manus*.

***Iudicium* :** cf. Justice, Procès.

***Iugatio* :** unité servant pour le calcul de la capitation* en fonction de la superficie des propriétés.

Iulia (lex) **: 1**. Loi* de L. Iulius Caesar en 90 av. J.-C. octroyant la citoyenneté* aux habitants du Latium et aux cités alliées qui le désirent. **2.** Séries de lois prises par César* : en 62, révocation de Q. Lutatius Catulus de sa charge de curateur* du Capitole*. En 59 : assignation* de terres (surtout en Campanie) à des citoyens* pauvres pères d'au moins trois enfants, législation sévère contre les délits de concussion, reconnaissance de Ptolémée Aulète comme roi d'Egypte, confirmation du testament de Pompée, remise aux publicains* d'Asie du tiers de la somme qu'ils devaient. En 49 : réaménagement des dettes et interdiction de détenir plus de 15 000 deniers en espèces, organisation du territoire de Marseille, concession de la citoyenneté* aux habitants de Gadès. En 46 av. J.-C. : dans les exploitations un tiers des bergers doit être des adultes de condition libre ; les candidats à certaines charges sacerdotales peuvent être absents au moment des élections* ; limitation des abus des légations libres ; réduction des loyers ; limitation des promagistratures* à un an pour les préteurs* et deux ans pour les consuls* ; limitation des dépenses somptuaires ; augmentation à 10 du nombre des préteurs* ; établissement d'une taxe sur les marchandises étrangères ; obligation pour les financiers d'investir dans des terrains en Italie et limitation du montant de leurs prêts en fonction de la superficie des terrains achetés ; réduction du nombre des citoyens ayant droit à la *frumentatio* ; suppression de la décurie* des tribuns éraires* et instauration d'un cens* de 400 000 sesterces pour l'inscription sur l'*album iudicum* ; interdiction* d'eau et de feu pour les auteurs d'un crime de lèse-majesté ; législation sur la violence publique et privée ; interdiction aux citoyens entre 20 et 40 ans de s'absenter d'Italie pendant trois ans ; réglementation du pouvoir des édiles* en matière de police des routes ; opération de recensement*. En 45 : loi* instituant le municipe* d'Héraclée. En 44 : loi publiée par Marc Antoine d'après le testament de César ; exemption des taxes pour la Crète ; amnistie pour les exilés ; concession de la citoyenneté aux Siciliens ; rétablissement du roi Déiotarus. **3.** Lois d'Octave-Auguste : en 41, réduction du montant des loyers. En 22, réglementation du vote dans les procès par contumace. En 21 (?) : dissolution des collèges* existants, et autorisation préalable du Sénat* pour la constitution des nouveaux collèges. En 18 : mesures sévères contre les brigues électorales ; réglementation des mariages (cf. *Lex Papia Poppaea*) ; répression de l'adultère ; limitation des dépenses somptuaires ; limitation du luxe des constructions nouvelles ; répression contre les marchands qui font monter le prix des denrées. En 17 : série de réglementations sur les procès publics et privés, avec notamment la création d'une quatrième décurie* de juges, l'interdiction de rémunérer les avocats, l'abolition des actions de la loi* ; réaménagement de la loi* de César sur les délits de violence publique et privée ; permission faite au débiteur de céder ses biens pour éviter l'infamie* et la contrainte par corps. En 12 : magistratures réservées aux citoyens possédant un minimum de un million de sesterces ; instauration d'un traitement pour les fonctionnaires* des provinces. En 9 : réglementation des séances du Sénat. En 8 : réaménagement de la loi* de César sur le crime de lèse-majesté ; punition pour l'altération de la monnaie, la dégradation des biens publics, et la malversation du trésor public ; en 5 : instauration d'une taxe de 5 % sur les héritages ; en 4 : réglementation de l'accès au théâtre* et à l'amphithéâtre* (places réservées selon le statut social). Auguste procéda également entre 30 et 14 à des assignations de terres et à des déductions de colonies (28 selon Suétone). **4.** Lois de Caligula entre 37 et 41 : instauration de nouvelles taxes ; possibilité faite

aux esclaves* de dénoncer les délits de leurs maîtres ; amende* contre les personnes qui déplacent les bornes cadastrales. **5.** Loi donnée* de date inconnue (sous César ou Auguste) instituant le municipe de Padoue.
***Iulia Papiria* (*lex*) :** loi* des consuls L. Iulius et C. Papirius Cassius en 430 av. J.-C., établissant le montant des amendes* sur la base de 10 as pour une brebis et 100 as pour un bœuf.
***Iunia* (*lex*) :** **1.** Proposition du tribun* M. Iunius Brutus en 510 av. J.-C. demandant l'exil pour tous les habitants de Tarquinia. **2.** Loi* de 192 (?) av. J.-C. sur la réglementation de l'usure. **3.** Plébiscite* de M. Iunius Pennus en 126 av. J.-C., pour punir les étrangers* qui usurpaient la citoyenneté* romaine. **4.** Plébiscite entre 149 et 123 sur les procès de concussion*. **5.** Loi du consul* M. Iunius Silanus abrogeant des dispositions précédentes qui avaient réduit le service militaire. **6.** Plébiscite du tribun M. Iunius Brutus en 83 av. J.-C. pour la déduction d'une colonie* à Capoue.
***Iunia Licinia* (*lex*) :** loi des consuls Iunius Silanus et L. Licinius Murena de 62 av. J.-C. demandant de déposer dans le bâtiment du trésor une copie de toute loi dès sa promulgation.
***Iunia Norbana* (*lex*) :** loi des consuls M. Iunius Silanus et L. Norbanus Balbus vers 19 ap. J.-C. réglementant le statut des esclaves* affranchis de façon non solennelle (ils sont assimilés aux Latins Juniens*).
***Iunia Petronia* (*lex*) :** loi des consuls M. Iunius Silanius et P. Petronius sur les causes libérales* vers 19 ap. J.-C., instituant la condition d'homme libre au bénéfice du doute.
***Iunia Vellaea* (*lex*) :** loi des consuls L. Iunius Silanus et C. Vellaeus Tutor vers 28 ap. J.-C., permettant d'instituer héritiers, ou de déshériter, des enfants pas encore nés au moment du testament*.
***Iuniores* :** dans l'organisation servienne, le terme désigne les soldats de 17 à 46 ans par opposition aux *seniores* qui ne font plus partie de l'armée active.
***Iuridicus* :** fonctionnaire sénatorial chargé sans doute de la juridiction en Italie depuis Marc Aurèle (169-180) ; de rang prétorien ils sont au nombre de 4, puis de 5. Ils semblent ensuite remplacés par les correcteurs*. En fait on connaît mal leur fonction précise.
***Ius* :** cf. Droit. Listes des principaux droits qui définissent les privilèges des citoyens* et la *potestas* des magistrats* :
– ***ius agendi cum populo* (ou *cum plebe*), *cum patribus* :** droit de convoquer le peuple* et les sénateurs* ;
– ***ius anulorum aureorum* :** droit de porter l'anneau d'or, réservé aux sénateurs et chevaliers* ;
– ***ius auspiciorum* :** droit de prendre les auspices* ;
– ***ius auxilii* :** droit des tribuns* de porter secours à la plèbe* en s'opposant aux décrets*, aux rogations* portées devant les comices*, aux sénatus-consultes* ;
– ***ius coercitionis* :** droit d'arrêter une personne (*coercitio maior*) ou de lui infliger des amendes* ou saisies de gages (*coercitio minor*) ;
– ***ius commercii* :** droit du citoyen de disposer librement de ses biens ;
– ***ius contionem habendi* :** droit de convoquer le peuple en assemblée ;
– ***ius conubii* :** droit du citoyen de contracter un mariage* légal. Il existe entre patriciens* et plébéiens* à partir de la *lex Canuleia* de 445, et entre ingénus* et affranchis* à partir de la *lex Iulia* de 18 av. J.-C. ;
– ***ius designandi sine repulsa et ambito* :** droit de l'Empereur* de désigner un candidat à une magistrature, ce qui équivalait en fait à son élection ;

– ***ius edicendi*** : droit de publier un édit* ;
– ***ius exsilii*** : droit pour une cité étrangère de recevoir un exilé de Rome et de lui accorder son droit de cité* ;
– ***ius gladii*** : droit de prononcer des peines capitales ; droit de haute justice criminelle (au IIIe siècle ap. J.-C.) ;
– ***ius honorum*** : droit d'éligibilité aux magistratures ;
– ***ius imaginum*** : droit de faire défiler les portraits de ses ancêtres lors des funérailles* ;
– ***ius intercessionis*** : droit du magistrat de s'opposer à une décision de loi dans la mesure où un citoyen s'estime lésé par cette loi* ;
– ***ius liberorum*** : à partir d'un certain nombre d'enfants, la carrière des honneurs peut être plus rapide ;
– ***ius metallorum*** : droit d'exploiter les mines* ;
– ***ius migrandi*** : droit de revenir à Rome et de retrouver la citoyenneté* romaine pour les colons de droit latin* d'origine romaine ;
– ***ius mulctae dictionis*** : droit d'infliger une amende* ;
– ***ius originis*** : droit d'être citoyen d'un municipe en vertu de sa naissance d'un père déjà *municeps* ;
– ***ius pignoris capionis*** : droit de se saisir de la propriété de son débiteur ;
– ***ius postliminii*** : droit pour un prisonnier de guerre de recouvrer sa citoyenneté après libération ;
– ***ius prensionis*** : droit de mettre en arrestation tout justiciable qui n'obéit pas à une *vocatio* ;
– ***ius primae relationis*** : droit de l'Empereur* de faire le premier son rapport au Sénat* ;
– ***ius prohibendi*** : dans le cas d'une copropriété (*communio*), droit des copropiétaires de s'opposer aux décisions de l'un d'entre eux ;
– ***ius provocationis ad populum*** : droit d'appel au peuple* ;
– ***ius publice respondendi*** : privilège accordé par l'Empereur* à certains jurisconsultes* dont les avis font jurisprudence ;
– ***ius respondendi :*** à partir d'Auguste, droit accordé à certains jurisconcultes d'émettre des avis faisant jurisprudence, parce que garantis par l'autorité du prince*.
– ***ius senatum vocandi*** : droit de convoquer le Sénat* ;
– ***ius suffragii*** : droit de vote aux comices* ;
– ***ius tribunicium*** : droit des tribuns* comprenant le *ius auxilii* et la *sacrosanctitas* ;
– ***ius trium liberorum*** : privilège accordé par Auguste* au père ou à la mère de 3 enfants ;
– ***ius vendendi*** : droit qu'a le père de famille* d'aliéner un membre de sa famille ;
– ***ius vitae ac necis*** : droit de vie et de mort que possède le magistrat à *imperium* militaire, ou le père famille sur les membres de sa famille.

Ius Aelianum : formulaire du juriste Sestus Aelius Paetus (censeur* en 194 av. J.-C.), remplaçant le *Ius Flavianum*.
Ius Flavianum : formulaire du scribe Gnaeus Flavius divulguant vers 304 av. J.-C. les formules d'actions* qui étaient jusqu'alors tenues secrètes par les pontifes*.
Ius Papinarium : recueil (hypothétique) de lois royales* attribuées à un certain Sestus Papirius.

Iusiurandum **:** le serment*. *Iusiurandum in litem* : dans la procédure formulaire*, serment par lequel le demandeur garantit la valeur de la chose en litige, et par là-même le montant de la condamnation pécuniaire. *Iusiurandum operarum* : engagement pris par l'affranchi* envers son patron d'accomplir pour lui un certain nombre de journées de travail.
Iustitium **:** suspension totale des fonctions publiques, en cas de levée en masse, de deuil national, ou de violences sociales.
Iuvenes **:** collège* militaire constituant une sorte de milice locale ; il regroupe des fils de notables ou des jeunes gens de condition plus modeste auxquels est fournie une éducation sportive et militaire (*lusus iuvenum*) sous la protection de Mars.
Iuvenalia **:** fête de la jeunesse instituée par Néron (54-68) ; elle se tenait dans le bois sacré d'Auguste.
Iuventia **(*lex*) :** proposition du préteur* M. Iuventius Thalna pour déclarer la guerre aux Rhodiens en 167 av. J.-C.

J[14]

JANICULE (*Ianuculum*) : colline située sur la rive droite du Tibre et servant d'avant poste défensif de Rome. Son nom vient de Janus dont la tradition situait la citadelle sur cette hauteur. Le Janicule ne fait pas partie des sept collines traditionnelles de Rome, et se situe en dehors de la muraille aurélienne*. On y trouve le bois sacré de Furrina où mourut C. Gracchus en 121 av. J.-C., et on construisit à proximité, sans doute dès le Ier siècle ap. J.-C., le sanctuaire de la triade* syrienne Hadad, Atargatis et Simios.
JARDIN (*hortus*) : à l'origine la maison* romaine (*hortus*) n'a pas de jardin d'agrément, car l'*heredium* (jardin) et le foyer sont consacrés aux Lares* ; plus tard le dieu oriental Priape qui se substitue aux Lares devient la divinité protectrice des jardins avec d'autres divinités* comme Vénus Libitina, Flore et Pomone. Quant aux parcs publics de Rome, ils se limitent aux différents bois sacrés* (*luci*) situés sur les collines et les environs de Rome. C'est la conquête de l'Orient qui mit les Romains en contact avec les grands parcs aménagés où des animaux vivent en liberté. Ainsi, Lucullus, le vainqueur de Mithridate en 73 av. J.-C. fut le premier à introduire cette mode à Rome, et à aménager un grand parc dans sa villa* sur le Pincio (dont hérita en partie l'orateur M. Valerius Messala Corvinus), suivi par Salluste et Pompée. Les jardins de Salluste, passés dans le domaine impérial sous Tibère (14-37), constituent le parc le plus beau de Rome. Les jardins de Scipion Emilien devaient se situer sur le Champ de Mars* à l'emplacement occupé ensuite par le *Campus Agrippae*. Sur la rive droite du Tibre on connaît par Cicéron les jardins de M. Livius Drusus, de M. Aelius Lamia, de C. Cassius Longinus et de A. Silius, de Damasippus, de T. Quinctius Scapula et de Othon, de M. Cusinius (préteur* en 44 av. J.-C.), de C. Trebonius et Caninius Rebilus, de Clodia (situés à l'emplacement de l'actuelle Farnesine). Il faut ajouter à la liste de Cicéron les jardins de César* (à l'emplacement du Monte Verde) qui à sa mort deviennent un parc public, ceux d'Antoine (à l'emplacement de

14. Le latin ne connaît pas le *J*. Seuls les mots français sont répertoriés sous cette lettre.

l'église S. Cosimato), et de Volcacius Tullus dans la région transtibérine. D'autres jardins privés existaient sur la pente sud-est du Quirinal*, comme ceux de la *domus Tampiliana* dont hérita Atticus[15].
Ces jardins particuliers qui forment comme une couronne de verdure autour de Rome passent ensuite dans le domaine* impérial ou disparaissent sous les nouvelles constructions, tandis que d'autres zones sont aménagées en espaces verts dans la région du Vatican et de l'Esquilin* notamment. Sous Auguste*, on voit apparaître les jardins d'Apronius sur les bords de la *Via Aurelia Vetus*, ceux de M. Titius et de L. Cocceius Nerva sur la *Via Campana* à 2 milles de Rome. Les jardins de Germanicus qui passèrent ensuite à Agrippine, sont situés sur les pentes septentrionales du Janicule*, et s'agrandirent par la suite avec les jardins de Domitia (la tante de Néron) à l'emplacement actuel du Vatican. L'Esquilin est occupé par les grands jardins de Mécène (appelés *Horti Novi*, les nouveaux jardins), auxquels furent ajoutés les jardins de L. Aelius Lamia lorsqu'ils passèrent sous Caligula (37-41) dans le domaine impérial. Le jardin privé de M. Lollius ou de sa filla Lollia Paulina appartient au fisc* impérial dès le règne de Claude (41-54), et celui de T. Statilius Taurus, compris entre la *Via Tiburtina* et la *Via Praenestina* devient domaine impérial en 53. De même, les jardins de D. Iunius Torquatus au sud de la *Via Praenestina* reviennent au fisc après le suicide de leur propriétaire en 64[16]. Ainsi, à la fin des Julio-Claudiens, tous les jardins privés de l'Esquilin sont devenus propriétés impériales. Le Palatin* devient de la même façon domaine impérial, avec les très beaux jardins de la Maison de Livie, l'*Hermaeum* de Caligula, la *Domus transitoria* de Néron qui aménage également le splendide parc de la *Domus Aurea* sur les pentes du Coelius. Des particuliers créent aussi de nouveaux jardins à cette époque, ainsi M. Servilius Nonianus sur la *Via Ostiensis*, et C. Asinius Gallus sur la *Via Nova* au sud de Rome ; on connaît par les textes les noms de quelques autres propriétés, celle de Plautius Lateranus au sud-est de Rome, de Galba au-delà du Janicule, de Scatonius, de Pomponius Secundus, de Gn. Dolabella, de Sénèque. Sous les Flaviens (69-96) et les Antonins (96-192) des restructurations ont lieu ; la plus importante est celle commencée par Vespasien qui démembre les jardins de Mécène ; ensuite, le parc de la *Domus Aurea* finit par être intégré aux thermes* de Trajan. Les autres jardins ne sont pas touchés, mais changent parfois de nom. Ainsi, sous les Sévères (193-235), les jardins de Torquatius deviennent les *Horti Spei Veteris* (Jardins du Vieil Espoir) et sont à l'origine du *Sessorianum* où vécut la mère de Constantin. Il y a peu de création de nouveaux jardins privés entre les règnes de Vespasien et de Commode ; sur la rive droite on connaît les grandes villas surburbaines de Gallus, l'ami de Martial, et de Regulus ; sur la *Via Salaria* du côté du Pincio, on connaît les *Horti Marsiani* et les *Horti Volusiani* ; sur le Caelius les jardins d'Annius le père de Marc Aurèle ; sur l'Aventin les jardins de L. Licinius Sura ; hors de Rome, sur la *Via Latina*, les *Horti Peduceiani*. D'autres noms ne peuvent être attachés à aucun emplacement précis : les

---

15. Des jardins plus modestes d'époque républicaine sont connus par les sources : celui de C. Aquilius Gallus sur le Viminal*, ceux de Crassus, d'Hortensius et Q. Lutatius Catulus sur le Palatin*, celui de Cicéron sur le Palatin, celui de Cotta au sud de l'Aventin*, celui de Furius Crassipes près du temple de Mars sur la *Via Appia*.
16. On connaît aussi dans la région de l'Esquilin les *Horti Calyclanii* mais on ignore quand ils furent créés, et qui fut leur propriétaire.

jardins de T. Atticus l'affranchi de Domitia, et les jardins de Commode. Au temps de Gallien (253-268), les jardins situés au nord de la *Via Labicana* portent le nom de *Horti Liciniani*. Sur le Pincio, on voit apparaître les *Horti Aciliani* à l'emplacement des jardins de Pompée et de Lucullus ; les jardins de Lucullus quant à eux, après être devenus domaine impérial, sont vendus et deviennent les jardins de Valerius Asiaticus.
Il existe aussi sous l'Empire* des jardins publics avec des promenades aménagées, des portiques*, des fontaines*, des statues, des petits sanctuaires de verdure. Les bois sacrés* ont toujours été préservés en raison de leur caractère religieux, et de nouveaux bois sacrés viennent parfois remplacer les anciens. Les premiers aménagements publics sont dus à Pompée qui construit un portique en 55 av. J.-C. à proximité de son théâtre, entièrement imité des modèles hellénistiques (180 x 135 m). Son exemple est suivi par Auguste* et Agrippa : le portique d'Octavie remplace celui de Metellus, et on construit le portique de Livie (115 x 75 m) ; Auguste aménage aussi sur le Palatin un jardin près du temple d'Apollon, et Agrippa aménage le Champ de Mars* avec un grand portique (*Porticus Vipsania*) qui délimite le *Campus Agrippae* à l'est de la *Via Lata* ; à sa mort il légua au peuple ses jardins, avec les thermes* et le plan d'eau alimenté par un canal (le Stagnum et l'Euripe), qui s'étendent à l'ouest de la *Via Lata*. À la différence des promenoirs hellénistiques de Pompée, les jardins d'Agrippa qui ne sont pas entourés de colonnades font plutôt penser aux parcs de l'Académie ou aux xystes* des gymnases grecs, et le plan d'eau servait sans doute de *frigidarium* aux thermes. A part les jardins de César sur la rive droite du Tibre, les Romains ne disposent pour leurs promenades publiques que des jardins aménagés près des temples ou dans les thermes. Les textes mentionnent le parc du temple d'Isis près des *Saepta* et du portique des Argonautes, et celui du temple d'Adonis (les *Adonaea*) sans doute situé sur le Champ de Mars près du temple d'Isis. Les autres espaces verts de Rome se trouvent près du temple de Claude divinisé sur le Coelius, et autour du temple de la Paix sur le *Forum* de Nerva*. Après le Ier siècle, les nouveaux jardins n'apparaissent plus qu'avec les thermes.
JEUX (*ludi*) : on distingue les jeux privés (*ludi privati* ou *votivi*) offerts par des particuliers (il s'agit en général de combats de gladiateurs), et les jeux publics (*ludi publici* ou *solemnes*) organisés par l'Etat, qui suivent un rituel très précis dont on ne peut s'écarter sans devoir les recommencer. Les jeux privés relèvent de la pratique de l'évergétisme* et assurent une grande popularité à leurs promoteurs ; les jeux offerts par les Empereurs* pour leur avènement, leurs victoires ou leurs anniversaires relèvent de cette pratique. Les jeux publics consistent en courses de chars ou de chevaux dans le cirque* (*ludi circenses*) et en jeux scéniques (*ludi scenici*) ; les concours sportifs ne furent introduits qu'à l'époque impériale. A l'origine, les jeux étaient donnés à titre extraordinaire en réponse à un oracle, pour gagner les faveurs d'une divinité ou au contraire détourner sa colère ; ensuite ils furent inscrits au calendrier* religieux et devinrent annuels. Les jeux se rattachant aux cultes nationaux relèvent des pontifes*, et ceux qui se rattachent à des cultes étrangers relèvent des decemvirs *sacris faciundis*. Peu à peu ce sont les édiles* puis les prêteurs* (après 22 av. J.-C.) qui sont chargés de leur organisation.
Liste des jeux publics :
Jeux Romains (*Ludi Magni* ou *Romani*) : 4-19 septembre, célébrés en l'honneur de Jupiter pour la première fois en 491 av. J.-C., puis périodiquement à partir de 366 av. J.-C. (courses de chars).

Jeux plébéiens (***Ludi Plebeii***) **:** instaurés en 214 av. J.-C., ils ont lieu du 1er au 17 novembre et commémorent la victoire de la plèbe* après sa sécession sur l'Aventin* ; ils sont organisés par les édiles* plébéiens (théâtre et jeux du cirque).
Jeux de Cérès (***Ludi Cereales*** **ou** ***Ceriales***) **:** instaurés au plus tard en 202 av. J.-C., ils ont lieu du 12 au 19 avril, et sont organisés par les édiles* (grandes processions et jeux du cirque, représentations dramatiques sous l'Empire* seulement).
Jeux d'Apollon (***Ludi Apollinares***) **:** institués en 212 av. J.-C., ils devinrent annuels quelque temps après et se déroulent du 5 au 13 juillet sous la responsabilité du préteur* urbain (jeux scéniques et jeux du cirque).
Jeux de la Grande Mère (***Ludi Megalenses***) **:** 4-10 avril, institués en 204 en l'honneur de Cybèle (théâtre, courses de chevaux et de chars).
Jeux de Flore (***Ludi Florales***) **:** institués en 240 ou 238 av. J.-C. sur ordre des Livres Sybillins*, ils se déroulent du 28 avril au 2 mai (aspects licencieux, théâtre et jeux du cirque).
Jeux de Consus (***Ludi Consuales***) **:** 21 août et 15 décembre, en l'honneur de Consus et sans doute aussi de Mars (courses de chevaux et de chars). Ce sont les jeux les plus anciens.
Jeux périodiques organisés par les Empereurs* :
Jeux d'*Actium* (***Ludi Actiaci***) **:** tous les 4 ans le 2 septembre, ils commémorent la victoire d'*Actium*.
Jeux d'Auguste (***Ludi Augustales***) **:** du 3 au 12 octobre, ils ont été créés en 19 av. J.-C. pour fêter le retour d'Orient d'Auguste.
Jeux Capitolins (***Agon Capitolinus***) **:** tous les 4 ans en juin-juillet ; institués par Domitien en 86, ils imitent les grands concours panhelléniques.
Jeux de Mars (***Ludi Martiales***) **:** célébrés chaque année le 1er août sous Auguste.
Jeux de Néron (***Agon Neronianus***) **:** concours de type grec fondé par Néron (54-68) ; il ne dura pas longtemps.
Pour fêter des grands événements :
Jeux capitolins (***Ludi Capitolini***) **:** à ne pas confondre avec le concours de Domitien. Ils ont été instaurés pour fêter l'expulsion des Gaulois en 390 av. J.-C.
Une fois par siècle, les **jeux séculaires** (*Ludi Saeculares*) : ils ont été célébrés en 249 et 146 av. J.-C., du 31 mai au 12 juin 17 av. J.-C. sous Auguste, en 47 ap. J.-C. sous Claude, en 87 sous Domitien, en 204, le 21 avril 248 sous Philippe l'Arabe, et la dernière fois en 262. Ce sont des cérémonies d'expiation qui durent en général trois jours et trois nuits ; on y honore Pluton, Proserpine, Apollon et Diane. Ils sont organisés par les quindecemvirs*. Avant de devenir des cérémonies publiques, il s'agissait sans doute de cérémonies privées liées à des cultes gentilices : cf. Jeux Tarentins et Jeux Tauriens.
JEUX DE SOCIETE : les Romains jouent aux dés (*aleae*) et aux osselets (*tali*) ; ils connaissent aussi les latroncules, sorte de jeux de dames ou d'échecs (*latrunculi*), le *ludus duodecim scriptorum* qui se rapproche du tric-trac, la mourre (*micatio*). Les fouilles archéologiques ont retrouvé des tables de jeux (*tabulae lusoriae*) et des jetons numérotés (*tesserae lusoriae*), mais on en ignore les règles. La loi* interdit les paris et jeux d'argent (sauf pendant les Saturnales*), mais elle ne semble pas avoir été bien respectée. Les dettes de jeu ne sont pas reconnues par la loi*.

JEUX TARENTINS (*ludi Tarantini*) : à Rome les *ludi Tarentini* sont liés au *Tarentum* et n'ont sans doute rien à voir avec Tarente où des jeux de caractère militaire faisaient intervenir des exercices de cavalerie. C'est d'abord une fête gentilice des *Valerii* qui devient jeux publics en 249 av. J.-C. Il est possible que l'institution des *desultores* et de la *transvectio equitum* à Rome, de même que le rite de l'*Equus October*, soit à mettre en relation avec les Jeux tarentins.
JEUX TAURIENS (*ludi Taurii*) : jeux institués par Tarquin, dont l'origine et les rites sont semblables à ceux des jeux tarentins* avec lesquels ils sont à l'origine des jeux séculaires*. Selon Tite-Live (XXXIX, 22) ils sont encore célébrés à part en 186 av. J.-C.
JEUX TROYENS (*ludi troiani*) : carrousels exécutés par les jeunes gens de familles riches. La tradition les fait remonter à Enée, et Virgile (*Enéide*, V, 596) les met en relation avec les jeux funèbres célébrés pour la mort d'Anchise.
JUDAISME/JUIFS : les Juifs, de religion monothéiste, restent étrangers à l'idéologie du culte impérial, mais un compromis est trouvé : ils doivent offrir chaque jour un sacrifice à leur Dieu pour l'Empereur. Ils sont divisés en quatre grandes sectes, selon Flavius Josèphe : les Sadducéens regroupent les grandes familles sacerdotales attachées à la lettre de la Torah, et collaborent de façon discrète avec les Romains ; en 66 ils sont divisés, les uns pour la révolte, les autres pour la conciliation. Les Pharisiens représentent les milieux aisés et les couches populaires ; ils ont de l'influence parmi les écoles et les rabbins ; en 66 ils participent prudemment à la révolte mais se désolidarisent des opposants. Les Esseniens vivent en communauté loin de Jérusalem ; menant une vie contemplative, ils participent cependant à la révolte de 66, car le combat contre Rome représente pour eux le combat du Bien contre le Mal. Enfin les Zélotes constituent les couches populaires qui suivent la même doctrine que les Pharisiens et attendent un Messie qui les délivrera de la domination romaine ; très hostiles à Rome ils prêchent la révolte en 66. A côté de ces sectes, il existe de nombreux mouvements prophétiques d'inspiration populaire qui entretiennent une agitation anti-romaine. L'enseignement de Jésus de Nazareth s'enracine dans ces mouvements, mais ne prêche aucune révolte contre l'ordre établi. Lorsque les disciples de Jésus, avec Paul, étendent leur mouvement aux nations païennes, les Juifs coupent tout lien avec les nouveaux Chrétiens, car le caractère fondamentalement national de leur foi est incompatible avec la vocation universelle du christianisme.
JUGE (*iudex*) : c'est un simple particulier choisi sur une liste (l'*album iudicum*) ; il n'a donc pas forcément de compétence juridique. Dans les affaires criminelles (*quaestio*) il y a plusieurs juges réunis en décuries*. A l'origine, seuls les sénateurs* pouvaient faire partie des jurys (*iudices selecti*). En 122 av. J.-C., C. Gracchus ouvre la liste à l'ordre équestre* (*lex Sempronia*). En 106 av. J.-C. la *lex Servilia Caepionis* décide que la liste comprend 50 % de sénateurs et 50 % de chevaliers ; en 81 la *lex Cornelia* supprime la participation des chevaliers ; en 70 la *lex Aurelia* établit une décurie de sénateurs, une décurie de chevaliers, et une décurie de tribuns éraires*. En 46 César supprime cette dernière décurie et en 44 la *lex Antonia* la remplace par une décurie de centurions* et vétérans* sans condition censitaire. Cette dernière loi est abolie l'année suivante. La *lex Iulia*, sous Auguste, fixe à 4 le nombre

de décuries (de 1 000 membres chacune) : 1 décurie de sénateurs, 1 décurie de chevaliers, 1 décurie mixte, et 1 décurie de ducénaires*.
Dans les affaires civiles, le juge est normalement un juge unique (*iudex unus*), mais il existe aussi des collèges judiciaires pour certaines affaires (cf. *Centumviri, Decemviri slitibus iudicandis*). Dans les actions de la loi*, le juge choisi par le magistrat instructeur siège sur le *forum** et traite l'affaire déjà instruite par le magistrat ; à l'issue de l'audience, il doit rendre sa sentence. Dans les procès formulaires*, le juge est choisi par le magistrat et les parties, et peut se faire assister de conseillers. Dans les provinces où ont lieu les procès formulaires, les juges sont choisis par le gouverneur* ; on se rapproche ainsi du délégué du gouverneur (*iudex datus*) de la procédure de *cognitio* où le juge n'est plus qu'un fonctionnaire impérial. La durée du pouvoir du juge dans les procédures formulaires est de 18 mois pour les *iudicia legitima*, et dépend de la durée des pouvoirs du magistrat qui l'a désigné dans les *iudicia imperio continentia* ; aucun autre juge ne peut être nommé, et si le procès n'est pas terminé à temps, les parties doivent y renoncer.
JUGE DES CAUSES SACREES (*iudex sacrarum cognitionum*) : au IVe siècle ap. J.-C., il s'agit du juge chargé de traiter les causes portées en appel devant l'Empereur*.
JUGERE (*iugerum*) : unité courante de mesure de superficie correspondant à un rectangle de 240 x 120 pieds ; il comprend deux *actus* soit un peu plus de 25 ares. Cf. Poids et mesures.
JURIDICTION (*iuridictio*) : à l'origine seul le *paterfamilias* à un pouvoir de juridiction qui relève simplement de la vengeance privée. Sous la Rome royale, le roi* intervient avec l'aide des pontifes* pour autoriser et contrôler la vengeance privée des *gentes ;* il dispose seul du pouvoir juridictionnel pour les fautes militaires, et il est assisté de questeurs* et de duomvirs* pour régler les parricides et les crimes de rébellion ou trahison (*perduellio*). Sous la République*, le Sénat* est la plus haute instance juridictionnelle en matière criminelle, avec les comices centuriates et tributes* qui, au IIe siècle, déléguèrent leur pouvoir à des tribunaux* permanents spécialisés (*quaestiones perpetuae*). Les assemblées populaires conservent un certain pouvoir juridictionnel par la *provocatio ad populum* (droit d'appel) qui agit comme une seconde instance pénale du procès criminel. Pour les magistrats*, il semble que leur pouvoir de juridiction est lié à l'*imperium*. Ainsi, la justice civile est d'abord le monopole des consuls*, et en vertu de son *imperium militiae*, le consul en campagne a un pouvoir juridictionnel souverain avec des sentences sans appel (héritage du pouvoir royal). A partir de 367 av. J.-C., la justice civile relève des préteurs* urbains et pérégrins, mais après avoir instruit l'affaire, ils la renvoient devant un juge* unique. Les édiles* ont aussi un pouvoir juridictionnel dans leur domaine propre en vertu de leur *potestas*. Lorsque l'autorité de Rome s'agrandit, les préteurs déléguèrent leur pouvoir en Italie à des préfets *iure dicundo*. Dans les provinces, la justice en matière civile, pénale et administrative est rendue par le gouverneur*, et les colonies* et municipes* disposent de magistrats, duumvirs* ou quattuorvirs* *iure dicendo* qui conservent une juridiction locale subalterne.
A partir de l'Empire*, l'*imperium* proconsulaire habilite l'Empereur* à exercer une juridiction civile et criminelle en première instance, et en appel en vertu de l'*imperium maius*. Sa puissance tribunicienne* lui permet d'intervenir au niveau de la *cognitio extra ordinem*. Il dispose donc de la haute juridiction militaire, exerce une juridiction domestique (cf. *Renunciatio amicitiae*), inter-

vient en matière politique pour des raisons de sécurité personnelle, mais aussi en matière civile (par la *cognitio extra ordinem*) pour des raisons d'utilité publique et de justice. Il délègue le plus souvent son pouvoir juridictionnel en matière criminelle aux gouverneurs de province ou aux différents préfets* à Rome. Pour l'Italie, furent créés, sous Marc Aurèle, les *iuridici* puis les correcteurs*. A Rome, le préfet du prétoire* exerce des fonctions judiciaires civiles et criminelles sur toute l'Italie et les provinces ; ses sentences sont sans appel. Le préfet de la Ville* à partir de Septime Sévère (193-211) n'exerce plus sa juridiction que dans un rayon de 100 milles autour de Rome, mais sa compétence pénale s'étend à toute la justice criminelle. Le Sénat* conserve un pouvoir juridictionnel en matière pénale, et est saisi d'affaires politiques mais aussi d'infractions de droit commun ; il reste cependant étroitement contrôlé par le pouvoir impérial, et son pouvoir disparaît presque totalement à l'époque de Sévère Alexandre (222-235) au profit des préfets de la Ville et du prétoire.
Au Bas-Empire*, tout fonctionnaire d'autorité possède une juridiction au civil comme au criminel, et l'autorité administrative intervient dans toutes les affaires judiciaires selon la procédure *extra ordinem* (il n'y a donc plus de juges privés) ; selon son importance, l'affaire est jugée par les magistrats municipaux, le gouverneur, et en dernière instance on ne pouvait faire appel qu'à l'Empereur ou son représentant (le préfet du prétoire) ; à Rome la justice est rendue par les préfets de la Ville et des vigiles. A partir de Constantin (306-337), les évêques disposent d'un pouvoir juridictionnel pour les affaires relevant de l'Eglise (cf. Audience épiscopale).
JURISCONSULTE/JURISTE : juristes consultés par les magistrats* et l'Empereur* pour les problèmes de droit*. Ils interprètent et adaptent les lois existantes, et font ainsi œuvre de jurisprudence. Ils sont aussi les auteurs des grands traités de droit et recueils de lois. A l'origine, cette tâche était réservée aux pontifes*. A partir du IIe siècle av. J.-C., la laïcisation du droit fait que les juristes se recrutent en dehors des familles sénatoriales. Sous l'Empire*, on assiste progressivement à une fonctionnarisation de la carrière juridique, les jurisconsultes occupant de hauts postes administratifs et entrant dans le conseil du prince*. Il n'y a pas d'école de droit contrôlée par l'Etat, et la jurisprudence s'apprend auprès des juristes de renom, ce qui fait qu'en province la connaissance du droit reste plutôt imparfaite ; on n'y trouve que des *iuris periti* (docteurs en droit) qui assistent les plaideurs et rédigent les actes. A Rome deux grands juristes laissèrent leur nom à deux écoles : Sabinus et Proculus tous les deux contemporains de Tibère (14-37) ; la première, fondée par Capito, aurait été plus conservatrice que la seconde fondée par Labeo. L'activité des jurisconsultes se déroule dans deux directions : la réflexion théorique qui a donné naissance aux différents traités touchant surtout le droit privé ou sacré[17], et la pratique avec une triple mission : la rédaction des actes, les consultations juridiques, et l'assistance des parties, avocats et juges, dans les procès*. Les principes qu'ils appliquent sont ceux

17. On distingue plusieurs types d'ouvrages : les commentaires du droit civil, les *Digesta* qui exposent le droit civil et prétorien*, les *Institutes* qui exposent le droit privé et servent à l'enseignement, les *Quaestiones, Responsa* et *Epistulae* qui font connaître des solutions pour les cas difficiles, les *Disputationes* qui évoquent les discussions juridiques entre les différentes écoles, les *Libri singulares* qui sont des monographies sur des questions diverses. Des petits recueils portent des noms divers : Règles, Définitions, Sentences, Opinions, Notes.

de la casuistique, avec une attention toute particulière accordée au concept d'équité qui unit droit et morale ; ainsi, selon Ulpien, les trois préceptes fondamentaux de la jurisprudence sont de vivre en honnête homme (*honeste vivere*), de ne pas causer de tort à son prochain (*alterum non laedere*), et de donner à chacun ce qui lui est dû (*suum cuique tribuere*). Les œuvres des jurisconsultes sont aussi très marquées par les règles de la rhétorique* et les préceptes de la philosophie stoïcienne. Ils ont à charge l'interprétation doctrinale qui a fait progresser le droit romain*. Cette interprétation est d'abord littérale : elle s'intéresse au sens des mots (*verba*). Mais elle peut aussi prendre en considération l'esprit de la loi (*sententia legis*), qui permet, par rapport aux *verba*, une extension ou une restriction de l'application de la loi ; enfin, au nom de l'équité, le jurisconsulte peut faire une interprétation personnelle de la loi. Leur autorité n'était pas contestée tant était grand leur crédit ; cela tient à l'origine religieuse du droit (tradition pontificale), et au fait que sous la République* les juristes appartenaient tous aux plus grandes familles de Rome. A la fin de la République, l'élargissement du recrutement porta atteinte à leur crédibilité, mais leur autorité fut confirmée par une nouvelle institution, le *ius respondendi*, mise en place par Auguste : il s'agit d'un privilège (*beneficium*) accordé à certains jurisconsultes qui leur permet de donner des consultations garanties par l'autorité de l'Empereur (*ex auctoritate principis*) ; malgré cette garantie impériale, la consultation n'a pas de valeur officielle et ne lie donc pas le juge. Un rescrit* d'Hadrien (117-138) établit que les interprétations obligeaient le juge lorsqu'elles étaient toutes concordantes (règle de l'unanimité). Cette institution permet une mainmise indirecte de l'Empereur sur la jurisprudence puisqu'il la couvre de son *auctoritas*. Lorsque les juristes devinrent des fonctionnaires impériaux, la jurisprudencee devint anonyme, et le rescrit impérial, même s'il était l'œuvre de juristes, finit par s'imposer et entraîna la disparition du *ius respondendi* à l'époque de Dioclétien (284-305).

Les premiers grands juristes apparaissent au IIIe siècle av. J.-C. : TI. CORUNCARIUS (consul en 280), SEX. AELIUS PAETIUS (consul en 198), CATON L'ANCIEN (censeur en 184).

La deuxième moitié du IIe siècle av. J.-C. voit les fondateurs du droit civil : MANILIUS (consul en 149), JUNIUS BRUTUS, P. MUCIUS SCAEVOLA et son fils QUINTUS qui composa un traité de 18 livres sur le droit civil. L. Aelius Stilo fit des commentaires sur la Loi des Douze Tables*.

Au Ier siècle, on peut citer les noms de SERVIUS SULPICIUS RUFUS qui introduisit l'esprit philosophique en matière de droit, et C. TREBATIUS TESTA qui traita du droit sacré et civil.

M. ANTISTIUS LABEO et C. ATEIUS CAPITO s'opposent sous Auguste et Tibère ; le premier serait resté républicain et partisan d'un droit universel, le second tient à l'ancienne jurisprudence mais rallie le nouveau régime. Labeo fonde l'école des Proculiens à laquelle appartiennent PROCULUS, les deux NERVA, PEGASUS, NERATIUS et les deux CELSE. A l'école de Capito, les Sabiniens, se rattachent MASURIUS SABINUS, C. CASSIUS LONGINUS, CAELIUS SABINUS, IAVOLENUS PRISCUS, SALVIUS JULIANUS (Julien), POMPONIUS SEXTUS, et GAIUS.

CELSE et JULIEN, deux juristes rivaux, vers le premier tiers du deuxième siècle ap. J.-C. composent d'importants *Digesta*. A la même époque GAIUS (110-180) est l'auteur des *Institutes*. Parmi les juristes contemporains de moindre

notoriété la tradition conserve les noms de L. VOLUSIUS MAECIANUS ET DE POMPONIUS SEXTUS.
PAPINIEN, ULPIEN, PAUL ET M. HERRENIUS MODESTINUS sont les principaux juristes de l'époque des Sévères (193-235).

JURISPRUDENCE (*iurisprudentia*) : à Rome ce terme désigne la science du droit*, c'est-à-dire la connaissance des règles et leur mise en œuvre pour l'usage pratique[18]. Cf. Jurisconsulte.

JURISTE : cf. Jurisconsulte.

JURY : cf. Décurie 2, Juge, *Quaestio.*

JUSTICE : il n'y a pas de ministère de la justice à Rome, et les tribunaux* civils n'apparurent que tardivement vers la fin de la République*. Si les magistrats* ont des compétences en matière judiciaire en autorisant et en supervisant les procès, ou en fixant et en appliquant les peines, ils ne jugent pas eux-mêmes (sauf pour les contentieux administratifs). Sur le plan civil comme sur le plan pénal, il revient aux parties privées de prendre l'initiative de la plainte et du procès. D'autre part, il n'existe pas de code civil, et s'il n'y a pas d'action engagée, le droit n'existe pas ; ainsi, chaque année le préteur urbain*, ou les autres magistrats compétents, publie la liste de toutes les actions possibles, de tous les cas où il est possible d'organiser un procès (cf. Edit annuel et Edit perpétuel) et les plaideurs doivent s'arranger avec cette liste.

La **justice civile** distingue deux phases, l'une devant le magistrat chargé d'organiser l'instance (phase *in iure*), et la seconde devant le juge chargé de trancher le débat et de rendre la sentence (phase *in iudicio*). Les procès eurent d'abord lieu selon la procédure des actions de la loi*, puis selon celle des actions formulaires* ; ce sont les procédures dites ordinaires. A côté de celles-ci, il existe une procédure extraordinaire, la *cognitio extra ordinem** qui se généralise sous l'Empire* (au IIe siècle surtout) avec une véritable administration judiciaire. Seuls les litiges de propriété et d'héritage sont jugés par un tribunal permanent, la cour des centumvirs*, que Tibère plaça sous la présidence du préteur *hastarius**, ainsi que les procès relatifs à la liberté des personnes (causes libérales) relevant de la cour des decemvirs*.

La **justice criminelle** jugeant les délits de droit commun (homicides, violences, séquestrations et enlèvements, attentats aux mœurs, fabrication de fausse monnaie et falsification de documents) et les crimes politiques (haute trahison et atteinte à la sécurité de l'Etat, crime de lèse-majesté, concussion, détournement de fonds, corruption et brigue électorale) fut d'abord du ressort des comices centuriates* ; mais très vite les comices déléguèrent leur pouvoir à des jurys (cf. Décurie) qui finirent par siéger dans des tribunaux permanents* (*quaestiones perpetuae*) dont la sentence était irrévocable. Sous l'Empire*, ces tribunaux perdirent leur importance et furent remplacés par deux juridictions* criminelles distinctes, celle de l'Empereur* et celle du Sénat* ; peu à peu, l'Empereur fut le seul à exercer cette juridiction par l'intermédiaire des préfets de la Ville et du prétoire*. La procédure de l'inquisition exceptionnelle (*cognitio extra ordinem*) fut aussi largement utilisée en matière de justice criminelle, notamment par les gouverneurs de province*. On voit que l'évolution se fait dans le sens d'une justice où la souveraineté populaire tend à disparaître : le magistrat fonctionnaire se substitue au juge-

---

18. Aujourd'hui le terme désigne l'ensemble des décisions judiciaires, ce qui est différent de l'usage romain.

citoyen. En même temps la différence de traitement entre les *honestiores* et les *humiliores* augmente l'inégalité des citoyens devant la justice (elle est flagrante au IIe siècle ap. J.-C.). Il ne faut pas oublier cependant que les cours traditionnelles continuent à traiter un grand nombre d'affaires tant à Rome que dans les cités de l'Empire.
La **justice militaire** est rendue directement par le commandant en chef en vertu de son *imperium militiae* (préteur* ou consul* sous la République, légat* sous l'Empire) ; le verdict est sans appel et peut aller de la privation de solde jusqu'à la peine de mort après flagellation.
Quant aux litiges qui peuvent s'élever entre l'Etat et les particuliers dans les domaines administratifs (fiscaux en particulier), ils sont réglés par les différents magistrats sous la République (notamment les censeurs*), puis par les fonctionnaires* compétents sous l'Empire.
En province la justice est rendue dans les cités* par les magistrats pour dire le droit (*iure dicendo*), et pour les affaires graves ou en dernière instance par les gouverneurs* qui peuvent renvoyer la cause à un jury ou à un juge de leur choix. Les assises des gouverneurs et leurs tournées étaient surchargées, ce qui rendaient les procès longs et difficiles. Depuis Claude (41-54), les procurateurs* financiers tranchent les procès fiscaux, aidés depuis Hadrien (117-138) par les avocats du fisc*. Dans les communautés pérégrines qui n'ont pas de magistrats judiciaires, les conflits locaux sont jugés en première instance par les procurateurs* des domaines impériaux ou les centurions* commandant les détachements. Les accusations de corruption en matière de procès sont nombreuses dans les sources, mais il semble que la machine judiciaire de l'Empire romain a, dans l'ensemble, bien fonctionné.
Cf. Action de la loi, Action formulaire, Arbitrage, *Cognitio extra ordinem*, Crime, Délit, Droit, Juge, Juridiction, *Quaestio*, Tribunaux.

K

Ka... : cf. Ca...

L

***Laconicum* :** dans les thermes*, abside voûtée en cul de four au fond du *caldarium* où l'air brûlant et l'eau bouillante du bassin activent la transpiration.
***Lacus Curtius* :** dépression marécageuse du *Forum* Romain*. Cf. figure 11 n° 15.
***Laelia* (*lex*) :** proposition de C. Laelius Sapiens en 145 av. J.-C. pour demander une assignation de l'*ager publicus*.
***Laena* :** robe d'apparat insigne de la dignité royale ; elle est portée également par les flamines* lors des sacrifices*.

LAMIE : croque-mitaine ou ogresse qui sert d'épouvantail aux nourrices. Les Lamies sont aussi des vampires féminins qui sucent le sang des jeunes gens.
LAMPE À HUILE (*lucerna* ou *lychnus*) : on distingue sur une lampe à huile le réservoir de forme globulaire qui contient le combustible, l'anse ou le poucier qui en permet la préhension, le bec en forme d'enclume (*myxa*) par où passe la mèche (*ellychium*). Certains modèles présentent deux becs (*lucerna bilychnis*), voire plusieurs becs disposés tout autour du réservoir (*lucerna polymyxos*). Les dimensions de ces lampes sont variables : les lampes à main (munie d'une anse) sont les plus petites et sont pourvues d'un pied à disque qui permet de les placer sur une table ou un support (*candelabrum*) ; les lampes à plusieurs becs peuvent atteindre de grandes dimensions lorsqu'elles sont faites pour être suspendues à des lustres (*lucerna pensilis*). Souvent ces lampes étaient décorées de motifs incisés ou en relief, comme les lampes à motifs érotiques retrouvées dans les lupanars de Pompéi. Elles sont en terre cuite ou en métal, plus rarement en verre.
LANCE PURE : cf. *Hasta pura*.
LANISTE (*lanista*) : directeur et entraîneur d'une école de gladiateurs*.
***Lapidarius* :** ouvrier travaillant le marbre ou la pierre.
LAPICIDE (*lapicida*) : ouvrier qui grave les inscriptions sur la pierre.
***Lapsi* :** désigne les Chrétiens qui renièrent leur foi en 250-251 en acceptant de sacrifier aux dieux de l'Etat selon les ordres de l'Empereur Dèce. Cf. *Libellatici*.
***Lapis Niger* (pierre noire) :** monument le plus ancien du *Forum* romain*. Il s'agit d'un espace sacré pavé de six rangées de pierres noires où la tradition plaçait le tombeau de Romulus. Les fouilles (en 1899) ont remis à la lumière un soubassement d'autel en forme de U, un tronc de colonne qui devait supporter une statue, et une stèle pyramidale avec la plus vieille inscription latine, en boustrophedon*, du VIe siècle av. J.-C.[19] La mention d'un roi et la formule « sacer esto » confirme le caractère religieux et inviolable de cet *hérôon* qui pourrait bien être la sépulture du fondateur de Rome.
LARAIRE (*lararium*) : endroit de la maison* où sont honorés les Pénates* et les Lares familiaux*. Il contient le foyer où se rendent les cultes* domestiques et se trouve à l'origine dans l'*atrium* ; après *Actium* (31 av. J.-C.) on y adore aussi le Génie* d'Auguste. On peut le trouver près de la cuisine, ou dans une salle donnant sur le jardin. Les Laraires des familles aisées se présentent sous la forme d'une petite chapelle où sont rangées les images* des ancêtres.
LARES : cf. Divinités indigètes.
LARGESSES SACREES ou IMPERIALES (*sacrae largitiones*) : au Bas-Empire*, l'un des deux trésors confié à un comte*. Avec la *res privata*, il constitue la caisse* des Empereurs* (*aerarium principis*).
***Largitio* :** distribution d'argent faite par un candidat* aux élections, ou distribution* de blé.
LARGO ARGENTINA : nom moderne donné à l'aire sacrée située au centre du Champ de Mars* (cf. figure 7a p. 89).

---

19. Transcription : QVOI HON.../...SAKROS ES/ED SORD//...OKA FHAS/RECEI IO.../...EVAM/QVOS RE...//...M KALATO/REM HAB.../...TOD IOVXMEN/TA KAPIAD OTAV...//...M ITER PE.../.../M QVOI HA/VELOD NEQV.../...IOD IOVESTOD//LOVQVIOD QO... = Qui hunc (locum violaverit manibus) sacer esto sordes...loca fas regi...divam queos...calatorem... ; iumenta capiat ut...iter per... ; cui...neque...iusta licitatione...

LARVES (***larvae***) **:** fantômes ou spectres des âmes des criminels qui errent à travers le monde et tourmentent les vivants. Ils sont apaisés lors des fêtes* des Lémuries au cours desquelles le père de famille* chasse ces mauvais esprits en leur jetant des fèves noires et en frappant sur un bassin de bronze. Synonymes : Lémures. On appelle aussi *larvae* des épouvantails (masques ou squelettes) pour effrayer les enfants ou inciter à jouir des bonheurs présents.
***Laterculum* :** liste de militaires contenue dans les dédicaces collectives. Le *laterculensis* dans l'armée* est le soldat chargé de tenir la liste du personnel militaire. *Laterculus Veronensis* : document retrouvé à Vérone, et datant de 312, qui est une nomenclature des provinces* et diocèses* à l'époque de Dioclétien et Constantin.
***Latericium* :** maçonnerie de brique. Cf. *Opus latericium*.
LATICLAVE : large bande de pourpre verticale sur le devant de la tunique, qui est l'insigne caractéristique de l'ordre sénatorial*.
***Latifundia* :** grands domaines ruraux constitués sur l'*ager publicus* par de riches propriétaires ; ils sont exploités par une main-d'œuvre servile et on y pratique une agriculture extensive, essentiellement la vigne et l'olivier. On a longtemps exagéré le nombre des *latifundia* en Italie. Il s'avère que la petite et moyenne propriété où l'on pratique une polyculture intensive est aussi répandue. Cf. Agriculture, Economie.
LATIN (langue latine) : c'est la langue des anciens habitants du Latium et de Rome ; avec l'expansion romaine, elle se répandit d'abord dans toute l'Italie*, puis en Europe occidentale. Il s'agit d'une langue indo-européenne, apparentée au falisque et assez différente de l'ombrien et de l'osco-samnite qui sont les deux autres principales langues de l'Italie centrale. Le latin a emprunté son alphabet aux Etrusques* qui l'avaient eux-mêmes emprunté aux Grecs. Cette langue a évolué au cours des siècles ; les linguistes distinguent le latin archaïque (jusque vers 100 av. J.-C.), le latin classique (de 100 av. J.-C. jusqu'à la mort de Tite-Live peu après 14 ap. J.-C.), le latin post-classique (ou « latin d'argent ») pour la période impériale jusqu'en 150 ap. J.-C., et enfin le latin tardif qui va se fondre dans le latin médiéval. Comme dans toutes les langues, il y a un latin parlé ou familier, qui est celui des gens d'une certaine éducation, et un latin vulgaire parlé par les classes populaires. Le latin est une langue à flexion, avec six cas différents et cinq déclinaisons ; il distingue les syllabes brèves et longues, ce qui est à la base de la structure rythmique de sa poésie, et il connaît un accent à la fois de hauteur et d'intensité qui est fonction du nombre et de la quantité (longue ou brève) des syllabes. Le latin est resté très longtemps la langue officielle de l'Eglise catholique romaine.
LATINS (***Latini***) **:** à l'origine, peuples du Latium qui s'organisèrent en ligue (la ligue latine) peut-être sous l'hégémonie d'Aricia, avec à sa tête un dictateur*. La ligue célébrait une fête annuelle sur le Mont Albain en l'honneur de Jupiter Latin (Iupiter Latiaris). En 496 ou 493 (bataille du Lac Régille*) cette ligue passe sous la tutelle de Rome après la conclusion d'un traité sur pied d'égalité (*foedus aequum*), constituant le *nomen Latinum* ; elle est composée de l'assemblée des divers peuples qui conservent chacun leur propre autonomie, mais avec des droits réciproques concédés aux citoyens de chaque cité (droit de mariage, de commerce et de testament). Les Latins ont ainsi le droit de voter à Rome s'ils y résident, et d'y accéder aux magistratures* ; en revanche ils ne servent que dans les corps auxiliaires* et n'ont pas accès aux tribunaux* romains. La Ligue semble être dirigée par des préteurs* en temps de

paix et par un dictateur en temps de guerre. Au milieu du IVe siècle av. J.-C., les Latins revendiquent des droits plus étendus que Rome leur refusa, ce qui entraîna leur révolte en 340. En 338 ils sont battus et Rome dissout la Ligue latine ; chaque cité reçoit alors un statut particulier sur la base d'un traité inégal (*feodus iniquum*). On appelle ensuite Latins coloniaires, par opposition aux anciens Latins de la Ligue, les habitants des colonies* de droit latin fondées après 338 av. J.-C. A partir de l'édit de Caracalla* de 212 accordant la citoyenneté à tous les habitants de l'Empire, cette catégorie disparaît.

LATINS JUNIENS (*Latini Iuniani*) : catégorie inférieure d'affranchis* créée par la loi *Iunia Norbana* dont la date est discutée (entre 44 et 27 av. J.-C. ou sous Tibère). Elle regroupe les esclaves affranchis en dehors des formes solennelles de la *manumissio*, les esclaves affranchis par des maîtres qui n'en ont que la propriété prétorienne, les esclaves libérés de la *potestas* de leur maître qui les ont abandonnés, et depuis la loi *Aelia Sentia* les esclaves affranchis avant l'âge de 30 ans sans la présence d'un magistrat*. Ils n'ont pas le droit de mariage, et à leur mort leurs biens reviennent à leur patron* ; ils ne peuvent pas non plus recueillir un héritage s'ils ne sont pas devenus citoyens* romains dans un délai de 100 jours. De leur vivant ces Latins Juniens ont donc les mêmes droits que les Latins coloniaires*. Ils peuvent acquérir la citoyenneté romaine par décision de l'Empereur* ou en renouvelant leur affranchissement selon les règles légales.

***Latina* (*via*) :** route reliant Rome à Capoue par l'intérieur des terres ; elle fut doublée à partir de 312 av. J.-C. par la *Via Appia* (cf. carte 2).

LATRUNCULES : cf. Jeux de société.

***Laudatio* :** cf. Eloge.

***Lautia* :** présents offerts par le Sénat* aux ambassadeurs étrangers pour les aider à supporter leurs frais de séjour à Rome.

***Lavatio* :** salle de bains froids dans les gymnases* et les thermes*.

***Lectio Senatus* :** cf. Sénat.

LECTISTERNE (*lectisternium*) : cérémonie de rite grec au cours de laquelle les statues des dieux sont placées sur des lits et participent au banquet sacré. Le premier eut lieu en 399 av. J.-C. Après la défaite de Trasimène* en 217 av. J.-C., on offrit un lectisterne aux douze dieux conseillers pour leur demander de favoriser les armées romaines.

LECTURE PUBLIQUE (*recitatio*) : pratique consistant pour un écrivain à lire à un cercle d'invités l'œuvre qu'il vient d'achever. Les artistes les plus en vue disposent pour ce faire d'une salle spéciale, l'*auditorium*, qu'on leur prête ou qu'on leur loue. Les moins chanceux se font connaître sous les portiques*, aux carrefours, dans la boutique de leur libraire ou dans les salles de repos des thermes*. Les lectures publiques devinrent une véritable institution sous l'Empire*, à tel point qu'Hadrien (117-138) fit construire pour elles une salle spéciale, l'*Athenaeum*. Certains orateurs qui ne pouvaient plus faire de politique, faisaient connaître leur talent en donnant des conférences publiques qui prirent aussi le nom de *recitatio*.

LEGAT (*legatus*) : représentant du peuple romain* auprès d'un pays étranger ; il s'agit normalement d'un sénateur*. Dans les provinces*, portent ce titre les conseillers du gouverneur* choisis par le Sénat ; lorsqu'ils remplacent le gouverneur, ils deviennent alors des légats propréteurs (*legati pro praetore*). Lorsqu'un général organise un pays conquis et rédige la charte de la province, il est assisté de 10 légats représentant le Sénat. Sous l'Empire*, les légats propréteurs sont les adjoints du proconsul* dans les provinces sénatoriales ; dans les provinces impériales, les gouverneurs ont le titre de légat d'Auguste propréteur (*legatus Augusti pro praetore*) de rang consulaire ou prétorien. Dans l'armée*, le titre de légat d'Auguste (*legatus Augusti legionis*) est aussi donné au commandant de légion, car il représente l'Empereur*. On nomme aussi légat tout officier chargé d'un commandement spécial ; ainsi les *legati ad dilectum* sont chargés du recrutement dans les provinces sénatoriales. Les légats juridiques (*legati iuridici*) sont des juges* auxiliaires envoyés dans les provinces impériales pour aider le gouverneur dans sa tâche de juridiction. On appelle enfin légats les députés que les différentes cités* envoient aux assemblées de province.

Legio linteata **:** la légion de lin, c'est-à-dire l'armée des Samnites dont les soldats étaient revêtus de tuniques de lin.

LEGION (*legio*) : corps de base de l'armée* romaine composé sous la République de 30 manipules* soit 60 centuries de 100 hommes, mais ses effectifs varient selon les époques : 6 000 hommes après la réforme de Marius, 5 100 hommes en moyenne sous le principat, 1 000 hommes seulement à la fin du IVe siècle. L'armée républicaine levait régulièrement chaque année 4 légions qui étaient toutes remplacées l'année suivante ; en cas de conflit on pouvait lever autant de légions qu'il était nécessaire. L'ensemble des légions était sous les ordres des préteurs* ou des consuls*, mais il n'y avait pas de commandement fixe pour chaque légion qui était commandée par un des tribuns* ou un légat* temporaire. Sous l'Empire au contraire chaque légion, composée de 10 cohortes de 6 centuries chacune (soit 480 hommes par cohorte, sauf pour la première cohorte qui compte 800 soldats) était placée sous les ordres permanents d'un légat de légion* de rang prétorien ou d'un préfet* de rang équestre. Auguste fixa leur nombre à 25, mais on arrive à 33 légions sous les Sévères, puis 35 légions sous Aurélien. Chaque légion se distingue des autres par un numéro, un surnom et un emblème. Elles sont cantonnées à des points stratégiques de l'Empire. Leur insigne est l'aigle.

Liste des légions avec leur cantonnement et leur emblème :

Nom de la légion	créée par	cantonnement(s)	emblème(s)
Legio I Germanica,	supprimée en 69	Germanie	
Legio I Italica	Néron en 67	Novae	Sanglier et taureau
Legio I Adiutrix	Galba en 68-69	Dacie puis Brigetio	Pégase et Capricorne
Legio I Minerva	Domitien en 83	Bonna	Minerve et Bélier
Legio I Parthica	Septime Sévère en 197	Singara	
Legio II Augusta	Auguste en 27	Isca	Capricorne, Pégase, Mars
Legio II Adiutrix	Vespasien	Aquincum Singidunum	Sanglier et Pégase,
Legio II Traiana Fortis	Trajan	Nicopolis, Laodicée	Hercule

Legio II Italica	Marc Aurèle en 165	Lauriacum	Louve, Capricorne, Cigogne
Legio II Parthica	Septime Sévère en 197	Albanum	Centaure
Legio III Augusta	Auguste	Lambèse	Capricorne, Pégase
Legio III Cyrenaica		Nicopolis, Bostra	
Legio III Gallica		Emèse, Bostra	Taureau
Legio III Italica,	Marc Aurèle vers 165	Castra Regina	Cigogne
*Legio III Parthica**	Septime Sévère en 197	Rhesaenae	
Legio IV Macedonica	supprimée en 69	Germanie	Taureau, Capricorne
Legio IV Scythica		Mésie, Cyrrhus	
Legio IV Flavia	Vespasien	Dacie, Singidunum	Lion
Legio V Alauda	anéantie en 86-87	Germanie, Singidunum	
Legio V Macedonica		Troesmis, Potaissa	Taureau, Capricorne
Legio VI Ferrata		Laodicée, Caparcotna	
Legio VI Victrix		Vetera Castra, Eburacum	Taureau
Legio VII Claudia		Viminacium	Taureau, Lion
Legio VII Gemina	créée en 68-69	Legio	
Legio VIII Augusta		Poetovio, Argentorate	Taureau
Legio IX Hispana,	supprimée entre 132 et 135	Legio, Siscia	
Legio X Fretensis		Cyrrhus, Aelia-Capitolina	Taureau, Sanglier
Legio X Gemina		Vindobana	Taureau
Legio XI Claudia		Vindonissa, Durostorum	Neptune
Legio XII Fulminata		Nicopolis, Metilène	Foudre
Legio XIII Gemina		Rhétie, Apulum	Lion
Legio XIV Gemina (Victrix)		Carnuntum	Capricorne
Legio XV Apollinaris		Emona, puis Satala	

Legio XV Primigenia	Caligula ou Claude, supprimée en 69	Germanie	
Legio XVI Primigenia,	supprimée sous Vespasien	Germanie	
Legio XVI Flavia	Vespasien	Satala puis Samosata	Lion
Legio XVII, XVIII, XIX	anéanties dans le désastre de Varus en 9 ap. J.-C		
Legio XX Valeria Victrix		Germanie puis Deva	Sanglier, Capricorne
Legio XXI Rapax	supprimée en 89 ou 92	Germanie et Rhétie,	Capricorne
Legio XXII Primigenia	Claude	Mogontiacum	Capricorne, Hercule
Legio XXII Deiotariana,	supprimée entre 132 et 135	Nicopolis	
Legio XXX Ulpia	Trajan	Vetera Castra	Neptune, Capricorne, Jupiter

LEGIONNAIRE : citoyen* romain servant dans une légion*. La solde du fantassin simple soldat est fixée par Auguste à 225 deniers* par an ; sous Domitien (81-96) elle passe à 300 deniers, et connaît une nouvelle augmentation sous Septime Sévère (193-211), puis sous Caracalla (211-212) où elle atteint peut-être 750 deniers. Le cavalier* touche en moyenne 100 à 150 deniers de plus. Un pimipile* préfet de camp* ou préfet d'aile* touche 15 000 deniers sous Auguste, 37 500 deniers sous Caracalla, et 56 250 deniers sous Dioclétien. Sous l'Empire*, le légionnaire doit 20 ans de service.
LEGS (*legatum*) : le droit privé* romain distingue le legs par revendication (*per vindicationem*) et le legs par condamnation (*per damnationem*) ; dans le premier cas le bien légué est attribué expressément au légataire qui peut donc le réclamer immédiatement, alors que dans le second cas l'héritier est contraint d'accomplir au profit du légataire certaines obligations. Pour éviter les abus qui pénalisaient les héritiers légitimes, plusieurs lois limitèrent la pratique des legs : cf. *Falcidia, Furia, Voconia* (*lex*). Les légataires qui tombent sous le coup des lois caducaires, comme les célibataires, perdent le bénéfice du legs. Afin de contourner la loi, les Romains eurent recours à la pratique du fidéicommis*, mais à partir d'Auguste, le fidéicommis a la même valeur légale que le legs.
LEMURES : cf. Larves, Mânes.
LESE-MAJESTE (*crimen maiestatis*) : toute atteinte à la dignité du peuple romain*, de l'un de ses représentants, ou à celle de l'Empereur*. Ce crime est puni de l'interdiction* d'eau et de feu ou de la mort.
LETTRES (*litterae*) : les Romains sont habitués à écrire des lettres ; les personnages importants ont même des courriers, les *tabellarii*, capables de parcourir jusqu'à 80 km par jour pour porter ou récupérer du courrier. Auguste créa une poste publique (*cursus publicus*). On a conservé la volumineuse

correspondance de Cicéron (106-64 av. J.-C.) publiée après sa mort, avec 16 livres de lettres à son ami Atticus, 16 livres à ses parents et amis (*Ad Familiares*), 3 livres à son frère Quintus, et 9 livres à son ami Brutus, ainsi que celles de Pline le Jeune (62-113 ap. J.-C.) réunies en 10 livres. Les 124 *Lettres à Lucilius* de Sénèque (4-65 ap. J.-C.), constituent en fait un traité de morale où la fiction épistolaire n'est pas toujours évidente ; elles s'inscrivent dans la tradition de la diatribe ou de la lettre philosophique.

LEX : cf. Loi. On donne aux lois romaines le nom des magistrats* qui les ont proposées ; on se reportera donc à ces noms ; exemple : *lex Iulia*, se reporter à *Iulia* (*lex*)[20].

– *Lex de imperio Vespasiani* : inscription sur table de bronze retrouvée au XVIe siècle dans la basilique de Saint-Jean-du-Latran ; elle énonce une loi sur les pouvoirs de Vespasien.

– *Lex Iulia municipalis* : loi posthume de César* organisant le régime municipal en Italie. Elle fut retrouvée au début du XVIIIe siècle à Héracléa près de Tarente.

LIBATION (*libatio*) : rite consistant à répandre un liquide sur un autel* ou une tombe (eau, vin, lait ou miel) ; il intervient dans les sacrifices* non sanglants liés en général aux cultes* domestiques.

***Libella* :** petite monnaie d'argent valant un as ; c'est aussi un niveau dont se servent les maçons.

***Libellatiques* (*Libellatici*) :** désignent les Chrétiens qui acceptent ou achètent les attestations selon lesquelles ils ont sacrifié aux dieux païens pour échapper aux persécutions de Dèce en 250-251.

LIBELLE (*libellus*) : écrit contenant une accusation ou une supplique. Les suppliques ou requêtes adressées à l'Empereur* sont traitées par un bureau* spécial, le *scrinium a libellis*. Quant aux accusations criminelles faites par des particuliers, elles doivent être rédigées, à partir du Ve siècle ap. J.-C., sur le *libellus conventionis* qui se substitue à la procédure de la *denuntatio litis* ; le demandeur y demande au juge* de citer l'adversaire, expose ses prétentions, et les moyens du droit invoqué. Le juge ordonne alors au défendeur de se soumettre à la citation en procès par un *libellus admonitionis* ; le défendeur peut contester la citation en opposant un *libellus contradictionis* qui est l'équivalent du *libellus contradictorius* dans la *litis denuntatio*. Lorsque le juge décide de ne pas statuer lui-même et renvoie l'affaire à la chancellerie impériale, les parties ont le droit de joindre au dossier des *libelli refutatorii* dans lesquels ils peuvent discuter et contester la position prise par le juge si elle leur paraît défavorable.

***Liber Coloniarum* :** liste des différentes colonies* fondées dans l'Empire*. La première rédaction de ces listes a lieu vers 350 ap. J.-C. sur la base de documents plus anciens remontant à l'époque de Trajan (98-117). Une seconde rédaction est faite vers la fin du IVe ou début du Ve siècle ap. J.-C.

LIBERALITE (*liberalitas*, pl. *liberalitates*) : distributions exceptionnelles que l'Empereur* accorde aux soldats. Synonyme : *donativum*.

LIBERTE (*libertas*) : situation de l'ingénu* et de l'affranchi* par opposition à celle de l'esclave*. Les procès de liberté, appelés causes libérales*, statuent sur les cas où la condition libre d'une personne est contestée. Le mot signifie aussi « autonomie », et désigne un privilège accordé à certaines cités* ; cette autonomie se caractérise par une juridiction propre, l'indépendance finan-

---

20. Les lois dont on ne connaît pas les auteurs n'ont pas été recensées.

cière, le droit de battre monnaie et d'accueillir des exilés, l'exemption d'une garnison romaine. Pour les Romains la liberté est en effet inséparable du droit de cité*, et seule la soumission aux lois de la cité assure une authentique liberté. La propagande augustéenne puis impériale n'ignore pas ce thème : l'Empereur* est le *vindex libertatis*, garant de la liberté, car il assure la paix et la sécurité des citoyens. On voit encore au Bas-Empire* se renforcer le lien entre liberté et soumission aux lois : ainsi le colon* est un homme libre alors qu'il n'a pas le droit de quitter la terre à laquelle il est attaché. La notion de liberté naturelle est affirmée par le stoïcisme* et trouve un appui nouveau dans la doctrine chrétienne, mais cela n'a pas remis en cause l'institution de l'esclavage.

***Libertus* :** cf. Affranchi.

***Libertinus* :** condition juridique de l'affranchi*, par opposition à *ingenuus*, condition juridique de l'homme libre. Le mot désigne aussi le fils d'un affranchi même si celui-ci est *ingenuus*, car la tare de l'esclavage est quasiment indélébile, et le *ius honorum* est normalement refusé tant à l'affranchi qu'à ses fils et petits-fils.

***Libra* :** unité de poids équivalent à 12 onces (327 gr), et mesure de capacité divisée en 12 parties égales. Le terme désigne aussi la balance dite romaine.

***Librarius* :** le mot désigne un copiste de manuscrits ou l'esclave* servant de secrétaire à son maître pour traiter son courrier (*librarius a libellis*) ou pour l'aider dans ses affaires (*librarius a studiis*). Le *librarius legionis* est l'officier attaché d'Etat-Major chargé de la comptabilité. Le mot peut aussi désigner un éditeur et un libraire.

***Libri ad edictum* :** recueils raisonnés et commentés des édits* donnés par les différents magistrats*.

***Libri Digestorum* :** cf. Digestes.

***Libri Epistularum* :** recueils de lettres que les jurisconsultes* éminents adressaient à des collègues qui les interrogeaient sur des problèmes de droit.

***Libri responsorum* :** ouvrages juridiques contenant les réponses apportées par les jurisconsultes* à des cas concrets.

***Libri quaestionum* ou *disputationum* :** ouvrages juridiques contenant les réponses apportées par des jurisconsultes* à des problèmes d'école relevant souvent de la casuistique.

***Libri singulares* :** petites monographies traitant de questions particulières de droit.

***Licinia* (*lex*) : 1.** Loi* du préteur* P. Licinius Varus en 208 av. J.-C., rendant annuels les *Ludi Apollinares*. **2.** Plébiscite* du tribun* C. Licinius Lucullus en 196 av. J.-C. instituant le collège des trois épulons*. **3.** Plébiscite* de 154 av. J.-C. interdisant d'élire à une magistrature* extraordinaire la personne (et sa famille) qui en propose l'institution. **4.** Plébiscite du tribun C. Licinius Crassus en 145 av. J.-C. demandant l'élection des prêtres par le peuple à la place de la procédure de cooptation*. **5.** Loi de P. Licinius Crassus Dives vers 103 av. J.-C. limitant les dépenses somptuaires. **6.** Loi du consul* M. Licinius Crassus en 55 av. J.-C. punissant la corruption électorale organisée (*crimen sodaliciorum*). **7.** Loi de date et d'auteur incertains interdisant à l'indivisaire qui a aliéné sa part de recourir au procès pour le partage d'un bien en indivis.

***Licinia Cassia* (*lex*) :** loi* des consuls* P. Licinius Crassus et C. Cassius Longinus en 172 av. J.-C., interdisant pour cette année là l'élection des tribuns militaires* par le peuple.

***Licinia Mucia* (*lex*) :** loi* des consuls* L. Licinius Crassus et Q. Mucius Scaevola en 95 av. J.-C., limitant le droit de cité* à l'égard de populations latines.
***Licinia Papiria* (*lex*) :** plébiscite* des tribuns* A. Licinius Nerva et C. Papirius Turdus en 178 av. J.-C., abrogeant l'*imperium* de A. Manlius qui avait été prorogé par le Sénat*.
***Licinia Sextia* (*lex*) :** série de 4 lois* prises en 367 av. J.-C. après 10 ans de lutte par les tribuns* C. Licinius Stolo et L. Sextius Lateranus ; la première réglementait le paiement des dettes, la deuxième interdisait de posséder plus de 500 jugères* de l'*ager publicus*, la troisième ouvrait le consulat* aux plébéiens*, et la dernière portait à 10 le nombre des *duomvirs sacris faciundis* chargés de la garde des livres Sybillins*. On les appelle les Lois (ou rogations) Liciniennes et Sextiennes.
LICTEUR (*lictor*) : officier public, citoyen* ou affranchi*, chargé d'escorter les magistrats* à *imperium* ainsi que le flamine* de Jupiter et les vestales* ; il porte sur l'épaule gauche les faisceaux*. A l'origine il servait d'appariteur au roi* et était chargé d'exécuter les sentences capitales après avoir fouetté le condamné. Son rôle est d'annoncer l'arrivée du magistrat et de faciliter sa marche en lui ouvrant la voie. Le nombre des licteurs varie en fonction du magistrat : 24 licteurs pour les dictateurs*, 12 pour les consuls*, 6 pour les préteurs* à *imperium* militaire, 2 pour les préteurs* urbains, 1 pour les vestales et le flamine de Jupiter. L'Empereur* a droit à 12 licteurs, puis 24 à partir de Domitien (81-96).
LIGUE LATINE : cf. Latins.
***Limes* :** il s'agit d'abord d'une limite cadastrale grevée de servitude pour le passage d'une route ou d'un chemin ; à partir de l'Empire*, il désigne l'espace bidimensionnel qui sépare les régions soumises à l'autorité de Rome de celles qui lui échappent. Cet espace est contrôlé militairement, ce qui suppose une voie de communication, terrestre ou fluviale, et des points d'appui variés (rempart, fortin, tour de guet, camp légionnaire, etc.). Il ne faut pas donner à ce mot le sens d'une frontière linéaire administrative ou politique. Au Bas-Empire*, le *limes* est protégé par des unités militaires permanentes, les *Limitanei* et *Riparenses*, et dans chaque province un *praepositus limitis* est chargé de la surveillance d'un secteur du *limes*. Cf. également Zone militaire.
***Limitanei* :** depuis l'époque de Septime Sévère (193-211), il s'agit des vétérans* installés sur un lopin de terre le long du *limes* ; ce lopin était héréditaire mais en contre partie les fils des vétérans devaient servir dans l'armée. C'est ainsi que s'est constituée une caste de paysans soldats qui au IVe siècle forme l'armée régulière et permanente chargée de la protection des frontières. La *Notitia Dignitatum* signale 17 500 *limitanei* en Gaule*, répartis entre le Rhin et le littoral occidental, 28 000 en Bretagne*, et plus de 150 000 tout le long du *limes* danubien. Cf. aussi *Riparensis*.
LISTE DE VERONE : liste rédigée entre 303 et 314 qui énumère les 12 diocèses* et 104 provinces* de l'Empire*.
***Litis contestatio/denuntatio* :** cf. *Contestatio litis* et *Denuntatio litis*.
LIT (*lectus*) : les Romains utilisent les lits pour plusieurs usages ; à côté du lit de repos (*lectus cubicularius*), ils utilisent le lit de table (*lectus triclinaris* ou *triclinarium*), et le lit de travail (*lectus lucubratorius*). Les lits de table comprenaient normalement trois places et on en disposait trois en U autour de la table centrale ; le *lectus imus* est celui de droite, le *lectus medius* celui du milieu, et le *lectus summus* celui de gauche. Chaque place de chaque lit est

aussi désignée de la même façon : *locus summus, medius, imus.* On appelle *locus consularis* le *locus imus* du *lectus medius* (place d'honneur) car c'est la place réservée au personnage de rang consulaire. L'amphitryon occupe le *locus summus* du *lectus imus.* Le *lectus funebris* est le lit sur lequel est exposé le corps d'un défunt. Le *lectus genialis* ou *adversus* est le lit placé dans l'*atrium* en face de l'entrée de la maison ; la maîtresse de maison s'y installe pour surveiller la maisonnée.

LITIERE (*lectica*) : lit portatif utilisé par les riches pour se déplacer. On pouvait aussi en louer. A l'origine seules les femmes l'utilisent mais à la fin de la République* son usage se généralise. La litière est portée par des esclaves appelés *lecticarii.*

***Litteratus* (lettré) :** esclave instruit que son maître emploie comme lecteur, secrétaire ou pédagogue ; érudit spécialiste de poésie ; le mot désigne enfin un esclave fugitif qui a été marqué d'un signe au fer rouge.

LITURGIE : cérémonie religieuse. Les liturgies, célébrées par les prêtres* ou les magistrats*, comprennent les fêtes* régulières inscrites au calendrier* et quelques fêtes mobiles (anniversaires des fondations de temple, commémorations, vœux pour le salut de la République*, prise d'auspices* pour l'investiture des magistrats). Il y a aussi des liturgies occasionnelles comme les actions de grâce, les triomphes*, les prises et acquittement de vœux. Sauf pour la prise d'auspices, elles donnent l'occasion d'un ou plusieurs sacrifices* qui réunissent la communauté autour d'un repas public. Avec l'Empire*, les liturgies régulières sont maintenues mais on assiste à la « neutralisation du système auspicial », car les auspices du prince* l'emportent sur tous les autres, et il ne peut plus y avoir d'auspices contradictoires comme sous la République.
On appelle aussi liturgie les charges qui pèsent sur les magistrats des cités grecques. En Egypte par exemple, les stratèges des nomes sont nommés pour trois ans et ne sont pas rétribués ; ce fonctionnariat gratuit et obligatoire équivaut à une liturgie.

***Litus Saxonicum* :** le rivage saxon ; expression de la *Notitia Dignitatum* pour désigner la frontière maritime de l'Empire* romain, c'est-à-dire le *limes* côtier destiné à protéger la façade maritime de la (Grande) Bretagne, tant du côté de l'île que du continent.

***Lituus* :** bâton recourbé avec lequel l'augure* délimite l'espace sacré ou *templum* ; trompette d'airain formée d'un long tuyau recourbé utilisée dans la cavalerie pour donner les signaux (*liticen* : joueur de *lituus*).

***Livia* (*lex*) : 1.** Plébiscite* proposé par le tribun M. Livius Drusus en 122 av. J.-C. pour supprimer le vectigal* imposé par la *lex Sempronia* sur les nouvelles assignations* ; la même année, le même tribun proposa également de déduire en Italie 12 colonies* de droit romain de 3 000 citoyens chacune (mais C. Gracchus s'y opposa), d'accorder le privilège de la *provocatio* aux Latins*, et de procéder à une distribution gratuite de blé au peuple romain*. **2.** Plébiscite du tribun Livius entre 146 et 111 av. J.-C. pour assigner le territoire de Carthage. **3.** Plébiscites du tribun M. Livius Drusus en 91 av. J.-C. proposant la déduction de colonies, l'attribution du droit de cité* aux alliés*, la légalisation de l'émission de monnaies fourrées dans la proportion de 1 pour 7, une distribution frumentaire*, des assignations de l'*ager publicus*, la création d'un tribunal* pour les malversations en matière de justice de la part des chevaliers*, l'introduction de 300 chevaliers supplémentaires dans l'album des juges*.

LIVRE (*liber*) : le terme latin pour désigner le livre signifie d'abord l'écorce ; en effet les premiers textes étaient écrits sur de l'écorce. A partir du IIIe siècle av. J.-C. l'usage grec du papyrus et du parchemin se répand, et l'industrie du livre est très active à Rome avec les copistes de manuscrits (*librarii*) et les ateliers d'édition (*bibliopola*) comme celui des *Sosii* qui éditèrent Horace. Les livres se présentent sous forme d'un volume (*volumen*), c'est-à-dire d'une longue bande enroulée autour d'une baguette ; cette présentation n'était pas d'usage très facile. A partir du système des tablettes peintes en blanc ou enduites de cire, et liées entre elles par une courroie ou un anneau, se développe dès le Ier siècle ap. J.-C. le livre sous sa forme moderne, le *codex* : les feuilles de papyrus ou de parchemins sont pliées et rassemblées par cahiers (8 feuilles, soit 16 pages), puis brochées au dos et reliées avec des planchettes de bois. Plus robuste et plus facile à consulter, le *codex* finit par remplacer le rouleau. De même, le parchemin supplanta le papyrus (le papier fut importé de Chine par les Arabes au IXe siècle seulement).

LIVRES LINTEENS (*libri lintei*) : listes (perdues) des magistrats* romains à partir de 509 av. J.-C. Elles étaient conservées dans le temple de Junon Moneta sur le Capitole*.

LIVRES PONTIFICAUX (*libri pontifici*) : livres rédigés par les pontifes* comprenant la liste des pontifes (*album pontificum*), les Commentaires (*commentarii*) qui sont des interprétations du droit adressées aux magistrats* ou aux particuliers, les calendriers* religieux (*fastes*), les comptes rendus des activités des pontifes (*Acta pontificum*), les Annales (*Annales maximi*) qui sont la chronique annuelle de tous les événements importants, la liste des consuls* depuis la fondation de la République* (*Fastes consulares*), ainsi que des formulaires de prières. A partir de 130 av. J.-C. les Annales sont publiées en 80 livres par Mucius Scaevola, et cessent d'être rédigées dans la mesure où elles faisaient double emploi avec les œuvres des historiens.

LIVRES SIBYLLINS (*libri Sibyllini* ou *Fatales*) : recueil de prophéties attribuées à la Sybille de Cumes mais vraisemblablement d'origine étrusque ; il était conservé dans une salle souterraine du temple de Jupiter Capitolin, puis à partir de 38 av. J.-C., dans le temple d'Apollon Palatin. La garde en est confiée à un collège* de deux puis quinze prêtres.

***Loca sanctorum* :** endroits où sont honorées les reliques des martyrs.

***Locatio/locator* :** en droit privé le *locator* est le correspondant du *conductor* ; il s'agit du bailleur qui donne à un locataire la jouissance temporaire d'un bien en échange d'un loyer (*locatio rei*), ou bien de l'individu qui fournit à un tiers une chose matérielle sur laquelle un travail doit être effectué moyennant salaire et qui la récupère ensuite (*locatio operis faciendi*), ou bien de l'individu qui promet certains services et reçoit la promesse d'un salaire (*locatio operarum*). En droit public, la *locatio* est une adjudication faite par l'Etat (par l'intermédiaire des censeurs*) pour une durée de 5 ans ; la construction des routes et des monuments publics, la nourriture des oies du Capitole, faisaient ainsi l'objet d'une *locatio*.

***Loculus* :** niche funéraire où l'on déposait les cadavres que l'on ne brûlait pas.

***Locuples* (pl. *locupletes*) :** citoyen* qui appartient à l'une des cinq classes du cens* dans la réforme servienne.

LOGISTE : nom donné au curateur de cité* dans les provinces orientales de l'Empire*.

LOI (*lex*, pl. *leges*) : elle s'oppose à la coutume en ce sens qu'elle a un support écrit qui en assure la publicité. On peut la définir comme l'expression de la volonté générale du Sénat* et du peuple romain*. On distingue les lois votées par le peuple (*leges rogatae*) et les lois prises directement par les magistrats (*leges datae*). Un texte de loi se compose de trois parties essentielles : le préambule (*praescriptio*) qui en précise les circonstances et l'auteur, le texte proprement dit (*rogatio*), et les clauses qui en répriment la violation (*sanctio*). Les lois n'ont pas d'effet rétroactif ; leur application est perpétuelle, et elles ne peuvent donc en principe être abrogées. Toutefois, une loi nouvelle peut abroger les dispositions répressives (*sanctio*) prises par une loi précédente, et le Sénat peut annuler une loi votée dans des circonstances troubles ou ne pas poursuivre ses contrevenants. L'initiative d'une loi revient toujours à un magistrat supérieur (consul*, préteur*, tribun*, dictateur*) qui en porte connaissance aux citoyens par voie d'affichage (*promulgatio*) ; elle peut alors faire l'objet de discussions et de modifications lors d'assemblées consultatives (*contiones*). Une fois votée par l'assemblée centuriate ou tribute* (*rogatio*), s'il n'y a pas opposition du magistrat qui préside le vote (*obnuntatio*), la loi est promulguée par une déclaration solennelle du magistrat (*renunciatio*), puis gravée sur pierre ou sur bronze et affichée. Depuis la loi *Iulia Licinia* en 62 av. J.-C., les textes des lois devaient être conservés dans l'*aerarium*. Les lois sont plutôt rares à Rome : on en recense 800 seulement des débuts de la République* au Principat* (dont 26 concernent le droit privé) ; les plus importantes sont celles des Douze Tables*. Les plébiscites* (votés par les conciles de la plèbe*) sont assimilés aux lois à partir de la *lex Hortensia* de 287 av. J.-C. À l'origine, la loi votée par les assemblées doit ensuite recevoir la ratification du Sénat en vertu de l'*auctoritas patrum* ; pour éviter une impasse, si le Sénat refusait de ratifier une loi, la *lex Publilia* en 399 av. J.-C. transforma la ratification en décision préalable qui théoriquement ne liait pas l'assemblée, mais exerçait néanmoins une pression considérable. À partir d'Auguste*, l'Empereur* légifère seul (cf. Constitution impériale) ; sa puissance tribunicienne* lui permet d'autre part de s'opposer à tout projet qui lui déplaît.

LOIS AGRAIRES (*leges agrariae*) : série de lois prises aux IIe et Ier siècles av. J.-C., notamment par les Gracques, pour distribuer les terres de l'*ager publicus* aux citoyens* les plus pauvres.

LOIS ANNALES (*leges annales*) : lois qui fixent l'âge requis pour l'obtention des différentes magistratures*.

LOI (ROMAINE) DES BURGONDES (*lex Burgundionum* ou *lex Gundobada*) : ensemble de lois régissant le peuple des Burgondes, qui fut intégré par la suite dans la Loi romaine des Burgondes (*Lex Romana Burgundionum*) compilée vers 500 ap. J.-C.

LOIS CLODIENNES : cf. *Clodia* (*lex*).

LOI CURIATE (*lex curiata*) : loi votée par les comices curiates* pour conférer l'*imperium* aux magistrats* Depuis la République*, le vote de cette loi n'est plus qu'un rite qui se perpétue encore sous l'Empire*.

LOI DONNÉE (*lex data*) : loi édictée par les magistrats* agissant en vertu d'une délégation du peuple ou du Sénat*. La plupart d'entre elles ont pour objet l'organisation des territoires conquis.

LOI DES DOUZE TABLES : cf. Douze Tables.

LOIS FRUMENTAIRES (*leges frumentariae*) : lois autorisant la distribution gratuite ou à bas prix de produits de première nécessité aux citoyens pauvres de Rome.
LOIS GENERALES (*leges generales*) : dans les constitutions* impériales, il s'agit des lois relatives à des cas typiques ou à certaines catégories d'administrés, par oppositions aux lois spéciales (*leges speciales*) qui concernent des cas singuliers ou des individus précis. On range parmi les lois générales les *orationes ad senatum*, les édits* au préfet du prétoire*, aux fonctionnaires* impériaux, et les édits* au peuple (appelés aussi *leges edictales*). Parmi les lois spéciales, on connaît les décrets*, les mandats*, les rescripts* et *adnotationes*.
LOIS IMPARFAITES (*leges imperfectae*) : lois qui ne prévoient aucune sanction* contre les contrevenants (en général parce que le législateur ne veut pas s'opposer à la coutume à laquelle il se contente d'opposer un nouveau principe).
LOIS LICIENNES : cf. *Licinia Sextia* (*lex*).
LOIS MOINS QUE PARFAITES (*leges minus quam perfectae*) : lois dont la sanction* ne prévoit pas l'annulation de l'acte illégal, mais punit cependant le contrevenant.
LOI MUNICIPALE : loi donnée* par le Sénat* pour instituer un municipe*. On connaît plusieurs lois municipales : celles de Tarente, Irni, Malaca, Urso.
LOIS NOUVELLES (*leges novae*) : nom donné par certains juristes* aux lois de l'époque impériale émanant de la volonté du prince*, par opposition aux lois anciennes de la République*.
LOIS PARFAITES (*leges perfectae*) : lois dont la sanction* prévoit l'annulation de tout acte illégal contrevenant à cette loi.
LOIS PLUS QUE PARFAITES (*leges plus quam perfectae*) : lois dont la sanction* annule l'acte illégal et poursuit le contrevenant.
LOI DE PROVINCE (*lex provinciae*) : loi fixant le statut d'une province*. Elle est donnée par le général conquérant assisté par un collège de dix légats* représentant le Sénat*. Synonyme : *formula*.
LOI ROMAINE DES WISIGOTHS (*lex Romana Wisigothorum*) : cf. Bréviaire d'Alaric.
LOIS ROYALES (*leges regiae*) : lois que l'on faisait remonter à l'époque royale en les attribuant à Romulus ou à Numa, et qui correspondent en fait à des dispositions du droit coutumier. Un recueil de ces lois aurait été fait par un jurisconsulte du nom de Papirius (d'où le nom de *ius Papirianum* donné à ce recueil).
LOIS SOMPTUAIRES (*leges sumptuariae*) : lois prises sous la République*, visant à restreindre le luxe.
LOI VOTEE (*lex rogata ou lata*) : loi votée par les citoyens dans les comices*, par opposition à la loi donnée.
LOIS SACREES (*leges sacratae*) : lois auxquelles les citoyens* doivent prêter serment* avec des formules d'imprécation d'une gravité exceptionnelle. Les lois qui avaient institué le tribunat de la plèbe* passaient pour sacrées.
LOIS SEXTIENNES : cf. *Licinia Sextia* (*lex*).
LOIS SPECIALES (*leges speciales*) : cf. Lois générales.
LOIS TABELLAIRES (*leges tabellariae*) : série de lois introduisant le vote secret par écrit (entre 139 et 107 av. J.-C.) ; cf. *Lex Cassia, Lex Coelia, Lex Gabinia, Lex Papiria Carbonis.*

LOUVE DU CAPITOLE : louve en bronze du Ve siècle av. J.-C., caractéristique de l'art médio-italique ; elle se trouve actuellement au Palazzo dei Conservatori à Rome. Elle représente l'animal totem de Rome, en vertu de la légende selon laquelle Rémus et Romulus avaient été allaités par une louve.
***Luceres* :** nom de l'une des trois tribus* primitives formant le patriciat*.
***Lucilia Coelia (lex)* :** plébiscite* des tribuns* C. Lucilius Hirrus Varronianus et M. Caelius Rufus Vinicianus proposant la dictature* à Cn. Pompée.
LUCQUES (accords de) : en avril 56 av. J.-C. accords conclus entre Crassus, César et Pompée qui relancent le triumvirat*.
***Lucretia (lex)* :** plébiscite* du tribun* M. Lucretius en 172 av. J.-C. autorisant les censeurs* à mettre en adjudication les taxes de l'*ager Campanus*.
***Lucumon* :** désigne le roi* chez les Etrusques*.
***Ludus* :** endroit où l'on s'exerce à la discipline de l'esprit (*ludus litterarius*), à la musique (*ludus fidicinus*), au métier de gladiateur* (*ludus gladiatorius*).
– ***Ludus Dacicus* :** caserne des gladiateurs Daces à Rome.
– ***Ludus Gallicus* :** la caserne des Gaulois et Myrmillons* à Rome.
– ***Ludus Magnus* :** la principale caserne des gladiateurs à Rome.
– ***Ludus Matutinus* :** la caserne des bestiaires* à Rome.
***Ludi* :** cf. Jeux.
LUPERCALES (*Lupercalia*) : fêtes* populaires d'origine pastorale liées à des rites de purification et de fécondité qui ont lieu le 15 février. Les Luperques* nus couraient sept fois autour du Palatin* et flagellaient toutes les femmes qu'ils rencontraient sur leur passage avec des lanières découpées dans la dépouille d'un bouc immolé dans la grotte du Lupercal au sud-ouest du Palatin*, où la louve avait allaité Rémus et Romulus. On y immolait aussi un chien.
LUPERQUES (*Luperci*) : sodalité* de 12 (puis 24) prêtres attachés au culte de Faunus Lupercus. Ils animent la fête des Lupercales*. Il y a le collège des *Luperci Fabiani* et des *Luperci Quintiliani*, puis en l'honneur de César* est créé en 44 av. J.-C. le collège des *Luperci Iulii*. Sous l'Empire*, les Luperques sont en général des chevaliers*.
LUSTRATION (*lustratio*) : rite de purification destiné à laver les souillures et à écarter toute influence maléfique. On y immole souvent les *suovetaurilia* au terme d'une procession circulaire où les animaux délimitent le territoire à purifier. Le calendrier* romain comprend de nombreuses fêtes de purification : l'*armilustrium* (purification des armes) en mars et octobre, les ambarvales* (purification des champs) en mai, l'*amburbium* (purification de la ville) début février. Avant chaque bataille l'armée exécute des rites de purifications, et tous les 5 ans le cens* se termine par une lustration du peuple.
LUSTRE (*lustrum*) : purification faite par les censeurs* tous les 5 ans sur le Champ de Mars* après les opérations du recensement ; espace de 5 ans.
LYRISME (poésie lyrique) : étymologiquement c'est la poésie chantée au son de la lyre. Elle n'a pas occupé une très grande place dans la littérature latine où elle est devenue une production uniquement littéraire à deux exceptions près : le chant de jeunes filles composé pour Junon en 207 av. J.-C. par Livius Andronicus à partir de modèles grecs, et le *Chant séculaire* (*carmen saeculare*) d'Horace composé pour un chœur de jeunes gens et jeunes filles à l'occasion des Jeux séculaires* de 17 av. J.-C. Pour la lyrique littéraire, Laevius est le plus ancien auteur au début du Ier siècle av. J.-C. mais son œuvre est perdue. Les deux plus grands poètes lyriques sont Catulle (87-54 av. J.-C.) auteur de *Carmina*, et Horace (65-8 av. J.-C.) avec ses *Odes* et ses *Epodes*.

On trouve aussi deux poèmes lyriques dans les *Silves* (les poèmes 5 et 7 du quatrième livre) de Stace (45-96), et Sénèque (4-65) a inséré des chœurs lyriques dans ses tragédies. La poésie chrétienne renoue avec le genre lyrique dans les hymnes de Prudence (348-410) et d'Ambroise (340-397).
***Lyta* :** étudiant de dernière (quatrième) année dans les écoles de droit orientales.

M

***Maccus* :** personnage des pièces atellanes* représentant le rustre buveur et débauché.

Figure 14 — *Macellum* de Pouzzoles (fin du Ier siècle av. J.-C.)

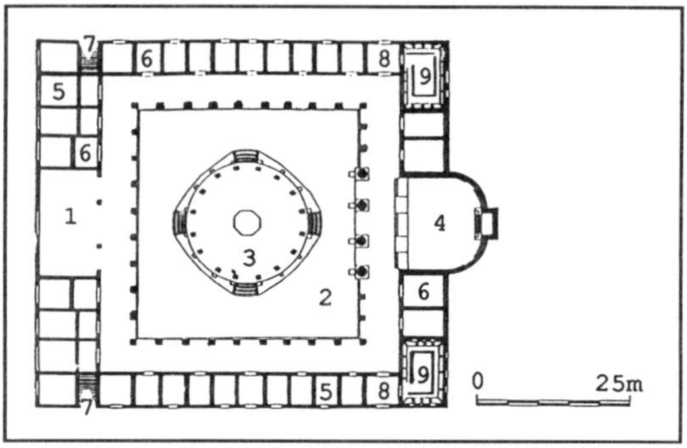

1. Entrée principale. 2. Cour à péristyle. 3. Rotonde à seize colonnes. 4. Temple absidal. 5. Boutiques ouvrant sur l'extérieur. 6. Boutiques ouvrant sur l'intérieur. 7. Escaliers portant à l'étage. 8. Antichambres. 9. Latrines.

MACEDOINE (*Macedonia*) : le royaume de Macédoine entre en conflit avec Rome en 216 av. J.-C. lorsque le roi Philippe V attaque la flotte romaine dans les eaux d'Illyrie, puis conclut une alliance l'année suivante avec Hannibal. Cela entraîne la première guerre* de Macédoine (214-205) dont le résultat fut incertain, Rome ne s'étant pas engagée vraiment. Un deuxième conflit éclate en 200, qui se termina par la défaite du roi devant les troupes de Q. Flamininus à Cynocéphales en 197 ; Philippe perd alors son contrôle sur la Grèce mais sauve son Royaume. A sa mort son fils Persée reprend les hostilités qui conduisent à une troisième guerre à l'issue de laquelle l'armée macédonienne fut anéantie à Pydna en 168 par Paul-Emile. Le Royaume est alors divisé en quatre républiques fédérales ; en 148 av. J.-C. un certain Andriscos tente de reconstituer un royaume, mais il est battu par Caecilius Metellus et la

Macédoine en 146 est transformée en province* romaine. Elle est traversée par la *Via Egnatia*, reliant Dyrrachium à Thessalonique. Au Bas-Empire*, elle est intégrée au diocèse de Macédoine dépendant de la préfecture* de l'Illyricum, et passe à l'Orient en 395 ap. J.-C. (cf. carte 5) La Macédoine est un pays riche grâce à ses ressources en bois et en minerais.

***Macellum* (marché couvert) :** il s'agit d'un bâtiment constitué d'une cour centrale avec un bassin, entourée de portiques sur lesquels s'ouvrent les boutiques. Il se situe en général à proximité du *forum**. A Rome il existe plusieurs marchés : le *macellum magnum* (grand marché) sur le Coelius, le *macellum Livianum* sur l'Esquilin ; les marchés de Trajan, au pied du Quirinal, constituent un vaste centre commercial rassemblant magasins, boutiques et bâtiments administratifs.

***Maceria* :** mur de délimitation des propriétés, bâti en pierres sèches, en briques ou en terre.

Figure 15 — Catapulte (à gauche) et baliste (à droite) vues en plan et de profil

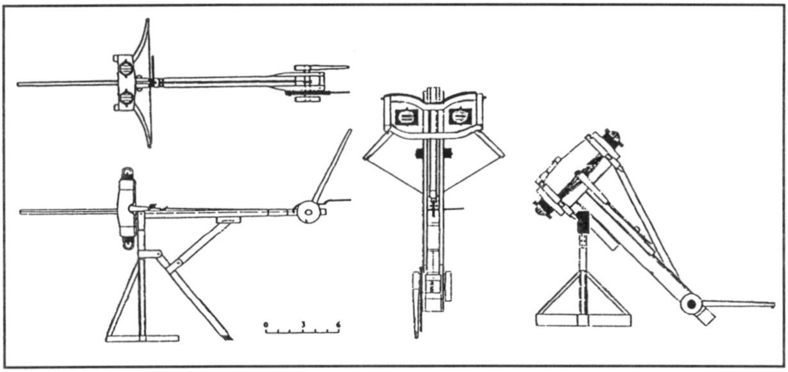

MACHINES DE GUERRE : on peut distinguer les engins à torsion lanceurs de projectiles (*tormenta*), et les engins d'assaut. Parmi les premiers, on connaît la catapulte qui lance des flèches, et la baliste qui projette des pierres (mais au Bas-Empire* la signification initiale de ces termes s'est inversée). Les dorybolés ou oxybèles lancent des traits, les pétroboles ou lithoboles lancent des pierres. Un scorpion est une petite catapulte à bras unique, et l'onagre un petit scorpion. La carrobaliste est un engin monté sur roue. Pour les assauts, les armées disposent de béliers (*arietes*) pour enfoncer les portes, et d'hélépoles* qui semblent être des tours d'assaut blindées qu'on approche des murailles ; la *testudo*, ou tortue, est un abri blindé sur deux roues, et les *vinae* sont des baraques roulantes d'approche, recouvertes de peaux qui résistent au feu.

MACULE SERVILE : flétrissure irrémédiable laissée par la servitude, qui interdit à un affranchi* d'accéder à une pleine honorabilité. A la fin de la République*, quelques affranchis ont réussi à devenir magistrats*, mais la *lex Visellia* prise par Tibère interdit l'accès aux honneurs civiques aux affranchis, et cette loi ne fut jamais abolie. Seuls la charge d'Augustale* et le décurianat* honoraire permettent aux affranchis d'accéder à une certaine honorabilité.

***Maecilia Metilia* (lex) :** loi agraire proposée en 417 av. J.-C. par les tribuns* Sp. Maecilius et Sp. Metellius ; elle imposait aussi une taxe sur les possessions des patriciens*.

***Maelia* (lex) :** proposition du tribun* Sp. Melius en 436 av. J.-C., demandant la confiscation des biens de C. Servilius Ahala qui durant sa charge de maître de cavalerie* avait fait assassiner le démagogue Sp. Maelius.

***Maenia* (lex) : 1.** Loi* agraire proposée par le tribun* M. Maenius (ou Menenius). **2.** Loi du consul* C. Maenius en 338 ajoutant une nouvelle journée aux *Ludi Circenses*. **3.** Loi du dictateur* Maenius entre 292 et 219 av. J.-C., décidant que l'*auctoritas patrum* devait précéder et non plus suivre les résultats électoraux. **4.** Loi du préteur* Maenius en 162 av. J.-C. (?) qui oblige les héritiers du mari à restituer la dot à la veuve.

***Maevia* (lex) :** loi* mal connue qui pourrait être en relation avec la création de la province d'Asie* en 189 av. J.-C.

MAGE : cf. Astrologie, Chaldéens.

MAGIE : il s'agit de l'ensemble des pratiques plus ou moins ésotériques qui visent à influer sur le cours naturel des événements en agissant sur des esprits qui sont censés les contrôler. La religion* officielle a elle-même recours à la magie dans certains de ses rites, comme ceux des féciaux* ou des Lupercales* ; toutefois les pratiques magiques relèvent surtout du domaine des croyances et des superstitions populaires, et concernent les particuliers. La nécromancie, ou évocation des esprits des morts, les philtres amoureux, les amulettes apotropaïques, les charmes médicaux, la *devotio** et la *defixio** sont les pratiques magiques les plus courantes dans le monde romain. La Thessalie est la patrie des sorcières : Lucain dans *La Pharsale* (VI, 542 sq.) a brossé un portrait saisissant de la sorcière Erichtô, et l'*Ane d'Or* d'Apulée fait une place importante aux sorcières thessaliennes ; on trouve aussi chez Horace (*Epodes* XVII, 77) le portrait d'une sorcière du nom de Canidia. La magie privée maléfique (ou magie noire) fut réprimée à Rome dès la Loi des Douze Tables*, mais par peur de ses effets néfastes plus que par scepticisme d'esprits éclairés. Sous l'Empire*, les pratiques magiques visant à se concilier ou à exorciser les bons et les mauvais esprits connurent un grand succès grâce aux spéculations des néo-platoniciens. La magie fut également condamnée par l'Eglise qui y voyait une activité impie.

***Magister bonorum* (maître des biens) :** personne chargée par le préteur* de procéder à la vente des biens d'un débiteur qui refuse de payer ses dettes ; cette personne est choisie par et parmi les créanciers sur décret du magistrat, et doit rédiger un cahier des charges faisant connaître les conditions de mise en vente.

***Magister equitum* (maître de cavalerie) :** à l'origine, il a pu s'agir de l'officier à qui le roi* déléguait son *imperium* pour commander la cavalerie*. Sous la République*, le terme désigne le magistrat* désigné avec le dictateur* pour commander la cavalerie. Il dispose de 6 licteurs*, de la chaise curule* et porte la toge prétexte*. Il ne peut être destitué par le dictateur, mais ne peut rester en fonction après lui. Au Bas-Empire*, il s'agit du haut responsable de la cavalerie, chef d'Etat Major des armées au côté du *magister peditum*.

Magister memoriae **:** ministre chargé des affaires de chancellerie, créé par Dioclétien (284-305).
Magister militum praesentalis **(maître présent des milices) :** sous le Bas-Empire*, haut fonctionnaire jouant le rôle de ministre des armées*. Il y en a deux, l'un chargé de la cavalerie*, l'autre de l'infanterie*. Au Ve siècle, ces militaires étaient en fait les véritables chefs de l'Empire*.
Magister navis **:** capitaine d'un navire marchand.
Magister officiorum **(maître des offices) :** à partir de Constantin (306-337), ministre chargé de la police, commandant de la garde impériale, avec sous ses ordres la schole* des *agentes in rebus.*
Magister peditum **(maître d'infanterie) :** au Bas-Empire*, chef d'Etat Major des armées responsable de l'infanterie* ; il a à côté de lui le *magister equitum.* Les deux chefs réunis sont appelés *magistri utriusque militiae* (maître des deux milices).
Magister populi **:** chef de l'infanterie* à qui le roi* pouvait déléguer son *imperium.* Son existence n'est pas bien établie. Sous la République*, c'est aussi le nom que porte le dictateur*.
Magister rei privatae **(maître des finances impériales) :** ministre chargé des finances personnelles de l'Empereur, créé par Dioclétien (284-305).
Magister rei summae **(maître des finances publiques) :** ministre des finances publiques, créé par Dioclétien (284-305).
Magister scriniorum **(maître de la chancellerie) :** ministre chargé de l'administration, créé par Dioclétien (284-305). A partir de Constantin (306-337), les *magistri scriniorum* ne sont plus que les chefs des différents services administratifs, dépendant d'un primicier* et d'un questeur*.
MAGISTRATURE (*honores*) : sous la République*, les magistrats sont les responsables élus par le peuple*, héritiers du droit d'auspice* détenu à l'origine par la seule autorité royale. Ces magistrats sont les questeurs*, édiles*, préteurs*, consuls*, censeurs*, dictateurs* et maîtres de cavalerie*. Les magistratures (*honores*) sont collégiales, annuelles (sauf la dictature et la censure), électives, gratuites et hiérarchisées (avec des conditions d'âge) : cf. *Cursus honorum.* Les tribuns de la plèbe* finirent par être assimilés à des magistrats bien qu'ils n'eussent point le droit de prendre les auspices. On distingue les magistratures curules qui donnent droit à la chaise curule* et au port de la toge prétexte* et permettent l'accès à la *nobilitas* et les magistratures non curules, les magistratures à *imperium* et celles sans *imperium,* les magistratures majeures élues par les comices centuriates* et mineures élues par les comices tributes*, les magistratures à auspices majeurs, à auspices mineurs et sans auspices, les magistratures ordinaires (O) et extraordinaires (E).

Magistrature	Curule	*Imperium*	désigné par	Auspices Maj./min.	O/E
Dictateur	oui	oui	Consul	AM	E
Maître de cavalerie	oui	oui	Dictateur	AM	E
Consul	oui	oui	Centuries	AM	O
Censeur	oui	non	Centuries	AM	O
Préteur	oui	oui	Centuries	AM	0

Edile curule	oui	non	Tribus	Am	O
Edile plébéien	non	non	Tribus		O
Questeur	non	non	Tribus	Am	O
Tribun	non	non	Tribus		O
Interroi	oui	oui	Sénat	AM	E

Il existe d'autres magistratures extraordinaires : le préfet de la ville*, les commissions de curateurs*. Il y a aussi des pouvoirs exceptionnels (*imperia extraordinaria*) qui sont confiés à des magistrats temporaires à certains moments difficiles : la dictature législative et constituante (*dictatura legibus scribendis et rei costituendae*) confiée à Sylla en 82 av. J.-C. par la *lex Valeria* ; les dictatures de César en 48 av. J.-C. (dictature constituante) et en 44 (dictature perpétuelle) ; les pouvoirs et dignités exceptionnels reconnus à César en 48 av. J.-C. (puissance tribunicienne à vie, pouvoir des censeurs) ; le triumvirat constituant (*triumviratus rei publicae constituendae*) accordé à Octave, Antoine et Lépide pour 5 ans en 43 av. J.-C. par la *lex Titia*, et renouvelé en 37 av. J.-C.
A l'origine réservées au patriciat*, toutes les magistratures sont ouvertes aux plébéiens* en 366 av. J.-C. Ainsi tout citoyen* romain de sexe mâle peut avoir accès aux magistratures (*ius honorum*). Les magistrats élus sont inamovibles mais ne jouissent pas de l'immunité ; au terme de leur charge ils « abdiquent » (renoncement volontaire), mais ils peuvent être prorogés dans leur fonction comme pro-magistrats*. Les magistratures subsistent sous l'Empire*, mais leur pouvoir est considérablement réduit ; elles ont surtout un rôle honorifique, le consulat gardant un très grand prestige. Ce sont les fonctionnaires impériaux, rémunérés, qui assurent alors les charges des anciens magistrats de la République.
Les cités* de l'Empire ont également leurs propres magistrats. Le conseil des cités, équivalent local du Sénat* romain, constitué de notables (les décurions*), occupe la première place et gère l'ensemble des affaires. C'est lui qui élit les différents magistrats : les édiles pour les problèmes de bâtiments, voirie, police municipale, etc., les duomvirs* pour les problèmes de justice, le questeur pour les finances. Souvent les cités pérégrines conservent leurs magistratures traditionnelles, et les situations sont très variables de l'Orient à l'Occident. Cf. Cité, Colonie, Municipe.
Magistri utriusque militiae : cf. *Magister peditum*.
***Magna Mater* :** la Grande Mère ; il s'agit de Cybèle, déesse originaire de Phrygie et introduite à Rome en 204 av. J.-C.
***Maiestas* :** désigne la dignité du peuple romain* ou de l'un de ses représentants, et plus tard celle de l'Empereur*. Toute atteinte à cette dignité, par des actes, des paroles ou des intentions, est un délit public (cf. *Crimen maiestatis*).
MAISON (*domus*) : à l'origine la maison des Romains est d'une architecture très simple ; elle se limite à une grande pièce éclairée par une ouverture dans le toit, l'*atrium*, avec au centre le foyer et l'autel des dieux domestiques, et sur les côtés quelques chambres. Après les guerres puniques, sous l'influence de l'architecture domestique grecque, les Romains commencent à construire des maisons plus luxueuses en doublant le plan initial par l'adjonction de nouvelles ailes organisées autour d'une cour intérieure à portique, le péristyle*. On distingue ainsi les maisons à *atrium* et les maisons à péristyle

(cf. fig. 16). Dans les deux cas, il s'agit d'une architecture tournée vers l'intérieur. L'*atrium*, appelé aussi *cavaedium* quand il n'a ni toiture ni galerie, devient la partie publique de la maison où l'on reçoit les visiteurs, alors que les pièces du péristyle sont réservées à la vie privée. Entre les deux cours, ou entre l'*atrium* et le jardin, le *tablinum* sert de vestibule de communication, mais il est aussi la pièce où le maître de maison reçoit ses hôtes et traite ses affaires. Les autres pièces principales sont les chambres (*cubicula* ou *dormitoria*), la salle à manger (*triclinium*), le salon (*oecus*) ouvrant à l'arrière (*posticum*) sur le jardin (*hortus*), les salles de repos ou de conversation (*diaeta, exedra*). Quand il y a un étage (*contignatio*) on y trouve les chambres réservées à la domesticité, ou mises en locations (*coenacula*), et des celliers (*apotheca*), tandis que des caves (*cella*) et des salles souterraines fraîches pendant l'été (*crypta*) sont aménagées dans les sous-sols. La cuisine (*culina*) n'a pas de place fixe ; des pièces allongées situées de part et d'autre de l'*atrium*, les ailes (*alae*), servent à faire entrer l'air et la lumière dans la maison et abritent le laraire*. Sur la façade donnant sur la rue, s'ouvrent des boutiques (*tabernae*) qui ne communiquent pas avec le reste de la maison ; la porte d'entrée s'ouvre à l'arrière de la façade au fond d'un corridor appelé *vestibulum*. Dans les maisons les plus riches, on trouve aussi des latrines et des salles de bain (*balnea*). Cf. également Villa.

MAISON CARREE : nom donné au temple romain pseudopériptère hexastyle d'ordre corinthien érigé à Nîmes à l'époque augustéenne (vers 16 av. J.-C.).

MAISON IMPERIALE (*domus augusta*) : administration privée de l'Empereur*, constituée du Palais* et de la Chambre sacrée*. Elle est confiée au préposé* de la chambre sacrée.

MAITRE : cf. *Magister*.

MAMERTINS : mercenaires d'origine campanienne (Mamers était le nom du dieu Mars en langue osque) qui s'installent à Messine en Sicile où ils forment entre 288 et 283 une République autonome. Se livrant à des exactions dans la région, ils s'attirent l'hostilité des Syracusains. qui pour s'en défendre appellent Rome à l'aide contribuant ainsi au déclenchement de la première guerre punique*.

***Mamila* (*lex*) :** plébiscite* du tribun* C. Mamilius Limetanus en 108 av. J.-C., demandant une enquête sur les partisans de Jugurtha.

***Mamilia Roscia* (*lex*) :** loi* établissant que les litiges sur les limites de propriété doivent être réglés par un seul arbitre* au lieu des trois prévus par la Loi des Douze Tables*. Elle est à mettre en relation avec la *lex Iulia* de 59 av. J.-C.

***Manceps* (pl. *mancipes*) :** homme d'affaire chargé de traiter l'affermage des impôts* avec les magistrats* compétents, et responsable du strict respect des termes du contrat. La gestion du patrimoine* du prince*, notamment des grands domaines, est également confiée à des *mancipes*.

MANCIPATION (*mancipatio*) : mode de transfert de propriété des *res mancipi* entre deux personnes possédant le *ius commercii*. L'acquéreur saisit le bien en déclarant qu'il lui appartient et remet au vendeur un lingot d'airain symbole du prix de la vente. L'acceptation par le vendeur de ce lingot signifie qu'il reconnaît la propriété de l'acquéreur. Cinq témoins doivent assister à la transaction et un *libripens* est chargé de peser le lingot. Quand la monnaie fut créée, il n'était plus nécessaire de peser le lingot, mais les formalités furent maintenues telles quelles comme symboles ; le *libripens* faisait donc une pesée fictive. La présence du bien à vendre était aussi fictive dans le cas d'objets encombrants ou de biens immobiliers. Les constitutions des dots et les ventes à crédit se font également selon la formule fictive de la mancipation.

Figure 16 — Maison à *atrium* (à gauche), à *atrium* et péristyle (à droite)

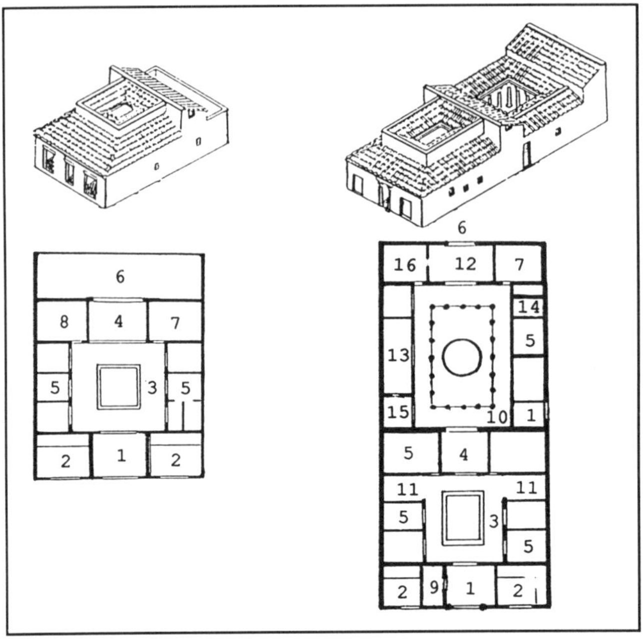

1. Vestibule. 2. Boutiques. 3. *Atrium*. 4. *Tablinum*. 5. Chambres. 6. Jardin. 7. *Oecus*. 8. Salle à manger. 9. Loge du portier. 10. Péristyle. 11. Ailes. 12. Exèdre. 13. *Triclinium*. 14. Bains. 15. Cuisine. 16. *Diaeta*, bibliothèque.

Mancipium **:** désigne l'autorité que possède un chef de famille* sur un fils de famille qu'il adopte, ou sur sa femme dans le cas d'un mariage* *in manu*. L'individu qui se trouve *in mancipio* est dans une situation juridique comparable à celle de l'esclave*, mais il reste un homme libre. La mise d'un individu *in mancipio* est utilisée pour réaliser un abandon noxal*, ou, de façon fictive, pour arriver à l'adoption* ou à l'émancipation*.

MANDAT (*mandatum*) : 1. Contrat par lequel un procurateur* s'engage à gérer bénévolement les affaires d'un tiers appelé *mandans* ou *mandator* ; le mandant peut exercer contre le procurateur une *actio mandati directa* si celui-ci ne respecte pas les termes du contrat, et le procurateur peut avoir

recours à une *actio mandati contraria* si le mandant n'honore pas les obligations régulièrement contractées. **2.** Instruction administrative adressée par l'Empereur* aux gouverneurs* ; au Bas-Empire*, les mandats sont remplacés par des lois générales* valant sur tout l'Empire, ou par des simples lettres.
***Manducus* :** personnage des comédies atellanes*, représenté avec une grosse bouche et de longues dents.
MANES : cf. Divinités indigètes.
MANICHEISME : doctrine religieuse du persan Mani (IIIe siècle) dérivée du zoroastrisme* et reposant sur l'antagonisme du bien et du mal. Il fut condamné comme hérésie par l'Eglise chrétienne.
***Manilia* (*lex*) :** plébiscites* du tribun* C. Maniliius en 67-66 donnant le droit de vote dans toutes les tribus* aux affranchis* (la loi fut cassée par le Sénat*), confiant à Pompée la guerre contre Mithridate, et modifiant le système électoral pour faire élire les consuls* L. Aurelius Cotta et L. Manlius Torquatus.
MANIPULE (*manipulus*) : subdivision et unité tactique de la légion* comprenant deux centuries*, divisée à partir de Marius en 10 cohortes*, et commandée par le premier centurion*.
***Manlia* (*lex*) : 1.** Loi* du consul* Cn. Manlius Capitolinus en 357 av. J.-C. instituant une taxe de 5 % sur l'affranchissement des esclaves*. **2.** Plébiscite* du tribun* C. Manlius Mancinus en 108 av. J.-C. pour confier à Marius la guerre contre Jugurtha. **3.** Proposition du tribun C. Manlius en 58 av. J.-C. pour inscrire les affranchis* indistinctement dans toutes les tribus* (la proposition n'aboutit pas).
***Mansio* :** relais de poste et gîte-étape pour les voyageurs. On y trouvait une auberge et des thermes*.
***Manumissio* :** cf. Affranchissement.
***Manus maritalis* :** rapport juridique définissant le pouvoir du mari sur son épouse.
***Manuus consertio* :** lutte simulée à laquelle se livrent les deux parties en prononçant la formule de vindication* lors de la procédure du *sacramentum*.
***Manus iniectio* :** cf. *Iniectio*.
***Marcia* (*lex*) : 1.** Loi* du dictateur* C. Marcius Rutilius pour obtenir les moyens d'une guerre contre les Etrusques* en 356 av. J.-C. **2.** Plébiscite* des tribuns* M. Marcius Sermo et Q. Marcius Scylla en 172 av. J.-C., demandant l'instauration d'un tribunal* pour juger M. Popilius Laenas qui avait réduit les Ligures en esclavage. **3.** Proposition de Cn. Marcius Censorinus en 123 av. J.-C. (?) pour abaisser la limite d'âge imposée aux tribuns militaires*. **4.** Loi agraire de 104 av. J.-C. proposée par le tribun L. Marcius Philippus. **5.** Loi de date et d'auteur inconnu accordant la *manus iniectio* aux débiteurs pour se faire rembourser les sommes qu'ils avaient indûment versées.
***Marcia Atinia* (*lex*) :** plébiscite* des tribuns* Q. Marcius Rex et C. Atinius Labeo en 195 av. J.-C., demandant au Sénat* de faire la paix avec Philippe V de Macédoine.
***Marcia Procia* (*lex*) :** plébiscite* des tribuns* P. Mar(c)ius et M. Porcius Cato en 62 av. J.-C., pour contrôler les triomphes* accordés aux généraux ; ceux-ci devaient garantir l'exactitude des chiffres d'ennemis tués (5 000 était un minimum pour pouvoir obtenir le triomphe), et étaient passibles d'amendes s'ils avaient menti ou falsifié les rapports.
***Mare clausum* (mer fermée) :** mauvaise saison, du 11 novembre au 10 mars, pendant laquelle on ne navigue pas sauf nécessité.
***Mare Nostrum* (notre mer) :** la Méditerranée.

***Maria* (*lex*) :** plébiscite* du tribun* C. Marius en 119 av. J.-C. établissant un contrôle plus strict des procédures de vote.

MARIAGE (*matrimonium*) : il y a deux types de mariage selon le droit romain*, le mariage *cum manu* qui place l'épouse sous la domination (*mancipium*) du mari, et le mariage *sine manu* dans lequel l'épouse n'est pas juridiquement soumise à son mari. Il existe trois formes de mariage *cum manu* : la *confarreatio*, la *coemptio* (procédure d'achat fictif de l'épouse en présence de 5 témoins) et le mariage *per usum* (l'époux enlève sa femme, et le mariage est légitimé au bout d'une année de vie commune) qui tomba très tôt en désuétude. Le mariage *sine manu* apparaît déjà dans la Loi des Douze Tables* et finit par supplanter le mariage *cum manu*, favorisant ainsi l'émancipation de la femme romaine. Le droit de contracter des justes noces (*ius conubii*) réservé à l'origine aux patriciens*, ne fut accordé aux plébéiens* qu'en 445 av. J.-C. avec la *lex Canuleia* et resta interdit aux pérégrins* et aux esclaves*. La loi *Canuleia* autorise le mariage entre patriciens et plébéiens, mais grâce au système du mariage *sine manu*, le patricien qui marie sa fille à un plébéien conserve son autorité sur elle et peut à tout moment faire rompre le mariage. Cette disposition n'est abolie qu'au IIe siècle ap. J.-C. Sous Septime Sévère (193-211), les légionnaires en garnison fixe en province obtiennent le droit de mariage légal. L'âge minimal pour se marier est de 14 ans pour les garçons et de 12 ans pour les filles ; se marier est un devoir civique, et les célibataires endurcis peuvent être notés d'infamie* par les censeurs* ; dans son effort de restauration morale, Auguste* durcit encore, par les *leges Iuliae*, les mesures prises contre eux.

La cérémonie du mariage se déroule selon des rites très précis ; la veille, la fiancée (*sponsa*) abandonne la toge prétexte* qu'elle consacre aux dieux du foyer, revêt une tunique droite (*tunica recta*) et retient ses cheveux dans une résille (*reticulum*) rouge. Le lendemain matin elle tresse avec un fer de lance recourbé (*hasta caelibaris*) sa chevelure en 6 nattes ramenées sur la tête par des bandelettes, noue une ceinture à sa tunique avec un nœud spécial (*nodus herculeus*), et porte un grand voile pourpre ou orangé (*flammeum*) attaché à une couronne de fleurs. En présence des parents, on offre un sacrifice* et on inspecte les entrailles d'une brebis tout en consultant les oiseaux pour voir si les dieux sont favorables ; si tel est le cas, on échange les contrats (*tabulae nuptiales*) devant témoin, puis une femme mariée (la *pronuba*) rapproche les deux époux pour qu'ils échangent leur consentement en se serrant la main droite (*dextrarum iunctio*). On appelle alors la bénédiction de Jupiter garant des serments, de Junon déesse du mariage, de Vénus déesse de l'amour, de Fides déesse de la fidélité à la parole donnée, et de Diane déesse de la maternité. Un repas de noces (*coena*) termine la journée, et quand l'étoile Vesper se lève, la mariée quitte le domicile paternel en feignant d'avoir peur. Les invités l'enlèvent des bras de sa mère et le cortège l'accompagne à la maison de son époux (*deductio ad domum*) avec des chants d'hyménée et des plaisanteries à valeur apotropaïques. Son mari l'attend sur le seuil qu'elle ne doit pas toucher, puis dans l'*atrium* il lui offre l'eau et le feu ; elle prononce alors les paroles rituelles « là où tu seras Gaius, je serai Gaia », et fait l'offrande de trois pièces de monnaie, l'une à son mari, l'autre au Lare* de la maison, et la troisième au dieu du carrefour le plus proche. Les cérémonies se terminent le lendemain par la fête des *repotia* avec un banquet où la nouvelle épouse reçoit ses parents. Les mariages ne peuvent pas avoir lieu tout le temps ; ils sont interdits les Calendes*, les Nones* et les Ides*, tout le mois de mai à cause des Lémuries et du sacrifice des Argées*, la première quinzaine de juin à cause des fêtes de Vesta, les jours où le *mundus* est ouvert, et du 13 au 21 février à cause des *Parentalia*.

MARINE MARCHANDE : la marine marchande des Romains est entièrement privée ; normalement les sénateurs* n'ont pas le droit de posséder des navires de commerce ni de pratiquer des activités commerciales. Sur le navire, le personnel de navigation, aux ordres du *gubernator*, semble distinct du personnel commercial qui dépend du *magister navis*. Cf. Navire.

MARINE DE GUERRE (*classis*) : la marine de guerre est mise en place de façon permanente par Agrippa sous Auguste (cf. Flotte). Les navires* dont elle dispose sont particulièrement robustes, car ils sont construits à franc bord (les planches des parois sont assemblées l'une contre l'autre, bord à bord) ; ils sont aussi très perfectionnés avec un gouvernail* latéral double, et une double propulsion, la voile (une voile carrée principale au grand mât, et une voile secondaire à l'avant ou à l'arrière) et les rames (de trois à six rangs de rameurs). Ils sont aussi bien armés avec des pièces d'artillerie qui permettent d'affaiblir l'ennemi avant l'abordage, des éperons de bronze fixés à la quille, et des tours fixées sur les ponts, depuis lesquelles l'infanterie peut attaquer sans être trop exposée. Des navires à fond plat sont également prévus pour les corps de débarquement. On estime à 250 navires les forces de la marine romaine sous le Haut-Empire*, avec 60 navires pour chaque flotte prétorienne, et 130 pour les escadres de province. Cela représente un coût financier au IIe siècle (solde, entretien, frais de fonctionnement confondus) entre 30 et 40 millions de deniers* par an, ce qui témoigne d'une politique navale suivie.

Le commandement des escadres italiennes est assuré par un préfet* de rang équestre, l'amiral de Misène l'emportant sur celui de Ravenne[21]. A partir de Néron ils sont assistés par un sous-préfet*. Viennent ensuite les navarques à la tête d'un groupe de bâtiments (avec une hiérarchie interne, car des textes mentionnent un *navarchus princeps*), et les triérarques (commandant un bâtiment). Les textes mentionnent aussi des centurions* (*centuriones classici*), mais il s'agit sans doute d'un grade supérieur qualifiant les navarques et triérarques pour un commandement dans la légion*. On assiste en effet, tout au long de l'Empire*, à une militarisation croissante de la marine, avec une intégration du personnel naval dans les cadres de l'armée de terre. Chaque bateau, quel que soit son effectif, est, en tout cas, assimilé à une centurie*, et les flottes provinciales sont commandées par des centurions légionnaires détachés, dépendant eux-mêmes de préfets équestres.

La hiérarchie des sous-officiers est très mal connue, et les différentes appellations correspondent à des spécialités autant qu'à des grades, dont beaucoup se retrouvent dans l'armée de terre.

Les hommes d'équipage sont des affranchis*, des pérégrins*, mais aussi des citoyens* romains même si le métier de marin est déprécié par rapport à celui de légionnaire ; peut-être étaient-ils détachés d'office auprès de la marine comme punition. Si des esclaves* ont pu être recrutés comme rameurs, il semble qu'ils ont reçu leur liberté au moment de leur enrôlement. Les matelots ne sont jamais désignés sous le terme de *nauta*, mais sous celui de *miles*, *gregalis*, *caligatus*, *manipularis*, ce qui prouve leur intégration dans les cadres militaires romains. Leur armement ne se distingue d'ailleurs pas de celui du

21. Une exception sous Claude et Néron, où des affranchis* occupent ce poste.

légionnaire, si ce n'est par la présence des grapins (*corvi*) utilisés pour l'abordage. Rien dans l'épigraphie ne permet non plus de distinguer l'infanterie de marine (les épibates), des hommes d'équipage manœuvriers qui devaient toutefois s'être spécialisés.
On estime entre 40 et 45 000 hommes le nombre de marins. La solde* d'un marin de la flotte prétorienne est de 150 deniers sous Auguste, 200 sous Domitien (81-96), 300 sous Caracalla (211-212) et 450 sous Aurélien (270-275), soit le double de celle des marins des flottes provinciales. Le rôle essentiel de la marine sous l'Empire a été la sécurité des mers, en luttant contre la piraterie, la sécurité du *limes* (flotilles fluviales du Danube et du Rhin) mais aussi le transport des troupes (lors de la conquête de l'Ecosse par Agricola par exemple), le ravitaillement de l'armée de terre et la logistique lors des grandes expéditions. La défense des côtes, confiée aux *praefecti orae maritimae*, pouvait faire appel aux forces navales, mais elle semble plus terrestre et dirigée contre le brigandage venu de l'intérieur des terres. La marine a pu servir aussi à quelques missions de service public : moyen de transport pour les voyages officiels, poste navale, participation aux naumachies et manœuvre de la toile (*velum*) du Colisée*, fonctions de police à Rome, participation occasionnelle à divers travaux d'intérêt public (constructions d'aqueducs*, exploitation de mines*). Au Bas-Empire*, la marine intervient également dans le contrôle de la navigation.
Martyrium **:** église construite autour d'un cimetière contenant des reliques.
MASQUE : il faut distinguer les masques funéraires (*imagines*) et les masques scéniques (*personae*). Les masques scéniques n'ont été utilisés qu'à partir du Ier siècle av. J.-C. ; ils sont en carton-pâte rehaussé de couleurs, et on distingue les masques tragiques avec une expression pathétique, et les masques comiques aux allures grotesques.
MASSE (*massa*) : nom donné aux regroupements de textes juridiques antiques qui servent de bases aux digestes* ; on connaît la masse de Sabinum (*massa sabiniana*), la masse des édits (*massa edictalis*), et la masse de Papinianus (*massa Papinianea*).
***Mater* (Mère) :** titre honorifique donné à Iulia Domna la femme de Septime Sévère (193-211) ; elle était mère des Augustes (*mater Augustorum*), mère des camps (*mater castrorum*), mère du Sénat (*mater Senatus*), et mère de la patrie (*mater patriae*). Ce titre fut aussi accordé à la mère (Iulia Mamaea) et la grand-mère (Iulia Maesa) de l'Empereur.
Mathematici **:** nom donné aux astrologues* d'origine souvent chaldéenne.
Matralia **:** fête des matrones* à Rome qui a lieu le 11 juin sous le patronage de la déesse Matuta.
Matronalia **:** fête de Junon qui a lieu le 1er mars (l'ancien jour de l'an). Les femmes reçoivent des cadeaux de leur mari, et les maîtresses de maison fêtent les esclaves* femmes. On a surnommé cette fête les Saturnales* des femmes.
MATRONE (*matrona*) : citoyenne romaine, mariée et mère, par opposition aux autres femmes qui n'ont pas de statut social. Cf. Femme.
MAUSOLEE (*Mausoleum*) : monument funéraire* de grandes dimensions. Le nom dérive du roi Mausole qui au IVe siècle av. J.-C. s'était fait construire sur l'agora d'Halicarnasse un tombeau monumental. A Rome le mausolée le plus célèbre est celui d'Hadrien (mort en 138) devenu le château Saint-Ange ; le mausolée d'Auguste se dressait sur le Champ de Mars*, sans doute inspiré du mausolée d'Alexandre le Grand. Les fouilles du Vatican ont permis d'identi-

fier sous la basilique Saint-Pierre une double file de mausolées du IIe siècle appartenant à des riches familles comme les *Valerii* ou les *Giulii*.

MAZDEISME : la plus ancienne religion de l'Iran prêchée par Zoroastre, ou Zarathustra, qui honorait le Seigneur Sage Ahura Mazda. Elle fut violemment persécutée à l'époque des Sassanides (entre 212 et 227). Synonyme : zoroastrisme.

***Meddix* (pl. *meddices*) :** désigne le magistrat des peuples osco-samnites appartenant à un collège présidé par le *meddix tuticus*.

MEDECINE : le premier véritable médecin connu à Rome est un Spartiate du nom de Archagatus, vers 219 av. J.-C., et ce n'est qu'au Ier siècle av. J.-C. qu'Asclépiade de Pruse ouvre à Rome une école de médecine privée. Pendant longtemps, la médecine a pâti du préjugé des Romains traditionalistes, comme Caton, contre les apports de l'hellénisme[22]. La première école publique de médecine (*scola medicorum*) s'ouvre sous Auguste en 14 av. J.-C., et l'enseignement y est donné en grec ; la médecine entre alors parmi les arts libéraux*. A côté des médecins généralistes, il y a des chirurgiens*, des dentistes*, des oculistes*, sans compter les vétérinaires*. Si beaucoup d'esprits curieux s'intéressent à la vertu curative des plantes ou aux divers remèdes qu'on appellerait aujourd'hui de grand-mère, bien peu nombreux sont les véritables médecins. Au IIe siècle, vient toutefois s'installer à Rome l'un des plus grands médecins de l'antiquité, après Hippocrate, Galien de Pergame ; il fut le médecin personnel de Commode (180-192), et rédigea un traité qui faisait la synthèse des différentes écoles médicales. Les familles aisées ont un médecin privé, qui est souvent un esclave ; sinon les médecins reçoivent dans leur cabinet (*medicina*), ou se déplacent à domicile (*circulator*). L'armée* impériale crée son propre service de santé (*medici castrenses*), et un corps spécial de médecins est attaché au palais impérial (les *archiatri palatini*). D'autres médecins (les *archiatri populares*) sont payés par l'Etat pour venir en aide aux plus pauvres : il y en a un par région, soit 14 à Rome. La médecine était réglementée : les *archiatri palatini* doivent prouver leurs compétences devant une commission d'experts, et la loi prévoit des sanctions pour réprimer les fautes professionnelles. Quelques noms de médecins ont été transmis par la tradition : Celse, Dioscoride et Scribonius Largus pour le Ier siècle ap. J.-C., Galien au IIe siècle, Serenus au IIIe siècle, Pelagonius au IVe siècle, Caelius Aurelianus, Cassius Felix, Marcellus et Placitus au Ve siècle.

***Mediolanum* :** qualifie les peuples de Gaule* situés au centre du pays, par rapport aux peuples habitant les marches. C'est aussi un nom de ville, celui de Milan et de Saintes.

***Megalensia* :** fêtes* en l'honneur de Cybèle, la Mère des dieux, du 4 au 10 avril.

***Memmia* (*lex*) : 1.** Plébiscite* du tribun* C. Memmius en 113 av. J.-C.(?) autorisant à ne pas se présenter à un procès les personnes absentes pour raison d'Etat. **2.** Plébiscite du même tribun en 111 av. J.-C. envoyant le préteur* L. Cassius Longinus en Afrique pour faire la guerre à Jugurtha.

***Menenia Sestia* (*lex*) :** lois de 452 av. J.-C. étendant à tous les magistrats* le droit d'infliger des amendes* et accordant le droit d'appel* pour toute amende supérieure à 30 bœufs et 2 brebis. Une première loi aurait été pro-

---

22. L'une des plus grandes écoles de médecine se trouvait à Alexandrie ; elle avait été fondée par Hérophile et Erasistrate dans la première moitié du IIIe siècle av. J.-C.

posée par les consuls* A. Aternius Varus et Sp. Tarpeius Montanus, et la seconde par les consuls T. Menenius Lanatus et P. Sestius Capitolinus.
***Mensor* :** arpenteur ou géomètre chargé notamment de la centuriation*, ou de la disposition des tentes et des bâtiments à l'intérieur d'un camp* romain. *Mensor frumenti* : le responsable chargé de la distribution des rations.
MERCENAIRE (*mercenarius*) : il n'y a pas de mercenaires dans les armées* romaines puisque seuls les citoyens* peuvent servir dans la légion, et que les auxiliaires* sont fournis par les alliés* soumis à la *formula togatorum* ou les pérégrins* appartenant à l'Empire*. Il semble cependant que des mercenaires ont été recrutés dans les armées romaines pendant les guerres puniques*. Le terme de *mercenarius* désigne l'ouvrier agricole qui loue ses services sur une certaine période ou le domestique à gages.
MERCURIALES : membres des collèges* de marchands.
***Merx* (pl. *merces*) :** tout objet disponible faisant l'objet d'une transaction commerciale. *Merx adventicia* : produit d'importation.
***Messia* (*lex*) :** proposition du tribun* C. Messius en 57 av. J.-C. pour attribuer à Pompée l'administration de l'annone* avec *imperium maius* sur toutes les provinces*. Le même tribun proposa aussi une rogation* pour le retour de Cicéron.
MESURES (unités de) : cf. Poids et mesures.
***Meta Romuli* :** tombe en forme de pyramide retrouvée lors des fouilles du Vatican sous la basilique Saint-Pierre.
***Meta Sudans* :** fontaine monumentale de Rome située près de l'arc de Constantin. Elle date de l'époque de Domitien (51-96).
METAURE (bataille du) : bataille en 207 av. J.-C. en Ombrie, au cours de laquelle les troupes d'Hasdrubal furent défaites par P. Cornelius Scipion avant d'avoir pu opérer leur jonction avec Hannibal.
METAYER/METAYAGE : cf. *Conductor, Locatio.*
METIER : la plupart des métiers forment des corporations* placées sous le patronage d'une divinité* particulière. Selon la tradition, Numa avait regroupé les métiers en 9 corporations : celle des musiciens, des orfèvres, des ouvriers du bâtiment, des teinturiers, des cordonniers, des tanneurs, des forgerons, des potiers, et une neuvième pour toutes les autres professions. Sous l'Empire*, certains métiers liés à l'annone*, comme les naviculaires*, utriculaires*, nautes*, boulangers et marchands sont soumis à une étroite réglementation. Les métiers manuels relevant de l'artisanat ou du commerce sont assez dépréciés dans le monde romain, et ce sont souvent des esclaves* ou des affranchis* qui les pratiquent, pour leur propre compte ou pour celui de riches propriétaires qui font des placements d'argent (il faut ainsi distinguer le *negotiator* — financier, armateur, homme d'affaires — du *mercator* qui est un simple négociant). Si on met à part le travail de la terre, les seuls métiers jugés dignes d'un citoyen romain sont ceux de la magistrature (carrière politique) et celui d'avocat.
***Metilia* (*lex*) :** plébiscites* du tribun* M. Metilius en 217 av. J.-C. établissant que le dictateur* et le maître de cavalerie* avaient une *potestas* égale, et limitant le luxe de l'habillement.
METRIQUE : la versification latine repose sur la combinaison de syllabes longues et courtes qui forment les pieds, et sur le rythme marqué par l'accent d'intensité que porte le temps fort du pied. Le seul vers proprement latin est le vers dit saturnien qui fut utilisé par Livius Andronicus dans son *Odyssée*, et par Naevius dans sa *Guerre punique*. On ignore sa structure précise qui se

divise en deux parties inégales (7 et 6 pieds), l'une à base de iambes, l'autre à bases de trochées : *Virum mihi, Camena, insece versutum* ; les allitérations y sont fréquentes. Les autres vers sont empruntés au grec : l'hexamètre dactylique pour l'épopée, le distyque élégiaque (hexamètre dactylique + pentamètre) pour l'élégie, le sénaire iambique pour les parties dialoguées de la tragédie, les septénaires iambiques et trochaïques pour les comédies, et la métrique éolienne (strophes saphiques et alcaïques de vers logaédiques) pour la poésie lyrique.

Principaux pieds (- = syllabe longue,   = syllabe brève) :
– le trochée : - +, l'iambe : + -, le tribraque : + + +,
– le dactyle : - + +, le spondée : - -, l'anapeste : + + -,
– procéleumastique : + + + +.

A noter que deux syllabes brèves peuvent remplacer une syllabe longue, et vice versa (ainsi le spondée, le dactyle et l'anapeste sont interchangeables).

Les principaux vers latins :
– hexamètre dactylique (6 pieds) : 4 dactyles ou spondées, un dactyle, un spondée ou trochée.

Arma vir/umque ca/no, Troi/ae qui/primus ab/oris

– pentamètre (5 pieds) : 2 dactyles ou spondées, 1 syllabe longue à la césure, 2 dactyles, 1 syllabe brève ou longue (soit deux fois 2 pieds et demi).

Tempora/ si fue/rint/ /nubila/ solus e/rit

– sénaire iambique (6 pieds) : six iambes, mais les 5 premiers pieds peuvent admettre des substitutions (spondée, dactyle, tribraque, anapeste et même procéleumastique) :

Fictis/ ioca/ri nos/ memine/rit fa/bulis

– septénaire trochaïque : 7 trochées et une syllabe indifférente ; comme pour le sénaire iambique, le trochée admet toutes les substitutions :

Perge/, nox ut/ occe/ pisti/ ; gere pa/tri mo/rem me/o

– les vers logaédiques comprennent 3 vers alcaïques (de 9, 10 ou 11 syllabes), 1 vers archiloquien (de 7 pieds), et un groupe de 6 vers constitués du vers adonien de 5 syllabes (-++/--), du vers phérécratien de 7 syllabes (--/-++/--), du vers glyconique de 8 syllabes (--/-++/-+/-), du vers saphique de 11 syllabes (-+/--/-++/-+/--), du vers asclépiade mineur (--/-++/-/-++/-+/-) et asclépiade majeur (--/-++/-/-++/-/-++/-+/-).
– vers alcaïque : cf. *infra* Strophe alcaïque.
– vers archiloquien (7 pieds) : 4 dactyles ou spondées, trois trochées ou 2 trochées et un spondée :

Solvitur/ acris hi/ems gra/ta vice/ veris/ et Fa/voni

Les strophes saphiques comprennent 3 vers saphiques de 11 syllabes et un vers adonique de 5 syllabes.

Recti/us vi/ves, Lici/ni, ne/qu(e) altum
Semper/ urgen/do neque/ dum pro/cellas
Cautus/ Horres/ cis nimi/um pre/mendo
Litus i/niquum

Les strophes alcaïques comprennent 2 vers alcaïques de 11 syllabes, 1 vers alcaïque de 9 syllabes, et 1 vers alcaïque de 10 syllabes :

Vi/des ut/ alta/ stet nive/ candi/dum
So/racte/ nec iam/ sustine/ant o/nus
Sil/vae la/boran/tes ge/luque
Flumina/ constite/rint a/cuto

METROCOMIE (*metrocomia*) : au Bas-Empire*, village de petits propriétaires qui s'engagent à ne pas céder leurs terres.
METROPOLITE : évêque placé à la tête d'un ensemble de diocèses*.
***Metus* (crainte) :** notion juridique du droit prétorien* ; lorsqu'un individu a contracté une obligation sous l'effet de la peur, à cause de manœuvres d'intimidation, il peut, avant l'exécution de l'engagement, opposer en justice une *exceptio metus* qui le dispense de s'exécuter. S'il a déjà exécuté cet engagement, il peut recourir à la procédure de la *restitutio in integrum ob metum* qui remet les choses dans l'état où elles se trouvaient avant l'engagement, et si c'est impossible, il peut intenter une action pénale (*actio poenalis quod metus causa*) pour obtenir réparation du préjudice causé, réparation fixée normalement au quadruple.
MILAN (Edit de) : cf. Edit de Milan.
MILICE (*militia*) : force armée locale dont disposent les cités* pour assurer leur police municipale. Ces milices sont souvent constituées par les jeunes gens qui reçoivent une éducation sportive et militaire au sein d'associations (cf. *Iuvenes*).
Au Bas-Empire*, le terme désigne aussi la hiérarchie administrative qui distingue l'administration civile (*militia cohortalis* ou *palatina*), et l'administration militaire (*militia armata*). La milice palatine comprend des hauts fonctionnaires nommés pour un an et répartis en quatre classes : les *illustres, spectabiles, clarissimi* et *perfectissimi*, et des fonctionnaires subalternes dont certains sont nommés à vie. Ce personnel est exempté des *munera personalia*, et leurs enfants, s'ils sont fils de famille* reçoivent une dotation spéciale, le *peculium quasi castrense*. La milice armée, qui intègre de nombreux barbares, est répartie en trois groupes : la *schola palatina* (ou *comitatus*) commandée par le *magister officiorum*, les *numeri* de *limitanei* ou *riparenses*, et les *numeri* de *comitatenses*, fantassins ou cavaliers commandés par les *magistri utriusque militiae* qui dépendent eux-mêmes de deux *magistri militum praesentales*. Ces fonctionnaires perçoivent une solde en nature *pro annona* (pour eux-mêmes et leur famille) et *pro capite* (pour l'entretien des chevaux et mulets), mais parfois aussi en argent, l'*adaeratio*. Les fils de famille* appartenant à cette milice disposent d'un patrimoine spécial, le *peculium castrense*.
MILICES EQUESTRES : premières charges d'une carrière équestre*, effectuées dans l'armée* ; elles sont au nombre de trois et durent trois ans chacune : préfecture de cohorte*, tribunat angusticlave de légion* ou triple tribunat à Rome, préfecture d'aile*. Au début de l'Empire*, l'ordre était cohorte, aile, légion, et les jeunes gens issus de l'ordre sénatorial* atteignant directement la préfecture d'aile, et il ne leur restait qu'à exercer le tribunat. Sous les Flaviens (69-96) l'ordre devient cohorte, légion, aile. Le poste de préfet de cohorte est accessible aux primipiles*.
MILLE ROMAIN (*milia*) : cf. Poids et Mesures.
MILLIAIRE (*milliarum*) : ancêtre de nos bornes kilométriques ; il s'agit d'une colonne en pierre placée le long des routes, sur laquelle est indiquée le nom du magistrat ou de l'Empereur qui l'a fait ériger, ainsi que la distance en milles romains (abréviation *M.P.*), d'où son appellation, depuis la ville voisine et parfois aussi depuis Rome[23]. MILLIAIRE D'AUGUSTE ou

23. En Gaule quelques milliaires indiquent la distance en lieues (abréviation L. pour *LEVGA*).

MILLIAIRE D'OR : milliaire placé par Auguste* au bout du *Forum* romain* pour marquer le départ de toutes les routes de l'Empire*. C'était une colonne en bronze doré d'environ 3 m de hauteur, sur laquelle étaient indiqués les noms des principales villes et leur distance depuis Rome.
MIME (*mimus*) : spectacle introduit à Rome avant la fin du IIIe siècle av. J.-C., sans doute par l'intermédiaire de la Grande-Grèce. Les acteurs, hommes et femmes, jouent des scènes de la vie quotidienne, parfois romancées, avec des dialogues en prose. Les mimes sont donnés à la fin des représentations dramatiques (*exodium*), et remplacent peu à peu les atellanes*. Le genre évolue ensuite vers la farce populaire et licencieuse avec des personnages caricaturaux, où des actrices apparaissent nues. Les acteurs jouent toujours sans masque*, ce qui permet les jeux de physionomie. Au Ier siècle av. J.-C. le mime prend une forme littéraire, illustrée par des auteurs comme D. Laberius et Publilius Syrus ; il fait place à la satire sociale, et constitue un genre très apprécié du public populaire, qui dure jusqu'au début du VIe siècle. Il ne faut pas confondre le mime latin, qui est une farce souvent scabreuse, avec la pantomime* qui correspond elle à notre mime moderne.
MINES (*metalla*) : sous la République*, les mines sont exploitées selon le système de la ferme*. A l'occasion du *lustrum* les censeurs* procèdent aux adjudications. Sous l'Empire*, les mines deviennent un monopole d'Etat, ou font partie du patrimoine* impérial. Elles sont placées sous l'autorité d'un procurateur*. Le travail des mines, à ciel ouvert ou dans les galeries, était particulièrement pénible, et on y employait des esclaves* ou des condamnés, mais la main-d'œuvre était toujours insuffisante. Pour les principales exploitations minières, cf. carte 7.
***Minicia* (*lex*) :** loi* antérieure à 90 av. J.-C. établissant que les enfants nés de parents qui n'avaient pas le *ius conubii*, étaient de condition inférieure et relevaient de la législation latine.
***Ministeriales dominici* :** au Bas-Empire*, la domesticité de la maison impériale* ; elle est sous l'autorité du *comes et castrensis sacri palatii* (comte et officier du palais impérial).
***Minucia* (*lex*) : 1.** Plébiscite* du tribun* M. Minucius Rufus en 216 av. J.-C. créant trois magistrats* extraordinaires sans doute chargés du rachat des prisonniers. **2.** Plébiscites du tribun M. Minucius Rufus en 121 av. J.-C. abrogeant la *lex Rubria* qui prévoyait la déduction d'une colonie* à Carthage, et l'abrogation de plusieurs dispositions des lois *Semproniae*.
***Minucia* (*via*) :** route côtière qui relie Brindisi à Ordona en Apulie. A partir de 109 ap. J.-C. elle prend le nom de *Via Traiana* (cf. carte 2).
MINUCIE (ou Minicie, *Minucia*) : service des distributions de blé à Rome sous l'Empire*.
***Minus petitio* :** cf. Pétition.
MISENE (paix de) : accord conclu à Misène durant l'été 39 av. J.-C. entre Sex. Pompée, Lépide et Marc Antoine.
***Missio* : 1.** Dans la procédure de vente des biens d'un débiteur pour indemniser le créancier, la première phase est constituée par la *missio in bona* : c'est un envoi en possession (*missio in possessionem*) des biens du débiteur prononcé par décret du magistrat, qui équivaut à une mise en hypothèque de ces biens puisque le magistrat autorise la confiscation des biens au profit des créanciers. Si l'envoi en possession ne concerne qu'un bien particulier, on parle de *missio in rem*. **2.** La *missio* est également le congé accordé aux soldats après un certain temps de service ; la *missio honesta* est accordée à ceux

qui ont accompli l'intégralité de leur service ; elle donne droit à des gratifications en argent (3 000 deniers* pour un légionaire*, 5 000 pour un prétorien*), ou à un lot de terre (*missio agraria*) ainsi qu'à des privilèges (exemption de charges, droit de mariage avec des femmes pérégrines). La *missio causaria* concerne les réformés ; la *missio ignominiosa* est un renvoi pur et simple du soldat en cas de délit ou de mauvaise conduite.

***Mithraeum* :** sanctuaire souterrain du dieu Mithra où avait lieu le sacrifice du taureau ; ces sanctuaires apparaissent à Rome sous les Flaviens (69-96). Les fouilles ont retrouvé trois *mithraea* à Rome, celui du Cirque Maxime, celui de Santa Prisca, et le *Mithraeum* Barberini célèbre pour ses décorations peintes qui relatent les phases principales du culte.

MONACHISME : vie monastique des religieux en marge de l'organisation municipale ; ce type d'organisation fut fondé par saint Antoine (mort en 356) et son disciple Pacôme, et connut un rapide succès en Orient. Il y a deux formes de monachisme : la vie en communauté dans les monastères (cénobites) ou la vie en ermite (anachorètes).

***Monile* :** collier qui sert de parure aux matrones*, ou qui est offert comme récompense aux soldats pour des actions d'éclat.

MONNAIE (*pecunia*) : au troc, succède l'utilisation de morceaux de bronze (*aes rude*) qu'il fallait peser, puis de lingots de bronze (*aes signatum*) sur lesquels est gravé ce qu'on peut se procurer avec ces lingots (armes, animaux). Ce n'est qu'en 289 av. J.-C. qu'apparaît la monnaie ronde, l'as* libral (*as libralis*) pesant à l'origine 273 gr (10 onces), avec ses subdivisions ; elle présente sur l'avers la double tête de Janus, ou Minerve, et sur le revers une proue de navire. Les premières monnaies d'argent sont appelées romano-campaniennes (car les ateliers sont en Campanie) et apparaissent à la fin du IVe siècle ; les premières émissions portent sur l'avers la figure de Mars et sur le revers une roue. A Rome, les émissions propres de didrachmes avec Hercule et la louve allaitant Castor et Pollux enfants, commencent en 269 av. J.-C. On a ensuite des émissions avec des effigies de victoires (les victoriats) et de quadriges (les quadrigats). A la fin du IIIe siècle (en 214), on voit apparaître le denier* (*denarius*) qui vaut 10 as (puis 16 as après les dévaluations de l'as), le quinquaire* (*quinquarius*) qui vaut 5 as, et le sesterce* (*sestertius*, abrégé sous la forme H S) qui vaut 2 as 1/2, puis 4 as. A partir de 43 av. J.-C., le sesterce est en bronze (mais vaut toujours 4 as) et la monnaie d'or (*aureus*) apparaît sous Sulla avec une valeur de 25 deniers. César est le premier à frapper son effigie sur l'avers des monnaies ; jusqu'alors, seul le nom du magistrat responsable de l'émission était indiqué. Sous l'Empire*, le sesterce est en laiton et prend l'appellation de *nummus*. Sous Caracalla (212-217) le denier est remplacé par l'*Antoninianus* qui a une valeur théorique de 2 deniers, lui-même remplacé par l'*argenteus* sous Dioclétien (284-305) qui crée aussi une nouvelle monnaie de bronze, le *follis*. Enfin, Constantin (306-337) lance une nouvelle pièce d'or de 4,548 gr, le sou (*solidus*). Les monnaies sont frappées à Rome dans l'atelier de Junon Moneta sur le Capitole, sous la responsabilité des *tresviri monetales* créés en 289 av. J.-C., mais il existe des ateliers monétaires dans d'autres villes d'Italie. Sous l'Empire*, le Sénat* continue à contrôler l'émission des pièces de cuivre ou de bronze, mais le monnayage d'or et d'argent devient le monopole de l'Empereur* dont l'effigie et la titulature ornent l'avers des pièces. Les monnaies ont connu des dévaluations* périodiques. A partir de l'Empire, les monnaies apportent beaucoup de renseignements aux historiens, car elles sont un moyen de propagande ; outre la galerie de portraits des familles impériales, elles illustrent tous les événements politiques, religieux, ou artistiques.

Tombeau de Dougga (Tunisie) — IIe-Ier siècle av. J.-C.

MONOPHYSISME : hérésie qui marqua le Ve siècle, condamnée au concile de Chalcédoine (451). Elle affirmait l'unité de nature humaine et divine du Christ.

***Montanus* :** nom donné aux habitants des sept régions hautes de Rome (Palatin*, Velia*, Fagutal* Oppius* Cispius*, Subure*, Cermalus ou Palatin*) par opposition aux *pagani*, les habitants des régions basses. Ils célébraient leur fête le 11 décembre lors du *Sacrum septimontiale* ou *Septimontium*.

MONUMENT (*monumentum*) : tout objet destiné à conserver le souvenir, et notamment le souvenir des morts. Les **Monuments funéraires** sont très nombreux et variés dans le monde romain ; ils se pressent le long des routes à l'entrée des villes, et vont de la simple stèle* ou du simple cippe*, aux pyramides et aux mausolées* en passant par les autels* et les chapelles. La *Via Appia* à Rome est célèbre pour les tombeaux antiques qui la longent. On distingue deux parties dans ces monuments : la partie architecturale visible en surface (*tumulus*), qui porte la dédicace et le décor peint ou sculpté, et la partie souterraine, ou sépulcre*, qui contient le corps ou les cendres (caveau, *columbarium*, urne*, sarcophage*). Les monuments de surface revêtent des formes diverses : la pyramide, comme le tombeau de Cestius, le cône, comme le tombeau dit de Virgile, une tour comme le tombeau de Cecilia Metella, un petit temple ou chapelle avec portique et colonnade, comme le tombeau de Publicius Bibulus. À l'époque impériale, les Empereurs* se font construire des édifices gigantesques en forme de rotonde : les mausolées* d'Auguste ou d'Hadrien. Ces monuments se trouvent à l'intérieur d'un enclos et d'un petit jardin où l'on célèbre les banquets funèbres.
Certains ouvrages portent aussi le nom de *monumentum* lorsqu'ils représentent une somme laissée à la postérité, comme les *Monumenta* du jurisconsulte Manius Manilius.

MONUMENT D'ANCYRA, MONUMENT D'ANTIOCHE DE PISIDIE, MONUMENT D'APOLLONIA DE BITHYNIE : inscriptions retrouvées dans les villes en question reproduisant les *Res gestae divi Augusti*. La première fut découverte en 1555 et comprenait le texte latin avec une traduction en grec ; la seconde en grec fut découverte dans la deuxième moitié du XIXe siècle ; la troisième, en latin, fut découverte en 1914 avec des compléments importants en 1924.

MONZA (diptyque de) : cf. Diptyque.

***Morbus comitialis* :** l'épilepsie. Lorsqu'une crise d'épilepsie survenait lors des comices*, l'assemblée était aussitôt suspendue.

***Mors litis* :** la mort du procès ; quand un procès n'est pas jugé dans les délais prévus, les parties ne peuvent plus obtenir un verdict, et ne peuvent pas non plus reporter le procès devant un autre juge* à cause de l'effet extinctif de la *litis contestatio* ; on dit alors qu'il y a mort du procès.

Mort (*mors*) : les croyances religieuses des Romains face au problème de la mort ont sans doute été modifiées sous l'influence des Grecs qui n'ont jamais peuplé leurs enfers de monstres aussi terrifiants que ceux qui apparaissent sur les peintures étrusques. A noter toutefois que pour les Grecs la mort est une divinité masculine (Thanatos), alors qu'elle est féminine (*Mors*) chez les Romains. En fait, plus que de la mort, les Romains ont peur des morts et accomplissent soigneusement tous les rites de purification prévus dans le calendrier* pour rendre inoffensives les âmes des défunts (cf. Larves, Lémures). Au contraire, les opérations de magie qui font intervenir les morts (cf. *Defixio*, Nécromancie) sont particulièrement redoutées. Les rites funéraires s'analysent essentiellement comme des rites de passage assurant la continuité de la société des vivants, tandis que la figuration funéraire est comprise comme un moyen de contrôle social de la mort. Quant aux morts, ils continuent leur vie chez les dieux infernaux (*dei inferni*), dans le monde souterrain des enfers, vie paisible des Bienheureux dans les Champs Elysées, ou vie tourmentée des condamnés dans le Tartare. Mais la géographie des Enfers, telle qu'on la trouve dans le chant VI de l'*Enéide* de Virgile, s'inspire de celle d'Homère, et il est difficile d'établir si les croyances populaires coïncidaient avec l'imaginaire de la poésie savante. Sans doute les Romains croyaient-ils en une survivance de l'esprit des morts, mais ces croyances nous sont mal connues. Le christianisme amène naturellement une toute nouvelle conception de la mort et de la vie post mortem ; il faut cependant noter que les religions à mystères d'origine grecque, tout comme certaines doctrines philosophiques, enseignaient une eschatologie et une sotériologie qui sont par ailleurs absentes dans la tradition étrusco-italique. Pour le traitement des morts au moment du décès et les cultes funéraires, cf. Cultes domestiques et Funérailles.

MOSAIQUE (*opus musivum*) : la technique de la mosaïque a été empruntée aux Grecs, et s'est largement répandue dans tout le monde romain. Du point de vue technique on distingue les mosaïques à galets (*opus barbaricum*), les mosaïques à tesselles (*opus tesselatum*) qui sont des pierres taillées en forme de troncs de pyramide, et les mosaïques à « vermicules » (*opus vermiculatum*) dont les éléments de taille plus petite et irrégulière permettent une plus grande finesse dans le dessin. Ces éléments sont insérés sur une dalle de béton frais au moment de la pose, appelée radier (cf. *Opus signinum*). Les tesselles ou vermicules sont taillées dans de la pierre ou du marbre, mais peuvent aussi être en émail, voire en verre ou en or pour les mosaïques qui n'étaient pas soumises à l'usure. En effet, si les mosaïques servent de pavement, à partir du Ier siècle ap. J.-C. on les trouve aussi sur les murs et les plafonds, notamment dans les basiliques* en Orient. A la fin de la République* et au début de l'Empire*, les mosaïques italiennes sont le plus souvent à motifs géométriques et à tesselles noires et blanches. Au IIe siècle ap. J.-C. apparaît le style dit fleuri avec des ornements végétaux, animaux et humains, et la polychromie se généralise au IIIe siècle. Il existe de nombreuses écoles de mosaïque en dehors de l'Italie, et notamment en Orient où se développe beaucoup plus tôt le goût pour la polychromie, la mosaïque voulant imiter la peinture ; on a ainsi des tableaux (*emblemata*) entourés de motifs géométriques ou végétaux, et des mosaïques dites tapis. Les motifs iconographiques sont extrêmement variés : reproduction de grandes toiles dans les riches maisons (comme la mosaïque de la maison du Faune à Pompéi représentant la bataille d'Issos), scènes de chasse (mosaïque du couloir de la maison des Protomés à Utique), scènes marines dans les thermes* (comme la mosaïque des thermes de Neptune à Ostie), scènes mythologiques dans les temples, enseignes dans les boutiques, etc. Les plus beaux ensembles de mosaïque dans l'Occident romain sont ceux de la villa de Piazza Armerina en Sicile (IIIe siècle) et celles du tombeau de Gallia Placidia à Ravenne (Ve siècle).

***Mos maiorum* :** la tradition des ancêtres, la coutume source du droit civil ; le Sénat* en est le gardien.

Mosaïque de la famille des Centaures (d'après un original de Zeuxis)
Villa d'Hadrien à Tivoli, Staatlische Museen de Berlin, *Opus vermiculatum.*

***Mucia* (*lex*) :** plébiscite* du tribun* P. Mucius Scaevola en 141 av. J.-C., instituant un tribunal* extraordinaire à l'encontre de L. Hostilius Tubulus qui s'était rendu coupable de corruption durant sa charge de préteur*.
***Mummia* (*lex*) :** loi donnée* à la nouvelle province d'Achaïe en 146 av. J.-C. par le consul* L. Mummius Achaicus.
***Munatia* (*lex*) :** loi* accordant à Octave le nom d'Auguste* en 28 av. J.-C. On l'attribue à L. Munatius Plancus, mais il s'agit en fait d'un sénatus-consulte* qu'a peut-être précédé une décision populaire.
MUNDA (bataille de) : victoire de César sur les troupes pompéiennes en Espagne en mars 45 av. J.-C.
***Mundus* :** puits creusé par Romulus à l'emplacement du *Comitium* ; il le combla avec la terre du pays d'origine de chacun de ses compagnons, et érigea un autel au-dessus ; il était entouré d'un enclos qui n'était ouvert que trois jours par an (24 août, 5 octobre et 8 novembre). On l'appelle aussi puits de Cérès. Ailleurs on désigne par ce terme la fosse qui permet l'évocation de l'âme des morts.
MUNICIPE (*municipium*) : étymologiquement le mot signifie « participation aux charges ». A l'origine il s'agit d'une cité* qui a accepté l'autorité de Rome, mais conserve son autonomie et ses institutions tout en participant aux charges financières et militaires des Romains fixées par un traité*. Il y a plusieurs types de municipes : les plus anciens ont conservé une large autonomie mais leurs habitants étant citoyens* romains, ont le *ius conubii*, le *ius*

commercii et le *ius suffragii* ; d'autres sont moins indépendants dans la mesure où leurs habitants ne disposent pas du droit de vote, et sont soumis à la juridiction d'un préfet pour dire le droit*, représentant le préteur* urbain. Les municipes fondés après la guerre sociale à partir de Sulla sont les anciennes villes alliées d'Italie qui obtiennent la citoyenneté romaine et renoncent à la plupart de leurs institutions en se soumettant au droit romain*. Le premier municipe hors d'Italie fut celui de Gadès créé par César. A partir de Claude (41-54) il n'y a plus en province que des municipes de droit latin* (le dernier municipe connu de droit romain* est Volubilis en 47). Les municipes sont instaurés par une loi donnée* et l'envoi de magistrats romains qui mettent en place les institutions ; du point de vue juridique le municipe romain se distingue de la colonie* romaine, mais dans les faits ils sont très proches l'un de l'autre. En Italie, les municipes ont à leur tête un collège de 4 magistrats (les *quattuorvirs* composés le plus souvent de deux édiles* et de deux duomvirs*), parfois de huit magistrats (octovirs) comme en Italie centrale ; la situation est variable, car la charte de fondation tient compte des institutions locales. Dans les provinces, les institutions sont plus stéréotypées : on trouve un questeur*, un édile et deux duomvirs. Ces magistrats sont élus par une assemblée de notables, les décurions*, qui sont responsables de la gestion du municipe ; dans les municipes de droit latin, le décurionat permettait l'accès à la citoyenneté romaine. Le passage au statut de colonie est une promotion, même pour les municipes romains.

***Munus* (pl. *munera*)** : à l'origine le terme désigne toute activité publique du citoyen*, dont les magistratures, mais Callistrate, juriste de l'époque sévérienne, définit les *munera* comme les charges publiques qui pèsent sur les citoyens d'une ville pour la gestion de la communauté sans que cela augmente leur dignité, définition qui exclut dès lors l'exercice des magistratures. On distingue parmi les charges civiles ou publiques, les charges personnelles (*munera personalia*) et les charges du patrimoine (*munera patrimonii*). Les charges personnelles impliquent une activité intellectuelle ou physique (responsabilité de travaux, approvisionnement de la cité, défense de la cité en justice) ; les risques de ces missions supposent une fortune suffisante pour les garantir, et de telles charges ne sont confiées qu'à des citoyens, éventuellement à des *incolae*. Les charges du patrimoine équivalent aux liturgies*, c'est-à-dire des impôts répartis selon la fortune et acquittés sous forme de prestations (logement des soldats de passage, des fonctionnaires impériaux, fourniture d'animaux et de voitures à la poste impériale, etc.) ; elles sont dues par tous les propriétaires y compris les non-résidents. Comme la différence n'est pas toujours facile à faire entre ces deux types de charges, les juristes du IIIe siècle créèrent la notion de *munera mixta* (charges mixtes) impliquant à la fois des dépenses et un service personnel. On qualifie enfin de *sordida* les *munera* dus par les plébéiens* (essentiellement des corvées*). Les charges des décurions* sont particulièrement lourdes : la somme versée pour leur entrée à la curie (*summa honoraria* ou *legitima*), les frais de légation à l'Empereur, l'organisation des jeux* et spectacles*, les constructions ou réparations des monuments publics, les diverses fondations. L'insuffisance des budgets locaux et la tradition des liturgies* dans le monde hellénistique expliquent la lourdeur de ces charges qui sont en même temps une manifestation de l'évergétisme* (l'évergésie est spontanée, alors que les *munera* sont obligatoires). Au Bas-Empire*, se généralise l'*hospitium* (ou *munus hospitalitatis*), qui est l'obligation faite aux citoyens des villes de loger les soldats et fonctionnaires* impériaux. A noter que l'appartenance à l'ordre sénatorial*, les services rendus (par les vétérans* notamment), et des considérations humanitaires touchant les vieillards, les veuves, les malades, font que ces catégories bénéficient d'exemptions pour les charges personnelles. Au Bas-Empire, les biens et le personnel ecclésiastiques sont exemptés des divers *munera*.

MUR D'HADRIEN : fortification construite sur le *limes* breton par l'empereur Hadrien après sa visite en (Grande) Bretagne en 122. D'une longueur de 118 km entre le golfe de Solway et la Tyne, à la limite actuelle de l'Écosse, le mur en pierre a une largeur variant entre 2,5 et 3 m, et une hauteur n'excédant pas 6 m. Il est doublé d'un fossé extérieur, et renforcé par des forts et des tourelles tous les milles. Au sud, à l'intérieur, il est longé d'un autre fossé et d'une route militaire. C'est un des exemples les plus élaborés de défense linéaire.

MURAILLE AURELIENNE : grande muraille de Rome construite en brique sous l'Empereur Aurélien à partir de 271, et terminée sous Probus (276-282). Le rempart de 3,50 m de large et 6 m de haut est flanqué de tours à plan carré tous les 100 pieds (29,6 m) et atteint une longueur de 18 837 m englobant toutes les hauteurs de Rome, y compris une partie de la rive droite. Elle est percée de 17 portes (cf. carte 1).

MURAILLE SERVIENNE : premier rempart de Rome. On l'attribue au roi Servius Tullius du VIe siècle av. J.-C., mais le mur actuel construit en blocs de tuf de Grotta Oscura est plus tardif et remonte à la première moitié du IVe siècle av. J.-C. avec des restaurations en 353, 217, 212 et 87 av. J.-C. La largeur de ce mur atteint 4 m et sa hauteur environ 10 m sur une longueur totale de 11 km englobant 426 ha. Les assises alternent les boutisses et les panneresses selon une technique largement répandue dans toute l'Italie au IVe siècle av. J.-C. La partie la plus faible située entre le Quirinal* et l'Esquilin* était renforcée, et porte le nom d'*agger* : elle se compose d'un fossé de 36 m de large dans sa partie haute (8 m au fond), puis du parement en appareil rectangulaire qui retenait un grand terre-plein contenu à l'arrière par un mur de contre-escarpe situé parfois à plus de 40 m du parement externe. Cette muraille était percée de 17 portes (cf. carte 1 et 8).

MURSA (bataille de) : bataille opposant en 351 ap. J.-C. sur les bords de la Drava, les troupes de Constance à celles de Magnence.

MUSIQUE : l'éducation musicale ne fait pas partie des habitudes romaines ; la musique est considérée comme un art typiquement grec, et si les Romains assistent à des concerts dans les odéons*, ou dans des salons privés, ils ne pratiquent pas eux-mêmes un instrument (*organum*). Il existait toutefois un corps de musiciens (2 centuries* hors classe) dans l'armée*, car les mouvements de troupes sont signalés par les trompettes (*tuba*), les buccins (*bucina*), les cors (*cornua*), et les fanfares militaires (*aenatores*) se produisent lors des différentes cérémonies. Les trompettes militaires sont purifiées, comme les armes, à l'occasion des *tubilustria* qui ont lieu le 23 mars. La cavalerie a sa propre trompette, le *lituus*, sorte de clairon à pavillon recourbé. Les cornes et les trompettes sont également utilisées dans les rites funéraires. La lyre et la cithare accompagnent les poètes lyriques. Les joueurs de flûte droite (*tibia*) ou de flûte de pan (*fistula*) interviennent lors des cérémonies religieuses (sacrifices, obsèques, défilés militaires, processions religieuses, jeux publics), ainsi que pour accompagner les *cantica* dans les pièces de théâtre* ; pour battre la mesure, ils disposent d'un instrument à percussion manœuvré avec le pied, le *scabellum*. Les instruments à percussion comme le tambourin (*tympanum*), les castagnettes (*crotalum*), les crécelles (*sistrum*), les grelots (*tintinnabulum* ou *crepitaculum*), les cymbales (*cymbalium*), sont utilisés pour accompagner les danseurs, mais aussi lors de cérémonies religieuses d'origine orientale (en l'honneur de Dionysos et Cybèle notamment). Les Romains connaissent également l'orgue hydraulique (*hydraulus*) qui est utilisée dans les amphithéâtres* pour accompagner les jeux* du cirque, et la harpe d'origine orientale (*sambuca*). Les instruments à corde furent introduits sous l'influence grecque, et des concours musicaux furent organisés à Rome dès la fin de la République* ; ils se développent sous l'Empire* : Domitien (81-96) fit construire un odéon pour les concerts de l'*agon Capitolinus*. Les musiciens interviennent aussi dans les grands banquets (avec notamment les musiciennes d'origine orientale appelées *ambubaiae*), et dans les pantomimes*. Un peu méprisés, ils se sont organisés très tôt en collèges* afin de pouvoir mieux se défendre, et une grève des flûtistes en 311 av. J.-C. à Rome perturba considérablement les cultes* publics.

***Musivum* (*opus*) :** cf. Mosaïque.

***Mutatio* :** relais de poste où les courriers du *cursus publicus* trouvent des chevaux frais.

***Mutatio iudicis* :** procédure spéciale des procès formulaires* consistant à nommer un nouveau juge* en cas de décès du juge normalement désigné dans la formule du magistrat*.

***Mutatio tribus* :** sanction prise par un censeur* à l'encontre d'un citoyen* noté d'ignonimie* ; elle consiste à transférer le citoyen en question d'une tribu* rustique dans une tribu urbaine.

***Mutuum* :** contrat de prêt institué par le droit des gens*. Le droit civil* romain sanctionne cette pratique par une action de droit strict appelée *condictio certi* qui prévoit l'obligation de restituer non pas la chose prêtée (comme dans le cas d'un *commodatum*) mais des choses de valeur et de quantité égales.

MYLES (bataille de) : bataille navale au large de la Sicile remportée par l'amiral Duilius sur les Carthaginois en 260 av. J.-C. lors de la première guerre punique*. C'est la première grande victoire navale de Rome.

MYSTERES : cf. Religion.

MYTHOLOGIE : la mythologie romaine est presque entièrement empruntée à celle des Grecs. Il y a toutefois quelques légendes nationales liées au Latium ou héritées des Etrusques*, comme celle de Rémus et Romulus, de Cacus, des Horaces et des Curiaces.

N

NAISSANCE : plusieurs divinités président à la naissance, mais la plus importante est Lucina, autre nom d'Hécate, assimilée tantôt à Diane, tantôt à Junon. Une fois né, l'enfant est baigné puis placé au pied de son père devant l'autel* domestique ; celui-ci peut le reconnaître, auquel cas il le soulève dans ses bras (*liberum suscipit*), ou ne pas le reconnaître, auquel cas l'enfant est exposé. Le bébé fait ensuite l'objet de toutes sortes de prières et de gestes destinés à éloigner de lui les mauvais esprits. Le huitième jour pour les filles, le neuvième pour les garçons, a lieu une cérémonie de purification (*lustratio*) au cours de laquelle on donne son prénom* à l'enfant, et on lui passe au cou

une petite bulle* d'or ou de cuir, amulette qui le protège et signale sa naissance libre.
Natalium restitutio **:** rétablissement dans les droits de naissance ; décision impériale en accord avec le patron* abrogeant les obligations de l'affranchi* vis-à-vis de son patron (à partir du IIe siècle ap. J.-C.) ; la *natalium restitutio* se distingue ainsi de la collation du *ius aureorum anulorum* qui affranchissait l'esclave sans l'exempter de ses devoirs envers son patron.
NATIONS (*nationes*) : terme par lequel les citoyens* désignent les peuples barbares*
NAUMACHIE (*naumachia*) : combat naval donné comme spectacle dans les amphithéâtres* ou des bassins. La première naumachie fut donnée par César en 46 av. J.-C. sur un lac artificiel du Champ de Mars*, pour simuler une bataille entre Tyriens et Egyptiens. Auguste* fit construire en 2 av. J.-C. un édifice pour des naumachies dans la région transtibérine près des jardins de César, pour fêter l'inauguration du temple de Mars Ultor. Cet édifice fut remplacé à l'époque de Trajan (98-117) par un nouveau bâtiment situé dans la région vaticane au nord du Mausolée d'Hadrien. L'empereur Claude donna même une naumachie en 52 sur le lac Fulcinum.
NAUTE (*nauta*) : le matelot ou le nautonier. Il ne s'occupe normalement que des opérations de navigation, et se distingue du rameur (*remex*) ou du soldat de marine (*classiarius*). En fait, sur les navires de guerre*, les matelots étaient polyvalents, mais récusaient l'appellation de *nauta,* pour celle de *miles* comme dans l'armée de terre (cf. Marine). Dans la marine marchande, les bateliers sont groupés en puissantes corporations* de nautes.
Navalia **:** le port militaire à proximité du Champ de Mars* aménagé par Hermodoros de Salamine entre 146 et 102 av. J.-C. près du temple de Neptune.
NAVARQUE (*navarchus*) : dans la marine*, commandant d'une unité.
NAVICULAIRE (*navicularius*) : armateur et entrepreneur de transports maritimes. Il appartient à un corps de métier très important, dont le collège est soumis à une étroite réglementation, dans la mesure où ce sont eux qui assurent le ravitaillement de Rome et des grandes villes.
NAVIGATION (*navigium*) : la navigation reste une entreprise périlleuse dans l'antiquité, mais malgré l'absence de boussole et de gouvernail d'étambot, les marins peuvent naviguer en haute mer, de nuit, et pendant la mauvaise saison, les nécessités du ravitaillement imposant de prendre des risques. En matière de commerce, la voie maritime a toujours été préférée aux routes terrestres. Les navigations côtières, qui ne sont pas sans danger à cause des vents et des courants qui peuvent drosser les embarcations contre les rochers, sont sans doute préférées aux navigations hauturières, essentiellement à cause des contraintes de ravitaillement ; les navires de commerce ont toutefois une autonomie plus grande que les navires militaires. Les bateaux, par vent favorable, filent à environ 5 nœuds ; il est plus difficile d'aller de l'Orient vers l'Occident : le voyage de Tarragone à Ostie dure 4 jours, mais il faut 20 jours pour aller d'Alexandrie à Ostie, 4 à 5 jours pour aller de Carthage à Ostie, et 20 à 25 jours pour aller de Cesarea à Ostie.
Navigium Isidis **(navigation d'Isis) :** fête célébrée dans tout le monde méditerranéen pour marquer la réouverture de la navigation (début mars).
NAVIRE (*navis*) : on peut distinguer les navires de commerce (*naves onerariae*), les navires de guerre (*naves longae*) et les embarcations diverses (*navigia* ou *naves actuariae*). D'un point de vue plus technique, on peut aussi

distinguer les navires non pontés (*naves apertae* ou *aphractae*) et les navires pontés (*naves constratae* ou *tectae*).

Les navires marchands se caractérisent par leur forme rebondie : leur largeur ne dépasse pas le quart de leur longueur ; ils sont propulsés uniquement à la voile, et leur fort tirant d'eau les empêche de remonter le cours des fleuves. On connaît quelques noms : la *corbita* doit son nom au panier en osier qu'il porte au sommet de son mât indiquant le transport de vivres et de grains ; la *cybea* est un navire de grandes dimensions ; le *gaulus* est un vaisseau à coque ventrue ; l'*hippagus* servait sans doute aux transports des chevaux ; le *ponto* est utilisé chez les Gaulois.

Les navires de guerre, ou galères, sont conçus pour être rapides et maniables ; ils sont donc longs, moins larges et profonds que les navires marchands, et pontés. Ils sont propulsés à la voile et à la rame. Selon le nombre de bancs de rameurs on distingue les trirèmes qui embarquent jusqu'à 200 hommes (dont 170 rameurs) et sont les navires les plus utilisés (280 noms connus), les quadrirèmes (ou quadrières, ou tétrères, 66 noms connus), les quinquérèmes (ou pentères qui embarquent jusqu'à 420 hommes), et les hexères. On connaît l'hémiolie, navire pirate à deux rangs de rameurs, dont le rang supérieur est réduit de moitié au moment de l'abordage ; par analogie, les triémiolies en usage dans les escadres régulières, navires d'origine hellénistique et rhodienne, doivent être des trières réduites à deux rangs et demi de rameurs au moment de l'abordage. Les liburnes sont des bateaux d'origine illyrienne qui font leur entrée dans la marine de guerre romaine lorsque les Illyriens deviennent des *socii navales* après les victoires de Pompée ; elles sont munies d'éperons, pourvues de deux rangs de rameurs, et peuvent embarquer entre 30 et 40 hommes (62 noms connus). Les *dromons* sont des navires qui ne font leur apparition qu'à l'époque byzantine. Selon les missions qu'ils assurent, les navires prennent différents adjectifs : les *naves speculatoriae* sont des patrouilleurs (parmi cette catégorie on connaît l'*episcopus*), les *naves tabellariae* précèdent la flotte pour annoncer son arrivée, les *naves amnicae* constituent les flotilles fluviales, les *naves tesserariae* sont des navires de la poste navale ; les *naves turritae* sont des navires sur lesquels ont été construites des tours.

Pour les **embarcations diverses**, on connaît beaucoup de noms sans pouvoir toutefois préciser leur architecture[24]. Certaines servent dans la marine de guerre comme navires auxiliaires pour le transport des troupes, tels le *phaselus* ou l'*actuaria* qui sont des navires de moyennes dimensions. Les *scaphae* sont des chaloupes d'environ 20 rameurs qui patrouillent sur les fleuves, sont utilisées comme navires de liaison ou navires éclaireurs, ou peuvent enfin être de simples bateaux de pêche. Les *lusoriae* constituent l'unité la plus répandue dans les flotilles du *limes ;* ce sont des navires légers à proue et poupe symétriques, d'environ 20 m de long et 3 m de large. Les *musculi* sont des barques utilisées sur les fleuves pour le transport des patrouilles. Les *lintres* et les *barcae* qui semblent leur succéder au Bas-Empire* sont de grosses barques à fond plat qui accouplées les unes aux autres servent de ponton, ou assurent pour l'armée le transport des hommes et des bagages. L'*hippago* sert pour le transport des chevaux. Les embarcations légères et rapides sont souvent utilisées par les pirates : ainsi l'*acatus* (ou *acatium*), le *celes* ou *celox*, le *lembus*, la *camara* du détroit des Bosphores, le *cercurus*

24. 25 bateaux différents sont représentés sur la mosaïque d'Althiburus.

des Chypriotes, le *myoparo* des Saxons. Les navires de plaisance sont mal connus ; le *thalamegus* semble en faire partie si l'on admet qu'il comportait plusieurs cabines.

NECROMANTIE (*necromantia*) : pratique magique consistant à évoquer l'esprit des morts pour connaître l'avenir ou percer un secret.

NECROPOLE (la cité des morts) : cf. Cimetière.

***Nefas* :** désigne tout acte contrevenant à la volonté des dieux ; il est donc interdit sous peine de sacrilège. Cf. *Fas*.

***Negotiator* :** cf. Homme d'affaires.

NENIES (*naenia*) : hymne funèbre en l'honneur du défunt, chanté par les *praeficae*.

NEO-ATTICISME : courant artistique à Rome et en Italie au Ier siècle av. J.-C. ; dans le domaine de l'éloquence et de la prose, il se marque par un goût pour le purisme et la sobriété, les modèles à imiter étant Lysias et Thucydide, et s'oppose à l'asiatisme de Cicéron. C. Licinius Calvus (82-47), César (101-44), Salluste (87-35), Cornelius Népos (99-24) représentent cette tendance.

NEOCORE : surveillant de temple ; au IVe siècle, fonction des inspecteurs des temples. Néocorie : distinction honorifique accordée aux grandes cités d'Asie (Pergame, Smyrne, Ephèse, Cyzique, Sardes) qui avaient le privilège de garder au moins un temple du culte impérial.

NEO-PLATONISME : philosophie païenne dominante depuis le milieu du IIIe siècle ap. J.-C. jusqu'à la fermeture des écoles philosophiques en 529. On attribue sa fondation au philosophe Plotin (205-270), mais celui-ci s'inspire des philosophes du Ier siècle ap. J.-C. comme Antiochos d'Ascalon, Poseidonios et Philon d'Alexandrie. Le néo-platonisme apparaît comme une synthèse entre le pythagorisme*, le platonisme, l'aristotélisme et le stoïcisme* ; il répond aussi à un sentiment religieux en proposant une ascèse mystique. Plotin eut pour successeur Jamblique. Au IVe siècle le néoplatonisme est enseigné partout, avec deux grands centres de pensée à Athènes et Alexandrie ; il est représenté par le latin Macrobe et le grec Synesios de Cyrène. Le dernier néoplatonicien fut Proclus (411-485) originaire de Constantinople mais enseignant à Athènes. A sa mort, son œuvre fut reprise et christianisée par un auteur chrétien inconnu, dont les textes furent transmis sous le nom de Denys l'Aréopagite (qui lui avait vécu au Ier siècle ap. J.-C.) ; cette synthèse entre la pensée néoplatonicienne et le dogme chrétien fut traduite en latin par Scot Erigène au IXe siècle et servit de base, avec l'œuvre de saint Augustin, à toute la théologie médiévale.

NEOTERIQUE : terme grec désignant l'école nouvelle de poésie au temps de Cicéron. On n'a conservé que l'œuvre de Catulle (84-54) ; on connaît les noms de Calvus, Cinna, Bibaculus et Cornificius. Leur modèle est Callimaque et les poètes hellénistiques grecs. Ils se caractérisent par un style un peu maniéré, et la recherche systématique de nouveautés dans les thèmes, la métrique, et le vocabulaire.

***Neroniana* :** jeux* agonistiques quinquennaux organisés par Néron en 60, sur le modèle des concours grecs.

***Nexus* :** procédure de prêt et d'emprunt réservée aux personnes jouissant du *ius commercii*. La première opération est un pesage comme celui qui avait lieu lors des mancipations* ; ensuite les deux parties échangent solennellement leurs engagements (*nuncupatio*). Le créancier non remboursé à l'échéance peut procéder à une *manus iniectio* contre son débiteur, sans avoir à passer par un procès. Cette procédure tombe en désuétude après que la loi *Petilia Papiria* (326 av. J.-C.) eut supprimé la possibilité de l'*inectio manus* sans procès. Les emprunts se firent alors selon la procédure du *mutuum*.

***Nexus* :** débiteur qui hypothèque sa propre personne en garantie du paiement de sa dette ou de l'exécution d'une obligation. Il tombe alors dans une situation servile semblable à celle de l'*addictus*.

***Ninnia (lex)* :** proposition du tribun* L. Ninnius Quadratus en 58 av. J.-C., demandant le retour d'exil de Cicéron.

***Nobilitas* (noblesse) :** ensemble des *nobiles* (nobles), c'est-à-dire des citoyens* dont un ancêtre a exercé une magistrature curule*. Attention de ne pas confondre *nobilitas* et patriciat*! Il y a des plébéiens* parmi les *nobiles.* L'aristocratie romaine est en effet une noblesse de fonction, et non pas de sang, qui n'est donc pas héréditaire. Les nobles ont le privilège du *ius imaginum*. Le *princeps nobilitatis* désigne le premier ancêtre à avoir exercé une magistrature curule. Vers la fin de la République*, le consulat* est devenu nécessaire pour accéder à la noblesse qui ne comprend qu'un nombre restreint de sénateurs*, et rassemble en fait les personnes de rang consulaire. Avec l'organisation par Auguste* de l'ordre équestre*, il se crée aussi une noblesse équestre constituée par les chevaliers* qui ont accompli les charges de la carrière* équestre. Ils peuvent d'ailleurs avoir accès à l'ordre sénatorial* grâce à la collation du laticlave*, ou être promus au rang de sénateurs par la procédure d'*adlectio*. Dans les faits, la *nobilitas* finit par se confondre avec le Sénat. On oppose parfois la *nobilitas* à la plèbe, mais il faut alors donner à plèbe*, non pas le sens de plébéien, mais celui de petit peuple. Il existe aussi une aristocratie provinciale, formée par les notables des cités* qui accèdent au décurionat* et aux magistratures municipales.

NOCES (*nuptiae*) : cf. Mariage.

NOM (*nomen*) : le nom d'un citoyen* romain se compose de trois parties (les *tria nomina*) : le *praenomen* (prénom) qui désigne l'individu, le *nomen* (gentilice) qui désigne la *gens* à laquelle il appartient, et le *cognomen* (surnom) qui désigne la branche de la *gens* à laquelle il appartient. Dans la nomenclature officielle il est complété par la filiation (fils de...) et la tribu* électorale. Certaines *gentes* n'ont pas de branches, et dans ce cas on ne trouve que le prénom et le nom. Exemples : L. Aemilus Paulus, M. Tullius Cicero, mais C. Marius et M. Antonius. Une même personne peut porter plusieurs surnoms (P. Cornelius Scipio Nasica, Q. Fabius Maximus Cunctator), et cette habitude se développe sous l'Empire*. Pour les femmes, le prénom est peu usité ; on les appelle par leur gentilice (Claudia, Cornelia) parfois complété par le nom de leur mari au génitif ; elles ne changent pas de nom en se mariant. Un fils adopté prend les trois noms de son père adoptif, et peut ajouter un second surnom formé à partir de son nom d'origine ; ainsi C. Octavius adopté par C. Iulius Caesar prit le nom de C. Iulius Caesar Octavianus ; sous l'Empire les adoptés ajoutent aux noms de leur père adoptif, un ou plusieurs noms de leur père naturel et même leur propre prénom. Les esclaves* ne portent qu'un nom unique. Les affranchis* prennent le prénom et le nom de leur patron et ajoutent leur ancien nom d'esclave comme surnom : Tiro, l'esclave de Cicéron, devint M. Tullius Tiro. La transcription en français ne répond à aucune règle stricte et ne dépend finalement que de l'usage : on dit Cicéron, César, Marc Antoine, mais Paul-Emile (qui est aberrant).

Dans les titulatures impériales, *Caesar* devient le gentilice de la maison princière et précède le gentilice personnel, *Imperator* joue le rôle de prénom, et Auguste sert de surnom au côté d'autres : *Imperator Caesar M. Aurelius Antoninus Pius, Felix, Augustus* (Empereur César Marc Aurèle Antonin Pieux Heureux Auguste, c'est-à-dire plus simplement Marc Aurèle...).
NOMBRE : cf. Chiffre.
***Nomen Latinum* :** terme employé sous la République* pour désigner une ville qui jouit du droit latin*.
***Nomenclator* :** esclave* qui dans les grandes maisons annonce au maître de maison le nom des clients* qui viennent le saluer à son réveil ; il règle aussi le protocole lors des réceptions, et accompagne son maître lors des tournées électorales pour lui rappeler le nom des personnes qu'il rencontre. On désigne aussi sous ce terme les esclaves au service des censeurs* (*nomenclatores censorii*) qui les aident dans les opérations de recensement.
NOMINATION (*nominatio*) : acceptation d'une candidature par le magistrat chargé de l'organisation d'une élection*.
NONDINES (*nundinae*) : cf. Calendrier.
NONES (*nonae*) : cf. Calendrier.
***Norbana* (*lex*) :** plébiscite* du tribun* C. Norbanus en 104 av. J.-C. qui créa un tribunal* extraordinaire pour juger l'affaire de la disparition du trésor du temple de Toulouse durant la guerre contre les Cimbres. L'inculpé était Q. Serviliius Caepio.
NOTE (*nota censoria*) : blâme infligé par le censeur* à un citoyen* de mauvaise moralité. Il entraîne l'ignominie* pendant 5 ans.
***Notitia Dignitatum* :** catalogue de l'administration et du personnel au Bas-Empire*, provenant du primicier* des notaires*. Certains chapitres remontent au IVe siècle, mais l'ensemble date du milieu du Ve siècle.
***Novemdalia* :** sacrifice offert aux mânes du mort le neuvième jour après ses obsèques. On pouvait aussi y célébrer des jeux funèbres, les *ludi novemdiales*.
***Noxa* :** préjudice causé par une personne que l'on ne peut poursuivre (esclave* ou fils de famille*). La loi des Douze Tables* permettait à la partie lésée d'obtenir réparation par la procédure de la mancipation* qui dégage la responsabilité du père ou du patron* du coupable ; cette procédure s'appelle l'abandon noxal (*noxae deditio*).
NUMANCE (siège de) : victoire de Scipion Emilien en 133 av. J.-C. qui réussit avec de gros moyens de poliorcétique à reprendre la ville de Numance en Espagne.
***Numen* (pl. *numina*) :** puissance agissante d'une divinité qui incline la tête (*nuere* d'où *numen*) pour exprimer sa volonté ; le terme finit par désigner sous l'Empire* la divinité elle-même, mais avec une résonance plus sacrée. Les prêtres sont chargés de tenir à jour la liste de tous les *numina* et des invocations qui leur sont propres (cf. *Indigitamenta*). *Numen Augusti* : divine manifestation de la volonté d'Auguste* ; elle est à l'origine du culte impérial, un autel public lui étant dédié à Rome en 9 ap. J.-C.
***Numerus* (pl. *numeri*) :** corps de troupes qui n'appartient pas à une armée* régulière, n'étant ni légion*, ni cohorte*, ni aile de cavalerie*. C'est le cas des gardes du corps de l'Empereur : les frumentaires*, les *statores Augusti*, les Germains gardes du corps, etc. Le terme désigne aussi une troupe de soldats non romains qui ont gardé leurs caractères ethniques (*numerus* des cavaliers

Maures, des archers Palmyréens, etc.) ; ces troupes font leur apparition vers la fin du Ier siècle ap. J.-C.
***Numerus collatus* :** détachement officiel qui n'a pas le droit à un étendard, à la différence de la vexillation*. Il est composé d'hommes pris dans plusieurs camps* ou plusieurs corps en vue d'une mission précise, et peut être permanent.
***Nummus* :** terme désignant la monnaie* de compte. Sous la République* il désigne le sesterce* et sous l'Empire* le denier*.
***Nuncupatio* :** désigne toute déclaration solennelle dans les procédures juridiques comme le testament*, ou dans les formulations de vœux*.
***Nuntatio* :** acte par lequel les augures* annoncent les signes apparus.
NYMPHEE (*nymph(a)eum*) : lieu ou édifice habité par les nymphes, d'où fontaine. On en trouve souvent dans les annexes des thermes* ou dans les jardins*, avec des colonnades, statues, peintures et mosaïques, jets d'eau, qui en font des lieux frais de rencontre et de promenade.

O

***Oblatio votorum* :** cadeaux que les sénateurs* offrent à l'Empereur* le jour de l'an.
OBLIGATION (*obligatio*) : lien juridique qui lie une personne vis-à-vis d'une autre, soit par suite d'un contrat, soit par suite d'un délit. Ce lien est garanti par une sanction légale. Le droit civil distingue les obligations contractées verbalement (*obligationes verbis contractae*) : *la promissio iurata liberti* par laquelle l'affranchi* s'engage à continuer à servir son patron*, la *sponsio* et la *stipulatio* ; les obligations contractées par écrit (*obligationes litteris contractae*) comme l'*expensilatio* ; les obligations contractées par un bien (*obligationes re contractae*) qui suppose le transfert d'un bien comme dans le cas du *mutuum*. Les obligations découlant d'un délit (*obligationes ex delicto*), c'est-à-dire d'un vol (*furtum*) ou d'un outrage (*iniuria*), sont individuelles (la responsabilité des descendants n'est pas engagée), cumulatives (s'il y a plusieurs responsables, chacun est tenu d'honorer l'obligation tout entière), pénales (le responsable est passible d'une amende), et elles relèvent de la *noxa*. Les obligations dérivant du droit des gens*, appelées aussi obligations contractées par consentement (*obligationes consensu contractae*) engagent les pérégrins* ; il s'agit des contrats d'achat et de vente (*emptio-venditio*), de location et fermage (*locatio-conductio*), des associations (*societas*), et des mandats. Seule la *solutio* peut mettre fin à une obligation.
OBNONCIATION (*obnuntatio*) : pouvoir du magistrat* de suspendre les travaux des comices* en raison de signes défavorables, empêchant ainsi la promulgation d'une loi* ; cf. *Lex Aelia* et *Fufia*.
OBROGATION (*obrogatio*) : abrogation tacite d'une ancienne loi* par une nouvelle.
OBREPTION (*obreptio*) : fraude dans la déclaration de l'impétrant dans la procédure des rescrits* ; synonyme : *subreptio*.
***Obryziatus* :** qualifie une monnaie en or pur. Le sigle OB est ainsi apposé sur les *solidi* pour garantir leur valeur.
***Obsequium* :** situation de dépendance, proche de la servitude à l'origine, de l'affranchi* vis-à-vis de son patron*. Dans le droit classique l'*obsequium* s'est

assoupli, et ne correspond plus qu'à un devoir de déférence qui interdit notamment à l'affranchi d'intenter un procès à son patron sans l'accord préalable d'un magistrat.
OCCUPATION (*occupatio*) : terme juridique ; la prise de possession d'un bien pouvant faire l'objet de propriété privée mais n'appartenant à personne confère la propriété de cette chose ; c'est ce mode d'acquisition qu'on appelle *occupatio*. Relèvent d'une possibilité d'*occupatio* les prises faites à l'ennemi, et notamment son territoire (*occupatio bellica*), les biens abandonnés, les îles naissant au milieu de la mer, les perles trouvées sur le rivage, le gibier, le poisson. On appelle aussi *occupatio*, l'exploitation, moyennant un vectigal*, d'une partie de l'*ager publicus*, selon le principe de la *possessio*.
***Octava* :** sous le Bas-Empire*, taxe douanière de 12,5 % sur les produits importés ou exportés.
***Octavia* (*lex*) : 1.** Loi frumentaire* du tribun* M. Octavius en 120 av. J.-C. (?) modifiant la loi frumentaire *Sempronia*. **2.** Loi du consul* Cn. Octavius en 87 av. J.-C. demandant l'abrogation* du consulat de Cinna.
***October Equus* (Cheval d'octobre) :** fête* très ancienne répondant à des rites agraires et guerriers, qui avait lieu le 15 octobre sur le Champ de Mars*, durant la cérémonie de clôture des activités militaires. Après une course de biges, on sacrifie le cheval de droite de l'attelage victorieux ; la tête et la queue de la bête étaient ensuite transportées rapidement à la *Regia* afin de répandre du sang sur le foyer de la ville ; les vestales* conservent aussi un peu de ce sang qui sert pour les *Paralia*.
***Octoviri* :** collège municipal de 8 magistrats. Il existe aussi des confréries d'*octoviri Augustales* qui furent sans doute assimilées par la suite aux sévires*.
ODE (et EPODE) : poème lyrique formé de stances. Les odes et épodes les plus célèbres sont celles d'Horace (65-8 av. J.-C.), où il imite les poètes grecs éoliens Alcée et Sappho. Cf. Lyrisme, Métrique.
ODEON : petit théâtre* couvert servant à l'audition des concerts : odéon de Trajan à Rome, théâtre d'Hérode Atticus à Athènes.
***Oecus* :** cf. Maison.
***Officiales* :** personnel subalterne travaillant dans un bureau* impérial ; les *officiales* sont les équivalents des petits fonctionnaires*.
OFFICINE (*officina*) : désigne un atelier de fabrication ou de transformation d'un produit, par opposition à la *taberna* ou à l'apothèque où l'on ne fait que vendre.
OFFICE (*officium*) : sous la République*, le terme désigne toute fonction au service de l'Etat, avec les devoirs afférents à cette charge. Sous l'Empire* il s'agit d'un bureau* de l'administration palatine ou provinciale, civile ou militaire, et du personnel qui y est affecté. L'ensemble des bureaux impériaux dépend du *magister officiorum*. Synonyme : *scrinium*.
***Officia* :** prestations que les cités* fédérées doivent à Rome (soldats, navires, contributions en nature).
OFFICIER : cf. Armée (hiérarchie militaire), Marine.
***Officium admissionum* :** bureau impérial qui gère les audiences impériales.
***Officium rationum* :** dans l'armée, le service des comptes.
***Ogulnia* (*lex*) :** loi* de 300 av. J.-C. ouvrant aux plébéiens* la moitié des charges d'augures* et de pontifes*.
OIES SACREES : les oies consacrées à Junon sur le Capitole* ; selon la tradition elles avaient donné l'alerte au moment de l'assaut gaulois vers

390 av. J.-C. Depuis cette date elles sont entretenues au frais de l'Etat, sous la responsabilité des censeurs*, et chaque année on les promène en procession sur des litières luxueuses, tandis qu'on crucifie des chiens sur des poteaux de sureau.

***Olla* :** vase à large orifice et de forme souvent globulaire muni de deux petites anses latérales ; il peut aussi avoir un usage funéraire en contenant les cendres du défunt.

***Ollinia* (*lex*) :** loi* signalée par Gaius (IV, 109) mais dont on ignore tout.

ONAGRE (*onager*) : cf. Machines de guerre.

ONCE (*uncia*) : cf. Monnaies, Poids et Mesures.

***Opalia* :** fêtes* en l'honneur d'Ops la déesse de l'abondance le 19 août.

***Operae* :** les différents travaux et services qu'un affranchi* doit à son patron*.

***Opiconsivia* :** fêtes* en l'honneur d'Ops la déesse de l'abondance le 25 août, en même temps que les *Consualia*. Identifiée à Rhéa, la compagne de Cronos, elle est également fêtée en décembre en même temps que Saturne-Cronos.

***Oppia* (*lex*) :** plébiscite* du tribun* C. Oppius en 215 av. J.-C. contre le luxe vestimentaire des femmes.

***Oppidum* :** ville pérégrine entourée d'une enceinte, de dimension moyenne et à caractère rural ; il existe toutefois des *oppida* de citoyens romains*, puisque Pline n'en cite pas moins de 15 dans la province d'Afrique. On désigne aussi sous ce terme le petit bâtiment situé de chaque côté des *carceres* d'un amphithéâtre* (cf. fig. 1).

***Oppius* :** hauteur méridionale de l'Esquilin*, comprise dans la *regio III*. C'est essentiellement une zone de jardins.

***Optimates* :** courant politique conservateur des IIe-Ier siècles av. J.-C., qui préconise une autorité renforcée du Sénat* et le maintien des privilèges des patriciens*, garants de la tradition romaine. Les *optimates* s'opposent aux *populares*. Attention de ne pas faire de tous les nobles*, des *optimates*, car il y a des membres de la *nobilitas* parmi les *populares*.

OPTION (*optio*) : sous-officier servant d'adjudant au centurion* (ou au décurion* dans la cavalerie). Ces *optiones* peuvent être détachés dans des fonctions spéciales comme la surveillance des prisons (*optio carceris*), la direction des hôpitaux militaires (*optio valetudinarii*), des terrains de manœuvre (*optio campi*), etc. *Optio ad spem ordinis* ou *optio spei* : sous-officier d'élite appelé à devenir centurion (sorte d'aspirant).

***Optio tutoris* :** cf. Tutèle.

***Opus* :** en architecture ce terme désigne la maçonnerie d'une construction définissant l'appareil, ou bien le matériau des parements d'un mur ou d'un support. On distingue :

– ***Opus africanum* :** appareil à empilements verticaux servant de montants, pris dans un remplissage.

– ***Opus albarium* (ou *marmoratum*) :** enduit de stuc à base de poudre de marbre.

– ***Opus barbaricum* :** mosaïque de galets.

– ***Opus caementicium* :** appareil de blocage, utilisant un ciment pour lier ensemble les matériaux.

– ***Opus craticium* :** appareil à clayonnage hourdé et remplissage de torchis ou de maçonnerie sommaire.

– ***Opus crustatum* :** cf. *Opus sectile*.

Figure 17 — Différents types d'*opus*

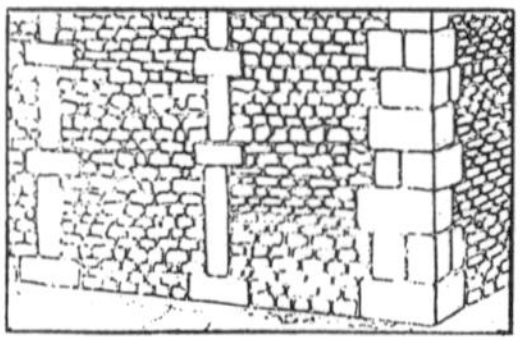
Opus Africanum

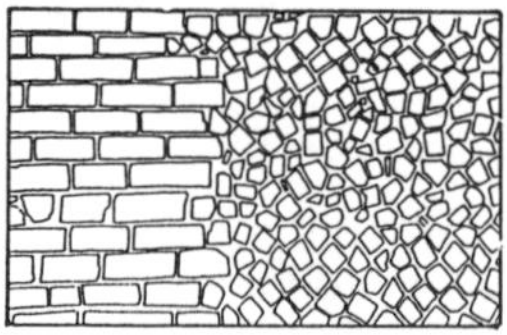
Opus incertum

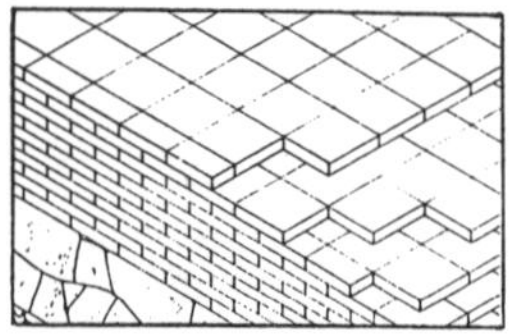
Opus latericium

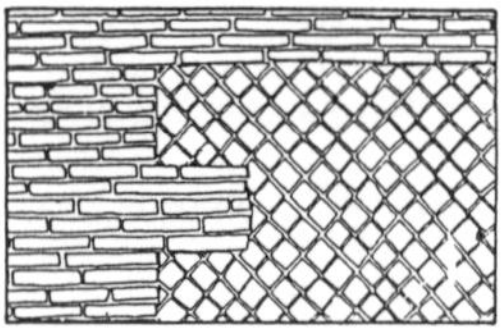
Opus mistum

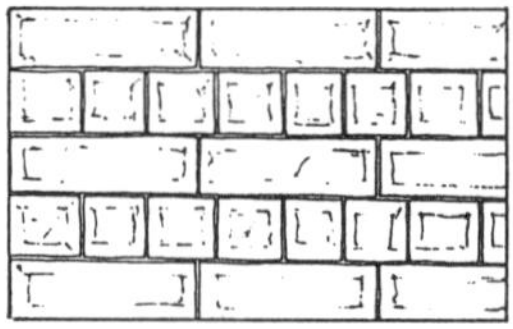
Opus quadratum

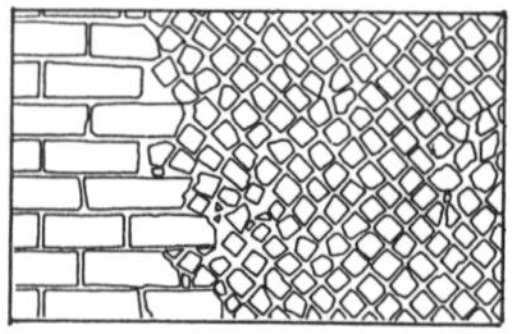
Opus quasi reticulatum

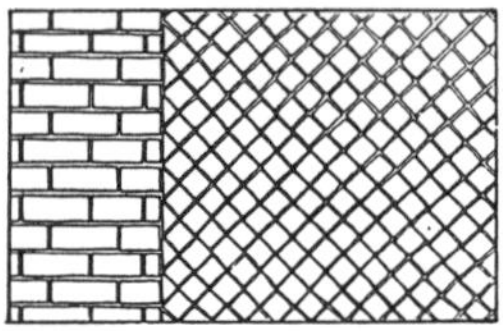
Opus reticulatum

Opus vittatum

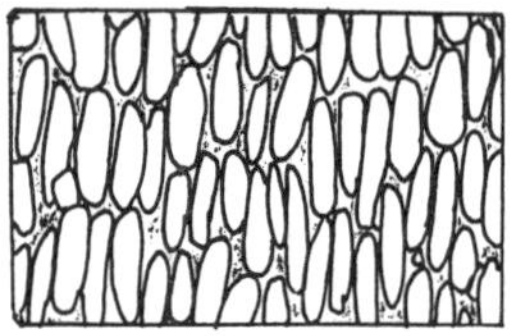
Opus barbaricum

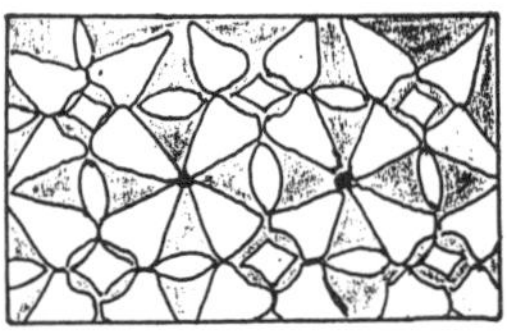
Opus sectile

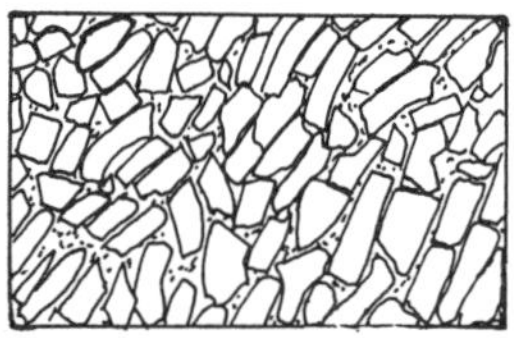
Opus segmentatum

Opus signinum

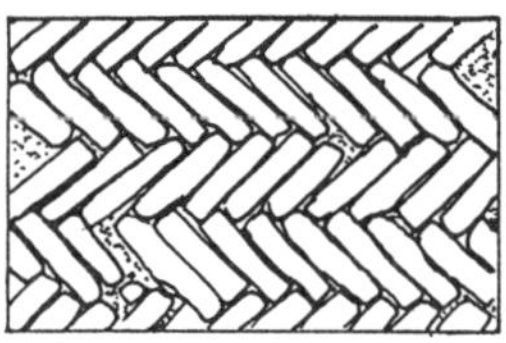
Opus spicatum

Opus tesselatum

Opus vermiculatum

– ***Opus figlinum*** **:** appareil de tuileaux (utilisant des fragments de terres cuites) ou plaques de terres cuites suspendues à des tringles pour former des plafonds suspendus.
– ***Opus incertum*** **(ou *anticum*) :** appareil fait de petits matériaux de forme pyramidale, taillés irrégulièrement, et présentant en façade des figures polygonales variées ; il est utilisé à Rome au IIe siècle av. J.-C.
– ***Opus intestinum*** **:** menuiserie architecturale d'intérieur.
– ***Opus latericium*** **:** appareil utilisant la brique.
– ***Opus marmoratum*** **:** cf. *Opus albarium.*
– ***Opus mixtum*** **:** appareil insérant des panneaux d'*opus reticulatum,* dans une corniche faite de tuileaux ou de briques.
– ***Opus musivum*** **:** cf. Mosaïque.
– ***Opus pavanaceum*** **:** toiture formée de tuiles aux extrémités arrondies se recouvrant en quinconce comme les plumes d'un oiseau.
– ***Opus punicum*** **:** appareil à cadres et remplissage ; on utilise aussi cette expression pour désigner les mosaïques d'Afrique du nord qui utilisent des éléments en terre cuite.
– ***Opus quadratum*** **:** appareil à blocs réguliers de forme parallélépipédique, où les assises alternent souvent les boutisses et panneresses. Il est utilisé surtout dans la construction des remparts, ou des murs des grands édifices publics.
– ***Opus reticulatum*** **:** appareil composé de petits blocs de tuf disposés en losange qui donnent au parement l'aspect des mailles d'un filet. Cette technique est utilisée dès 100 av. J.-C. jusqu'à l'époque julio-claudienne. Les spécialistes distinguent une phase préliminaire dans le dernier quart du IIe siècle av. J.-C., où le réticulé est moins régulier, appelée *opus quasi reticulatum.*
– ***Opus scutulatum*** **:** pavement combinant des éclats et des tesselles prises dans un *opus signinum.*
– ***Opus sectile*** **ou** ***crustatum*** **:** sol réalisé en plaquettes de pierres régulières ajustées selon des formes géométriques ou figurées.
– ***Opus segmentatum*** **:** sol réalisé avec des plaquettes de pierre irrégulières ou des éclats minéraux.
– ***Opus signinum*** **:** sol réalisé avec un mortier fait d'un mélange de sable, de chaux et de poudre de tuileaux. On peut éventuellement inclure dans ce mortier des tesselles ou des plaquettes.
– ***Opus siliceum*** **:** appareil polygonal présentant plus de 4 faces de joint.
– ***Opus spicatum*** **:** appareil disposant les moellons ou les briques en épi.
– ***Opus tectorium*** **:** couches d'enduit de mortier de chaux (elles servent notamment de support aux fresques).
– ***Opus testaceum*** **:** cf. *Opus latericium.*
– ***Opus tesselatum*** **:** mosaïque à tesselles.
– ***Opus vermiculatum*** **:** variété du type précédent avec des tesselles de très petites dimensions.
– ***Opus vittatum*** **:** appareil qui alterne des assises de briques et des assises de parpaings. Cette technique apparaît au IVe siècle ap. J.-C. et est caractéristique de la période de Maxence et Constantin.
OR CORONAIRE (*aurum coronarium*) : à l'origine, présent que fait une province* à un général victorieux, puis impôt* extraordinaire versé comme contribution par les villes et les provinciaux ; sous le Bas-Empire*, c'est un impôt* que doivent payer tous les curiales* et qui devient obligatoire à partir

de Valentinien (364-375). Il est versé à la *res privata.* Il est perçu par les gouverneurs*, et sous Julien (361-363) la contribution s'élève à 3 livres, soit 216 *solidi*, par personne.

OR DES JUIFS (*aurum iudaicum*) : contributions versées par les Juifs* de la diaspora pour le temple de Jérusalem.

OR LUSTRAL (*aurum lustrale*) : impôt* payé tous les cinq ans par les *negotiatores* (synonyme : chrysargyre*).

OR OBLATICE : (*aurum oblaticium*) : au Bas-Empire*, versement volontaire en or dû par les sénateurs* tous les cinq ou dix ans à l'occasion des anniversaires impériaux.

OR TIRONIEN (*aurum tironicium*) : à partir de 397, contribution en argent que les grands propriétaires doivent fournir en fonction de l'étendue de leur domaine pour assurer le recrutement de l'armée*. Sous Valentinien (364-375), le taux d'une recrue (*tiro*) pour le paiement de cet impôt équivaut à 30 *solidi*. Comme les recrues, cet impôt est géré par des percepteurs-recruteurs spécialisés, les témonaires ou capitulaires*.

ORACLE (*oraculum*) : il n'y a pas en Italie de sanctuaires oraculaires importants comme en Grèce, car les Romains consultent peu les oracles en dehors des Livres Sybillins*. Il y a cependant l'oracle de la Sibylle de Cumes dans la grotte à proximité du temple d'Apollon, l'oracle de la Fortune de Préneste avec le tirage au sort des tablettes (*sortes*), et l'oracle de Faunus à Tibur où se pratique l'incubation. La nymphe Carmentis est également considérée comme une divinité oraculaire. Les prédictions oraculaires connaissent une grande audience parmi les foules, et les collections de prophéties étaient nombreuses. Pour éviter le défaitisme ou des mouvements de panique au cours de la deuxième guerre punique, le préteur* Acilius en fit détruire plusieurs en 231 av. J.-C., et Auguste* dit-on fit brûler 2 000 livres oraculaires.

ORAISON (*oratio*) : le sens de prière n'apparaît qu'au Bas-Empire* avec le développement du christianisme*. La signification première du mot est « parole, langage, discours ». Oraison du prince : cf. *Oratio principis.*

ORANTE : dans l'art chrétien (mosaïque, fresque, vitrail) personnage représenté dans une attitude de prière.

***Oratio principis* (discours du prince) :** mesure proposée au Sénat* par l'Empereur* ou son porte-parole ; à l'origine l'*oratio* présente un projet qui peut être soumis à discussion, mais très vite elle devient une véritable injonction que le Sénat n'a plus qu'à entériner sous la forme d'un sénatus-consulte*. A partir du IIIe siècle, l'*oratio principis* disparaît, l'Empereur prenant seul toutes les décisions en matière législative. Plusieurs discours du prince sont restés célèbres : ceux de Claude (41-54) accordant le *ius honorum* à des notables de Narbonnaise, fixant à 24 ans l'âge minimal pour les *recuperatores* et punissant les accusateurs qui se désistaient de l'accusation, celui d'Hadrien (117-138) sur la codification de l'édit prétorien*, celui de Marc Aurèle (161-180) limitant la torture des esclaves, celui de Septime Sévère (193-211) sur la donation entre époux.

ORATOIRE (ART)/ORATEUR : l'un des premiers grands orateurs romains fut le censeur* Appius Claudius Caecus ; après lui dans le *Brutus*, Cicéron cite le nom de Caton le Censeur, celui des Gracques, de M. Antoine (le grand-père de Marc Antoine), de L. Licinius Crassus, de César, de C. Livinius Calvus et d'Hortensius. Il y a deux écoles d'éloquence*, l'asianisme* défendu par Hortensius et Cicéron, et le néo-atticisme* représenté par Calvus. Les discours de Cicéron, ainsi que ses traités d'éloquence que sont le *Brutus* et l'*Orateur*, sont les seuls exemples conservés de ce que fut l'âge d'or de l'éloquence romaine vers la fin de la République*. Avec l'Empire*, les hommes politiques prennent moins la parole, et l'éloquence connaît un certain déclin malgré les discours judiciaires ou d'apparat. La rhétorique* reste cependant la base de toute éducation, et exerce une forte influence sur toutes les formes littéraires. L'*Institution oratoire* de Quintilien (30-95), professeur de rhétorique à Rome, est un grand manuel pour le métier d'orateur, mais désormais l'éloquence relève des traités théoriques, et ne se nourrit plus des grands discours prononcés sur les tribunes. Elle fait partie cependant du patrimoine culturel romain, et des grands personnages comme Dion Chrysostome ou Aelius Aristide en Orient, et saint Augustin, saint Ambroise ou Ausone en Occident, ont été des orateurs ou des professeurs de rhétorique.

***Orbus* :** qualifie un père de famille* sans enfant vivant. Les lois *Iulia* et *Papia* d'époque augustéenne, dites lois caducaires, établissent que les *orbi* perdaient la moitié des héritages* et des legs* qui leur étaient faits.

ORCHESTRE (*orchestra*) : partie circulaire du théâtre* entre les gradins et la scène, où à l'origine évoluaient le chœur et les acteurs. Lorsque ces derniers montèrent sur la scène, l'orchestre fut réservé aux spectateurs de marque.

***Orchia (lex)* :** plébiscite* du tribun* C. Orchius en 181 av. J.-C. limitant le nombre des invités à un repas.

***Orcini (liberti)* :** nom donné aux esclaves affranchis* par testament à la mort du testateur.

***Ordo* :** cf. Ordre.

***Ordo salutationis* :** la hiérarchie provinciale au Bas-Empire* ; au sommet le gouverneur* puis les sénateurs* ; ensuite viennent le cabinet du gouverneur et les anciens prêtres du culte impérial* ; au bas de l'échelle le personnel de l'administration provinciale et les curiales*. Le clergé chrétien prend place après les prêtres du culte impérial, mais il est exclu de la hiérarchie sous Julien (361-363).

ORDRE (*ordo*) : le mot désigne une classe de citoyens* par opposition à la masse de la population ; le terme désigne également une catégorie juridique d'hommes exerçant une même fonction ou occupant une même position sociale : ordre des publicains*, ordre des affranchis*, ordre des décurions*, ordre des scribes*, des tribuns du trésor*, des licteurs*, des hérauts*, des appariteurs, etc. ; à la différence de la classe censitaire*, l'ordre définit un statut civique (chevalier*, sénateur*) et non pas un statut socio-économique. En langage militaire, l'*ordo* est synonyme de centurie*, parfois de manipule* ; les *primi ordines* étaient les cinq premiers centurions* de la première cohorte*, ou les gradés combattant en première ligne. Sans doute à l'origine le terme désignait-il le rang occupé dans l'armée : *equites, principes et triarii* pour la 1ère classe, *hastati* pour la 2e et 3e classe, vélites pour la 4e, et frondeurs pour la 5e. Enfin l'*ordo* désigne les rameurs d'une même rangée, l'ensemble des *ordines* constituant le *remigium*.

ORDRE EQUESTRE : cf. Chevaliers.

ORDRE SENATORIAL : cf. Sénateurs.

ORDRES ARCHITECTURAUX : les Romains ont adopté les ordres architecturaux grecs (dorique, ionique et corinthien) mais en les simplifiant, en les combinant, ou en les enrichissant ce qui a conduit à la création d'ordres nouveaux. Les ordres les plus utilisés sont :

– **l'ordre corinthien :** il dérive de l'ordre ionique, et se caractérise par ses chapiteaux décorés de feuilles d'acanthe ;

Figure 18 — Les ordres architecturaux

Ordre toscan

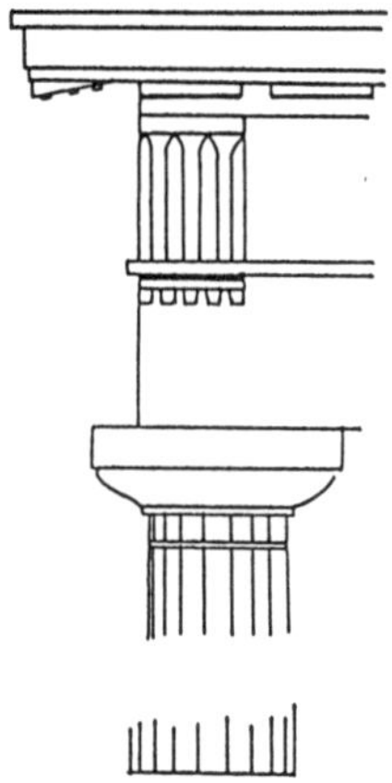

Ordre dorique

Ordre ionique

Ordre corinthien

Chapiteau composite

– **l'ordre toscan :** il est hérité des Etrusques ; il s'agit d'un ordre dorique simplifié ;
– **l'ordre composite :** il combine sur les chapiteaux les volutes ioniques et les corbeilles de feuilles d'acanthe.

ORDRES ECCLESIASTIQUES : ils structurent la hiérarchie de l'Eglise, avec les ordres mineurs (portier, lecteur, exorciste, acolythe, sous-diacre) et les ordres majeurs (diacres, prêtres, évêques, métropolite, pape).
ORGIES (*orgia*) : cérémonies des religions à mystères, et plus particulièrement des mystères de Bacchus.
***Origo* (origine) :** désigne la cité* d'origine par opposition au *domicilium* qui est le lieu de résidence. Pour échapper aux charges de décurionat*, certains citoyens* préféraient s'établir dans une autre cité avec le statut d'*incolatus*.
***Ornatio provinciae* :** somme allouée par le Sénat* aux gouverneurs* pour la gestion des provinces*.
ORNEMENTS (*ornamenta* ou *insignia*) : distinctions, insignes extérieurs d'une magistrature, d'une charge ou d'une dignité, accordés à titre honorifique aux personnes qui ont accompli cette fonction (consuls*, préteurs* augustales*, tribuns*, duomvirs*, généraux vainqueurs, etc.). Ainsi, les ornements triomphaux (*insignia triumphalia*) sont les récompenses accordées sous l'Empire* aux généraux victorieux qui ne pouvaient obtenir le triomphe* réservé à l'Empereur* : ces ornements sont la couronne de laurier et la toge pourpre brodée d'or.
***Oscillum* :** disque en terre cuite que l'on suspend dans les arbres ; il est décoré avec une tête de Bacchus ou de Saturne, ce qui lui confère une valeur religieuse, peut-être apotropaïque.
***Ostentaria* :** recueil de prodiges* d'origine étrusque.
***Otium* :** notion philosophique caractéristique de la civilisation romaine ; il désigne le temps libre et la façon dont on l'emploie. Il peut donc prendre un sens péjoratif (inaction, paresse, oisiveté, plaisirs) ou au contraire un sens positif (activités culturelles, méditation, études).
OVATION (*ovatio*) : honneur décerné à un général victorieux ; celui-ci, couronné de myrte monte au Capitole*, à pied ou à cheval, pour offrir un sacrifice* sous les acclamations de la foule. L'ovation est une récompense inférieure au triomphe*.
***Ovile* :** emplacement du Champ de Mars* où se trouvent les *saepta* des diverses tribus*. Sinon le terme désigne un enclos pour le petit bétail.
***Ovinia* (*lex*) :** plébiscite* du tribun* Ovinius entre 318 et 312 av. J.-C. transférant des consuls* aux censeurs* la nomination, voire la radiation, des sénateurs*.

P

PACTE (*pactum*) : convention entre deux personnes ; si elle ne s'accompagne d'aucune formalité juridique, elle est dite nue (*pactum nudum*) ou de confiance (*pactum fiduciae*) et n'a aucune valeur légale. Dans le cas contraire, elle prend le nom de contrat (*contractus*). Le droit prétorien* crée deux actions* pour sanctionner le pacte par lequel un débiteur s'engage à rembourser sa créance à une date fixe, et celui par lequel deux personnes s'engagent à terminer leur procès par un serment.
***Pactio* :** contrat d'adjudication soumis à la juridiction du gouverneur* qui règle les rapports entre les compagnies fermières et les communautés soumises à l'impôt*.

***Pacuvia* (*lex*) :** plébiscite* du tribun* S. Pacuvius en 27 av. J.-C. donnant le nom d'Auguste* au sixième mois.
***Paedia* (*lex*) :** loi du consul suffect* Q. Paedius en 43 av. J.-C. instituant une *quaestio extraordinaria* pour juger les assassins de César*.
***Paganalia* :** fêtes* publiques célébrées à date variable en l'honneur des génies* ou des Lares* du *pagus*. Les déesses de la terre, Cérès et Tellus y sont associées, car il s'agit de protéger les semences.
PAGANISME/PAIENS : la religion des païens, c'est-à-dire les cultes polythéistes, pour les Chrétiens à partir du IVe siècle. Macrobe avec ses *Saturnales* rédigées entre 425 et 428, apparaît comme le théologien du paganisme cherchant à unifier la diversité des cultes* autour d'un dieu unique, le Soleil. Par extension, le terme finit par désigner l'antiquité gréco-romaine par rapport à la civilisation chrétienne. A partir de Constantin (306-337) le paganisme subit des persécutions : en 331 l'Empereur fait confisquer les biens des temples ; son fils Constance II en 356 interdit les sacrifices et fait fermer des temples ; l'interdiction des sacrifices est réitérée en 381 et en 385 ; en 391 Théodose fait interdire les cultes païens dans tout l'Empire*. Il faut noter toutefois qu'à la différence du christianisme, le paganisme n'eut pas de vrais martyrs.
***Paganus* :** à l'origine le terme désigne l'habitant d'un *pagus*, et s'oppose au *montanus*. A l'époque chrétienne, il est utilisé pour désigner les païens, ceux qui ne sont pas soldats du Christ.
***Pagus* :** la plus petite division territoriale de l'Italie* ; après le développement des villes, le *pagus* correspond à un canton rural. Il possède ses Lares Compitales* en l'honneur desquels il célèbre les *Paganalia* sous la présidence des chefs de village, les *magistri pagorum* ; il a également des administrateurs élus, parfois une charte et un conseil de décurions*. En Afrique du Nord les *pagi* appartiennent au territoire de Carthage et leurs habitants sont citoyens* de plein droit de la colonie* ; sous Septime Sévère (193-211) les *pagi* sont détachés de Carthage, et rattachés à la cité pérégrine voisine pour former un municipe*. *Pagus montanus* : nom porté par l'Esquilin*. *Pagus Sucusanus* : nom donné au quartier de Subure*.
PAIX (*pax*) : cf. Divinités indigètes, Guerre, Fétiaux.
PAIX DES DIEUX (*pax deorum*) : état des bonnes relations entre les hommes et les dieux qui assure la paix de la cité. Si par malheur une action néfaste rompt cet heureux équilibre, ce qui se manifeste par des prodiges*, il faut apaiser les dieux en conjurant le prodige par des cérémonies expiatoires. Avant d'entreprendre toute action importante, les Romains prennent soin de s'assurer qu'elle ne compromet pas la paix des dieux.
PAIX ROMAINE (*pax romana*) : période heureuse que connaît l'Empire* à partir d'Auguste qui mit fin aux guerres civiles*, et pendant environ deux siècles jusqu'au moment des premières menaces barbares. Auguste a symbolisé cette paix en construisant sur le Champ de Mars* l'Autel de la Paix* consacré en 9 av. J.-C. Le culte de la Paix Auguste est l'un des fondements du culte impérial*. Cette période correspond à l'apogée de l'Empire romain.
PALAIS IMPERIAL (*palatium sacrum*) : la résidence des Empereurs*. Elle fait de la ville où elle se trouve une capitale. Jusqu'à la Tétrarchie* (284), les palais impériaux se trouvent sur le Palatin*. Ensuite il y a 4 capitales : Nicomédie et Antioche en Orient, Milan et Trêves en Occident. Rome continue cependant à être une capitale, mais les Empereurs n'y séjournent pas tout le temps. Au Bas-Empire d'autres villes deviennent capitales : Ravenne (jusqu'en 476), Sirmium et bien sûr Constantinople où Constantin s'installe

en 330. Dioclétien après son abdication en 305 se retire dans le somptueux palais de Spalatum (Split). L'administration du Palais est confiée au Bas-Empire* au préposé de la Chambre Sacrée*.

PALATIN (*Palatium*) : la principale colline de Rome, formée de trois hauteurs, le Palatium, le Germal et la Velia, où est attestée la plus ancienne occupation humaine au milieu du VIIIe siècle av. J.-C. avec des cabanes archaïques retrouvées par les fouilles à l'angle sud-ouest (1) près du temple de *Magna Mater* (2)[25]. Sous la République*, on y construit la maison d'hommes célèbres comme le père des Gracques, Hortensius, Cicéron, Crassus, Milon, Marc Antoine, ainsi que le temple de *Magna Mater* (Cybèle). Auguste lui-même s'y installe et fait construire un temple d'Apollon (3). Pendant tout l'Empire*, c'est là que se trouvent les résidences impériales, ou *palatia*, d'où le nom de palais*. On y a retrouvé la maison de Livie et Auguste (4), le palais de Tibère ou *Domus Tiberiana* (5), avec l'agrandissement de Caligula (6), le palais de Néron ou *Domus Transitoria* (7) recouvert ensuite par le temple d'Helagabal (8) puis l'actuelle église de S. Sébastien, le palais des Flaviens ou *Domus Flavia* et *Domus Augustana* (9) organisée autour de 3 péristyles, avec le stade* ou cirque* de Domitien (10) et les bibliothèques (11). La partie sud est aménagée à l'époque des Sévères (191-235) avec le palais de Septime Sévère ou *Domus Severiana* (12) et ses thermes (13) alimentés par l'*Aqua Claudia* (14), le *Septizonium* (15) les substructures (16) et la loge impériale (17) surplombant le Cirque Maxime*. Sur la pente du Palatin donnant sur le Tibre et le *Forum Boarium* auquel on accède par l'escalier de Cacus (18) s'ouvre la grotte de Lupercales* (19). On a retrouvé également au pied du Palatin la maison des hérauts* (20).

PALEOGRAPHIE : étude des manuscrits et des documents dont l'écriture est tracée à la main. Cf. également Papyrologie.

PALESTRE : espace aménagé pour les exercices physiques ; il s'agit d'une cour centrale dont le sol est recouvert de sable, entourée de pièces servant de vestiaire ou de lieu de repos. La palestre peut être privée ou faire partie d'un gymnase* ou de thermes* publics.

***Palilia* :** fête* publique en l'honneur de la divinité pastorale Palès protectrice du Palatin*. Elle a lieu le 21 avril, et devient la fête anniversaire de la fondation de Rome. On y purifie les troupeaux et les bergers, et les cendres des veaux qui ont été sacrifiés lors des *Fordicidia* sont répandues sur le feu de l'autel allumé en ville.

PALIMPSESTE : parchemin dont on a gratté le premier texte pour pouvoir l'utiliser pour une nouvelle copie.

***Palladium* :** petite statuette de Pallas Athéna honorée chez les Troyens, et introduite dans le Latium par Enée selon certaines traditions ; elle était conservée dans le temple des vestales* avec les autres amulettes qui assuraient le salut de Rome.

***Palliata* :** comédie* à sujet grec ; le nom vient du fait que les acteurs portent un manteau grec (le *pallium*). Plaute et Térence sont les seuls auteurs dont nous soient parvenues les comédies de ce type.

***Paludamentum* :** manteau pourpre du général en chef, symbole de son *imperium* militaire. Sous l'Empire*, il devint le signe distinctif de la dignité impériale, dans la mesure où l'Empereur* est le chef suprême des armées.

---

25. Les chiffres entre parenthèses renvoient à la fig. 19.

Figure 19 — Le Palatin

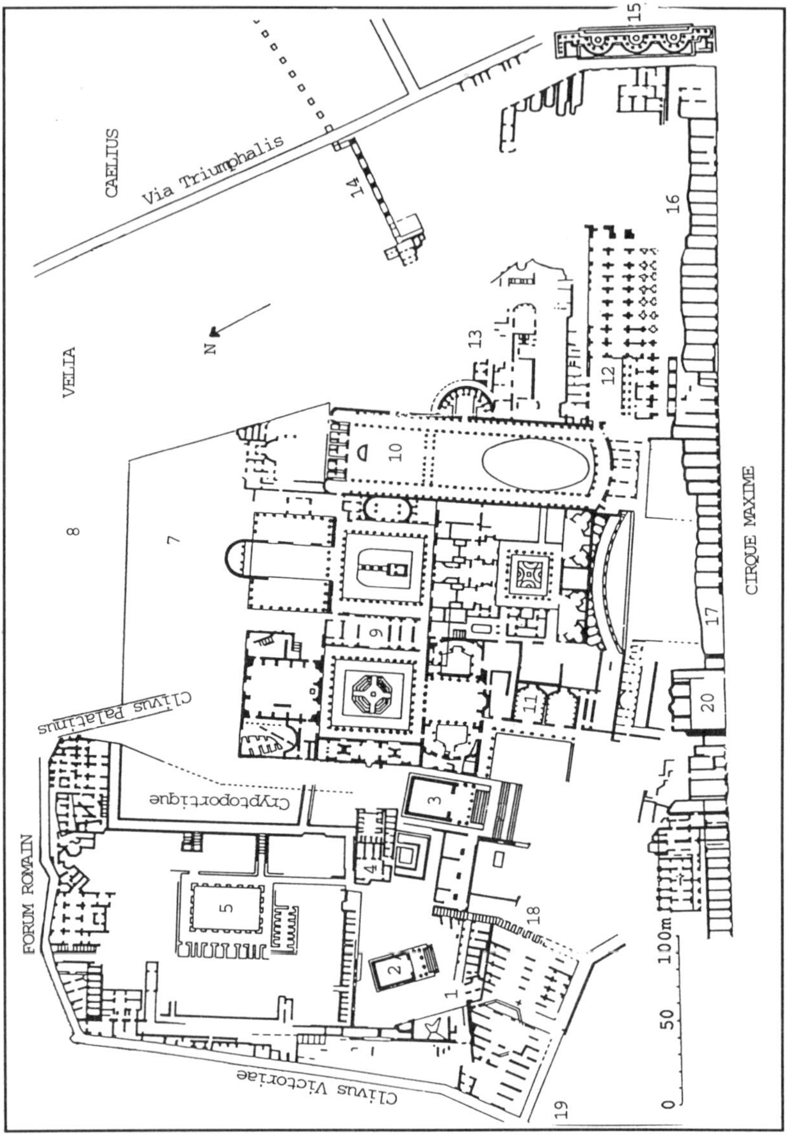

PANDECTES : le mot signifie « résumés » ; il s'agit d'une des quatre parties du Code de Justinien*.
PANEGYRIQUE DE TRAJAN : éloge de l'Empereur composé par Pline le Jeune en 100 ap. J.-C. à l'occasion de son consulat*. C'est un document important car il donne des renseignements sur les réformes accomplies par Trajan (98-117), et traduit le retour à un climat de confiance après l'oppression de Domitien (81-96).

Figure 20 — Le Panthéon

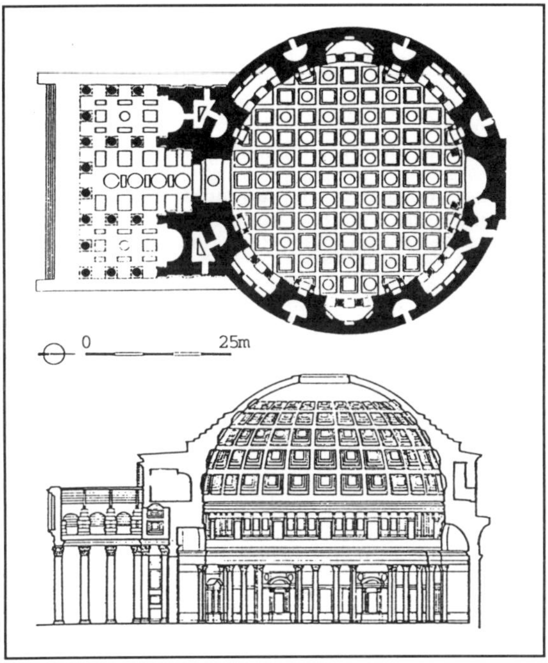

PANTHEON : temple érigé par Agrippa en l'honneur d'Auguste entre 27 et 25 av. J.-C. Il se caractérise dans son état actuel par son immense coupole de 43,30 m de diamètre ; plusieurs fois réaménagé (sous Domitien, Hadrien surtout, Septime Sévère et Caracalla), puis transformé en église en 609, c'est un des bâtiments antiques les mieux conservés de Rome. A l'origine le temple était de plan rectangulaire (43,76 x 19,82 m) orienté vers le sud, et la statue d'Auguste, et sans doute aussi celle d'Agrippa, ne se trouvaient pas dans la *cella*, mais dans le *pronaos*. C'est Hadrien (117-138) qui orienta l'édifice vers le nord et fit aménager la coupole. Le plan circulaire permettait de loger dans les différentes niches et exèdres les statues de « tous les dieux » associés à la personne de l'Empereur* divinisé qui présidait ainsi l'assemblée divine.

PANTOMIME (*pantomimus*) : représentation dramatique au cours de laquelle un acteur mime une scène qui est chantée avec accompagnement musical par un autre artiste. Devenu un genre indépendant vers la fin de la République*, la pantomime, qui correspond à notre mime actuel, connaît un grand développement sous l'Empire* avec des auteurs comme Bathyllos d'Alexandrie et Pylade.

***Papia* (*lex*) :** plébiscites* du tribun* C. Papius en 65 av. J.-C. pour chasser les étrangers* de Rome, poursuivre ceux qui ont usurpé le droit de cité*, et pour faire intervenir le peuple* à côté du grand-pontife* dans l'élection des vestales*.

***Papia Poppaea* (*lex*) :** loi* proposée par les consuls suffects* M. Papius Mutilus et C. Poppaeus Sabinus en 9 av. J.-C. pour réglementer les mariages* des citoyens* romains. Elle interdit aux sénateurs* et à leurs descendants d'épouser des affranchies*, et encourage les mariages et la procréation (en infligeant notamment des peines aux célibataires).

PAPINIANISTE : étudiant de troisième année dans les écoles de droit oriental.

***Papiria* (*lex*) : 1.** Loi* du préteur* L. Papirius Cursor en 332 av. J.-C. pour accorder la *civitas sine suffragio* aux habitants d'Acerra. **2.** Loi de 304 av. J.-C. interdisant à un magistrat* plébéien* de procéder à une dédicace de temple* ou d'autel* sans l'accord du sénat* ou des tribuns de la plèbe*. **3.** Plébiscites du tribun C. Papirius Carbo en 131 av. J.-C. instaurant le vote secret pour les comices* législatifs, et proposant la possibilité de réélire les mêmes tribuns de la plèbe. **4.** Plébiscite d'un tribun L. Papirius entre 242 et 122 établissant que les *tresviri capitales* soient élus par le peuple sous la présidence du préteur* urbain. **5.** Plébiscite du tribun C. Papirius Carbo Arvina en 89 av. J.-C. (?) établissant la réforme semiunciale (cf. Dévaluations). **6.** Loi du consul Cn. Papirius Carbo en 84 av. J.-C. (?) réglementant le droit de vote des nouveaux citoyens* et inscrivant les affranchis* dans les 35 tribus*. **7.** Loi d'auteur et de date inconnus instituant des appariteurs pour les édiles*.

***Pappus* :** personnage de l'atellane* caricaturant un vieillard avare et licencieux.

PAPYROLOGIE : science auxiliaire de l'histoire étudiant les documents écrits sur des matières périssables telles que le papyrus. De tels documents ont été retrouvés presque uniquement en Egypte où le climat sec a permis leur conservation. Les textes sont surtout en langue grecque, mais il existe aussi des papyrus latins (cf. *Corpus papyrorum latinorum* de R. Cavenaille). On y trouve des textes littéraires, en prose ou en vers, comme le *Dyscolos* de Ménandre sur le Papyrus Bodmer IV, et des documents administratifs, lettres privées et comptabilités, qui ont livré de très riches informations sur la vie sociale et économique en Egypte.

PAREDRE : compagnon d'une divinité qui siège à ses côtés et l'aide dans ses fonctions.

***Parentalia* :** fêtes* des morts (du 13 au 22 février) qui relèvent des pères de famille*. Elles se terminent par les *Feralia**, et par le banquet des *C(h)aristia*.

***Parochus* :** sorte d'hôtelier officiel de la poste* impériale qui héberge les fonctionnaires* en voyage et leur fournit ce dont ils ont besoin. Ses tarifs sont fixés par l'Etat.

PARRICIDE (*parricidium*) : meurtre commis sur la personne d'un parent, et par extension, sur la personne de tout homme libre. Sous la Royauté*, des questeurs* étaient chargés de poursuivre ce crime. Sous la République* la juridiction incombe aux comices centuriates*.

PARTI : le parti politique, au sens moderne du terme, n'existe pas dans l'antiquité. Rome a cependant connu des groupements politiques. On les désigne par le terme de faction (*factio*) ou de partis (*partes*). La faction conserve un sens familial car elle rassemble ceux qui sont unis par un lien de parenté ou de clientèle*. Les *partes* désignent des groupements plus vastes unis par les mêmes intérêts politiques. On parle ainsi du parti de Marius, ou de César. En général ces « partis » sont menés par un chef, et s'appuient sur une classe particulière. Par exemple le parti dit des *populares** s'appuie sur la plèbe*, ce qui n'empêche pas ses chefs, comme les Gracques ou Pompée d'appartenir à la plus haute noblesse. Sous l'Empire*, il n'y a plus de partis dans la mesure où seul l'Empereur* décide des carrières politiques.

PARTITION DE L'EMPIRE (*partitio imperii*) : le 28 mars 364 l'Empereur Valentinien donne à son frère Valens le titre d'Auguste* et lui confie la partie orientale (*pars orientis*) de l'Empire. Sans remettre en cause l'unité de l'Empire, il y a partage des provinces*, de l'armée* et des fonctionnaires*. A partir de cette date, la division des deux parties de l'Empire (*partes imperii*) persiste ; elle est consacrée par la répartition de l'Orient et de l'Occident en 395 entre les deux fils de Théodose, Arcadius et Honorius. Une première partition avait déjà eu lieu en 316 après la guerre entre Constantin et Licinius, mais celui-ci fut éliminé après sa défaite de Chrysopolis le 18 septembre 322, et Constantin régna seul. Une deuxième partition fut réalisée en 337 par Constantin qui divisa l'Empire entre ses trois fils et son neveu ; elle aboutit finalement au règne de Constantin II en Occident et à celui de Constance II en Orient.

***Pascua publica* :** pâturages appartenant à l'*ager publicus*. Tout citoyen* peut y envoyer un certain nombre de bêtes sans payer de taxes. Au-delà d'un certain nombre, il doit régler la *scriptura*.

PAS (*passus*) : cf. Poids et mesures.

***Pater* :** cf. Père.

***Patres* (Pères) :** sous la Royauté*, il s'agit des chefs de *gentes* associés au pouvoir royal en formant le Sénat*. Par la suite, on fit entrer des plébéiens* au Sénat, peut-être afin de pouvoir maintenir le nombre de 300 sénateurs, et l'appellation de ces nouveaux membres inscrits, *patres conscripti* (pères conscrits), finit par désigner l'ensemble des sénateurs, patriciens* et plébéiens confondus. Le terme désigne aussi les citoyens* qui ont géré de hautes magistratures*, et à la fin du IIIe siècle on distingue parmi les *patres*, les consulaires*, les prétoriens* et les édiliciens* en fonction des charges qu'ils ont exercées.

***Patria potestas* (puissance paternelle) :** elle définit le pouvoir du citoyen* père de famille* sur ses enfants légitimes ; sur les esclaves* il dispose de la *dominica potestas*. A l'origine ce pouvoir est quasiment absolu, mais à la fin de la République* le droit de vie et de mort (*ius vitae ac necis*) a disparu, le droit de livrer au châtiment (*ius noxae dandi*) est aboli, et le droit de vente (*ius vendendi*) est limité à des cas très précis. Dès lors qu'une fille est mariée *cum manu*, qu'un fils a été vendu trois fois, ou que les enfants ont été adoptés, la *potestas patria* ne s'exerce plus sur eux. Seules la mort et la perte du droit de cité* du père détruisent la *patria potestas*.

PATRICIENS (*patricii*) : ce sont les fils des *patres*, descendants des consuls* de 509 à 443 ; leur dignité est héréditaire*. A l'origine ils sont les seuls à détenir le pouvoir politique, à participer aux cultes*, et donc à constituer une noblesse héréditaire. Ce monopole va les opposer aux *plébéiens** pendant les premiers siècles de la République* ; la possibilité des mariages entre patriciens et plébéiens* avec la *lex Canuleia* en 445 av. J.-C. fut la première victoire remportée par la plèbe. La qualité de patricien est requise pour les flamines* et d'autres collèges sacerdotaux, pour l'interroi*, et pour les Empereurs*. On peut devenir patricien par cooptation sous la République*, puis par la procédure de l'*adlectio* sous l'Empire*. Constantin (306-337) crée un nouveau patriciat qui n'est plus qu'une distinction personnelle non transmissible : les patrices sont les premiers parmi les *illustres*.
PATRIMOINE DE CESAR (*Patrimonium Caesaris*) : caisse particulière de l'Empereur* distincte du fisc impérial* qui est une caisse d'Etat ; elle est alimentée par les revenus des domaines* impériaux (provinces procuratoriennes, legs, monopoles, domaines impériaux, etc.) ; elle est administrée par le procurateur *a rationibus** ; équivalent des « biens de la couronne », il faut la distinguer de la *res privata*, qui est la fortune personnelle de l'Empereur.
PATRIMOINE SACRE (*Patrimonium sacrum*) : nom donné tardivement à la fortune privée de l'Empereur*, par opposition aux biens de la couronne qui finit par s'appeler *res privata*. On constate donc que le sens des termes s'est inversé à la fin du Bas-Empire*.
PATRON (*patronus*) : le terme désigne un protecteur ou défenseur. A l'origine il s'agit d'un membre d'une *gens* qui prend sous sa protection des clients*. Il désigne aussi l'ancien propriétaire d'un esclave affranchi* ; le patron conserve vis-à-vis de son affranchi des droits légaux : il récupère les biens de l'affranchi si celui-ci meurt sans héritier, et peut exiger de lui certains travaux domestiques (*operae*) ; en contre partie il lui doit protection juridique et assistance alimentaire. C'est encore un avocat qui prête l'appui de sa parole devant les tribunaux*. Enfin, dans les colonies* et municipes* de provinces*, il s'agit d'un personnage riche et influent (appartenant à la classe des *honestiores*), élu par les décurions*, qui défend les intérêts de la ville, et par le biais de l'évergétisme* contribue à son développement. A l'origine, le patron est souvent le général vainqueur de la ville qui veut transformer son conquérant en protecteur. Un ancien gouverneur* devient souvent patron de la ville qu'il a administrée. A titre d'exemple, en 223 Canusium en Italie à 39 patrons (31 sénateurs et 8 chevaliers). Les différentes corporations* recherchent également la protection d'un riche patron.
PATRONAGE (*patrocinium*) : nature du lien unissant un patron* à son protégé. Dans le cas du rapport patron-affranchi, le patron perd ses droits de patronat s'il manque à son obligation alimentaire vis-à-vis de l'affranchi, s'il porte contre lui une accusation capitale, s'il veut faire commerce des *operae*, ou en cas de *natalium restitutio*. Dans le cas du patronat sur des cités*, l'action du patron se manifeste dans tous les domaines : aide judiciaire auprès des tribunaux, organisation de fêtes et banquets, constructions somptuaires, protection militaire pour les villes frontières, interventions auprès de l'administration impériale. En contre partie, la ville offre la citoyenneté* à son patron, lui élève des statues, lui offre des présents et lui assure des funérailles somptueuses. Cf. également Evergétisme. *Patrocinia vicorum* : patronages de villages ; sous le Bas-Empire*, pour échapper au fisc impérial* et aux curiales*, les paysans libres des villages (*vici*) se placent sous la protection

d'un grand propriétaire voisin, en général un haut personnage (*potens*) dont ils deviennent en fait les colons* ; ce type de patronage fut vigoureusement condamné par l'Etat.

Pêcheurs et poissons (détail), Sousse, maison du triomphe de Dionysos

PAYSAN (*incola*) : en dépit du rôle central joué par la Ville, Rome, les Romains aiment à se considérer comme des paysans. La légende du berger Romulus puis du soldat-paysan Cincinnatus en est la plus vieille illustration. La vie tranquille à la campagne apparaît dans toute la littérature latine comme un idéal qui permet de renouer avec la terre nourricière et de retrouver les valeurs traditionnelles qui ont fait la force de Rome (cf. les *Bucoliques* de Virgile). D'ailleurs la première organisation politique de la plèbe* s'est construite autour du temple de Cérès qui est la déesse de la terre par excellence, et les divinités rustiques constituent l'essentiel du panthéon indigète des Romains. La langue latine elle-même porte dans son vocabulaire l'empreinte des activités agricoles. La méfiance vis-à-vis des nouveautés et des excès, et au contraire le goût pour la simplicité et la « permanence » (*constantia*) sont également caractéristiques de ce qu'on a pu qualifier une mentalité paysanne. Il faut bien sûr distinguer les riches propriétaires terriens, sénateurs* et notables locaux, pour qui la terre est une source de revenus, et les petits paysans tels les vétérans* installés comme des colons dans l'*ager publicus**, ou les indigènes. Au Bas-Empire*, le statut du colon*, véritable serf, ne donne plus qu'une idée très éloignée de ce qu'a été l'idéal paysan l'une des clés de la réussite de Rome. Cf. également agriculture.

PAVONAZETTO : nom donné à un marbre de couleur violacée avec des éléments calcaires blancs, provenant de Docimia en Asie Mineure.

***Pax* :** cf. Paix.

PECHE : les Romains connaissaient la pêche à la ligne et au filet, aussi bien en mer qu'en eau douce. C'est à la fois un sport qui est pratiqué par l'aristocratie (les Empereurs* notamment pratiquent la pêche au trident), et une activité économique qui sert les industries alimentaires (garum, salaisons). La pisciculture et l'ostréiculture sont couramment pratiquées.

PECULAT (*peculatus*) : délit consistant à détourner les deniers publics ou une partie du butin. Sulla prit une loi (cf. *Lex Iulia*) pour punir ce crime, la restitution étant demandée au nom de l'Etat.

PECULE (*peculium*) : ensemble des biens qu'un maître donne à son esclave*. Celui-ci peut le faire fructifier, mais à sa mort il revient au maître qui reste toujours seul propriétaire du pécule ; toutefois l'esclave peut l'utiliser pour acheter sa liberté. *Peculium castrense* : ensemble des biens qu'un fils de famille* a acquis durant son service militaire ; dès Auguste*, ces biens restent la seule propriété du fils qui, à partir d'Hadrien (117-138), peut en disposer par testament.

***Pecunia* :** au sens juridique le terme désigne à l'origine les esclaves* et les animaux domestiques qui constituent une partie des *res mancipi*. Le terme désigne ensuite l'argent et la richesse, la monnaie*.

***Pecuniae repetundae* :** procès dans lequel un bien détourné est réclamé au nom des particuliers lésés, et non pas au nom de l'Etat.

PEDAGOGUE (*paedagogus*) : esclave instruit chargé de la surveillance et de l'éducation des enfants ; il correspondrait un peu à un précepteur.

***Pedarius* :** nom familier donné à un sénateur* qui n'a pas exercé de magistrature curule*.

***Peducea* (*lex*) :** plébiscite* du tribun* Sex. Peducaeus en 114 av. J.-C. instituant une *quaestio extraordinaria* pour juger les incestes commis par des vestales*.

La maison des griffons, 80-60 av. J.-C., Rome (Palatin), 1er style

Villa de Boscoreale (Metropolitan Museum, New York), 2e style

Villa de Boscotrecase, fin du Ier siècle av. J.-C. (Musée de Naples), 3e style

Maison des Vettii, Pompéi, 62-68 ap. J.-C., 4e style

PEINTURE : la peinture romaine se situe dans la pleine tradition de la peinture grecque d'époque hellénistique. Elle est surtout connue par les fresques murales conservées dans les villas* de la côte campanienne détruites par l'éruption du Vésuve en 79 (Herculanum, Pompéi, Stabies, Boscoreale), dans quelques villas et hypogées de Rome (maison de l'Esquilin*, villa de Livie à Prima Porta, *Domus Aurea*, peintures du Palatin*, tombeaux de la *via Appia*). Les spécialistes ont distingué quatre styles. Le premier style (150-80 av. J.-C.) se caractérise par l'absence de scènes figurées ; il s'agit simplement de repré-

senter un mur revêtu de matériaux précieux. Le deuxième style (70-30 av. J.-C.) avec la technique du trompe-l'œil crée l'illusion d'une architecture détachée à l'avant de la paroi derrière laquelle apparaissent des bâtiments, des paysages, des personnages mythologiques ou non ; à la différence du premier style, la réalité du mur est effacée pour introduire une scène imaginaire à l'intérieur de la maison (villa des mystères à Pompéi, villa de Boscoreale). Le troisième style (30 av. J.-C.-50 ap J.-C.) renonce à l'illusion de la perspective et utilise l'architecture comme un simple ornement destiné à encadrer des tableaux monochromes ornés de figures isolées ou de petites scènes (villa de Boscotrecase ou *Domus Aurea* de Néron à Rome). Le quatrième style (50-79) allie le baroque architectural et la fantaisie décorative : les éléments architecturaux rappellent les décors de théâtre et les panneaux évoquent de véritables scènes théâtrales avec l'usage du stuc en relief, des couleurs vives et variées, un sens du mouvement et un goût du détail servis par les jeux d'ombre et de lumière (Maison des *Vettii* à Pompéi).
La tradition nous a conservé que très peu de noms d'artistes. Sur les murs de la Villa Farnésine à Rome on peut lire la signature du peintre grec Seneukos ; sur une pièce de la villa d'Octavius Quartio à Pompéi, on lit la signature Lucius. Pline mentionne plusieurs artistes : Studius qui introduisit dans la peinture murale les paysages composés et les villes côtières ; Aurelius qui aurait donné aux déesses le visage de ses maîtresses ; Famullus (ou Fabullus) qui décora la *Domus Aurea* de Néron. L'auteur cite également deux autres noms, Cornelius Pinus et Attius Pricus dont on ne sait rien par ailleurs.

PELAGIANISME : hérésie du moine Pélage (360-422) qui diminue le rôle de la grâce divine au profit de la volonté et de l'effort personnels ; vigoureusement combattu par saint Augustin, il est condamné au concile* d'Ephèse en 431.

PENATES : cf. Divinités indigètes.

PEPERINO (*lapis Albanus*) : tuf de couleur cendreuse provenant des carrières de Marino, qui entre dans la construction de nombreux monuments de Rome du IIe siècle av. J.-C. jusque sous l'Empire* (tombeau des Scipions, théâtre de Pompée, temple d'Hadrien, etc.).

***Perduellio* :** crime contre la sûreté de l'Etat. A l'époque royale il s'agit du régicide ; sous la République*, il s'agit de tout acte de trahison. La violation du droit d'appel* au peuple ou de l'inviolabilité des tribuns* entrent aussi dans cette catégorie. A l'origine, les procès sont instruits par deux magistrats, les *duomviri perduellionis*, et à la fin de la République* on instaure un tribunal* pour le *crimen maiestatis*

PERE CONSCRIT : cf. *Patres*

PERE (ou chef) DE FAMILLE (*Pater familias*) : il règne en maître sur sa maison disposant de plusieurs pouvoirs (cf. *Dos, Manus, Mancipium*), notamment la *patria* et *dominica potestas* qui lui donne le droit de vie et de mort (*ius vitae necisque*) sur les membres de sa famille. Le *pater familias* de la branche aînée est également chef de toute la *gens**. Il est le ministre du culte domestique* (il célèbre notamment chaque année les *Parentalia*), a la charge de dispenser la nourriture quotidienne, et doit avoir une descendance mâle pour pouvoir perpétuer le culte domestique. A la fin de la République*, son pouvoir a diminué, dans la mesure par exemple où les nouvelles formes de mariage* échappent à son autorité.

PERE DE L'EGLISE : écrivain ou théologien qui a contribué à l'élaboration de la doctrine officielle de l'Eglise au cours des IIe-VIIe siècles. Ils sont d'abord de langue grecque (Clément d'Alexandrie, Origène, etc.).
PERE PATRAT (*Pater patratus*) : le chef des fétiaux*.
PERE DE LA PATRIE (*Pater patriae*) : titre honorifique décerné à un citoyen qui a sauvé la patrie d'un danger. Cicéron l'obtint au lendemain de la conjuration de Catalina. Dès Auguste (qui obtint ce titre en 2 av. J.-C.), les Empereurs portent ce titre (seuls Tibère, les Empereurs de 68-69, et les Flaviens ne le portèrent pas).
PERE DES PERES (*Pater patrum*) : prêtre au sommet de la hiérarchie des fidèles de Mithra.
PERE DES SOLDATS (*Pater militum*) : titre porté par les Empereurs*, et particulièrement par Caracalla (211-217).
PEREGRIN (*peregrinus*) : cf. Etranger.
PERFECTISSIME (*perfectissimus*) : titre accordé sous l'Empire* aux chevaliers* qui ont exercé les grandes préfectures*. Seule la préfecture du prétoire* permet d'accéder au titre supérieur d'eminentissime*. Au Bas-Empire*, le titre est décerné aux vicaires*, aux chefs des bureaux* palatins, aux *praesides* et aux *duces*.
PERISTYLE (*peristylium*) : dans la maison* romaine, il s'agit de la cour centrale entourée d'une colonnade. D'origine grecque, cet élément fut ajouté à l'*atrium* romain vers l'époque des guerres puniques. Il constitue le cœur et la partie noble de la maison. Il est en général agrémenté de plantes, de statues et d'un bassin avec jet d'eau.
***Permutatio* :** opération commerciale par lettre de change.
PERSECUTIONS : les Romains dont on vante l'esprit scrupuleux et les vertus de tolérance n'ont pas pratiqué de persécutions systématiques avant la christianisation du pouvoir. Il faut donc distinguer des opérations de polices passagères (comme l'expulsion de Rome des astrologues*, des philosophes, des Juifs*, des prêtres d'Isis, l'interdiction des Bacchanales*, voire même la poursuite devant les tribunaux* des premiers Chrétiens) des grandes persécutions durant le Haut-Empire*. En fait, avant Dèce (249) aucun texte ne fait du christianisme un délit. Les principaux édits de persécution officielle sont ceux de Dèce (249-250), de Valérien en 257 et 258, et les quatre de Dioclétien en 303-304. Dès 311 Galère reconnaît officiellement le christianisme en Orient, et en 312-313 Constantin fit de même pour l'Occident.
PERTIQUE (*pertica*) : règle des arpenteurs (longue de 10 pieds), d'où l'espace centurié, voire le territoire d'une colonie*.
***Pesolania* (*lex*) :** loi d'auteur et de date inconnus, dont l'existence même est douteuse, imposant la réparation aux accidents causés par les chiens.
PETASE (*petasus*) : chapeau en laine et à larges bords plats pourvu d'une jugulaire qui permet de le porter dans le dos. Il est un des attributs de Mercure.
***Petillia* (*lex*) :** plébiscites* de deux tribuns* du nom de Petillius en 187 av. J.-C. instaurant une commission spéciale d'enquête sur la fortune du roi Antiochos.
PETITION (*petitio*) : terme juridique qui désigne dans les procès formulaires* la revendication du demandeur vis-à-vis du défendeur. On distingue la *plus petitio* et la *minus petitio*. La *plus petitio* est la situation dans laquelle le demandeur formule une demande supérieure à ce à quoi il a droit, ou lorsqu'il fait valoir une créance avant son échéance. Dans tous les cas la *plus*

petitio entraîne la perte du procès, et la seule procédure pour écarter cet inconvénient est la *restitutio in integrum.* Le cas inverse est la *minus petitio* ; le demandeur ne peut alors obtenir plus que ce qu'il a demandé, mais a le droit de faire un nouveau procès pour obtenir le complément.

***Petronia* (*lex*) : 1.** Loi* antérieure à 32 av. J.-C. instaurant l'élection de préfet* de municipe*. **2.** Loi du consul* Q. Petronius Turpilianus en 61 ap. J.-C. (?) interdisant à un mari de renouveler une accusation d'adultère contre sa femme s'il s'est déjà récusé. **3.** Loi du consul P. Petronius Turpilianus interdisant aux maîtres de condamner leurs esclaves* aux jeux du cirque* de leur seule volonté.

PEUPLE ROMAIN (*Populus Romanus*) : à l'origine *populus* désigne un groupement de personnes, sans doute des gens en âge de combattre. Très vite le terme désigne l'ensemble des citoyens* romains ; sa souveraineté s'exprime à travers quatre assemblées : les comices curiates*, les comices tributes*, les comices centuriates* et le conseil de la plèbe*. L'expression *Senatus Populusque Romanus* (*SPQR*) désigne l'Etat souverain comme entité politique mais aussi juridique. Le *populus*, élément fondamental de la *civitas*, est la réunion des citoyens liés par un accord unanime en vue de leur utilité commune[26]. A une époque plus tardive le mot *populus* désigne les classes qui soutiennent les *populares*, et devient un peu synonyme de plébéien*, mais c'est une déviation par rapport à son sens d'origine.

PEUTINGER (table de) : carte de 6 m de long et 30 cm de large reproduisant le réseau routier de l'Empire romain. Elle doit son nom à l'érudit allemand Peutinger qui la fit publier pour la première fois au XVIe siècle.

PHALÈRE : décoration militaire réservée aux non gradés ; elle se présente sous la forme d'une médaille.

PHARE : le nom vient de l'île de Pharos où Ptolémée II (309-246) fit construire un phare de 113 m de haut, l'une des sept merveilles du monde, pour guider les navires vers le port d'Alexandrie. L'Empereur Caligula (37-41), plus modeste malgré sa réputation, se contenta d'un phare de 60 m qu'il fit construire à Boulogne…

PHARSALE (bataille de) : victoire de César sur Pompée en Grèce en août 48. *La Pharsale* : épopée de Lucain (39-65), appelée aussi *La Guerre Civile*, racontant la lutte entre César et Pompée.

PHILIPPES (bataille de) : victoire d'Antoine et d'Octave sur les armées républicaines de Brutus et Cassius en 42 av. J.-C. en Macédoine.

PHILIPPIQUES : les 14 discours prononcés par Cicéron contre Marc Antoine entre 44 et 43 av. J.-C. ; le nom vient des quatre discours politiques de Démosthène entre 351 et 340 appelant à la lutte contre Philippe II de Macédoine.

PHILOSOPHIE : la pensée philosophique s'est développée à Rome sous l'influence des Grecs. Dès le IVe siècle le pythagorisme* de Grande-Grèce a marqué des grands personnages romains comme Appius Claudius censeur* en 312 av. J.-C. Aux siècles suivants, la conquête de la Grèce et de l'Asie Mineure a amené à Rome de nombreux philosophes professionnels ; leur influence ne fut pas du goût des autorités qui les expulsa en 173, puis en 161 av. J.-C. Malgré tout leur enseignement toucha les classes dirigeantes : en 159 Cratès de Mallos donne à Rome une série de conférences, et en 155 les représentants des écoles académique, stoïcienne et péripatéticienne à

---

26. Définition donnée par Cicéron, dans le *De re publica*, I, 25, 29.

Athènes, respectivement Carnéade, Diogène et Critolaos, connaissent un vif succès. Scipion Emilien, fils de Paul-Emile, est éduqué par Panetios de Rhodes fondateur du moyen stoïcisme ; le stoïcien Blossios devient le conseiller de Tiberius Gracchus ; le philosophe Poseidonios est l'ami de Varron, de Pompée, et de Cicéron. Ce sont surtout les problèmes éthiques qui ont intéressé les Romains, et sous la République deux doctrines devinrent dominantes, l'épicurisme* et le stoïcisme*. Lucrèce avec son épopée philosophique le *De natura rerum* expose la théorie atomiste de Leucippe et Démocrite, et osa s'attaquer aux superstitions et à la mythologie. Le poète Horace (65-8 av. J.-C.) est également marqué par la pensée épicurienne. Cicéron, plus éclectique, défend les théories platoniciennes de la nouvelle Académie, en y ajoutant quelques touches de stoïcisme. Sous l'Empire*, la doctrine stoïcienne s'impose nettement : elle a pour meilleurs représentants Sénèque (mort en 65 ap. J.-C.), Epictète (50-130), puis Marc Aurèle (121-180) ; c'est la seule école de pensée qui concurrença véritablement le christianisme. A partir du Bas-Empire*, le néoplatonisme de Plotin (205-270) sert de base à une synthèse entre la pensée antique païenne et la théologie chrétienne.

PHLYAQUES : farces populaires assez crues d'Italie méridionale. C'est un des thèmes d'inspiration des céramistes de Grande-Grèce (vases à figures rouges des IVe-IIIe siècles av. J.-C.).

***Piaculum* :** sacrifice* expiatoire pour calmer la colère d'une divinité ; cela advenait notamment lorsque des irrégularités avaient été commises lors de cérémonies antérieures.

PIERRE NOIRE : cf. *Lapis Niger.*

PIETE (*pietas*) : attitude morale consistant à remplir ses devoirs envers les dieux, mais aussi envers la patrie, ses parents et ses amis, et supposant une relation réciproque fondée notamment sur la confiance (*fides*). Elle recouvre donc des notions comme celles de piété, de patriotisme (amour sacré de la patrie), d'amour filial, affection, amitié, reconnaissance et respect. Sur le bouclier énumérant les vertus cardinales d'Auguste (*clipeus virtutis*), figure sa *pietas* à l'égard du peuple et des dieux. Cf. également Divinités indigètes.

***Pignus* :** contrat par lequel un débiteur remet à son créancier un bien qui sert de gage jusqu'à la libération de la dette. *Pignoris capio* : action du créancier qui hypothèque des biens de son débiteur sans jugement préalable et sans la présence de l'adversaire, en prononçant des paroles solennelles (*certa verba*). Cette voie de contrainte archaïque, qui ne présente pas de caractère contentieux et peut être accomplie un jour néfaste*, était utilisée par les publicains* pour recouvrer le paiement du *vectigal*, ou par des soldats pour exiger le paiement de leur solde (*aes militare*), de l'*aes equestre* ou de l'*hordearium*. Quand la saisie est opérée sur ordre du juge*, on parle de *pignus in causa iudicandi captum* ; cette procédure normale d'exécution sur les biens n'apparaît que sous les Antonins (96-192).

***Pileus* :** bonnet phrygien, emblème de la liberté. Il est porté par les affranchis* comme signe de leur liberté individuelle.

***Pilum* :** cf. Armement.

***Pinaria* (*lex*) : 1.** Loi* dite annale proposée par M. Pinarius Rusca en 180 av. J.-C. (?) pour fixer un âge minimum à l'accès aux magistratures*. **2.** Loi de date et d'auteur incertains à propos des actions de la loi*, fixant à 30 jours la période de désignation du juge*.

***Pinaria Furia* (*lex*) :** loi* des consuls* L. Pinarius Mamercinus et P. Furius Medullinus en 472 av. J.-C. (?), visant à coordonner l'année civile et l'année solaire en ajoutant un jour supplémentaire tous les quatre ans.
PISCINE (*piscina*) : bassin contenant de l'eau. Il peut s'agir des viviers pour la pisciculture, des piscines contenant l'eau des bains (on parle alors de *natatio*), ou de grandes citernes à l'arrivée des aqueducs.
PIRATERIE : la piraterie a toujours infesté la Méditerranée depuis les temps les plus anciens, et Rome dut affronter ce problème. L'intervention en Illyrie en 229 puis en 219, visait sans doute à assurer la sécurité de l'Adriatique et du canal d'Otrante. En 74 av. J.-C., le Sénat* confie à L. Licinius Lucullus un *imperium* proconsulaire majeur pour lutter contre les pirates de Crète et d'Asie Mineure. Un même *imperium* de trois ans cette fois sur toute la Méditerranée fut confié à Pompée en 67 av. J.-C. (*lex Gabinia*) ; celui-ci réussit à éliminer le danger. A partir d'Agrippa et d'Auguste*, la création d'une flotte romaine permit une surveillance plus efficace des mers.
***Plaetoria* (*lex*) : 1.** Plébiscite* du tribun* M. Plaetorius après 242 av. J.-C. instaurant un préteur* urbain assisté de deux licteurs*. **2.** Plébiscite d'un tribun Plaetorius vers 193-192 av. J.-C. punissant de l'infamie* quiconque cherchait à circonvenir un mineur de moins de 25 ans. **3.** Loi de date et d'auteur inconnus instituant des *duomviri* pour la dédicace d'un temple au dieu Verminus.
***Plautia* (*lex*) : 1.** Plébiscite* du tribun* M. Plautius Silvanus en 89 av. J.-C. décidant que les juges* devaient être élus par le peuple* à raison de 15 par tribu*. La loi fut abrogée par Cinna l'année suivante. **2.** Loi agraire du même tribun, dont on ignore le contenu précis. **3.** Plébiscite d'un tribun Plautius en 73 av. J.-C. accordant l'amnistie aux partisans de Lépide passés à Sertorius. **4.** Loi de date et d'auteur incertains (entre 78 et 63 av. J.-C.) établissant une *quaestio* pour le *crimen vis*.
***Plautia Papiria* (*lex*) :** plébiscite* des tribuns* M. Papirius Silvanus et C. Papirius Carbo en 89 av. J.-C., accordant la citoyenneté* à tous les alliés* domiciliés en Italie* au moment de la promulgation de la loi.
PLEBE/PLEBEIENS (*plebs*) : regroupement des forces politiques qui en 494-493 se sont opposées à la toute puissance des patriciens*, en faisant notamment sécession sur le mont Sacré ou sur le mont Aventin*, menaçant ainsi l'unité de l'Etat. Elle comprend à l'origine des citoyens riches et pauvres, des Romains et des étrangers*, des patrons* et leurs clients* qui ne sont pas organisés en *gentes* autour d'un culte ancestral. Après leur victoire sur les patriciens, on voit se constituer des *gentes* plébéiennes à côté des anciennes *gentes* patriciennes. La plèbe, qui fournit à l'armée* les fantassins, se réunit en assemblée (*concilium plebis*) et est représentée par des tribuns*. La Loi des douze Tables* rédigée en 451-450 consacre leur première victoire sur les patriciens ; cette victoire est parachevée en 449 par les lois *Valeriae Horatiae* qui font de la constitution romaine une constitution patricio-plébéienne mettant fin à la souveraineté de l'*imperium* consulaire réservé aux patriciens. L'accession des plébéiens au consulat* sera la dernière conquête avec les lois *Liciniae Sextae* en 367. A la fin de la République*, le terme désigne le petit peuple par opposition aux chevaliers* et aux sénateurs* ; la plèbe est formée par les paysans ruinés qui ont abandonné leur terre, les petits commerçants et artisans. Ils fournissent une clientèle aux hommes politiques qui savent exploiter leur mécontentement (Marius, Sulla, Pompée, puis César), et constituent une bonne partie des troupes des *populares*. Sous l'Empire*, la plèbe est

la source d'une agitation permanente, et le pouvoir impérial doit la contrôler au moyen de l'annone* qui permet le ravitaillement de la ville et des distributions gratuites ou à bas prix, et de l'organisation des jeux* qui défoulent les passions populaires.

PLEBISCITE (*plebiscitum*) : décision de loi* votée par le concile de la plèbe* sur proposition des tribuns* ; à partir de la *lex Hortensia* de 287 av. J.-C., les plébiscites sont assimilés à des lois sans avoir besoin de l'*auctoritas* ou de l'autorisation préalable du Sénat*. A l'origine, ces lois ne valent que pour les seuls plébéiens, mais à partir du moment où les assemblées de la plèbe se confondent avec les comices tributes* ouverts aux patriciens* (problème controversé), les plébiscites deviennent valables pour tous.

***Plostellum punicum* :** machine agricole constituée d'un rouleau muni de dents servant à dépiquer les grains sur l'aire.

***Poena* :** à l'origine, compensation pécuniaire que paie l'offenseur à sa victime pour éviter le droit de vengeance privée (*vindicta*). La Loi des Douze Tables* instaure déjà le principe de la *poena* pour certains délits. Pour obtenir cette réparation, l'offensé doit intenter l'actio dite *actio quae poenam persequitur*. Plus généralement le terme désigne la peine infligée à un criminel : *poena capitis* = peine de mort.

POESIE : cf. Epopée, Littérature, Lyrisme, Satire, Théâtre.

***Poetelia* (*lex*) : 1.** Proposition du tribun* Poetelius en 441 av. J.-C. pour que le Sénat* soit avisé par les consuls* de toute division agraire concernant la plèbe*. **2.** Plébiscite* du tribun C. Poetelius en 358 av. J.-C. pour réglementer l'*ambitio* des hommes nouveaux*.

***Poetelia Papiria* (*lex*) :** loi* des consuls* C. Poetelius Libo et Lucius Papirius Cursor en 326 av. J.-C. interdisant de prendre la personne d'un débiteur en gage pour le paiement de ses dettes.

POIDS ET MESURES : la surveillance les poids et mesures est de la compétence des édiles* sous la République*, du préfet de la Ville* sous l'Empire. Les étalons sont déposés au Capitole*.

Unités de longueur	Pied	Paume (*palmus*)	Once (*uncia*)	Doigt (*digitus*)	Pas
Pied (*pes*) (296 mm)	1	4	12	16	1/5
Coudée (*cubitus*)	1,5	6	18	24	3/10
Degré (*gradus*)	2,5	10	32	40	1/2
Pas (*passus*)	5	20	60	80	1
Stade (*stadius*)	615				125
Mille (*milia passuum*) (= 1 480 m)	5 000				1 000

Unités de poids	Once (27,25 gr)	Scrupule (1,13 gr)
Livre (*litra*) = 327gr	12	288 (= 24 x 12)
Sextans	2	48
Quadrans	3	84
Triens	4	96

Quincunx	5	120
Semis	6	144
Septunx	7	168
Bes	8	192
Dodrans	9	216
Dextans	10	240
Deunx	11	264

Unités de volume	Amphore	Urne	Conge	Setier	Hémine
Amphore (*amphora*) ou *Quadrantal* (= 26,26l)	1	2	8	48	96
Urne (*urna*)	1/2	1	4	12	48
Congi (*congius*)	1/8	1/4	1	6	12
Setier (*sextarius*)	1/48	1/24	1/6	1	2
Boisseau (*modius*)	1/3			16	32
Culleus	20				

Unités de surface	*Actus*	Jugère	*Heredium*	Centurie	*Saltus*
Scrupulum[27] 10 x10 pieds	1/144	1/288			
Versus 100 x100pieds	Unité utilisée en Campanie. Il vaut 100 *scrupula*.				
Actus 120 x120pieds	1	1/2	1/4	1/800	1/3 200
Jugère (*iugerum*) 240 x 120	2	1	1/2	1/200	1/800
Heredium 240 x 240	4	2	1	1/100	1/400
Centurie (*centuria*) 2 400 x 2 400	800	200	100	1	1/4
Saltus 4 800 x 4 800	3 200	800	400	4	1

Pour les petites mesures, les Romains disposent de vases doseurs, comme l'*acetabulum* contenant le quart d'une hémine.

27. Le *scripulum* étant un sous-multiple de l'as, les sous-divisions du jugère, qui vaut 288 *scrupula*, sont calculées en onces, *sextans*, etc. : cf. tableau des poids. Un jugère est donc l'équivalent en surface de ce qu'est l'as pour les poids.

Pour les arpenteurs l'unité est le pied carré (*quadratus pes*) mais pour faire leurs mesures ils disposaient d'une perche qui mesurait 10 pieds (*decempeda* ou *pertica*). Dans les cadastrations, la parcelle de base est le jugère ou arpent. La centurie fait un peu plus de 50 ha, le *saltus* lui faisant près de 202 ha.

POLICE : il n'y a pas de corps de police spécialisé à Rome sous la République*. Chaque magistrat* dispose de licteurs* ou des *tresviri capitales* pour se faire obéir. Des fonctionnaires subalternes sont chargés du maintien de l'ordre sous la responsabilité des édiles urbains*. A partir d'Auguste*, le maintien de l'ordre est assuré à Rome par les cohortes urbaines*, et dans le reste de l'Empire* par des postes de détachement de la légion*, chaque cité disposant elle-même de milices* locales. Au début du IIe siècle, on crée un corps spécial de police secrète, les *frumentarii*, remplacé à partir de Dioclétien (284-305) par les *agentes in rebus*.

***Polluctum* :** partie du sacrifice* offerte aux dieux, par opposition au *profanatum*, qui est la part revenant au sacrificateur.

***Pom(o)erium* :** surface sacrée de Rome délimitée à l'origine par l'enceinte inaugurale du Palatin*. C'est là que les magistrats prennent les auspices*. On ne peut y enterrer les morts, ni construire des temples pour des dieux étrangers. Nul ne peut y pénétrer en arme, sauf pour les triomphes*, et tout magistrat à *imperium* perd cet *imperium* en le franchissant ; le droit d'intercession* des tribuns* ne s'exerce qu'à l'intérieur du *pomoerium*. Ses limites furent progressivement élargies par Servius Tullius, Sulla, Claude (inclut l'Aventin), Néron, Vespasien, Trajan et Aurélien.

***Pompa circensis* :** procession solennelle inaugurant la célébration des jeux*. Elle part du Capitole* sous la conduite du magistrat* responsable de l'organisation des jeux, et des prêtres*. Y participent la jeunesse romaine, les concurrents, les musiciens et danseurs. Le cortège se termine par les chars de parade portant la statue des dieux, et donne lieu pendant toute la durée du parcours à des divertissements populaires.

POMPEIA (LEX) : **1**. lois de 89 av. J.-C. du consul Cn. Pompeius Strabo qui confèrent la latinité à la Transpadane et accordent la citoyenneté* à des chevaliers espagnols. **2** : loi donnée* à la Bithynie du proconsul Cn. Pompeius Magnus en 63 av. J.-C. **3** : série de lois de 55 av. J.-C. du consul Cn. Pompeius Magnus : elles redonnent au mot parricide* le sens de meurtre commis sur un membre de la famille, renforçent la sévérité dans le choix des juges*, instaurent un procès extraordinaire* pour juger le meurtre de Clodius, limitent les dépenses somptuaires*, modifient la législation de la concussion. **4** : série de lois en 52 av. J.-C. du même Pompée : elles prévoient un intervalle de 5 ans entre la magistrature* et le mandat provincial, renforçent la lutte contre la brigue électorale, imposent la présence à Rome des candidats* briguant une magistrature, et renforçent la législation contre la violence exercée par des magistrats ou des particuliers.

***Pompeia Licinia (lex)* : 1.** Loi* de 70 av. J.-C. restaurant la puissance tribunicienne*. **2.** Loi de 55 av. J.-C. des consuls* Pompée et Crassus, prolongeant de 5 ans l'*imperium* de César*.

POMPIERS : cf. Vigiles.

PONT (*pons*) : les Romains furent de grands constructeurs de ponts, l'un des plus célèbres étant le Pont-du-Gard. Rome est elle-même pourvue de ponts sur le Tibre : au nord le pont Milvius qui permet le passage de la *Via Flaminia* ; le pont Aelius (134 ap J.-C.) en face du mausolée d'Hadrien ; le pont Aurelius (sous Caracalla) permettant le passage de la *Via Aurelia*, les ponts

Fabricius (62 av. J.-C.) et Sestius sur les deux bords de l'île Tibérine, les ponts Aemilius et Sublicius tout de suite au sud de la même île. Agrippa, Néron, Gratien et Probus firent également construire des ponts sur le Tibre (cf. carte 8).

PONT DES SUFFRAGES (*pons suffragiorum*) : cf. Elections.

PONTIFES (*pontifices*) : collège de 6, puis 9, puis 16 prêtres chargés de la rédaction des *Annales*, de la juridiction religieuse, du droit sacré et familial, du calendrier*. Ils doivent aussi procurer les prodiges*, consacrer les édifices religieux, et conserver le *ius pontificale*, c'est-à-dire la doctrine léguée par la tradition (par exemple le rituel présidant au déroulement des jeux* romains). Ils consignent ainsi dans les Livres pontificaux* les diverses liturgies. Ils sont recrutés par cooptation parmi les patriciens* jusqu'à la *lex Ogulnia* en 300 av. J.-C. qui autorise l'admission des plébéiens*. Ils ont à leur tête le **GRAND-PONTIFE** (*Pontifex Summus*) qui a pour charge de nommer et de surveiller tous les autres prêtres* de l'Etat. Il intervient aussi dans des rituels privés comme la *confarreatio*, l'abjuration des cultes* privés ou toute modification intervenant dans les cultes domestiques ou gentilices. Il préside la cérémonie des Argées*, et joue un rôle essentiel dans le culte de Jupiter Capitolin. Il loge dans la *Domus Publica*, près de la maison des vestales*, sur le *Forum**. Sous l'Empire*, l'Empereur préside le collège en tant que grand-pontife, en déléguant sa fonction à un *promagister*. Les insignes des pontifes sont la hache (*dolabra*), le couteau (*secespita*), l'aspersoir (*aspergillum*), le vase aux libations (*simpulum*), c'est-à-dire les instruments des sacrifices.

***Popilia* (*lex*) :** plébiscite* d'un tribun* de la plèbe en 81 av. J.-C. durant la dictature de Sulla, adoucissant la législation sur les *nexi*. La plupart des spécialistes considèrent qu'il faut identifier cette loi avec celle de 326 (cf. *Lex Poetelia Papiria*).

***Popilia* (*via*) :** route reliant Capoue à Rhegium (cf. carte 2).

***Populares* (parti populaire) :** courant politique qui, dans la tradition de la démocratie grecque, préconise l'accroissement des pouvoirs de la plèbe* et une politique sociale. Les *populares* s'opposent aux *optimates*. Les principaux chefs de ce courant sont Marius, Clodius, César.

POPULATION : il est difficile d'évaluer avec précision les populations de l'Antiquité. Sous Auguste*, la population de Rome est estimée autour d'un million d'habitants, celle de l'Italie entre 5 et 8 millions, celle de l'Empire* à 54 millions. Comme dans toutes les sociétés antiques la population se répartit entre esclaves* et hommes libres, et parmi ces derniers on distingue, jusqu'à l'Edit de Caracalla, les citoyens* romains et les pérégrins*.

***Populus romanus* :** cf. Peuple.

***Porciae* (*leges*) : 1.** Loi* du consul* M. Porcius Cato en 195 av. J.-C. limitant le droit de réquisition des gouverneurs*. **2.** Lois, dites *de tergo civium*, votées entre 198 et 194 av. J.-C. par P. Porcius Laeca, L. Procius Licinus et M. Porcius Caton ; elles interdisent les peines corporelles pour les citoyens. **3.** Loi frumentaire* augmentant le nombre d'ayant droit, du tribun M. Porcius Cato en 62 av. J.-C. **4.** Propositions du tribun M. Porcius Cato en 56 av. J.-C. pour établir une *quaestio* contre Milon, et pour abroger l'*imperium* du consul P. Cornelius Lentulus Spinther en mission en Egypte. On connaît également une loi du consul M. Porcius Cato, peut-être en 118 av. J.-C., relative à la répression de l'usure.

***Porcia-Pompeia* (*lex*) :** proposition des tribuns* L. Porcius Cato et Q. Pompeius Rufus en 100 av. J.-C., pour rappeler d'exil Q. Caecilius Metellus Numidicus qui avait refusé de prêter le serment imposé par la loi *Appuleia*.
PORPHYRE VERT : cf. Serpentino.
PORPHYRE ROUGE (*lapis prophirites*) : porphyre de couleur rouge violacé avec des inclusions blanches provenant de la haute Egypte, et utilisé dans les constructions romaines de prestige.
PORTASANTA : nom donné à un marbre utilisé dans les constructions romaines et provenant de l'île de Chios en Asie mineure. Il se caractérise par des taches et des veines de couleur rouge sombre.
PORTIQUE (*porticus*) : galerie couverte bordée de colonnes ; on les trouve autour des places et des cours, et le long des rues[28]. A Rome plusieurs grands portiques sont connus : le portique des Argonautes et de Méléagre de chaque côté des *Saepta Iulia* ; le portique des dieux conseillers sur le *Forum** au pied du Capitole* ; le portique des cent colonnes (ou portique des *Lentuli*) et *Minucia Frumentaria* respectivement au nord et à l'Est du Largo Argentina* où se trouve également le portique *Minucia Vetus* érigé en 107 av. J.-C. par le consul M. Minucius Rufus ; le portique de Livie sur l'Esquilin* ; le portique d'Octave (168 av. J.-C.), le portique de Metellus (146 av. J.-C.) et le portique de Philippe (29 av. J.-C.) sur la place du Cirque Flaminius* ; les portiques adjacents au théâtre de Pompée ; le portique *Aemilia* dans la zone du port fluvial de Rome ; le *porticus Divorum* (portique des Divins) érigé par Domitien dans la zone du Panthéon*.
LE PORTIQUE : nom de l'école philosophique stoïcienne.
PORTLAND (vase de) : vase romain en verre de tradition alexandrine fabriqué à Rome au début du Ier siècle ap. J.-C. ; il représente en relief les noces de Thétis et Pélée. Acheté par le duc de Portland en 1787, il se trouve actuellement au British Museum.
***Portorium* :** impôt* sur la circulation des biens, perçu aux frontières et dans les ports, réunissant les douanes, octrois et péages. Au pluriel le terme finit par désigner les contributions indirectes. Les *portoria* furent supprimés en Italie par la *lex Caecilia*, mais furent rétablis par César. Leur recouvrement est affermé par les censeurs* aux sociétés de publicains*.
PORTRAIT (art du) : le sens du portrait est le trait le plus caractéristique de la sculpture romaine. Il connaît son apogée sous l'Empire*, car la propagande impériale en fait un art officiel, et la galerie des portraits des familles impériales ne sacrifie pas toujours l'idéalisation du prince (de tradition hellénistique) au réalisme de chaque visage. Ainsi les portraits de la famille d'Auguste sur l'*Ara Pacis* ne sont pas toujours flatteurs. On a cru voir l'origine du vérisme des portraits dans le culte des images* des ancêtres conservées dans l'*atrium*. De fait, il se développe après la guerre sociale* avec la réaction aristocratique syllanienne, et apparaît ainsi comme un art de caste. Cf. également Sculpture.

---

28. A noter que *porticus* est du genre féminin en latin.

Portrait de Brutus (Musée des conservateurs à Rome), bronze, IIIe siècle av. J.-C.

Possessio : droit de jouissance, d'occupation, et non pas de propriété ; c'est le cas pour les personnes, étrangers* ou citoyens*, qui s'installaient sur l'*ager publicus* ; dans les faits, la *possessio* ne se distingue pas beaucoup du *dominium* (véritable droit de propriété) puisque les *possessores* peuvent transmettre le bien en héritage*. Les lois agraires* suscitèrent beaucoup d'oppositions car elles remirent en cause ce droit d'occupation et d'exploitation. On peut devenir *possessor* dans les quatre cas suivants : en s'installant sur le fonds avec l'intention de l'exploiter, en acquérant le fonds selon la procédure de la *traditio*, en recevant le fonds en héritage en vertu du droit prétorien*, en achetant légalement et de bonne foi le bien à un tiers non propriétaire. Normalement l'occupation légale continue pendant deux années procure le *dominium*.

Possessores **:** au Bas-Empire*, catégorie de citoyens* riches possédant des biens immobiliers (par opposition aux *negotiatores*) et redevables de l'impôt* sur le revenu.

POSTE IMPERIALE (*cursus publicus*) : système de relais de chevaux créé par Auguste*. Le siège central (bureaux et écuries) se trouvait sur le Champ de Mars* le long de la *Via Flaminia*. Nul ne pouvait voyager sans une autorisation spéciale (*diploma*) de l'Empereur*. La gestion en est confiée au préfet du prétoire*, puis plus tard au maître des offices*. Les courriers (*tabellarii*) sont à l'origine des soldats de la garde, puis des esclaves* ou des affranchis*. Ce service donnait droit non seulement au véhicule, mais aux vivres et au logement sur tout l'itinéraire indiqué (au frais des villes traversées). Au Bas-Empire*, les fonctionnaires avaient droit à un certain nombre de voyages gratuits (*evectiones*). La poste impériale ne fut jamais ouverte aux particuliers. Les courriers parcouraient en moyenne 80 km par jour, mais en cas d'urgence ils pouvaient parcourir 200 km.

Postliminium **:** procédure fictive qui permet à un citoyen* romain fait prisonnier à l'étranger de retrouver sa pleine citoyenneté, à condition qu'il n'ait pas capitulé, qu'il n'ait pas été livré par les féciaux*, et qu'il ne veuille pas retourner à l'étranger.

Postulatio **:** une des trois procédures qui permet d'introduire un procès dans le cadre des actions de la loi*. Elle demande la désignation d'un arbitre* ou d'un juge* pour régler le différend lorsque les torts sont partagés entre les deux parties. Cette procédure fut abolie par la *lex Aebutia*.

Postumia **(*via*) :** route reliant Gênes à Aquilée (cf. carte 2).

Potentes et ***Potentiores*** **:** au Bas-Empire* le terme est synonyme de *honestiores* par opposition aux *humiliores*. Ils désignent tous les gens qui par leur fortune ou leur fonction dans l'administration, détiennent un pouvoir qui leur permet de s'affranchir en partie de l'autorité impériale, et de s'attacher une clientèle*.

Potestas **(pouvoir) :** pouvoir de dire le droit dont disposent les hauts magistrats, et par voie de conséquence toute forme d'autorité reconnue par le droit ; il est inférieur à l'*imperium* car il ne concerne que les charges civiles.

Praecepta iuris **(préceptes du droit) :** préceptes fondamentaux du droit tels que les a définis le juriste Ulpien au IIIe siècle ap. J.-C. : vivre en honnête homme (*honeste vivere*), ne pas causer de tort à son prochain (*alterum non laedere*), et donner à chacun ce qui lui est dû (*suum cuique tribuere*).

Praedia **:** fonds de terre, non bâtis (*rustica*) ou bâtis (*urbana*) ; les *praedia collaticia* sont des terres données aux vétérans* par les habitants d'une ville, moyennant une indemnité. *Praedia rei dominicae* : propriété domaniale dont les revenus au Bas-Empire* alimentent l'*aerarium privatum*.

Praefectus **:** cf. Préfet.

Praenomen **:** cf. Prénom.

Praepositus **(préposé) :** sous l'Empire*, fonctionnaire militaire ou civil. Il s'agit notamment du chef militaire à la tête d'une vexillation* chargé de la surveillance d'un secteur du *limes*. Le *praepositus reliquationi* dans la marine est un commandant de dépôts. Le *praepositus classibus* est un officier faisant

office de préfet de la flotte* à titre exceptionnel. Le *praepositus sacri cubiculi* (= responsable de la chambre sacrée) est un ministre chargé de l'administration de la maison impériale* à partir de Constantin (306-337) ; il a sous ses ordres un primicier* chargé de la chambre sacrée* proprement dite, et un *castrensis*, aide de camp chargé du reste du palais*.
***Praescriptio* :** cf. Prescription.
***Praeses* (pl. *praesides*) :** au Bas-Empire*, gouverneur* civil d'une province* de moindre importance.
***Prae* :** cf. Pré.
PRAGMATIQUE SANCTION (*sanctio pragmatica*) : au Bas-Empire*, constitution* impériale de portée générale, mais de caractère moins solennel que les édits* ou lois générales*.
Prata : cf. zone militaire.
PREROGATIVE (*praerogativa centuria*) : désigne la centurie* qui vote la première lors des comices*. A l'origine, votaient en premier les 18 centuries équestres. Par la suite, elle est tirée au sort parmi les centuries de la première classe.
PREFECTURE (*praefectura*) : domaine dans lequel s'exerce l'autorité d'un préfet*. Le terme désigne notamment les villes où le préteur urbain* délègue un magistrat (préfet*) pour dire le droit*. Il y a aussi le cas des communes rurales (*vici*) qui dépendent d'une autre cité que celle sur le territoire de laquelle elles se trouvent ; la cité dont elles dépendent y délègue un préfet pour les administrer. A partir de Dioclétien (284-305), le terme désigne une grande division territoriale elle-même divisée en diocèses* ; il y a quatre préfectures avec à leur tête un préfet du prétoire : celle de Gaule, d'Italie, d'Orient et d'Illyricum (cf. carte 5).
PREFET (*praefectus*) : sous la République*, il s'agit du délégué d'un magistrat*. A partir d'Auguste*, le préfet est un magistrat de rang équestre* sauf le préfet de la Ville* ; sa fonction est surtout militaire ; il est nommé et révoqué selon le bon vouloir de l'Empereur*. Dans les villes de province, le terme de préfet désigne aussi le chef de milices locales chargées de la sécurité ; on connaît ainsi à Nîmes un *praefectus vigilum et armorum* (chef des pompiers et des gendarmes), à Nyon un *praefectus arcendis latrociniis* (préfet pour éloigner les voleurs). Liste des principaux préfets :
– Préfet d'aile (*praefectus alae*) : sous la République*, commandant de la cavalerie* alliée.
– Préfet des *alimenta* (*praefectus alimentarum*) : consulaire* chargé de la gestion des fondations alimentaires ; il est assisté de 4 procurateurs* de rang équestre.
– Préfet d'alliés (*praefectus sociorum*) : sous la République*, délégué du consul* pour commander l'infanterie alliée.
– Préfet de l'annone (*praefectus annonae*) : sous la République*, magistrat nommé temporairement pour les distributions de blé exceptionnelles. Sous l'Empire*, fonctionnaire dépendant directement de l'Empereur et responsable du ravitaillement de Rome.
– Préfet Augustal (*praefectus Augusti*) : sous le Bas-Empire*, haut fonctionnaire d'Orient venant dans la hiérarchie immédiatement après le comte* d'Orient.
– Préfet du camp (*praefectus castrorum*) : officier d'Etat Major, peut-être de rang équestre, chargé de l'entretien du rempart, de la conduite des sièges, de la surveillance des *impedimenta*, du commandement de l'artillerie ; cette

charge fut créée par Auguste*. A partir de Gallien (260-268) il occupe le plus haut grade dans l'armée, les légats* et tribuns laticlaves* ayant été supprimés, et prend alors le titre de préfet de légion.

– **Préfet de cavalerie (*praefectus equitum*) :** cf. ci-dessus Préfet d'aile.

– **Préfet de César (*praefectus Caesaris*) :** magistrat représentant l'Empereur* lorsque celui-ci accepte une magistrature municipale.

– **Préfet de cité (*praefectus civitatis*) :** officier impérial chargé de la police d'une cité périphérique plus ou moins rétive. Il peut aussi avoir des responsabilités relevant de charges civiles.

– **Préfet de cohorte (*praefectus cohortis*) :** sous la République*, indigène chargé du commandement d'une unité d'alliés.

– **Préfet pour dire le droit (*praefectus iure dicundo*) :** sous la République*, (à partir de 318) magistrat représentant l'autorité centrale du préteur urbain* ; il tient des assises judiciaires pour les immigrés romains et prépare le passage d'une cité au statut de municipe*. Dans les municipes*, des préfets pour dire le droit nommés par les décurions* remplacent les magistrats locaux en attendant les élections de leurs remplaçants. Sous l'Empire*, lorsqu'un Empereur* est honoré du titre du duomvir* par une colonie* ou un municipe, il se fait représenter par un préfet *iure dicundo* qui administre alors la ville sans duomvir à ses côtés (cf. ci-dessus Préfet de César).

– **Préfet de la distribution du blé (*praefectus frumenti dandi ex s(enatu) c(onsulto)*) :** magistrat de rang prétorien chargé de la distribution du blé public ; ils sont au nombre de deux ; cette fonction disparaît sous Claude (41-54) et Nerva (96-98) et est baptisée préfecture de la Minucie* sous d'autres Empereurs.

– **Préfet d'Egypte (*praefectus Aegupti*) :** gouverneur* de rang équestre désigné par l'Empereur*, chargé de l'administration de la « province » d'Egypte. Cette charge est le sommet de la carrière équestre*.

– **Préfet de la flotte (*praefectus classis*) :** amiral, de rang équestre (mais on trouve des affranchis* sous Claude et Néron) responsable d'une escadre ou flotte.

– **Préfet de légion (*praefectus legionis*) :** général commandant les légions* stationnées en Egypte, ou les trois légions parthiques créées par Septime Sévère (193-211). Cf. également Préfet du camp.

– **Préfet du littoral (*praefectus orae maritimae*) :** préfet maritime chargé de la sécurité des côtes ; il s'agit d'une charge équestre.

– **Préfet de la Minucie (*praefectus Minuciae*) :** magistrat de rang prétorien chargé de la distribution du blé public sous Commode (180-192) et Elagabal (218-22), puis à partir de Philippe l'Arabe (244-249) ; il peut aussi servir de curateur* de cité. Cf. également Préfet de la distribution du blé.

– **Préfet des mœurs :** cf. Censeur.

– **Préfet de nation ou de tribu (*praefectum nationis/gentis*) :** officier impérial chargé de la surveillance et de l'administration des peuples semi-nomades qui échappaient au régime urbain.

– **Préfet des navires tesséraires (*praefectus tesserarium navium*) :** chef de service de la poste navale.

– **Préfet des ouvriers (*praefectus fabrum*) :** intendant des ouvriers de l'armée* ; charge civile qui permet à des notables locaux d'accéder au rang équestre.

– **Préfet du prétoire (*praefectus praetorio*) :** chef de la garde impériale ; normalement au nombre de 2, ils jouent un rôle important dans la désignation des Empereurs ; ils appartiennent à l'ordre équestre, et dépendent étroitement de l'Empereur auprès duquel ils remplissent la fonction de premier ministre et ministre de la guerre. Ils représentent l'Empereur quand celui-ci est absent.

– **Préfet du trésor (*praefectus aerarii Saturni*) :** remplace à partir de 23 av. J.-C. les deux questeurs* chargés de la gestion du trésor public. Il y a deux préfets du trésor nommés par le Sénat*. Claude (41-54) rétablit les questeurs élus pour 3 ans, puis Néron (54-68) revint à la formule des préfets.

– **Préfet du trésor militaire (*praefectus aerarii militaris*) :** administrateur, sous Auguste, de la caisse des retraites militaires.

– **Préfet des vétérans (*praefectus veteranorum*) :** chef de la vexillation* des vétérans.

– **Préfet des vigiles (*praefectus vigilum*) :** chef des 7 cohortes de vigiles* constituant la milice chargée de la lutte contre les incendies ; il appartient à l'ordre équestre.

– **Préfet de la Ville (*praefectus urbis*) :** chef des 4 cohortes urbaines* chargées de la police, et responsable de l'administration de la ville ; ancien consul*, il appartient à la classe sénatoriale et porte les insignes des plus hauts magistrats. C'est le couronnement d'une carrière sénatoriale sous l'Empire.

PRENESTE (fibule de) : fibule en or sur laquelle on a cru pendant longtemps qu'était conservée la plus ancienne inscription en langue latine. Il s'agit en fait d'un faux.

PRENOM (*praenomen*) : le premier des trois noms dans l'Etat civil romain qui désigne l'individu. Il est toujours indiqué en abrégé :

A. = Aulus ;
Ap(p). = Appius ;
C. = Caius (ou Gaius) ;
Cn. = Cnaeus (ou Gnaeus) ;
D. = Décimus ;
K. = Kaeso ;
L. = Lucius ;
M. = Marcus ;
M'. = Manius ;
Mam. = Mamaercus ;
N. = Numerius ;
P. = Publius ;
Q. = Quintus ;
Ser. = Servius ;
Sex. = Sextius ;
Sp. = Spurius ;
T. = Titus ;
Ti. = Tibérius ;
V. = Vibius.

***Prensio* :** droit de mettre en état d'arrestation toute personne s'opposant à un magistrat* ou à l'application d'une loi* ; avec le droit de *vocatio*, il constitue le *ius coercitionis*, qui est une des prérogatives de l'*imperium*.

PREPOSE : cf. *Praepositus*.

PRESAGE (*praesagium*) : toute manifestation naturelle ou toute conduite suspecte pouvant être interprétée comme une manifestation de la volonté divine, positive, ou hostile. Le présage laisse la liberté d'agir car il annonce mais ne détermine pas l'avenir, et l'on peut agir sur eux, voire les rejeter tout simplement. Parmi les présages, on distingue ceux que l'on entend (*omen*), comme les coups de tonnerre, un éternuement, des mots prononcés inopinément, et ceux que l'on voit (*auspicium*) : vols d'oiseaux, éclairs, éclipses, entrailles des victimes ; les rêves peuvent aussi être considérés comme des présages. Cf. également Augure, Divination, Prodiges.

PRESCRIPTION (*praescriptio*) : 1. Préambule d'une loi* où figurent le nom du magistrat* qui l'a proposée, le jour et le lieu du vote, la curie* ou tribu prérogative*, le nom du premier votant. **2.** Dans la procédure formulaire*, clause placée en tête de la formule, après la nomination du juge*, introduisant des réserves en faveur du demandeur (*pro actore*) ou du défendeur (*pro reo*). Elle limite la portée de la réclamation du demandeur pour lui éviter les effets de la *litis contestatio*, et permet au défendeur de suspendre le procès.

PRETENTURE (*praetentura*) : cf. Camp. Le terme désigne également un avant-poste en territoire ennemi ou une route militaire ; il peut être enfin synonyme de *limes*.

PRETEUR (*praetor*)/PRETURE : à l'origine le préteur est le magistrat doté de l'*imperium**. Ce fut ainsi le premier titre des consuls*. Le titre de *praetor maximus* porté par M. Horatius vers 509 laisse supposer qu'il y avait plusieurs préteurs. A partir de 367 av. J.-C. le préteur est supplanté par le consul, mais il reçoit la charge d'administrer la justice* civile et criminelle. A partir de 242 av. J.-C., on distingue le préteur urbain (*praetor urbanus*) et le préteur pérégrin (*praetor peregrinus*) chargé de la justice dans les provinces. Le préteur règle tous les contentieux de la juridiction civile, et lorsqu'il entre en charge, il publie un édit* dans lequel il indique les règles de sa juridiction. Ces édits sont à l'origine du *ius honorarium* ou droit prétorien*. Il nomme les tuteurs pour les femmes et les mineurs, préside les tribunaux* extraordinaires (*quaestiones*), puis dresse la liste des citoyens* pouvant siéger aux tribunaux permanents. Dans les villes d'Italie il délègue son pouvoir à des préfets*. Le nombre des préteurs augmente à partir du moment où on a eu besoin de magistrats *cum imperio* pour gouverner les provinces*. Ils peuvent aussi remplacer le consul absent ; de ce fait, durant la deuxième guerre punique, des légions sont placées sous le commandement de préteurs, ainsi que les flottes militaires, car les deux consuls ne suffisent pas pour mener l'ensemble des opérations. C'est le troisième échelon de la carrière des honneurs* ; il s'agit d'une magistrature* *cum imperio*, majeure et curule. Les préteurs sont désignés par les comices centuriates* sous la présidence du consul ; ils disposent de 6 licteurs*. En 256 les plébéiens* peuvent y accéder.

Sous l'Empire* leur nombre atteint 18, mais leur compétence est restreinte car leur pouvoir en matière criminelle est limité par celui des préfets de la Ville* et du prétoire* ; en matière civile ils ne sont plus des juges sans appel, privilège réservé à l'Empereur*. A partir de l'Edit de Caracalla* la charge de préteur urbain n'a plus lieu d'être, et la publication de l'édit perpétuel* sous Hadrien rend inutile la proclamation annuelle de l'édit du préteur. Par contre on voit apparaître de nouvelles fonctions :

– ***praetor aerarii* :** magistrat responsable du trésor public ;
– ***praetor de liberalibus causis* :** président des procès relatifs à la condition des personnes ;
– ***praetor fideicommissarius* :** magistrat chargé des fidéicommis*, concurremment avec les consuls, depuis Claude (41-54) ;
– ***praetor fiscalis* :** magistrat chargé de poursuivre les créanciers du fisc ;
– ***praetor hastarius* :** président de la chambre des centumvirs* ;
– ***praetor tutelaris* :** magistrat chargé des tutelles depuis Marc Aurèle (161-180).

Avant la *Lex Iulia Municipalis**, on appelle aussi préteurs les deux magistrats (*duumviri*) qui représentent les consuls dans certaines villes d'Italie.

PRETEXTE : cf. *Fabula* et Toge.

PRETOIRE (*praetorium*) : à l'origine, c'est la tente du général en chef qui se situe au centre du camp* romain. Sous l'Empire*, le terme désigne les

loi posthume de César organisant le régime municipal en Italie cohortes prétoriennes* en garnison à Rome. Prétorien : soldat des cohortes prétoriennes*.

PRETRE (*sacerdos*) : à l'origine, les fonctions religieuses incombent au roi* assisté d'un collège de prêtres ; le *rex sacrorum* (roi des sacrifices) apparaît ensuite comme l'héritier des attributions religieuses du roi. Sous la République*, la religion privée reste du ressort du *pater familias* ; la religion publique dépend de plusieurs collèges de prêtres qui sont toujours désignés et non pas élus : les 15 flamines*, les 7 vestales*, les pontifes*, les épulons*, les 12 frères arvales*, les augures*, les quindécemvirs*, les 12 Saliens, les 12 luperques*, les *sodales Titii*, et les 20 féciaux*. A noter qu'un collège d'augures et de pontifes existe aussi dans les colonies* et municipes*. A partir d'Auguste*, sont créés des sacerdoces chargés du culte impérial : les 21 Augustales* créés en 14 ap. J.-C. et des flamines spécifiquement attachés à la personne de l'Empereur* et des membres de la famille royale. Dans les provinces* il existe un flamine d'Auguste (*flamen Augustalis*), appelé aussi prêtre de province (*sacerdos provinciae*) avec le titre de *sacerdotalis* qui est le président de l'Assemblée* provinciale et le chef de tous les autres prêtres. Dans chaque ville le culte impérial était assuré par des flamines municipaux, et les *seviri Augustales*. En 382, tous les collèges de prêtres païens sont dissouts. Avec le christianisme, se met en place une hiérarchie ecclésiastique* ; à la différence des prêtres païens, qui apparaissent comme de simples magistrats des cultes publics, les prêtres chrétiens reçoivent un sacrement qui les investit dans leur mission apostolique.

PREVARICATION (*praevaricatio*) : crime consistant pour un accusateur à s'entendre secrètement avec l'accusé afin de dissimuler certaines charges.

PRIERES (*preces*) : lors des cérémonies publiques, les prières ne sont pas improvisées : elles sont lues par le prêtre* et répétées à voix haute par les fidèles. Il existe des recueils de prières (le rituel des pontifes*), car il ne faut pas se tromper d'un mot sous peine de devoir recommencer la cérémonie. Normalement les prières se font la tête couverte et tournée vers l'est, devant une statue ou un autel* ; elle se termine par un baiser envoyé de la main (*adoratio*), ou une prosternation (*supplicatio*).

PRIMICIER (*primicierius*) : à partir de Constantin (306-337), c'est le responsable de la Chambre Sacrée*, ou le chef de la schole* des notaires*.

PRIMIPILE (*primus pilus*) : centurion* le plus élevé en dignité qui commande la première cohorte des *triarii*. Il a notamment pour devoir de veiller à l'enseigne* de la légion*.

PRINCE (*princeps*) : notion de philosophie politique, chez les stoïciens notamment, désignant le « premier citoyen », homme exceptionnel et protégé des dieux, digne par son autorité et son mérite de diriger seul l'Etat[29]. Pompée après ses victoires en Asie est souvent qualifié de *princeps*, de même que César* et tous les grands chefs militaires. Il n'est donc pas étonnant qu'Octave, après sa victoire à *Actium*, prenne le titre à la fois d'*Augustus*, d'*Imperator* et de *Princeps* ; il ne s'agit pas seulement du titre de prince du Sénat*, mais aussi de *princeps universorum* (prince de l'univers). Aujourd'hui on utilise le terme de Prince ou celui d'Empereur pour désigner le chef de l'Empire romain à partir d'Auguste, mais il ne faut pas lui donner le sens moderne (cf. Principat).

29. Ce portrait idéal du prince est élaboré par Cicéron dans le *De re publica* et le *De legibus*.

PRINCE DU CAMP (*princeps castrorum*) : second centurion* des cohortes prétoriennes*.
PRINCE DE LA JEUNESSE (*princeps iuventus*) : titre porté par un prince de la maison impériale, premier sévir* d'un escadron de cavalerie.
PRINCE DE LEGION, ou du prétoire (*princeps legionis/praetorii*) : sous l'Empire*, le second centurion de la légion* chargé surtout de l'administration du corps.
PRINCE DES PEREGRINS (*princeps peregrinorum*) : commandant de la garnison d'étrangers* que Septime Sévère (193-211) installa à Rome sur le Coelius.
PRINCE DU SENAT (*princeps senatus*) : premier sénateur* inscrit sur la liste officielle dressée par les censeurs*. Il a le privilège de prendre le premier la parole au Sénat. L'Empereur* est *ipso facto* prince du Sénat.
***Princeps Optimus* (très bon prince) :** titre honorifique décerné à Trajan (98-117) par le Sénat*.
***Principalis* : 1.** Soldat dit *immunis*, c'est-à-dire exempt de corvée. Il se situe dans la hiérarchie militaire entre les simples soldats et les centurions*. Il correspond à un sous-officier ou à un soldat spécialisé. **2.** Sous le Bas-Empire le terme désigne aussi un membre éminent de l'élite municipale des décurions*. **3.** *Principalis* (*via*) : cf. Camp.
PRINCIPAT : régime instauré par Auguste*, plus communément désigné sous le nom d'Empire*. L'appellation vient du titre de *princeps* pris par Auguste. Les pouvoirs du prince sont tous hérités de la période républicaine : il s'agit essentiellement de la puissance tribunicienne* et de l'*imperium* proconsulaire, peut-être *maius et infinitum* (c'est-à-dire limité ni dans le temps ni dans l'espace). Il faut y ajouter aussi le pontificat* suprême, le droit de convoquer le Sénat*, le pouvoir des censeurs*. La nouveauté est que tous ces pouvoirs sont cumulables sur une même personne et non limités dans le temps ; ils deviendront également transmissibles. Intervient enfin dans le principat la notion d'*auctoritas* sur laquelle Auguste lui-même a beaucoup insisté : « Je l'ai emporté sur tous en autorité, mais je n'ai pas eu plus de pouvoir qu'aucun de mes collègues dans mes diverses magistratures. » (*Res gestae*, 34). L'*auctoritas* ne confère théoriquement aucun pouvoir institutionnel nouveau, mais augmente le prestige du prince en lui conférant une autorité supérieure qui renforce par là même ses pouvoirs. Cette autorité s'exprime dans la titulature officielle par le terme *Augustus*, la filiation divine (*Divi filius*), le titre de *pater patriae* ; elle s'exprime aussi par le laurier et la couronne civique qui lui sont décernés, ainsi que par le *clipeus virtutis* suspendu dans la Curie*. Elle est aussi un des fondements du culte impérial, car elle place le prince au-dessus des hommes. On peut considérer qu'en 17 av. J.-C., à l'occasion des jeux séculaires*, Rome est définitivement passée du régime de la République* à celui du Principat.
***Principes* :** dans la légion*, soldats armés du *pilum*, formant à partir de la réforme de Camille (IVe siècle av. J.-C.) la deuxième ligne des manipules*. Il existe aussi des *principes classiarii*, mais on ignore quelle fonction et quelle place ils occupent dans la hiérarchie de la marine*.
***Principia* :** quartier général dans les camps* romains.
***Principium* :** première curie* ou première tribu* appelée à voter lors des comices*.
PRISON (*carcer*)/PRISONNIER : l'emprisonnement résulte de la procédure de la *manus iniectio* et a un but coercitif : contraindre le débiteur à payer sa

dette pour obtenir sa libération. L'emprisonnement dans la demeure du créancier n'est interdit qu'en 338 ap. J.-C. Il existe d'autre part des prisons d'Etat où sont détenus les criminels, essentiellement à titre préventif ou pour être exécutés, car des peines de prison sont rarement prononcées. La prison la plus célèbre de Rome est le *Tullianum* au pied du Capitole*. La direction des prisons est assurée par les *triumviri capitales* à partir de 289 av. J.-C. Les prisonniers de guerre sont vendus comme esclaves, restitués contre rançon, ou bien exécutés comme ce fut le cas pour Jugurtha ou Vercingétorix. Un Romain fait prisonnier à l'étranger peut retrouver sa citoyenneté* par la procédure du *postliminium*.

PRIVILEGE (*privilegium*) : projet de loi présenté en faveur ou à l'encontre d'un citoyen* particulier. De tels projets, qui nuisent à l'égalité entre citoyens, furent interdits dans la Loi des Douze Tables*.

PRIX : les prix dépendent de la loi de l'offre et de la demande. En période d'inflation, lorsque les masses d'argent en circulation sont considérables par suite des conquêtes notamment, les prix des denrées peuvent décupler. Certains Empereurs* en période de crise ont tenté une action autoritaire sur les prix (édit du maximum de Dioclétien en 301), mais cette politique dirigiste fit faillite. D'une façon générale les prix ne cessent d'augmenter sous l'Empire*, en même temps d'ailleurs que la monnaie* se dévalue.

PROCES : cf. Action de la loi, Action formulaire, Justice, *Quaestio*, Tribunaux.

PROCONSUL (*pro consule*) : promagistrat* ayant l'*imperium* consulaire. Il est chargé notamment du gouvernement des provinces* consulaires. Un préteur* peut être promu proconsul si les nécessités du commandement l'imposent. En 52 av. J.-C. Pompée décide que les consuls ne peuvent être nommés proconsuls qu'après un intervalle de 5 ans ; ils deviennent alors de simples fonctionnaires qui ne sont plus nommés par les comices*. Sous l'Empire*, les proconsuls sont les gouverneurs des 10 provinces sénatoriales*. L'Empereur* dispose lui en permanence du pouvoir proconsulaire.

PROCULIENS : école de juristes se recommandant de Proculus (Ier siècle ap. J.-C.).

PROCURATEUR (*procurator*) : suppléant des curateurs* ; mandataire chargé par exemple de l'administration des biens. En justice, le *procurator ad litem* est un représentant judiciaire chargé des procès, comme le *cognitor*. Sous l'Empire*, le terme désigne aussi les fonctionnaires* impériaux, de rang équestre, mandatés par le Prince* à la tête des services administratifs (les *alimenta*, l'annone*, les eaux, le fisc*, la maison* de l'empereur, les mines*, la poste*, les douanes*, etc.) ou auprès des gouverneurs* de province après leur service militaire. Dans certaines provinces frontalières (provinces dites procuratoriennes), le procurateur fait fonction de gouverneur*. On accède à la carrière procuratorienne équestre si on appartenait à l'ordre équestre*, ou si on a fait une carrière dans le prétoire.

PRODIGE (*prodigium*) : événement extraordinaire interprété comme la manifestation spontanée de la volonté divine (exemple : éclair dans un ciel dégagé, pluie de cendres). Il faut alors apaiser les dieux par une cérémonie expiatoire (*procuratio*) selon les rites que connaissent les pontifes*. Si le signe est trop obscur et qu'on ne trouve pas le rituel correspondant, on consulte les haruspices* ou le collège des *quindecimviri sacris faciundis*.

PROFESSION (*professio*) : déclaration de candidature présentée devant le magistrat chargé de présider les comices*. Pour le sens moderne du terme, cf. Métier.

PROHIBITION (*prohibitio*) : interdiction faite à un magistrat* par son supérieur de réaliser un projet. Si le magistrat passe outre, l'acte n'est pas annulé, mais il encourt une punition pour désobéissance.

PROLETAIRE (*proletarius*) : citoyen* non inscrit au cens* qui n'a pour seule richesse que sa progéniture. Il n'est enrôlé dans l'armée* qu'en cas de levée de masse (*tumultus*) et il ne paie pas d'impôt*.

PROMAGISTRAT : magistrat dont on proroge l'*imperium*, en général pour un an, ou tout citoyen*, même non-magistrat, à qui l'on délègue à titre personnel ce pouvoir. Le promagistrat exerce toujours sa fonction hors de Rome. Un promagistrat ne peut être élu par le peuple, car il serait alors magistrat, ni nommé par un autre magistrat car il serait alors préfet* ou légat*. Un magistrat peut être en même temps promagistrat : ainsi les questeurs* de provinces sont en même temps propréteurs*. En 52 av. J.-C. la *Lex Pompeia* supprime la prorogation, les promagistratures étant données à des ex-magistrats 5 ans après leur sortie de charge ; dès lors les promagistratures deviennent autonomes et ne constituent plus des suppléances aux magistratures régulières. Cf. Proconsul, Propréteur, Proquesteur.

***Promissio* :** cf. *Stipulatio*.

PROMULGATION (*promulgatio*) : affichage d'un projet de loi* avec indication du jour de vote.

PRONONCIATION (*pronuntiatio*) : déclaration officielle du juge* sur l'existence ou non du droit prétendu par le demandeur.

PROPRETEUR (*propraetore*) : promagistrat* revêtu de l'*impérium* du préteur*. Sous l'Empire*, les légats* de l'Empereur* reçoivent le titre de propréteurs.

PROPRIETE (*proprietas*) : le droit de propriété réservé au citoyen* romain père de famille* s'appelle *dominium ex iure Quirito* (propriété selon le droit des Quirites) ; il s'exerce sur les *res mancipi* ; l'exercice du droit de propriété s'appelle le *ius commercii*, et comprend trois capacités distinctes : la faculté d'acheter et de vendre (*ius emendi et vendendi*), la faculté d'engager les biens (*ius nexus*), et la faculté d'hériter et de tester (*ius hereditatum et testamentifactionis*). La *proprietas* désigne le droit de propriété de l'Etat sur le sol des provinces* qui lui ne relève pas des *res mancipi*. En conséquence l'Etat exige une redevance (*vectigal* ou *stipendium*) des possesseurs usufruitaires (et non pas propriétaires) de ce sol. A noter que le sol d'Italie* peut être propriété légale de ses différents occupants grâce à la collation du *ius commercii* aux villes fédérées ou annexées.

PROPRIETE ECCLESIASTIQUE : à l'origine l'Eglise* qui n'a pas d'existence juridique ne peut disposer de biens propres ; avec la reconnaissance du christianisme, Constantin (306-337) restitua leurs biens aux communautés épiscopales, puis les autorisa à recevoir des legs et donations qui constituèrent le patrimoine ecclésiastique.

PROQUESTEUR (*pro quaestore*) : promagistrat* revêtu du pouvoir du questeur*. Le questeur n'a pas d'*imperium*, mais son rôle dans l'organisation militaire fait qu'on peut lui déléguer la questure.

PROROGATION (*prorogatio*) : procédure consistant à prolonger l'*imperium* d'un magistrat au-delà de la durée de sa charge.

***Proscenium* :** dans un théâtre*, le devant de la scène où jouent les acteurs.

PROSCRIPTION (*proscriptio*) : publication d'une liste ; il s'agit de la liste des biens des condamnés qui sont mis aux enchères (*proscriptio bonorum*), ou bien de la liste des citoyens* déclarés hors la loi, et dont les biens sont confisqués par l'Etat. On peut tuer un proscrit en toute impunité. Cette procédure permet de procéder à des purges parmi les opposants politiques et de constituer des fonds. Une première épuration eut lieu en 87 av. J.-C. à l'initiative de Marius et Cinna, mais il ne s'agissait pas d'une proscription stricto sensu car aucune liste nominale n'avait été affichée, et les règlements de compte furent aveugles. La première « vraie » proscription fut celle opérée en 82-81 av. J.-C. par Sulla qui élimina ainsi 80 sénateurs et 440 chevaliers à la suite de la *lex Cornelia* sur les ennemis de la République (*de hostibus Rei Publicae*). Il faudra attendre la loi *Antonia* de 49 av. J.-C. pour rétablir les proscrits encore vivants et leurs fils dans l'intégralité de leurs droits. De nouvelles proscriptions eurent encore lieu en 43-42 sous le deuxième triumvirat*, avec une liste de 300 sénateurs et 2 000 chevaliers.

***Protector* :** garde du corps affecté à la défense de l'Empereur* ; la création des *protectores Augusti* date du milieu du IIIe siècle ap. J.-C. sous Gallien (260-268).

***Protostasia* :** en Orient sous le Bas-Empire*, taxe militaire en nature que paient les propriétaires terriens.

***Prototypia* :** en Orient sous le Bas-Empire*, taxe militaire en nature que versaient les cités ; elle fut abolie par Valens en 375.

***Providentia principis* :** la prévoyance du prince* ; c'est une des vertus qui servent de fondement et de justification au pouvoir impérial. Elle peut même devenir une divinité propre. Ce thème connaît une grande faveur sous Aurélien (270-275) ; avec les Empereurs chrétiens la *providentia* devient celle de Dieu qui protège et guide le prince.

PROVINCE (*provincia*) : à l'origine le terme désigne le secteur de compétence d'un magistrat* ; à partir de 227 av. J.-C., il sert à définir la situation des territoires pérégrins soumis au tribut*, et le commandement du magistrat envoyé dans ces territoires. Des commissions sénatoriales de 10 membres définissent les limites, les droits et obligations des provinces ; l'ensemble des décisions prises par la commission est désigné sous le terme de *Lex provinciae*. Sous la République*, les provinces ont à leur tête un gouverneur* qui est au départ un préteur* nommé pour un an, assisté d'un questeur* et de légats* ; le nombre de préteurs ne suffisant pas, on désigna ensuite comme gouverneur un magistrat, préteur ou consul*, sorti de charge (propréteur* et proconsul*) On compte à la fin de la République 17 provinces : la Sicile (241), la Sardaigne et la Corse (231), l'Espagne citérieure et ultérieure (197), l'Illyrie (167 à 45), la Macédoine-Achaïe (146), l'Afrique (146), l'Asie (129), la Narbonnaise (120), la Gaule Cisalpine (81), la Bithynie (74), Cyrène et la Crète (74 à 67), La Cilice et Chypre (64 à 58), la Syrie (64), la Gaule transalpine (51), l'Egypte (30), et la Moesie (29 ?). On distingue les provinces consulaires et les provinces prétoriennes (cf. carte 3).

A partir d'Auguste* (27 av. J.-C.) on distingue les provinces sénatoriales toujours dirigées par un proconsul ou un propréteur, et les provinces impériales dirigées par un légat d'Auguste propréteur* (de rang consulaire ou prétorien) assisté pour les finances d'un procurateur* de rang équestre, ou par un préfet* de rang équestre, appelé procurateur*, s'il n'y a pas de légion* dans la province. Chaque province a un chef-lieu où se trouve l'autel* de Rome et d'Auguste et où se réunit l'assemblée* provinciale (cf. carte 4). Au Bas-

Empire*, les provinces sont regroupées en diocèses* (cf. carte 5). On distingue alors les grandes provinces à gouverneur militaire (*dux*), et les provinces plus petites à gouverneur civil (*praeses*).
Provocatio (ad populum) **:** droit d'appel* aux comices centuriates* pour les citoyens* condamnés à la peine capitale. Les jugements rendus par le dictateur* et les jurys* ne sont pas susceptibles de *provocatio*.
Proximi : appariteurs ; personnel subalterne travaillant dans les bureaux* de la chancellerie impériale au Bas-Empire*.
PUBLICAIN (*publicanus*) : tout adjudicataire d'un service public (travaux publics ou perception des impôts*). Il doit faire l'avance à l'Etat des fonds qu'il est ensuite chargé de recouvrer moyennant de substantiels bénéfices si l'on en croit la mauvaise réputation qui entoure cette charge. Les publicains sont organisés en véritables sociétés financières, et constituent de ce fait un ordre très puissant, car détenteur de gros capitaux. L'exercice de la magistrature* et la dignité de sénateur* sont incompatibles avec cette activité, où l'on trouve par contre des chevaliers*. Les baux de fermage sont passés avec eux pour cinq ans par l'intermédiaire des censeurs*. César* réduisit leurs activités en les privant notamment du fermage de l'impôt sur la province d'Asie. Sous l'Empire* leur rôle continue à diminuer, la perception de l'impôt s'effectuant de plus en plus de façon directe par l'intermédiaire des questeurs* ou des procurateurs*.
Publicatio bonorum **:** cf. Proscription.
Publicia **(*lex*) : 1.** Proposition du tribun* C. Publicius Bibulus en 209 av. J.-C. pour abroger l'*imperium* de M. Claudius Marcellus. **2.** Plébiscite* du même tribun limitant les cadeaux que recevaient les patrons* de leurs clients* à l'occasion des Saturnales*. **3.** Loi d'époque inconnue interdisant les jeux* de hasard.
Publilia **(*lex*) : 1.** Plébiscite* du tribun* Publilius Volero en 471 av. J.-C., transférant des curies* aux tribus* l'élection des tribuns* de la plèbe. **2.** Lois* du dictateur* Q. Publilius Philo en 339 av. J.-C. renforçant la loi *Valeria Horatia* de 449, demandant que la *patrum auctoritas* soit donnée par anticipation aux projets de loi, et instituant qu'un des censeurs* doit être plébéien. **3.** Loi d'époque inconnue autorisant la *manus iniectio* au garant (*sponsor*) qui a payé la dette du débiteur, si ce dernier ne l'a pas remboursé au bout de 6 mois.
Publilia Philonis **(*lex*) :** loi* de 339 av. J.-C. qui modifie le rôle du Sénat* pour la validité des lois : son autorité s'exerce désormais avant le vote ; seul le vote des comices tributes* peut valider la loi. La même loi admet les plébiscites* touchant à la constitution, mais en les soumettant à la formalité de la *patrum auctoritas*.
Publilia Voleronis **(*lex*) :** loi* de 471 av. J.-C. faisant élire les tribuns* et les édiles* par les conciles de la plèbe.
PUISSANCE TRIBUNICIENNE (*potestas tribunicia*) : cf. Tribun.
PUNIQUES (*Punici*) : autre nom des Carthaginois.
PUNITIONS MILITAIRES (*poenae*) : elles sont infligées aux citoyens* par les tribuns militaires*, et aux alliés* par le préfet des alliés*. Les officiers ne sont punis que par le général qui peut seul condamner à la peine capitale. Les peines sont individuelles ou collectives. La peine la plus légère est la privation de solde ou de butin. Viennent ensuite la dégradation (*militiae mutatio* ou *gradus eiectio* pour un officier), les flétrissures ignominieuses — corvées, désarmement (*censio hastaria*), l'exposition devant le prétoire, exclusion du

camp —, le congé infamant (*missio ignominiosa*, ou *exauctoratio*) qui fait perdre le droit à la retraite, la bastonnade (*fustuarium*), la décapitation après bastonnade. La bastonnade fut supprimée pour les citoyens* romains par la troisième loi *Porcia*. Les déserteurs sont condamnés aux supplices* (croix, mutilations, empalement, exposition aux bêtes).

***Pupia* (*lex*) :** loi* de 71 av. J.-C. défendant au Sénat* de tenir des séances durant les comices*.

***Pupia Valeria* (*lex*) :** proposition des consuls* M. Pupius Piso et M. Valerius Messala Niger en 61 av. J.-C. pour créer un tribunal* extraordinaire contre Clodius accusé d'inceste.

PUPILLE : désigne tout enfant impubère placé sous tutelle*.

PURIFICATION : cf. Lustration.

***Puteal* :** monument circulaire en pierre que l'on place à l'endroit où la foudre est tombée.

PYDNA (bataille de) : bataille consacrant en 168 av. J.-C. la victoire de Paul-Emile sur l'armée macédonienne de Persée.

PYRRHIQUE (*pyrrhica*) : ballet dramatique et mimique, exécuté sous l'Empire* par des danseurs et des danseuses. Il ne faut pas confondre ce divertissement avec la pyrrhique, danse militaire d'origine dorienne.

Q

***Quadragesima* :** taxe du quarantième de la valeur d'un objet. Elle touche la Gaule, l'Asie, ainsi que les objets de luxe en Italie. *Quadragesima Galliarum :* circonscription douanière comprenant les trois Gaules, la Narbonnaise et les provinces alpines, où le taux du *portorium* est de 1/40. *Quadragesima litium* : taxe d'1/40 sur les procès instituée par Caligula (37-41).

***Quadrans/Quadrantal* :** cf. Poids et Mesures.

QUADRIGAT (*quadrigatus*) : cf. Monnaies.

QUADRIGE : attelage de 4 chevaux.

QUADRIREME (*quadriremis*) : cf. Navires de guerre.

***Quadrivium* : 1.** Carrefour où quatre routes se croisent. **2.** Les quatre disciplines, astronomie, géométrie, arithmétique et musique qui constituent parmi les sept arts libéraux* le sommet du cursus éducatif.

***Quaesitor* :** magistrat qui instruit une cause ou préside un tribunal* criminel.

***Quaestio* (pl. *quaestiones*) :** tribunal chargé de juger les affaires criminelles. Il est présidé par un préteur* ou un *quaesitor* (ex-édile), et les juges* qui le composent sont regroupés en décuries*. Le verdict est sans appel. On distingue les tribunaux extraordinaires (*quaestiones extra ordinem*) et les tribunaux permanents (*quaestiones perpetuae*) :

Les tribunaux extraordinaires sont chargés de remplacer les comices* pour juger les affaires criminelles ; le peuple délègue sa souveraineté à des juges* ou jurés qui peuvent ainsi juger sans appel. Pour certaines catégories de crimes, ces tribunaux d'extraordinaires devinrent permanents : le premier tribunal permanent est créé en 149 av. J.-C. par la *lex Calpurnia* pour juger les exactions des gouverneurs* ou crime de concussion (*quaestio perpetua repetundarum* ou *de repetundis*). D'autres tribunaux sont ensuite créés par Sulla pour juger les crimes de lèse-majesté* (*de maiestate*), de brigue (*de ambitu*),

d'assassinat (*de homicidio, de vicariis et veneficiis*), et de péculat* (*crimen de peculatu*). A l'époque de Cicéron il y a une dizaine de tribunaux permanents : parmi les nouveaux crimes jugés, les crimes de violence ou voie de fait (*de vi*), d'association secrète (*de sodaliciis*), de faux et usage de faux (*de falsis*), de fausse accusation (*crimen calumniae*), de mise abusive en esclavage (*de plagiis*). César étendit le crime de concussion à toutes les personnes exerçant une fonction publique, et créa un tribunal pour les affaires d'usure (*de modo credendi possidendique in Italia*). Un nouveau tribunal fut créé en 18 av. J.-C. pour le crime d'adultère (*crimen adulterii*), et les atteintes à l'approvisionnement de Rome (*crimen annonae*). L'accusateur doit être présent au procès, et l'accusé a toujours la possibilité de s'exiler. La parole est donnée à l'accusateur ; puis parlent l'accusé et ses avocats qui disposent d'un temps de parole plus important ; ensuite on produit et discute les témoignages. La sentence irrévocable est l'acquittement, la condamnation, ou le renvoi pour supplément d'enquête.
Sous l'Empire*, ces tribunaux cessent peu à peu de fonctionner, car la juridiction criminelle passe aux mains de l'administration impériale et du Sénat*.
***Quaestorium* :** partie du camp* romain réservée au questeur* près du *praetorium*. On y trouve les services d'intendance et de trésorerie militaire.
***Q(uando) R(ex) C(omitiavit) F(as)* :** abréviation marquée sur le calendrier* à la date du 24 février, qui clôture les fêtes militaires présidées par les Saliens*. A l'origine, le roi* passait en revue les troupes sur le *comitium* avant de refermer les portes du temple de Mars, ce qui signifiait la fin de l'année militaire.
***Quarta Falcidia* :** clause de la *lex Falcidia* réservant au minimum le quart d'un héritage aux héritiers légitimes.
QUARTIER : cf. *Regio*.
***Quatuordecim* :** renvoie au privilège des chevaliers*, consacré par la *lex Roscia Othonis* en 67 av. J.-C., de se voir réservés au théâtre les 14 premiers gradins.
***Quattuorvir* :** membre d'une commission de 4 magistrats :
– ***Quattuorviri viis in urbe purgandis* :** ils sont chargés de l'entretien des rues.
– ***Quattuorviri iure dicundo* :** **1.** Magistrats chargés depuis 318 av. J.-C. de la juridiction des 10 villes campaniennes à la place des préfets* ; Auguste* les supprima en 20 av. J.-C. **2.** Collège des magistrats dans les municipes* et parfois les colonies* ; ils comprennent les plus souvent deux édiles, et deux magistrats (duomvirs*) pour dire le droit.
QUERELLE (*querela*) : en justice le terme désigne la plainte. Deux plaintes ont été institutionnalisées par la procédure de la *cognitio extra ordinem*, la *querela inofficiosi testamenti*, et la *querela inofficiosae donationis*. Dans les deux cas il s'agit pour des héritiers directs de récupérer une partie de l'héritage dont ils ont été lésés à la suite d'un testament* ou une donation attribuant à d'autres héritiers la plus grande partie des biens.
QUESTURE/QUESTEURS (*quaestor*) : sous la royauté* il y avait deux questeurs chargés de juger les crimes de parricide et de haute trahison (*perduellio*). Sous la République ce collège passe à quatre magistrats, puis à 8 avec la *lex Titia* de 267 av. J.-C., à 20 avec la *lex Cornelia* en 81 av. J.-C., pour atteindre 40 sous César* et redescendre à 20 sous le Haut-Empire*. Ils sont élus par les comices tributes*. Leur charge est essentiellement financière. On distingue les 2 questeurs urbains (*quaestores urbani* ou *aerarii*) chargés du trésor* public, des archives, de la surveillance des enseignes* militaires, et

assistés par des secrétaires (*scribae aerarii*), et les questeurs pérégrins (*quaestores peregrini*) qui sont adjoints aux hauts magistrats pour s'occuper de l'administration financière hors de Rome, dans les provinces sénatoriales*, ou lors des expéditions militaires. Les questeurs ont au moins 25 ans, et leur charge est annuelle. C'est le premier échelon de la carrière des honneurs* ; il s'agit donc d'une magistrature inférieure qui a pour insigne la chaise non curule, un bâton et une bourse.
Différents types de questeur :
– **Questeur d'Auguste ou de César (*quaestror Augusti/Caesaris*) :** il est choisi par l'Empereur* pour l'aider dans différents domaines ; c'est lui notamment qui lit au sénat l'*oratio principis*. Il y a 4 questeurs du prince* sous l'Empire.
– **Questeur des aqueducs (*quaestor aquarius*) :** il est chargé de la surveillance et de la maintenance des aqueducs* et des fontaines. Sous l'Empire il est remplacé par un curateur*.
– **Questeur des consuls (*quaestor consulum*) :** ils sont au nombre de 4, et font partie des 22 questeurs établis sous l'Empire (avec les 2 consuls urbains, les 12 questeurs provinciaux, et les 4 questeurs de César).
– **Questeur de la flotte (*quaestor classicus*) :** il y a 4 questeurs chargés de la flotte* militaire et de la surveillance des côtes ; ils résident à Ostie, Calès, Ariminium et Lilybée. Cette charge disparaît sous l'Empire.
– **Questeur militaire (*quaestor militaris*) :** il assiste le préteur* ou le consul* pour les questions d'intendance et de trésorerie. Cette charge disparaît sous l'Empire.
– **Questeur d'Ostie (*quaestor Ostiensis*) :** questeur chargé de surveiller le débarquement des marchandises dans le port d'Ostie.
– **Questeur propréteur (*quaestor pro praetore*) :** assistant du proconsul* dans les provinces sénatoriales*.
– **Questeur provincial (*quaestor provincialis*) :** il assiste le gouverneur* dans les provinces avec des fonctions juridictionnelles analogues à celles des édiles curules*. Il y en a 12 sous l'Empire.
– **Questeur du palais impérial (*quaestor sacri palatii*) :** sous Constantin (306-337), ministre chargé de l'administration centrale au côté du primicier* ; il a sous ses ordres la schole* des notaires et les *scrinia* (bureaux).
QUINAIRE (*quinarius*) : monnaie* d'argent valant un demi-denier.
***Quinctia* (*lex*) : 1.** Lois données* à la Thessalie par le consul* T. Quinctius Flamininus en 197 av. J.-C. **2.** Loi du 30 juin 9 av. J.-C. proposée par le consul T. Quinctius Crispinus Sulpicianus pour assurer la protection des aqueducs*.
***Quincunx* :** cf. Poids et Mesures.
***Quindecimviri sacris faciundis* :** collège de quinze prêtres* chargés de la conservation et de l'exégèse des Livres Sibyllins*, du culte d'Apollon, et de la surveillance des cultes étrangers établis à Rome. Il existe aussi des commissions de 15 membres chargés des assignations* agraires, les *quindecemviri agris dandis assignandis*.
QUINGENAIRE (unité) : cohorte de 500 soldats.
***Quinquagesima* :** taxe douanière de 2 % prélevée dans les provinces d'Espagne.
***Quinquaginta decisiones* :** compilation de constitutions* impériales publiée par Justinien en novembre 530, qui servit de travail préparatoire aux *Digesta*.
QUINQUATRIES (*quinquatrus*) : fêtes* en l'honneur de Minerve qui ont lieu 5 jours après les Ides* de mars, et 5 jours après les Ides de juin.

Quinquefascales **:** désigne les légats d'Auguste propréteurs* en tant qu'ils ont droit à 5 faisceaux*.
Quinquennalis **:** nom du magistrat chargé du recensement dans les municipes* et les colonies*. Ils sont au nombre de 4 et possèdent la *potestas censoria* (pouvoir du censeur*).
Quinquennium Neronis **:** désigne les premières années du règne de Néron (54-68) considérées comme un âge d'or*.
QUINQUEREME (*quinqueremis*) : navire de guerre à 5 rangs de rameurs.
Quinqueviri **:** diverses commissions de 5 membres chargées des assignations* agraires (*agris dandis assignandis*), de gérer les prêts publics (*mensarii*), d'entretenir les bâtiments publics (*muris reficiendis*), de seconder les *tresviri capitales* dans les luttes contre les incendies (*uti cis Tiberim*).
Quinta et vicesima **:** taxe de 4 % sur la vente des esclaves* instaurée par Auguste*.
QUINTANE (*quintana*) : rue transversale du camp* romain, derrière le *praetorium*,.
QUIRINAL : colline la plus septentrionale de Rome, occupée à l'origine par les Sabins, et constituant l'une des 4 régions* de la Rome républicaine. On y distingue plusieurs hauteurs : le *Latiaris* au sud, le *Mucialis* ou *Sanqualis* à l'arrière, le *Salutaris* au nord. On y trouvait des monuments très anciens comme le premier temple de la Triade capitoline, le temple de Quirinus, la résidence du roi Numa. C'est aussi une colline très riche en sanctuaires avec les temples de Flore, de Salus, de Semo Sancus Dius Fidius, de Vénus Erycine, de Hercule, de Pudicitia Plebeia, de Spes, de Febris, et pas moins de quatre temples de la Fortune. On y enterrait dans le champ des supplices les vestales infidèles. Sous l'Empire*, on y construisit le camp des cohortes prétoriennes*, le temple de la gens Flavia, le temple de Sérapis dédié par Caracalla (211-217), le *mithraeum* dit Barberini, l'autel* élevé par Domitien (81-96) pour marquer les limites de l'incendie de Néron. Au Bas-Empire*, les monuments principaux sont les thermes* de Dioclétien (284-305), ceux de Constantin (306-337), et le portique militaire. La partie nord était occupée par les Jardins de Salluste ; c'était une zone résidentielle où ont habité des gens célèbres : Atticus l'ami de Cicéron, le poète Martial, Vespasien. On y a découvert aussi de riches sépultures, comme la tombe des Sempronii de la fin de la République*, ou l'hypogée de la Via Lattenza, avec une belle peinture du IVe siècle ap. J.-C. représentant Diane chasseresse, qui est en fait un nymphée* lié à une nappe souterraine.
Quirinalia **:** fête* au cours de laquelle chaque curie* procède à une purification (le 17 février). On l'appelle aussi la fête des fous (*stultorum feriae*).
Quirites **:** nom donné aux citoyens* romains ; s'oppose à *milites* qui désigne les soldats, c'est-à-dire les citoyens en armes. Etymologiquement, il pourrait s'agir des membres des curies*.

R

RAMEUR (*remex*) : sur les navires* de guerre, les rameurs (*remigium*) forment une catégorie à part, distincte des matelots et des soldats embarqués. Chaque rameur manie un seul aviron sous les ordres de l'*hortator* et au son du *celeusma*. Les rameurs d'un même rang (*transtra*) sont assis sur une même ligne horizontale située à 2 pieds au-dessus ou au-dessous du rang supérieur ou inférieur. La distance entre les lignes de rameurs est de 4 pieds. Les rameurs du rang supérieur manœuvrent une rame plus longue et donc plus lourde (13,5 pieds de long sur une trirème, 19,5 pieds sur une quinquirème). Une trirème a un équipage de 175 rameurs disposé sur trois rangs : 27 rameurs (sur chaque bord) au rang inférieur (les thalamites), 31 au rang intermédiaire (les zeugites) et 33 au rang supérieur (les thranites). La quinquirème emploierait 310 rameurs, mais on a du mal à concevoir leur disposition. A l'époque impériale les trirèmes connaissent deux systèmes de rames : celui où les rames traversent un *columbarium* (caisse de rames) dans des sabords ménagés à cet effet, et celui où les rames plongent dans l'eau en s'appuyant sur la partie inférieure de la caisse de rames à l'aide de tolets reposant sur un apostis. Les rameurs se recrutent parmi les alliés*, les étrangers*, parfois même, mais exceptionnellement, les esclaves. Cf. Marine.

***Ramnes* :** nom de l'une des trois tribus* primitives de Rome formant le patriciat*.

RATIAIRE (*ratiarius*) : batelier ; il pilote des radeaux ou des barques à fond plat qui servent de bac pour les traversées de rivières, ou également des trains de bois. Les ratiaires forment une corporation*.

***Rationalis* :** trésorier général. *Rationalis summarum rationum* : titre officiel du ministre des finances depuis Septime Sévère (193-211) *Rationalis summae rei privatae* : titre porté par l'intendant des biens particuliers de l'Empereur[30].

RAPINE (*rapina*) : délit de vol à main armé. Il entraîne l'infamie*, et oblige le voleur à payer le quadruple de la valeur des biens dérobés.

***Ratio* (pl. *rationes*) :** le livre de raison, puis par dérivation la comptabilité en général et le bureau qui s'en occupe (cf. *scrinium*). *Ratio privata* : fortune personnelle de l'Empereur* (cf. également *Res privata*).

RECENSEMENT : cf. Cens et Censeur.

RECETTES PUBLIQUES : cf. Finances, Impôt.

***Reciperatio* :** procédure judiciaire permettant à un étranger d'obtenir la restitution de son dû.

***Recitatio* :** lecture publique grâce à laquelle un auteur fait connaître son œuvre.

***Recognitio equitum* :** passage en revue des cavaliers* par les censeurs* pour vérifier le bon état de leur équipement. Sous l'Empire*, c'est le Prince* en personne qui passe en revue les cavaliers à l'occasion de la *transvectio equitum*.

***Reconditi libri* (livres secrets) :** instructions secrètes contenues dans les archives des augures*.

RECOMPENSES MILITAIRES : elles sont nombreuses et variées ; elles peuvent être en nature, comme la double ration ou une part plus importante du butin, ou honorifiques. Parmi ces dernières, on distingue l'éloge décerné publiquement par le général, et les décorations : bracelets (*armillae*), chaînes (*catellae*), colliers (*torques*), fibules, médaillons (*phalerae*), aigrettes (*cornicula*), armures prises sur l'ennemi (*spolia*), piques sans fer (*hastae purae*), guidons (*vexilla*), couronnes* (*coronae*). Les trois dernières sont réservées aux officiers. La couronne obsidionale et la couronne triomphale

30. A l'origine l'appellation est *procurator rationis privatae*, puis *magister rei privatae*. Au Bas-Empire* il devient *comes rerum privatarum*.

sont réservées aux généraux qui peuvent aussi être honorés de l'ovation*, du triomphe*, et, honneur suprême, des dépouilles opimes*.
RECRUTEMENT : cf. Armée, *Dilectus*, Service militaire.
RECTEUR (*rector*) : titre générique donné aux gouverneurs* de province à partir de Dioclétien (284-305). Au sein des recteurs, une hiérarchie est établie entre les *spectabiles*, les *clarissimi* et les *perfectissimi*.
RECUPERATEUR (*recuperator*) : juge* chargé de juger les gouverneurs* de province accusés de concussion* ; il fait partie d'une commission de 3 ou 5 membres, et le jugement se fait selon les procédures du droit privé*.
RECUSATION (*recusatio*) : le droit de récusation est réservé au défendeur qui peut refuser le juge* ou arbitre* nommé par le préteur*. Il est beaucoup plus étendu pour les sénateurs* et les chevaliers*.
***Regia* :** elle passe traditionnellement pour la maison du roi* ; elle se trouve sur le *Forum* républicain* entre le temple de Vesta, le temple du Divin Jules et le temple d'Antonin et Faustine (fig. 12 n° 24). En fait, elle a été construite vers 509 av. J.-C. par le *rex sacrorum*. Dans son enceinte se trouvent les sanctuaires de Mars et d'*Ops Consiva*. C'est le centre religieux de Rome. Dans la *Regia* étaient entreposés les boucliers* sacrés, les archives des pontifes*, le calendrier* et les Annales* de Rome. Les *fastes consulares* et *fastes triumphales* furent gravés sur ses murs lors de la réfection de 36 av. J.-C.
***Regifugium* (fuite du roi) :** cérémonie expiatoire célébrée le 24 février. Cf. Fêtes.
REGILLE (bataille du lac) : victoire romaine sur les Latins en 496 av. J.-C.
REGION AUGUSTEENNE (*Regio augustea*) : division de Rome et du territoire Italien sous Auguste en 7 av. J.-C. Rome est divisée en 14 régions (on dirait aujourd'hui arrondissements) : 1. Porte Capena ; 2. Mont Caelius ; 3. Isis et Serapis ; 4. Temple de la paix ; 5. Esquilin ; 6. Alta Semita ; 7. Via Lata ; 8. Forum Romanum et Magnum ; 9. Cirque Flaminius ; 10. Palatin ; 11. Cirque Maximus ; 12. Piscine publique ; 13. Aventin ; 14. Transtibérin. Ces régions, placées sous l'autorité d'un tribun de la plèbe ou d'un édile, sont divisées à leur tour en *vici* (= quartiers). Cf. carte 8.
L'Italie est divisée en 12 régions : 1. Latium et Campanie ; 2. Apulie et Calabre ; 3. Bruttium et Lucanie ; 4. Samnium ; 5. Picenum ; 6. Ombrie ; 7. Umbrie ; 8. Etrurie ; 9. Emilie ; 10. Ligurie ; 11. Vénétie-Histrie ; 12. Transpadane. Cf. carte 2.
REGION SERVIENNE : selon la tradition, Servius Tullius aurait divisé la ville de Rome en quatre régions qui seraient à l'origine des quatre tribus urbaines (la *Suburana*, l'*Esquilina*, la *Collina* et la *Palatina*.) d'où dériverait l'expression *Roma Quadrata*.
***Reiectio civitatis* :** perte du droit de cité* par abandon volontaire.
RELATION (*relatio*) : acte par lequel un magistrat* saisit le Sénat* d'une proposition. Sous l'Empire*, la proposition faite par l'Empereur* a priorité sur toutes les autres. *Ius relationis* : droit d'initiative parlementaire des magistrats et de l'Empereur.
RELEGATION (*relegatio*) : peine infligée par l'Empereur* équivalant d'un point de vue juridique à l'exil volontaire du condamné qui de ce fait ne perd pas sa citoyenneté comme dans le cas de la déportation*.
RELIGION (*religio*) : la religion romaine est extrêmement complexe parce qu'elle s'est formée à partir d'éléments extérieurs venant se greffer sur le vieux fonds italique, qu'elle a environ 1 000 ans d'histoire, et qu'elle touche

tout le pourtour du monde méditerranéen. Même à l'intérieur de la seule ville de Rome il faut parler de religion**s** des Romains, puisque la religion publique officielle comprend plusieurs rites : rite étrusque, rite romain, rite grec, auxquels viennent s'ajouter des pratiques orientales (égyptiennes et syriennes). Les Romains eux-mêmes distinguent les divinités traditionnelles (*indigetes*), et les divinités nouvelles (*novensiles*). Il ne faut pas oublier aussi que des religions monothéistes, comme le judaïsme et le christianisme, ont été pratiquées, à Rome et dans l'Empire*, par des citoyens romains.
Pour ne s'en tenir qu'à la religion polythéiste des Romains, on peut noter à la base l'importance des cultes agraires et domestiques ; en effet l'organisation patriarcale et l'économie agro-pastorale de la Rome primitive ont profondément marqué les mentalités. Cette importance se note à deux niveaux : la multiplicité des *numina*, et les fêtes* traditionnelles du calendrier*. La religion domestique s'articule autour de quatre entités : le Lare* (divinité extérieure du terroir de la demeure), les Pénates* (divinités intérieures transmises par la lignée), le Génie*, (divinité spécifique du maître de la maisonnée), et les Mânes* (ancêtres défunts). Les Romains participent également à la religion de leur quartier et à celle de leur corporation. En tant que citoyens*, ils participent enfin à la religion publique lors des fêtes et des sacrifices*, ce qui confirme l'aspect très communautaire de cette religion. A ce niveau on relève l'empreinte laissée par le panthéon grec, comme le montre par exemple le portique des 12 dieux conseillers. A l'origine le principal regroupement divin était constitué par la Triade* Jupiter (souveraineté), Mars (force guerrière), Quirinus (prospérité) qui à partir du Ve siècle se transforme pour devenir la Triade capitoline, Jupiter, Junon et Minerve. A cela il faut ajouter les influences extérieures : philosophiques avec les doctrines comme l'orphisme*, le pythagorisme*, le stoïcisme*, et l'épicurisme*, et religieuses avec l'apport des religions orientales* (Mithra, Isis, Cybèle).
Un dernier aspect de la religion romaine, est son caractère très ritualiste et scrupuleux, comme l'indique l'étymologie du mot *religio* : lien (*religare*) avec les dieux par le biais de l'observation scrupuleuse (*religere*) des rites. L'origine en est peut-être étrusque, dans la mesure où les principaux recueils de rituels sont étrusques. Le contact avec les dieux se fait en effet par la prière*, le sacrifice*, ou la divination*. De ce point de vue, l'observation des présages* et la prise des augures* qui ponctuent tous les actes publics des Romains, ont pu faire parler d'une orthopraxie et non pas d'une orthodoxie de la pratique religieuse. Une telle attitude renforçait le sens du devoir qui caractérise la morale traditionnelle dont les valeurs fondamentales comme la *pietas* et la *gravitas* sont tout à fait dans l'esprit de cette religion. Dès lors, l'athéisme strict est impossible, car il suppose une marginalisation totale par rapport aux pratiques communautaires. L'accueil favorable fait aux divinités étrangères, voire ennemies, qui a abouti à de nombreux syncrétismes locaux, comme Baal et Saturne en Afrique, peut aussi s'expliquer en partie par le souci constant des Romains de vivre en paix avec les dieux, quels qu'ils fussent.
L'introduction du culte impérial* à partir d'Auguste* doit être replacé dans le contexte hellénistique des honneurs rendus aux hommes exceptionnels. Il est d'ailleurs intéressant de noter qu'Auguste a restauré le calendrier liturgique, les rites tombés en désuétude, les prêtrises devenues vacantes. Les cultes publics de la religion traditionnelle ne sont donc en aucun cas supplantés par le culte impérial. Enfin, l'attrait pour les religions à mystères ou sotériolo-

giques est également à replacer dans le cadre de sensibilités religieuses nouvelles où les notions d'individu et de salut personnel ont plus d'importance que celles de citoyen et de permanence de la communauté. On comprend que dans cette optique, le judéo-christianisme et le stoïcisme aient été longuement en concurrence.
RELIGIONS ORIENTALES : ce sont les religions étrangères d'origine orientale introduites à Rome après des contaminations helléniques. Ce terme générique ne doit pas faire oublier les particularismes locaux. Elles se distinguent de la religion romaine en ce qu'elles s'adressent à des petites communautés distinctes de la cité, et qu'elles proposent au terme d'une initiation, une révélation et une assurance d'immortalité et de bonheur dans l'au-delà (religions eschatologiques et sotériologiques).

DIVINITE	ORIGINE	ARRIVEE EN ITALIE
ATAGARTIS (Dea Syria)	SYRIE	IIe-Ier siècles av. J.-C.
CYBELE et ATTIS	ASIE MINEURE	205 av. J.-C.
ISIS et SERAPIS	ALEXANDRIE	105 av. J.-C.
JUPITER HELIOPOLITAIN	HELIOPOLIS (Liban)	Ier siècle av. J.-C.
JUPITER DOLICHENUS	DOLICHE-DÜLÜCK (Asie Mineure)	IIe siècle ap. J.-C.
MITHRA	IRAN	Ier siècle ap J.-C.

REMANCIPATION (*remancipatio*) : procédure par laquelle le mari renonce à sa puissance maritale sans avoir recours au divorce.
***Remnia ou Remmia (lex)* :** plébiscite* d'un tribun* Remnius vers 91 av. J.-C. mettant en cause la responsabilité du demandeur en cas d'accusation calomnieuse.
REMUNERATION (de l'Etat) : à l'origine les charges publiques (*munera*) ne sont pas rémunérées ; tout au plus les gouverneurs* de province ont-il droit à des subsides (*ornatio provinciae*) pour supporter les frais de leurs charges. Ce n'est qu'avec la mise en place de l'administration impériale qu'apparaissent des fonctionnaires* dont la hiérarchie est marquée par toute une échelle de salaires.
***Renuntiatio* :** annonce du vote des comices*. Cette proclamation des résultats par le président des comices, dépositaire des auspices*, est indispensable pour que l'élection du magistrat soit validée. Cette pratique est encore conservée sous l'Empire*. *Renuntiatio amicitiae* : déclaration officielle par laquelle l'Empereur* rompt publiquement avec une personne qui l'a offensé.
REPAS : les Romains font normalement 3 repas par jour : au réveil le petit déjeuner (*ientaculum*), vers midi un casse-croûte rapide (*prandium*), et en milieu d'après midi, vers 15h, le repas principal (*cena*) qui se termine normalement la nuit tombée. Avant le IIe siècle av. J.-C., le repas principal avait lieu à midi, et le soir il y avait un souper (*vesperna*). Dans le cas de festins (*epulae*), la *cena* se prolonge par la *comissatio* ou la *repotia*, et se termine fort tard dans la nuit. Une des vertus romaines était la frugalité, mais le luxe de la table malgré les lois somptuaires* imposées par le Sénat* sous la Répu-

blique*, finit par devenir une manifestation de la réussite sociale. Cf. également Gastronomie.

***Repetitio auspicorum* (reprise des auspices) :** à chaque fois qu'un vice est constaté par les augures* dans la prise des auspices*, il faut recommencer l'opération. Dans le cas des auspices militaires pris hors de Rome, le magistrat doit revenir sur le Capitole* pour les reprendre à la source.

***Repetundae* :** cf. *Res repetundae*.

REPLICATION (*replicatio*) : terme de procédure indiquant une réplique du demandeur à une objection formulée par la défense.

REPONSES (*responsa prudentium*) : décisions prises par les jurisconsultes* brevetés en vertu du *ius respondendi* que leur avait conféré Auguste. Jouissant d'une grande autorité, elles constituent des sources importantes du droit* coutumier et font jurisprudence dès lors qu'elles sont concordantes.

***Repotia* :** fête qui suit un repas, notamment lors des cérémonies du mariage* où le nouveau marié doit offrir une fête le lendemain des noces à l'occasion de laquelle la mariée reçoit ses parents et offre son premier sacrifice aux divinités de son nouveau foyer.

REPRESENTATIONS DRAMATIQUES (*ludi scaenici*) : cf. Théâtre.

REPRESENTATION JUDICIAIRE : elle est inconnue jusqu'à la fin de la République* ; les deux parties qui ont la capacité juridique doivent comparaître au procès. Une exception est admise par la *lex Hostilia* dans le cas d'un vol lorsque la victime est prisonnière chez l'ennemi ou en déplacement à l'étranger. Il existe cependant des formules de procès avec transposition de personnes (*actio adiectititiae qualitatis*). Il est enfin possible à une partie de se faire représenter, mais c'est le représentant et non pas elle, qui sera partie effective au procès. Il y a deux types de représentants possibles : le *cognitor* (pour les vieillards et les malades) et le *procurator* (pour les propriétaires qui ne peuvent séjourner sur leur domaine).

REPRESSION (pénale) : jusqu'à la Loi des Douze Tables* la répression pénale à Rome est de nature religieuse et très sévère (principe du talion, mise à mort, consécration à une divinité, sacrifice expiatoire). Par la suite les peines sont codifiées et proportionnées à la mesure du délit ou du crime. A noter qu'il n'y a pas égalité des citoyens devant les peines, car la répression est plus sévère pour les *humiliores* que pour les *honestiores*. Dans le domaine militaire, cf. Peines militaires.

REPUBLIQUE (*Res publica*) : régime politique de Rome depuis 509 av. J.-C., date traditionnelle de la fin de la Royauté*, jusqu'au Principat* d'Auguste (31, 29, 27 ou 23 av. J.-C. selon les auteurs). On distingue 3 périodes : des origines jusqu'à la fin de la deuxième guerre punique (201 av. J.-C.), on assiste à la conquête de l'Italie et à la constitution d'une classe dirigeante mêlant patriciens* et plébéiens* ; le IIe siècle voit la conquête du monde méditerranéen, et enfin le Ier siècle connaît les secousses de la guerre sociale*, des guerres civiles* et la montée des hommes forts. Ce régime qui n'a pas de constitution précise se caractérise par un pouvoir partagé entre le Sénat* et le Peuple*. En fait, la notion latine de *Res Publica*, ne désigne pas la République au sens moderne du terme, ni même l'Etat ; elle est la « chose du peuple », par opposition au privé (*res privata*), et désigne ce peuple* comme une organisation politico-juridique où chaque citoyen*, par son étroite union à la communauté, est solidaire des autres, et se voit ainsi garantir sa propre liberté en même temps que celle de l'Etat. Il ne faut pas non plus identifier la République romaine avec un régime démocratique : s'il est indéniable que le peuple réuni en comices* exerce sa souveraineté en élisant les magistrats, en votant les lois, et en intervenant en justice par le biais de la *provocatio ad populum*, il n'en reste pas moins que le vote d'un citoyen dépend de la classe censitaire* à laquelle il appartient (ainsi les riches disposent de la majorité), et que le pouvoir politique reste entre les mains des sénateurs qui sont recrutés uniquement dans la *nobilitas*. Les magistrats eux-mêmes ne sont que des exécutants qui dirigent l'Etat sous le contrôle du Sénat. En matière de justice surtout, la République romaine est loin de la démocratie athénienne. En ce sens la République romaine est beaucoup plus proche de ce que les Grecs appelaient une oligarchie. On peut parler aussi de République aristocratique.

REPUDIATION (*repudatio*) : elle équivaut au divorce*. Dans le mariage *cum manu*, le mari seul a le droit de répudier sa femme. Dans le mariage *sine manu*, la femme peut elle aussi répudier son mari, et jusqu'aux Antonins (96-192) le père de la mariée peut récupérer sa fille. La répudiation peut être tacite et se faire par consentement mutuel, lorsque l'un des deux conjoints par exemple se remarie.

***Rescissio actorum* :** nullité rétroactive qui frappe les actes d'un Empereur* dont la mémoire a été condamnée.

***Res Gestae Divi Augusti* :** autobiographie d'Auguste* connue par une inscription bilingue d'Ancyre et un texte retrouvé à Antioche. L'original était gravé sur bronze dans son Mausolée*.

***Res privata* :** caisse personnelle de l'Empereur* distincte du *patrimonium* elle voit le jour sans doute sous Hadrien (117-138), puis est réformée sous Septime Sévère (193-211). Elle est gérée par un *procurator rationis privatae* (cf. également *Ratio*).

***Res repetundae* :** restitution des biens ; si un gouverneur* a commis des exactions durant sa charge, il est condamné (par un tribunal* spécial qui devient permanent à partir de la *lex Calpurnia* de 149 av. J.-C.) à restituer les sommes extorquées.

RESCRIT (*rescriptum*) : réponse donnée par l'Empereur* à des demandes en matière juridique faites par des magistrats* ou des particuliers. Il équivaut à une consultation donnée par la chancellerie. Le rescrit n'a normalement de valeur que pour l'affaire qui le concerne, mais peu à peu il fait jurisprudence*.

***Restitutio agrorum* :** révision cadastrale permettant la reconstitution du domaine impérial et colonial afin de rajuster les impôts*.

***Restitutio in integrum* :** expression juridique des procédures formulaires* ; il s'agit de la décision autoritaire par laquelle le magistrat (préteur*) usant de son *imperium* annule les préjudices d'un acte juridique, remettant ainsi les choses dans l'état où elles étaient avant que l'acte n'ait eu lieu. C'est une solution extrême qui n'est prise que lorsque toute autre mesure est impossible pour réparer le préjudice.

***Restitutio natalium* :** cf. *natalium restitutio*.

RETENTURE : cf. Camp.

RETIAIRE : cf. Gladiateur.

***Revocatio in duplum* :** expression juridique des procédures formulaires* ; lorsqu'un plaignant n'est pas content de la sentence rendue, il peut intenter un nouveau procès, mais s'expose alors à une peine doublée (dont il doit fournir la caution), d'où le nom donné à cette procédure.

***Reus* :** qualifie la personne qui se trouve partie à un procès. Le terme désigne aussi le débiteur ou le créancier d'une obligation dans la mesure où cette dernière peut entraîner un procès.

REVOLTES : Rome a connu plusieurs types de révoltes. La première est celle de la plèbe* qui en 494 av. J.-C. fit sécession sur l'Aventin (ou sur le Mont Sacré) pour obtenir des droits politiques. D'autres révoltes importantes furent celles des esclaves* : de 143 à 141 dans le Latium, de 135 à 132 en Sicile, en 103 en Campanie, et surtout la révolte de Spartacus entre 73 et 71. La guerre des alliés* (91-88) peut aussi être considérée comme une révolte des alliés d'Italie contre Rome. L'Egypte connut plusieurs révoltes paysannes car le régime foncier était très défavorable aux travailleurs ; de telles révoltes se produisirent également en Syrie, en Asie Mineure, en Gaule dès le Ier siècle ap. J.-C., en Dacie et en Dalmatie sous Marc Aurèle (161-180). Cela s'explique par le fait que les villes attiraient à elles les richesses et ne les redistribuaient pas dans les campagnes. On peut aussi parler de révoltes nationales en Espagne avec Sertorius (80-72), en Gaule en 68-70, en Bretagne, et de la révolte des Juifs en 68 qui dura jusqu'au siège de Massada prise le 2 mai 73. Enfin, sous le Bas-Empire*, au IVe siècle surtout, la misère paysanne entraîna plusieurs mouvements de jacqueries : les bagaudes* en Gaule, les circoncellions* en Afrique.

***Rex* :** cf. Roi.

RHETEUR (*rhetor*) : professeur de l'enseignement supérieur ; à partir de Vespasien (69-79) il bénéficie d'exemptions fiscales, et deux chaires d'Etat sont instituées, une en rhétorique grecque, l'autre en rhétorique latine. Pour le reste, l'enseignement relève du domaine privé.

RHETORIQUE : l'art oratoire tel qu'il est enseigné dans les écoles. Les traités les plus importants sont le *Brutus*, le *De l'orateur* de Cicéron, le *Dialogue des orateurs* de Tacite, l'*Institution oratoire* de Quintilien, et la *Rhétorique à Herrenius* d'auteur inconnu, rédigé entre 86 et 82 av. J.-C. Cf. Eloquence, Oratoire (art).

***Ripa* (rive) :** la frontière militaire de l'Empire* lorsqu'elle coïncide avec un cours d'eau.

***Riparensis* ou *Ripensis* (riverain) :** soldat sédentarisé sur une terre qui lui a été donnée sur les marches de l'Empire*, et chargé de surveiller la frontière. La terre comme la charge est transmissible de père en fils. Ces soldats-laboureurs sont sous les ordres d'un *dux limitaneus* (ou d'un *dux ripae* si la frontière est constituée par un fleuve).

RITE (*ritus*) : c'est la façon dont doit se dérouler une cérémonie religieuse, et en particulier un sacrifice*. Il existe plusieurs types de rites ; les principaux sont le rite romain (le sacrificateur est voilé, le seul instrument est la flûte, et on pratique l'*adoratio*) et le rite grec (le sacrificateur est couronné de laurier et accompagné de musique, pratique de la *supplicatio*). Les rites romains sont gérés par les pontifes*, et les rites grecs par les 19 *quindecemvirs sacris faciundis**. Relèvent des rites grecs les cultes d'Apollon et de Cybèle, ainsi que la célébration des jeux séculaires*. Ces différents rites sont soigneusement consignés dans les Livres Pontificaux*. Si la moindre entorse est faite, il faut aussitôt procéder à des purifications et recommencer la cérémonie. Seule l'observation scrupuleuse des rites assure la paix des dieux*.

RITUELS (*libri rituales*) : livres des haruspices* exposant la théorie du *templum*, géométrie sacrée traitant de la division de l'espace et du temps.

***Robigalia* :** cérémonies célébrées le 25 avril sur les limites du territoire pour protéger les moissons de la rouille des blés.
ROCHE TARPEIENNE (*rupes Tarpeia*) : précipice au nord-est du Capitole* où l'on jette les condamnés à mort.
ROGATION (*rogatio*) : proposition de loi soumise par le magistrat* au vote des comices*.
ROI/ROYAUTE (*rex*) : Rome, sous la période étrusque, connut la royauté. Dans la chronologie traditionnelle elle se situe entre 754-753 et 509 av. J.-C. Elle est confirmée non seulement par l'unanimité de la tradition antique, mais aussi par la mention d'un *rex* sur la *Lapis Niger* du *Forum*, et la survivance d'un *rex sacrorum*. On ne connaît pas bien l'origine ni la nature de cette royauté, mais il s'agissait d'un régime arbitraire fondé sur la force, dont le pouvoir était de nature religieuse, magique, militaire, et économique. Les Romains ont toujours considéré les rois comme des étrangers. Le pouvoir royal est strictement personnel et non héréditaire. L'intronisation du roi est une procédure complexe ; l'interroi* commence par consulter les auspices* (*auspicatio*) qui désignent le successeur (*designatio*) ; l'interroi nomme alors le roi (*creatio*) et celui-ci convoque l'assemblée qui par acclamation confère au roi son pouvoir (*lex curiata de imperio*) ; enfin a lieu l'*inauguratio*, confirmation par l'augure* de la légitimité du nouveau roi. Les fonctions du roi sont sacerdotales car il est l'intermédiaire entre les hommes et les dieux, militaires car il possède l'*imperium*, et politiques puisque lui seul donne des ordres. Il a également des fonctions judiciaires puisqu'il juge les parricides et les crimes de haute trahison ; il délègue toutefois ce pouvoir à des préteurs*. Les limites de son autorité sont de nature religieuse (le *fas*) : le roi est soumis à la puissance des dieux et doit respecter les augures*. Il y a aussi le poids de la tradition avec la force des usages (*mores*). Il semble enfin que le Roi a eu à tenir compte d'une sorte de Chambre des Pairs constituée par la réunion des chefs de famille (*patres*) où les Anciens voyaient déjà l'origine du Sénat*. L'organisation de la société romaine en trois tribus (*Ramnes, Tities* et *Luceres*) subdivisées chacune en 10 curies* remonte selon Tite-Live à l'époque royale. L'assemblée des comices curiates* ne semble avoir joué qu'un rôle d'approbation populaire. On attribue aussi au roi Servius Tullius la répartition des citoyens en centuries* sur une base censitaire afin de constituer une armée de citoyens-guerriers succédant à une armée gentilice.
Liste légendaire des 7 rois de Rome :
Romulus (754-715), Numa Pompilius (715-672), Tullus Hostilius (672-640), Ancus Martius (640-616), Tarquin l'Ancien (616-578), Servius Tullius (578-534), Tarquin le Superbe (534-509). Les quatre premiers sont les rois latino-sabins ; les trois derniers sont étrusques.
ROI DU BANQUET (*rex convivii*) : personne qui préside un festin et organise des jeux avec des gages destinés à faire boire. On le nomme aussi *arbiter bibendi* (arbitre du boire).
ROI DES SACRIFICES (*rex sacrorum* ou *sacrificulus*) : patricien* qui assume à vie les fonctions sacerdotales du roi* après la chute de la monarchie. Il ne peut exercer aucune autre charge ; son épouse, la *regina* (reine) le seconde dans ses tâches religieuses.
***Roma Quadrata* (Rome carrée) :** la première Rome telle que Romulus la traça selon le rite étrusque sur le Germal à l'ouest du Palatin*. Cette interprétation traditionnelle laisse aujourd'hui place à de nouvelles hypothèses : enceinte carrée construite sur le Palatin autour du *mundus* par les premiers colons

latins, ou bien la Rome de Servius Tullius avec un plan d'urbanisme étrusque (plan rectangulaire avec *cardo* et *decumanus*) et la division en 4 régions*.

ROME (*Roma*) : on rappellera simplement ici les grandes périodes de l'histoire de Rome, en renvoyant aux cartes 1 et 8 pour les aspects topographiques. La légende fait remonter à 753 av. J.-C. la fondation de Rome par Rémus et Romulus, descendants par leur mère Rhéa Silvia du prince troyen Enée, ce qui permet de concilier l'origine troyenne avec l'autre tradition qui fait de Rome une colonie d'Albe la Longue dont on fit d'Ascagne, le fils d'Enée, le premier roi. Six rois* auraient ensuite succédé à Romulus, dont certains ont une réalité historique. En 510 le dernier roi étrusque est chassé, et commence alors la période républicaine* au cours de laquelle Rome étend sa domination sur l'Italie et le monde méditerranéen. Sous Auguste (en 27 av. J.-C.) on passe au régime du principat* avec la dynastie des Julio-Claudiens, des Flaviens, des Antonins et des Sévères ; on parle alors du Haut-Empire (jusqu'en 284). Ce régime évolue vers une sacralisation de plus en plus forte du pouvoir, et le principat devient un dominat*. La tétrachie* instaurée par Dioclétien ouvre la période dite du Bas-Empire* marquée par l'insécurité aux frontières (danger barbare), la montée du christianisme*, et la partition* de l'Empire entre l'Orient et l'Occident en 364. Avec les invasions barbares* Rome subit plusieurs destructions (elle est prise la première fois en 410) ; la déposition de Romulus Augustule en 476 et la soumission d'Odoacre à l'Empereur d'Orient marquent la fin de l'Empire romain d'Occident.

ROMAN : le premier roman de langue latine est le *Satyricon* de Pétrone (Ier siècle ap. J.-C.), œuvre qui est aussi une parodie du romanesque. L'autre grand roman connu est les *Métamorphoses* (ou *L'âne d'or*) d'Apulée au siècle suivant. Malgré ces deux œuvres, on sait très peu de choses sur le roman latin qui ne semble pas un genre littéraire très développé.

***Roscia* (*lex*) :** loi* de 41 av. J.-C. (plutôt que 49) accordant la citoyenneté à la Transpadane.

***Roscia theatralis* (*lex*) :** plébiscite* du tribun* L. Roscius Fabatus en 67 av. J.-C. faisant réserver aux chevaliers* les 14 premiers gradins des théâtres*.

ROSTRES (*rostra*) : ce sont les éperons de bronze placés à l'avant des navires de guerre*. Le terme désigne aussi la tribune des orateurs près de la *Lapis niger* sur le *comitium*, dans la mesure où elle était ornée des rostres pris aux ennemis par C. Maenius lors de la bataille navale d'*Antium* en 338 av. J.-C. La tribune, mesurait 24 m de large sur 10 m de profondeur et s'élevait à 3 m du sol. César fit construire de nouveaux rostres en forme d'hémicycle sur le côté nord-ouest du *Forum*, puis une nouvelle construction fut réalisée plus à l'ouest par Auguste en 29 av. J.-C.

ROUTE (*via*) : les Romains ont été de grands bâtisseurs de route, opération rendue nécessaire pour assurer les communications et surtout la sécurité dans l'Empire. Elles sont en effet un rôle autant stratégique qu'économique. Cf. cartes 2 et 7. Les routes prennent leur nom du magistrat* qui les a fait construire ou de la région qu'elle traverse , la première fut la *Via Appia* en 312 av. J.-C. Le soubassement des grandes routes est constitué de trois niveaux : le *statumen* en maçonnerie (entre 30 et 60 cm), le *nucleus* formé de pierres irrégulières prises dans du ciment (entre 30 et 50 cm), et le *rudus* fait de cailloux concassés et de gravier unis par du ciment ou de la chaux (20-25 cm). Le revêtement (*summa crusta*) est fait de gros pavés polygonaux

(*lithostrotum*) pris dans le ciment du *rudus*, ou d'une couche de béton. La largeur est variable selon l'importance de la route, la moyenne étant comprise entre 10 et 14 pieds (3 à 4 m), mais les grands axes atteignent par endroits jusqu'à 10 m. Les routes ont un profil convexe pour permettre l'écoulement des eaux et leurs bas-côtés servent de trottoirs (*limes* ou *margo*) pour les piétons. Elles sont en général construites sur une chaussée surélevée (*agger*) et flanquées de fossés de drainage. Les distances sont indiquées par les bornes milliaires*. On pouvait trouver le long des routes des bancs, divers monuments à l'approche des villes ou des carrefours (arcs de triomphe, tombeaux, laraires), des gîtes pour les voyageurs (*mansiones*) et des relais pour la poste impériale (*mutationes*). Malgré ces aménagements, plusieurs témoignages littéraires insistent sur la fatigue des voyages terrestres : les routes sont éreintantes pour le voyageur. Leur construction et leur entretien sont confiés aux censeurs* et aux édiles* sous la République* (assistés des *duoviri viis purgandis*), et à des curateurs* sous l'Empire* (*curatores viarum*). Les frais de construction sont supportés par l'Etat, les autorités locales, mais aussi les particuliers dont les propriétés sont traversées par la route.
RUBICON : fleuve marquant la frontière entre l'Italie et la Cisalpine. César le franchit avec son armée en 49 av. J.-C., malgré les ordres de Pompée et du Sénat*, jouant ainsi son avenir politique.
***Rubria* (*lex*) : 1.** Plébiscite* du tribun* Rubrius de 123 av. J.-C. décidant la fondation d'une colonie* à Carthage. **2.** Plébiscite du tribun M. Rubrius, en 49-42 av. J.-C. réglant la juridiction des magistrats et des jurys* dans les municipes* de Cisalpine.
RUE (*vicus*) : dans les vieilles villes, comme Rome, il n'y a pas de réseau orthogonal de rues ni de voirie fonctionnelle comme en connaissaient les colonies grecques et les villes neuves en général. Mis à part les grands axes qui portent le nom de *via*, il s'agit de rues étroites et sinueuses que les témoignages littéraires nous présentent sales, bruyantes et encombrées, mal entretenues, et sans éclairage. Des passages (*sentes* ou *semitae*) et des impasses (*angiportus*) s'y greffent et créent un réseau un peu anarchique, parfois insalubre et dangereux. Il faut cependant noter l'existence d'une administration chargée de la surveillance et de l'entretien des rues de Rome, sous la responsabilité des édiles* puis des curateurs*, et l'aménagement, surtout sous l'Empire*, de vastes places (*forum**), esplanades (*campi*), carrefours (*compita*) et portiques*, sans compter les jardins*, qui agrémentaient la capitale. Ces rues portent le nom de *vicus*, ou de *clivus* lorsqu'elles sont en pente et se terminent par des escaliers (*gradus*).
***Rufrena* (*lex*) :** plébiscite* d'un tribun* Rufrenus en 42 av. J.-C. accordant la qualité de *Divus* à César*.
***Rupiliae* (*leges*) :** lois données* du proconsul P. Rupilius Calvus réglant le statut de la Sicile* ; elle interdit notamment l'adjudication à Rome des redevances de Sicile.
***Rutilia* (*lex*) : 1.** Proposition du tribun* P. Rutilius Calvus en 169 av. J.-C. pour annuler les adjudications d'impôts* des censeurs* C. Claudius et Ti. Sempronius. **2.** Loi* de Rutilius Rufus, de date incertaine, réglant le statut des tribuns militaires* élus par le consul*.

S

SABINIENS : école de juristes se recommandant de Sabinus, opposée à celle des Proculiens*.
***Sacellum* :** petit sanctuaire, chapelle.
***Sacer/sacratio* :** cf. Sacré.
SACERDOCE (*sacerdos*) : cf. Prêtre.
***Sacerdotalis* :** titre porté par le *flamen Augustalis* ou prêtre de province*. Au Bas-Empire*, les *sacerdotales* provinciaux représentent, avec les *principales* et les *mercatores*, une classe sociale intermédiaire entre l'ordre équestre* et la plèbe*.
***Sacramentum* (serment) : 1.** Procédure mise en œuvre dans les actions de la loi* : dans la phase *in iure*, chaque parti doit en quelque sorte parier sur son bon droit* et promettre solennellement de verser la somme s'il perd. **2.** Dans les procès formulaires* la déclaration sous serment d'une partie suffit à établir son droit et fait arrêter le procès : c'est ce qu'on appelle le serment nécessaire. L'éventualité d'un faux serment n'est pas envisagée étant donnée sa valeur religieuse. **3.** Serment solennel qui lie le soldat à Rome et lui permet de porter les armes ; celui qui y manque devient *sacer*. **4.** C'est aussi le nom des amendes judiciaires.
***Sacrarium* :** local où sont déposés des objets sacrés, et par extension le temple lui-même. Par exemple, on parle du *sacrarium* des Saliens*, où ces prêtres déposent les boucliers sacrés*, qui n'est autre que le sanctuaire de Mars dans la *Regia*.
***Sacrata* (*lex*) :** cf. Loi sacrée.
SACRE (*sacer*) : qualité du bien qui est objet d'une consécration* (*sacratio*), c'est-à-dire qui devient propriété des dieux en paiement d'une faveur demandée ou en rançon d'une faute commise. Lorsqu'une personne tombe sous le coup d'une *consecratio capitis*, elle est livrée à la vengeance divine et devient ainsi « sacrée » dans le sens de tabou, maudite. Son meurtre n'entraîne alors aucune souillure.
SACRE (mont) : mont situé au nord de Rome en pays sabin, sur lequel la plèbe* s'était retirée lors du conflit qui l'opposa aux patriciens*.
SACRIFICE (*sacra* et *sacrificum*) : pratique fondamentale de la religion romaine. Il y a des sacrifices expiatoires, consultatoires (on examine alors les entrailles), ou d'action de grâce. On distingue les sacrifices sanglants (avec immolation* d'un animal) et non sanglants (libation* avec offrandes végétales). En fonction de la divinité, ils sont célébrés selon le rite* grec ou le rite romain. Les sacrifices humains étaient normaux à l'époque étrusque, mais des pratiques de substitution comme les combats de gladiateurs, furent mises en place. Toutefois, dans des périodes de crise grave, des hommes sont encore immolés comme des Gaulois en 226 av. J.-C., ou des Grecs en 216 av. J.-C. Ce n'est qu'en 97 av. J.-C. qu'un sénatus-consulte* interdit cette pratique qui existe encore à la fin du IIe siècle av. J.-C. Les sacrifices sont privés (*sacra privata*), au niveau de la famille ou de la *gens*, ou publics (*sacra publica*). Lors des sacrifices publics, la fête commence par un cortège qui conduit jusqu'à l'autel* la bête à immoler. Celle-ci est choisie sans défaut, ses cornes sont dorées et ornées de rubans. La tête de l'animal est ensuite aspergée de vin et d'un gâteau sacré (*mola salsa*) avant d'être assommée et égorgée, le sacrificateur gardant la tête voilée. Le sang est recueilli et versé sur

l'autel. L'animal est ensuite dépecé, et ses entrailles grillées sur l'autel. Les os et la graisse sont brûlés pour les dieux, puis le reste de la viande est cuite et servie à la communauté, à moins qu'il ne s'agisse d'un holocauste, auquel cas toute la bête est entièrement brûlée sur l'autel.

Scène de sacrifice (détail), inscription de la muraille d'Antonin le Pieux, Edimbourg

SACRILEGE (*sacrilegium*) : crime entrant dans la catégorie du péculat* en tant qu'il s'agit d'un détournement d'objets sacrés. Au Bas-Empire*, avec la sacralisation du pouvoir, l'atteinte à la dignité ou aux intérêts de l'Empereur* relève du sacrilège.
***Sacrosanctitas* :** inviolabilité sacrée ; privilège dont disposent les tribuns de la plèbe*, puis les Empereurs*. Qui porte la main sur une personne sacrosainte, devient aussitôt *sacer* et est puni de mort.
***Saeculum* (siècle) :** à l'origine le mot désigne l'espace d'une génération. Elle n'a pas de durée fixe, des prodiges exceptionnels devant marquer le passage d'une génération à l'autre. *Saeculares ludi* : cf. Jeux séculaires.
***Saenia* (*lex*) :** loi de 30-29 av. J.-C. permettant l'admission des plébéiens* parmi les patriciens* grâce à la procédure de l'*adlectio*. Cf. également *Cassia* (*lex*).
***Saepta* :** enclos sur le Champ de Mars* où chaque tribu* se réunit pour voter. Jules César en fit construire des monumentaux qui prirent le nom de *Saepta Iulia*. Sous l'Empire*, où on ne votait plus guère, ils servent de tribunes et de lieux de spectacles.
***Sagittarii* :** corps auxiliaire* des archers, fourni par les alliés*.
***Sagmina* :** herbes sacrées que récoltaient les fétiaux* sur le Capitole* avant de partir pour une mission à l'étranger. Ces herbes étaient portées devant eux par le *verbenarius*, assistant du Père Patrat
***Salaria* (*via*) :** route partant de la Porte Colline de Rome et conduisant à *Asculum* et *Castrum Truentinum* sur l'Adriatique (cf. carte 2). C'est la route du sel.
SALAIRE (*salarium*) : à l'origine le mot signifie la ration de sel, puis l'indemnité de nourriture dans l'armée*. Il désigne ensuite la rémunération des fonctionnaires* impériaux. Le salaire moyen d'un ouvrier au Ier siècle ap. J.-C. est compris entre 2,5 et 4 sesterces par jour selon les régions et la spécialité. Un appariteur municipal gagne annuellement entre 300 et 1 200 sesterces. Salaire proconsulaire (*salarium proconsulare*) : gratifications pour le sel dont bénéficiaient les gouverneurs* de province.
SALIENS (*Salii*) : collège de 12 puis 24 prêtres* chargés du culte de Mars et de Quirinus. Ils président aux fêtes* qui ouvrent et ferment l'année militaire (mars-octobre), avec notamment le défilé des boucliers sacrés* accompagné de leur chant en vers saturniens, et d'une danse guerrière (*tripudium*). Ils sont organisés en deux collèges : celui du Palatin (*Salii Palatini*), et celui du Quirinal (*Salii Agonales* ou *Collini*). Seuls les patriciens* y sont admis, et ils doivent avoir encore leur père et leur mère vivants. Ils ont un chef, le *magister*, un chef de danse (*praesul*) et un chantre (*vates*). On introduisait dans le chant des Saliens (*carmen Saliare*), le nom des personnes qu'on voulait honorer, et sous l'Empire*, les membres de la famille impériale y figurent en bonne place.
***Saltus* :** région de bois et de pâturages (d'été ou d'hiver). Le terme désigne aussi une propriété rurale tenue par un *saltuarius*, et une unité de surface valant un peu plus de 201 ha.
SALUTATION (*salutatio*) : marque de respect (*obsequium*) du client* envers son patron*. Les marques de salutation sont simples : *Ave* ou *Salve* quand on se rencontre, *Vale* quand on se quitte ; le serrement de main est pratiqué. Sous l'Empire*, le protocole est plus exigeant, surtout à partir de Domitien et avec la sacralisation du pouvoir (cf. Adoration). Quand on s'adresse à un magistrat* ou un fonctionnaire* impérial, il convient d'utiliser l'épithète

approprié, soigneusement fixé par la hiérarchie (perfectissime*, clarissime*, etc.).

Salvianum interdictum **:** interdit* du juriste Salvius Julianus qui permit aux propriétaires fonciers l'hypothèque sur les gages désignés par le cultivateur.

Saniarium **:** hôpital où l'on soignait à Rome les gladiateurs, situé à côté du *Ludus Magnus*.

Sanction (sanctio) **:** partie du texte de loi* qui contient les clauses réprimant la violation de cette loi.

SARCOPHAGE (*sarcophagus*) : cercueil en pierre pour l'inhumation des cadavres. Le mot vient d'une pierre d'Assos en Troade qui avait soi-disant la propriété de consumer rapidement les cadavres qu'on y déposait. Qu'ils soient païens ou chrétiens, les sarcophages sont souvent ornés de bas-reliefs qui présentent un grand intérêt iconographique et épigraphique ; on y trouve sculptés des portraits dans les médaillons, des scènes de la vie quotidienne regardant l'activité du défunt, des scènes mythologiques, des scènes symboliques ou rituelles (mariages, funérailles, sacrifices, etc.), des scènes de chasse. Les sarcophages sculptés avec des scènes de combats et des divinités funéraires existent déjà chez les Etrusques* au côté des urnes* cinéraires (sarcophages de Tarquinia ou de Vulci), mais ils se généralisent à partir du IIe siècle ap. J.-C. quand les rites d'inhumation l'emportent sur la crémation ; ils ont tendance à devenir de plus en plus haut, surtout lorsqu'ils sont exposés dans des mausolées*, parce qu'ils sont alors décorés sur plusieurs registres. On dispose de toute une série de sarcophages représentant la chasse au lion (d'après les chasses mythologiques d'Adonis, d'Hippolyte et de Méléagre) qui permettent de reconstituer leur succession chronologique et l'évolution de cet art entre 220 et 280 ap. J.-C.

SARDAIGNE (*Sardinia*) : l'île est conquise par Rome sur les Carthaginois et annexée en 238 av. J.-C. Elle est gouvernée par un préteur* depuis 227 av. J.-C., et connaît plusieurs révoltes en 215, 181, et 115 av. J.-C. Terre sauvage, elle est surtout un lieu de relégation* ; ses ressources en blé, et ses mines de fer et de plomb contribuent cependant à la richesse de l'Empire*.

SATIRE (*satura*) : genre littéraire typiquement romain, mêlant la prose et les vers, qui apparaît vers le IIe siècle av. J.-C. ; elle se présente comme une conversation libre où l'on aborde les sujets les plus variés (critique d'art, réflexions morales, attaques personnelles, anecdotes, etc.), et ressemble un peu à une farce ou un pot-pourri. A l'origine, selon Tite-Live, il s'agissait de représentations dramatiques, avec chant, musique et danse mimétique, destinées à calmer la colère des dieux. Lucilius vers 130 av. J.-C. est passé maître en la matière après les premiers essais d'Ennius (239-169). Varron (116-27) écrivit des satires sur le modèle de celles du grec Ménippe qui mélangeait la prose et les vers. Horace à l'époque augustéenne, donne à la satire un style plus docte et plus assagi dans ses *Sermones* en hexamètres dactyliques. Parmi les autres grands satiristes, il faut citer Phèdre (14-54), Perse (34-62), Juvénal (65-128), Martial (40-104).

Satisfactio **:** moyen de se libérer d'une obligation en proposant un autre mode d'acquittement que celui prévu à l'origine.

SATURNALES (*Saturnalia*) : fêtes* célébrées du 17 au 19 décembre en l'honneur de Saturne. Ce sont des fêtes joyeuses et licencieuses. Il était possible de jouer à des jeux* de hasard en public, et les esclaves* avaient le droit de commander à leur maître (rites d'inversion). Elles font un peu penser aux carnavals modernes ou aux fêtes du premier de l'an.

***Saufeia* (*lex*) :** loi agraire* de 91 av. J.-C. ; sans doute un plébiscite* d'un collègue de Drusus.
***Sca(n)tinia* (*lex*) :** loi* de date incertaine punissant les attentats aux mœurs sur la personne d'un homme libre.
SCENE (*scena*) : cf. Théâtre*.
SCEPTRE (*sceptrum*) : bâton court en ivoire surmonté de l'aigle de Jupiter que portaient les chefs victorieux ; il devient un insigne du pouvoir impérial.
SCHOLE (*schola*) : sous le Bas-Empire*, corps militarisé regroupant certains fonctionnaires* de la chancellerie : les notaires*, les *agentes in rebus*, la garde formée de cavaliers germains* qui remplacent le prétoire* supprimé en 312. Ces scholes dépendent du maître des offices*. Amicale de gradés au sein de l'armée.
SCHOLIE : nom donné à une note explicative qui aide à la compréhension d'un texte. Au pluriel, le mot désigne les commentaires que les savants de l'antiquité écrivaient en marge des textes classiques. Ils étaient ensuite recopiés sur les manuscrits suivants en même temps que le texte, d'où des confusions.
SCIENCES : la civilisation romaine n'a que fort peu contribué au développement des sciences fondamentales. L'*Histoire Naturelle* de Pline l'Ancien constitue bien une encyclopédie scientifique, mais il s'agit d'une compilation et non pas d'une réflexion scientifique novatrice. D'une façon générale, les sciences contribuent à la formation de l'esprit, et sont enseignées dans les écoles (arithmétique, géométrie, astronomie, sciences naturelles), mais la rhétorique ou les problèmes de morale retiennent davantage l'attention des érudits. Cela dit, les Romains ont parfaitement assimilé les connaissances scientifiques des Grecs, et ont su faire progresser les techniques comme le prouvent leurs réalisations dans le domaine de l'architecture, de l'arpentage, de la métallurgie. Une place à part doit aussi être réservée pour la médecine*.
SCORPION : cf. Machines de guerre.
SCRIBE (*scriba*) : copiste ; employé chargé des copies des actes, décrets et autres documents officiels. Les scribes assistent notamment les magistrats* et les collèges* sacerdotaux. Ils sont organisés en corporation* formée de trois décuries* dont la plus importante était celle des *scribae quaestorii*, agents-comptables du trésor public. *Scribae aerarii* : secrétaires (non-magistrats) qui assistent les préteurs* urbains dans la gestion du trésor public et des archives. Les scribes du collège des pontifes* portent le titre de pontifes mineurs (*pontifices minores*).
***Scribonia* (*lex*) : 1.** Plébiscite* de 149 av. J.-C. du tribun* L. Scribonius Libo, qui redonne leur liberté aux *Lusitani*. **2.** Loi de 78 av. J.-C. interdisant l'*usucapion** pour se procurer des esclaves*. **3.** Série de propositions en 50 av. J.-C. du tribun C. Scribonius Curio pour demander aux édiles* de mesurer le grain dans les distributions publiques, pour limiter le luxe des équipages, pour créer une magistrature quinquennale chargée du réseau routier, pour vendre aux enchères le royaume de Numidie, pour ajouter un mois supplémentaire à l'année 50, pour demander le retour de C. Memmius, et pour intervenir dans le territoire campanien.
***Scrinium* (pl. *scrinia*) :** bureau de l'administration impériale (on dit aussi bureau palatin) en général confié à des affranchis* impériaux, puis à des personnages de rang équestre* compétents en matière juridique, les procurateurs. Liste des principaux bureaux :

– ***A censibus*** **:** cabinet impérial chargé du recensement et de la nomination des chevaliers*.
– ***A cognitionibus*** **:** à partir des Sévères (fin du IIe siècle ap J.-C.), cabinet de la juridiction de l'Empereur*.
– ***A commentariis*** **:** cabinet impérial chargé des archives.
– ***A declamationibus*** **:** cabinet chargé de la rédaction, en grec ou en latin, des discours officiels de l'Empereur.
– ***A dispositionibus*** **:** sous le Bas-Empire*, cabinet chargé de régler l'activité de toute la cour impériale.
– ***Ab epistulis*** **:** cabinet chargé de la correspondance provinciale de l'Empereur en grec ou en latin (depuis Hadrien, 117-138), et des relations avec les ambassadeurs*.
– ***A libellis*** **:** cabinet impérial chargé des requêtes et doléances.
– ***A memoria*** **:** à partir d'Hadrien (117-138), le secrétariat central de l'administration* impériale.
– ***A rationibus*** **:** cabinet impérial chargé du fisc impérial*.
– ***A studiis*** **:** cabinet impérial chargé des enquêtes juridiques et littéraires pour préparer les dossiers de l'Empereur.
– ***A studiis*** **et** ***a voluptatibus Augusti*** **:** cabinet chargé de l'emploi du temps et des loisirs de l'Empereur.
A partir de Constantin (306-337) il s'agit des différents services de l'administration centrale avec à leur tête des hauts fonctionnaires de rang sénatorial*, les *magistri scriniorum*. Au Bas-Empire*, à partir de Constance II (337-361), il n'y a plus que 5 bureaux palatins : *Memoriae* (rescrits, brevets de nomination), *Epistolarum* (correspondance de langue latine), *Epistolarum Graecarum* (correspondance de langue grecque), *libellorum* (réponses aux suppliques), *dispositionum* (les archives). Le bureau des correspondances regroupe les anciens bureaux *a dipositionibus* et *a studiis*. Le bureau des libelles a fusionné avec le bureau de l'instruction des causes sacrées (*a cognitibus causarum sacrarum*). Les employés subalternes s'appellent les *scriniarii*.

Scriptura **:** impôt* sur les pâturages (*pascua publica*) ; il s'agit d'une taxe frappant le bétail à partir d'un certain nombre de têtes.

Scripulum **:** cf. Poids et Mesures.

SCULPTURE : à l'origine les sculpteurs sont des Etrusques* influencés déjà par l'art grec. La louve en bronze du Capitole (Ve siècle av. J.-C.) ou le quadrige qui surmonte le temple de la Triade* Capitoline illustrent cette période. La sculpture romaine commence son essor à la fin de la République* et connaît son apogée aux Ier et IIe siècles ap. J.-C. L'inspiration reste toujours grecque, les sculpteurs étant des artistes grecs venus s'établir à Rome. Elle s'exerce dans trois domaines. D'abord la décoration des monuments avec de grands bas-reliefs à valeur commémorative ; parmi les réalisations les plus fameuses : l'autel de Domitius Ahenobarbus (vers 100 av. J.-C.), l'*Ara Pacis* (13 av. J.-C.), l'*Ara Pietatis* (43 ap. J.-C.), l'arc de Titus (80-85), la Colonne Trajane (110-113), l'Arc de Trajan à Bénévent (114-120), la Colonne de Marc Aurèle (180-192), l'Arc de Constantin (312-315) ; la sculpture funéraire des grands tombeaux ou des sarcophages* entre dans cette catégorie. Le deuxième domaine est celui de la statuaire religieuse et impériale qui se caractérise par son académisme clacissisant et un goût pour l'habillement rhétorique d'œuvres anciennes : statue-portrait d'Aulus Metellus (89 av. J.-C.), statue d'Auguste de Prima Porta (14-29), trophée de Domitien (84-90), statue équestre de Marc Aurèle (166-180). Enfin la sculpture la plus typiquement romaine se réalise dans les portraits*. Il faut noter aussi que grâce aux nombreuses copies qu'ils ont réalisées, les Romains nous ont conservé une grande partie de la statuaire grecque classique et hellénistique ; les statues des villas* de Pompéi ou celles de la villa d'Hadrien à Tivoli constituaient déjà de véritables musées.

***Scutarii* :** porteurs de boucliers ; sous Aurélien (270-275) ils constituent une unité montée légère très mobile servant de groupe d'intervention rapide.

***Secreta bonae Deae* :** fêtes* secrètes en l'honneur de la Bonne Déesse (cf. Divinités). Elles avaient lieu chaque année et étaient présidées par l'épouse du préteur* urbain. Les hommes ne pouvaient pas y participer.

SECTES : il existe dans le monde romain des sectes religieuses et philosophiques, d'origine grecque et gréco-orientale, qui ont en commun de préconiser un mode de vie opposé à celui des cités (refus des sacrifices sanglants, priorité de la vie individuelle sur la vie communautaire, rites initiatiques, mysticisme). Parmi les sectes philosophiques, les plus importantes sont les sectes pythagoriciennes et orphiques. Les sectes religieuses sont celles des Bacchants, interdits par le sénatus-consulte de 186 av. J.-C., des Galles et Corybantes adeptes de Cybèle. En général les autorités romaines ont toujours essayé de canaliser ces sectes, dès lors qu'il n'était plus possible de les interdire, en leur donnant un caractère officiel ; ainsi, sous Caligula (37-41) Isis et Sarapis obtiennent des sanctuaires reconnus ; le culte de la Grande-Mère Cybèle se développe sous Claude (41-54) ; les cultes de Mithra et des dieux Syriens s'installent en périphérie de Rome, ou dans les camps* romains.

***Sectio bonorum* :** vente aux enchères de l'ensemble des biens d'un débiteur de l'Etat au profit du Trésor Public.

SECURITE (*securitas*) : notion qui entre dans l'idéologie du principat* ; en ramenant la paix après le désordre des guerres civiles*, Auguste* a assuré la sécurité des citoyens. Une statue avait été dédiée à la *Securitas Augusti*, et on la voit apparaître sur les monnaies à partir de Néron (54-68). La régularité de la succession dynastique des Julio-Claudiens a été aussi un facteur de sécurité. Au Bas-Empire*, la sécurité signifie la protection contre les invasions barbares*.

SELLISTERNE (*sellisternium*) : repas que l'on offre aux déesses placées sur des sièges. Cf. également Lectisterne.

SEMAINE : les Romains ne connaissent pas la semaine de 7 jours avant le IIe siècle ap. J.-C. Jusqu'alors, la journée de repos a lieu le jour du marché qui tombe tous les neuf jours (*nundinae*). Les Chrétiens remplacent le jour du soleil (*dies solis*) par le jour du Seigneur (*dies dominica*) qui est un jour de repos obligatoire à partir du IVe siècle.

***Sempronia* (*lex*) :** **1.** Loi* du consul* Tib. Sempronius Gracchus en 215 av. J.-C., instituant les duomvirs* *aedi dedicandae*. **2.** Plébiscite* en 193 av. J.-C. du tribun* M. Sempronius Tuditanus étendant aux alliés* et aux Latins* les lois réprimant les taux usuriers. **3.** Plébiscite en 167 av. J.-C. du tribun Tib. Sempronius Gracchus pour accorder le triomphe à Paul-Emile, Octavius et Anicius Gallus. **4.** Plébiscites du tribun T. Sempronius Gracchus, en 133 av. J.-C. ; le premier limite le droit de *possessio* sur l'*ager publicus* à raison de 500 jugères par foyer et 200 jugères par enfant, avec un plafond limité à 1 000 jugères (250 ha). La terre était alors détenue en pleine propriété, sans redevance, et devenait aliénable et transmissible (*ager privatus*). Les terres qui furent ainsi récupérées furent distribuées gratuitement aux citoyens* les plus pauvres selon le principe de la *possessio*. Le second institue les triumvirs* *agris dandis adsignandis iudicandis* responsables des assignations* agraires. Le troisième plébiscite dépose son collègue M. Octavius, ce qui était le premier exemple d'abrogation* de la puissance tribunicienne*. La même année Tib. Sempronius Gracchus aurait fait plusieurs propositions : donner la citoyenneté romaine à tous les habitants d'Italie, partager entre les plus pauvres l'héritage du roi Attale, appliquer la *provocatio* contre les sentences des tribunaux* extraordinaires, réduire les obligations du service militaire*, répartir les charges judiciaires entre sénateurs* et chevaliers*. **5.** Séries de mesures prises par C. Gracchus en 123 et 122 av. J.-C. **5.1.** Loi frumentaire qui accorde 5 boisseaux de froment par mois au prix dérisoire de 6 as 1/3 à tout citoyen* romain domicilié à Rome. **5.2.** Lois augmentant le nombre de chevaliers au Sénat, puis réservant aux chevaliers le monopole de la juridiction criminelle. **5.3.** Loi précisant que les provinces* consulaires doivent être fixées avant l'élection des consuls*, mais qu'aucune intercession* ne peut empêcher la répartition. **5.4.** Loi établissant que les gouverneurs* de province peuvent être mis en cause par leurs administrés. **5.5.** Loi sur la province d'Asie dont on connaît mal le détail, mais qui devait favoriser les chevaliers. **5.6.** Loi établissant un droit d'appel par *provocatio* pour les condamnations à mort des citoyens. **5.7.** Loi imposant à l'Etat de fournir aux soldats la *vestis militaris.* **5.8.** Loi électorale faisant voter les citoyens des dernières classes*. **5.9.** Loi établissant un tribunal permanent* contre les tueurs à gages (*sicarii*) et les vendeurs de poison (*venefici*). **5.10.** Renouvellement de la loi agraire de Tiberius Gracchus. **5.11.** Loi pour déduire deux colonies* à Capoue et Tarente. **5.12.** Loi déclarant inéligibles les magistrats destitués. **5.13.** Loi établissant de nouvelles taxes. **5.14.** Loi ordonnant la construction de nouvelles routes. **5.15.** Loi instituant un procès extraordinaire contre Popilius Laenas (qui préféra s'exiler).

SENAT/SENATEURS (*senatus*) : à l'époque royale, on appelle un peu improprement Sénat, l'assemblée des Pairs constituée par les *patres,* qui a un rôle consultatif et assure l'interrègne*.

Le Sénat est l'instance institutionnelle qui forme le conseil de la *Res Publica.* Il est composé au départ de 300 membres issus du patriciat*. Au cours du IVe siècle av. J.-C. les plébéiens* (y compris les fils d'affranchis*) sont admis (*patres conscripti*) et forment une nouvelle *nobilitas.* Sous César, le nombre des sénateurs est arrivé à 900. Ils sont désignés (*lectio senatus*) parmi les anciens magistrats*, à l'origine par les consuls, puis par les censeurs* depuis la loi *Ovinia* de 351 (cf. Album sénatorial). Ils ont un âge minimum de 46 ans (âge abaissé à 30 ans sous Sulla), et un cens d'au moins 400 000 sesterces. Ils portent comme signes distinctifs le laticlave*, le *calceus** et l'anneau* d'or. Ils ne peuvent être adjudicataires de l'Etat, et à partir de la deuxième guerre punique* le commerce et l'industrie leur sont interdits. Les réunions du Sénat ont lieu normalement dans la Curie* dont les portes doivent rester ouvertes, sous la présidence du magistrat qui l'a convoqué en vertu du *ius agendi cum patribus* (droit de traiter avec le Sénat). De ce fait, les magistrats siègent naturellement au Sénat pendant la durée de leur fonction dès lors qu'ils le convoquent et le président, et les anciens magistrats curules*, avec plus tard les anciens tribuns*, peuvent toujours y donner leur avis (*ius sententiae dicendae*). Les avis émis par le Sénat, les sénatus-consultes*, ont quasiment force de loi. Théoriquement le Sénat ne dispose ni du pouvoir exécutif (confié aux magistrats), ni du pouvoir législatif (confié aux comices*) ni du pouvoir judiciaire (réparti entre les magistrats et les comices). Mais dans les faits, c'est lui qui dirige la politique, et son prestige, la majesté sénatoriale (*maiestas senatus*) en fait la première instance de l'Etat. Gardien de la tradition, il est responsable des mœurs et du culte public. Il participe à la gestion financière (distribution des commandements, crédits militaires, *ornatio provinciae*, gestion de l'*aerarium*), décide des orientations de politique étrangère (traités de paix, déclaration de guerre, négociations, distribution de l'*ager publicus*), intervient dans la juridiction (participation aux tribunaux permanents* et contrôle des magistrats à leur sortie de charge), ratifie les lois votées par les comices* (*patrum auctoritas*). Enfin, en cas d'événements graves il peut décider seul des mesures de salut public à prendre (annulation de lois, expulsion de citoyens jugés dangereux, suspension des magistrats, nominations exceptionnelles, etc.). Le Sénat apparaît donc comme le tuteur, le défenseur et le protecteur de l'Etat, selon la définition de Cicéron (*Pro Sestio* 117). Cela a motivé à la fois sa résistance à la démocratisation de la République (opposition aux Gracques) et à la personnalisation du pouvoir (soutien à Pompée contre César).

Sous l'Empire, le nombre de sénateurs est ramené à 600. Auguste crée un **ordre sénatorial** censitaire (1 million de sesterces pour le distinguer de l'ordre équestre*) qui comprend les sénateurs, leur femme, et leurs enfants (environ 3 000 personnes). Il ne faut donc pas confondre les sénateurs (choisis parmi les magistrats curules*), et l'ordre sénatorial (classe sociale censitaire). Ainsi un fils de sénateur fait partie de l'ordre qui est héréditaire (à condition que le cens soit maintenu) mais peut ne pas être sénateur. L'Empereur*, en tant que *princeps senatus*, peut nommer sénateur qui il veut par la procédure de l'*adlectio*, y compris des provinciaux ce qui est une nouveauté ; à la fin du IIe siècle, la moitié des sénateurs proviennent de provinces orientales. Caligula (37-41) par la procédure de la collation du laticlave*, permet aux chevaliers d'accéder à l'ordre sénatorial. Il existe également une hiérarchie sénatoriale en fonction des magistratures exercées : les *quaestorii*, les *tribunicii*, les *praetorii* et les *consulares* ; en fait on peut gravir les échelons sans avoir exercé la magistrature correspondante. Des titres honorifiques correspondent à ces différents échelons : *clarissimus, spectabilis, illustris*. Le Sénat n'est plus le grand décideur de l'Etat, rôle dévolu au prince*, mais il a des compétences judiciaires accrues (cour d'appel au civil, jury criminel, juridiction privée), et un véritable pouvoir législatif (les sénatus-consultes ont automatiquement valeur de loi). C'est également le Sénat qui élit les magistrats sur recommandation de l'Empereur ; c'est même lui qui, très théoriquement, nomme et même dépose les Empereurs avec la *lex de imperio*. Il est clair toutefois, qu'en vertu de sa puissance tribunicienne, l'Empereur peut toujours casser les actes* du sénat. Ainsi, au fur et à mesure que se confirment l'absolutisation et la sacralisation du pouvoir impérial, on voit les rapports se tendre entre le prince* et le Sénat, au profit d'ailleurs de l'ordre équestre*. Toutefois le Sénat conserve toujours un grand prestige ; on paie parfois très cher le privilège de porter le titre de clarissime*, car les dépenses sont lourdes, et les sénateurs doivent plusieurs impôts* (glèbe*, or tironicien*, or oblatice*, *septem solidi*). Ce prestige ne décline qu'au Bas-Empire*, lorsque le Sénat devient un simple conseil municipal, Rome n'étant plus la seule capitale* de l'Empire. A partir de Constantin (306-337), il y a en effet deux sénats, celui de Rome et celui de Constantinople qui n'était en fait qu'un consistoire* d'*illustres*.

Il existe aussi un Sénat dans les municipes* et les colonies* romaines ; ses membres s'appellent les décurions*. Il s'agit d'un conseil municipal composé des élites locales qui sont nommées à vie. Au Bas-Empire, le décurionat devient même héréditaire. Leur nombre est fixé en général à 100, et ils doivent payer une caution (*summa honoraria*) pour entrer en charge. Comme le Sénat romain, il est composé des anciens magistrats, et on distingue les sénateurs proprement dits de ceux qui n'ont que le *ius dicendae sententiae*. La liste des décurions est fixée tous les 5 ans par les *quinquennales*. Il existe aussi une hiérarchie en fonction des charges exercées : *Quindecennalicii, duoviralicii, aedilicii, quaestoricii, pedani, praetextati* (par ordre décroissant). Sous l'Empire l'autorité des décurions est en concurrence avec celle des fonctionnaires* impériaux. Cf. également Carrière sénatoriale.

SENATUS-CONSULTE (*senatus-consultum*) : décision du Sénat* en réponse à une question qui lui a été soumise par un magistrat*. S'il est voté il devient une loi*, et les magistrats doivent en assurer l'application ; mais son effet peut être paralysé par l'intercession*. Les sénatus-consultes sont conservés dans les archives de l'*aerarium Saturni*. Sous l'Empire*, il a force de loi, ce qui prouve que l'autorité législative du Sénat dépend étroitement du prince*.

– Sénatus-consulte ultime (*senatus-consultum ultimum*) : sous la République, procédure exceptionnelle qui donne les pleins pouvoirs aux consuls*. Cette procédure fut utilisée en 122 av. J.-C. contre C. Gracchus, en 100 contre Saturninus, en 63 contre Catilina et en 40 contre Salvidienus Rufus. Sous la pression des *populares* elle fut abandonnée.

***Seniores* :** les hommes de 46 à 60 ans. Dans les centuries* ils constituent la réserve par rapport aux soldats d'active, les *iuniores*.

SENTENCE (*sententia* ou *res iudicata*) : dans les actions de la loi*, le juge* rend sa sentence à l'issue de la phase *apud iudicem* ; il doit le faire en toute indépendance. Cette sentence exprime l'opinion du juge qui dit la solution du droit, mais ne fait pas acte d'autorité. Dès lors, l'exécution de la sentence relève du gagnant et non du juge.

Dans les procès formulaires*, la sentence du juge termine la phase *in iudicio*, et les pouvoirs du juge expirent au moment même où il rend sa sentence. Toutes les condamnations sont pécuniaires, mais le juge peut refuser de rendre une sentence s'il n'a pu se faire une opinion. La sentence est orale, et ne peut concerner que le défendeur : elle l'absout, ou le condamne à ce qu'a réclamé le demandeur. La sentence de condamnation permet au demandeur d'obtenir l'exécution de la sentence par une *actio iudicati*, si le condamné refuse de s'exécuter volontairement.

Dans les procédures *extra ordinem*, le juge a plus de liberté pour rendre sa sentence ; il peut condamner le demandeur comme le défendeur, et ne condamne plus nécessairement à une somme d'argent. La sentence est obligatoirement mise par écrit. Au Bas-Empire*, le juge peut refuser de se prononcer et renvoyer l'affaire devant l'Empereur (procédure de *relatio*). La sentence peut-être contestée par voie d'appel. Enfin l'exécution de la sentence n'est plus de la compétence du gagnant, mais du juge : l'exécution a lieu en nature (restitution ou substitution), en argent (avec saisie et vente des biens) ou, assez rarement, par contrainte de corps.

SENTENCES DE PAUL (*Sententiae Pauli*) : nom donné à un traité de droit privé et pénal composé au début du IVe siècle.

Septem solidi (les sept sous) : au Bas-Empire*, taxe due par les sénateurs* qui ne possédaient pas un bien-fonds suffisant pour s'acquitter de la glèbe*.

***Septemviri* :** commission de 7 membres pour les assignations* agraires (*agris dandis adsignandis*). Cf. également Epulons.

***Septimontium* :** fédération politico-religieuse des sept villages à l'origine de la ville de Rome vers le début du VIIe siècle : Palatin, Germal, Fagutal, Oppius, Cestius, Velia, Caelius. Le 11 décembre une fête commémorait cet événement.
***Septizodium* ou (*Septizonium*) :** édifice monumental à niches et colonnes sur sept étages, évoquant les façades des nymphées, dont la fonction est purement décorative. Il fut construit par Septime Sévère (193-211) sur le flanc du Palatin qui donnait sur la *Via Appia*.
SEPULCRE (*sepulchrum*) : il faut réserver ce terme aux sépultures* souterraines, creusées dans le rocher ou maçonnées, avec une façade parfois monumentale. A Rome les sépulcres les plus célèbres sont ceux des Scipions sur la *Via Appia*, des Sempronii à l'extrémité orientale du Quirinal, des Domitiens au pied du Pincio.
SEPULTURES : les Romains connaissent toute une gamme de sépultures en fonction de leur richesse et statut social. Les sépultures sont toujours situées en dehors du *pomerium* à Rome, et en dehors des remparts dans les autres villes. Les tombes les plus pauvres sont de simples fosses, particulières ou communes, creusées dans le sol dans lesquelles on dépose les cendres ou le corps du défunt. A l'époque chrétienne, ces sépultures sont réunies dans des catacombes*. L'emplacement de la tombe est marqué par une stèle* ou un cippe* qui peut recevoir un décor sculpté. Les tombes les plus riches entreposent les urnes cinéraires ou les sarcophages* dans des sépulcres* et la partie visible de la tombe présente une véritable construction avec décor peint ou sculpté. Cf. Catacombe, Cimetière, *Colombarium*, Mausolée, Monuments funéraires, Sarcophage, Stèle, Urnes.
SERMENT : cf. *Iusiurandum* et *Sacramentum*.
SERPENTINO (*lapis lacedaimonus*) : porphyre de couleur vert foncé avec des cristaux plus clairs, provenant du Péloponnèse et utilisé dans les constructions de luxe.
SERVICE MILITAIRE : il est dû par tous les citoyens mâles à l'âge de 17 ans et jusqu'à 46 ans, sauf ceux qui appartiennent à la dernière classe censitaire*. Il existe un conseil de révision (*probatio*) à l'issue duquel on peut être réformé pour infirmité physique (*causarius*). Il existe aussi des cas de dispense du service actif (cf. *Vacatio militiae*). Chaque année on procède à une mobilisation qui dure pendant l'année militaire (du printemps à l'automne). Les hommes sont tirés au sort par tribu* jusqu'à ce que l'effectif des quatre légions* soit atteint. Ils prêtent serment* au général, et peuvent alors porter les armes. Normalement les citoyens doivent 16 campagnes dans l'infanterie, 10 campagnes dans la cavalerie. A partir de Marius, les soldats qui viennent de toute l'Italie, et non plus seulement de Rome, s'engagent comme volontaires pour 16 ans et ne cessent d'être soldats pendant toute cette durée, ce qui crée une sorte d'armée de métier à côté du corps des citoyens. Le cens est d'ailleurs supprimé, ce qui permet aux prolétaires* de rentrer dans la légion. Même libérés, ces anciens soldats peuvent être rappelés dans les corps spéciaux des vétérans*. Ce système continue sous l'Empire* où la professionalisation de l'armée est encore plus marquée. Auguste porte à 20 ans la durée du service. A la fin de son service (*honesta missio*), le vétéran* reçoit un lopin de terre et une prime en argent. Le service militaire permet aux pérégrins* qui servent dans les auxiliaires* d'obtenir la citoyenneté* romaine. A partir d'Hadrien (117-138) le recrutement local est officiellement admis, ce qui conduit à une régionalisation des légions. Au Bas-Empire*, les *limitanei*

ou *riparenses* exécutent leur service militaire sur les régions frontalières, tout en cultivant la terre qui leur est confiée.
***Servilia* (*lex*) : 1.** Plébiscite* du tribun* C. Servilius Glaucia en 111 ou 106 av. J.-C. accordant la citoyenneté* romaine aux Latins* (et plus aux pérrégrins*) qui dénonceraient la concussion* d'un magistrat. **2.** Loi judiciaire du consul* Q. Cornelius Caepio en 106 av. J.-C. **3.** Proposition du tribun P. Servilius Rullus en 63 av. J.-C., combattue par Cicéron : la plupart des biens domaniaux d'Italie et de province devaient être vendus ou affermés.
SERVITUDE (*servitus*) : en droit privé, le terme désigne un bénéfice ou un service qu'un domaine* retire d'un domaine voisin. Si cette servitude est rurale elle relève des *res mancipi* ; si elle est urbaine, elle n'en relève pas. Les principales servitudes sont le droit de passage et l'écoulement pour les eaux.
***Sessorium* (*Palatium*) :** villa* impériale sur le Caelius, à l'emplacement actuel de l'Eglise Sainte-Croix de Jérusalem. Elle fut commencée par Septime Sévère (193-211) et achevée par Elagabal (218-222). Le palais fut ensuite habité par Hélène, la mère de Constantin.
SESTERCE (*sestertius*) : pièce d'argent valant 2,5 as* (1,137 puis 0,975 gr). Quatre sesterces font un denier*. Sous l'Empire*, il devient une monnaie de cuivre jaune (27,2 gr). Abréviation : HS. Employé au neutre, *sestertium*, le mot signifie 1 000 sesterces. Cf. Monnaies.
***Sevirales* :** synonyme de *Seviri Augustales*. Cf. suivant.
SEVIRS (*seviri*) : collège de 6 membres. Il s'agit surtout des sévirs augustaux (*Seviri Augustales*) : cf. *Augustales*. On connaît aussi des sévirs dans la cavalerie* romaine à partir d'Auguste* : ils commandent les escadrons formés par les jeunes chevaliers* qui prennent part à la *transvectio equitum* le 15 juillet.
***Sexmentris* :** cf. Tribun.
***Sex suffragia* :** nom donné aux 6 centuries* équestres de *seniores* dans l'organisation de Servius Tullius.
***Sextia* (*lex*) : 1.** Proposition du tribun* L. Sextius en 415-414 pour la déduction d'une colonie* à Bola. **2.** Proposition à l'instigation de Pompée par l'intermédiaire de 8 tribuns, pour rappeler Cicéron d'exil.
SIBYLLE : prêtresse inspirée qui, en état d'extase, transmet les oracles des dieux (en général Apollon). En Italie la plus célèbre est la Sibylle de Cumes dont les oracles étaient conservés dans les Livres Sibyllins* que se serait procurés à grand peine le roi Tarquin le Superbe.
SICILE (*Sicilia*) : cette île fortement hellénisée est devenue la première province* romaine à l'issue de la première guerre punique (264-212). Elle est gouvernée d'abord par des préfets*, puis par un et deux questeurs*, et enfin par un propréteur*. Les cités ont des statuts particuliers : villes autonomes, villes franches, villes alliées, villes soumises à la dîme ou au cens. L'île connut des révoltes serviles entre 135 et 132 ; après avoir été pillée par Verrès entre 73 et 71, elle est reconquise par Octave et ne fait plus parler d'elle. Sa principale richesse est le blé.
***Sicinia* (*lex*) : 1.** Proposition du tribun* T. Sicinius en 395-393 av. J.-C. pour transférer une partie des citoyens* à Véies si le Sénat* continuait à refuser des assignations* agraires. **2.** Proposition du tribun L. Sicinius en 387 pour assigner l'*ager Pomptinus*. **3.** Proposition de 76 av. J.-C. par le tribun Cn. Sicinius pour rétablir la puissance tribunicienne abolie par Sulla.
SIEGES (meubles) : les Romains connaissent plusieurs types de sièges ; la *cathedra*, munie d'un dossier est la chaise proprement dite plutôt réservée aux femmes ; le *solium* correspond au fauteuil, réservé au *pater familias* et

aux divinités ; le *subsellium* est une banquette que l'on trouve dans les bâtiments publics ; la *sella* est un siège léger, sans dossier, parfois pliant ; la *sella curulis* (siège curule) est la *sella* en ivoire avec les pieds en X réservée aux magistrats dits curules*. Les pieds des sièges sont parfois très travaillés par les ébénistes ; par contre les sièges ne sont pas capitonnés.

SIGILLEE (céramique) : céramique fine de table produite à partir du Ier siècle av. J.-C. d'abord en Italie centrale (Arezzo), puis dans les différentes parties de l'Empire (Gaule, Orient, Afrique) ; elle se caractérise par son vernis, sa pâte rouge plus ou moins claire, et surtout par des décors en relief et des estampilles identifiant l'atelier, d'où son nom, *sigillum* désignant le sceau.

***Silanianum* :** sénatus-consulte* de 10 ap. J.-C. recommandant la torture des esclaves* et d'autres mesures de rigueur, lorsqu'un maître est assassiné.

SILENCE (*silentium*) : en droit augural, le silence est une attitude requise du rite romain, notamment lors de la consultation des augures*. Au Bas-Empire*, le protocole veut que l'on fasse silence en présence de l'Empereur* en raison de sa nature sacrée ; des huissiers, les **silentiaires** (*silentiarii*), sont chargés de faire respecter cette règle, et les *silentia* désignent les séances du Consistoire*.

***Silia* (*lex*) : 1.** Loi* d'auteur inconnu en 204 av. J.-C. qui introduit une nouvelle procédure dans les actions de la loi* pour les crédits en argent liquide. **2.** Plébiscite* des tribuns* P. et M. Silius, à une date inconnue, sur la réglementation des poids et mesures*.

***Silicernium* :** repas pris sur la tombe le jour même des funérailles*.

***Siliquaticum* :** taxe sur les ventes équivalant au 24e du prix de la marchandise ; *siliquatarius* : fonctionnaire chargé du recouvrement de cet impôt.

***Societas* :** contrat d'association permettant la mise en commun de fonds, puis la répartition des bénéfices (ou des pertes). Le contrat est garanti par l'action *pro socio*, action de bonne foi (*actio bonae fidei*). Cf. également Alliés, Traité.

SOCIETES FINANCIERES : le système du fermage des impôts* a très vite imposé aux adjudicataires de se regrouper pour pouvoir avancer les sommes ou fournir les cautions suffisantes. La procédure judiciaire de la *societas* permit la constitution de sociétés par actions, présidées par un *manceps* et gérée par un *magister* annuel qui résidait à Rome. Les bénéfices étaient répartis entre les actionnaires au pro rata de leur mise initiale de fonds. Ces sociétés étaient hiérarchisées : fermiers des contributions directes (*decumani, pecuarii et scripturarii*), fermiers des contributions indirectes (*portoriorum conductores*), adjudicataires des salines (*socii salarii* ou *salinarum conductores*) et des mines (*metallorum conductores, publicani*). Cf. également Publicains.

***Socii* :** cf. Alliés, Guerre, Révolte.

***Socii navales* (alliés navals) :** cf. Alliés. A noter que les escadres alliées (*sociae triremes*) existent encore au début de l'Empire* : ce sont les flotilles des cités autonomes ou des Etats-satellites de la mer Egée ; Auguste les a simplement intégrées à un système nouveau où Rome détient désormais la suprématie.

***Sodales Augustales* :** collège de prêtres* institué en 14 ap. J. C. pour rendre le culte à la *gens Iulia* qui avait son sanctuaire à Bovilles où on célébrait chaque année des jeux* en l'honneur du divin Auguste*. A l'origine il était composé de 25 membres (dont 4 appartenant à la famille impériale), puis le nombre passa à 28. Trois autres sodalités furent instituées par les dynasties

successives, pour rendre un culte aux Flaviens (*sodales Flaviales Titiales*), à Hadrien (*sodales Hadrianales*), puis à Antonin le Pieux (*sodales Antoniniani*).
Sodales Titii : confrérie qui passe pour avoir été fondée par le roi Tatius afin de conserver les cultes sabins. Elle pratiquait des méthodes augurales non reconnues par les Augures*. Auguste* les réorganisa en un collège aristocratique qui servit de modèle aux *sodales Augustales*.
SODALITE (*sodalitas/sodalitium*) : association religieuse, privée ou publique, réunie autour d'un culte commun ou d'une sépulture commune. Cf. Prêtres. Le mot peut aussi avoir le sens de club politique ou comité électoral (surtout associé avec *collegium*) ; plusieurs lois répressives ont été votées contre ces associations politiques (notamment la Loi *Licinia* en 55 av. J.-C.).
SOLDE (*stipendium*) : dès l'époque de Camille (IVe siècle av. J.-C.) les légionnaires touchent une solde. Pendant la République* elle est de 120 deniers* par an, et est payée par les questeurs* ; les alliés ne touchent que des rations en nature. César éleva la solde à 225 deniers. Elle varie évidemment en fonction du grade. Son augmentation est constante tout au long de l'Empire (cf. tableau). La solde est complétée par les *largitiones* et les *donativa* de l'empereur, et par le butin* de guerre. Quand il a fini son service, le fantassin légionnaire reçoit une retraite de 12 000 HS, le prétorien de 20 000 HS. La solde représente une part énorme (environ 40 %) dans le budget de l'Etat.

CORPS	Auguste-Domitien	Caracalla-Dioclétien
PRETORIEN	750 deniers	2 250
URBANICIEN	337	1 125
VIGILE	150	450
LEGION fantassin	225	675
LEGION cavalier	300	900
AUXILIAIRE fant.	75	225
AUX. cav. cohorte	150-200	450-600
AUX. cav. aile	250	740
FLOTTE prétorienne	150	450
FLOTTE provinciale	75	225
Budget annuel	65 millions	195 millions
GRADE	Auguste-Domitien	Caracalla-Dioclétien
Tribun *sexmentris*	1 875	6 250
Centurion	3 750	12 500
Tribun augusticlave	7 500	2 500
Préfet d'aile	11 250	37 500
Préfet de camp	15 000	56 250

N.B. Chiffres pris dans A. LE BOHEC, *L'armée Romaine*, Paris, 1989.

SOLEIL (*Sol*) : cf. Divinités. Il fait l'objet d'un culte gentilice par les *Aurelii*. Sous l'Empire* arrive à Rome un culte solaire d'origine syrienne, celui du dieu solaire d'Emèse, *Sol Elagabalus*, pour qui l'Empereur M. Aurelius Antoninus, dit précisément Elagabal (218-222) fait construire un temple sur le Palatin*. Le Soleil Invincible ou Soleil-Roi d'Aurélien (270-275), génie de la police impériale, dispose même d'un collège de pontifes*. Avant de devenir chrétien, Constantin (306-337) fut d'abord adepte du dieu Soleil, et l'Empereur Julien Auguste (361-363) dit l'Apostat, était pareillement un dévot de Cybèle et du Soleil.

SOLENNITE (*solemnitas*) : cérémonie religieuse privée ; on connaît la *solemnitas nominalium* au cours de laquelle le nouveau-né âgé de 9 jours reçoit son nom, et la *solemnitas togae purae* lorsqu'à 17 ans le jeune homme revêt la toge* du citoyen.

SOLIDARITE : à l'origine, tous les membres d'une *gens* sont solidaires en cas de préjudice commis ou subi par l'un des leurs, ce qui entraîne le cycle infernal de la vendetta. Même avec l'instauration de la royauté*, la vengeance privée subsiste, le roi se contentant d'indiquer comment exercer « justement » la vengeance. La solidarité, entendue comme pratique d'entraide, relève essentiellement de la famille, des associations (collèges, corporations, fondations), et parfois de l'Etat dans le cas des pupilles.

***Solidus* :** pièce en or d'environ 4,55 gr (1/72 de la livre d'or) créée par Constantin (306-337). Cf. Monnaies.

SOMME HONORAIRE OU LEGITIME (*summa honoraria* ou *legitima*) : caution que doit verser un magistrat municipal avant d'entrer en charge. Elle est honoraire si elle est justifiée par l'honneur ; elle est légitime si elle est prévue par la loi. A Cirta en Numidie un décurion doit verser 20 000 HS ; dans la même province un duomvir verse entre 2 000 et 4 000 HS.

***Solvere legibus* :** le fait de se dispenser des lois pour prendre une mesure. C'est un privilège du Sénat* sous la République*, de l'Empereur* sous l'Empire*.

SOMPTUAIRES (lois) : cf. Loi.

SOPHISTIQUE (seconde) : renaissance au IIe siècle ap. J.-C. dans la partie grecque de l'Empire, de l'enseignement et de l'usage de la rhétorique* telle qu'elle était pratiquée aux Ve et IVe siècles av. J.-C. L'appellation provient de Flavius Philostrate qui écrivit une biographie des sophistes d'autrefois et de son époque. Les sophistes désignent alors des rhéteurs* et des professeurs, mais aussi toute personne qui maîtrise l'expression écrite ou orale, tout en se distinguant des philosophes. Ces nouveaux sophistes, qui tiennent à imiter très soigneusement leurs modèles classiques (Eschine, Isocrate, Xénophon, Démosthène), parcourent l'Empire* pour donner des conférences auprès des publics cultivés, ou s'installent dans les capitales universitaires. Même si les discours produits sont souvent formels et très creux, la seconde sophistique, en renouant avec la tradition classique, a contribué au renouveau artistique de l'époque, et a permis une synthèse des différentes doctrines philosophiques ; elle est notamment à l'origine du néoplatonisme. Les représentants de ce courant sont Aelius Aristide, Nicétès de Smyrne, Lollianus d'Ephèse, Scopélianus de Clazomènes, Hadrien et Maxime de Tyr, Polémon de Laodicée, et surtout Plutarque.

SORTS (*sortes*) : procédé de divination par loterie. Dans le sanctuaire oraculaire de la Fortune à Préneste, les réponses oraculaires étaient écrites sur des tablettes (*sortes*) qui étaient mélangées puis tirées « au sort » une par une par une main innocente. *Sortes Virgilianae* : pratique inventée dit-on par Hadrien (117-138) : le consultant choisissait au hasard une ligne dans les œuvres de Virgile, qui lui servait de guide pour l'avenir. *Sortes attenuatae* : tablettes que l'on suspendait en attendant qu'une d'entre elles se détache d'elle-même ; la sentence qu'elle portait devait éclairer le consultant (peu pressé sans doute...).

***Sortitio provinciarum* :** tirage au sort des provinces* attribuées annuellement aux gouverneurs* par le Sénat*.

SOUSCRIPTEUR (*subscriptor*) : dans les procès criminels, il ne peut y avoir qu'un accusateur en titre, mais celui-ci peut s'entourer d'autres personnes qui contresignent l'accusation : ce sont les souscripteurs.

SOUSCRIPTION (*subscriptio*) : réponse que l'Empereur* écrit au bas de la requête (*libellus*) qui lui est adressée. Cette réponse est ensuite affichée et devient un rescrit*.

SOUS-CURATEUR (*subcurator*) : auxiliaire du curateur*. On connaît un *subcurator viarum*.

SOUS-OFFICIER : cf. le paragraphe hiérarchie militaire dans les rubriques Armée et Marine.

SOUS-PREFET (*subpraefectus*) : auxiliaire des préfets*. On connaît un sous-préfet des vigiles, de la flotte* de l'annone*.

SOUVERAINETE : sous la République* elle appartient ensemble au Peuple* réuni en comices* et au Sénat*. Sous l'Empire*, la notion n'a plus grand sens à moins d'assimiler le prince* à un « souverain » qui de plus en plus détient son autorité du pouvoir militaire.

***Spectabiles* (respectables) :** sous le Bas-Empire*, titre accordé aux sénateurs* (déjà clarissimes*) qui ont exercé certaines fonctions (primicier*, castrensis palatii*, chef de bureau*, vicaire*, proconsul*, comte* et duc*).

SPECTACLES : les spectacles publics, qui ont lieu notamment lors des fêtes religieuses*, sont les jeux* de l'amphithéâtre* (chasses, combats de gladiateurs, naumachies), les jeux du cirque* (courses de chars), les représentations dramatiques au théâtre*. Les spectacles privés se donnent lors des banquets (danses, musique, jongleurs, acrobates, etc.). Les Romains ne sont pas très amateurs des spectacles culturels de type grec qui se déroulent dans les stades* (épreuves athlétiques) ou les odéons* (concerts, déclamations).

***Speculatores* :** les 300 « éclaireurs » constituant la garde privée de l'Empereur* à côté des cohortes prétoriennes* dont ils partagent les cantonnements ; ils dépendent du préfet du prétoire*.

***Sphaeristerium* :** pièce couverte et chauffée où l'on s'exerçait au jeu de paume.

***Spoliarium* :** pièce annexe de l'amphithéâtre* où l'on dépouille de leurs vêtements et de leurs armes les gladiateurs* tués au combat.

***Sponsio* :** forme primitive et religieuse du contrat verbal. La personne appelle sur elle la vengeance divine si elle vient à rompre les termes du contrat. Dans la procédure de la stipulation*, il s'agit de la réponse faite par le débiteur au créancier. C'est aussi l'engagement personnel pris par un général vis-à-vis de l'ennemi lorsqu'il lui fait des propositions de paix en promettant que sa cité respectera ces conditions.

***Sponsor* :** dans la procédure de stipulation*, personne se portant garante de l'engagement pris par un débiteur vis-à-vis du créancier.

SPORT : jusqu'à l'hellénisation de Rome, le sport est limité chez les Romains à l'entraînement militaire qui se pratique notamment sur le Champ de Mars* ;

le sport est donc intégré à la discipline*. Par la suite, la mode grecque des palestres*, des stades*, des gymnases* développe les épreuves athlétiques telles qu'elles étaient pratiquées dans les concours panhelléniques. De tels jeux furent instaurés à Rome en 86 ap. J.-C. par Domitien : le *Certamen Capitolium*. Toutefois les Romains conservèrent leur goût pour les combats et l'escrime comme ils se pratiquaient dans les amphithéâtres*, ou pour les voltiges et carroussels des cirques*. Il est notable qu'un seul stade* public ait été construit à Rome sous Domitien seulement. Le sport est pratiqué par les jeunes dans des sortes de clubs aristocratiques, les *collegia iuvenum*. Les riches particuliers le pratiquent aussi dans leurs villas*, mais plus comme délassement ou exercices d'hygiène.

SPORTULE (*sportulum*) : panier-repas que le patron* remet à son client* à l'occasion de la salutation matinale. Il peut être remplacé par une somme d'argent. Sous l'Empire*, le terme désigne aussi le pot-de-vin que l'on donnait aux fonctionnaires* pour activer les procédures.

SPQR : abréviation pour *Populus Senatusque Romanus*, sigle de la souveraineté nationale de l'État Romain.

***Stablesiani* :** corps d'armée à cheval créé par Gallien (260-268).

STADE (*stadium*) : terrain de sport où ont lieu des épreuves athlétiques (les courses notamment). Son architecture est comparable à celle d'un cirque*, *spina* et *carceres* en moins. Un seul stade public fut construit à Rome par Domitien (81-96) sur le Champ de Mars* ; restauré par Sévère Alexandre (222-235) il pouvait accueillir 30 000 spectateurs ; il mesurait 275 x 106,10 m.

STATION (*statio*) : petit poste militaire chargé de surveiller le réseau routier.

***Stator* :** responsable de la police et justice militaires attaché à un magistrat* ou un gouverneur*. *Statores Augusti* : gendarmerie militaire ; elle a son cantonnement au prétoire*.

***Stipendium* :** impôt* de guerre levé à titre exceptionnel sur les vaincus ou les alliés* ; ensuite cet impôt devint régulier et toucha les provinces* tombées sous la domination romaine. Le Sénat* fixait le montant global, et les gouverneurs* étaient chargés de répartir la somme entre les différentes cités et cantons, et de la percevoir. Le terme désigne aussi la solde*.

***Stips* :** contribution fournie par les citoyens* pour couvrir des frais de culte*. Il équivaut un peu aux quêtes pratiquées dans les églises ou au denier du culte.

STIPULATION (*stipulatio*) : en droit privé, contrat verbal devant témoins qui remplace la *sponsio*. Le créancier demande (c'est la *stipulatio* proprement dite) au débiteur : *« Spondes, Dabis ? Promittis, Facies ? »* (tu es caution, donneras-tu ? tu t'engages, tiendras-tu ton engagement ?), et ce dernier doit répondre par l'affirmative en reprenant chaque terme (*promissio*) : *« spondeo, dabo, promitto, faciam... »*.

STOICISME : doctrine philosophique grecque, dite du Portique, qui a beaucoup marqué la pensée des Romains. Le stoïcisme arrive à Rome au IIe siècle av. J.-C. lorsque Panetius est admis dans le cercle* des Scipions. D'autres stoïciens comme Blossius de Cumes et Posidonius eurent pour élèves Tib. Gracchus et Cicéron. Sous l'Empire*, la plupart des écrivains sont marqués par le stoïcisme (Lucain, Perse, Tacite), ou sont eux-mêmes des philosophes qui font évoluer la doctrine (Sénèque, Musonius Rufus, Epictète, Marc Aurèle). Cet attrait des Romains, ou du moins des milieux intellectuels romains, pour le stoïcisme s'explique par l'intérêt porté par cette doctrine pour les questions morales et les principes qui doivent guider l'action politique. Au centre de cette pensée, il y a la conviction que seule la quête de la vertu permet aux individus exceptionnels d'arriver à une conduite convenable (*kathekon*), celle du bon dirigeant qui s'identifie au sage. Panetius introduisait cependant des « convenables relatifs » pour le commun des mortels qui leur permettaient d'accomplir plus modestement leurs devoirs (*officia*) de citoyen*. Ces « convenables » étaient définis à partir de quatre vertus essentielles : la justice, la connaissance, la maîtrise de soi et le courage, autant de qualités qui correspondent bien à la mentalité romaine. C'est d'ailleurs au nom de la justice qu'un autre stoïcien comme Antipater défendait le droit de chaque homme à posséder la terre, et cette idée influença les réformes agraires de Tib. Gracchus. L'influence stoïcienne se relève aussi dans l'élargissement des jurys* aux chevaliers* qui, par rapport au Sénat*, représentaient le peuple tout entier. On comprend dès lors que les représentants de l'oligarchie sénatoriale aient été très hostiles au stoïcisme jugé révolutionnaire. Sous l'Empire*, le stoïcisme apparut surtout comme un moyen de cautionner l'idéologie du principat* : s'il était vertueux, le pouvoir du prince était légitime car il était en mesure de réaliser le bien.

***Strata Diocletiana* :** route reliant Damas à la Mésopotamie.

STRATEGIE : en Grèce et en Orient, division administrative des provinces regroupant des unités plus petites comme les cantons. En Egypte par exemple, les nomes étaient regroupés en trois stratégies confiées à un épistratège de rang équestre, et on appelait stratèges les responsables des nomes nommés pour trois ans.

STRATIGRAPHIE : étude des couches archéologiques permettant de reconstituer l'histoire d'un site. Les archéologues distinguent les couches de construction, d'occupation, de destruction et d'abandon. Le matériel contenu dans les couches permet leur datation.

STELE (*stela*) : pierre tombale, dressée verticalement, indiquant l'emplacement de la tombe. Elle supporte souvent un décor sculpté, et les indications épigraphiques qu'elle comporte sont très précieuses pour l'étude de la société.

STRIGILE (*strigilis*) : instrument de toilette, d'origine grecque servant aux athlètes pour s'enlever l'huile après les exercices. Il se présente sous la forme d'une étrille allongée et recourbée, munie d'un long manche pour permettre d'atteindre les régions dorsales.

STUPRE (*stuprum*) : attentat aux mœurs. Il entre dans la catégorie des crimes*.

STYLET (*stilus* ou *graphium*) : instrument pointu en métal, os ou ivoire, servant à écrire sur les tablettes* de cire. L'autre extrémité de l'instrument se termine en forme de spatule pour permettre d'effacer les lettres en lissant la surface de la cire.

STYLES POMPEIENS : cf. Peinture.

SUBREPTION (*subreptio*) : terme juridique désignant une fraude dans une plainte ou requête judiciaire.

***Sub(s)eciva* :** parcelles non aliénées de l'*ager publicus*.

SUBSTITUTION (*substitutio*) : terme juridique désignant la procédure par laquelle le testateur désigne des remplaçants au cas où l'institué ne voudrait pas recevoir l'héritage (*substitutio vulgaris*). Dans le cas où l'héritage était transmis à un impubère qui ne pouvait pas lui-même tester, le testateur pouvait également désigner la personne qui recueillerait l'héritage au cas où l'enfant mourrait avant sa majorité (*substitutio pupillaris*).

SUBUR(R)E (*Subura*) : quartier populaire et commerçant de Rome compris entre le Viminal* et l'Esquilin* et traversé par l'Argilète* (cf. carte 1). Il était réputé pour sa saleté et son caractère bruyant. Ses activités nocturnes en ont fait un quartier mal famé.

SUCCESSIONS (impériales) : le principe de succession dynastique n'était pas évident pour Auguste qui n'avait pas voulu donner du principat* une image monarchique, et qui de plus n'avait pas de fils. Il préféra donc associer à son pouvoir celui qu'il désirait comme successeur (ce fut finalement Tibère adopté par Auguste en 4 ap. J.-C.). Après Auguste, le principe dynastique prévalut (dynastie des Julio-Claudiens), les décès étant éventuellement compensés par les adoptions, mais d'autres instances intervenaient dans la succession : le Sénat* qui conférait toujours l'*imperium* (*lex de imperio*), et de plus en plus l'armée* qui pouvait imposer un Empereur (c'est le cas par exemple pour les Flaviens et Dioclétien). Un fils d'empereur est donc naturellement désigné pour succéder à son père, mais il ne peut s'imposer contre l'armée — qui reste la véritable légitimité populaire du prince* d'où le risque toujours possible d'usurpateurs — et il doit maintenir de bonnes relations avec le Sénat. Dioclétien (284-305) avec le système de la tétrarchie* essaya de renforcer le principe dynastique par le principe d'association et de répartition des tâches.

***Sudatorium* :** dans les thermes*, partie du *caldarium* où l'on se fait transpirer.

SUFFECT (*suffectus*) : consul* achevant l'année de son prédécesseur lorsque celui-ci décède ou abdique (sous la République*), ou lorsque le consul ordinaire quitte sa fonction au bout de 2 ou 4 mois (sous l'Empire*).

SUFFRAGE (*suffragium*) : le premier sens est celui de vote* (cf. *Ius suffragii*). Sous l'Empire*, le terme désigne les recommandations et le trafic d'influence. Interdit par Julien (361-363) il se transforme en un système de taxes officielles qui autorisent les promotions ou l'entrée dans l'administration*.

SUGGESTION (*suggestio*) : en terme juridique il s'agit de la décision prise par un haut fonctionnaire comme le préfet du prétoire*, qui sert à l'élaboration des constitutions* impériales.

SUICIDE (*mors volontaria*) : sous l'Empire*, le suicide est la seule issue qu'il reste à un haut personnage tombant sous l'accusation de lèse-majesté*. Cette contrainte au suicide équivaut quasiment à une exécution. Mais la « mort volontaire » peut apparaître aussi comme l'ultime manifestation d'un esprit libre face à l'arbitraire du pouvoir. Le suicide de Sénèque par exemple est resté célèbre.

***Sulpicia* (*lex*) : 1.** Plébiscites* du tribun* P. Sulpicius Rufus en 88 av. J.-C. : abrogation de l'*imperium* de Sulla pour attribuer à Marius la guerre contre Mithridate, grâce pour les partisans de Marius qui avaient été condamnés par un tribunal, interdiction aux sénateurs* d'avoir des dettes supérieures à 2 000 drachmes, et droit de vote dans toutes les tribus* pour les affranchis* et les nouveaux citoyens*. **2.** Loi* du préteur* S. Sulpicius Galba en 54 av. J.-C., pour accorder le triomphe* à C. Pomptinus vainqueur des Allobroges. **3.** Loi de date inconnue faisant payer aux particuliers les adductions d'eau qui desservent leur quartier.

***Summa honoraria* :** cf. Somme honoraire.

Summa supplicia **:** supplices infligés à un criminel pour le mettre à mort (la crucifixion, le bûcher, l'envoi aux bêtes, le culleus). Ces supplices étaient réservés aux esclaves* ou aux hommes libres de condition sociale inférieure.
Summum Choragium **:** annexe du *Ludus Magnus* où étaient entreposés toute la machinerie et les accessoires nécessaires aux jeux*.
SUOVETAURILE (*suovetaurilia*) : sacrifice d'un porc, d'un bélier et d'un taureau à l'occasion de lustrations*.
Superindictio **:** alourdissement de l'impôt dû par les provinces par rapport au rôle des contributions établi sur la base du cens*.
SUPERSTITION (*superstitio*) : étymologiquement le terme désigne ce qui est superflu ; dans le domaine religieux, il désigne non pas des croyances hétérodoxes, mais toute pratique qui n'est pas intégrée au culte public, et qui de ce fait apparaît inutile et inefficace.
SUPPLICATION (*supplicatio*) : prières* publiques d'actions de grâce demandées par le Sénat* en l'honneur d'une ou plusieurs divinités* ; la cérémonie se déroule selon le rite* grec, avec des prosternations devant les statues divines installées sur le *pulvinar* (lit sacré). La première supplication eut lieu dès 436 av. J.-C. (Tite-Live, XXXVI, 37). Les augures* utilisent également les supplications pour procurer les auspices*. Cette cérémonie peut enfin être offerte en l'honneur de généraux vainqueurs. Toute supplication entraîne ipso facto l'arrêt des activités politiques. *Supplicatio ad principem* (supplique au prince) : procédure d'appel par requête écrite adressée au bureau *a libellis*.
SUPPLICE (*supplicium*) : le terme désigne d'abord la supplication aux dieux, puis le sacrifice* pour les apaiser d'où le supplice au sens moderne du terme. Cf. également *Summa supplicia*.
SURNOM : cf. *Cognomen*.
Susceptor **:** au Bas-Empire*, fonctionnaire* chargé de recueillir l'annone* en nature pour la caisse des préfets du prétoire*.
***Sutorium* (*Atrium*) :** local où se déroulait la cérémonie du *tubilustrum*.
***Symposium* (terme d'origine grecque) :** réunion masculine qui prolonge les banquets. On y buvait du vin tout en assistant à des divertissements ; c'était aussi l'occasion de conversations politiques, philosophiques ou littéraires, parfois aussi de propos moins sérieux. Le *Deipnosophiste* d'Athénée, que l'on peut traduire par le « banquet des sophistes » où « les sophistes du banquet » (dans le sens de gens savants dans l'art du banquet), évoque, de façon parfois caricaturale, cette atmosphère du *symposium*. C'était une pratique typique de la bonne société grecque, qui finit par s'introduire à Rome.
SYNAGOGUE : communauté juive de la diaspora*, et lieu de culte et de réunion des Juifs*. Ces communautés bénéficièrent pendant longtemps d'un régime favorable : ainsi César* avait soustrait les synagogues à la législation répressive du droit d'association. A partir de Constantin (306-337) la législation se durcit, et à la fin du IVe siècle on assiste à des destructions de synagogues.
SYNDICUS **:** synonyme de défenseur de cité*.
SYRIE (Syria) : elle fait partie du royaume hellénistique des Séleucides. Après les défaites d'Antiochos III aux Thermopyles en 191 av. J.-C., puis à Magnésie l'année suivante, les Romains prennent pied en Asie Mineure*. En 64 av. J.-C. Pompée s'empare de Jérusalem et organise la province de Syrie avec tout autour des Etats satellites, ou Etats-Clients*. La capitale est Antioche où réside un légat propréteur*. Plus tard fut créée la province de Judée avec comme capitale Césarée. Sous Septime Sévère (193-211) la Syrie est divisée entre la

Syrie Coele au nord avec Laodicée comme capitale, et la Syrie-Phénicie autour d'Emèse ou de Tyr. La Judée prend le nom de Syrie-Palestine. Cette région est riche tant du point de vue agricole (blé, vin huile, bois) que commercial (verrerie, tissage et teinturerie, armateurs, caravaniers). Son influence artistique et religieuse (culte du Soleil, de Dea Syria, de Jupiter Héliopolitain) sur Rome est importante, surtout avec Elagabal, son cousin Sévère Alexandre (222-235), et les princesses syriennes, tous originaires d'Emèse (cf. cartes 3, 4, 5).

T

TABELLAIRES (lois) : cf. Lois.
***Taberna* :** cf. Boutique.
TABERNACLE (*tabernaculum*) : tente élevée au centre du *templum* où se tenaient les augures* pour prendre les auspices* (synonyme : *templum minus*). C'est aussi la tente dressée dans le *pomoerium* durant les comices*.
***Tabernaria* :** comédie* mettant en scène des Romains de basse extraction sociale.
TABLE (*tabula*) : plaque de bronze (plus rarement de marbre) servant de support à une longue inscription (listes, charte, etc.), puis par extension la liste ou la loi elle-même[31]. On trouvera ci-après les tables les plus connues :
TABLES ALIMENTAIRES (*tabulae alimentariae*) : registres de l'administration des *alimenta*. On en connaît deux exemples épigraphiques : celui de la Table de Veleia découverte en 1747 près de Plaisance, et l'inscription 1455 du *CIL* IX, découverte en 1832 près de Bénévent. La première liste a été dressée en 104, la seconde en 101 ap. J.-C.
TABLE DE BANASA (*tabula Banasitana*) : inscription reproduisant deux lettres impériales de 168 et 177, où Marc Aurèle et Lucius Verus accordent la citoyenneté* à divers membres d'une tribu de Maurétanie Tingitane.
TABLE DE BANTIA : table de bronze découverte en 1790 près de l'ancienne Bantia en Lucanie, contenant un fragment de loi municipale en osque sans doute antérieure à l'époque des Gracques.
TABLE DE BRIGETIO : table de bronze retrouvée à Brigetio en Pannonie où sont gravées les exemptions fiscales dont bénéficiaient les soldats et vétérans* aux IIe-IVe siècles.
TABLES DES CAERITES (*tabulae Caeritum*) : cf. Cérites.
TABLES EUGUBINES : inscription de langue ombrienne en alphabet osque et latin sur sept tablettes de bronze écrites entre 200 et 70 av. J.-C. C'est la plus longue inscription italique (4 350 mots) qui contient des prescriptions rituelles pour le déroulement des sacrifices publics dans la cité d'Iguvium (Gubbio).
TABLE D'HEBA (*tabula Hebana*) : inscription sur bronze retrouvée en 1947 à Héba en Etrurie. Elle nous donne le mode d'élection des consuls* et des préteurs* sous Tibère (14-37).

31. La table quand il s'agit du meuble, se dit *mensa*.

TABLES D'HERACLEE : inscription sur deux plaques de bronze retrouvées à Héraclée en 1732 ; elle contient le texte de la *lex Iulia municipalis* où César fixe en 45 av. J.-C. les principes de toute loi municipale*.
TABLE ILIAQUE (*tabula Iliaca*) : bas-relief en marbre retrouvé près de Bovilles le long de la *Via Appia* à 20 km de Rome ; il date des années 15 ap. J.-C. et représente des épisodes de la guerre de Troie dont une *Ilioupersis* (prise de Troie) reproduisant celle perdue de Stésichore.
TABLES DE LYON : inscription reproduisant le discours de Claude (41-54) au Sénat* pour accorder aux nobles de la Gaule Chevelue le droit de siéger au Sénat.
TABLE DE MALACA ET SALPENSA (*tabula Malacitana, Salpensana*) : inscription sur bronze de l'époque de Domitien donnant la charte de deux municipes* espagnols de droit latin (ou romain selon d'autres spécialistes), découvertes à Malaga en 1851.
TABLES NUPTIALES (*tabulae nuptiales*) : écrit rédigé devant témoin et attestant le montant de la dot. Ce document permet de différencier les « justes noces » et le concubinage.
TABLE D'OSUNA ou d'Urso (*tabula Orsunensis*) : inscription sur table de bronze, découverte entre 1870 et 1874 à Urso, donnant la charte de la colonie* romaine de *Genetiva Iulia* en Espagne fondée à l'époque de César*.
TABLES PONTIFICALES (*tabulae pontificum*) : registres où les pontifes* consignaient les annales*.
TABLE DE SALPENSA : cf. ci-dessus Table de Malaca.
TABLE DE SIARUS (*tabula Siarensis*) : inscription retrouvée en Bétique près de Séville, reproduisant un sénatus-consulte* relatif aux honneurs posthumes décernés à Germanicus.
TABLE DE TIRIOLO (Calabre) : plaque de bronze conservant le texte du sénatus-consulte de 186 av. J.-C. réprimant les Bacchanales (découverte en 1640, conservée au Musée de Vienne).
TABLE DE VELEIA : cf. ci-dessus Tables alimentaires.
TABLE DE VISPACA (*tabula Vispacensis*) : inscription découverte en 1876 près d'Aljustrel au Portugal, contenant une liste de monopoles affermés à des entrepreneurs et le mode d'exploitation d'une mine contrôlée par un procurateur*.
TABLETTES (*pugillares, cerae*) : elles correspondent à nos cahiers ; recouvertes de cire, on y écrivait à l'aide d'un stylet*. Certaines étaient aussi en plomb ou en ardoise. On pouvait attacher ensemble plusieurs tablettes, ce qui formait un *codex**.
TABLETTES ALBERTINI : le nom vient de leur inventeur ; retrouvées en Afrique, ces tablettes en bois nous renseignent sur le système du colonat* à l'époque vandale.
***Tablinum* :** cf. Maison.
Tabula honestae missionis* :** certificat de congé honorable ; document remis par le général aux soldats qui en faisaient la demande, et qui permettait ensuite la délivrance du diplôme militaire*. ***Tabula : cf. Table.
***Tabularium* :** édifice abritant les archives de l'Etat ; il est construit au pied du Capitole*, au nord-ouest du *Forum* près du temple de la Concorde. Il fut commandé par Q. Lutatius Catulus après l'incendie de 83 av. J.-C. avec pour architecte et conducteur des travaux L. Cornelius. Par extension on nomme *tabularium* tout bureau abritant des archives ou des registres, comme le

bureau de légion* (*tabularium legionis*) ou le bureau du prince* (*tabularium principis*) dans les camps* romains.

TAGES (livres de) *Tagetici libri* : livres de science divinatoire qu'étudiaient les haruspices*. Tagès était une sorte de prêtre prophète qui avait révélé sa science aux lucumons* étrusques. On les appelle aussi les livres étrusques. Ils comprennent les livres rituels (*libri rituales*) sur la théorie du *templum*, les livres de la foudre (*libri fulgurales*), les livres haruspicins (*libri haruspicini*) sur l'examen des entrailles, les livres des prodiges (*ostensaria*).

TALION (*Talio*) : droit pour une victime d'infliger au coupable un dommage identique à celui qu'elle a subi. La Loi des Douze Tables* fixe encore cette sanction pour certains délits. Le talion est un progrès en ce sens qu'il réglemente la procédure de la vindicte*.

TALMUD : commentaires juifs de la Bible rédigés entre le IIe et le IVe siècle ap. J.-C. Il y eut deux écoles, celle du Talmud de Jérusalem, et celle du Talmud de Babylone.

***Tarentum* :** aire sacrée à l'ouest du Champ de Mars*, située près de l'actuel Pont Vittorio Emmanuele, sans doute à l'emplacement d'un ancien solfatare. Une confusion s'est faite avec l'*ustrinum* d'Hadrien situé un peu plus au sud-est.

***Tarpeius* (*mons*) :** cf. Roche tarpéienne.

TAUROBOLE : sacrifice* d'un taureau, avec aspersion du sang sur l'initié ; ce rite est pratiqué dans le culte métroaque de la déesse Cybèle.

TAUROCTONE : épiclèse de Mithra. Le dieu est en effet représenté tuant le taureau qui symbolise à la fois le mal et les forces vives qui fécondent la terre.

TAUX D'INTERET (*foenus* ou *usura*) : il s'agit du loyer du capital ; en effet les prêts étaient théoriquement gratuits, et l'obligation de payer des intérêts résultait d'une stipulation* jointe au contrat. Les taux d'intérêt sont annuels et sont exprimés jusqu'à l'époque de Sulla par une fraction donnée du capital : ainsi le taux oncial (*unciarum foenus*) correspond à 1/12 du capital soit 8,33 % Les calculs des taux étaient cependant complexes dans la mesure où l'année commerciale était de 10 mois alors que l'année réelle en avait 12 ; ainsi un taux légal à 8,33 % devenait un taux de 10 % car il y avait encore deux mois à courir. Pour simplifier, les Romains finirent par adopter la méthode grecque des taux mensuels, mais en conservant la terminologie de l'ancien système. Le taux légal était fixé au centième du capital par mois (*centesima usura*), soit 12 % annuel, et le calcul des taux était simple tant qu'il correspondait à un multiple de centième. Pour les taux inférieurs au centième on suivit le système duodécimal de la division de l'as* : l'unité de base, c'est-à-dire le centième, était identifié à l'as. Les calculs deviennent beaucoup plus complexes lorsqu'il faut convertir l'as en unités monétaires qui ne suivent pas le système duodécimal, comme le denier (= 16 as) et le sesterce (= 4 as) qui ont des divisions décimales. Il fallait ainsi convertir les as en fractions de deniers (avec système duodécimal) ou en fractions de sesterces (avec système décimal), ce qui relevait d'une gymnastique arithmétique à donner des migraines ; par exemple 13 as, soit 13/16 de denier, se décomposent en 3/4 (*dodrans*) + 1/16 de denier. Mais 1/16 de denier doit être converti en système duodécimal et devient 1/24 (*semuncia*) + 1/48 (*sicilicus*) !

Celui qui prête l'argent à un taux supérieur au taux légal, est considéré comme un usurier (*fenerator*) et encourt de fortes amendes sous la République* (le quadruple de la somme qu'il exigeait). Sous l'Empire* il risque l'infamie*, d'autant que beaucoup de créanciers se contentent d'un taux de 6 % (*semisses usurae*).

TAXES : cf. Finances publiques, Impôts.

TECHNIQUES : peu de progrès ont été accomplis par les Romains par rapport à l'héritage grec. Si les architectes* ont su développer l'usage des voûtes, le principe de l'arc en plein cintre était déjà connu et appliqué. Dans le domaine de la construction navale on note cependant des améliorations : navires construits à franc bord, gouvernail latéral double, navires plus rapides et mieux armés. Dans le domaine agricole on constate aussi des progrès : techniques d'arpentage, sélection des espèces, augmentation des rendements, nouvelles machines.

***Tegula* :** tuile plate, par opposition à l'*imbrex* qui est semi-circulaire.

TÉMOIGNAGE (*testimonium*) : moyen dans un procès d'établir les preuves. La présence de témoins était également nécessaire pour valider certaines procédures (testament* par exemple). Au fur et à mesure des progrès juridiques, le témoignage oral perd de sa valeur face à l'écrit, le crédit accordé au témoin dépendant souvent de son rang social et de sa fortune. On en arrive finalement à l'adage un seul témoin, pas de témoin (*testis unus, testis nullus*).

TEMPLE (*templum*) : le terme désigne à l'origine l'espace sacré, rectangulaire ou circulaire, délimité par le bâton (*lituus*) de l'augure* lors de la cérémonie de l'inauguration*. C'est dans cet espace que l'augure prend les auspices*. Le *templum* est divisé du nord au sud par le *cardo maximus*, et d'est en ouest par le *decumanus*, l'augure et le magistrat augurant se plaçant à l'intersection des deux axes. Le temple est ainsi divisé en quatre parties : la *pars sinistra* (la gauche) à l'est, la *pars dextra* (la droite) à l'ouest, la *pars antica* (l'avant) au sud et la *pars postica* (arrière) au nord. Au centre est dressée une tente, le tabernacle* ou *templum minus*. Le premier temple fut la ville de Rome elle-même, limitée par le *pomerium* avec au centre la citadelle (*arx*) et le Capitole* où étaient pris les augures (*auguraculum*). Le terme désigne ensuite toute construction édifiée sur cet espace consacré. Le mot temple est réservé pour les édifices religieux abritant la statue d'une ou plusieurs divinités. Pour qu'un *templum* devienne un temple il faut qu'il y ait consécration* et dédicace* du bâtiment. L'architecture des temples est héritée de l'architecture grecque et étrusque. Il y a cependant une tradition du temple italique qui se caractérise par un haut podium, un plan pseudo-périptère (les colonnes du péristyle sont engagées dans les murs de la *cella*), un porche prostyle ou des colonnes *in antis*, l'absence d'opisthodome. Le temple le plus caractéristique de la civilisation romaine est le Capitole*, consacré à Rome comme dans toutes les villes de l'Empire à la Triade* Jupiter, Junon, Minerve. A noter que le temple n'est pas un lieu de culte (sauf pour les temples oraculaires ou ceux de divinités étrangères à rites initiatiques) ; les sacrifices ont lieu sur l'autel qui se trouve devant le temple. Pour les différents types de plan, cf. illustrations suivantes. Cf. également Ordres architecturaux, *Tholus*.

***Tensarium* :** local sur le Capitole où étaient entreposés les chars sacrés destinés à transporter les dieux.

Figure 21 — Temples italiques

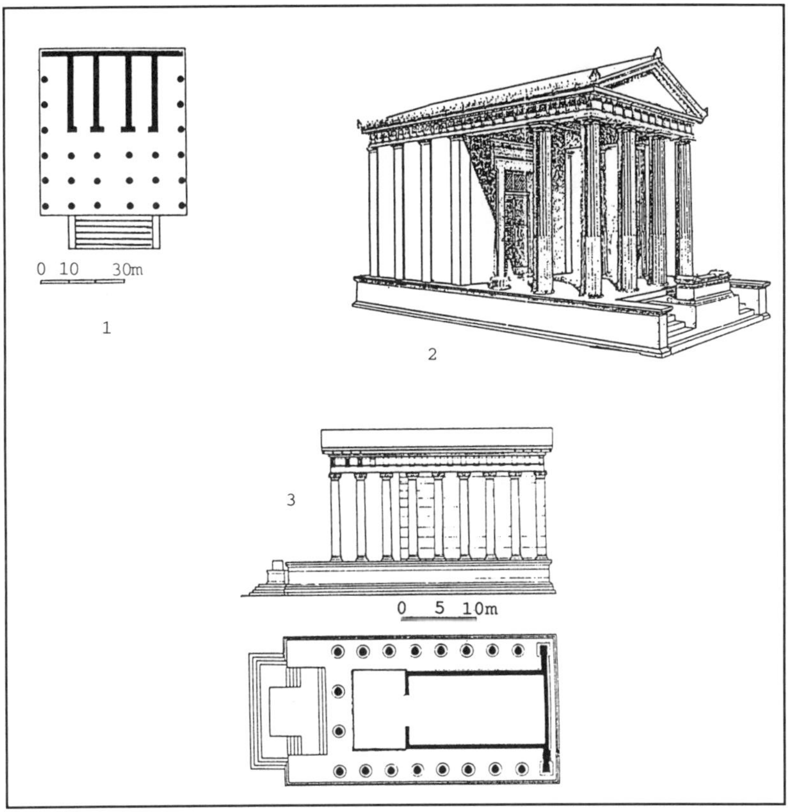

1. Temple de la Triade capitoline (Rome, VIe siècle av. J.-C.). 2. Temple dorique pseudo-périptère (Cori, Ier siècle av. J.-C.). 3. Temple périptère sine portico (Capitole de Paestum).

***Tepidarium* :** salle des thermes* où la température était tiède ; elle sert de transition entre le *frigidarium* et le *caldarium*.
***Terentia (lex)* :** plébiscite* du tribun Q. Terentius Culleus en 189 av. J.-C., demandant la citoyenneté totale pour les fils d'affranchis* et leurs pères.
***Terentia Cassia (lex)* :** loi* des consuls* M. Terentius Varro Lucullus et C. Cassius Longinus Varus en 73 av. J.-C. réglementant les achats de blé en Sicile.

***Terentilia* (*lex*) :** proposition du tribun* C. Terentilius Harsa en 462 av. J.-C., pour instituer une commission plébéienne de 5 membres avec *imperium* consulaire pour rédiger un corps de lois.

TERGIVERSATION (*tergiversatio*) : acte par lequel l'accusateur renonce au procès en accord avec l'accusé, avant le prononcé de la sentence. Cette manœuvre fut interdite par le sénatus-consulte *Turpillianum*.

***Terminalia* :** cf. Fêtes.

TERRAMARE : village rectangulaire sur pilotis de la plaine du Pô datant de l'âge du bronze et précédant la civilisation villanovienne.

TERRITOIRE : cf. *Ager.* ; *territorium* dans le vocabulaire militaire, désigne l'espace occupé et contrôlé par un camp* légionnaire. Le domaine militaire est également désigné par le mot *prata* qui a un sens plus économique, et par province* lorsque le légat* de légion fait office de gouverneur* (sens administratif).

TESSERE (*tessera*) : dé à jouer ou jeton de jeu ; jeton distribué à la plèbe pour recevoir les distributions frumentaires* (*tessera frumentaria* ou *nummaria*) ; jeton d'entrée dans les lieux de spectacle ; tablette sur laquelle est inscrit le mot d'ordre (*tessera militaris*) ou toute marque de reconnaissance ; marque distinctive accordée aux gladiateurs* émérites : elle se présente sous la forme d'un petit bâtonnet en os ou en ivoire percé à une extrémité pour être porté autour du cou.

TESSIN (bataille du) : fleuve d'Italie du nord qui vit la défaite de P. Cornelius Scipio face aux troupes d'Hannibal en décembre 218 av. J.-C.

TESTACCIO : colline artificielle de l'*emporium* de Rome, formée par l'amoncellement de débris d'amphores*.

TESTAMENT (*testamentum*) : dans la Loi des Douze Tables*, le droit de tester est réservé aux citoyens* *sui iuris* c'est-à-dire aux pères de famille*. Il fut ensuite accessible aux personnes disposant du *ius commercii* (Latins*, pérégrins*), aux vestales*, aux femmes non mariées. On peut désigner pour héritier la personne de son choix à condition qu'elle réponde à des conditions juridiques. D'après les témoignages littéraires cela semble avoir encouragé les « chasseurs de testament » (*captator testamenti*). Plusieurs lois limitèrent toutefois cette possibilité pour éviter les excès. En tout état de cause le droit créé par le testament a aux yeux de la loi une valeur supérieure au droit créé par la parenté.

Il existe plusieurs procédures juridiques pour exécuter son testament : la procédure publique et solennelle se fait devant les comices calates* convoquées à cet effet par les pontifes* deux fois par an (testament comitial), ou, en temps de guerre, devant l'armée (testament *in procinctu*). En cas d'urgence, il reste la procédure privée du testament par l'airain et la balance (*per aes et libram*), c'est-à-dire le transfert de propriété (*mancipatio*) à la personne (un ami de préférence) chargée d'exécuter les dernières volontés écrites sur des tablettes ; cette personne doit être assistée d'un *libripens* et de 5 témoins à qui le testateur demande de prendre connaissance de ses volontés et de valider le testament par leur témoignage (*nuncupatio*). Le droit prétorien* simplifia cette dernière procédure en apportant sa propre garantie : à condition qu'il y eût la signature de 7 témoins, l'acte était validé même s'il n'avait pas été fait selon le cérémonial. La seule différence était que les héritiers n'avaient que la propriété bonitaire des biens (*bonorum possession*) et non pas la propriété quiritaire (*dominium*). En même temps le droit civil admit que le testament par l'airain et la balance se limitât à une simple lecture des

dernières volontés rédigées sans formules obligatoires. Du coup la seule différence entre le testament civil et le testament prétorien était la différence du nombre de témoins requis (5 pour le premier, 7 pour le second). En 439 Théodose II supprime la distinction en imposant 7 témoins, et si le testament est écrit, ces témoins doivent seulement authentifier le document sans avoir réellement connaissance des intentions du testateur ; ainsi la *nuncupatio* n'était plus l'acte indispensable à la validité du testament, et pourtant elle pouvait toujours constituer à elle seule le testament non écrit.
Sous l'Empire*, la loi permit à un esclave* de disposer par testament de la moitié de son pécule*, de même qu'aux militaires et fonctionnaires sous tutelle paternelle (les fils de famille*).
***Testatio* :** déclaration légalisant le concubinage et permettant d'échapper à l'accusation de stupre.
TETRARCHIE (commandement à 4) : répartition et décentralisation du pouvoir impérial imaginé par Dioclétien en 293 ; l'Empire* est dirigé par deux Augustes* installés à Nicomédie et Milan, et deux Césars* installés à Sirmium et Trèves. Chaque César succède à son Auguste au bout de 20 ans et choisit les nouveaux Césars. Ce système devait résoudre les problèmes de succession et les problèmes administratifs engendrés par les dimensions de l'Empire et le développement de la bureaucratie. En fait il ne survécut pas à la mort de Dioclétien et inaugura une période d'anarchie. La tétrarchie a donné lieu à des représentations figurées : les reliefs de l'arc de Thessalonique, et le groupe en porphyre de Venise.
***Tetrastylum* :** nom donné à l'arc en forme de Janus à quatre entrées situé sur le Palatin à l'emplacement du temple d'Apollon.
TEXTILE : les Romains utilisent surtout la laine et le lin. La filature se fait avec le fuseau et la quenouille, et le tissage avec un métier vertical. La soie et le coton sont importés d'Orient et ne concernent que les classes riches vu leur prix. Au Bas-Empire*, avec les besoins de la cour et de l'armée, l'industrie textile devient un monopole d'Etat avec des ateliers impériaux.
THAPSOS (bataille de) : victoire de César sur les troupes pompéiennes en Afrique en avril 46 av. J.-C.
THEATRE : 1. Le bâtiment (*theatrum*) : édifice de spectacle où l'on assiste à des représentations dramatiques, tragédie*, comédie*, mime*, attelane*. Il se compose de gradins (*cavea*) en demi-cercle autour de l'*orchestra* semi-circulaire également où prennent place les sénateurs* et hauts magistrats[32]. En avant de l'orchestre s'élève un mur, le *pulpitum*, formant la partie antérieure de la plate-forme (*proscenium*) où jouent les acteurs. A l'arrière se dresse le bâtiment de scène (*scena*) avec le mur de fond (front de scène) percé de trois ou cinq portes d'où arrivent et sortent les artistes. Ce mur supporte également les éléments du décor, et représente la façade d'un palais. A l'arrière se trouvent les coulisses, les loges et les magasins (*postscenia*). Il existait un rideau de scène (*siparium*) qui se baissait en début de représentation, car le mécanisme de manœuvre se trouvait dans le *pulpitum*. A l'origine les spectacles avaient lieu au cirque*, sur le *Forum**, ou devant un temple : on installait des structures provisoires en bois. Le premier théâtre en pierre de Rome fut celui de Pompée construit en 55 av. J.-C. Beaucoup de villes d'Italie

32. Pour la description des gradins, cf. Amphithéâtre. A noter que les théâtres romains se distinguent des théâtres grecs par leur plan réduit au demi-cercle.

avaient leur théâtre à la fin de la République*, et ils continuèrent à se développer dans les provinces* sous l'Empire*[33].
2. Représentations théâtrales (*ludi scaenici*) : elles ont toujours lieu dans le cadre de fêtes religieuses*, ce qui implique qu'il s'agit de spectacles chantés et dansés. Il s'avère d'autre part que les pièces jouées sont traduites de spectacles étrangers. On distingue ainsi les jeux grecs, les jeux osques et les jeux étrusques. Les jeux grecs sont la comédie*, la tragédie* et le mime*. Les deux premières font alterner des ballets (les acteurs dansent au son de la flûte tandis qu'un chanteur chante les rôles), et des déclamations (l'acteur dit son texte sans accompagnement musical). Le mime lui est un ballet chanté sur des thèmes érotiques parfois triviaux. Les jeux osques sont venus de Campanie : il s'agit de l'atellane*, improvisation farcesque sur des thèmes stéréotypés, avec des rôles fixés une fois pour toute (assez proche de la commedia dell'Arte). Les jeux étrusques sont des pantomimes chantées et dansées sans histoire suivie ; ils disparaissent assez vite pour reparaître au début de l'Empire sous la forme de la pantomime* romaine proprement dite.
Le programme doit toujours commencer par un prologue narratif mettant en place une fiction ; la première pièce est donc toujours une tragédie ou une comédie. Il doit se terminer par contre avec une séquence musicale et gaie, l'*exodium* ; si la pièce jouée est une tragédie elle doit donc être suivie d'un mime ou d'une atellane. Les comédies peuvent avoir un *exodium* intégré à la fin.
Le théâtre romain est donc essentiellement ludique, licencieux au sens étymologique du terme. Il crée une rupture dans les activités civiques, et donne lieu à des manifestations bruyantes de divertissement, voire défoulement, collectif. On peut distinguer trois périodes dans son histoire :
– 346 av. J.-C. : création des premiers jeux scéniques ; il n'y a pas encore de texte écrit (jeux étrusques et campaniens) ;
– 240 av. J.-C. : introduction des comédies et tragédies grecques écrites (jeux grecs) ;
– 27 av. J.-C. : disparition de la comédie, apparition de la pantomime romaine (retour à un théâtre sans texte).
Cf. également Acteur*.

33. Villes d'Italie ayant un théâtre à la fin de l'époque républicaine : Florence, Mevaniola, Volterra, Iguvium, Volsini, Ferentum, Interamnia Nahars, Castrum Novum, Amiterne, Alba Fucens, Marruvium, Tusculum, Lavernae, Lanuvium, Iuvanum, Teanum Sidicinum, Pietrabbondante, Allifae, Cales, Capoue, Sarno, Pompéi, Tarente, Ginosa ionica.

Les Tétrarques, église St Marc à Venise

Figure 22 — Théâtre romain

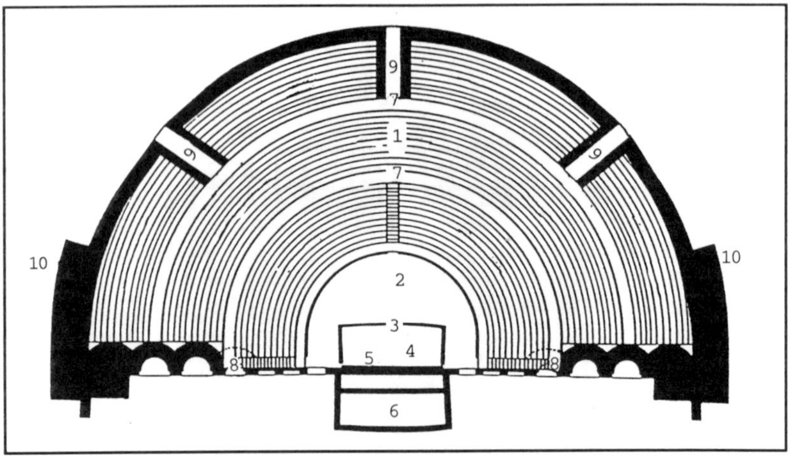

1. Cavea. 2. Orchestre. 3. *Pulpitum*. 4. *Proscenium*. 5. Scène et front de scène. 6. *Postscenia*. 7. *Praecinctio*. 8. *Parodoi*. 9. *Vomitorium*. 10. *Analemma*.

THERMES (*thermae*) : établissements de bains publics ou privés. Les thermes comprennent quatre pièces principales : le vestiaire (*apodyterium*), la salle froide (*frigidarium*), la salle tiède (*tepidarium*) et l'étuve (*caldarium*). Il peut s'y adjoindre une étuve sèche (*laconicum*) et une salle de sudation (*sudatorium*). L'eau chaude et la vapeur sont produites par des chaudières en sous-sol (hypocaustes*) et acheminées dans les pièces par tout un système de tubes et canalisations. Dans les grands thermes publics, on trouve également des piscines*, gymnases* et palestres* pour le sport, des salles de repos et de réunion, des bibliothèques*, salles de lecture et de conférences, des jardins* portiques* et promenades, des débits de boissons et des boutiques* en tout genre, sans oublier les lieux d'aisance. Il s'agit en effet d'un établissement d'hygiène, mais aussi d'un centre de loisirs et d'un lieu de rendez-vous pour la vie citadine. Les femmes pouvaient y avoir accès à des horaires réservés ou dans la partie de l'édifice qui leur était réservée.
Les premiers thermes sont privés ; Scipion l'Africain avaient fait construire des bains chauffants dans sa villa à la fin du IIIe siècle av. J.-C. Les premiers thermes publics connus sont ceux de Pompéi au début du Ier siècle av. J.-C. Toutes les grandes villes d'Italie n'ont pas encore de thermes publics à la fin de la République[34]. A Rome, les thermes les plus fameux sont ceux de Caracalla (211-217) et de Dioclétien (284-305), mais on connaît aussi les thermes

34. On a retrouvé des thermes d'époque républicaine à Massarosa, Mevianola, Cosa, Centumcellae, Interamnia Praetuttiorum, Préneste, Aletrium, Fondi, Teanum Sidicinum, Cales, Capoue, Cumes, Pompéi, Herdoniae, Aquilonia, Aceruntia, Grumentum, Crotone.

d'Agrippa, de Néron, de Titus, de Trajan, de son ami Linius Sura, de Décius, de Constantin, d'Hélène la mère de Constantin.

Figure 23 — Les thermes de Caracalla

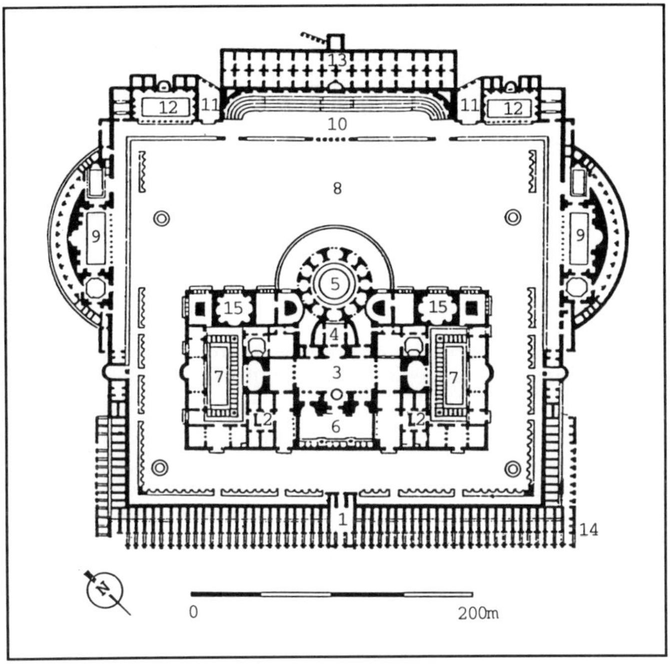

1. Entrée principale. 2. *Apodyterium*. 3. Basilique centrale, *frigidarium*. 4. *Tepidarium*. 5. *Caldarium*. 6. Piscine (*natatio*). 7. Palestres. 8. Jardin. 9. Exèdres, salons. 10. Stade. 11. Cours. 12. Bibliothèques. 13. Citernes (80 000 l). 14. Portique et boutiques. 15. *Laconicum* (?).

Thermopolium **:** débit de boissons chaudes.
THERMOPYLES (bataille des) : victoire romaine de Caton sur Antiochos III en 191 av. J.-C. Le roi séleucide dut renoncer à la Grèce à l'issue de cette bataille.
Tholus **(du grec *tholos*) :** temple de plan circulaire, comme le temple d'Hercule Vainqueur sur le *Forum Boarium*, le temple des vestales sur le *Forum* Romain*, le temple B (sans doute le temple de la Fortune du Jour présent) sur le Champ de Mars*.

***Thoria* (*lex*) :** plébiscite* du tribun* Sp. Thorius en 119-118 av. J.-C. abolissant les assignations* et la magistrature des triumvirs*, et confirmant les *possessores* dans leur droit moyennant une redevance qui était distribuée aux prolétaires*.
***Tibicen* :** joueur de flûte (*tibia*) ; dans l'armée les *tibicines* forment une centurie*. Ils interviennent aussi dans les sacrifices* pour obtenir le silence de l'assemblée.
***Tigillum sororium* :** entrée sacrée dans la cité de Rome ; elle est située au bas du Clivus Urbius qui monte sur l'Esquilin*, et se présente sous la forme d'une porte à trois travées qui abritaient les autels* de Janus Curiatus et Juno Sororia protecteurs des curies* esquilines.
***Titiae* (*leges*) : 1.** Plébiscites* du tribun* Sex. Titius en 99 av. J.-C., demandant une assignation* de l'*ager Gallicus* pour les vétérans*, étendant aux magistrats* des provinces* le droit de nommer des tuteurs, établissant une province « aquaria »[35] gouvernée par un questeur*. **2.** Plébiscites du tribun P. Titius en 43 av. J.-C. validant la magistrature extraordinaire des triumvirs* à pouvoir constituant, et demandant de déposer de sa charge le tribun P. Servilius Casca qui avait quitté Rome malgré sa charge. **3.** Loi contre les attentats aux mœurs dont on ne connaît avec précision ni le contenu ni l'auteur (peut-être le tribun Sex. Titius en 99 av. J.-C.). **4.** Loi d'auteur et de date inconnus interdisant les paris.
***Tities* :** nom de l'une des trois tribus* primitives formant le patriciat*.
***Titii* :** prêtres chargés de maintenir le culte sabin à Rome. Ils auraient été établis par le roi sabin Titus Tatiius. Auguste restaura cet ordre qui était tombé dans l'oubli.
TITRES HONORIFIQUES : ils sont accordés en fonction de l'ordre* et des fonctions exercées. Un chevalier* peut être *egregius, perfectissimus*, puis *eminentissimus** ; un sénateur est d'abord *clarissimus*, puis *spectabilis* et enfin *illustris*. Au Bas-Empire*, un gouverneur de province est *spectabilis, clarissimus*, ou *perfectissimus*.
TITULATURE IMPERIALE : suite des titres impériaux tels qu'ils apparaissent dans les inscriptions. Leur nombre et leur ordre évoluent avec le temps ; à l'époque flavienne (69-96) l'ordre est le suivant : *Imperator Caesar* (= prénom* et gentilice), suivent le nom personnel de l'Empereur* et la filiation (*Divi... filius* : fils de... divinisé, éventuellement petit-fils de et arrière petit-fils de), *Augustus*, surnom(s) de victoire[36] (Germanicus, Parthicus, Dacicus, etc.), *Pontifex Summus* (grand-pontife*), nombre de puissances tribuniciennes (autant que d'années de règne), salutations impériales (nombre de victoires), nombre de consulats, Père de la Patrie, épithètes particulières.
Exemples :
1. Titulature d'Auguste sur l'inscription de Comana en Pisidie (6 av. J.-C.) : Empereur César Auguste, fils du Divin (Jules), grand-pontife, consul pour la onzième fois, acclamé quinze fois *imperator*, en sa douzième puissance tribunicienne...
2. La titulature de Trajan sur l'arc de Bénévent (114) : Empereur César, fils du Divin Nerva, Nerva Trajan, meilleur des princes, Auguste, Germanicus,

---

35. On pense qu'il s'agit de la surveillance des côtes de l'Italie ou de celle des aqueducs* de Rome.
36. A partir de Marc-Aurèle (161-180) on rajoute le superlatif *maximus* : très grand vainqueur des...

Dacicus, grand-pontife, en sa dix-huitième puissance tribunicienne, acclamé sept fois *imperator*, six fois consuls, père de la patrie, prince très courageux.
3. La titulature de Dioclétien sur l'inscription d'Augsburg (290) : Prince très prévoyant, gouverneur et maître de la terre, fondateur de la paix éternelle, Dioclétien, pieux, heureux, invincible, Auguste, grand-pontife, très grand vainqueur des Germains et des Perses, en sa septième puissance tribunicienne, consul pour la quatrième fois, père de la patrie, proconsul.

***Togata* (*fabula*) :** comédie mettant en scène des Romains. Elle est jouée au moment de l'*exodium*, et ressemble assez aux atellanes*. On n'en connaît que quelques titres (*L'incendie, La teinturerie, Le divorce, La fête des carrefours*) et fragments. Afranius fut le principal auteur de ce genre de pièces (IIe siècle av. J.-C.).

***Togatus* :** le mot signifie « revêtu de la toge ». Il désigne d'abord le citoyen* ; plus tard il se spécialise pour désigner l'avocat : *corpus togatorum* : l'ordre des avocats*.

TOGE (*toga*) : vêtement national qui symbolise la citoyenneté* romaine ; à l'origine elle est portée aussi par les femmes. Elle se présente sous la forme d'un rectangle de laine épaisse et blanche qui fut ensuite taillé en demi-cercle (environ 6,5 x 2,5 m). La toge se porte au-dessus de la tunique. La toge prétexte (*toga praetexta*), est la toge bordée d'une bande de pourpre portée par les enfants impubères et par les magistrats lors des cérémonies officielles. La toge virile (*toga virilis*) est la toge que revêtent les adultes par opposition à la toge prétexte. La *toga picta* ou *palmata* est la toge pourpre brodée d'or à laquelle ont droit les généraux pendant leur triomphe*. En cas de deuil, les Romains portent une toge de couleur sombre (*toga pulla* ou *sordida*) ; les candidats aux élections blanchissaient leur toge avec de la craie pour lui donner un blanc encore plus blanc… (*toga candida*). La toge est aussi le symbole de la paix : les soldats la remplacent par le *sagum*, et on connaît la fameuse expression de Cicéron : *cedant arma togae* (que les armes le cèdent à la toge). Vêtement lourd et encombrant, la toge devint peu à peu un vêtement de cérémonie (on dirait aujourd'hui un habit du dimanche) et fut remplacée dans la vie quotidienne par des manteaux plus légers comme la *paenula* ou la *lacerna*. Il y avait trois manières de porter la toge : à la mode des Gabiens (*Gabino cinctu*) ; à la façon ancienne quand elle laissait découverte l'épaule droite et était rejetée sur l'épaule gauche sans former de plis ; enfin la manière « classique » : on passait le vêtement sur l'épaule gauche de façon à le faire retomber également devant et derrière jusqu'à la cheville, ensuite on ramenait le pan sous l'aisselle droite, on le faisait passer dans le dos pour le ramener sur la poitrine et le jeter par-dessus l'épaule droite. On appelait baudrier (*balteus*) la partie de la toge serrée sur la poitrine, *umbo* la partie qui tombe en plis au-dessus du baudrier, et *sinus* le grand pli droit qui tombe sur le genou. Il y avait tout un art du drapé que ne devaient pas négliger les orateurs pour leurs effets de manche.

TOILETTE : les Romains commencent la journée par quelques ablutions. Les hommes aiment ensuite aller chez le barbier (*tonsor*) ; la mode des cheveux courts et de la barbe rasée s'est imposée dès 300 av. J.-C. Certains hommes élégants mettent même du fond de teint et se font épiler. Les femmes d'un certain milieu ont chez elles une esclave, l'*ornatrix*, pour les coiffer, les épiler et les maquiller. On connaît les différents cosmétiques grâce au *Medicamina faciei femineae* d'Ovide. Les femmes aiment les cheveux blonds et utilisent des perruques venues de Germanie, ou se font décolorer les cheveux avec la

spuma caustica. A partir d'Auguste, avec la mode lancée par Livie, les coiffures féminines deviennent très sophistiquées et nécessitent une main-d'œuvre spécialisée. Les parfums, à base d'huile, sont aussi très prisés des Romains. Pour l'hygiène corporelle, les Romains disposent de thermes* publics ou privés dans lesquels ils passent beaucoup de temps car ce sont aussi des lieux de détente et de loisirs. Les objets de toilette sont le rasoir, le miroir, le peigne à double rangée de dents, le strigile*, les pinces à épiler.
TOMBE : cf. Sépulture.
TOMBE FRANÇOIS : hypogée étrusque de Vulci, du IVe siècle av. J.-C., dont les peintures représentent des scènes mythologiques et historiques : la guerre de Troie, les combats entre les héros de Vulci et les Tarquins de Rome au VIe siècle, et la victoire sur Rome d'une armée guidée par un général de Vulci. Ce général peut être identifié comme Vel Saties, un des occupants de la tombe, qui dut s'illustrer durant la guerre entre Rome et les Etrusques à partir de 358 av. J.-C.
TOREUTIQUE : art de ciseler les métaux. C'est un art très apprécié à Rome à la fin de la République*. On a conservé le nom de quelques artistes : Mentor qui vendit à Crassus deux coupes ciselées pour 100 000 sesterces. Cicéron cite également un certain Boethus. Les Etrusques* étaient déjà très habiles dans cet art comme l'attestent les situles archaïques de la nécropole de la Certosa à Bologne, ou les cistes* et miroirs à décor incisé (ciste du jugement de Paris vers 330 av. J.-C. provenant de Palestrina). Parmi les plus belles réalisations d'époque romaine, il faut connaître les deux coupes de Hoby en argent rehaussé d'or (découvertes au Danemark en 1920) représentant la légende de Philoctète et Priam venant réclamer à Achille le corps d'Hector, mais les personnages sont en fait des portraits de la famille impériale de Tibère ; elles portent la signature de l'artiste, le grec Cheïrosophos, et ont appartenu à Caius Silius, partisan de Germanicus et Agrippine, ce qui permet aussi de dater les vases de l'époque de Tibère (14-37). Citons encore deux œuvres de la même époque : le trésor de Boscoreale avec les deux coupes représentant la domination universelle d'Auguste et le triomphe de Tibère, et la coupe d'Oreste conservée au British Museum.
***Torques* :** collier utilisé comme décoration militaire réservée aux non gradés.
TORTUE (*testudo*) : machine de guerre* consistant en un baraquement de planches monté sur roue, qui constitue un abri pour des hommes ou un bélier, et permet d'approcher des remparts (synonyme : *musculus*). C'est aussi une manœuvre militaire où les soldats se serrent les uns contre les autres avec leur bouclier sur la tête afin de pouvoir monter à l'assaut d'une ville.
TORTURE (*quaestio*) : la torture était couramment pratiquée à l'occasion des procès pour faire avouer les coupables. Elle s'appliquait essentiellement aux esclaves* pour leur faire dénoncer leur maître ou leurs compagnons, mais sous l'Empire* elle est aussi appliquée aux hommes libres, à l'exclusion des sénateurs*, des décurions* et des soldats. Elle est systématique en cas de crime de lèse-majesté (*crimen maiestatis*). Plusieurs rescrits d'Hadrien (117-138) tentent de limiter cette pratique. Elle est également un moyen de mise à mort pour les criminels condamnés : cf. *Summa supplicia*.
TOUR (*turris*) : la tour de fortification est intégrée à un rempart : elle permet de défendre les courtines et d'installer des machines d'artillerie. Elle est ronde ou carrée, plus rarement polygonale. Il existe aussi des tours d'assaut montées sur roues qui permettent aux troupes assaillantes d'attaquer les assiégés au niveau des créneaux. La tour peut aussi être une petite enceinte isolée (on

l'appelle alors *burgus*) servant de poste d'observation, de relais de transmission, de défense avancée au sein d'un dispositif de défense linéaire, de point d'arrêt à l'entrée d'une vallée, etc. On trouve enfin des tours sur les navires de guerre : c'est une super-structure amovible construite sur le pont, à l'avant ou à l'arrière, qui permet l'installation de pièces d'artillerie ; certains navires présentent une tour sur leur gaillard d'avant qui est intégrée à la coque.

TRABEE (*trabea*) : toge* d'apparat ; entièrement de pourpre elle est réservée aux statues des dieux ou aux Empereurs* ; la trabée jaune safran est portée par les augures* ; la trabée blanche à bandes de pourpre est réservée aux consuls* lors des fêtes publiques, et aux chevaliers* lors de la *transvectio*.

***Trabeata* (*fabula*) :** comédie* mettant en scène des personnages de l'ordre équestre qui portaient une petite toge, la trabée*.

TRADITEUR (*traditor*) : chrétien qui pour échapper aux persécutions a livré des objets sacrés.

TRADITION (*traditio*) : mode de transmission et d'aliénation d'un bien (*res mancipi* ou *bona*) par simple livraison matérielle. Ce transfert de propriété doit être régularisé par la procédure de l'*usucapio*.

TRAGEDIE (*tragoedia*) : la tragédie romaine a les mêmes origines que la comédie*. En 240 av. J.-C., Livius Andronicus porta sur scène des adaptations sommaires des tragédies grecques. Après lui Naevius inventa la *praetexta fabula* qui s'inspire de légendes ou sujets historiques romains (*Clastidium*, *Romulus*). Ennius, Pavucius, Accius écrivirent également des *praetextae* ou des tragédies imitées des Grecs (*Les Sabines*, *Ambracia*, *Paulus*, *Brutus*). Le genre tragique s'accommodait mal de l'atmosphère ludique des représentations théâtrales, et la fin de la République ne connut plus de productions tragiques. Sous Auguste*, Asinius Pollion renoua avec le genre, mais ses œuvres ont été perdues de même que la *Médée* d'Ovide ou la *Thyeste* de Varius Rufus. Avec Sénèque, les neuf tragédies adaptées des pièces grecques ne sont plus faites pour être jouées sur scène ; elles ont une coloration morale et une volonté didactique qu'exagère encore leur côté rhétorique.

***Traiana* (*via*) :** route côtière de l'Adriatique qui rejoint la *Via Latina* à travers l'Apulie et le samnium (cf. carte 2).

TRAITE (*foedus*) : il règle le rapport entre Rome et les Etats étrangers, se différenciant par là de l'hospitalité publique (*hospitium publicum*) qui est conclue entre Rome et un particulier ou un groupe d'individus. Aussi, sous la République*, tout traité, s'il est négocié par les consuls* et le Sénat*, doit être ratifié par les comices*. Comme dans le cas des déclarations de guerre, un traité de paix fait intervenir des rites spécifiques qui relèvent des fétiaux*. Plusieurs traités ont marqué l'histoire de Rome. En 493 av. J.-C., le traité du consul Sp. Cassius Vecellinus, appelé *foedus Cassianum*, définit les relations entre Rome et les cités de la Ligue latine* et jette les bases du droit latin* ; il est resté semble-t-il en vigueur jusqu'à l'octroi de la citoyenneté aux alliés en 90 av. J.-C. C'est également un traité qui définit la *societas* entre les cités non latines et Rome (ainsi avec Naples en 326 av. J.-C.). On parle ainsi des cités* fédérées (*civitates foederatae*). Dans ce cas, il s'agit d'un traité d'alliance établi sur des bases équitables avec réciprocité des devoirs et des charges (*foedus aequum*). Par contre, il existe des traités imposés (*foedus iniquum*) qui instaurent, à l'issue d'une guerre notamment, une relation de dépendance (par exemple le traité de 262 av. J.-C. avec Hiéron de Syracuse, qui établit une sorte de protectorat romain en Sicile). Il existe enfin des traités de nature plus commerciale qui garantissent simplement la sécurité des personnes et des transactions, comme ce fut le cas à plusieurs reprises avec Carthage (en 509, 348, 306, 278 av. J.-C. selon la chronologie traditionnelle mais très discutée). Des traités d'alliance sont encore signés sous le Bas-Empire* avec des populations barbares*, comme les Marcomans sous Gallien (260-268), les Sarmates sous Constantin (306-337) ou les Goths sous Théodose I (393-395) ; ils prévoient en règle générale l'obligation du service militaire, accordent *le ius commercii* et le *ius conubii*, et garantissent le droit à l'annone* et à l'immunité* fiscale.

Transitio ad plebem **:** procédure par laquelle un patricien* se fait adopter par un plébéien* afin de pouvoir exercer le tribunat de la plèbe*.

Translatio imperii **:** lorsqu'un préteur* a été prorogé dans sa charge avec un *imperium* proconsulaire (comme le fut M. Marcellus en 215), il peut en suivant être nommé consul* sans investiture nouvelle ; il y a en quelque sorte transfert de pouvoir.

TRANSMISSIONS : l'armée* utilise un système de communication opérant à partir de tours et transmettant les messages à l'aide de mouvements de torches (sorte de télégraphe Chappe). Sinon l'utilisation d'estafettes et la poste impériale restent les moyens de communication les plus usités.

TRANSPORT (moyens de) : la plus grande partie des longs voyages se font par voie de mer (cf. Navigation). La flotte commerciale romaine (*naves onerariae*) connaît un grand développement tout au long de l'Empire* ; si le tonnage moyen est d'environ 200 tonneaux, il existe des navires pouvant atteindre 3 000 tonneaux. Les marchandises débarquées dans les ports côtiers peuvent remonter à l'intérieur des terres par voie fluviale (corporations des nautes* et des utriculaires*), ou faire l'objet d'un commerce local par voie de cabotage ; on utilise alors des navires plus petits adaptés à l'endroit. La flotte de guerre assure la sécurité des mers, et sert également aux voyages officiels.

Les transports terrestres sont beaucoup moins rapides et commodes (30 km par jour en moyenne). Le réseau routier de l'Empire* est sûr et bien développé, mais son rôle est surtout stratégique (cf. carte 7). En effet les chariots sont lourds, avec des roues pleines sans rayon et non directionnelles à l'avant[37]. D'autre part les techniques d'attelage (avec le collier de gorge) ne permettent pas de charrier plus de 500 kg, et les convois sont très lents. La traction animale (ânes, mulets, bœufs) est donc souvent remplacée par le portage ou le bât, ce qui augmente l'encombrement des routes et diminue encore le volume des marchandises transportées. Seuls les échanges locaux peuvent s'accommoder de ce genre de transport.

Les voyageurs peuvent se déplacer à cheval (c'est le cas des courriers dans l'armée* et la poste* impériale), ou utiliser des véhicules. Les voitures rapides (pour 1 ou 2 personnes) sont à deux roues (*carpentum*[38], *cisium, esssedum*), les voitures plus confortables mais plus lentes, transportant 4 à 6 personnes, à quatre roues (*raeda, carruca, petorritum*). En ville ou pour les courtes distances il existe des litières (*lecticae*) et des chaises à porteurs (*sellae gestatoriae*). Il n'y a pas de transports publics pour les particuliers. Le long des routes, les voyageurs pouvaient trouver des gîtes pour faire étape, les *man-*

---

37. Le chariot le plus utilisé est le *plaustrum* qui a en général 4 roues ; il existe aussi une sorte de tombereau à deux roues, le *carrus* qui sert notamment pour l'approvisionnement des armées. On connaît également le *sarracum* sans doute assez proche du *plaustrum*.

38. A la différence des deux suivants le *carpentum* est une voiture couverte ; à l'origine il ne servait qu'aux processions religieuses, mais à partir du IIIe siècle ap. J.-C. il est très répandu.

siones ; les hôtelleries (*caupones*) n'ont pas très bonne réputation, et les gens aisés descendent en général chez des amis. Les voyageurs officiels bénéficiant de la poste impériale vont chez les *parochi*, sortes d'hôteliers officiels. Les durées des voyages dépendent évidemment de l'urgence et du moyen de transport utilisé. A titre d'exemple, l'avènement de Pertinax le 1er janvier 193 n'est connu à Alexandrie que le 6 mars. Une moyenne de 80 à 90 km à cheval par jour semble à peu près raisonnable ; en cas d'urgence la poste impériale peut parcourir 150 km en voyageant 24 h sur 24.
Transvectio equitum **:** revue des chevaliers* devant l'Empereur* le 15 juillet. A cette occasion il révisait la liste des chevaliers.
TRASIMENE (bataille du lac) : lac d'Etrurie sur les bords duquel les légions du consul Flaminius furent écrasées par les troupes d'Hannibal le 22 juin 217 av. J.-C.
TRAVERTIN (*lapis Tiburtinus*) : pierre calcaire de la région de Tivoli. Elle est employée dans les constructions romaines à partir du IIe siècle av. J.-C. Elle a servi notamment à la construction du théâtre de Marcellus* et du Colisée*.
TREBIE (bataille de la) : fleuve d'Italie du Nord sur les bords duquel Tib. Sempronius fut battu par Hannibal à la fin de l'année 218 av. J.-C.
***Trebonia* (*lex*) : 1.** Plébiscite* du tribun* L. Trebonius en 448 av. J.-C. établissant que les 10 tribuns devaient être tous élus les uns après les autres. **2.** Plébiscite du tribun C. Trebonius en 55 av. J.-C. attribuant la province* de Syrie à Crassus, et les deux Espagnes à Pompée pour une durée de 5 ans, avec pouvoir de faire librement la paix ou la guerre.
TRECENAIRE (*trecenarius*) : premier centurion* des cohortes prétoriennes qui commandait également les 300 *speculatores*. Le terme désigne aussi la classe censitaire ayant 300 000 HS de revenus, ou un procurateur touchant un salaire de 300 000 HS.
Tres viri **:** cf. Triumvir.
TRESOR PUBLIC : cf. *Aerarium*, Finances publiques, Impôts.
TRIADE : groupe de trois entités. **TRIADE CAPITOLINE** : trinité divine constituée de Jupiter, Junon et Minerve ; leur culte d'abord établi sur le Quirinal* fut transporté sur le Capitole* où un temple est inauguré en 509 av. J.-C. Cette triade s'est substituée à la triade primitive Jupiter-Mars-Quirinus. Toutes les grandes cités de l'Empire* possèdent un Capitole en général situé sur le *Forum**. Il existe aussi à Rome une autre triade, celle des cultes plébéiens de Cérès, Liber et Libera.
TRIAIRE (*triarius*) : élite des légionnaires constituée par les soldats les plus anciens qui forment la troisième ligne. A l'origine ils forment la phalange de 900 hommes armés de lance constituant la réserve. Après les dernières réformes de Camille (IVe siècle av. J.-C.), ils sont regroupés en 10 manipules* de 60 hommes chacun, mais toujours en troisième ligne après les *hastati* et les *principes*.
Tria nomina **:** les trois noms désignant le citoyen romain : le prénom*, le nom gentilice*, le surnom*.
Triarius ordo **:** au début de l'Empire*, centurion* commandant un détachement de vétérans*.
TRIBU (*tribus*) : à l'origine regroupement ethnique des différentes *gentes* composant le patriciat*. Il y avait trois tribus primitives : les *Ramnes*, les *Luceres*, les *Tities* qui correspondent peut-être aux Latins, Etrusques et Sabins, à moins qu'il ne s'agisse d'une répartition entre fonctions sacerdotales, guerrières et agricoles. Ces tribus étaient divisées en 30 curies*. .../...

Avec les réformes serviennes, les tribus deviennent le regroupement territorial des citoyens* (patriciens et plébéiens) en fonction de leur domicile. Il y a quatre tribus urbaines (PALatina, ESQuilina, COLlina, SUCcusana ou SUBurana), et au milieu du IIIe siècle 31 tribus rustiques (AEMilia, ANIensis, ARNiensis, CAMilia, CLAudia, CLUstumina, CORnelia, FABia, FALerna, GALeria, HORatia, LEMonia, MAEcia, MENenia, OUFentina, PAPiria, POBlilia, POLlia, POMptina, PUPinia, QUIrina, ROMilia, SABatina, SCAptia, SERgia, STEllatina, TERetina, TROmentina, VELina, VOLtinia, VOTuria. Cette organisation du corps civique inspirée des réformes clisthéniennes met fin au système curiate. Tout citoyen est obligatoirement inscrit dans une de ces tribus ; c'est le censeur* qui fait la répartition, indépendamment des origines géographiques, ce qui équivaut à un découpage électoral étant donné que les votes se font dans le cadre des comices tributes*.

TRIBUN (*tribunus*) : à l'origine, celui qui est à la tête d'une tribu*, et qui s'occupe notamment des problèmes financiers (perception et redistribution du tribut, registre du cens*, etc.) ; par la suite cette fonction est désignée par l'expression *curator tribus* et, peut-être, *tribunus aerarii* (cf. *infra* Tribun du trésor). Le mot désigne plus couramment un magistrat civil plébéien (cf. Tribun de la plèbe), ou un officier supérieur (cf. Tribun militaire).

TRIBUN ANGUSTICLAVE : dans l'armée* impériale, officier occupant le quatrième rang dans la hiérarchie* des légions* ; il doit son nom à l'étroite bande pourpre qui orne sa toge* et rappelle son rang équestre*. Il commande deux cohortes*, soit 1 000 hommes, participe aux réunions de l'Etat-Major. En temps de paix, il préside à l'entraînement des troupes, veille à l'approvisionnent et à la sécurité du camp*, à l'entretien de l'hôpital militaire, et rend la justice. Il y a 5 tribuns angusticlaves par légion.

TRIBUN *A POPULO* : sous l'Empire*, tribun effectuant un service normal après avoir été recommandé à l'Empereur* par le peuple de sa cité ; il ne s'agit pas, comme on a pu le dire, de chefs de milices locales. Cf. également Tribun militaire.

TRIBUN DES *CELERES* (*tribunus celerum*) : sous la Royauté*, commandant de la cavalerie (*celeres*), le roi commandant lui, les fantassins.

TRIBUN DE COHORTE (*tribunus cohortis*) : officier commandant une cohorte*. Sous la République*, il ne peut s'agir que d'une cohorte d'auxiliaires*. Sous l'Empire*, les tribuns commandent les cohortes prétoriennes*, les cohortes des vigiles*, et les cohortes urbaines*. Dans les troupes auxiliaires*, on trouve un tribun à la tête de chaque escadron de cavalerie* quand il se compose de 24 turmes* milliaires, à la tête des cohortes formées de citoyens romains (volontaires), et à la tête des cohortes milliaires. On trouve enfin des tribuns militaires à la tête des *numeri* de 1 000 hommes, et à la tête des vexillations* de légionnaires (avec le titre de légat impérial de vexillation).

TRIBUN ÉRAIRE : cf. Tribun du trésor.

TRIBUN LATICLAVE : dans l'armée impériale, c'est le deuxième officier de légion après le légat impérial propréteur*. Il doit son nom à la bande pourpre qui décore sa toge et rappelle son rang sénatorial. Il dispose d'un Etat-Major ; son rôle est de conseiller le légat, de faire pratiquer l'exercice aux soldats, de rendre la justice, et de remplacer si besoin est le légat (cf. Tribun prolégat). La durée de ce tribunat est d'un an.

TRIBUN DES LIBURNES (*tribunus liburnorum*) : au Bas-Empire*, titre d'un commandant de la flotte. C'est un tribun militaire qui doit se situer au-dessous du préfet de la flotte*.

TRIBUN MILITAIRE (*tribunus militum*) : à l'origine c'est le chef des fantassins fournis par chaque tribu* (il y avait donc 3 tribuns militaires). Dans l'armée républicaine, il y a 6 tribuns militaires par légion*. Ce sont des officiers supérieurs qui ont rang de chevalier* et portent l'anneau d'or ; ils dépendent directement du consul* ou préteur* commandant la légion. Ils furent d'abord nommés par les consuls, puis à partir de 362 av. J.-C., les uns par le consul ou le préteur parmi les officiers expérimentés (*tribuni militum rufuli*), les autres par les comices tributes* parmi les fils de sénateurs* ou chevaliers (*tribuni a populo* ou *comitiati*). A partir de 207 av. J.-C. ils furent tous nommés par les comices. Ils exercent leur commandement à tour de rôle.
Dans l'armée impériale, les tribuns sont maintenus, mais on distingue les 5 tribuns angusticlaves* et le tribun laticlave*.
Cf. également Tribuns de cohorte.

TRIBUN MILITAIRE À PUISSANCE CONSULAIRE (*tribunus militum consulari potestate*) : charge qui ne dura que de 444 à 337 av. J.-C. ; elle consiste à donner l'*imperium* militaire à un officier que l'on substitue alors au consul*. Selon les sources on eut recours 51 fois à cette procédure en 73 ans. Il s'agissait d'attaquer le pouvoir consulaire auquel les plébéiens* ne pouvaient encore prétendre.

TRIBUN DE LA PLEBE (*tribunus plebis*) : magistrature plébéienne sans auspices* ni *imperium* créée en 493 par les Lois sacrées*. Au départ les 5, puis 10 tribuns de la plèbe sont élus par les curies*, et à partir de 471 par les conciles de la plèbe*. Leur tâche principale est de protéger la plèbe, et pour ce faire ils disposent de la puissance tribunicienne (*tribunicia potestas*) : ils sont inviolables (*sacrosanctitas*), et quiconque porte la main sur eux est maudit (*sacer*), ses biens confisqués et remis au temple plébéien de Cérès ; ils peuvent exercer le droit de coercition (*coercitio*) contre tous ; ils disposent du droit de *prohibitio*, de veto (*intercessio*) et d'obnonciation (*obnuntatio*) ce qui leur permet de paralyser la vie publique ; ils peuvent prendre sous leur protection (*ius auxilii*) tout plébéien menacé par un patricien*, convoquer et présider les conciles de la plèbe (*ius cum plebe agendi*), proposer des plébiscites* qui finissent par avoir valeur de loi. Ils obtiennent également le droit de convoquer le Sénat* (*ius senatus habendi*), de susciter les sénatus-consultes*, d'accuser des magistrats et de poursuivre en deuxième instance des condamnés devant les comices tributes jouant un peu le rôle d'accusateurs publics. Leur pouvoir est donc considérable, même s'il ne s'exerce qu'à Rome. Le seul moyen de s'opposer à un tribun est de lui opposer l'intercession* d'un autre tribun.
Sous l'Empire*, les tribuns de la plèbe n'ont plus aucun pouvoir dans la mesure où l'Empereur* dispose de la puissance tribunicienne qui lui est renouvelée chaque année.

TRIBUN PROLEGAT (*tribunus prolegato*) : tribun laticlave* remplaçant le légat de légion*.

TRIBUN DE SIX MOIS (*tribunus sexmentris*) : dans l'armée* impériale, commandant de la cavalerie* légionnaire.

TRIBUNS DU TRESOR (*tribuni aerarii*) : leur statut précis n'est pas connu ; ils constituent une classe censitaire (300 000 HS) au-dessous de l'ordre équestre, et siègent dans les jurys des *questiones perpetuae* au côté des sénateurs* et chevaliers*. Cette expression apparaît avec la *Lex Aurelia* de 70 av. J.-C. Il est possible, mais ce n'est pas certain, de les identifier avec les *curatores tribuum*.

TRIBUN VACANT (*tribunus vacans*) : au Bas-Empire*, anciens officiers ou sous-officiers qui ont reçu le grade de tribun* et peuvent être rappelés au service actif.

TRIBUNAL : le mot *tribunal* en latin désigne d'abord l'estrade sur laquelle prend place un magistrat ou un orateur ; par la suite il désigne le siège des juges*, d'où le sens moderne de tribunal. En matière de justice privée, à l'origine il n'existe pas de tribunaux dans la mesure où le père de famille* a toute autorité. Plus tard se mettent en place les procédures judiciaires de l'action de la loi* puis des procès formulaires* avec les deux phases, *in iure* (devant le magistrat qui organise l'instance) et *in iudicio* (devant le juge qui tranche le débat). Il n'existe pas de tribunal administratif ni militaire, puisque les magistrats et le général en chef ont toute autorité pour régler les conflits qui les concernent. En matière de justice criminelle, les tribunaux ont été d'abord les comices centuriates* présidés par un consul* ou ses délégués (questeurs* et duumvirs*) ; devant la lenteur de cette structure, d'autres instances furent progressivement mises en place avec la création de chambres criminelles (*quaestiones*) d'abord extraordinaires, puis permanentes. Les comices fonctionnent alors comme tribunaux d'appel (cf. *Provocatio ad populum*). Sous l'Empire*, il n'existe d'autres tribunaux que le Sénat* et la chancellerie impériale, avec la procédure de la *cognitio* en matière d'appel. Dans les provinces*, les juridictions locales s'occupaient des affaires quotidiennes ; seul le gouverneur* pouvait juger des causes capitales et représentait l'instance d'appel. Il tient ses assises dans la capitale, mais assure également des tournées dans toute la province ; il n'était pas le seul à juger, car il désigne des juges et des jurys provinciaux.

TRIBUNICIENS (*tribunicii*) : anciens tribuns de la plèbe* devenus sénateurs*.

TRIBUT (*tributum*) : on distingue le *tributum capitis*, impôt* sur la personne (capitation), et le *tributum ex censu*, impôt sur les biens. Le tribut sur les personnes est un signe de servitude, et n'a été appliqué par les Romains que dans certaines provinces*. Le tribut sur les biens fut par contre une des sources principales des recettes de l'Etat. C'est un impôt direct proportionné à la fortune, levé exceptionnellement pour des raisons militaires, et perçu par tribu* ; en 167 av. J.-C. les citoyens romains* en sont exemptés ; à la fin de la République* l'exemption s'étend aux Italiens. Le *tributum temerarium* est un emprunt d'Etat spontanément souscrit et remboursable. Dans les provinces il s'agit d'un impôt fixe sur le revenu établi à partir du cens et applicable à la classe riche (synonyme : *stipendium*) ; il est normalement destiné à l'entretien de l'armée*, et est perçu directement par l'administration du gouverneur*.

***Triclinium* :** lit à trois places où l'on s'allongeait pour prendre les repas, et par extension salle à manger. Il y a en général trois *triclinia* autour de la table.

***Trientabula* :** terres de l'*ager publicus* situées à cinquante milles autour de Rome, que le Sénat* en 200 av. J.-C. mit à la disposition des créanciers pour rembourser le tiers des dettes de l'Etat. Il était toujours possible de restituer la terre à l'Etat contre de l'argent.

TRIERARQUE (*trierarchus*) : commandant de trirème* ; plus généralement capitaine de vaisseau.

Trigarium **:** terrain pour l'entraînement des cavaliers et des auriges. Il se trouve sur le Champ de Mars* et sert pour les rites très anciens de l'*Equus October*.
Trinoctium **:** espace de trois nuits consécutives qu'une femme devait passer dans l'année hors du domicile conjugal si elle voulait garder les avantages d'un mariage* libre (*per usum*) et ne pas tomber sous l'autorité totale (*manus*) de son mari.
Trinundinum **:** délai légal de 17 jours, soit deux nundines* révolues, entre la convocation et la tenue des comices*.
TRIOMPHE (*triumphus*) : honneur suprême décerné au général victorieux par le Sénat*. Il met le général au rang des dieux, tout en lui rappelant cependant, prudence oblige, qu'il n'est qu'un homme. Le triomphateur devait être dictateur*, consul* ou préteur*, avoir combattu sous ses propres auspices* dans une guerre juste*, avoir agrandi l'*ager publicus* et tué au moins 5 000 ennemis. Le cortège, organisé par un curateur*, partait du Champ de Mars* et se rendait au Capitole* en passant par le *Forum Boarium* pour contourner le Palatin*. En tête du cortège viennent les sénateurs, les magistrats et les musiciens, puis les dépouilles*, le butin* pris à l'ennemi et les prisonniers destinés au supplice ; au centre, précédé de licteurs*, le général sur son char, couronné de laurier, portant le sceptre et un rameau de laurier, revêtu de la *toga palmata* ; derrière lui un esclave tient une couronne d'or et répète sans cesse au général qu'il n'est qu'un homme ; en fin de cortège viennent les soldats qui raillent leur général afin d'apaiser la jalousie des dieux, puis la foule (c'est la seule circonstance où des citoyens en armes peuvent entrer dans le *pomoerium*). Après le sacrifice à Jupiter la fête se termine par un banquet public. On trouve représenté sur l'arc* de Titus le triomphe qu'il célébra après sa victoire sur les Juifs.
TRIOMPHE ALBAIN : triomphe mineur que le général peut célébrer sans autorisation du Sénat*. La procession se rend sur le mont Albain près de Rome, où le vainqueur offre un sacrifice à Jupiter Latialis (Jupiter du Latium).
TRIREME (*triremis*) : cf. Navires de guerre.
TRIUMVIR (*triumvir*) : association de trois magistrats ; on connaît les *triumviri agrarii* (ou *agris dandis adsignandis*) chargés de la répartition des terres dans les colonies* ; les *triumviri aedibus reficiendis* chargés de la restauration des temples et édifices publics ; les *triumviri Augustales* que l'on rencontre dans certaines villes (comme Amiternum), sans doute des collèges locaux assimilés aux sévirs augustales* ; les *triumviri coloniis deducundis* chargés de la fondation des colonies ; les *triumviri capitales* (ou *nocturni*) chargés à Rome de la surveillance des prisons et de l'exécution des peines capitales ; les *triumviri mensarii* chargés de contrôler les banques ; les *triumviri monetales*, magistrats chargés à partir de 289 de la frappe de la monnaie de bronze. Ce sont aussi des triumvirs qui administrent les municipes*. *Triumviri reipublicae constituendae* : cf. suivant.
TRIUMVIRAT (*tresviri*) : à la fin de la République*, association de trois chefs militaires à la tête de l'Etat ; le premier triumvirat en 60 réunit Pompée, Crassus et César et est renouvelé à Lucques en 56. Le deuxième triumvirat en 43 réunit Lépide, Marc Antoine et Octave et est renouvelé pour 5 ans en 37 ; il est plus institutionnel car il prend le titre de *tresviri reipublicae constituendae* (triumvir à pouvoir constituant).

***Trivium* : 1.** Carrefour en pâte d'oie ; on y trouve souvent une statue d'Hécate qui portait alors le surnom de *Trivia*. **2.** Groupe de trois enseignements fondamentaux : la grammaire, la rhétorique et la dialectique.

TROPHEE (*tropaeum*) : monument commémoratif d'une victoire militaire. A l'origine c'est un pieu sur lequel on suspend les armes prises à l'ennemi ; par la suite, il s'agit d'édifices construits et décorés de statues et bas-reliefs. Ils deviennent alors de véritables temples offerts en action de grâces à la divinité qui a permis la victoire (notamment la triade Mars, Vénus, Victoire). L'un des trophées les plus célèbres est celui de la Turbie élevé par Auguste en 7-6 av. J.-C. pour célébrer la pacification des régions alpines, mais le plus imposant de tous est celui de Adam-Klissi en Roumanie.

***Tubicen* (pl. *tubicines*) :** soldat sonnant la trompette droite (*tuba*) ; il y en 39 par légions. La trompette appelle à l'assaut, à la retraite et au lever du camp*. Elle joue aussi dans les cérémonies sacrées.

***Tubilustrum* :** fête* guerrière en l'honneur de Mars célébrée le 23 mars ; on y purifie les trompettes guerrières.

***Tugurium Faustuli* :** la hutte de *Faustulus*. Relique sacrée située sur le Palatin*. On l'identifie aussi à la cabane de Romulus près du cornouiller sacré qui passait pour être la lance de Romulus.

TUF : roche poreuse formée de concrétions calcaires, facile à tailler. Les carrières sont abondantes à Rome et dans les environs, et cette pierre a servi aux constructions de Rome pendant toute la période républicaine. On distingue plusieurs variétés : le tuf de Grotta Oscura dans la région de Véies (employé notamment pour la muraille servienne), le tuf de Fidene, le tuf de Monteverde dont les carrières se trouvent au pied du Janicule et à la Magliana, et le tuf de l'Aniene provenant de Tor Cervara utilisé à la fin de la République* et pendant l'Empire*.

***Tullia* (*lex*) :** loi du consul Cicéron en 63 av. J.-C. contre la brigue électorale ; la même année il avait aussi proposé, mais sans aboutir, de supprimer les missions fictives (*liberae legationes*) qui permettaient aux sénateurs* de voyager au frais des provinciaux.

***Tullianum* :** prison* d'Etat à Rome située au pied du Capitole*.

TUMULTE (*tumultus*) : état d'urgence qui exige une levée en masse de tous les citoyens* y compris les prolétaires*, et même parfois des esclaves*.

TUNIQUE (*tunica*) : vêtement de dessous (*indutus*) des Romains comme des Romaines. C'est une longue chemise qui tombe au moins jusqu'au mollet ; elle peut être serrée à la taille par une ceinture qui la fait blouser, ou portée flottante. A l'origine la tunique est sans manches et formée de deux pièces de laine ou de lin cousues sur le côté. La tunique des femmes est normalement plus longue et tombe jusqu'aux talons (*tunica talaris*). Les sénateurs* et chevaliers* portent des tuniques ornées de bandes de pourpre verticales (cf. Laticlave* et Angusticlave*). Les femmes portent toujours un autre vêtement au-dessus de la tunique. Les hommes eux, peuvent rester en tunique lorsqu'ils ne sortent pas. Les esclaves par contre sortent en tunique. L'hiver, les Romains se protégeaient du froid en portant deux, voire trois ou quatre tuniques les unes sur les autres ; la tunique de dessous, plus légère, s'appelle *interula* ou *subucula*, la tunique de dessus, sorte de blouse ou de grande chemise, *indusium*, *inducula* ou *supparus*. Il existe aussi des tuniques brodées (*tunica palmata* ou *picta*) portées lors des cérémonies. La *recta tunica* est une tunique tissée avec des fils de chaîne verticaux ce qui la fait tomber droit ; elle se porte serrée à la taille sans blouser.

***Turarius* :** prêtre des cultes thraces dans les unités de garnison à Rome.
TURME (*turma*) : escadron de cavalerie*.
***Turpillianum SC* :** sénatus-consulte* punissant la prévarication* et la tergiversation*.
TUTELE (*tutela*) : puissance exercée par un tuteur sur des personnes qui n'ont pas la capacité judiciaire : les enfants orphelins et les femmes non mariées. La tutelle sur les femmes fut supprimée à partir de Marc Aurèle (161-180). C'est aussi la statue du génie protecteur d'un navire, placée à l'arrière ou au centre du navire.

U/V[39]

***Ultro tributa* :** expression désignant les dépenses de l'Etat telles qu'elles sont engagées par les censeurs*, par opposition aux recettes (*vectigalia*).
***Umbilicus Urbis* (ombilic de la ville) :** située sur le *Forum* romain* entre les rostres* et l'Arc* de Septime Sévère, cette construction cylindrique en brique, de l'époque des Sévères (193-235), marque le centre de la cité.
***Unguentarium* :** vase apode servant à contenir des onguents. Son orifice très étroit et ses lèvres larges et plates permettent d'appliquer l'huile parfumée sur la peau.
UNIVERSITES : les universités, en tant qu'organismes d'Etat, n'apparaissent à Rome que sous les Antonins (96-192) avec deux chaires seulement une en rhétorique* grecque et l'autre en rhétorique romaine. Elles ont pour origine les écoles privées de philosophie et de rhétorique des grands centres culturels de la Grèce (Athènes, Rhodes, Pergame, Alexandrie). En province, elles se développent dans les grandes villes : Autun, Marseille, Bordeaux, Trèves en Occident, Ephèse, Beyrouth, Constantinople en Orient. Le Bas-Empire* fit beaucoup pour développer, en Orient notamment, les universités de droit.
UR : abréviation pour *uti rogas*, inscrite sur les bulletins de vote lors des comices*. Elle signifie qu'on vote en faveur de la *rogatio**. Le billet de vote négatif porte l'initiale A pour *antiquo*.
***Urbaniciani* :** soldats des cohortes urbaines*.
URBANISME : comme toutes les villes anciennes, Rome ne présente pas un plan d'urbanisme régulier, dans la mesure où la ville s'est constituée à partir du regroupement de plusieurs villages situés sur les différentes collines et a suivi un développement souvent anarchique, à peine rationalisé par les divisions serviennes puis augustéennes. Les villes neuves, c'est-à-dire les colonies*, sont par contre conçues à partir d'un plan régulateur. On admet en général que ce plan est issu des villes étrusques et reproduit celui des *castra* : les deux axes principaux, le *decumanus* et le *cardo* partant des quatre portes principales se croisent au centre de la ville où se situent le *forum** et les édifices publics (Capitole*, curie*, basilique* marché*, etc.). Si le schéma orthogonal est régulièrement appliqué, il peut cependant être non pas axial, mais en damier, et en cela il se rattache aux expériences des colonies grecques,

39. Le latin ne distingue pas les deux lettres. On a maintenu l'usage français qui consiste à utiliser la graphie *U* quand la lettre est suivie d'une consonne, et la graphie *V* quand la lettre est suivie d'une voyelle.

dont on peut se demander si elles n'ont pas eu autant, voire plus d'influence que la tradition étrusque. La fondation des villes répond toujours à un rituel religieux : elle commence par l'inauguration* avec la délimitation d'un *templum* et la consultation des auspices*. Ensuite, à l'aide de la *groma* (alidade), on trace les deux grands axes et leur intersection, c'est l'*orientatio*. Enfin on trace avec une charrue les limites de l'*urbs* (*limitatio*), en prenant soin de relever le soc à chaque emplacement de porte. Les rues secondaires sont tracées de façon parallèle aux deux axes principaux, et délimitent ainsi les îlots rectangulaires (*strigae* et *scamna*) où sont placées les habitations. Le dernier acte religieux est la consécration* de la ville. Si le rituel est immuable, et remonte vraisemblablement à l'époque étrusque, la réalisation concrète doit tenir compte des accidents du terrain et subit des variations. On voit ainsi à Urbs Salvia (dans le Picenum) que les aménagements s'adaptent aux terrasses successives, et que la solution retenue n'est pas sans rappeler celle des villes de Priène ou de Pergame. Il faut enfin souligner que l'urbanisation est également un concept politique : au Ier siècle av. J.-C. il s'identifie avec la municipalisation et la colonisation de l'Italie qui sont les fondements de son unité politique et juridique. De même sous l'Empire*, le développement des villes de province selon les mêmes plans, avec les mêmes bâtiments et les mêmes techniques de construction, contribue largement à créer un paysage urbain romain. L'urbanisme est donc à la fois un reflet et un moyen de la romanisation.

URBANITE (*urbanitas*) : la vie mondaine telle qu'elle se pratique par les gens cultivées de Rome, avec les bonnes manières, le sens de l'humour, l'art de la conversation. C'est en quelque sorte le snobisme des élites de la capitale.

***Urbs* :** la Ville par excellence, c'est-à-dire Rome. Il s'agit plus spécifiquement de la partie de la ville située à l'intérieur des murs, c'est-à-dire l'espace inauguré. L'*Urbs* couvre une surface de 1 800 ha sous l'Empire* (cf. carte 8).

***Urceus* :** vase à col étroit et large panse, munie d'une anse verticale.

URNE cinéraire (*olla*) : récipient renfermant les cendres des défunts, que l'on dépose ensuite dans un caveau, un *columbarium*, ou un autel* funéraire. Elle peut être en terre cuite, en bronze, en marbre, parfois même en verre. La civilisation étrusque qui incinérait ses morts, a produit beaucoup d'urnes cinéraires. Certaines d'entre elles sont ornées d'un décor sculpté très riche : urnes en albâtre de Volterra représentant des légendes thébaines, des centauromachies, des scènes funéraires (IIe siècle av. J.-C.) ; urnes en travertin de Thania Caesinia Volumnii à Pérouse (88-50 av. J.-C.) ; urnes en terre cuite ou en calcaire de Chiusi représentant le duel d'Etéocle et Polynice (IIIe siècle av. J.-C.). En fait, la tradition des urnes cinérares remontent au VIIIe siècle av. J.-C. avec la civilisation villanovienne* ; à cette époque elles présentent une forme en double tronc de cône.

***Ustrinum* :** espace affecté à la crémation des corps. A Rome on a identifié l'*ustrinum* d'Auguste près de son mausolée*, celui d'Hadrien près du *Tarentum*, celui d'Antonin le Pieux et de Faustine, et celui de Marc Aurèle. Ils sont tous situés sur le Champ de Mars*.

USUCAPION (*usucapio*) : procédure d'acquisition de la propriété quiritaire ; il s'agit d'une prise de possession par usage, par transformation du fait de la possession en droit de propriété ; elle a lieu au bout de 2 ans pour les biens immobiliers, au bout d'un an pour les biens mobiliers.

Figure 24 — Un exemple d'urbanisme, la colonie d'Alba Fucens

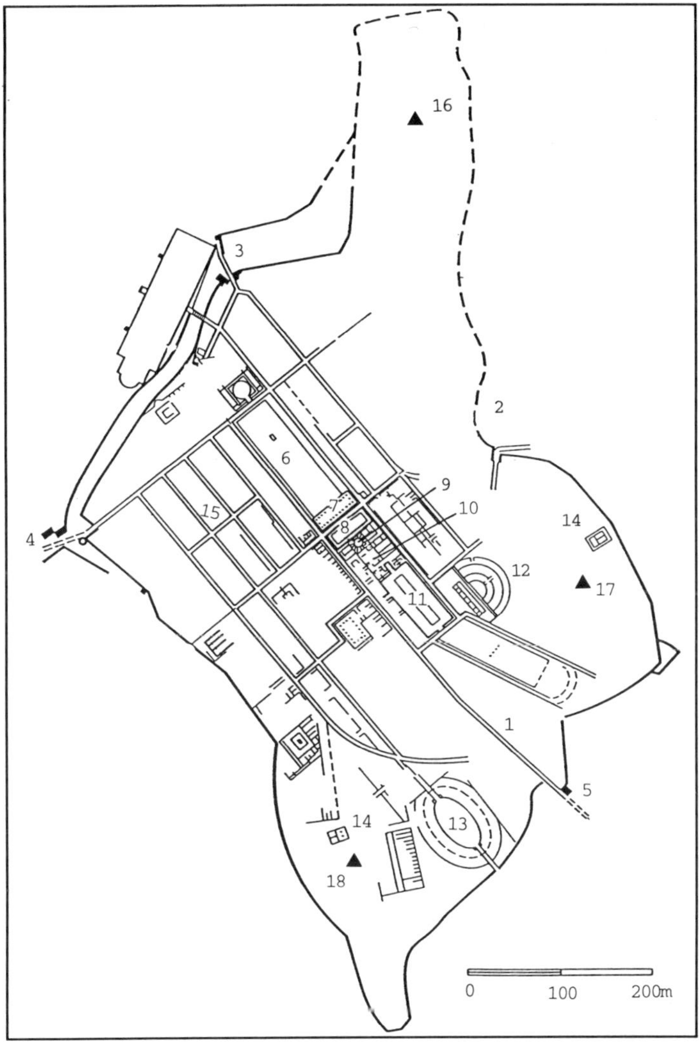

(303 av. J.-C.). 1. Via Valeria. 2. Porte Massa. 3. Porte Fellonica. 4. Grande Porte. 5. Porte Sud. 6. *Forum*. 7. Portique. 8. Basilique. 9. *Macellum*. 10. Thermes. 11. Place d'Hercule. 12. Théâtre. 13. Amphithéâtre. 14. Temples. 15. Ilôts d'habitation. 16. Colline de S. Nicola. 17. Colline Pettorino. 18. Colline de S. Pietro.

USUFRUIT : cf. *Possessio.*
USURE (*usura*) : cf. Taux d'intérêt.
USURPATION (*usurpatio*) : interruption de la continuité de possession. Elle rend caduque l'usucapion*.
***Usus* (usage) :** continuité de possession ; en droit privé c'est le mode de création de la *manus* : si pendant un an une femme est restée auprès de son mari, il y a *usus*. Si elle déserte par contre trois nuits de suite le domicile de son mari, l'*usus* est interrompu (cf. Usurpation et Usucapion).
USURECEPTION (*ususreceptio*) : possibilité faite pour le débiteur de récupérer son droit de propriété en cas de vente fiduciaire au créancier.
UTRICULAIRE (*utricularius*) : batelier. Comme les nautes, les utriculaires sont organisés en corporation*.
***Uxor* :** l'épouse par opposition à la mère de famille (*mater familias*). Ainsi une femme mariée par usage (*per usum*) n'entre pas vraiment dans la famille du mari ; elle garde son nom et ses biens, l'union pouvant être dissoute à tout moment. Dans ce cas elle n'est qu'une *uxor*, c'est-à-dire une concubine notoire.
***Uxorium* (aes) :** taxe sur les célibataires qui aurait été instituée dès l'époque de Camille (IVe siècle av. J.-C.).
***Vacantia bona* (biens vacants) :** cf. *Bona.*
***Vacatio* (*militiae*) :** dispense du service militaire*.
***Vades* :** personne servant de garant dans le cas où un accusé devait recomparaître devant le magistrat. Cf. suivant.
***Vadimonium* :** convention judiciaire en droit privé, en vertu de laquelle la partie qui manque à un rendez-vous fixé par le juge* perd un enjeu déterminé, sorte de caution.
***Valeria* (*lex*) : 1.** Lois* du consul* P. Valerius Poplicola en 509 av. J.-C. introduisant la procédure d'appel pour les citoyens* condamnés à mort, punissant de mort quiconque tenterait de rétablir la royauté*, imposant l'élection des consuls par le peuple*, imposant des amendes à qui désobéissait aux consuls, instituant deux questeurs* pour garder l'*aerarium*, abaissant le montant des taxes (*vectigalia*) et autorisant la concession d'un terrain pour bâtir la maison publique du consul (en l'occurrence pour lui-même). **2.** Loi du dictateur* M. Valerius Maximus en 342 av. J.-C., limitant l'*imperium* militaire en interdisant le licenciement où la rétrogradation des soldats. **3.** Loi du consul M. Valerius Corvus en 300 av. J.-C. renforçant le droit d'appel* pour les citoyens condamnés à mort. **4.** Plébiscite* du tribun* C. Valerius Tappus accordant la *civitas sine suffragio* aux Formiani, Fundani et Arpinati. **5.** Proposition du préteur* urbain C. Valerius Flaccus en 98 av. J.-C. pour accorder le droit de cité à la prêtresse de Cérès Calliphane. **6.** Loi du consul suffect* L. Valerius Flaccus en 86 av. J.-C. accordant une remise de 75 % sur les dettes contractées avant le début de la crise de 88. **7.** Loi de l'interroi* L. Valerius Flaccus en 82 av. J.-C., pour accorder une dictature* à pouvoir constituant à Sulla.
***Valeria Fundania* (*lex*) :** plébiscite* des tribuns* M. Funanius et L. Valerius en 195 av. J.-C. abrogeant la *lex Oppia*.
***Valeria Horatia* (*lex*) :** lois* des consuls* L. Calerius Poplicola et M. Horatius Turrinus Barbarus en 449 av. J.-C. reconnaissant le caractère obligatoire des plébiscites*, rétablissant la procédure de la *provocatio* par interdiction des magistratures improvocables, instaurant l'inviolabilité des tribuns*, des édiles* de la plèbe et des decemvirs*, et établissant que les textes de sénatus-

consultes* devaient êtres conservés par les édiles* plébéiens dans le temple de Cérès.
***Valeria* (*via*) :** route reliant Rome à l'Adriatique à travers le pays des Sabins et des Marses (cf. carte 2).
VALLEE *MURCIA* : dépression située entre l'Esquilin* et le Palatin* et occupée par le Cirque Maxime* (cf. carte 1).
***Vallia* (*lex*) :** loi d'auteur et de date inconnus, modifiant la procédure de la *manus iniectio* en autorisant le débiteur à se défendre sans devoir recourir à un *vindex*.
***Varia* (*lex*) :** plébiscite* du tribun* Q. Varius Hybrida en 90 av. J.-C., instituant une *quaestio extraordinaria* pour les citoyens* qui ont pris les armes contre Rome.
***Vatinia* (*lex*) :** plébiscites* du tribun P. Vatinius en 59 av. J.-C. réglant la récusation des juges*, conférant à César* pour 5 ans la Gaule Cisalpine et l'Illyricum, autorisant César à déduire une colonie* latine à Comum, concluant des alliances avec des cités et princes étrangers, et instituant une *quaestio* contre ceux que L. Vettius accusaient d'avoir comploté contre Pompée.
***Vectigal* :** redevance qu'un occupant de l'*ager publicus* doit verser à l'Etat romain en échange de la *possessio*. Le mot finit par désigner une taxe quelconque, et au pluriel (*vectigalia*) il désigne les recettes de l'Etat provenant des différents impôts* indirects (par opposition au tribut*). Il est souvent difficile de percevoir les différences entre le *vectigal*, le *tributum* et le *stipendium*. Selon Festus, le *vectigal* est l'argent qui est dû par le peuple au titre du tribut ou du *stipendium*.
VEHICULES : cf. Transports.
VELABRE : zone marécageuse de Rome comprise entre le Palatin* et le Capitole*. Elle est traversée par le vicus Tuscus qui relie le *Forum* romain* au *Forum Boarium*, et le vicus Iugarius ; c'est un quartier très populeux et mal famé de Rome (cf. carte 1). On y trouvait la résidence et les services du préfet de l'annone*.
VELIA : éminence reliant le Palatin* à l'Esquilin* (cf. carte 1).
VELITES (*velites*) : soldats formant l'infanterie légère. Ils sont armés de javelots, d'un glaive, d'un bouclier rond (*parma*) et d'un casque en cuir (*galea*). Ils sont en général utilisés en première ligne, entre les manipules*, comme tirailleurs. Sous la République* (jusqu'aux réformes de Marius qui les supprime) chaque centurie dispose de 20 vélites recrutés parmi les citoyens jeunes des 4e et 5e classes.
***Venalicium* :** impôt sur les ventes peut-être instauré par Caligula (37-41).
***Venationes* (chasses) :** cf. Chasse.
***Venditio bonorum* :** vente aux enchères des biens d'une personne condamnée.
VENTE (contrat de, *venditio*) : à l'origine une vente se fait sans véritable contrat ; c'est la mancipation*. Dans la mesure où cette forme de vente ne peut être utilisée avec les étrangers*, ne concerne pas les biens *nec mancipi*, et ne peut faire l'objet de crédit, il fallut distinguer le contrat de vente (stipulation*) et l'acte de transfert (mancipation, *cessio in iure* ou *traditio*). Le contrat de vente est double : le vendeur s'engage à livrer la marchandise et est responsable des vices éventuels, et l'acheteur s'engage à en payer le prix. Des procédures judiciaires protègent les deux parties (*actio empti, actio venditi*).

VENTS (*venti*) : ils sont honorés comme des divinités, vu leur influence sur l'agriculture et les navigations. On leur immole des animaux blancs ou noirs selon leur qualité bienfaisante ou malfaisante, et en particulier des chevaux. Sur la rose des vents, on a au nord le Septentrio, au nord-est l'Aquilo, à l'est l'Eurus, au sud-est le Volturnus, au sud l'Auster, au sud-ouest l'Africus, à l'ouest le Favonius, et au nord-ouest le Corus. Il existe d'autres noms de vents qui dépendent des régions. Ainsi dans la région de Tarente, le vent de nord-ouest qui permet de traverser le canal d'Otrante s'appelle le Iapyx, alors que son nom le plus courant est l'Argeste.

***Verba concepta* :** formules liturgiques qui doivent être prononcées sans changer l'ordre des mots.

***Verbenarius* :** fétial* chargé de porter les herbes sacrées (*sagmina* ou *verbenae*) recueillies sur le Capitole*.

VERDE ANTICO : nom donné à un marbre à fond vert provenant de Thessalie, et employé dans les constructions romaines.

VERGOBRETS : duomvirs* à Saintes et dans d'autres cités gauloises.

***Verna* :** enfant né dans la servitude, ou personnage qui vit là où il a vu le jour.

***Ver sacrum* (printemps sacré) :** rite exceptionnel selon lequel on consacre à Mars ou à Jupiter tout être vivant (végétal ou animal) qui doit naître le printemps suivant. On peut éviter le sacrifice des enfants nouveau-nés (*sacrati*) en décidant qu'ils quitteront la cité une fois adultes sous la conduite d'un animal sacré de Mars (taureau ou pivert). Il n'y eut qu'un seul *ver sacrum* voué en 217 av. J.-C. après la défaite de Trasimène ; il fut exécuté en 195 et 194 et ne sacrifia que des animaux domestiques (Tite-Live XXII, 10).

VERRE (*vitrum*) : les Romains connaissaient bien le verre et s'en servent déjà pour les vitres de leur maison. Les premiers ateliers de verrerie s'installent en Italie à la fin du Ier siècle av. J.-C. Le verre sert aussi à la fabrication de vases, en général de petites dimensions, et la pâte de verre colorée est utilisée en bijouterie. On appelle *millefiori* le verre irisé à motifs colorés. Le vase de Portland* est une très belle réalisation de verre à deux couches, dont la couche extérieure est sculptée comme un camée. La technique du verre soufflé se généralise au Ier siècle ap. J.-C. et permet des productions à moindre coût. Les objets de verre cessent alors d'être des produits de luxe, et on voit se développer une gobeleterie bon marché. Ce n'est qu'au IIIe siècle ap. J.-C. que l'on voit apparaître les premiers miroirs en verre étamé ; les lampes elles n'apparaissent qu'au siècle suivant. Le verre est enfin utilisé en optique pour confectionner des lentilles grossissantes.

VERSIFICATION : cf. Métrique.

VESTALE (*vestalis*) : prêtresse chargée de veiller dans le temple de Vesta au feu de la Cité, gage de la puissance et de la sécurité de Rome. Il y a six vestales, choisies par le grand-pontife qui vivent en permanence, pendant au moins trente ans, dans une maison (*Atrium Vestae*) située sur le *Forum* romain à proximité du temple de Vesta. Elles appartiennent aux meilleures familles patriciennes, doivent rester vierges. En cas de manquement à la règle, elles sont enterrées vivantes. En contre partie, elles bénéficient d'un statut proche de celui des hommes dans la mesure où elles sont émancipées. Elles portent une tunique de lin blanche recouverte d'un manteau de pourpre. Les vestales sont chargées aussi de la confection de gâteaux sacrés (*molsa salsa*) utilisés lors des fêtes religieuses, et de la garde de reliques comme le *Palladium* ou les cendres des *Parilia*.

VESTIBULE (*vestibulum*) : dégagement qui sépare la porte d'entrée de l'alignement de la rue. Dans les grandes maisons, il se présente sous la forme d'un portique ou d'un petit jardin en façade. C'est là que les clients attendent pour la *salutatio*. A partir des Antonins (96-192), le terme désigne l'antichambre située après la porte d'entrée et avant l'*atrium*.

***Vestis alba triumphalis* :** toge blanche qui avec la couronne d'or et d'ivoire constitue la tenue de cérémonie de l'Empereur*.

VETEMENTS : les Romains portent comme vêtement de dessous (*inductus*) la tunique*, et comme vêtement de dessus (*amictus*) la toge*, prétexte ou virile, pour les hommes, et la *stola* pour les femmes lorsque celles-ci ne portent plus la toge. La toge peut être remplacée par un vêtement plus léger comme la trabée*, ou la *synthesis* portée lors des repas. La chaussure est le *calceus* ou (*calceolus* pour les femmes) à l'extérieur, la *solea* à l'intérieur.

– Vêtements de dessous : la tunique est remplacée chez les hommes par le *campestre*, une sorte de pagne, l'été ou pour les exercices où il faut être nu ; les femmes portent un jupon court appelé *cinctus* ou *cingulum*. Les saltimbanques, athlètes, esclaves portent un caleçon court appelé *subligar* ou *subligaculum*. Les artisans sont souvent vêtus d'une longue chemise, le *colobium*, qui se distingue de la tunique par le fait qu'elle a des manches et qu'elle est plus courte. L'*exomis* est une tunique à une seule manche (la gauche) ou sans manche qui s'agrafe alors au-dessus de l'épaule gauche ; c'est le vêtement des esclaves, ouvriers, et chasseurs. Les femmes portent en guise de soutien-gorge ou de corset une ceinture serrée sous la poitrine, le *strophium*.

– Vêtements de dessus : l'*abolla* est une pèlerine longue et épaisse à l'origine réservée aux soldats ; sous l'Empire*, elle devient un vêtement de luxe ; l'*abolla maior* est le long manteau qui sert d'unique vêtement aux philosophes surnommés pour cela *abollae maiores*. L'*alicula* est une pèlerine courte. Le *cingillum* ou *capitium*, sorte de caraco voyant est porté par les femmes du peuple. L'*endromis* est un grand peignoir dont s'entourent les sportifs après les épreuves pour ne pas prendre froid. Le *galbanum* est une robe de couleur jaune. La *lacerna* est un manteau court d'origine gauloise, qui s'appelle *birrus* lorsque la qualité de la laine est inférieure. La *paenula* est un manteau de voyage sans manches pourvu d'un capuchon. La *palla* est le manteau le plus courant portée par les matrones*, le *pallium* celui des hommes (diminutif *palliolum*). Les soldats portent une cape courte, le *sagum* ou *sagulum*, le général le *paludamentum* couleur pourpre. Les femmes en deuil portent le *ricinium* pourvu d'un capuchon qu'on rabat sur la tête.

– Vêtements de cérémonie : la *crocota* est un vêtement féminin couleur de safran ; elle est aussi portée par les prêtres de Cybèle ; la *cyclas* est une robe dont le bas est garni d'une bordure brodée d'or. La *coa vestis* est un vêtement transparent porté par les danseuses et musiciennes. La *laena* est la robe d'apparat du flamine*.

– Vêtements régionaux : les Illyriens portent le *bardocucullus*, sorte de grande houppelande. La braie ou culotte, *brac(c)a*, portée par les Barbares d'Asie ou les peuplades du nord, fut ensuite portée par le soldat romain. On la trouvait également en Narbonnaise surnommée Gallia bracata. Un vêtement semblable porté par les cavaliers romains à l'époque de Trajan s'appelle *feminalia* ou *femoralia*. La *caracalla* est un manteau usité en Gaule ; le fils de Septime Sévère en rendit l'usage obligatoire à la cour, d'où son surnom. Les *gallicae*, d'où dérive galoche, sont des chaussures gauloises basses à semelles très épaisses. Le *r(h)eno* est un manteau court en peau de renne et de mouton porté par les Germains. La dalmatique (*dalmatica*) est une tunique ample à longues manches, originaire de Dalmatie ; elle s'introduisit à Rome à partir de Commode, et devint au IVe siècle l'insigne des diacres* chrétiens.

– **Chaussures (*calceamen* ou *calceamentum*) :** la *baxa* est une sandale légère portée notamment par les philosophes. La *carbatina* est une chaussure de paysan formée d'une seule pièce de cuir rabattue sur le dessus du pied et maintenue par une lanière passée dans des trous. La *caliga* est le godillot des soldats. Le *cothurnus* est la chaussure à haute semelle des acteurs tragiques, la *crepida* celle des acteurs comiques. La *pero* est une botte que l'on porte pour les travaux de la campagne. Le *sandalium* est une chaussure sans talon, réservée à l'origine aux femmes (synonyme : *obstrigilum*). Le *phaecasium* est une chaussure blanche portée par les gymnastes et certains prêtres d'Orient. Les *sculponaeae* sont des sabots. Le *soccus* est une sorte de pantoufle portée à l'intérieur par les hommes et les femmes ; il a la semelle moins épaisse que la *crepida*, et se distingue de la *solea* par le fait qu'il n'a pas de lanières.

– **Coiffes féminines :** la mitre (*mitra*) est à l'origine une simple écharpe colorée que l'on enroule autour des cheveux. Le *palliolum* est un fichu plié sur la tête pour former un bonnet ; il est porté par les femmes âgées ou les malades. Le *reticulum* est une résille pour enfermer les cheveux. Le *tutulus* est un haut bonnet en laine de forme conique d'où pend un voile.

– **Coiffes masculines :** la *causia* est un chapeau à larges bords portés surtout par les pêcheurs. Le *galerus* est le chapeau en cuir de forme ronde se terminant en pointe par un *apex* que portent les flamines*. Le pétase (*petasus*) est un chapeau à larges bords fait pour protéger du soleil, et muni d'une jugulaire qui permet de le porter dans le dos. Le *pileus* est une calotte de feutre semi-ovale ou conique ; lorsque la pointe retombe en avant, c'est le bonnet phrygien emblème de la liberté (diminutif : *pileolus*).

VETERAN (*veteranus*) : soldat de rang égal ou inférieur au centurionat, ayant accompli son temps de service réglementaire ; il peut alors prendre sa retraite (*missio honesta*) ou rempiler dans des corps spéciaux (*vexilla veteranorum*). Sous Auguste*, les vétérans sont versés pendant 4 ans dans la réserve et peuvent être rappelés. Après leur service, ils rentrent dans leur foyer où s'installent dans la ville située à proximité du camp* où ils ont servi, notamment s'ils se sont mariés avec une femme de l'endroit. Ils sont propriétaires (cf. Assignation) ou s'installent sur des domaines* impériaux dont ils ont l'usufruit. Ils sont protégés par des droits : immunités*, honorabilité des décurions*, organisation en collèges*, droit de conserver le titre de *miles* (soldat) jusqu'à leur mort. Leur rôle a été important dans le processus de romanisation* des provinces. Synonyme : *missicius, emeritus*.

VETERAN DE L'EMPEREUR (*veteranus Augusti*) : ancien prétorien*.

***Vettii Libici* (*lex*) :** loi très incertaine, antérieure à 129 ap. J.-C., relative à l'affranchissement des esclaves*.

VETO (droit de) : cf. *Intercessio*.

***Veturia Postumia* (*lex*) :** loi* des consuls* T. Veturius Calvinus et de Sp. Postumius Albinus en 334 av. J.-C. autorisant la fondation de la colonie* de Calès.

***Vexillarius* :** légionnaire porte-étendard, le *vexillum* étant l'emblème de la cavalerie. Le *vexillarius* peut aussi désigner simplement le membre d'une vexillation.

VEXILLATION (*vexillatio*) : détachement militaire officiel regroupant les hommes, légionnaires ou auxiliaires, autour d'un étendard (*vexillum*). Il est sous la responsabilité d'un chef de détachement le *praepositus* ou *praefectus*. Il sert à une opération militaire, pour des travaux, ou pour l'occupation d'un poste.
***Vexillum* :** étendard de cavalerie* ; il est utilisé comme décoration militaire pour les officiers.
***Via* :** cf. Route, Voie.
***Via decumana, Via praetoria, Via principalis, Via quintana* :** cf. Camp.
***Viator* :** appariteur attaché aux tribuns* et édiles* de la plèbe qui ne peuvent disposer de licteurs*.
***Vibia (lex)* :** lois* du consul* C. Vibius Pansa en 43 av. J.-C. pour confirmer le testament de César, pour autoriser la déduction de colonies*, et pour supprimer la dictature* ; toutes ces lois ont été prises en remplacement des *leges Antoniae* qui avaient été abrogées.
VICAIRE (*vicarius*) : haut fonctionnaire du Bas-Empire*, chargé du gouvernement des diocèses* et dépendant d'un préfet du prétoire* ; il appartient à la classe des chevaliers* perfectissimes. Dans l'armée le terme désigne simplement un employé du service de la questure. Plus généralement, le terme signifie « remplaçant».
VICAIRE D'ITALIE (*Vicarius Italiae*) : vicaire du préfet du prétoire* d'Italie installé à Milan et chargé de l'Italie annonaire.
VICAIRE DE LA VILLE (*Vicarius Urbis*) : vicaire du préfet du prétoire d'Italie installé à Rome et chargé de Rome et de l'Italie suburbicaire. Il ne faut pas confondre ce vicaire avec le vicaire (remplaçant) du préfet de la Ville* (*vicarius praefecturae Urbis*).
***Vice sacra* :** expression attachée à un magistrat* signifiant que celui-ci a reçu une délégation de pouvoir de la part de l'Empereur* pour exercer une juridiction. C'est le cas par exemple au Bas-Empire* pour les proconsuls* de certaines provinces.
***Vices agens* :** au Bas-Empire*, suppléant du préfet du prétoire* nommé par l'Empereur*.
***Vicesima* :** impôt* d'un vingtième (soit 5 % ou une demi-dîme) ; cette taxe concerne les héritages, les affranchissements, et les taxes dues par certaines provinces* comme l'Espagne ou la Sicile ; elle est perçue par des fonctionnaires appelés *vicesimarii*.
***Vicomagistri* :** magistrats nommés par l'Empereur* pour s'occuper des cultes au niveau du *vicus*. A Rome, à partir d'Auguste*, chaque *vicus* a 4 *vicomagistri* nommés pour un an. Hadrien (117-138) fit élire 48 *vicomagistri* pour chacun des 14 arrondissements augustéens ce qui ramena leur nombre de 1 060 à 672.
VICTIMAIRE (*victimarius*) : auxiliaire des augures*, chargé de préparer les victimes ; plus généralement sacrificateur.
VICTOIRE (*victoria*) : elle constitue un thème très important de la propagande impériale dans la mesure où l'Empire* peut être considéré comme une monarchie militaire ; la victoire, toujours manifestation de la *virtus*, exprime ainsi le charisme impérial, et on rend un culte à la Victoire Auguste (*Victoria Augusta*), divinité apparentée à la personne de l'Empereur*. Déjà sous la République*, le général vainqueur gagnait le titre d'*imperator* et pouvait espérer les honneurs du triomphe*. A partir d'Auguste* ce titre est donc réservé à l'Empereur, et les salutations impériales entrent dans les titulatures*

impériales. On voit même des Empereurs, comme Domitien (81-96) se faire saluer comme vainqueur alors que leurs troupes ont subi des échecs. Le thème de la victoire apparaît aussi dans les surnoms de la titulature impériale évoquant les peuples vaincus : Germanicus, Dacicus, Parthicus, etc. Certaines légions prennent le surnom de *Victrix* (victorieuse), autant dans un but commémoratif que propitiatoire. La victoire est bien entendue divinisée et fait l'objet d'un culte. Elle est représentée sous la forme d'une femme ailée qui tend une couronne, parfois flanquée de deux trophées (cf. Victoriat). Elle est souvent associée à la Tychè (Fortune), et au Heureux Dénouement (*Bonus Eventus*). Des notions importantes, comme la paix et la prospérité, lui sont également associées.

VICTORIAT (*victoriatus*) : monnaie* romaine en argent qui se caractérise par une effigie de la Victoire. Elle est émise entre 268 et 104 av. J.-C., et vaut un demi-denier* ou 5 as*.

***Vicus* : 1.** Quartier de Rome (ou des grandes villes de l'Empire qui ont calqué l'organisation de l'Urbs) ; il y a à Rome depuis Auguste 265 *vici* répartis dans les 14 arrondissements (*regio*). **2.** Petite bourgade rurale dépendant d'un canton (*pagus*) et se développant à proximité d'un camp* romain ; la communauté est formée de citoyens* romains réunis en associations (*conventus*) et de vétérans* qui ont le pas sur les civils. Ces *vici* ont leurs propres magistrats : décurions*, questeurs*, édiles*, *magistri*. Un *vicus* peut accéder au rang de cité*.

VIGILES (*Vigiles/Vigiliae*) : cf. Cohorte des vigiles.

VIGINTISEVIRAT (*vigintiseviri*) : sous la République*, groupe de 26 magistratures civiles mineures : les 10 juges* civils (*decemviri litibus iudicandis*), les 3 commissaires de police (*tresviri nocturni-capitales*), les 3 magistrats monétaires (*tresviri monetales*), les quatre préfets* adjoints aux préteurs* (*quattuorviri iure dicundo*), les 6 auxiliaires des édiles* (*quattuorviri viis in urbe purgendis*, et *duomviri viis extra urbem purgendis*). Sous l'Empire*, leur nombre est réduit à 20 : cf. suivant.

VIGINTIVIRAT (*vigintiviri*) : 1. Commission de 20 membres nommés en 59 av. J.-C. pour exécuter la loi agraire de Jules César ; elle nomma à son tour une commission de quinquevirs*. **2.** Sous l'Empire*, le terme désigne l'ensemble des *decemviri litibus iudicandis*, des *tresviri nocturni-capitales*, des *tresviri monetales*, et des quatre *curatores viarum* ; il fallait passer par l'une de ces quatre charges pour accéder à la questure* (cf. Carrière sénatoriale).

***Villa* :** propriété à la campagne ou résidence secondaire (cf. figures 25 et 26) ; le terme désigne aussi bien le domaine d'exploitation (*pars rustica*) que la maison d'agrément du maître (*pars urbana*). La *villa rustica* comprend les fermes et toutes les dépendances nécessaires à l'exploitation ou aux diverses activités : pressoirs, greniers, étables, écuries, celliers, volières, ateliers de réparation, logements des esclaves, fabriques d'amphores et de tuiles, etc. On trouve chez Vitruve (VI, 6) la description d'une *villa rustica* idéale. Selon Caton, pour être viable, une exploitation devait avoir une superficie minimale de 250 jugères*. La villa de Montmaurin couvre elle une surface de 18 ha. Le personnel d'exploitation (*familia rustica*) est d'origine servile ; les villas peuvent être tenues par leur propriétaire (*dominus*), mais les plus grandes sont confiées à un gérant (*villicus*). La *villa urbana* est le plus souvent une demeure de luxe dans les villes de villégiature ; celles d'Herculanum et de

Pompéi sont célèbres pour leurs mosaïques, leurs statues et leurs peintures murales.
Le réseau des *villae* peut définir géométriquement le territoire d'une ville, mais à partir du IVe siècle ap. J.-C. les villas rustiques, surtout en Occident, connaissent un grand essor et montrent un déplacement des élites et des forces de production de la ville à la campagne. Désormais la ville a perdu une partie de son poids politique, et les communautés rurales s'organisent autour des grandes villas dont certaines sont de véritables palais : les somptueuses mosaïques de la villa de Piazza Armerina en Sicile, ou les 200 pièces de la villa de Montmaurin en Aquitaine, témoignent de la richesse de ces nouveaux centres économiques. Cela permet de comprendre que le mot « ville » dérive de *villa*.

Figure 25 — La *villa urbana* de Menandre à Pompéi

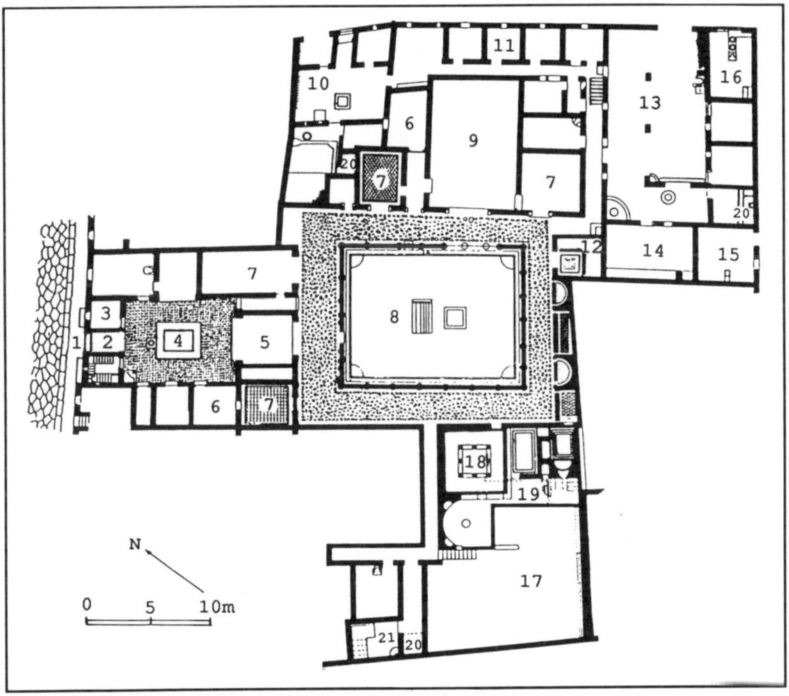

1. Entrée. 2. Vestibule. 3. Loge. 4. *Atrium*. 5. *Tablinum*. 6. *Cubiculum*. 7. *Oecus*. 8. Jardin d'agrément à péristyle. 9. *Triclinium*. 10. Quartier du procurateur. 11. Logements du personnel. 12. Salle de repos. 13. Cour intérieure. 14. Ecuries. 15. Boutique. 16. *Thermopolium*. 17. Potager. 18. *Atrium* secondaire. 19. Bains. 20. Latrines. 21. Cuisine.

Figure 26 — La *villa rustica Philosophiana* de Piazza Armerina (Sicile, IVe siècle ap. J.-C.)

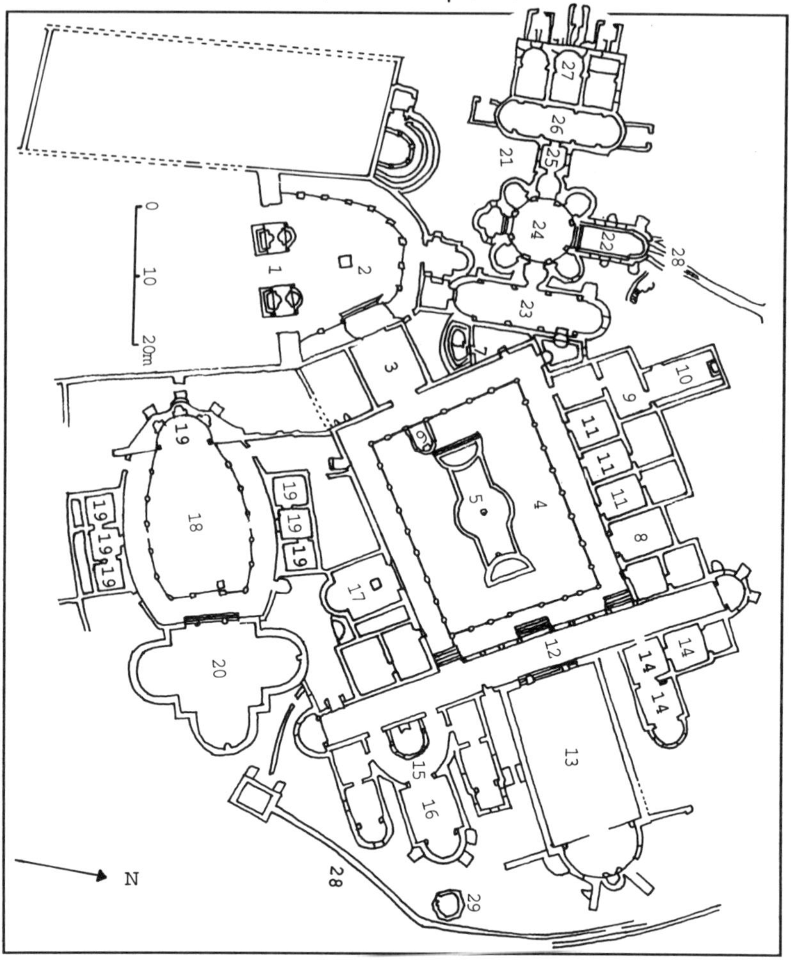

1. Porte à triple entrée avec fontaines. 2. Cour à portique ionique. 3. Vestibule. 4. Jardin à péristyle corinthien. 5. Bassin et fontaine. 6. Laraire. 7. Latrines privées. 8. *Diaeita* ou salle à manger d'hiver. 9. Appartements du personnel ou des hôtes. 10. Cuisine. 11. Chambres à coucher. 12. Grand couloir avec la mosaïque de la chasse. 13. Grande salle de réception (plan de basilique). 14. Appartements de la maîtresse ou du fils de maison. 15. Appartements du maître de maison. 16. Bibliothèque ou *auditorium*. 17. *Diaieta*. 18. Xyste à portique ovoïdal. 19. Nymphée et *triclinium* d'été. 19. Chambres d'hôtes et salons. 20. Salle à trois absides. 21. Thermes. 22. Piscine. 23. Palestre. 24. *Frigidarium*. 25. Salle de soins. 26. *Tepidarium*. 27. *Caldaria*. 28. Aqueduc. 29. Latrines publiques.

VILLANOVIEN : période du début de l'âge du fer en Italie (900-700 av. J.-C.) ; le nom provient de la ville de Villanova près de Bologne où elle a été identifiée pour la première fois. La civilisation étrusque prend ses racines dans cette culture qui a laissé des traces dans toutes les autres cultures indigènes d'Italie. Elle se caractérise notamment par l'usage de recueillir les cendres des défunts dans des urnes de forme biconique.

***Villa Publica* :** esplanade du Champ de Mars* où ont lieu les recensements et les enrôlements.

VILLE (*urbs*) : cf. Cité, Urbanisme. La ville par excellence (*Urbs*) est Rome.

***Villia annalis* (*lex*) :** plébiscite* du tribun* L. Villius en 181-180 qui détermine l'ordre et l'âge selon lesquels les magistrats* devaient accomplir leur carrière.

VIMINAL : la plus petite (24 ha) et la moins haute des collines de Rome (cf. carte 1). Elle correspond à la *regio VI.* A l'époque républicaine c'est un quartier résidentiel. L'unique sanctuaire est celui de Diana Planciana. On y trouve ensuite la caserne de la 3ème cohorte des Vigiles*, les thermes* dits Lavacrum Agrippinae. Sous Tibère (14-37) on y construit la caserne des prétoriens (*castra praetoria*), et Dioclétien y bâtira entre 298 et 306 les grands thermes qui portent son nom.

VIN (*vinum*) : la vigne est une culture méditerranéenne par excellence. Les vins les plus cotés ont longtemps été importés de Grèce (Lesbos, Thasos, Chos, Chios), mais dès le IIe siècle av. J.-C. l'Italie devient un gros producteur, avec des cépages fameux comme ceux de Falerne en Campanie, d'Alba, de Setia et Caecubano dans le Latium. L'Etrurie est également une grande région vinicole, de même que la Sicile où le mamertin de Messine est très prisé. La production en masse des amphores de type Dressel 1 et Lamboglia 2 à partir de 150 av. J.-C. témoigne d'un développement continu du vignoble italien qui a permis un prix du vin relativement abordable. La région de Brindisi produit elle aussi des amphores. A partir du Ier siècle après J.-C., la situation change : les vignobles du sud de la Gaule exportent à leur tour et à l'époque flavienne, 40 % des amphores retrouvées à Ostie sont gauloises, 30 % seulement sont italiennes et 15 % espagnoles. On connaît le nom de plusieurs cépages antiques : l'*allobrogica* que les Allobroges réussissent à faire pousser dans les régions froides de Vienne, la *cocolubis* en Espagne et la *biturica* dans le Bordelais, ces deux derniers pouvant dériver d'un vignoble épirote connu sous le nom de *balisca* ou *basilisca* avec une variété à grosses grappes (*balisca maior*) et une autre à petites grappes (*balisca minor*). L'Egypte a ses propres cépages, avec le maréotique près d'Alexandrie qui est réputé. La meilleure année semble être 121 av. J.-C. (année du consul Opimius), car Pline connaît encore le vinum Opimiamum. Les Romains produisaient plusieurs sortes de vin : le vin de paille (passum), le vin miellé (mulsum), et des vins aromatisés qui servaient de médicaments. Il existait aussi des vins de fruits, et les soldats buvaient pour se rafraîchir un vinaigre coupé d'eau (posca). Le vin, transporté dans les amphores* était toujours coupé d'eau (dans un vase appelé cratère), car il était très épais.

Pourcentages d'amphores vinaires retrouvées à Ostie

Date / Provenance	50 av. J.-C.	50 ap. J.-C.	Flaviens	Trajan/Hadrien	Antonins
Egée	10 %	4 %	2 %	6 %	5 %
Afrique	0 %	0 %	4 %	2 %	3 %
Espagne	0 %	18 %	8 %	4 %	0 %
Gaule	0 %	0 %	20 %	25 %	12 %
Italie	42 %	8 %	20 %	8 %	0 %
Inconnue	6 %	6 %	3 %	4 %	20 %

***Vinalia* :** fêtes du vin le 23 avril (*vinalia priora*) où l'on ouvrait les fûts de la vendange précédente pour en offrir le premier jet (*calcar*) à Jupiter, et les 9 et 10 août (*vinalia rustica*) quand on inaugurait les vendanges en immolant des agneaux à Jupiter.
***Vindex* :** parent ou ami qui vient assister le défendeur dans les actions de la loi*. Il lui épargne la procédure brutale de la *vocatio in ius* en lui évitant de devoir comparaître immédiatement. Il peut aussi se substituer totalement au défendeur et intenter un nouveau procès pour lui éviter en cas de condamnation la procédure elle aussi brutale de la *manus iniectio*.
***Vindicatio* :** formalité adoptée pour les adoptions*, les manumissions*, dans la cession *in iure* des procès*.
VINDICES (*vindiciae*) : le sens du mot n'est pas très clair même pour les auteurs anciens. Il s'agit, dans les procès, des biens qui sont en litige, ou bien de l'objet symbolique qui représente la chose en litige mais qu'on ne peut transporter, ou bien encore les fruits produits par le bien en litige durant la durée du procès.
VINDICTE (*vindicta*) : 1. Baguette avec laquelle le préteur* touche la tête de l'esclave* en signe d'affranchissement*. **2.** Forme de vengeance privée qui est à l'origine la seule forme de droit pénal : l'individu lésé tire lui-même réparation. A partir de la Loi des Douze Tables*, commença à être mis en place un système pénal de réparation pécuniaire (*poena*), sorte de rançon qui expie le délit et évite ainsi la vengeance.
VINGTIEME (impôt) : cf. *Vicesima*.
***Viri militares* :** il s'agit d'officiers organisés en communauté, qui mènent une vie austère, portent toujours le glaive, et s'entraînent régulièrement.
VIRITANE (assignation) : cf. Assignation.
***Virtus* :** qualité essentielle du citoyen* romain qui en fait un bon serviteur de l'Etat, dans le domaine civil (exercice des magistratures) comme dans le domaine militaire (commandements). L'apprentissage de ces tâches, par l'exercice et la discipline*, est une manifestation de la *virtus*.
***Vis* :** toute forme de violence aussi bien sur un magistrat que sur un particulier ; elle est un crime* qui depuis Sulla relève d'un tribunal* permanent.
***Visellia* (*lex*) : 1.** Loi* d'auteur inconnu vers 72 av. J.-C. qui attribue aux tribuns* l'entretien des rues. **2.** Loi de 24 ap. J.-C. permettant aux Latins Juniens* d'obtenir la citoyenneté* en servant 6 ans dans le corps des vigiles*, et poursuivant les affranchis* qui usurpent les droits des ingénus*.

Scène de vendanges (détail), Rome, sarcophage attique, S. Lorenzo

***Vitium* (vice) :** au sens strict, vice de forme commis lors de la consultation des auspices* ; il entraîne automatiquement l'annulation de la procédure en cours.

***Vivarium* :** sorte de jardin zoologique où l'on garde les bêtes destinées à l'amphithéâtre*. A Rome, Il se trouvait juste après la Porto Prénestine

***Vocatio in ius* :** en droit public, prérogative des magistrats* qui leur permet de citer les gens à comparaître. En procédure civile, convocation faite par le demandeur.

***Voconia* (*lex*) :** plébiscite* du tribun* Q. Voconius Saxa en 169 av. J.-C., interdisant aux femmes d'hériter par testament* de citoyens de la première classe censitaire*.
VOEU (*votum*) : promesse solennelle qui engage religieusement (*votum susceptum*) ; il doit impérativement être exécuté (*votum solutum*). Il existe des vœux publics (*vota publica*) prononcés par les magistrats* avec l'aide des pontifes*. Ainsi les nouveaux consuls* au 1er janvier montent sur le Capitole* pour prononcer le vœu *pro rei publicae salute* (pour la sûreté de l'Etat) ; de même sous l'Empire* on prononçait des vœux *pro incolumitate principis* (pour la longue vie du prince*) ; on appelle *nuncupatio votorum* ces cérémonies annuelles.
VOIE SACREE (*Via Sacra*) : voie qui traverse le *Forum* romain* d'est en ouest. Elle relie le *Forum* à la Vélia*. C'est une voie empruntée par les processions religieuses (cf. figures 11 et 12).
VOILES : les navires de guerre ne possèdent que deux voiles : une au mât principal (*acatium*), et une voile d'avant (*dolon*). Le *mendicum* est aussi une voile d'avant qui sert par petit temps ; le *sipparium* est une voile haute, sorte de perroquet, et l'*epidromos* est une voile de mât arrière. Ces trois dernières voiles ne sont pas attestées sur les navires militaires.
***Volcanal* ou *Vulcanal* :** esplanade sur le *comitium* où se trouvait le sanctuaire le plus antique de la ville, l'autel de Vulcain fondé selon la tradition par le roi sabin Titus Tatius.
VOLONTAIRE (*voluntarius*) : désigne le citoyen* qui s'engage volontairement dans les corps auxiliaires*.
***Volturnus* :** cf. Vents.
VOLUME (*volumen*) : feuilles de parchemin ou de papyrus roulées autour d'une baguette. Les ouvrages un peu longs étaient écrits sur plusieurs « volumes » qui correspondent alors à nos tomes.
***Volusianum SC* :** sénatus-consulte* interdisant la destruction des maisons dans Rome.
***Vomitorium* :** dans les théâtres* et amphithéâtres*, entrées en forme de couloir aménagées dans les différents *baltei* pour accéder aux gradins.
VOTE (*suffragium*) : cf. Comices, Elections, Suffrage.
VOYAGES : cf. Transports (moyens de).
VULGATE (La) : version latine de la Bible que l'on doit en grande partie à saint Jérôme (347-420). Le manuscrit le plus ancien de la Vulgate est le codex Amiatinus de la fin du VIIe siècle. On appelle aussi vulgate toute version la plus répandue, mais pas forcément la plus originelle, d'un texte.

X - Z

XYSTARQUE (*xystarcha*) : directeur de gymnase* ; au sens figuré officier chargé de l'exécution d'un martyr.
XYSTE (*xystum*) : galerie couverte sous laquelle s'entraînaient les athlètes. Plus généralement le terme, transcription du grec, désigne un portique*.
ZAMA (bataille de) : le 29 oct. 202 av. J.-C. victoire en Numidie de Scipion l'Africain sur Hannibal mettant fin à la deuxième guerre punique.

ZELA (bataille de) : victoire de César sur Pharnace roi du Bosphore, en août 47 av. J.-C.
ZELOTES : nationalistes juifs qui jouèrent un rôle très actif dans la révolte de 66-70 contre Rome.
ZEPHYR (*zephyrus*) : cf. Vents.
ZODIAQUE (*zodiacus*) : la voûte céleste que le soleil semble parcourir durant l'année ; elle est divisée en 12 parties correspondant chacune à un mois de l'année dédié à une divinité, et contenant une constellation.

SIGNE	MOIS	DIVINITE
Bélier (*Aries*)	Mars	Minerve
Taureau (*Taurus*)	Avril	Vénus
Gémeaux (*Gemini*)	Mai	Apollon
Cancer (*Cancer*)	Juin	Mercure
Lion (*Leo*)	Juillet	Jupiter
Vierge (*Virgo*)	Août	Cérès
Balance (*Libra*)	Septembre	Vulcain
Scorpion (*Scorpio*)	Octobre	Mars
Sagittaire (*Sagittarius*)	Novembre	Diane
Capricorne (*Caper*)	Décembre	Vesta
Verseau (*Aquarius*)	Janvier	Junon
Poissons (*Pisces*)	Février	Neptune

ZONE MILITAIRE : sous l'Empire*, il s'agit des frontières (*limes*) où se développe le système de défense linéaire ; elle présente un aspect continu (comme le long du mur d'Hadrien en Bretagne), ou discontinu comme en Syrie. Elle se caractérise par les routes stratégiques, les bâtiments militaires qui la jalonnent (camps*, fortins, tours*), et des installations civiles installées près des camps. C'est aussi un espace économique qui profite de la protection militaire. Plusieurs mots désignent la zone militaire : *prata, territorium, limes.*
ZOROASTRISME : religion dérivée du mazdéisme*, fondée par Zarathustra au VIe siècle av. J.-C. ; réformée par les Sassanides au IIIe siècle ap. J.-C., elle servit de support à leur politique nationaliste anti-romaine.

Achevé d'imprimer
par Mame Imprimeurs à Tours